ERNST UEHLI

KULTUR UND KUNST ÄGYPTENS, EIN ISISGEHEIMNIS

KULTUR UND KUNST ÄGYPTENS

EIN ISISGEHEIMNIS

ERNST UEHLI

PHILOSOPHISCH-ANTHROPOSOPHISCHER VERLAG
GOETHEANUM, DORNACH / SCHWEIZ

1. Auflage 1955
2. durchgesehene Auflage 1975

Einbandgestaltung von Werner Kehlert

Photomechanischer Nachdruck 1975
Schüler AG, Biel
Buchbinderei Schwab, Liestal

ISBN 3-7235-0165-6

INHALTSVERZEICHNIS

	Vorwort	IX
I	Die ägyptische Atlantisüberlieferung im Gegenbild abendländischer Forschung	1
II	Die atlantische Menschheit nach ihren Entwicklungsstufen	11
III	Atlantische Wanderungen und nachatlantische Kulturgründungen	19
IV	Die Begründung der ägyptischen Kulturepoche. Die Sothisperioden	33
V	Ägyptische Vorzeit	40
VI	Die Götterregierung während der vordynastischen Zeit	48
VII	Das ägyptische Weltbild	53
VIII	Die Tempellegende von Osiris - Isis - Horus	72
IX	Ägyptisches Mysterienwesen. Isis- und Osiris-Einweihung	86
X	Übergang von der vordynastischen zur dynastischen Zeit Ägyptens	94
XI	Heliopolis und die Begründung der Pharaonenherrschaft	105
XII	Die Mumifizierung	114
XIII	Der osirianische Totenkult	122
XIV	Ägypten im Aufgang der dritten Sothisperiode	138
XV	Heliopolis und die Begründung des Sonnen-Kultes	155
XVI	Die ägyptischen Gaue – Gau- und Lokalgötter	171
XVII	Ägypten im Aufstieg von Theben. XI. und XII. Dynastie	183
XVIII	Joseph in Ägypten. Fremdherrschaft der Hyksos	203
XIX	Ägypten zur Zeit der thebanischen Herrschaft	213
XX	Echnaton	241
XXI	Tut-ench-Amun und das Ende der dritten Sothisperiode	255

XXII	Ausblick auf die vierte Sothisperiode	265
XXIII	Ägyptische Raumschöpfung. Pyramide und Grabbau	278
XXIV	Der Tempelbau	299
XXV	Plastische Kunst	316
XXVI	Die Reliefkunst	326
XXVII	Die Malerei	336
XXVIII	Epilog	341
	Ergänzungen und Berichtigungen	346
	Ort-Register	347
	Namen-Register	349
	Literatur-Verzeichnis	354

DER ZWEITEN AUFLAGE ZUM GELEIT

Der Verfasser hat in seinem Vorwort Voraussetzung und Absicht seines Beitrages an die im Laufe des 19./20. Jahrhunderts entstandene umfangreiche Literatur über Ägypten klar umrissen. Das Werk hat von Lesern große Schätzung erfahren, denen es ein Anliegen ist, dieses auch für die Wissenschaft immer noch «geheimnisvolle Ägypten» (die schwankenden Angaben, die wechselnden Interpretationen und Übersetzungen bezeugen es) mit seinem Weltbild, seiner verwirrenden Fülle von Gottheiten, der Eigenart seines Kunstschaffens als Glied dem Gang der Menschheitsentwicklung eingeordnet zu sehen.

Meinen herzlichen Dank möchte ich an dieser Stelle den Freunden aussprechen, die zur Verwirklichung der Neuauflage des Werkes zum Jahr des 100. Geburtstages des Autors beigetragen haben, vor allem aber Dr. Anna Spitzbarth für ihre wertvolle Mitarbeit.

Ernst Uehli hat für die vorliegende Arbeit die Fachwissenschaft in ihren Forschungen, soweit sie für den Duktus dieses Werkes in Frage kamen, bis zum Jahre 1953 berücksichtigt. Die photomechanische Wiedergabe machte Ergänzungen und kleine Korrekturen nicht in der von uns vorgesehenen Art möglich, so auch nicht die Berücksichtigung gelegentlich geäußerter Wünsche nach Hinweisen auf spätere Publikationen. Für das Werk selber wären letztere nicht von Bedeutung.

Für diese zweite Ausgabe von Uehlis «Kultur und Kunst Ägyptens – ein Isisgeheimnis» können in ähnlicher Weise Worte gelten, mit denen Prof. Hermann Ranke, Heidelberg, in seinem Nachwort die unveränderte zweite deutsche Ausgabe der «Geschichte Ägyptens» von J. H. Breasted (Phaidon-Verlag) rechtfertigt und das Werk auch 1936 noch als in seiner Art unübertroffen empfiehlt: «... Es mag gewiß Einzelne geben, die dieses Vorgehen (unveränderte Ausgabe) kritisieren, und man könnte darüber streiten, ob nicht eine Umarbeitung des Textes auf den heutigen Stand der Wissenschaft wünschenswert gewesen wäre. Ich habe mich, im Einverständnis noch mit dem verehrten Verfasser, dagegen gewehrt ... Vor allem aber: den Lesern, in deren Hände jetzt das neue Phaidon-Buch hinausgehen soll, ist es wirklich gleichgültig, ob es in der 20. Dynastie elf oder zwölf Könige des Namens Ramses gegeben hat, und ob wir die Regierungszeiten der Könige des Neuen Reiches heute etwas anders ansetzen als vor fünfundzwanzig Jahren. Was ihnen wesentlich ist, ist die fesselnde Schilderung der einzelnen Abschnitte der ägyptischen Geschichte und Kultur ...»

So möge auch die zweite Auflage des vorliegenden Werkes vielen Lesern den vielleicht schon lange ersehnten Einblick in die mit dem Isisgeheimnis eng verbundene Kultur und Kunst Ägyptens bringen.

Küsnacht/Zürich, im November 1974 Elisabeth Uehli

Meiner lieben Frau und Mithelferin

ELISABETH

zugeeignet

VORWORT

Der dem vorliegenden Werk über die «Ägyptische Kultur und Kunst» beigefügte Untertitel «ein Isisgeheimnis» hat mit mystischer Schwarmgeisterei nichts zu tun. Das dürfte aus dem Inhalte hinlänglich hervorgehen. Jedes ernste Bemühen, ob wissenschaftlicher oder künstlerischer Art, das sich Ägypten zuwendet, sieht sich vor das «verschleierte Bild der Isis von Sais» gestellt. Denn dieses Bild gilt für die Gegenwart wie für die Vergangenheit. Aus dem Bemühen, dieses Bild in seinem gegenwärtigen Sinne auf sich wirken zu lassen, ist dieses Buch geschrieben worden. Das ist auch der Grund, warum dem Haupttitel dieser Untertitel beigefügt worden ist.

Der Verfasser hat seinem Werk Inhalt und Form als Kulturforscher, nicht als Ägyptologe vom Fach gegeben. Eine Anzahl teils veröffentlichter, teils unveröffentlicht gebliebener größerer Arbeiten der letzten 30 Jahre sind demselben vorangegangen. Die Anregung zu dessen gegenwärtiger Gestaltung und Umfang empfing der Verfasser durch seine Begegnung mit dem Nil, der Oasenlandschaft des Niltales und der sie umschließenden unermeßlichen Wüste. Eine Begegnung, durch welche der zum Staunen und zur Sinnesfreudigkeit bereite Blick von Heliopolis und Gizeh bis nach Elephantine und dem ersten Katarakt schweifen durfte. Einer Einladung zu einer Mitreise nach Ägypten durch Herrn Ludwig Klaesi folgend, dem ich auch an dieser Stelle meinen herzlichen Dank aussprechen möchte, konnten ägyptische Studien und ägyptisches Erleben zu fruchtbarer Vereinigung gebracht werden.

Das Studium einer ganzen Welt von Zeugnissen und Denkmälern der ägyptischen Epoche hinterläßt den unauslöschlichen Eindruck einer Mysterienkultur. Mehr noch der Augenschein selber. Umwoben vom Schleier der Isis war diese Welt zur Zeit ihrer Entfaltung, und sie ist es heute noch, trotzdem sie längst in Trümmer gefallen ist.

Es kommt sowohl für das Studium wie für den Augenschein nicht ausschließlich darauf an, was Wissenschaft über die ägyptische Mysterienkultur in wohlbegründeter Weise zu sagen hat, sondern auch darauf, was diese der Wissenschaft zu sagen hat. Das verschleierte Bild der Isis zu Sais legt der Gegenwart nahe, daß Wissenschaft sich durch Mysterienwissenschaft erweitern soll, denn je mehr die wissenschaftliche Erkenntnis fortschreitet, desto mehr drängt sich ihre Erweiterung durch Mysterienwissenschaft auf.

Mit dem vorliegenden Werk wird diese Erweiterung angestrebt. Der Verfasser glaubt sich berechtigt, die Mysterienwissenschaft Rudolf Steiners für die ägyptische Kultur und Kunst fruchtbar zu machen, nachdem er während eines halben Jahrhunderts sich mit den Methoden der Geisteswissenschaft und dem Lebenswerk Rudolf Steiners vertraut gemacht hat. Er zitiert, wo die Darstellung den Wortlaut fordert, Rudolf Steiner nicht aus Autoritätsglauben, dessen Vorhandensein in weiten Lebensgebieten der Gegenwart, auch in der Wissenschaft, kaum in Abrede gestellt werden kann, sondern aus erarbeiteter Autoritätserkenntnis.

Eine Entscheidung über die wissenschaftliche Gültigkeit dessen, was aus der Mysterienwissenschaft als befruchtende Erkenntnis fließt, kann nur aus einer wissenschaftlichen und menschlichen Haltung getroffen werden, die noch immer das Bestreben und die Würde der Wissenschaft ist, d. h. einer gründlichen, durch Objektivität und Sachlichkeit erworbenen Kenntnis, die allein zur Urteilsbildung berechtigt. Kollektivurteile, die unbesehen und ungeprüft weitergegeben werden, sind die Zerstörer wissenschaftlicher und menschlicher Urteilsbildung.

Mysterienwissenschaft hebt versunkene und vergessene Lebensgebiete längst vergangener Zeiten und Kulturen in das gegenwärtige Bewußtseins- und Erkenntnisfeld hinauf, wie auf ihrem Gebiet die Archäologie Schichten alter, ja uralter vergangener Zeiten heraufhebt. So hebt Mysterienwissenschaft aus versunkenen Schichten der Menschheitsentwicklung das Lebensbild der Atlantis empor, und Namen, wie der des Manu und der seiner Nachfolger und Begründer nachatlantischer Kulturepochen, des ersten Zarathustra, des Hermes Trismegistos, hören auf, nur mythische Gestalten zu sein. Sie treten als die großen Gestalter einstigen Urlehrertums in die Gemeinschaft derer ein, welche in alten Menschheitszeiten das heilige Band zwischen Göttern und Menschen geknüpft haben.

Der Archäologie haben sich im Laufe des vergangenen und des gegenwärtigen Jahrhunderts immer ältere, im Schoß der Erde abgelagerte Fundschichten menschlicher Kultur erschlossen. Für die Kulturforschung erwächst daraus die Forderung, ihrerseits in immer unbekanntere Bewußtseinsschichten der Vergangenheit vorzudringen, in die Bewußtseinsschichten, welche die Mysterienwissenschaft aus den Tiefen dieser Vergangenheit heraufhebt. Erfahrungsgemäß vollzieht sich der Fortschritt in der Entwicklung dadurch, daß sich Bekanntes vom Unbekannten, vom noch nicht Erkannten befruchten läßt. Und je gründlicher und sicherer die Erfahrungen des Bekannten ausgebildet werden, desto bessere Stützen wird das Unbekannte in der Erfahrungswelt finden, denn beide haben ihre Wurzeln in der gleichen Ursprungswelt.

Manches in der vorliegenden Arbeit konnte nur angedeutet, anderes mußte unberücksichtigt bleiben. Für die Ausführungen über die bildende Kunst war die Beschränkung auf allgemeine Richtlinien mit Beispielen an einigen Abbildungen geboten, weil weitergehende Darstellungen nur mit zahlreichem Bildermaterial hätten gestützt werden können. Wenn dieser Versuch Nachfolge und Erweiterung, und, was in solchem Falle die Regel bildet, auch Berichtigung finden sollte, so dürften doch diese Richtlinien als das, was mit ihnen beabsichtigt ist, angesehen werden, als ein Beitrag zu einer noch zu schaffenden ägyptischen Kunstgeschichte.

Kritische Einwände wie etwa der, daß auch Widersprüche in der Darstellung erscheinen, würden für den Verfasser eine Bestätigung seines Bestrebens sein, nicht eine Schrift vom Standpunkte gegenwärtiger Denkungsweise aus vorzulegen, sondern Ägypten sich selber aussprechen zu lassen. Der altägyptischen Welt war Verstandeslogik fremd. Sie lebte ganz im Empfinden einer Bilderwelt und sprach sich in Bildern aus, die widerspruchsvoll erscheinen, weil das Leben selber in sich widerspruchsvoll ist, die sich aber zu einem lebensvollen, einem widerspruchslosen und ergreifenden Ganzen vereinigen, zu dem Lebensbilde der ägyptischen Kulturepoche.

Küsnacht/Zürich, im Januar 1955 *Ernst Uehli*

30° östl. v. Greenw.
MITTELLÄNDISCHES MEER
Rosette
SAÏS
MENDES
TANIS
PELUSIUM
BUSIRIS
BUBASTIS
HELIOPOLIS
Abu Roasch
Gise
Abusir
Tura
Sakkâra
Dahschur
MEMPHIS
PYRAMIDEN
Lischt
Medûm
Sarbût el châdem
Behnesa
Minie
Zauiet el metîn
Beni Hasan
Aschmunen
(Hermopolis)
El Bersche
El Amarna
Siût
Nil
Kau
CHEMMIS (ACHMIM, PANOPOLIS)
G. Duchan
PORPHYRBRÜCHE
ROTES MEER
THINIS
ABYDOS
Dendera
Kene
KOPTOS
Kosêr
Kus
HERMONTHIS
THEBEN
el-Charge
Esne
El-Kab
Edfu
Redesije
TEMPEL
SILSILIS
OMBOS
SYENE (ASSUAN)
ELEPHANTINE
PHILAE

I

DIE ÄGYPTISCHE ATLANTISÜBERLIEFERUNG IM GEGENBILD ABENDLÄNDISCHER FORSCHUNG

Seit dem Feldzug Napoleons nach Ägypten im Jahre 1798, dessen kulturgeschichtliche Frucht das Monumentalwerk französischer Forscher, die «Déscription de l'Égypte» war, und seit der Entzifferung der Hieroglyphen durch Champollion ist die damit begründete Ägyptologie eine Wissenschaft mit einem gewaltigen, fast unübersehbaren Arbeitsmaterial geworden. Pyramiden, Tempelruinen, Gräberfunde und unzählige Hieroglyphen-Inschriften fügen sich durch eine nunmehr hundertfünfzigjährige, bewunderungswürdige, sachkundige wie scharfsinnige Forscherarbeit zu dem gegenwärtigen Bilde der Kultur des Nillandes. Unzähliges von dem, was mit Recht als das «Geheimnis von Ägypten» empfunden wird, ist durch die bisherige Forscherarbeit ans Licht gebracht worden. Mit immer noch anhaltendem größtem Interesse, ja Spannung, nimmt die Kulturwelt Kenntnis von jedem neuen bedeutenden Fund und neuen Forschungsergebnissen. Im eigentlichen tieferen Sinne darf gesagt werden, daß es bei dieser umfassenden Forscherarbeit darum geht, die Seele des alten Ägypten wiederzufinden, die Isis, und diese Seele Ägyptens, die Isis aus den Tempelruinen, den stummen Statuen und Reliefs, den dunklen Hieroglyphentexten zum Sprechen zu bringen.

In seinem Werke über «Religion und Mythologie der alten Ägypter» sagt der verdienstvolle Forscher Heinrich Brugsch: «Man kann ohne übergroße Kühnheit die Behauptung aufstellen, daß fast jedes ägyptische Denkmal in dem eigentlichen Sinn des Wortes einem mythologischen Gedanken gewidmet ist, mag dasselbe unter der sichtbaren Sonne auf dem Boden der Erde gestanden haben, oder in Grabesnacht versunken gewesen sein.» Das heißt nichts anderes, als daß die gesamte ägyptische Kultur in unzertrennlicher Verbindung mit einer höheren Welt, mit der Welt ihrer Götter und Götterabsichten angesehen sein will.

Die Isis, sagt Brugsch, galt den Ägyptern als Urheberin der steigenden Nilflut. Ihr wurden zu Beginn der Nilschwelle die Opfer dargebracht als der Bringerin der Segenskräfte, die das Land dadurch empfing. Der Sothis- oder Siriusstern galt ihnen als Stern der Isis, und einer ihrer vielen Namen war Sothis. Im Hinblick auf diese Tatsache kann gesagt werden: Was wäre Ägypten ohne den Nil und die jährliche unter dem erscheinenden Sothisstern beginnende Nilflut, und was wäre die ägyptische Kultur und Kunst ohne die Seele Ägyptens, ohne die Isis.

Als eine mächtige, geistig tragende Kraft, welche während der ganzen Dauer der geschichtlichen Kultur Ägyptens gewirkt hat, erweist sich die Überlieferungstreue. Ihr ist bei allen zeitweise eingetretenen Niedergängen und Fremdherrschaften die ununterbrochene Kontinuität zuzuschreiben; dafür sprechen auch die Königslisten, in denen die chronologische Folge der Pharaonen-Dynastien aufgezeichnet sind. Dieses Bewahrende, diese Überlieferungstreue ist eine Eigenschaft der Volksseele und somit eine solche der Isis, insofern sie von den Ägyptern als Repräsentantin der Volksseele mit den heiligsten Empfindungen verehrt worden ist.

Dieses unbedingte, treue Festhalten an überlieferter Weisheit spricht unverkennbar aus den Worten des saitischen Priesters zu dem Griechen Solon bei Gelegenheit seiner Reise nach Ägypten. Er sagte zu ihm: «Ihr Griechen seid wie Kinder. Ihr habt keine altersgraue, überlieferte Weisheit, wir aber haben sie», und sie schrieben diese Geistüberlieferung fernster Vergangenheit dem Ur-Lehrer ihrer Kultur, dem Thoth zu, den die Griechen den Hermes, und nach ägyptischer Aussage den Trismegistos, den Dreimalgroßen Thoth, nannten. Dem Thoth schrieben sie die Begründung ihrer Kultur und deren erste Ergebnisse zu, wie das Lesen der Sternenschrift, die Kalenderordnung nach dem Sothisjahr, die Geometrie, die Feldmeßkunst u. a. Außerdem wies der saitische Priester darauf hin, daß die ägyptische Geschichte sich über einen Zeitraum von 8000 Jahren erstrecke.

Über die dem Thoth, dem Trismegistos zugeschriebenen Bücher, welche den Ägyptern der geschichtlichen Zeit als eine der Hauptquellen ihres überlieferten Weltwissens galten, sagt Ed. Meyer in seiner «Geschichte des Altertums» (II. Bd.) im Hinblick auf ein Gebet aus der Ramassidenzeit, in welchem die drei Götter Atum, Amun und Ptah als der eine Gott angerufen werden: «Eben in diesem logischen Widersinn offenbart sich die untrügliche Wahrheit der in den heiligen Büchern des Thouth niedergelegten Offenbarung, die man als Mysterium hinzunehmen und auszudeuten hat, so gut man es vermag.» Darnach war dieser große Forscher von einer ursprünglichen Offenbarung, einem Mysterium, auf welches die ägyptische Kultur zurückzuführen ist, überzeugt, die aber seiner Ansicht nach schon unter den Ramassiden in Verwirrung geraten war.

Ein aufschlußreiches und bedeutendes Beispiel für das Bestehen altersgrauer Überlieferungen noch in später Zeit ist die Kunde von der Atlantis und deren Untergang, welche die saitischen Priester dem Solon mitgeteilt haben. Solon, so wird berichtet, habe sie nach Griechenland gebracht, wo sie der Veröffentlichung harrte, bis dieses durch den Soloniden Plato geschah. Plato selber verbrachte ein volles Dezennium seines Lebens in Ägypten. Gleichviel, ob er die Kunde von der Atlantis von seiten seiner Vorfahren oder in Ägypten selber erfahren hat, in seinen beiden Schriften «Timäus» und «Kritias» hat er den Atlantisbericht der saitischen Priesterschaft niedergelegt, und er ist auf diese Weise der Nachwelt zur Kenntnis gekommen.

Plato schildert den untergegangenen Kontinent als Insel Poseidonis und gibt ein Bild vom atlantischen Königtum, den Tempeln, der Kultur und ihres Unterganges durch schwarze Magie, der 9000 Jahre vor seiner Zeit, also im 10. Jahrtausend v. Chr., stattgefunden haben soll.

Aus unserem beschleunigten Zeitgeschehen ist ein auffallender Parallelismus entstanden. Mit dem Tempo, das die zukunftwärts drängende Entwicklung der Technik eingeschlagen hat, ist zugleich eine gewaltige Erweiterung des prähistorischen Gesichtsfeldes durch Grabungen und Funde im Bereich alter Kulturgebiete eingetreten. Der in weit zurückliegende Zeiträume und vorgeschichtliche Kulturentwicklung tauchende Forscherblick gehört heute zur Tagesordnung der einschlägigen Wissenschaftsgebiete. Im Grenzgebiet des gegenwärtigen prähistorischen Gesichtsfeldes steht die Atlantisforschung.

Atlantis war noch am Anfang des 20. Jahrhunderts ein kaum wissenschaftlich ernsthaft diskutiertes Problem. Die zu Beginn dieses Jahrhunderts erschienene Schrift Rudolf Steiners «Unsere atlantischen Vorfahren» hat in Fachkreisen keine Beachtung erfahren, obschon sie die Fakten über die atlantische Menschheit, die atlantische Kulturentwicklung und den Untergang des atlantischen Kontinentes in einer Weise behandelt, die das größte Interesse seitens der einschlägigen Wissenschaften hätte beanspruchen können. Und dieses um so mehr, als zur selben Zeit durch Forscher wie Breuil und Obermaier die eiszeitliche Kunst nach dem blamablen wissenschaftlichen Irrtum seitens der Gelehrten bei Gelegenheit des internationalen Kongresses für Anthropologie in Lissabon (1880) wissenschaftliche Anerkennung gefunden hatte, wodurch das prähistorische Gesichtsfeld eine gewaltige zeitliche Erweiterung erfahren hat. Das zeitliche Zusammenfallen des Erscheinens von Rudolf Steiners Schrift «Unsere atlantischen Vorfahren» mit der wissenschaftlichen Anerkennung der eiszeitlichen Kunst hätte für eine vorurteilsfreie anthropologische und archäologische Forschung Veranlassung sein können, zu untersuchen, ob und welche Beziehungen zwischen der atlantischen und der eiszeitlichen Kultur Europas und Nordafrikas bestehen. Zu den Gründen, warum dieses nicht geschehen ist, gehört einerseits der Umstand, daß die Atlantisforschung damals noch in den Kinderschuhen steckte, und anderseits die Datierungen der Eiszeit und Eiszeitkunst phantastische Ausmaße angenommen haben, eine Kinderkrankheit dieses Forschungsgebietes, die zwar da und dort erkannt, aber bis heute noch nicht überwunden werden konnte.

Der Verfasser hat in seinem Buch «Atlantis und das Rätsel der Eiszeitkunst» den Versuch unternommen, diese beiden Forschungsgebiete in einen durch bestimmte Tatsachen sprechenden, inneren Zusammenhang zu bringen und Beziehungen zwischen Atlantis und Eiszeitkunst aufzudecken.

Die durch die genannten Dialoge Platos bekannt gewordene Kunde von der Atlantis ist ursprünglich für eine mythische Phantasie des griechischen

Weisen gehalten worden. Erst seitdem die Atlantisfrage, und dieses gegenwärtig zunehmend, in das Feld ernsthafter wissenschaftlicher Erörterung getreten ist, befindet sich der Atlantisbericht Platos auf dem Wege, eine wissenschaftliche Anerkennung zu erhalten. Sagen und Mythen der älteren Menschheit beginnen in unserem skeptischen Zeitalter durch die erfolgreichen Ausgrabungen in das Licht neuer Erkenntnisse zu treten. Die sagenhafte Troja des Homer ist durch Schliemanns Ausgrabungen identifiziert worden. Der babylonische Turmbau und die Sintflut der Genesis sind aus der alten, für phantastisch gehaltenen Mythenwelt herausgetreten und haben bereits wissenschaftliche Gültigkeit erlangt oder sind auf dem Wege dazu.

Zum Atlantisproblem hat Wegener mit der Schollentheorie einen wichtigen, vorbereitenden Beitrag geliefert, aber er konnte noch nicht zur Schollenversenkung vordringen, weil die alte Katastrophentheorie aufgegeben war und der Untergang der Atlantis neue Gesichtspunkte in bezug auf die Entwicklung der Erde fordert.

Über die Geschichte der Atlantisforschung hat Bessmertny einen erschöpfenden Bericht geliefert. Vom Atlantisbericht des Plato ausgehend, gibt er in seiner Schrift ein Bild über die Atlantishypothesen, nach welchem die Autoren dieser Hypothesen die Atlantis in Amerika, in Nigerien, in Nordafrika, in Tartessos gefunden zu haben vermeinten. Dann aber gewann die Ansicht die Oberhand, daß die Atlantis eine Insel im atlantischen Ozean gewesen sei, wodurch der platonische Bericht aus einer mythischen Isolierung in das Feld wissenschaftlicher Erörterung zu treten begann. Französische Forscher, wie der Chemiker und Agronom A. Cadet (1743–1826) und Borg de St. Vincent, ein Zeitgenosse Cadets, vertraten die Ansicht, daß die Kanarischen Inseln und die Azoren Überreste der versunkenen Atlantis seien. Größtes Aufsehen erregte die 1882 erschienene Schrift des Ignatius Donelly «The Antediluvian World», der Madeira und die Azoren als Gipfelgebiete der versunkenen Atlantis betrachtete und als Erster auf die kulturelle Verwandtschaft zwischen Ägypten und Mexiko hingewiesen hat. Donelly suchte unter anderem den Nachweis zu führen, daß mitten im atlantischen Ozean eine nachmals versunkene Insel unter dem Namen Atlantis existiert habe und der Bericht des Plato keine Fabel, sondern vorgeschichtliche Tatsache sei. Ferner müsse die Atlantis als der ursprüngliche Wohnsitz der arischen Völkerfamilie, der semitischen Rasse und vermutlich auch der turanischen Rasse anzusehen sein. Die Kunde von der großen Katastrophe sei nach Osten und Westen gedrungen und habe sich in den Sintflutsagen zahlreicher Völker als Erinnerung bewahrt.

Bessmertny berichtet weiterhin über den Vorstoß der Atlantisforschung im 20. Jahrhundert durch Edgar Dacqué in seinem 1927 erschienenen Werk «Urwelt, Sage und Menschheit». Dieser Forscher erblickt die geologische Grundlage der Atlantis in einer einst bestandenen Landbrücke, deren Spur nach dem Versinken der Atlantis vorhanden geblieben ist durch einen den

Ozean durchschneidenden Gebirgsrumpf, dessen Rest in den Kapverdischen Inseln und den Antillen vorliege. Den Untergang der Atlantis setzt Dacqué in die späte Eiszeit, ins Quartär, als in Europa die ältere Steinzeit zur Entfaltung kam. In der Sage von den Plejaden und Hesperiden erblickt Dacqué nicht eine bloße Allegorie, sondern eine Symbolform von naturhistorischen und menschlichen Vorgängen, die im Zusammenhang mit der untergehenden Atlantis stehen.

Der Hypothese von Hermann Wirth widmet Bessmertny einen besonderen Abschnitt seiner Schrift. In seinem Werke «Aufgang der Menschheit» sucht Wirth den Nachweis zu erbringen, daß die Paläoepigraphik, d. h. die Urschrift der über den Erdkreis verbreiteten, in Ideogrammen vorliegenden Kultsymbolik der prähistorischen Menschheit, deutlich auf ein allen Völkern gemeinsames Mutterland, die Atlantis oder Prima Thule, zurückweise. Darnach gab es zur Zeit der europäischen Magdalénienkultur am Ende der Eiszeit eine atlantische Thulekultur. Da die nordamerikanischen und europäischen Schriftzeichen dieselben sind, ihre Übereinstimmung jedoch 8000 Jahre v. Chr. aufhörte, hat Wirth daraus den Schluß gezogen, daß die Atlantis damals untergegangen sei, ein Datum, das mit demjenigen Platos annähernd übereinstimmt.

Auch Hörbigers Welteislehre wird von Bessmertny in den Kreis seines Berichtes gezogen. Nach der Theorie Hörbigers gab es zwischen Amerika und Afrika-Europa ein trockengelegtes Gebiet, das als Atlantis gelten könne, das nachmals infolge kosmischer Vorgänge untergegangen sei und dessen Reste sich in den Azoren erhalten haben.

Dieselbe sachliche und objektive Haltung nimmt Bessmertny gegenüber der Schrift Rudolf Steiners «Unsere atlantischen Vorfahren» in dem Abschnitt «Die Insel der Theosophen und Okkultisten» ein. Er sagt hierüber: «Seine (Steiners) durch innere Versenkung gefundenen Erkenntnisse mit natur- und geschichtswissenschaftlichen Methoden zu untersuchen, würde heißen, sie von vornherein negieren. Es kommt hier darauf an, sie mitzuteilen, weil sie für viele Menschen als Wahrheiten gelten, und zu versuchen, den Grad ihrer Geltung im Vergleich festzustellen. Denn es wird sich ihnen vielleicht eine relative Gültigkeit zusprechen lassen, die größer ist, als die auch mir relative Gültigkeit der einander mit tödlicher Feindschaft gegenüberstehenden naturwissenschaftlichen und geschichtlichen Theorien. Es ist keineswegs ein Abgleiten in Niederungen, wenn man Phänomene der geistigen Welten mitteilt und ihre Bedeutung zu bestimmen unternimmt.»

Zunächst werden die Atlantisberichte der H. P. Blavatzky in dem «Buch Dzyan» sowie die von Scott Elliot in seinem Buch «Atlantis» abgehandelt mit ihren Darstellungen der atlantischen, im Laufe ausgedehnter Zeiträume in sieben Unterrassen gegliederten Menschheit. Auf den Atlantisbericht Rudolf Steiners übergehend, sagt Bessmertny: «Wesentlich interessanter und von erheblich höherem Niveau sind die Atlantisberichte von Rudolf Steiner. Er zitiert die von ihm gegebenen Methoden seiner Forschung, wozu sich der Geistesforscher im Zeitalter der naturwissenschaftlichen Forschung verpflichtet weiß. Wörtlich sagt Rudolf Steiner diesbezüglich: ‚Tatsächlich gibt es solche Berichte aus Geschichte und Vorgeschichte in allen Geheimschulen. Und hier herrscht seit Jahrtausenden so volle Übereinstimmung, daß sich damit die Übereinstimmung, die zwischen den äußeren Geschichtsschreibern auch nur eines Jahrhunderts besteht, gar nicht vergleichen läßt. Die Eingeweihten schildern zu allen Zeiten und allen Orten im wesentlichen das Gleiche.‘» Bessmertny gibt dann anschließend einen sachlichen Überblick der von Rudolf Steiner in «Unsere atlantischen Vorfahren» gemachten Ausführungen. Hinzugefügt werden darf, daß diese Schrift zu den ersten Veröffentlichungen einer modernen Mysterienwissenschaft gehört, die nachmals im Fortgang seines Lebenswerkes eine umfassende und methodisch begründete Erweiterung gefunden hat, aber in ihren Erkenntnisgrundlagen darauf angelegt ist, Naturwissenschaft und Kulturforschung mit Mysterienwissenschaft zu vereinigen.

Eine Fülle von auf die Atlantis und deren Untergang hinweisendem Material von unterschiedlichem wissenschaftlichem Wert und Interpretation durch den Verfasser enthält das 1946 erschienene Buch von A. Braghine «Atlantis». Der Verfasser faßt seinen Atlantisbericht in verschiedene Sachgruppen zusammen. In erster Linie die Gruppe der ältesten Zeugnisse in den Dialogen des Plato und anderer Schriftsteller der Alten, die dunklen Hinweise in den Dokumenten der mexikanischen Majakultur sowie derjenigen der Inkas in Peru. Dann die Gruppe geologischer Zeugnisse, die sich vielfach mit denen Bessmertnys decken, z. B. unter anderen die Forschungen Wegeners; ferner die Gruppe der seismologischen Zeugnisse, Vulkane, Erdbeben, die Tiefseeforschungen, weiterhin eine biologische Gruppe, betreffend gleichartige Tiergattungen diesseits und jenseits des Atlantik, insbesondere aber die Gruppe der astronomischen Untersuchungen und Zeugnisse, welche für die Atlantis und deren Untergang wie für die damit koordinierte Eiszeit vorliegen. Hier ist vor allem der französische Forscher Adhémar zu nennen, welcher die atlantische Katastrophe und die Eiszeit in Zusammenhang mit der Verschiebung der Aequinoktien in einem Zeitenzyklus von 21 000 Jahren nachzuweisen sucht und das Jahr 1248 n. Chr. als den astronomischen Zeitpunkt festsetzt, d. h. die zeitliche Mitte zwischen einer vergangenen und einer kommenden Eiszeit, mit dem Höhepunkt der vergangenen Eiszeit um 9252 v. Chr. und dem Höhepunkt einer kommenden im Jahr 11748 n. Chr.

In seinen weiteren Ausführungen hebt Braghine insbesondere die kulturelle und geistige Verwandtschaft der ägyptischen mit der Majakultur hervor, die durch den beiderseitigen astronomisch orientierten Pyramidenbau eine starke Stütze findet. Braghine berührt auch die noch vielfach in Hypothesen sich bewegende Wanderungsfrage aus der Atlantis nach Europa und anderen Erdgebieten unter Darlegung der Wanderungstheorie von Lewis Spencer in seinem Buche «The Problem of Atlantis», wonach die Cromagnon-

Rasse, welche im Magdalénien die Kunst der Eiszeit schuf, aus der Atlantis nach Europa hinübergewandert sei, was, wie Braghine behauptet, auch für die semitische Rasse zutreffe.

Die beiden Atlantisberichte von Bessmertny und Braghine in ihren übereinstimmenden Ergebnissen zusammenfassend, kann gesagt werden, daß der Atlantisbericht des Plato von verschiedenen Seiten wissenschaftlicher Forschung eine weitgehende Bestätigung erfahren hat. Die Existenz der Atlantis und deren Untergang ist im 20. Jahrhundert Gegenstand ernsthafter wissenschaftlicher Erörterung geworden. Die Inselgruppen der Azoren und Antillen werden als Gipfelreste der versunkenen Atlantis angesehen, und es besteht eine weitgehende zeitliche Übereinstimmung für den Untergang der Atlantis mit den Angaben Platos in einem mittleren Datum von 9000 Jahren vor unserer Zeitrechnung. Es gilt diese mittlere Zeitbestimmung, wie auch u. a. aus den astronomischen Forschungsergebnissen Adhémars und anderer hervorgeht, auch für die Eiszeit. Mit dem Übergang vom Tertiär zum Quartär haben gleichzeitig zwei große erdgeschichtliche Ereignisse stattgefunden, das sich in zeitlichen Abständen vollzogene Versinken der Atlantis sowie der Eintritt und Ablauf der Eiszeit.

Nachdem das Atlantisproblem im Verlaufe des 20. Jahrhunderts zunehmend ein Gegenstand wissenschaftlicher Forschung und Problematik geworden ist, mußte sich auch die Frage einstellen, wie im ganzen Zusammenhange der Entwicklung der Erde der atlantische Kontinent entstanden und unter welchen erdgeschichtlichen Vorgängen er wieder verschwunden ist.

Diese Frage hat eine Beantwortung gefunden durch Günther Wachsmuths Buch «Die Entwicklung der Erde». Unter Berücksichtigung und Einbezug der bisherigen wissenschaftlichen Ergebnisse der Erdgeschichte entwirft Wachsmuth insofern ein ganz neues Bild derselben, als er durch die Darstellung ihrer «Bildekräfte, Rhythmen und Lebensprozesse» die Erde auf die Stufe eines planetarischen Lebensorganismus hinaufhebt. Er zeigt an zahlreichen Phänomenen der Erdgeschichte, wie dieser Lebensorganismus denselben Gesetzen wie andere interplanetarische Organismen unterworfen ist.

In bezug auf Entstehung und Verschwinden des atlantischen Kontinentes im Lebens- und Entwicklungsprozeß des Erdenorganismus muß das Blickfeld auf die Darstellung der großen Gestaltmetamorphosen der Erde gerichtet werden. Ein Hauptphänomen derselben ist die Polarisierung der Erde, ihr Übergang von der polarisierten Ost–West verlaufenden Ovalform zur Nord–Süd polarisierten Kugelform mit einer gleichzeitigen Haut-, Rinden- und Schalenbildung des Erdorganismus. Dieser befindet sich ursprünglich in einem Embryonalzustande, aus dem heraus seine Gestaltmetamorphosen erfolgen. Dabei kommt es in der beweglich-lebendigen Formtendenz der Erdhaut, die am pazifischen Pol einen andern Verlauf nimmt als am atlantischen Pol, zur Bildung von Organonen. Im Bereich der pazifischen Organonen findet der Austritt und Weggang des Mondes statt, der den Tiefseeboden mit seiner Simaschicht zurückgelassen hat. Es fand hier eine Ausstülpung statt, die Wachsmuth, da es sich um Lebensbildeprozesse und nicht um erdmechanische Vorgänge handelt, als Gastrulationsprozeß bezeichnet. Im Lebensvorgang der Gestaltmetamorphose der Erde hat der Austritt des Mondes Zerrungen, Dehnungen und Einbuchtungen zur Folge mit der Tendenz, die dadurch im Lebensorganismus der Erde entstandene Wunde zu schließen. Diese Vorgänge zogen andere nach sich, wie den Untergang des lemurischen Kontinentes durch plutonische Feuergewalten (Vulkanausbrüche und Erdbeben), welche durch den Fortgang des Mondes frei geworden waren. Der bisherige Zusammenhang des pazifischen mit dem atlant-afrikanischen Organon wurde gelöst und der Indische Ozean bedeckte die Stelle des einstigen lemurischen Kontinentes. Dieser hatte im Werdeprozeß des Erdorganismus seine Aufgabe erfüllt und war, wie Wachsmuth bemerkt, als Organ überflüssig geworden. Infolge der ostwärts gehenden, noch plastisch gebliebenen Substanz kam es im atlant-afrikanischen Organon zu einer Aufspaltung und zu einer einsetzenden Westtrift des sich ablösenden südamerikanischen Kontinentes (in Übereinstimmung mit Wegeners Schollenwanderung). Miteingeschlossen in diese Westtrift war der atlantische Kontinent, der sich von dem weiter westwärts abwandernden südamerikanischen Kontinent ablöste, um dann zwischen diesem und dem nordamerikanischen, vom europäischen Organon abgelösten Kontinent die Bildung einer Sonderexistenz, den atlantischen Kontinent, zu erlangen.

Worauf es in dieser kurz skizzierten Darstellung von der Entstehung der Atlantis ankommt, ist die Beantwortung der Frage, wie sich dieser umstrittene oder umstritten gewesene Kontinent in die gesamte Erdgeschichte eingliedert und darin als ein bestimmtes Glied in der Gestaltenmetamorphose des Erdenorganismus anzusehen ist.

Der große, der umfassende Aspekt, den Wachsmuth mit der Darstellung der Entwicklung der Erde als planetarischem Lebensorganismus in seiner Gestaltenmetamorphose aufrollt, nimmt sich für die überschauende Betrachtung aus wie die einzelnen Akte eines kosmisch-terrestrischen Weltendramas, das sich nach organisch-künstlerischen Gesetzen vollzogen hat. In diesem Drama gibt es Organbildungen, die entstehen, Eigengesetzlichkeit annehmen, und Organe, die entstehen und vergehen, die vom Lebensprozeß des Erdorganismus wieder ausgeschieden werden, wie der Austritt des Mondes, Bildung und Untergang des lemurischen Kontinentes im pazifischen, des atlantischen Kontinentes im atlantischen Lebensraum des Erdorganismus.

Eine weiter gehende Beantwortung der aufgeworfenen Frage geht dahin, wie die Eiszeit und der Untergang der Atlantis sich dem Gesamtbild der Erdenentwicklung eingliedern und dieses im Hinblick auf den kosmischen Rhythmus und die sich daraus ergebende Zeitbestimmung im Sinne einer wissenschaftlich begründeten, exakten Chronologie.

Der Verfasser hat eine astronomisch begründete Chronologie dieser Ereignisse in seinen beiden Schriften «Atlantis und das Rätsel der Eiszeitkunst» sowie der «Vorzeit der Schweiz» behandelt. Wachsmuth gibt in dem genannten Werk dieser Chronologie eine exakte Bestimmung aus dem Gesamtbild der Entwicklung der Erde.

Nach dem Untergang des lemurischen Kontinentes, führt Wachsmuth aus, habe sich eine «tiefgreifende Umorganisierung der Kontinente, Ozeane und Gewässer» vollzogen. Die bisher noch plastische Substanz des Erdorganismus begann, in eine zähere Konsistenz überzugehen, und während der folgenden atlantischen Epoche setzte «die Herausgestaltung unseres heutigen Erdenantlitzes in weiteren Metamorphosen» ein.

Der kosmische Rhythmus, durch den sich die Chronologie der Eiszeit und das Versinken der Atlantis bestimmen läßt, d. h. die Achsendrehung der Erde und deren Eigendrehung, wurde im Laufe der Erdenentwicklung Wandlungen unterworfen. Wachsmuth gibt ein Bild dieser Wandlungen. Ursprünglich war der Erdorganismus ein Wärmegebilde, das sich nur in langsamer Bewegung befand. Es war noch nach Austritt des Mondes ein ovales Gebilde mit dem pazifischen und atlant-afrikanischen Pol. Im Übergang von der lemurischen zur atlantischen Epoche kam es zu einer Wandlung der Achsenstellung, d. h. ihrer Aufrichtung in die Nord–Südpolarisierung und damit zum Übergang von der Ovalgestalt zur Kugelgestalt der Erde. Zugleich fand eine fortschreitende mineralisierende Verdichtung der Erde statt bei gleichzeitiger Verdünnung der Atmosphäre. Erst damit waren die Voraussetzungen gegeben für den Rhythmus der Jahreszeiten durch die eingetretene Achsenstellung der Erde mit ihrer Neigung von 23½ Grad und der Beschleunigung ihrer Eigendrehung. Mit dieser Ordnung von Achsenstellung und Umlaufszeit, also durch den kosmischen Rhythmus und mit der Mineralisierung der Substanz trat die Möglichkeit einer Zeitrechnung auf: Die Bestimmung des platonischen Weltenjahres, d. h. der Durchgang der Sonne durch den Tierkreis in 25 920 Jahren, die sogenannte Präzessionsbewegung, das Frühlings- und Herbstäquinoktium, die wechselnden Jahreszeiten und die berechenbaren Folgen dieser Gestaltmetamorphosen und Wandlungen des kosmischen Rhythmus der Erde. Mit dem Übergang von der lemurischen Zeit zur Atlantis, nach dem Untergang von Lemurien, trat die Entwicklung der Erde aus ihrer unberechenbaren in ihre berechenbare Evolutionsepoche ein.

Das Hereinbrechen der Eiszeit und der Untergang der Atlantis fallen zeitlich in die Phase der eingetretenen berechenbaren Entwicklungsepoche der Erde. Wachsmuth sagt hierüber u. a.: «Die Atmosphäre, die im Tertiär noch stärker durchwärmt war, kühlt sich nun ab. Wassergewalten und Kälte gewinnen die Oberhand, bis sie mit den Sintflutüberschwemmungen und der Eiszeit in der Schlußphase der atlantischen Epoche gegen das Ende des Tertiär ihre Herrschaft katastrophal zur Auswirkung bringen können. So führen die letzten Phasen der atlantischen Epoche zu den bisher letzten großen Umwandlungen im Erdorganismus.»

Die Ursachen dieser Abkühlung sind nicht, wie manche Forscher behaupten, in terrestrischen, sondern in kosmischen Vorgängen zu suchen. Wachsmuth sagt hierüber: «Nur wenn die Erde durch ihre Stellung und Wanderung im Kosmos in solche Konstellationen kommt, daß derartige kosmische Wirkungen über die Eigenvitalität der Erde dominieren können, treten im Erdorganismus zeitlich begrenzte Erstarrungs- und Eisbildungserscheinungen auf, die aus dem eigenen Entwicklungsstadium der Erde sonst nicht ableitbar waren.» Und an anderer Stelle: «... daß die Eiszeiten von der Intensität, wie sie gegen Ende der atlantischen Epoche im Quartär auftraten, in dieser Art erst einsetzen konnten, als mit der Mineralisierung der Substanz und Verdünnung der Atmosphäre usw. der Erde die Voraussetzungen hierfür gegeben waren.»

Was die Zeitbestimmung dieser Vorgänge betrifft, so ist dabei von grundlegender Bedeutung, daß, wie Wachsmuth darlegt, für eine organische Betrachtung des Erdgeschehens andere Zeitmaße in Frage kommen als einer aus dem Anorganischen abgeleiteten Betrachtungsweise. Auf Grund von Angaben Rudolf Steiners, auf die sich Wachsmuth stützt, traten die genannten Vorgänge auf, als die Sonne das letzte Mal durch die Tierkreisfelder von Waage und Jungfrau bis zum Löwen ging, d. h. von da ihre Kräfte aussandte. Darnach hat die Eiszeitperiode ihren Höhepunkt etwa im 10. Jahrtausend und ihr Abklingen und Ende im 8.–7. Jahrtausend vor unserer Zeitrechnung gehabt.

Dieselben Zeitangaben gelten auch für den Untergang der Atlantis durch Überflutung. Mit dieser Zeitbestimmung und ihrer Einordnung in den Sonnengang des platonischen Weltenjahres gewinnt die Eiszeitchronologie eine astronomisch gesicherte Grundlage, um die sich die Phänomene der Eiszeitperiode und das Versinken der Atlantis sachgemäß gruppieren können. In Übereinstimmung damit steht die Angabe Platos als mittleres Datum. Im Weltbilde der organischen Betrachtungsweise der Entwicklung der Erde erhalten die von Rudolf Steiner gemachten Angaben über die Eiszeit und die Atlantis ihre selbstbeweisende Bestätigung als Glieder eines umfassenden Ganzen. Sie können daher gegenwärtiger und künftiger Forschung als Grundlagen und Richtlinien dienen.

Die Sage von der Atlantis ist durch die Forschung des Abendlandes im Begriffe, die Schwelle zur wissenschaftlichen Anerkennung zu überschreiten und damit zu einem Tatbestande der Erden- und Menschheitsentwicklung zu werden. Die Griechen haben diese Kunde von der Priesterschaft zu Sais erhalten. Wir besitzen, sagten die saitischen Priester zu Solon, eine uralte Menschheitstradition. Die Atlantiskunde ist ein Beweis, daß sie wahr gesprochen haben.

II

DIE ATLANTISCHE MENSCHHEIT NACH IHREN ENTWICKLUNGSSTUFEN

Je mehr und eindringlicher die Kenntnisse vom Entstehen und Vergehen des atlantischen Kontinentes in das wissenschaftliche und allgemeine Bewußtsein eindringen, desto notwendiger erweist es sich, auch ein Wissen von der atlantischen Menschheit, ihrer Entwicklung und ihres Schicksals zu erlangen. Nachdem das prähistorische Gesichtsfeld eine Erweiterung durch die Entdeckung und Erforschung der Eiszeitkunst erfahren hat, erweiterte es sich abermals durch die Atlantisforschung. Zugleich mußte es aber auch auf dasjenige zeitliche Maß begrenzt werden, wozu wohlfundierte terrestrische und astronomische Tatsachen drängen. Die zeitliche Grenze, die dem Untergang der Atlantis gesetzt ist, liegt um das zehnte Jahrtausend vor unserer Zeitrechnung. Vor diesem Zeitpunkt hat sich das Leben und die Entwicklung der atlantischen Menschheit abgespielt. Da keinerlei sichtbare Zeugnisse derselben vorliegen, kann die Geschichte der atlantischen Menschheit nicht Gegenstand der üblichen Geschichtswissenschaft sein, sondern Gegenstand einer Forschung, deren Ergebnisse in Rudolf Steiners bereits erwähnter Schrift «Unsere atlantischen Vorfahren», der «Geheimwissenschaft im Umriß» und in zahlreichen anderen Darstellungen über die atlantische Menschheit im Rahmen seines Lebenswerkes vorliegen.

Eine Zusammenfassung dieser Ergebnisse und der Versuch ihrer Vereinigung mit dem Tatsachenbereich der einschlägigen wissenschaftlichen Forschung liegt vor in einer weiteren Arbeit von Günther Wachsmuth: «Werdegang der Menschheit», welche die Fortsetzung der «Entwicklung der Erde» darstellt.

In diesem Werk werden die Ergebnisse dieser Forschungen in einer Darstellung der Entwicklung der atlantischen Menschheit nach ihren Stufenfolgen vorgelegt. Die Atlantisforschung geht auf zwei verschiedenen Wegen vor, und erst aus der Vereinigung dieser beiden Wege kann ein gültiges Gesamtbild der Atlantis erstehen. Der eine Weg ist der bereits geschilderte der neueren Atlantisforschung, wozu notwendigerweise eine wissenschaftlich fundierte Darstellung gehört, wie sich aus der Gesamtentwicklung der Erde der atlantische Kontinent gebildet hat und dann untergegangen ist. Der andere Weg liegt vor in der Erforschung der atlantischen Menschheit, ihrer Entwicklung und ihrer Kultur nach den Ergebnissen, die in den genannten Schriften Rudolf Steiners enthalten sind. Da es sich in diesen Schriften um eine Darstellung von Erkenntnissen handelt, die das geistige Führertum der atlantischen Menschheit und das Bestehen von Mysterienstätten betrifft, von denen die geistige Führung ausgeht, erscheint die Bezeichnung «Mysterienwissenschaft» aus der Sache heraus gegeben, um diesen zweiten Weg der Atlantisforschung durch Namengebung zu charakterisieren. Über die Berechtigung des Namens Mysterienwissenschaft entscheidet nicht die Konvention, sondern die Sache, es entscheidet allein der Erkenntniswert, um den sich jede vorurteilslose wissenschaftliche Forschung erst bemühen muß.

Mysterienwissenschaft unterscheidet sich in einer Hinsicht grundsätzlich von den geltenden Kulturwissenschaften darin, daß sie die Entwicklung der vorzeitlichen Menschheit nicht hervorgehen läßt aus ungeordneten Zuständen, wie etwa aus dem durch Naturinstinkte zusammengehaltenen Hordenwesen, aus dem dann nach und nach geordnete Zustände, wie das Königtum, die Staatsbildung und die Gesetzgebung hervorgegangen sein sollen. Es gibt bis jetzt keine wissenschaftlich haltbare Anschauung darüber, wie aus dem Hordenprinzip sich das geistige Führertum der Königswürde und Königsgewalt entwickelt haben soll. Die Urprinzipien der Gemeinschaftsbildung im Bereich der alten Menschheit haben noch keine wissenschaftliche, allgemein gültige Grundlage erhalten.

Die Mysterienwissenschaft ihrerseits entwirft ein Bild der Entwicklung der ur- und vorzeitlichen Menschheit und ihrer Gemeinschaftsordnungen auf der Grundlage eines geistigen Führertums und des Bestehens von Mysterienstätten, von denen die geistige Führung ausgegangen ist.

Ebenso wie überlieferte Mythen und Sagen der Vorzeit dem wissenschaftlichen Bewußtsein der Gegenwart ihren weltgeschichtlichen Wahrheitskern zu enthüllen begonnen haben, wofür gerade der Mythos von der Atlantis ein Beispiel bietet, so werden die Ergebnisse der Mysterienwissenschaft über die Atlantis bei vorurteilsloser Prüfung ihres Erkenntniswertes das Band bilden, welches die beiden Wege zu einem Gesamtbild vereinigen kann.

Eine Zusammenfassung und gegenseitige Durchdringung der beiden angedeuteten Wege liegt in der bereits genannten Schrift Günther Wachsmuths «Die Entwicklung der Erde» und in der Fortsetzung derselben, «Werdegang der Menschheit», vor.

Die Heranbildung und Differenzierung der atlantischen Menschheit erfolgte auf der Grundlage einer allgemeinen menschlichen Naturanlage, der Lebenskraft, die in Atemgang und Pulsschlag, in Tageslauf und Jahreslauf einer rhythmischen Ordnung folgt und das Menschenleben mit dem Leben des Kosmos in Einklang setzt. Die Lebenskraft mit allen ihren Möglichkeiten, latenten Fähigkeiten, Geheimnissen bildete den ursprünglichen Status der atlantischen Menschheit. Die Lebenskraft begabte aus ihrer Naturgrundlage heraus den atlantischen Menschen mit einer unbegrenzten Erinnerungsfähigkeit. Denkfähigkeit und Urteilskraft besaß er ursprünglich nicht. Er besaß auch noch nicht ein volles Wachbewußtsein, wie dies im späteren und heutigen Sinne der Fall ist, sondern ein Traumbewußtsein, weil Wachen und Schlafen noch nicht völlig getrennt waren, sondern ineinander übergingen. Wachendes Träumen, träumendes Wachen bildete die seelische Konstitution des atlantischen Menschen. Die physische Umwelt nahm er noch nicht in festen, sondern in schwimmenden Konturen wahr. Seine Sehfähigkeit vermittelte ihm ein farbiges, wechselndes, schwimmendes Gesichtsfeld. Der atlantische Mensch fühlte sich am Tage hineinversetzt in eine flutende, nicht in eine fixierte Farben- und Formenwelt. In der Nacht wußte er sich geborgen im Schoße des Göttlichen. Die Geheimnisse der schaffenden Natur lagen ihm offen, und er vernahm den sie durchwallenden göttlichen Ton als TAO. Belehrt und geführt wurde er von der allmütterlichen Natur nicht durch Erkenntnis oder Urteil, sondern durch die eingeborene, traumhafte Sicherheit des Instinktes. In gemeinschaftsbildender Hinsicht war der Atlantier ein sich der absoluten Autorität eines Höheren mit Instinktsicherheit unterwerfendes Wesen, das dadurch dem tierischen Wesen nahestand, aber in seiner Art als Mensch sich über das Tier erhob, wie seine geistigen Führer über ihn erhoben waren. Autorität und Führung waren die zielbewußte Aufgabe der Eingeweihten oder Götterboten der atlantischen Menschheit. Da Denken und Urteilsvermögen noch ungeboren in tiefen Schächten des Seelenlebens verborgen waren, konnte Autorität und Führung nicht durch Worte, sondern durch Zeichen, durch Willensmagie und zeremonielle Verrichtungen ausgeübt werden. Diese Willensmagie wirkte auf die Lebenskräfte, nicht auf das Bewußtsein, sie wirkte auf die Instinkte mit dem Ziel, die Bewußtseinskräfte zu wecken.

Unter diesen ursprünglichen Voraussetzungen und durch geistige Führung entwickelte, differenzierte und gliederte sich die atlantische Menschheit in sieben aufeinanderfolgenden Stufen nach Typus, Rasse und Bewußtseinskräften. Kosmische Umwelt, Klima und Führung wirkten dahin, daß sich zunächst vier Urtypen herausbildeten, der Adler-, der Löwe-, der Stier- und, diese durch Ausgleich vereinigend, der Wassermann-Typus. Auf einer weiteren Stufe differenzierte sich durch Anlage und Umweltsbedingungen die Leiblichkeit in verschiedene Hautschattierungen als erste Anlage der weißen, roten, schwarzen und gelben Rasse. Auf der dritten Stufe entwickelten sich diese Anlagen zu den verschiedenen Rassentypen. Die Rassenbildung der atlantischen Menschheit wurde von den Mysterienstätten aus geleitet. Es waren Saturn-, Jupiter-, Mars-, Venus- und Merkur-Mysterien. Im führenden Sonnen-Mysterium waren die planetarischen Mysterien mit ihren speziellen Wirkenskräften zusammengefaßt und vereinigt. Auf der vierten Stufe erfolgte eine weitere Differenzierung in seelischer Beziehung. Durch die Beziehung zu den sonnenfernen Planeten und deren Mysterienführung entwickelte sich die Anlage, Offenbarungen von der kosmischen Umwelt her zu empfangen. Aus derjenigen zu den sonnennahen Planeten entstand die Anlage, Offenbarungen aus dem eigenen Innern aufsteigen zu fühlen. Die erstere wurde in der nördlichen Atlantis ausgebildet und enthielt die Keime einer künftigen Kosmologie, die letztere, im Süden ausgebildet, diejenige einer zukünftigen Astrologie.

Entscheidendes geschah auf der fünften Stufe. Auf dieser erfolgte die Entwicklung des Atlantiers vom Instinktmenschen zum Bewußtseinsträger und damit zu den ersten Anfängen des Ichbewußtseins und der Denkfähigkeit durch die Aufhellung und den Gebrauch der äußeren Sinne. Auf der sechsten Stufe entwickelten sich diese Fähigkeiten weiter, wurden aber vereinseitigt. Auf der siebenten Stufe erfolgte der durch die Evolution der Erde vorbereitete und durch Mißbrauch der Lebenskräfte herbeigeführte Untergang der Atlantis.

Aus den geschilderten Voraussetzungen kam es während der Stufenfolgen der Entwicklung der atlantischen Menschheit zu den ursprünglichen Formen der Gemeinschaftsbildung, die sich von den bisherigen Vorstellungen grundlegend unterscheiden. Die atlantische Gemeinschaftsbildung ging aus zwei Wurzeln hervor, dem Erinnerungsvermögen und der Sprache. Aus der atlantischen Gedächtniskraft wurde die Sprache geboren, denn diese setzt die Gedächtniskraft voraus. Die Sprache knüpft ein Band zwischen der menschlichen Seele und den Dingen der Außenwelt. Lautwort und Ding besaßen nicht nur Bedeutung sondern Naturgewalt, weil Laut und Ding sich aus den gegebenen Anlagen in der Seele zusammenfügten. Diese atlantische Ursprache besaß magische Naturgewalt, sie wirkte vom Menschen auf den äußeren Gegenstand und mit magischer Gewalt von Mensch zu Mensch. Die Sprache wurde ursprünglich empfunden als eine mächtige Naturgabe und zugleich als eine heilige Gewalt.

Wer auf besondere Taten erinnernd zurückschauen konnte, forderte Anerkennung. Die Erinnerungskraft wirkte gemeinschaftsbildend, und eine solche Erinnerungsgruppe erhob Einen unter sich zum Führer. So entstand auf der zweiten Stufe der Keim zur späteren Königswürde.

Auf der dritten Stufe entwickelte sich eine weitere Form der Gemeinschaftsbildung. Bisher war die Gruppenbildung durch gemeinsame Erinnerungskraft für die Taten eines Einzelnen durch Naturinstinkt zusammengehalten. Nunmehr ergriff eine mächtige Persönlichkeit die Initiative für gemeinsame Unternehmungen. Ein gemeinsames Werk bildete nunmehr die Grundlage einer Gemeinschaft. So entstand der Keim eines Gemeinwesens, dessen Führung von dem Vater auf den Sohn überging. Es gingen aus der wachsenden Macht und Bedeutung persönlicher Erfahrung die Herrscher- und Königsgeschlechter der Atlantis hervor. Sie empfingen die Einweihung von einer geistigen Führerschaft, der höchste Verehrung entgegengebracht wurde. Diese atlantischen Königsgeschlechter beherrschten und führten die Völkermassen. In den alten Mythen der nachatlantischen Zeit ist die Erinnerung an dieses mächtige atlantische Herrschertum aufbewahrt worden, wie z. B. die Sage von dem König von Thule.

Während der vierten Stufe ereignete sich eine moralische Katastrophe, welche der Vorbote wurde der Naturkatastrophe während der siebenten Stufe. Es kam zu einem Verrat und dem daraus folgenden Mißbrauch bestimmter, bis dahin streng gehüteter Lebensgeheimnisse. Dieser Mißbrauch und teilweise Verfall des Mysterienwesens durch Persönlichkeiten, die ihre Machtfülle in den Dienst des Eigennutzens stellten, hatte zur Folge, daß ein Teil der atlantischen Menschheit der vierten Stufe den normalen Gang der Entwicklung nicht mehr fortsetzen konnte, sondern in Verfall geriet und mit diesem in einen frühzeitigen Verdichtungszustand der Leiblichkeit, deren Reste im Typus des Neandertalers erhalten geblieben sind, während der Cro-Magnonmensch der späteren Eiszeit den Menschentypus darstellt, der erst gegen das Ende der atlantischen Epoche in einen Verdichtungszustand eingegangen ist und dessen Reste in Fundschichten ebenfalls erhalten geblieben sind. Der angedeutete Mißbrauch wirkte sich in Gestalt von niederer Magie, Zauberei und Schamanismus in gewissen Bevölkerungen der nachatlantischen Zeit aus.

Entscheidend für die gesamte spätere kulturelle Entwicklung der Menschheit wurden die vom höchsten Mysterienwesen ausgehenden Vorkehrungen während der fünften Stufe, durch welche die Umwandlung der Lebenskraft in die Denkkraft eingeleitet worden ist und damit diejenigen Anlagen entstanden sind, die den Übergang von der Atlantis in die nachatlantischen Epochen der Menschheit in die Wege geleitet haben.

Nachdem auf der fünften Stufe die Geburt der menschlichen Denkkraft stattgefunden hat, konnte sich in der Folge auch die Urteilskraft entwickeln. Die Fähigkeit des Rechnens, des Kombinierens in ihrer ersten Anlage kam auf der sechsten Stufe zur Ausbildung. Sie führte dahin, daß denjenigen Fähigkeiten, die sich durch die Denkkraft herausbildeten, wie die Klugheit und deren Folgen, z. B. in einer die Gemeinschaft gefährdenden Neigung zu Neuerungen und Veränderungen, ein schützender Damm entgegengesetzt werden mußte. Das geschah durch Anwendung allgemein geltender, ordnender Gesetze und Rechtsbestimmungen. Auf diese Weise entstanden die ersten Keimanlagen zur späteren Staatsbildung mit ihren Gesetzen. Die Angehörigen der siebenten Stufe bildeten auch die Denkkraft aus. Einerseits hingen sie noch stark an der Erinnerungskraft früherer Stufen und damit am Ahnenkult, andererseits wurde ihnen die Denkkraft zum Gotte, dem sie sich im blinden Vertrauen hingaben.

Von den verschiedenen planetarischen Mysterienstätten aus wurde die Entwicklung alles dessen geleitet, was in der vorstehenden Skizze angedeutet ist, die Ausbildung der vier Urtypen, die Differenzierung nach Rassen, die ersten Formen der Gemeinschaftsbildung aus den ursprünglichen Anlagen und Fähigkeiten der atlantischen Menschheit. Die Umwandlung der Lebenskraft in die Denkkraft wurde durch das zentrale Sonnenmysterium auf dem Wege der Heranbildung einer besonderen Schülerschaft herbeigeführt. Die planetarischen Mysterien bildeten stufenweise die naturhaften und als solche sich auswirkenden Instinktkräfte aus. Das Sonnenmysterium entwickelte in einer Schülergruppe die orientierende Denkkraft, die den Naturinstinkt umwandelt und im aufwachenden Ich ihren Mittelpunkt findet. Das Sonnen- oder Fixsternmysterium der Atlantis und das erste Aufwachen aus dem naturhaften Instinkt zum Ich-Bewußtsein im Kreise einer ausgewählten und geführten Schülerschaft verhalten sich zueinander wie Urbild und Abbild. Dieser Grundstein zur Entwicklung der atlantischen Menschheit und deren Kulturen erfolgte auf der fünften Stufe der Entwicklung der atlantischen Menschheit.

Ein Geheimnis dieser Grundsteinlegung ist die Enthüllung und Überlieferung des Führernamens des atlantischen Sonnenmysteriums, des Manu. Er ist der einzige und zugleich höchste Name der Atlantis, welcher der nachatlantischen Menschheit überliefert worden ist und niemals ausgelöscht oder vergessen wurde. Der Manu ist in die Erinnerung der nachatlantischen Menschheit als der höchste Träger der atlantischen Mysterien eingegangen, wenn auch sein Name in einzelnen Volkstümern eine ihrer Sprache angemessene Umbildung erfahren hat. Die indischen Überlieferungen haben den Namen Manu als solchen bewahrt. Die chaldäisch-babylonische Überlieferung nennt ihn im Gilgamesch-Epos mit dem Namen Utnapischtim. Die biblische Genesis heißt ihn Noah. Manu ist ein Eigen- und ein Eigenschaftsname zugleich, denn Manu ist der Sonnenführer, der Inaugurator der menschlichen Denkkraft. Manu und Denkkraft sind eins. Diesen einzigen und höchsten Namen des atlantischen Mysterienwesens sollte die nachatlantische Menschheit bewahren, weil mit der Denkkraft das Ich-Bewußtsein in den Menschen eingezogen ist und das Ich das Geheimnis der Namengebung in sich schließt. Dieses ist der Grund, warum dieser Name als einziger überliefert ist, weil der Ursprung der Denkkraft im Manu, dem Sonnenführer, wurzelt und das Gedankenlicht im Innern des Menschen aufleuchtet wie draußen das Sonnenlicht. Im Atlantis-Bericht des Plato ist der Manu nicht genannt, weil sich dieser Bericht nur auf ein Teilgebiet der Atlantis erstreckt, auf das begrenzte Gebiet des planetarischen Mars-Mysteriums (Wachsmuth).

Die biblische Genesis enthält, in ihrer Art geschildert, einen Atlantisbericht (Sintflutsage), der sich in keiner Weise im Widerspruch mit den bisherigen Ausführungen befindet, sondern durch die nachfolgende Ergänzung mit denselben in Übereinstimmung steht.

Während der Atlantis bestand eine andere Atmosphäre, ein anderes Verhältnis von Wasser und Luft. Ebenso wie im Seelischen des Atlantiers Wachen und Schlafen noch nicht getrennt waren, sondern ein Zwischenzustand, ein traumerfülltes Wachen bestanden hat, waren in der Atmosphäre Wasser und Luft noch nicht streng getrennt. Seelenwesen und Naturwesen des Atlantiers standen noch miteinander in engem Einklang. Die Atmosphäre war erfüllt von Nebeldämpfen, die eine freie Durchsicht in den kosmischen Raum nicht zuließen. Die reine Himmelsbläue blieb für das Auge des Atlantiers durch die undurchdringlichen Wasser-Luft-Dunstmassen verhüllt. Erst am Ende der Atlantis, als diese Dunstmassen sich auflösten und als Dauerregen niedergingen, wurde die Atmosphäre gereinigt. Der Blick konnte in die Himmelsbläue eintauchen und gewahrte die ungeheure Erscheinung des Regenbogens. Diese naturhaften Ereignisse schildert im Stile ihrer Weltenbilder die Genesis. Sie schildert, wie das Erscheinen des Regenbogens von denen, welche durch Noah vom Untergang bewahrt blieben, als ein neuer Bund mit der Gottheit angesehen worden ist.

Auch die germanische Überlieferung hat die Erinnerung an die Atlantis in ihren Weltenbildern von Niflheim und der Brücke Bifröst, welche von den Menschen zu den Göttern führt, bewahrt.

Der Atlantis-Bericht der Genesis, auf den Manu und seine Schüler sinngemäß angewendet, heißt, daß sie als die Erstlinge der nachatlantischen Menschheit gegolten haben. Indem sie die Denkkraft entwickelten, lernten sie die Götterabsichten erkennen und damit Sinn und Bedeutung der Menschheitsentwicklung in ihrem Anfang, in ihrem Alpha. Für sie war der Blick innerlich frei geworden, wie er äußerlich frei wurde im Anblick des blauen Himmelsgewölbes. Die Schüler des Manu waren es, welche, in den Bildern der Genesis ausgedrückt, im Anblick des Regenbogens den neuen Bund zwischen der Menschheit und der Gottheit geschlossen haben.

Dem Mißbrauch der Lebenskräfte, von dem auch in der Genesis die Rede ist in der Verbindung von Gottessöhnen mit Erdentöchtern, sollte die Umwandlung der Lebenskraft in die Denkkraft entgegengestellt werden. Mißbrauchte Lebenskräfte wirken, da sie Naturkräfte sind, vernichtend auf die äußere Natur und haben den Untergang der Atlantis mitbewirkt.

Andererseits wurde der Untergang der Atlantis von der Naturseite her vorbereitet durch Zerrungen im Gefüge der Kontinentalmassen, die ursprünglich sich vom atlant-afrikanischen Organon abgelöst haben und westwärts abtrieben (Wachsmuth). Dazu kam die Auflösung der Nebelmassen in Dauerregen und Überflutung und als weitere Beschleunigung der Katastrophe infolge Mißbrauch der Lebenskräfte das Absinken des Kontinentes in die Meeresfluten.

Es wurde somit der Untergang der Atlantis herbeigeführt durch geologische, meteorologische und moralische Ursachen. Die Stellung der Erdachse fügt sich diesem Geschehen als ein übergeordneter kosmischer Tatbestand ein.

Die stufenweise erfolgte Entwicklung der atlantischen Menschheit unter geistiger Führung findet in den genannten Schriften eine einläßliche Darstellung. Die vorstehende Skizze gewährt aber auch als solche einen Einblick in die diesen Stufenfolgen innewohnende Gesetzmäßigkeit. Es kann dabei für eine objektive Betrachtungsweise ersichtlich werden, daß vergleichsweise heutige Kinderzeichnungen eine auffallende Ähnlichkeit mit eiszeitlichen Ritzzeichnungen oder Malereien aufweisen und daraus sich der Eindruck einer gewissen Verwandtschaft der Eiszeitkunst mit Eigenschaften der Kindesnatur aufdrängt.

Der Mensch beginnt sein Erdenleben als Säugling, indem er zunächst über nichts verfügt als über die ihm zugemessenen Lebenskräfte, sowie über natürliche Instinkte und einen räumlich noch nicht gefestigten Sehsinn, der nicht ein scharf umrissenes, sondern ein schwimmendes Sehbild liefert. Im Gehenlernen fügt sich sodann das heranwachsende Kind den Schwereverhältnissen und den Raumesverhältnissen ein. Zugleich gewinnt das Sehbild eine feste Kontur. Aus den Instinkten entwickelt sich der Nachahmungstrieb. Die Sprache erlernt das Kind durch Nachahmung. Mit dem Zahnwechsel und damit der Schulreife wird es ein durch Autorität sich Erkenntnissen aufschließendes Wesen, und mit dem Eintritt der Geschlechtsreife wird das Vorbild und das eigene Urteilsvermögen zu einer neuen Lebensstufe der Entwicklung.

Zuerst sind im Säuglingsalter die Lebenskräfte und die Instinkte herrschend. Dann folgt mit dem Sprachvermögen und dem Ich-Bewußtsein das Aufwachen von Bewußtseinskräften; aus Ursprungskeimen entwickelt sich die Denkkraft, dann die Urteilskraft. Durch Erziehung und die nachfolgende Selbsterziehung und Lebenserfahrung erhält das Ich des Menschen seine Lebens- und Schicksalsrichtung. Es werden also im menschlichen Lebenslauf Lebenskräfte in Bewußtseins- und in Denkkräfte umgewandelt, und aus den Denkkräften entwickelt sich die Welterkenntnis und das Weltbild.

Ebenso wie eiszeitliche Zeichnungen sich mit Kinderzeichnungen verwandt erweisen, so die Entwicklung des Menschen mit derjenigen der atlantischen Menschheit. Es wiederholt die Entwicklung des Menschen in einer der Gegenwart angemessenen Weise, was die atlantische Menschheit erstmalig und unter ganz anderen Bedingungen durchgemacht hat. Als richtunggebender Satz kann daher ausgesprochen werden: Heute wie damals werden Lebenskräfte in Denkkräfte und diese in Richtungskräfte des Lebens umgewandelt. Es ist möglich, diesen Vergleich zu machen, weil sich darin eine bestimmte Gesetzmäßigkeit offenbart. Es ist aber ganz unmöglich, die Entwicklung der atlantischen Menschheit aus Gegebenheiten der Gegenwart zu konstruieren. Dagegen kann der berechtigte Vergleich den Erkenntniswert der Ergebnisse der atlantischen Mysterienforschung in ein empirisches Erfahrungsfeld rücken, in welchem dieser eine starke Stütze finden kann. Welche Wege und Erkenntnismittel auch immer Wissenschaft auf einem Forschungsgebiete einschlägt, ist für deren Ergebnisse der Erkenntniswert allein maßgebend.

Die Ergebnisse der Mysterienwissenschaft über die Atlantis, an ihrem objektiven Erkenntniswert gemessen, können als eine erste wissenschaftliche Grundlage dafür angesehen werden, nach welchen Urgesetzen die Entwicklung der Menschheit und der Kultur ihren Anfang genommen hat.

III

ATLANTISCHE WANDERUNGEN UND NACHATLANTISCHE KULTURGRÜNDUNGEN

Aus der im vorangehenden Abschnitt entworfenen Skizze über die atlantische Menschheit und deren stufenweise Entwicklung ergeben sich zwei umfassende Gesichtspunkte, denen alle anderen eingeordnet werden können. Im Weltbild der Entwicklung der Erde als planetarischem Lebensorganismus nimmt sich das Entstehen und Vergehen des atlantischen Kontinentes aus wie der Akt eines gewaltigen natur-heroischen Dramas. Die kosmischen und terrestrischen Gewalten schaffen im Naturgeschehen nicht nur eine Fülle von Lebenskeimen, die entwickelt werden, sondern die, aus einem Lebensüberschuß entstanden, zu einem Teil wieder vergehen. Sie lassen in gigantisch-heroischem Ausmaß ihres Schaffens auch Kontinente entstehen und wieder vergehen, wodurch sie den Lebensüberschuß im Weltenwerden eindringlich demonstrieren.

Der zweite umfassende Gesichtspunkt ergibt sich aus dem Bilde der atlantischen Menschheit, deren Dasein, Leben und Entwicklung den atlantischen Kontinent als eine Keim- und Pflanzstätte dessen erscheinen läßt, was im Zeitenlauf die nachatlantische Menschheit an aufeinanderfolgenden Kulturepochen hervorgebracht hat. Der atlantische Kontinent als solcher ist Gegenstand der Erdwissenschaft. Das Dasein, das Leben und die Entwicklung der atlantischen Menschheit sind Gegenstand der Kulturforschung.

Mit dem Vorgang der sinkenden Atlantis schicksalhaft verknüpft ist die Urwanderung desjenigen Teiles der atlantischen Menschheit, welcher sich zu Keim und Lebensträger für die nachatlantische Menschheit entwickelt hat. Solche Wanderungen und kolonisierenden Gründungen aus der Atlantis in andere Erdgebiete fanden nicht erst statt, als die atlantische Katastrophe heranrückte oder bereits begonnen hatte, sondern schon lange vorher. Diese Wanderungen wurden von den verschiedenen Mysterienstätten der Atlantis vorbereitet und geleitet.

In seinem bereits genannten Buch «Werdegang der Menschheit» hat Wachsmuth ein Gesamtbild der atlantischen Wanderzüge in andere Erdgebiete auf der Grundlage von Rudolf Steiners Mysterienwissenschaft entworfen und mit den Ergebnissen bisheriger Forschungen verknüpft. Er hat damit der Atlantisforschung einen großen Dienst geleistet. Es können nunmehr die Ergebnisse der bisherigen einschlägigen Forschung über Wanderzüge und Kulturbegründungen der urzeitlichen Menschheit, die vielfach hypothetischer Art und daher untereinander widerspruchsvoll sind, wie um einen festen Kern herum gruppiert werden und auch in vieler Beziehung ihre Bestätigung finden.

Seiner Schilderung der Wanderungen zum Zwecke der Begründung neuer Evolutionszentren in außeratlantischen Erdgebieten voraus schickt Wachsmuth eine notwendige Aufklärung über die Bevölkerung in außeratlantischen Erdgebieten. Die Atlantis war das Evolutionszentrum einer bestimmten Zeitepoche, die mit dem 10. Jahrtausend v. Chr. ihrem Ende entgegenging. Es gab in den anderen Erdgebieten, Europa, Asien, Afrika, Amerika, auch Bevölkerungen, die teils Nachfahren eines der Atlantis vorangegangenen Evolutionszentrums waren (untergegangener lemurischer Kontinent), teils zur atlantischen Menschheit außerhalb des atlantischen Kontinentes gehörten. Die Auswanderung zur Begründung neuer nachatlantischer Entwicklungszentren erfolgte durch ausgewählte, kleinere Führungsgruppen, denen sich andere Bevölkerungsteile anschlossen.

Zur Veranschaulichung dieser über weite Zeiträume sich erstreckenden atlantischen Wanderungen hat Wachsmuth eine Karte des atlantischen Kontinentes skizziert mit Einzeichnung der verschiedenen Mysterienstätten und Richtungspfeilen der Wanderungen nach Westen und Osten nebst einer zweiten Skizze über deren Wanderungswege.

Die erste Wanderung ging vom Süden der Atlantis aus, wo sich der indianische, der Adler-Typus entwickelt hatte. Drei verschiedene Führungsgruppen desselben kolonisierten in drei neuen Erdgebieten im Westen der Atlantis, in Nord-, Mittel- und Südamerika. Die Urbevölkerung dieser drei Gebiete empfing die Antriebe zu ihrer Entwicklung von diesen drei, in südatlantischen Mysterienstätten geschulten Führungsgruppen.

In diesem Zusammenhang weist Wachsmuth auf ein grundlegendes Gesetz aller nachatlantischen Kulturentwicklung der Menschheit hin. Rassen und Völker, die durch atlantische Führungsgruppen und später auf anderen Wegen eine Erziehung und Leitung durch Mysterienstätten erfahren hatten, brachten im Zeitenlauf die großen Kulturepochen hervor. Völker, welche diese Schulung nicht erhalten hatten oder nur mit deren Entartungen in entsprechende Berührung gekommen waren, machten keine höhere Entwicklung durch, verblieben in primitiven Zuständen oder verfielen der Zauberei, dem Schamanismus oder anderen Erscheinungen eines dekadent gewordenen Mysterienwesens, das seinen Ursprung während der vierten Stufe der Atlantis genommen hat. Mysterienwesen und Kulturentwicklung der Menschheit stehen im engen, schicksalhaften Zusammenhang.

Die erste, älteste, nach Nordamerika ausgewanderte Gruppe besaß noch nicht die Ausbildung der später auswandernden Gruppen, es kam daher dort nur zur Bildung der indianischen Urbevölkerung Nordamerikas, die zwar nicht primitiv war, aber auch keine Kultur hervorbrachte, jedoch als Erinnerung an die atlantische Urheimat sich die Verehrung des «Großen Geistes» bewahrt hatte.

Die beiden weiter vorgeschrittenen Führungsgruppen, welche die Schulung der Venus- und der Merkur-Mysterien der Atlantis erfahren hatten, begründeten in Mittelamerika die Kultur der Tolteken, der Azteken und der Maya, deren Astronomie und Kultbauten in der Gegenwart die größte Bewunderung hervorrufen, und in Südamerika die Kultur der Inkas. Die gestaltenden Urkräfte dieser Kulturen haben ihre Wurzeln in den Mysterienstätten der Atlantis, und die von der Forschung hervorgehobene Verwandtschaft der Mayakultur mit Ägypten rührt davon her, daß auch die ägyptische Kultur aus merkurialen Mysterien hervorgegangen ist.

Ein Wanderzug, der von dem atlantischen Mars-Mysterium ausging, nahm seinen Weg aus der Atlantis nach Osten über Nordafrika und Vorderasien in das turanische Becken am Kaspisee, wo er auf Nachfahren der lemurischen Bevölkerung stieß. Aus Völkerzusammentreffen und Völkermischungen atlantischen und lemurischen Ursprungs entstand die Bevölkerung des mongolischen Steppengebietes. Diese turanisch-mongolischen Völker haben aus der Atlantis zwei divergierende Anlagen mitbekommen: die Anlage zur Vergötterung der Lebenskräfte, die im vorangehenden Abschnitt erwähnt wurde, und die Nachwirkung oder Erbschaft der auf der vierten atlantischen Stufe in Verfall geratenen Mysterien, wodurch die Angehörigen dieser turanisch-mongolischen Völkerwelle nicht Kulturträger, sondern Nomaden mit schamanistischen Volkskulten wurden.

Das wichtigste und für die nachatlantischen Kulturen entscheidende neue Evolutionszentrum im Osten wurde vom Manu selber mit seiner Schülerschaft begründet. Dieser Zug bewegte sich unter der Führung des Manu aus der Atlantis nördlich des Mittelmeeres über Europa und Kleinasien bis in die Gegenden am Kaspisee. Hier schwenkte ein Zug in der Richtung gegen den Kaukasus, um dort zu verbleiben, während der Manu mit seiner Schülerschar in die Nähe der Gobi zog, wo im geschützten Tarimbecken das innerasiatische Evolutionszentrum entstand, in welchem der Manu seine Schüler zu Aufgaben vorbereitete, die, als sie herangereift waren, zur Begründung der nachatlantischen Kulturen geführt haben.

Es gab also aus der Atlantis, sich ostwärts bewegend, zwei Hauptwanderungsströme, von denen der eine über europäische Gebiete, der andere über nordafrikanische Gebiete bis in die Gegend vom Kaspisee vordrang, dort zusammentrafen und einen Völkerwirbel bildeten. Auf dem Wege dorthin blieben Angehörige beider Züge zurück, andere, kleinere Gruppen folgten nach *.

Aus dem Völkerwirbel am Kaspisee, wo die beiden Hauptvölkerzüge aus der Atlantis zusammenströmten, bestimmte der Manu diejenigen Völker-

* Der Verfasser hat in seinem Atlantis-Buch abgezweigte Angehörige dieser beiden ostwärts gehenden Wanderzüge oder deren Nachkommen in Verbindung gebracht mit den Schöpfungen der eiszeitlichen Kunst des franko-kantabrischen Höhlengebietes und den Felsenzeichnungen des Sahara-Atlas und Nordafrikas.

gruppen, denen er die Aufgabe zuwies, kolonisierend die nachatlantischen Kulturepochen in bestimmten Erdgebieten zu begründen. Das Evolutionszentrum des Manu im hochasiatischen Gebiet des Tarimbeckens hatte eine umfassende und kulturgründende Aufgabe, nachdem in der Atlantis von den planetarischen Mysterienorten aus die Rassengründung stattgefunden hatte.

Die atlantische wie die nachatlantische Entwicklung der Menschheit vollzog sich nicht willkürlich und ungeordnet, sondern nach einem Weltenplan, nach Mysterienordnungen. Von den planetarischen Mysterienordnungen gingen die Rassengründung, die Stufenfolgen der allgemeinen Entwicklung und die Entsendung der Wanderzüge aus. Jede Mysterienstätte hatte ihre eigene Teilaufgabe. Der Manu, der Führer des atlantischen Sonnenmysteriums, war der Inaugurator des menschheitlichen Weltenplanes. Er war daher auch der Inaugurator der nachatlantischen Menschheitsentwicklung. Der Rassengründung folgte die Kulturgründung und diese in aufeinanderfolgenden Epochen nach Sonnengang und Mysterienführung.

Die atlantischen wie die nachatlantischen Entwicklungsepochen haben sich im Einklang mit dem kosmischen Rhythmus, d. h. mit dem Gang der Sonne durch den Tierkreis im platonischen Weltenjahr, vollzogen. Ihre Perioden wurden bestimmt durch das Vorrücken des Frühlingspunktes im Tierkreis, der Präzessionsbewegung.

In den genannten Werken hat Wachsmuth die Gesetzmäßigkeit im Ablauf des kosmischen Rhythmus in mannigfacher Weise dargelegt, in Tafeln veranschaulicht und mit der Entwicklung der Menschheit in ordnende Beziehungen gebracht. Wachsmuths Gesamtdarstellung nimmt sich aus wie ein aufgeschlagenes Buch, das in der Sprache des kosmischen Rhythmus geschrieben ist und dessen Schriftzeichen die Perioden und deren Phänomene anzeigen, nach denen die atlantischen und nachatlantischen Stufen der Entwicklung verlaufen sind. Dabei gilt als richtunggebend ein Ausspruch Rudolf Steiners, auf dessen Lebenswerk mit seinen vielfältigen Hinweisen und grundlegenden Angaben sich Wachsmuth stützt: «Wahre Geisteswissenschaft sucht nicht aus Sternenkonstellationen, sondern aus dem Geistigen sowohl Menschengesetze, wie Naturgesetze.»

Es handelt sich daher bei dem Aufzeigen dieser Weltenrhythmen und Entwicklungsstufen nicht um eine determinierte Gesetzmäßigkeit der Menschheitsentwicklung, sondern, wie Wachsmuth bemerkt, um den jeweiligen Eingriff geistiger Impulse, welche sich in diesen Rhythmen und Perioden anzeigen, aber nicht durch sie bewirkt sind. Kosmische Ordnungen im Sonnenrhythmus begleiten die Entwicklung der Menschheit, aber sie determinieren sie nicht, weil sie nur Ort und Zeit anzeigen, an denen neue geistige Impulse in die Evolution eingreifen. Die jeweiligen Evolutionszentren, die Mysterienstätten, nehmen diese Impulse auf und führen sie ihrer Verwirklichung entgegen. Was die Menschheit aus ihnen macht, wie sie diese Impulse ihrem Dasein einordnet, das ist nicht determiniert, das gehört in den Bereich der menschlichen Schicksalsgestaltung im Zusammenhang mit der geistigen Führung.

Zu Beginn der atlantischen Epoche befand sich die Sonne nach der Ordnung des kosmischen Rhythmus in ihrem höchsten Stand im Stier, im Tiefpunkt im Skorpion, der Frühlingspunkt im Wassermann, der Herbstpunkt im Löwen. Während des Höhepunktes der Eiszeit war die Konstellation die folgende: Höchststand der Sonne Zwilling, Tiefstand Schütze, Frühlingspunkt Skorpion, Herbstpunkt Fische.

Das bisher Vorgebrachte zusammenfassend, ergeben sich aus der Überschau der Urgeschichte der Menschheit an einem entscheidenden Wendepunkte ihrer Entwicklung zwei schicksalbestimmende Tatbestände: der Untergang des Mutterkontinentes der atlantischen Menschheit und die kolonisierende Besiedlung der west- und ostwärts von der Atlantis gelegenen Erdgebiete. Teile dieser Erdgebiete von Europa und Asien waren während des allmählichen Versinkens der Atlantis erst aus dem Meere emporgetaucht und deren Besiedlung erfolgte auf jungfräulichem Boden. Von der britischen Insel ist nachgewiesen, daß sie vier Mal aus dem Meere aufgetaucht ist.

Die Aufgabe, die mit dem Untergang der Atlantis zu erfüllen war, stellte sich als eine neue Menschheitsaufgabe dar. Sie fiel dem Menschheitsführer, dem Manu, zu. Vorbereitet wurde sie schon während der atlantischen Zeit durch die Rassengründung und die Umwandlung der Lebenskraft in die Denkkraft durch eine ausgewählte Schülerschaft. Von den planetarischen Mysterien geleitet, entwickelten sich fünf Hauptrassen unter den Lebensbedingungen von fünf Erdgebieten: Die rote, indianische oder Saturnrasse in Nord- und Südamerika; die schwarze Rasse, die Neger- oder Merkurrasse in Afrika; die malaische oder Venusrasse im Pazifik; die gelbe oder mongolische Rasse, die Marsrasse in Hochasien; die weiße, arische, die Jupiterrasse in Europa und Teilen von Asien und Vorderasien. Durch die Entwicklung der Denkkraft unterscheidet sich die atlantische von der nachatlantischen Menschheitsentwicklung grundlegend, denn der Gewinn der neuen, richtunggebenden Kraft hatte den Verlust der alten atlantischen Fähigkeiten zur Folge. Diese wirkten zwar auch in nachatlantischer Zeit abgedämpft weiter und wurden nur nach und nach umgewandelt. Am längsten und zähesten bewahrten sie sich bei den nomadischen Völkerschaften. Am schnellsten verwandelten sie die Kulturvölker. Aber die Erinnerung an die Atlantis blieb bei allen in Gestalt von Mythen, Sagen oder andern Überlieferungen erhalten durch diejenige Kraft, welche in der menschlichen Seele Jugenderlebnisse immer wieder aufleben läßt.

Die Loslösung vom atlantischen Mutterland, der Übergang in die nachatlantische Zeit mit ihren einsetzenden hochdifferenzierten Kulturschöpfungen ist das Werde- und Schicksalslied der nachatlantischen Menschheit.

Die ersten nachatlantischen kolonisierenden Siedlungen als Keimpunkte werdender Kulturen erfolgten vom innerasiatischen Evolutionszentrum des Manu durch Aussendungen in Gebiete Südasiens, Vorderasiens und Nordafrikas, in denen noch eine Urbevölkerung lemurischen und atlantischen Ursprunges vorhanden war, die aber nicht eine Erziehung und Entwicklung durch ein Mysterienwesen erfahren hatten. Diese Aussendungen verfolgten die Absicht, durch Eroberung, Kolonisierung, Völkermischungen und Blutsmischungen alte und neue Seelenkräfte und Eigenschaften sich gegenseitig durchdringen zu lassen, um daraus das Ferment einer neuen Entwicklungsstufe zu bilden. Gründungsgesetz der Mysterienordnung war, das neu zu Gründende mit dem alt Gewordenen zu verbinden, um die Kontinuität nicht abreißen zu lassen.

Die atlantische Menschheit war im eigentlichen Sinne noch keine Erdenmenschheit. Sie war ihren Eigenschaften nach weitgehend erdenfremd und besaß kein aufgewachtes, sondern ein träumendes Bewußtsein. Die atlantische Menschheit träumte noch einen uralt-heiligen Göttertraum. Mit dem Untergang der Atlantis war der Göttertraum der atlantischen Urmenschheit ausgeträumt.

Die nachatlantische Menschheit war dazu bestimmt, Erdenmenschheit zu werden, herabzusteigen in die äußere Sinneswelt, um sie, darin untertauchend, kennenzulernen, auf diesem Wege Welterfahrung zu erwerben und diese mit den Mitteln der Kulturentwicklung zu vergeistigen. Diese Bestimmung konnte nur stufenweise erreicht werden. Das Bild der nachatlantischen Menschheit ist das eines von Akt zu Akt, von Stufe zu Stufe sich vollziehenden Inkarnationsdramas zu dem Zwecke, Erdenaufgaben zu erfüllen, und dieses durch die Führung eines nachatlantischen Mysterienwesens und dessen Eingeweihten. Auf jeder dieser Stufen oder Kulturepochen wurde das für sie angemessene Weltbild und die jeweiligen Formen der Kultur geschaffen. Jede dieser nachatlantischen Kulturepochen haben den Auftrag zu einer bestimmten Aufgabe erhalten. Diese können für sich in ihrem besonderen Eigenwert Gegenstand einer speziellen Kulturforschung bilden. In ihrer Gesamtheit sind sie eine Vorbereitung der Menschheit für die neue Zeitenwende und neue Zielsetzung, welche während der vierten Epoche, der griechisch-römischen, durch das Christus-Ereignis eingetreten ist, dem die christliche Menschheit aus dem Bewußtsein eines menschheitlichen Ereignisses und einer Zeitenwende einen äußeren Ausdruck durch eine neu beginnende Zeitrechnung gegeben hat.

Während der ersten nachatlantischen Kulturepoche, der urindischen, zeigte die Sonne den folgenden Stand: Frühlingspunkt im Krebs, Herbstpunkt im Steinbock, Sommerhöchstpunkt im Widder, Sonnentiefpunkt in der Waage. Diese Epoche entwickelte sich somit im Zeichen des Krebses und begann etwa 7000 Jahre v. Chr., womit nicht der astronomische Zeitpunkt gemeint ist, sondern der Höchstpunkt der Entfaltung der in einer solchen Epoche maßgebenden geistigen Gestaltungskräfte.

Unter diesem Sonnenstand entsandte der Manu eine aus dem Völkerwirbel am Kaspisee ausgewählte Kolonistengruppe, die über den Hindukusch in das indische Erdgebiet zur Begründung der urindischen Kultur eindrang. Aus dieser Zeit können keine Dokumente erhalten sein, weil es eine Schrift noch nicht gab und alles geistige Leben mündlich überliefert wurde. In dem viel später aufgezeichneten Schrifttum, den vier Vedas, dem Vedanta- und dem Yogasystem, findet sich ineinandergeschoben, was zeitlich nacheinander entstanden ist. Rudolf Steiner hat darauf hingewiesen, daß diese geistigen Schöpfungen unmöglich von einem Volk herstammen können, sondern es seien Völkerschaften mit verschiedenen Anlagen durcheinandergeschoben worden, von denen die eine die Vedas, die andere die Yogalehre usw. hervorgebracht habe. Die späteren Völkerschaften hatten ein Urindisches, das bereits alt und reif war, vorgefunden, und was diese Völkerschaften mit ihrem frischen Blut auf einer weiteren, weniger geistigen Stufe fortgebildet haben, wurde dieser ältesten Kultur überlagert.

Die erste, die urindische Kultur ist diejenige, welche durch die erste Aussendung des Manu entstanden ist. Andere, spätere Gruppen folgten nach und vermischten sich mit den Schichten einer Bevölkerung, die durch die erste Kolonisation bereits vorhanden war.

Die Anfänge der urindischen Kultur fielen zeitlich mit der europäischen Eiszeit zusammen. Es bestand damals bei der sich bildenden nachatlantischen Bevölkerung über weite Gebiete hin noch ein einheitliches, noch wenig oder nur anfänglich differenziertes Seelenleben. Eine zunehmende Differenzierung setzte erst mit der weiteren Entwicklung und Bildung der nachatlantischen Kulturformen ein. Daß dieses der Fall war, zeigt sich beim Vergleich der eiszeitlichen Kunst mit der urindischen Kultur, worauf auch Rudolf Steiner aufmerksam gemacht hat. Die Linienführung dieser Tierzeichnungen folgen noch nicht einer bloß optischen Beobachtung, sie sind noch geträumt, sie sind gezogen aus innerem Erleben, d. h. aus denselben formenden Kräften, aus denen ein Lebensorganismus entsteht, aus Kräften, die weniger im optischen Sehen, sondern in den sprossenden Kräften der leibaufbauenden Organisation tätig sind und daher ihre erstaunliche Treffsicherheit haben.

Der innere Zusammenhang der eiszeitlichen Höhlenkunst Nordspaniens und Südfrankreichs mit der indischen Kultur, die sich aus den urindischen Kulturanfängen heraus entwickelte, wird als Phänomen u. a. darin ersichtlich, daß weder die eiszeitliche Kunst noch das einstige urindische Weltbild ein Oben und Unten gekannt haben, d. h. Himmel und Erde im menschlichen Bewußtsein noch nicht unterschieden worden sind. Die irdische Welt und die unmittelbar nach der damaligen Empfindung an sie angrenzende geistige Welt flossen ineinander über und bildeten im menschlichen Bewußtsein ein Einheitliches. Die eigentümliche Linienführung der eiszeitlichen Kunst verläuft so, daß das dargestellte Tier nirgends einen festen Erdengrund als Voraussetzung hat. Die Schöpfer dieser Kunst waren Menschen, die Himmel und Erde noch nicht unterscheiden gelernt hatten, weil sie noch ein einheitliches, noch nicht ein in ein subjektives Inneres und ein objektives Äußeres differenziertes Weltbild besessen haben, sich aber auf dem Wege dazu befanden.

Einheitlich, noch nicht nach Himmel und Erde differenziert, war das Weltbild des atlantischen Menschen. Die Nachwirkung des atlantischen Weltbildes findet sich sowohl in der eiszeitlichen Kunst wie in der urindischen Kultur, was in der später überlieferten Form der Vedas noch zu erkennen ist. Die Maya-Empfindung gegenüber der äußeren Stoffeswelt, die Abkehr von der Maya der Sinneswelt, das Sicherheben und Verweilenwollen in einer geistigen Welt charakterisiert bis in spätere Zeiten hinein die urindische Weltstimmung als Erbschaft und sehnsuchtsvolle Rückschau in das einstige atlantische Mutterland.

Als einheitliches, noch nicht differenziertes Weltbild empfand der vorzeitliche indische Mensch die Welt des Brahman und Atman. Innenerlebnis (Atman) und Außenerlebnis, Welterlebnis (Brahman) unterschieden sich nicht.

Eine so geartete Menschheit hatte nicht das Bedürfnis, an der Umwelt zu arbeiten, sie zu verwandeln. Sie lebte einerseits auf einer hohen geistigen Stufe, andererseits in tierischer Unschuld. Der Natur gegenüber lebte sie in einem unschuldigen Zustande, im Zustande einer instinktiven All-Liebe, die keinem Wesen etwas antun wollte, kein Tier tötete und von der Pflanzenwelt als Nahrung entgegennahm, was die Natur bot.

Die indischen Überlieferungen späterer Zeit sprechen von dem Gesetzbuch des Manu und von den sieben Rishis, welche die inspirierten geistigen Führer der urindischen Epoche waren. Die indianischen Bevölkerungen Nordamerikas und die Mongolen Hochasiens sahen auf den «Großen Geist» der Atlantis zurück, ohne ihn verwandeln zu können. In den Seelen der urindischen Kulturträger klang das atlantische Tao-Erlebnis nach, und es wurde durch die Inspirationen der Rishis verwandelt in die Offenbarungen des göttlichen Wortes, des Veda. Als dann im Zeitenlauf und durch nachfolgende Kolonistengruppen die ursprüngliche Einheit des Weltbildes in die beginnende Differenzierung überging, wodurch die frühere und spätere Zeit durch einen tiefen Einschnitt getrennt wurde, indem Innenwelt und Außenwelt sich zu unterscheiden begannen, wurde die verlorene Einheit zurückzugewinnen versucht durch die Yogaübung. Aus dem geistesgeschichtlichen Gang der Entwicklung ergibt es sich, daß das Yoghasystem eine spätere Frucht des indischen Geisteslebens ist als die Vedas, welche der urindischen Zeit angehören.

Im 7. bis 6. Jahrtausend begann ein radikaler Umschwung in der Entwicklung des Weltbewußtseins. Er brachte die Polarität von Unten und

Oben, von Erde und Himmel. Das einheitliche Weltbewußtsein der urindischen Epoche ging über in ein solches, durch das der Mensch sich in eine Welt der Zweiheit versetzt fühlte. Dieses hatte zur Folge, daß das Bedürfnis entstand, sich der natürlichen Welt zuzuwenden, an ihr zu arbeiten, sie zu verwandeln. Aus solchen Voraussetzungen entstanden die Urberufe, der Jägerberuf, der des Viehzüchters und Ackerbauers und nachfolgend des Handeltreibenden.

Dieses neue Weltbild hat während der zweiten nachatlantischen Epoche, der urpersischen, seine Ausgestaltung gefunden. Der Frühlingspunkt war in die Zwillinge vorgerückt, der Herbstpunkt stand im Schützen, der Sonnenhöchststand in der Jungfrau, der Tiefstand in den Fischen. Ihr Beginn fällt in das 7. bis 6. Jahrtausend v. Chr.

Die urpersische Kultur fand ihre Begründung durch eine vom Manu nach dem Iran ausgesandte Kolonistengruppe, deren Anlagen in der bereits angedeuteten Richtung lagen. Die Aufgabe der urpersischen Kultur war derjenigen der urindischen entgegengesetzt. Diese war eine Epoche der Versenkung, der Meditation, die urpersische eine solche der äußeren praktischen Betätigung, der Initiative als Folge der Meditation.

Das urpersisch-iranische Weltbild, das seine schriftliche und dadurch abgedunkelte Aufzeichnung im 6. Jahrhundert v. Chr. im Zend-Awesta erhalten hat, war eine Schöpfung des geistigen Inaugurators und Gestalters dieser Kulturepoche. Die Zendschriften überliefern die Ursage von der Geburt des ersten Zarathustra, dem Ahnen dieses Namens. Diese Erzählung enthält die charakteristischen Züge der Geburt dieses ersten und größten Eingeweihten der nachatlantischen Kultur nach dem Manu. Zarathustras Mutter, Dogdo, hatte während ihrer Schwangerschaft einen erschreckenden Traum. Furchtbare Ungeheuer stürzten sich auf sie, zerrissen ihren Schoß und entrissen ihr das Kind. Die Traumdeuter sagten, es werde eine hochgebenedeite Geburt sein, und als der Knabe geboren wurde, war sein Erstes ein Lächeln. Feindliche Mächte trachteten dem Kinde nach dem Leben, und als ein gedungener Mörder die Hand nach ihm ausstreckte, um es zu töten, verdorrte sie, und das Kind blieb am Leben.

Die Überlieferung berichtet weiter von einer königlichen Persönlichkeit namens Dschemschid, von dem gesagt wird, er habe die Völker nach dem Iran geführt und Ahura-Mazdao, der Sonnengott, habe ihm einen goldenen Dolch geschenkt. Mythische Bilder dieser Art sind Sinnbilder für eine bestimmte Aufgabe. Der goldene Dolch ist das Sinnbild für den Pflug, mit dem die Furche des Ackers geritzt werden sollte. Das mythische Bild enthält einen Auftrag für die urpersische Epoche. Zu diesem Zweck sollte der König Gustasp dem Weisen und Eingeweihten Zarathustra zur Seite gestellt werden. Die zweite nachatlantische Epoche, unter dem Sternbild der Zwillinge stehend, wurde begründet durch die Zweiheit ihrer Inauguratoren, den Verkündiger der Sternenweisheit (denn Zarathustra ist kein Eigenname, sondern ein Sternenname und wird übersetzt mit «Goldstern» oder «Stern des Glanzes») und den den Ackerbau begründenden König.

Das vom ersten Zarathustra geschaffene urpersische Weltbild ist durch Rudolf Steiner von verschiedenen Aspekten her interpretiert worden. Zarathustra war, worauf sein Name hinweist, der Begründer der urpersisch-iranischen Sternenmysterien, in denen nach Anordnung der Sterne und des Sternenganges die Gedanken und Absichten der Götter, deren oberster Ahura Mazdao, das geistige Sonnenwesen war, erkannt werden konnten. Nach den Absichten des Sonnengeistes sollte das Erdenleben und das Erdenwerk dieser zweiten Kulturepoche eingerichtet werden. Der urpersischen Sternenweisheit galten die Sterne und vor allem die Sonne nur als sichtbare Weltenkörper geistiger Wesen, die Sonne als Weltenleib des Sonnengeistes. Im Weltbild des Zarathustra lebte das atlantische Sonnenmysterium des Manu in verwandelter, zeitgemäßer Form fort.

Im Gang der Sonne durch den Tierkreis erschauten die Mysterienträger eine Handlung des guten Lichtgottes, des Ahura Mazdao, ein kosmisches Sakrament. Der in sich zurückkehrende Sonnengang durch den Tierkreis, d. h. die in sich selbst zurückkehrende Zeit, welche diesen Sonnengang umfaßte, wurde Zaruana Akarana genannt. In diesem lag der wahre Inbegriff des kosmischen Sakramentes. Das urpersische Weltbild besaß eine Zeitanschauung, wonach der in die Zukunft und der in die Vergangenheit dringende Blick zu demselben Punkte hinführen. Die Zeit, welche die Zukunft und die Vergangenheit umfaßt, schließt sich in der Unendlichkeit zum Kreis. Eine Zeitanschauung, die im Bilde einer sich in den Schwanz beißenden Schlange dargestellt wurde.

Die Diener des Lichtgottes Ahura Mazdao sind die zwölf Amschaspands im Wirkungsfeld der zwölf Sternbilder des Tierkreises. Die Wirkungsweise des Lichtgottes wechselte im Zusammenhang mit seinen Dienern, je nachdem er seine Kräfte aus dem Widder, dem Stier, den Zwillingen oder andern Orten des Tierkreises im Jahreslauf der Erde und den Menschen zuströmen ließ. Auf seinem Weltengang stieß aber Ahura Mazdao mit seinem Weltengegner Ahriman zusammen, und es entfaltete sich das allgewaltige, kosmische Hell-Dunkeldrama, das Ur-Drama von Licht und Finsternis der urpersischen Epoche, das dualistische Weltprinzip des urpersischen Mysterienwesens.

Von den zwölf Amschaspands dienten nach dieser Anschauung sieben, die Tagesamschaspands, dem Ahura Mazdao. Die andern fünf, die Nachtamschaspands, d. h. die Sternbilder unter dem Horizont, dienten dem Ahriman. Seine reinsten Kräfte konnte Ahura Mazdao nur mit den fünf Tagesamschaspands entfalten. Mit den fünf Nachtamschaspands stand er im Weltenkampf. Mit Einbruch der Nacht begann der Kampf mit dem einen Dämmerungsamschaspand und hörte am Morgen mit dem anderen Dämmerungsamschaspand auf.

Das von Zarathustra geschaffene und gelehrte Weltbild war ein durchgöttlichtes, ein durchmoralisiertes Weltbild, das den Menschen zum Tun, zum Handeln, zum Mitkämpfen aufrief. Der Mensch, der sich aus einer göttlichen in eine irdische, eine natürliche Welt hineinversetzt sah, wurde gewahr, daß nicht nur mit ihm, sondern auch mit seiner natürlichen Umgebung eine Veränderung eingetreten war. Aus der Einsicht, daß nicht nur der Mensch, sondern auch die Natur aus einem früheren, geistigen Zustande in einen irdischen herabgestiegen war, sah der persische Mensch es als seine Aufgabe an, nicht nur sich selber, sondern auch seine natürliche Umgebung zu verwandeln, wenn er dem göttlichen Wesen der Welt, dem Lichtgotte, im Kampfe gegen Ahriman dienen wollte. Die Natur zu lassen, wie sie geworden war, bedeutete dem Perser, sie einem Tiefersinken preiszugeben. Diese Erkenntnis veranlaßte ihn, wilde Tiere zu Haustieren zu zähmen, Wildgras in die Getreideähre zu verwandeln, d. h. durch Viehzucht und Ackerbau die Natur zu veredeln. Das war menschliche Aufgabe und Tätigkeit im Dienst des guten Lichtgottes. Diejenigen aber, welche die Natur ließen, wie sie war, standen im Dienst des finsteren Ahriman.

Aus dem Kampfe zwischen den Licht- und Finsternismächten der Welt, aus einem durchgöttlichten, durchmoralisierten Weltbild entstand in der urpersischen Epoche der Wille zur Arbeit an der Natur, d. h. die Erde zu verwandeln. Hier hat die menschliche Arbeit ihren Ursprung als ein Tun im Dienste des Göttlichen. Arbeit war Gottesdienst. Würde und Adel der menschlichen Arbeit haben hier ihren Ursprung genommen.

War das urindische Weltbild ein solches der meditativen Versenkung, so ist das urpersische Weltbild willensdurchdrungen, sowohl nach innen im Gebet, wie nach außen im Tun. In seiner Mitteilungsform hat es eine hymnische Ausdrucksweise erhalten. Der Sieg des Lichtgottes über Ahriman erzeugte eine willenserfüllte, hymnische Weltenstimmung, die auch der Gebetsform eigen war. Dafür ein Beispiel eines Gebets aus dem Zend-Avesta:

«Ich opfere mich ganz jedem reinen Gedanken, jedem edlen Wort, jeder edlen Tat.
Ich verwerfe ganz jeden bösen Gedanken, jedes böse Wort, jede böse Tat.
Alles, was Mensch heißt, rein im Gedanken, rein im Wort, rein in der Tat, wird in den Glanz des Himmels wandeln.»

Ein Hymnus an Ormuzd (Ahura Mazdao):

«Lobpreis dem heiligen, reinen, großen Ormuzd
Lobpreis den Amschaspands, den guten Königen, den Reingeschaffenen.
Lobpreis allen Reinen der Welt, des Himmels und der Erde.
Rein denken, rein reden, rein handeln, das tun und vollenden und lernen es zu tun – das ist, was ich selbst lerne und was ich die Menschen lehre.

(Aus dem Ritual des Vendidad.)

Der moralische Antrieb im urpersischen Weltbild, die natürliche Umgebung durch Arbeit zu verwandeln, steht im Zusammenhang mit den Ergebnissen der vorgeschichtlichen Forschung. Menghin hat in seinem Werke über die Weltgeschichte der Steinzeit nachgewiesen, daß Asien als die Urheimat der ältesten steinzeitlichen Kulturen anzusehen sei. Als eigentliches Domestikationszentrum der Welt gelte der Iran. Die Tierzähmung, z. B. vom Wolf zum Hunde, die Umwandlung von Wildgräsern in Brotgetreide sei vom Iran ausgegangen.

Die Zweiheit des urpersischen Weltbildes mit seinem polaren Gegensatz von Ahura-Mazdao und Ahriman fand auch sein irdisches Abbild in der Ursage des Zend-Awesta von Gustasp, dem Iranier, und Ardstasp, dem Turanier, und einem lang andauernden Kriege, in welchem der Gegensatz zwischen Iran und Turan, der Gegensatz zwischen ackerbauenden und nomadisierenden Volkstümern ausgetragen wurde. Im persischen Heldenepos des Firdusi, des «Schâhnâme», hat in späterer Zeit das heroische Zeitalter Irans eine epische Form der Darstellung gefunden. Was sich aber in der Urzeit zwischen Iran und Turan als Gegensatz eines Volkstums, das auf einer früheren Stufe zurückgeblieben war und in Verfall kam und einem solchen, das in seiner Entwicklung fortgeschritten war, entwickelt hatte, läßt sich nachwirkend in der nachatlantischen Entwicklung weiter verfolgen als Gegensatz zwischen nördlichem und südlichem Volkstum Asiens.

Zu den tiefsten Anschauungen des urpersischen Weltbildes gehört diejenige über den Ursprung des Bösen und seiner Verwandlung in das Gute. Diese Anschauung ging dahin, daß alles Böse in der Welt ursprünglich ein Gutes gewesen sei. In ein Böses hatte sich das ursprünglich Gute dadurch verwandelt, daß es in der Zeit stehengeblieben war, statt sich zu verändern, zu entwickeln. Der Kampf zwischen Gut und Böse entstand dadurch, daß dasjenige, welches einmal in der Gegenwart seine richtige Gestalt hatte und somit ein Gutes war, in seiner alten Gestalt in die nachfolgende Gegenwart hineingetragen wurde. Auf diesem Wege ist es aus einem Guten ein Böses geworden. Das Böse war also nicht ein ursprünglich Böses, sondern ein Gutes, das, in eine spätere Zeit hineinversetzt, ein Böses geworden ist, weil es ein Früheres im Späteren bewahrt hat. Die dahinströmende Zeit, welche sich in zwei Prinzipien teilt, in ein Früheres und in ein Späteres, rief den Kampf zwischen Gut und Böse hervor. Es kann aber im Zeitenlaufe der Ausgleich zwischen Früherem und Späterem gefunden, das Böse kann wieder in ein Gutes verwandelt werden. Das Dualitätsprinzip der urpersischen Weltanschauung enthält in sich zugleich den tiefsten, den umfassendsten Entwicklungsbegriff im Felde der moralischen Welt der Menschheit.

Der erste Zarathustra stand in seiner Zeit als der große Inaugurator der urpersischen Kultur und ihrer Sternenmysterien. Nicht nur im Felde des äußeren Wirkens durch gottgewollte Arbeit konnte der Kampf gegen Ahriman geführt werden, sondern auch auf dem inneren Wege durch die Mysterienschulung, durch Einweihung. Dann aber drang der Erkenntnisblick über die äußere Natur hinaus zum Zaruana Akarana, zum Weltengeheimnis der in sich zurücklaufenden Zeit. Das Geheimnis der Sternenschrift wurde dem Initiierten offenbar, die im Sonnengang des Ahura-Mazdao im Tierkreis hingeschrieben war. Aus dem Unendlichen, dem Unbegrenzten ging hervor das Begrenzte. Aus dem Zusammenwirken Ahura-Mazdaos mit den ihm dienenden Amschaspands und ihrem gemeinsamen Kampf gegen Ahriman ging hervor das Begrenzte der Raumesanschauung. Damit aber drang der Blick in die Zukunft und in das Vorausschauen dessen, was in dem zum Raume begrenzten Zeitenwesen geschehen werde, die Geburt des Kindes durch die Jungfrau, die Vorschau auf den Christus, durch dessen Wirken in der Menschheit das zum Bösen gewordene Ur-Gute wieder in das neue Gute verwandelt werden wird.

Die Sternenschrift zur Zeit der urpersischen Epoche zeigte an, welche geistigen Gestaltungskräfte und Welten-Schicksalsmächte in diese Epoche einziehen und darin wirken sollten. Der richtunggebende Frühlingspunkt war in die Zwillinge vorgerückt, und das von Zarathustra geschaffene zeitgemäße Weltbild brachte den waltenden Gegensatz im Sternenall und in der Menschheit zur Entfaltung. Der Herbstpunkt stand im Schützen. Die äußere Zielsetzung dieser Epoche waren praktische Erdenziele, Arbeit im Dienste des Göttlichen. Der Höchstpunkt der Sonne in der Jungfrau: Eine Verkündigung des Sonnengeheimnisses in den Mysterien des Zarathustra. Der Tiefpunkt der Sonne in den Fischen: Im Zeichen des Fisches haben die Eingeweihten des Frühchristentums symbolisch den Christus dargestellt.

Nach urpersischer Überlieferung, die ein Mysteriengeheimnis enthält, wurde Dschemschid mit dem königlichen Glanze, mit «Chwareno», umgürtet, das er von Ahura-Mazdao empfangen hatte. Chwareno galt als das Symbol für das alte atlantische Sonnengeheimnis. Um dieses Sonnengeheimnis wurde zwischen Iran und Turan jahrhundertelang gekämpft. Der Widersacher Ahriman wollte es mit Hilfe seiner Diener, der Turanier, in seinen Besitz bringen, aber ein Gott rettete es und versenkte es in den See Vounikaseta, wo es bis zu einer neuen Zeitenwende verbleiben sollte. Chwareno war das heilige Symbol der urpersischen, der zweiten Kulturepoche, wie das Palladium dasjenige der vierten, der griechisch-römischen Epoche wurde.

Dieses Sonnengeheimnis ist nach den überlieferten Texten nichts anderes als der verhüllte Hinweis auf die Weltaufgabe des Zarathustra wie des Gustasp, dieser für die äußere, jener für die innere Anleitung zur Erfüllung der Erdenaufgaben dieser Epoche.

Zarathustra war derjenige große geistige Führer und Eingeweihte der urpersischen Zeit, der nicht nur für die gesamte nachatlantische Menschheit einen Wendepunkt heraufgeführt hat, indem er sie von der atlantischen Vergangenheit auf ihre Zukunftsaufgaben vorbereitete, sondern auch dadurch, daß sein geistiger Blick in die Zukunft drang bis zu jenem anderen Wendepunkte, als dessen Vorbereiter er sich selber empfand und der durch die Geburt zu Bethlehem eintreten sollte, der Wendepunkt, welchen der persische Magier in der Sternenschrift las.

Darauf weist eine der dem Zarathustra zuzuschreibenden Hymnen hin, deren Bedeutung und Inhalt von seinem weltwärts gerichteten Geistesblick Zeugnis geben.

«Die mächtige, verheißung-tragende (königliche) Sonnen-Äther-Aura, die gottgeschaffene, verehren wir im Gebet,
die übergehen wird auf den siegreichsten der Heilande und die andern Apostel, die die Welt vorwärts bringen,
die sie überwinden läßt Alter und Tod, Verwesung und Fäulnis,
die ihr verhilft zu ewigem Leben, zu ewigem Gedeihen, zu freiem Willen,
wenn die Toten wieder auferstehen, wenn der lebendige Überwinder des Todes kommt und durch den Willen die Welt vorwärts gebracht wird.» *

Wie Zarathustra, der Begründer der urpersischen Sternenmysterien, seinen Schülern oder Nachfolgern erschienen ist, geht aus einem andern Hymnus hervor, der dessen Sternengenius, dem Sirius (persisch Taschter), gewidmet ist.

«Den Siriusstern, den leuchtenden, mit sonnenhaftem Strahlenglanz verehren wir in Andacht, in dem der Friede wohnt, die selige Ruhe, den goldglänzenden, lichten, der uns in Weltenferne blicken läßt.
Den leuchtenden, heilenden.
Den, der rasch (die Entwicklung) vorwärts bringt, den hocherhabenen,
den lichten, fleckenlosen,
der die Wasser weithin strömen läßt,
und den heilvollen Strom, der von weither sich ergießt,
(der den) gottgeschaffenen Namen der Kuh (trägt),
den gewaltigen, verheißungstragenden (königlichen) Sonnen-Äther-Strahlenglanz,
(wir verehren ihn) als den Genius (Fravashi-Angelos)
des heiligen Spitama Zarathustra.»

Der Sternengenius des Zarathustra wirkte über seine Epoche weltenwärts hinaus in nachfolgende Zeitepochen und erweist sich, wie sich zeigen wird, als Schlüssel zu einem vertieften Verständnis für die Entwicklung und Leistung der nachfolgenden ägyptischen Kulturepoche.

* Übertragen durch Prof. H. Beckh (Zeitschrift «Die Drei», 5. Jahrg. 1925).

IV

DIE BEGRÜNDUNG DER ÄGYPTISCHEN KULTUREPOCHE

DIE SOTHISPERIODEN

Zwischen dem urindischen und dem urpersischen Kulturzeitalter bestand ein so tiefgreifender, ein so radikaler Unterschied der Welt- und Lebensauffassung, daß von einer inneren Beziehung oder einer äußeren Kontinuität nicht gesprochen werden kann. Die urindische Kulturgemeinschaft wandte ihr geistiges Antlitz nach rückwärts dem atlantischen Mutterlande zu, die Erde wurde ihr noch nicht oder nur in ersten Anfängen zur Heimat. Die urpersische Kulturgemeinschaft sah ihre Aufgabe darin, die Erde als ein Feld allmenschlicher Arbeit zu betrachten, das tätige Leben im Dienste der gottgewollten Erdenaufgaben zu verbringen und unter der Führung des Zarathustra die Erdenzukunft der Menschheitsentwicklung vorzubereiten. Diese beiden Kulturzeitalter folgen aufeinander nicht durch ihre inneren Beziehungen oder ihre Verwandtschaft, sondern nach Sternenordnung und Sternengang.

Das wurde mit dem Übergang von der urpersischen zur ägyptischen Kulturperiode anders. Sie folgen nicht nur nach Sternenordnung aufeinander, sondern auch im Fortgang einer inneren geistigen Kontinuität.

Diese dritte nachatlantische Kulturperiode entwickelte sich gleichzeitig in zwei verschiedenen Erdgebieten, dem Zweistromland und dem Niltale. Die chaldäisch-babylonische Kultur erfüllte die Aufgabe dieser dritten Epoche mit andern Mitteln und Gestaltungskräften, auch mit anders begabten Völkerschaften, als die ägyptische Kultur. In beiden Kulturgebieten ist ein Schriftsystem geschaffen worden, doch ebenso verschieden wie die Keilschrift und die Hieroglyphenschrift voneinander sind, so verschieden sind Volkstum und Kultur. Obwohl beide Kulturgebiete der dritten nachatlantischen Kulturperiode angehören und derselben Sternenordnung folgen, müßte eine Darstellung der chaldäisch-babylonischen Kultur unter ganz anderen Gesichtspunkten gegeben werden als für den vorliegenden ägyptischen Sektor dieser Epoche.

Die ägyptische Kultur gliedert sich in zwei scharf von einander unterschiedene Abschnitte ihrer Entwicklung, in einen vordynastischen und einen dynastischen Zeitraum, und die Nachfahren der vordynastischen Zeit berufen sich nachdrücklich auf zwei Grundtatsachen, deren sie in fortwährender Verehrung und Dankbarkeit gedenken, weil sie ihre geschichtlichen Kulturleistungen auf jene zurückführen. Sie führen den Ursprung ihrer Kultur auf ihren Urlehrer, den dreimal Großen Thoth oder den Hermes Trismegistos zurück und betrachten sich als die Bewahrer und Pfleger eines uralten, überlieferten Wissens, wofür die von der Priesterschaft zu Sais bewahrte Kunde von der Atlantis als ein Beispiel gelten kann. Der hermetische Grundzug der gesamten ägyptischen Kultur und ihre zähe, niemals erloschene Traditionstreue bilden den eigentlichen Schlüssel für das unvergleichliche Phänomen derselben. Die zweite Tatsache betraf die Überlieferung, daß Ägypten vor der Herrschaft der Pharaonen von Göttern regiert worden sei.

Die Richtigkeit dieser Angaben, deren wahre Bedeutung und geistige Tragweite muß sich erweisen lassen aus dem Vorgang der Begründung und der Entwicklung der ägyptischen Kultur, deren gewaltige Leistungen den Inhalt der ägyptischen Wissenschaft und die Bewunderung der späten Nachwelt bilden.

Nach Hinweisen Rudolf Steiners erfolgte die Begründung der ägyptischen Kultur ebenso wie die vorangegangene urpersische aus dem Evolutionszentrum des Manu. Eine Kolonistengruppe wurde ausgewählt und im Niltal angesiedelt, um dort unter geistiger Führung die Keime der ägyptischen Kultur zu veranlagen. Der geistige Führer und Inaugurator der ägyptischen Kultur war der noch von den spätesten Nachfahren als der Urlehrer Ägyptens verehrte Thoth, den die Griechen den dreimal Großen, den Hermes Trismegistos nannten. Die nachmalige Hermes-Priesterschaft Ägyptens wurde Hüter und Pfleger der überlieferten hermetischen Weltweisheit.

Eine weitere Mitteilung Rudolf Steiners geht dahin, daß der Inaugurator der ägyptischen Kulturepoche und Urlehrer derselben Schüler des Zarathustra gewesen sei und von diesem die geistigen Führungskräfte empfangen habe, die ihn für seine in Ägypten zu erfüllende Kulturaufgabe inspiriert haben.

Auf diese zwei Voraussetzungen muß der Blick bei der Begründung der Kultur Ägyptens gerichtet werden, auf die Aussendung einer Kolonistengruppe von Asien in das Niltal und auf die geistige Führergestalt des Urlehrers der Ägypter, den Thoth oder Hermes, der eine Mysterienschulung durch Zarathustra erhalten hatte, und der seinerseits von einer Schülergruppe begleitet war, die bei der Ausführung seiner Aufgabe mitwirken sollte. So bestand bei der Begründung der ägyptischen Kultur ein enges geistiges Band zwischen dem urpersischen Mysterienwesen, dem urpersischen Weltbild des Zarathustra und der Aufgabe, die Thoth-Hermes in Ägypten erfüllen sollte. Vom Iran nahm die geistige Begründung der ägyptischen Kultur ihren Ausgang. Es wird sich daher im Verfolgen der Entwicklungsetappen der Kultur des Niltales auch darum handeln, die Symptome aufzuzeigen, an denen die berührten Zusammenhänge ersichtlich werden können.

Das urpersische Weltbild war eine Schöpfung der von Zarathustra begründeten urpersischen Sternenmysterien. Daher trug ihr Begründer selber einen Sternennamen. Umgewandelt wurde das, was in der urindischen

Epoche durchgeistigte Zeitanschauung war, in ein Weltbild der kosmischen Raumesanschauung. Urindische Zeitanschauung ließ das damalige menschliche Bewußtsein noch nicht zum Erlebnis der Trennung von Oben und Unten kommen, daher bestand auch keine Neigung, die Natur durch Arbeit umzuwandeln.

Aus den Sternenmysterien Zarathustras ging die kosmische Raumesanschauung durch den Gegensatz von Ahura-Mazdao und Ahriman hervor. Dieser Gegensatz bewirkte die Trennung von Oben und Unten, von Himmel und Erde im menschlichen Bewußtsein und die Neigung, die Erde als Feld menschlicher Arbeit zu betrachten.

Für Thoth-Hermes lag die Aufgabe vor, die urpersische Raumesanschauung um eine Stufe tiefer herabzuführen, sie zu verinnerlichen und damit eine neue Epoche kulturellen Schaffens und Gestaltens hervorzubringen. Aus dieser Verinnerlichung ging die monumentale Kunst Ägyptens hervor. Diese Aufgabe konnte nur in einem bestimmten Erdgebiet verwirklicht werden, und dieses Erdgebiet konnte nur das Niltal sein. Die Aufgabe des Thoth-Hermes und das Niltal als Erdenort waren ihren Voraussetzungen nach dazu veranlagt, eine weltbestimmte innere, unauflösliche Verbindung miteinander einzugehen.

Es gibt kein zweites mit dem Niltal vergleichbares Erdgebiet. Im Westen und Osten von ausgedehnten Wüsten eingeschlossen, im Süden vom Kataraktgebiet, im Norden vom Meer begrenzt, bietet das langgestreckte Niltal in geographisch-landschaftlicher Hinsicht einen abgeschlossenen Innenraum. Hier waren alle Bedingungen gegeben für die Entwicklung des hermetischen Weltbildes und eines Mysterienwesens, das der gesamten späteren ägyptischen Kultur ihren hermetischen Charakter aufprägte, dessen Leitmotiv lautete: «Es ist unten alles wie oben.»

Alles, was in der ägyptischen Kultur Gestalt und Form erhalten sollte, war bestimmt, Abbild eines Oberen, eines Göttlich-Geistigen zu sein.

Die Sothisperioden

Die nachatlantischen Kulturepochen folgen aufeinander nach Sternenordnung und Sternengang. Durch das Vorrücken der Sonne von Sternbild zu Sternbild ist eine zeitliche Bestimmung des Beginnes und Ablaufes einer solchen Epoche möglich. Während der urpersischen Epoche stand der Frühlingspunkt der Sonne in den Zwillingen, im ägyptischen Zeitraum im Stier. Die Weltenuhr zeigte eine andere, neue Konstellation des Radkreuzes. Der Herbstpunkt lag im Skorpion, der Sonnen-Höchstpunkt im Löwen, ihr Tiefpunkt im Wassermann. Ihre Kulmination erreichte diese Konstellation der Weltenuhr um das Jahr 2800 v. Chr., dem Beginn des Pyramidenbaues. Die Begründung und Vorbereitung der ägyptischen Kulturepoche durch

Hermes Trismegistos fand jedoch zeitlich viel früher statt. Aus der angedeuteten Beziehung zwischen ihrem Begründer und Zarathustra fiel sie noch in den Ablauf der urpersischen Epoche hinein.

Durch Kalenderordnungen, die der Sternenordnung nachgebildet wurden, haben schon die alten Kulturvölker den Jahresablauf zeitlich geregelt. Die Chaldäer-Babylonier haben ihre Kalenderordnung nach dem Mondenjahr, die Ägypter nach dem Sonnenjahr bestimmt. Die Grundlage für die ägyptische Kalenderordnung bildete das Sonnenjahr von zwölf Monaten zu je dreißig Tagen. Hinzugefügt wurden die weiteren fünf Tage, die ihre Bestimmung als Festtage erhielten. Nicht eingerechnet wurde der Viertelstag von sechs Stunden des Sonnenjahres. Dadurch blieb das Jahr um einen Viertelstag zurück, in vier Jahren um einen ganzen Tag, und erst nach einer Umlaufszeit von viermal 365 Jahren, das heißt nach 1460 Jahren, kehrte das Jahr wieder an seinen festgesetzten Zeitpunkt zurück. Es gab in Ägypten daher ein kleines, für den Alltag berechnetes Jahr von 365 Tagen und ein großes Jahr von 1460 Jahren, das Sothisjahr oder die Sothisperiode.

Das Festsetzen und der Beginn des Sothisjahres wurde bestimmt nach dem heliakischen Aufgang des hellsten Fixsternes, des Sirius oder Hundssternes. Wenn der Sirius im Zeichen des Krebses stand und nach der Sommersonnenwende am Morgenhimmel heliakisch, d. h. mit der Sonne aufging, was am 20. Juli eintraf, und zugleich die Nilschwelle einsetzte, dann begann das Sothisjahr. Die Festsetzung des Sothisjahres muß vom Norden, von Heliopolis ausgegangen sein, da im Süden, z. B. in Elephantine, der Aufgang sieben Tage früher erfolgte. Da nun der Viertelstag nicht durch Einschaltung mit dem Sonnenjahr zum Ausgleich gebracht wurde, verschoben sich die eingesetzten Festtage im Jahreslauf, um erst nach Ablauf einer Sothisperiode wieder an ihren Ausgangspunkt zurückzukehren. Diejenigen, welche die ägyptische Kalenderordnung nach dem Sothisjahr und den Sothisperioden festsetzten, überließen es dem kosmischen Rhythmus, d. h. der Götterordnung, die irdische Rechnung mit dem Sonnenlauf wieder in Übereinstimmung zu bringen. Der Astronom Geminus von Rhodus (um 64 v. Chr.) sagte, die Ägypter hätten den Viertelstag nicht durch Schaltung ausgeglichen, damit die den Göttern darzubringenden Opfer alle Jahreszeiten durchwandern und das Fest der Isis, das am Sothistag gefeiert wurde, in 1460 Jahren den ganzen Kreislauf des Jahres hindurch stattfinden könne. Dadurch wurden die großen ägyptischen Jahresfeste bewegliche Feste, sie durchwanderten den Jahreslauf und fielen so in immer wieder andere Monatsdaten hinein. Dieses unbedingte Festhalten an einem Sonnenjahr von 365 Tagen, ohne durch Einschaltung die verbleibenden 6 Stunden zum Ausgleich zu bringen, ist aufschlußreich für eine bestimmte Seelenhaltung der Ägypter. Es bestand bei ihnen eine innerlich erlebte Zeitvorstellung, die sich nicht in vollen Einklang zu den äußeren Tatsachen setzte. Die Feste des Jahres stimmten nicht überein mit den Jahreszeiten. Daraus geht hervor, daß die Ägypter sich noch nicht völlig in die äußere Welt hineingefunden haben. Sie hielten fest, und dieses für alle Sothisperioden, am innerlichen Zeiterlebnis. Die Chaldäer haben ihr Mondenjahr durch Schaltung korrigiert, die Ägypter ihr Sonnenjahr aber nicht, worin sich ihr Festhalten an ihrer innerlichen, ihrer hermetischen Seelenart kundgibt.

Die Festlegung einer der Sothisperioden mit dem Jahr 1322 v. Chr. ist durch ägyptische Angaben selber gesichert. Über die Zeit der Einführung des Sothisjahres und die Zahl der Sothisperioden, die nach dem gesicherten Datum von 1322 v. Chr. berechnet werden können, herrscht Meinungsverschiedenheit. Neuere Forscher rechnen mit zwei Sothisperioden, wonach die erste im Jahre 2782 v. Chr. begonnen und die zweite von 1322 v. Chr. bis 138 n. Chr. gedauert haben soll. Die letzten ägyptischen Tempel, wie der Hathortempel in Denderah, sind noch während der römischen Kaiserzeit erneuert oder vollendet worden.

E. Meyer setzt die ägyptische Kalendergründung in das Jahr 4242 v. Chr., wonach die Geschichte und Vorgeschichte Ägyptens drei Sothisperioden umfassen würde. Dieses Datum deckt sich annähernd mit demjenigen, das Breasted ansetzt für die um diese Zeit (etwa 4000 v. Chr.) eingetretene Verschmelzung kleiner Stammesgruppen zum Süd- und Nordreich. Die Vorgeschichte Ägyptens datiert die Anfänge der Kultur des Niltales noch weiter zurück und setzt die ägyptische Stein-Kupferzeit etwa ins 5.–6. Jahrtausend v. Chr.

Nach Angaben Rudolf Steiners umfaßt die gesamte dynastische und vordynastische Zeit Ägyptens nicht drei, sondern vier Sothisperioden, wovon der Beginn der ersten in das Jahr 5702 v. Chr. anzusetzen wäre und damit in eine Zeit, die noch in die urpersische Epoche zurückreicht. Damit liegt eine Datierung vor, durch welche die erwähnte Überkreuzung der urpersischen mit der beginnenden ägyptischen Epoche gegeben ist.

Rudolf Steiners Angabe beschränkte sich aber nicht nur auf die Festsetzung von vier Sothisperioden, er gab ihnen einen Inhalt, indem er sie als einen zeitlich vom kosmischen Rhythmus genau bestimmten Rahmen für den Ablauf einer gesetzmäßig verlaufenden Entwicklung aufgefaßt wissen wollte. Die vier Sothisperioden entsprechen vier aufeinander folgenden Wandlungen des Weltbewußtseins. Anders war, wie aus den bisherigen Darstellungen hervorgeht, das Weltbewußtsein während der Atlantis, anders während der urindischen und anders während der urpersischen Epoche. Das Weltbewußtsein der nachatlantischen Menschheit war, ihrer Bestimmung entsprechend, ein absteigendes. Es stieg stufenweise von einem umfassenden, durchgeistigten Sternenbewußtsein zum Erdenbewußtsein herab, das sich nur noch der äußeren Sinne bedient und die Welterkenntnis dementsprechend gestaltet. Die vier Sothisperioden sind als zeitliche Wegmarken zu betrachten, wie innerhalb der vordynastischen und dynastischen Perioden Ägyptens bis in die vierte Sothisperiode sich das ägyptische Weltbewußtsein durch vier deutlich voneinander zu unterscheidende Wandlungen in dem angedeuteten absteigenden Sinne vollzogen hat.

Die von Rudolf Steiner charakterisierten Stufen dieser Wandlungen des ägyptischen Weltbewußtseins, Fixsternbewußtsein während der ersten Sothisperiode, planetarisches Bewußtsein während der zweiten, elementarisches Bewußtsein während der dritten und physisches, sinnengebundenes Bewußtsein während der vierten Sothisperiode, sollen in nachfolgenden Abschnitten ihre Darstellung finden.

Zunächst stellen die vier Sothisperioden eine Bürgschaft dar für die der ägyptischen Kulturperiode tief eingeprägte Eigentümlichkeit einer nie abreißenden, sondern immer bewahrten Kontinuität. Wie der Nil vom ersten Katarakt bis ins Delta und das Mittelmeer mit seiner alljährlich wiederholten Überschwemmung die Kontinuität des das Niltal befruchtenden Lebens darstellt, so die Aufeinanderfolge der vier Sothisperioden die Kontinuität in der Entfaltung der ägyptischen Kultur mit ihrem Wandel des Weltbewußtseins. Die Sothisperioden erweisen sich als die Zeitgefäße, welche die Kultur des Niltales von ihrem ersten Keim bis zu ihrem Ende umschließen, und sie führen zurück zum Urquell jener uralten geistigen Überlieferungen, als deren Bewahrer sich die saitischen Priester der vierten Sothisperiode gegenüber den griechischen Besuchern ihres Landes, wie Herodot u. a., rühmten.

Zu den Siegeln, welche der Entwicklung und Kultur Ägyptens aufgeprägt sind, gehört die im Ursprung stattgefundene Verbindung zwischen Iran und dem Niltale. Die Kulturforschung kann an Einsicht und Vertiefung nur gewinnen durch den Hinweis, daß diese Verbindung in ihrem geistigen Aspekt gefunden werden kann in einem Urlehrertum, von dem doch letzten Endes alle Kulturentwicklung ausgegangen ist. Die Verbindung von Zarathustra und Thoth-Hermes im Verhältnis von Lehrer und Schüler, von Inspirator und Verwirklicher der Inspirationen, erweist sich gerade dadurch fruchtbar, weil sie sich durch eine faßbare geistige Initiative konkretisiert. In dem den vorangehenden Abschnitt beendenden Hymnus an Zarathustra wird dessen Geistgestalt als Sternengenius, als Genius des hellsten Fixsternes, Taschter oder Sirius, angesprochen. Dann wird vom Urlehrer der ägyptischen Kultur, von Thoth, der Siriusaufgang zum Sternengenius des ägyptischen Sothisjahres und der Sothisperioden gemacht, und der erste Monat des Sothisjahres erhielt den Namen seines Begründers Thoth. Im ägyptischen Weltbild, von dem nachfolgende Abschnitte handeln, hat die Seele Ägyptens, die Isis, auch den Namen Sothis erhalten, und die Isisfeste fanden mit dem Aufgang des Sirius und der beginnenden Nilschwelle statt. Der Sternengenius des Zarathustra ist durch Thoth in die Seele Ägyptens eingezogen. Der Beginn der ersten Sothisperiode nach dem astronomischen Datum von 5702 v. Chr. darf folgerichtig als der Zeitpunkt angesehen werden, welcher hindeutet auf die geistige Initiative und damit auf die erste Keimanlage der ägyptischen Kultur mit der Begründung des Sothisjahres. Es ist nicht einzusehen, warum den iranischen Kolonisten die Nilschwelle nicht schon zum eindringlichen Erlebnis geworden sein sollte, da doch die Ansiedelungen, von denen im folgenden Abschnitt die Rede sein wird, mit der Nilschwelle rechnen mußten.

Mit der Begründung des Sothisjahres ist auch das Fixstern-Weltbewußtsein der ersten Sothisperiode gegeben, denn aus dem Fixstern-Bewußtsein ist sie begründet worden. Ein weiterer Hinweis für das Bestehen dieses Fixstern-Weltbewußtseins liegt darin, daß im menschlichen Bewußtsein Oben und Unten, d. h. zwischen Himmel und Erde, noch nicht unterschieden wurde. Verbürgt wird dieses dadurch, daß im ägyptischen Weltbild genau und anschaulich beschrieben wird, wie im Laufe der Entwicklung die Trennung von Oben und Unten eingetreten ist.

Die Kolonisierung des Niltales fordert als erstes eine in ihren Hauptzügen gegebene Darstellung der Tatbestände, wie sie in den Ergebnissen der ägyptischen Vorgeschichtsforschung, die sich freilich noch in ihren Anfängen befindet, vorliegen.

V

ÄGYPTISCHE VORZEIT

In die umwälzenden geologischen und atmosphärischen Ereignisse, die mit dem Übergang vom Tertiär zum Quartär stattgefunden haben, der Untergang der Atlantis und das Hereinbrechen der Eiszeit, war Nordafrika und das Niltal einbezogen. Während der Eiszeit gab es in Nordafrika langandauernde Regenperioden (Pluviale). Der Sahara-Atlas war vergletschert, das Saharagebiet aber weithin besiedelt. Das Niltal bildete damals einen See, dessen Spiegel nach und nach absank, bis der Nillauf mit der jährlich wiederkehrenden Nilschwelle übrigblieb. Diese Schlußfolgerung über das Landschaftsbild des Niltales konnte gezogen werden, weil dieses bereits zur Altsteinzeit besiedelt war, und die ältesten Fundstellen oben auf den Wüstenbergen längs des Nillaufes liegen, die späteren aber tiefer an Stellen nachmaliger Stätten ägyptischer Kulturzentren.

Die Funde von Steinwerkzeugen aus der späten Altsteinzeit im Niltal unterscheiden sich in keiner Weise von denen im übrigen Nordafrika. Eine weithin verbreitete, die sog. Capsienkultur erstreckte sich einerseits bis nach Spanien, andererseits bis Palästina und Syrien. Es darf mit einiger Sicherheit angenommen werden, daß diese Capsienkultur, die sich nicht als einheitlich erwiesen hat, sondern in differenzierte Stufen gegliedert ist, zurückgebliebenen Wanderungsatlantiern oder überhaupt in diesen Gebieten ansässigen Atlantiern zuzuschreiben ist.

Erst im Verlaufe der jüngeren Steinzeit entwickelte sich im Niltale eine autonome Kultur als Vorstufe der geschichtlichen Kultur Ägyptens. Die Fundplätze derselben erstrecken sich über das gesamte Niltal und zumeist an jenen Stellen, an denen später die bekannten Kulturstätten und Nekropolen entstanden sind, wie Gizeh, Daschur, Abusir, Abydos, Negade, Theben, Elephantine u. a. Dagegen fällt ein besonders wichtiges Gebiet, das Delta, als Fundort wegen der mächtigen Überlagerung von Nilschlamm aus.

Die Darstellungen von Alexander Scharff und in neuester Zeit von Eberhard Otto über die verschiedenen, zeitlich teils nebeneinander, teils nacheinander entstandenen Fundgebiete der jüngeren Steinzeit bis zum Übergang in die geschichtliche Zeit ergeben folgendes Bild der vordynastischen Kulturentwicklung Ägyptens, soweit diese an Sachfunden und Bestattungsformen erkennbar ist.

Die älteren bisher entdeckten und erforschten Fundstätten der jungsteinzeitlichen Kultur werden auf etwa 5000 Jahre v. Chr. angesetzt. Diese Datierung ist naturgemäß approximativ. Eine in Unterägypten am westlichen Deltarand gelegene Fundstätte (Merimde-Beni Salâme) wird nach ihren Fundergebnissen als eine älteste bisher entdeckte jungsteinzeitliche Siedelung angesehen. Im Bereich der vorgefundenen Hütten aus Schilfrohr und Lehm fanden sich polierte Steinwerkzeuge, Waffen, wie Pfeilspitzen und Keulenköpfe, rotpolierte Keramik, ohne Drehscheibe hergestellt und mit wenig Verzierung, Schmuck aus Steinperlen, Knochen und Elfenbein, ferner ein Stierkopf und eine kleine Barke, d. h. Gegenstände, die später und in geschichtlicher Zeit allgemein verbreitet waren. Der Anbau von Getreide konnte an Körnern und einer Vorratseinrichtung festgestellt werden, an Haustieren gab es Rinder, Schafe, Ziegen, Hunde und Schweine. In der Siedelung, zum Teil unter dem Boden der Behausungen, waren Leichen in Hockerlage beigesetzt, ohne Grabbeigaben, vorwiegend auf der rechten Seite, mit Blick nach Osten. Es handelt sich somit bei dieser alten Fundstätte um eine seßhafte, ackerbautreibende Bevölkerung. Eine ähnliche Siedelung wurde auch in der Nähe von Kairo festgestellt.

In Oberägypten gilt als eine der ältesten Siedelungen die sog. Tasa-Kultur. Die hier vorkommende Keramik, worunter als besonderer Typus der Tulpenbecher, weist geometrische und andere Verzierungen mit eingeritzten weißen Mustern auf. Nachgewiesen ist Ackerbau durch Weizen und Gerste. In den Gräbern dieser Siedelung wurden die ersten Schminkpaletten aus Schiefer, Kalkstein und Alabaster gefunden, ein ausgesprochen ägyptischer Gebrauchsgegenstand, der gegen das Ende der vordynastischen Zeit, mit Reliefs verziert, ein Hauptobjekt für die Entwicklung der Kunst bildet. Der wichtigste Unterschied gegenüber den Siedelungen im Norden besteht in der Bestattungsart und Lage der Hockerleichen. Behausung und Bestattung sind getrennt. Die Beisetzung der Toten erfolgt in Friedhöfen. Die Hockerleichen sind in Ziegenfelle und Matten gehüllt, sie liegen auf der linken Seite, mit Blick gegen Westen. Hier liegt bereits eine Vorstufe für den späteren Totenkult, wie demjenigen in Abydos, der Stadt der Westlichen, vor.

Südlich davon liegt die Fundstätte der sog. Badari-Kultur mit den gleichen Grabbeigaben, derselben Bestattungsart und Orientierung. Hier fanden sich aber die ersten Gegenstände der Metallbearbeitung, Nadeln, Perlen, u. a. Dinge aus gehämmertem Kupfer. Hier setzte die ägyptische Stein-Kupferzeit ein, die nur im Niltale in so früher Zeit bestanden hat und sich bis ins dritte Jahrtausend hinein erstreckte. Unter weiteren Grabbeigaben rotpolierte Keramik mit seltener Verzierung, als neue Schöpfungen Tier- und Menschenfiguren mit überbetonten Formen aus Stein, Elfenbein, Ton, Holz. Tierfiguren auch als Verzierung von Kämmen, Löffeln usw.

Im gleichen Gebiet folgt der Badari-Kultur eine andere, die sog. Negadekultur I nach, in der Nähe von Abydos, mit Ausläufern nach Nubien und östlich ins Wadi Hammâmât. Dieselbe Bestattung und Lage der Leichen, an Grabbeigaben eine reich verzierte, weiß bemalte Keramik ohne Henkel, wie alle ägyptische Töpferei, mit Schnurösen zum Aufhängen. Des öftern findet man die Beisetzung von mehreren Leichen in einem Grabe, gelegentliche Mitbestattung von Hunden und Gazellen, viel Waffen, obwohl es sich vorwiegend um eine ackerbautreibende Bevölkerung handelt. An plastischen Arbeiten Tier und Menschenfiguren, Geräte wie Kämme, Löffel aus Elfenbein, im weiteren dazugehörig eine Gruppe von Felsenbildern mit den bekannten Tierdarstellungen. In diesem Fundgebiete sind die Gegenstände aus gehämmertem Kupfer bereits zahlreicher, wie Schmuckstücke, Geräte, Waffen, auch Gold in Form von Perlen, Verarbeitung von Material, das aus Asien stammt, z. B. Obsidian, Lapislazuli.

Dieser Gruppe folgt zeitlich später eine andere nach, die den Namen Gerzeen- oder Negadekultur II führt und in ununterbrochener Entwicklung die Brücke zu der geschichtlichen Kultur schlägt. Friedhöfe dieser Kultur befinden sich auch in Abusir el Melek, Gerze, Harage und im Fajum. Als Entstehungsgebiet dieser Kultur gilt das nördliche Südägypten, mit einer Ausdehnung über das ganze Oberägypten und Ausläufern bis Nubien und ins Wadi Hammâmât. Neben mancherlei, was auch der Negadekultur I eigen war, brachte Negade II völlig Neues, wie in der Keramik das sogenannte Wellenhenkelgefäß, dann rot bemalte Töpferei, welche die früher weiß bemalte Ware von Negade I verdrängte, weniger Waffen und weniger Jagdbilder als Gefäßverzierung, dafür verschiedene Schiffstypen. Außer naturalistischer Gefäßverzierung auch geometrische Ornamente wie Dreiecke, Wellenlinien, Zickzackmuster und Spiralen. Die Steingefäße, welche schon in den vorangehenden Fundgebieten eine besondere Eigenart handwerklicher Technik des Niltales gebildet haben, erfahren nunmehr eine weitgehende Vollendung durch die Schönheit der Form und der Materialbeherrschung (Serpentin, Diorit, Basalt, Granit, Alabaster). Bereits treten die ersten Reliefs auf den Schminktafeln auf, denn diese Kultur bildet die Brücke zur geschichtlichen Zeit.

Die Bestattungsart unterscheidet sich von der früheren durch die sorgfältigere Form der Gruben, sie werden rechteckig ausgehoben. Die Hockerleichen sind nur noch in Matten gehüllt, die Lage verschieden, aber vorwiegend Kopf im Norden, Blick gegen Osten, was gegen die geschichtliche Zeit hin die allein gültige wird.

Diese letzte vorgeschichtliche Kultur in ihrer Entwicklung und Ausbreitung im gesamten Niltale hat, insoweit Grabfunde mitbestimmend für das Bild derselben sein können, die nachfolgende geschichtliche Kultur Ägyptens in ihrer strengen, traditionsgebundenen Einheitlichkeit vorbereitet.

In seiner Zusammenfassung ergibt der Überblick der vordynastischen Zeit nach ihren äußeren Dokumenten das folgende Bild, welches sich an die im vorigen Abschnitt dargelegte Kolonisation anschließt. Im Niltal entstand im Laufe der jüngeren Steinzeit eine auf die vorangehende Capsienkultur der späten Altsteinzeit folgende Kultur, die ägyptische Stein-Kupferzeit. In ihrer Gesamtheit ist sie die Vorstufe der geschichtlichen Kultur Ägyptens. Die Träger derselben war eine ackerbautreibende, seßhafte Bevölkerung. Die Hockerbestattung der Leichen, mit Westlage in Ober-, mit Ostlage in Unterägypten, in Friedhöfen, die 400 km voneinander entfernt liegen, sind die Anzeichen eines vorhandenen Totenkultes. Bereits in der nach den bisherigen Funden ältesten Kultur Oberägyptens (Tasakultur) fanden sich die ersten einfachen Schminkpaletten, d. h. ein spezifisch ägyptischer Gebrauchsgegenstand, dessen Entwicklung nach Form und Verzierung (Reliefs) sich bis in die geschichtliche Zeit verfolgen läßt.

In ihrer Gesamtheit stellt sich diese Kultur der vordynastischen Zeit Ägyptens (deren Beginn etwa um den Übergang vom sechsten zum fünften Jahrtausend zu setzen ist) als eine autonome, in sich geschlossene Leistung ihrer Bevölkerung dar. Um das dritte Jahrtausend hat sich dann der geschichtlich und kulturell erstaunliche Übergang in die geschichtliche, die dynastische Zeit, vollzogen.

Um die Begründung der ägyptischen Kulturepoche mit dem Bilde, das die vordynastische Kultur darbietet, in eine geordnete, entwicklungsgeschichtliche Verbindung zu bringen, muß zunächst die Frage nach deren Trägern erörtert werden.

Es gilt als feststehend, daß die Urahnen des geschichtlichen Ägyptens aus Asien über die Landenge von Suez in das Delta eingewandert sind und von da aus das Niltal in Besitz genommen haben, möglicherweise auch, wie manche Forscher meinen, auf dem Seeweg durch das Rote Meer und durch die Wüste über das Wadi Hammâmât nach Oberägypten gelangten.

Diese Urahnen waren Hamiten. Als Hamiten gelten die drei Völkergruppen, die ägyptische, die libysche und die südägyptische äthiopische, welche die hamitische Sprache gesprochen haben. Breasted bemerkt, daß die Vorfahren der geschichtlichen Ägypter rasseverwandt seien mit den Libyern Nordafrikas und den ostafrikanischen Stämmen, die heute als Galla, Somali und Bedscha (Bischerin) bekannt sind. Eberhard Otto äußert sich dahin, die Bevölkerung des Niltales zwischen der Altsteinzeit und der geschichtlichen Zeit habe nie eine rassische Einheit gebildet, daß aber die organisch fruchtbare Zusammenarbeit in dem natürlich begrenzten Raum des Niltales die Voraussetzung für die geschichtliche Kultur gebildet habe; es sei eindeutig, daß an den Anfängen der ägyptischen Kultur Notwendigkeit, Arbeit und Disziplin stehen. Otto erwähnt, daß nach den Untersuchungsergebnissen der ältesten Königsgräber von Abydos drei Rassentypen, eine kleinwüchsige, dunkelhaarige, feingliedrige Rasse, eine cromagnoide und negroide (aber keine Neger) und eine zahlenmäßig geringe kurzschädelige Rasse bestanden habe. Das vordynastische Ägypten sei von einer rassengemischten Bevölkerung bewohnt gewesen. Eine Folgerung auf die Urbevölkerung läßt sich zunächst daraus nicht ziehen, weil die Königsgräber von Abydos bereits der geschichtlichen Zeit nahe liegen.

Schädelmessungen an zahlreichen Hockerleichen aus dem großen Gräberfelde von Abusir el Melek haben nach dem Fundbericht von Friedrich v. Müller ergeben, daß über die Bestimmung der Rasse keine Sicherheit bestand. Die einen Forscher haben sie für eine Mischung von Hamiten und Semiten, andere für Kaukasier und wieder andere für Arier aus dem Iran gehalten. Kulturell, nicht rassisch, weist Otto in seiner Darstellung der vorgeschichtlichen Kulturen darauf hin, scheine es sicher, «daß eine unmittelbare Berührung mit Sumer stattgefunden habe und Ägypten dabei der empfangende Teil gewesen sei. Von einer Invasion könne nicht gesprochen werden, aber eine Begegnung auf ägyptischem Boden scheine stattgefunden zu haben, und diese auf zwei möglichen Wegen, entweder auf dem Landwege über die Sinai-Halbinsel ins Delta oder auf dem Seewege durch das Rote Meer und das Wadi Hammâmât nach Oberägypten, vermutlich auf dem letzteren, dem Seeweg.» Entscheidend war jedoch, wie Otto weiter ausführt, die Kultur von Negade II, die wie ein großes Sammelbecken das Frühere in sich aufgenommen und sich als gesamtägyptische Kultur verbreitet habe. Dagegen sei ganz unbekannt, welche staatlichen, gesellschaftlichen und religiösen Formen während dieser Vorzeit bestanden haben, auch nicht, ob schon damals Götter verehrt worden seien. Es habe zwei Grundformen des gesellschaftlichen Lebens gegeben, die des seßhaften Bauerntums und die des nomadischen Jägertums, dabei seien die unterägyptischen Kulturen stärker vom Bauerntum, die oberägyptischen stärker vom Jägertum bestimmt.

In einem wichtigen Punkt besteht über die Vorzeit Ägyptens volle Übereinstimmung: daß das Delta das eigentliche Einzugsgebiet vom Osten wie vom Westen (Libyen) her gewesen sei und daher dem Norden des Niltales das kulturschaffende Primat zuzuschreiben sei.

Nach den ältesten Texten haben sich die Ägypter Einwohner oder Leute von Kemêt genannt, nach dem schwärzlichen ägyptischen Erdboden, oder wie Plutarch in «Isis und Osiris» darlegt, nach der schwarzen Erde und dem Schwarzen im Auge. Brugsch bemerkt, daß nach altägyptischem Sprachgebrauch «rm-n-Kême», der Ägypter sich als «Mensch von Keme» genannt habe. In den ältesten Texten komme das Wort rômet vor, was im Kollektivismus «die Menschen» bedeute. Diese Namen, welche sich ohne Zweifel schon die Ägypter der vordynastischen Zeit angeeignet haben, besagen, daß sie sich als Menschen, d. h. als besondere Kulturträger angesehen und von den umliegenden barbarischen Völkern als solche unterschieden und herausgehoben betrachtet haben.

Nach anderer Version nannten die Ägypter ihr Land Cham (Ham), was ebenfalls mit der dunklen Erde in Beziehung gebracht wird. Cham oder

Ham heißt aber auch «der Dunkle», was nicht nur auf die schwarze Erde, sondern nach Plutarch auf das Schwarze im Auge bezogen werden will. Ein Bild, das Plutarch gebraucht, um auf die verborgenen Tiefen des ägyptischen Geisteslebens hinzuweisen.

Die bisherigen Ausführungen über die Vorzeit von Ägypten lassen sich in ihrer Zusammenfassung und Symptomatologie in eine sachliche Beziehung bringen zu der im vorangehenden Abschnitt dargestellten Begründung der ägyptischen Kulturepoche unter der geistigen Führung des Urlehrers der Ägypter, des Thoth-Hermes.

Obwohl die Ergebnisse von vorzeitlichen Schädelmessungen noch ganz im Anfang stehen, scheinen sie auf Arier aus dem Iran hinzuweisen. Sie finden eine Stütze in dem Hinweis Ottos, wonach zwischen Sumer und Ägypten während der Vorzeit eine Begegnung stattgefunden haben soll, wobei Ägypten der empfangende Teil war. Die Sumerer waren Arier, und es besteht in diesem Falle die offene Frage, ob dieselben nicht ursprünglich vom Iran in das Zweistromland ausgewandert waren.

Die Kolonistengruppe aus dem Iran fand im Norden des Niltales atlantische Bevölkerung, deren Nachkommen die Libyer sind, im Süden Nachkommen der Lemurier, die Äthiopier, vor. Durch Wanderungen, Erobererzüge, Nomadenvölker fanden fortwährend Blutmischungen statt, aus welchen sich die Hamiten und die hamitische Sprache herausgebildet haben. Den inneren festen Kern und die geistige Führung bildete die iranische Kolonistengruppe. Ein Hauptphänomen der ur- und vorzeitlichen Entwicklung der Menschheit, das an den atlantischen Gründungen ersichtlich werden konnte, ist darin zu erblicken, daß aus Initiativgruppen nicht nur Kulturen, sondern auch kulturschaffende Völker als deren Träger planvoll geschaffen wurden, was auf dem Wege von Blutsmischungen geschah. Diese kulturschaffenden Volkstümer erhielten vom Mysterienwesen ihre geistige Führung.

Eine solche von Mysterienimpulsen geleitete Initiativgruppe war die, welche vom Iran aus über die Sinai-Halbinsel in das Delta eingewandert war und aus welcher das kulturschaffende Volk im Niltal entstanden ist, das sich, über die Umwelt sich hinaus entwickelnd, im Bewußtsein seiner Bedeutung «Leute von Kemêt» oder rm-n-Kême, d. h. Mensch von Keme, nannte.

Die stärkste Stütze dafür, daß eine Kolonisierung des Niltales von Asien ausgegangen sei und vom Iran aus unternommen worden ist, kann darin gesehen werden, daß das Niltal, wie die Ergebnisse der vorgeschichtlichen Forschung eindeutig zeigen, aus dem Urzustand in Ackerbauland mit seßhafter Bevölkerung umgewandelt worden ist.

Die iranische Initiativgruppe hat zwei Arten von Gestaltungskräften für die Begründung einer Kultur in das Niltal gebracht, die Domestikation, Zähmung von Tieren und Ackerbau, und Mysterienimpulse für die ägyptische Kulturentwicklung.

Die iranische Kolonistengruppe muß nach der Altsteinzeit, der sogenannten Capsienkultur, in das Niltal eingewandert sein. An den bisherigen Ergebnissen der ägyptischen Vorgeschichtsforschung kann Zug um Zug verfolgt werden, wie im Laufe der jüngeren Steinzeit im ganzen Niltal bis nach Elephantine Siedlungen entstanden sind, von deren Anfängen und Fortschritten die Grabfunde Zeugnis ablegen. Diese Grabfunde geben ein Bild der ägyptischen Stein-Kupferzeit und damit den Beweis, wie sich Ägypten schon damals von der übrigen Welt unterschieden hat, indem hier nicht, wie überall in der Welt, eine reine jung-steinzeitliche Kultur, sondern von Anfang an eine Stein-Kupferzeit sich entwickelt hat. Unter Ausnutzung der Kupferminen am Sinai steht Ägypten als erstes Land da, welches das Metallerlebnis hatte und die Metallbearbeitung in der Weltgeschichte der Vorzeit kannte.

Aus den Ergebnissen der ägyptischen Vorgeschichtsforschung kann ein Bild gewonnen werden von den unermeßlichen Leistungen, die notwendig waren, um die Lebensbedingungen für den Anfang der Kultur des Niltales zu schaffen. Es mußte dessen Urnatur zuerst umgewandelt werden und dieses unter den besonderen Verhältnissen, welche durch die jährliche Nilschwelle gegeben waren. Aus Dickichten und Sumpfgebieten mußte Ackerland geschaffen werden, aus Wildgras Getreidepflanzen, aus Wildtieren Haustiere. Die ursprüngliche zahlreiche Fauna von Vögeln, Land- und Wassertieren bedingte den Jägerberuf, ihm folgte durch die beginnende Domestikation der Beruf des Ackerbauers und Viehzüchters, später der Beruf des Händlers. Darüber legen die Gräberfunde beredtes Zeugnis ab. Neben der Darstellung von Jagdszenen und damit der damaligen Fauna als Gefäßverzierung gibt es zahlreiche Funde und Relikte aus dem Ackerbau und sehr früh Schiffsmodelle in Fischform.

Die Jagdszenen der Gefäßmalerei und späterer Reliefs geben ein anschauliches Bild von der Fauna jener Vorzeit, wie Löwen, Leoparden, Antilopen verschiedener Art, Giraffen, Strauße, Nilpferde u. a. Nach und nach zog sich, wie Newberry in einer Studie über die Urzeit des Niltales berichtet, mit zunehmender Kultivierung die Fauna nach dem Süden zurück; so findet sich z. B. das Nilpferd später nur noch auf Jagdszenen von oberägyptischer Gefäßmalerei, in Unterägypten war es bereits verschwunden. Auf Reliefs der Pyramidenzeit finden sich vielfach Papyrusdickichte mit Szenen der Vogeljagd und des Fischstechens. Von einigen Pharaonen der 18. Dynastie, wie Thutmosis IV. und Amenophis III., wird berichtet, daß sie eine erstaunlich große Zahl von Löwen erlegt haben sollen. Noch damals gab es demnach ausgedehnte Dickichte und Jagdgebiete. Im Laufe von Jahrtausenden hat sich die Fauna, welche ursprünglich bis ins Delta verbreitet war, hinter das Gebiet des ersten Kataraktes zurückgezogen und dann bis in dasjenige des blauen Niles. Dort findet sich noch heute jene Fauna, die einst im ganzen Niltal verbreitet gewesen ist. Krokodile gab es noch im

18. Jahrhundert im Delta, Nilpferde erschienen noch im 19. Jahrhundert beim zweiten Katarakt.

Mit der Begründung der ägyptischen Kulturepoche verbindet sich das Bild eines sich über das ganze Niltal erstreckenden Arbeitsfeldes, das von der iranischen Kolonistengruppe in Szene gesetzt worden ist und an den Grabfunden der Stein-Kupferzeit, soweit dies durch äußere erhalten gebliebene Zeugnisse möglich ist, überprüft werden kann. Im Niltal ist unter ganz anders gearteten Verhältnissen und Zielsetzungen fortgesetzt worden, was von Dschemschid und Zarathustra begonnen worden ist, die Arbeit und Umwandlung der Natur des Landes. Es ist das äußere Bild dieses Arbeitsfeldes, der Anlagen und Vorbereitung einer neuen Kultur im Zeitraum der ersten und eines Drittels der zweiten Sothisperiode, das durch die bisherigen Gräberfunde vor Augen geführt wird. Da der Beginn der ersten Sothisperiode in das 6. Jahrtausend fällt, dürfte der Beginn der durch Funde nachgewiesenen jungsteinzeitlichen Kultur des Niltales zeitlich annähernd mit dem genannten Datum übereinstimmen. Der Beginn der ersten Sothisperiode und derjenige der jungsteinzeitlichen Kultur Ägyptens sind zeitlich identisch.

Mit dieser Darstellung sollte der Blick in die Wirksamkeit der einen der genannten Gestaltungskräfte zur Vorbereitung der ägyptischen Kultur gelenkt werden; die andere, diejenige des ägyptischen Mysterienwesens, soll den Blick in das weite Gebiet der ägyptischen Welterkenntnis lenken.

VI

DIE GÖTTERREGIERUNG WÄHREND DER VORDYNASTISCHEN ZEIT

Die späten Nachfahren der ägyptischen Kultur und Pfleger uralter Überlieferungen, die Priester der saitischen Epoche (663–525 v. Chr.), haben sich gegenüber den griechischen Besuchern ihres Landes nicht nur dahin geäußert, daß Thoth-Hermes Inaugurator und Urlehrer ihrer Kultur gewesen sei, sondern auch dahin, Ägypten sei in vordynastischer Zeit nicht von Menschen, sondern von Göttern regiert worden. Auch Manetho läßt den Pharaonendynastien Götterdynastien vorangehen.

Die saitischen Priester haben damit nur ausgesprochen, was schon vor ihnen während der dritten Sothisperiode als Lebensstimmung vorhanden war. Die Führer des geistigen Lebens haben auf eine ferne Vorzeit hingewiesen, von der sie sagten, ihre Vorfahren hätten damals in unmittelbarer Verbindung mit den Göttern, denen der Mensch sein Dasein verdankt, gestanden, während sie selber nur die Bewahrer und Fortpflanzer der Überlieferungen aus jener Zeit seien.

In dieser Lebensstimmung, welche bis zum Ende der ägyptischen Kultur vorhanden war, findet ein Entwicklungsgesetz der nachatlantischen Menschheit einen beredten Ausdruck mit tragischem Einschlag.

Das nachatlantische Inkarnationsdrama der Menschheit nahm den schicksalhaften Verlauf, daß mit zunehmender Hingabe an die Erfüllung von Erdenaufgaben die urzeitlich vorhanden gewesene Gemeinschaft mit den Göttern und das traumhafte Hineinschauen in eine geistige Welt zu verblassen begann und die Sinneswelt eine immer stärkere, zunehmende Geltung erfuhr. Götterwege gingen noch unsere Vorfahren, sagten die Ägypter, Menschenwege haben die Nachfahren eingeschlagen, und sie meinten damit den Übergang von der vordynastischen in die dynastische Zeit.

Es kann dieses Entwicklungsgesetz als ein besonders markanter Sonderfall am Verlauf der vier ägyptischen Sothisperioden beobachtet werden, denn diese nehmen sich aus wie eine geistesgeschichtliche Demonstration dieses Gesetzes. Die Ägypter haben die stufenweise erfolgte Rückbildung der Weite ihres ursprünglichen Weltbewußtseins auf ihre Art in ganz unmißverständlicher Weise ausgedrückt. Wenn sie vom dreimal Großen Thoth sprachen, so meinten sie das Weltbewußtsein und die Urweisheit der ersten Sothisperiode, in welcher das geistige Schauen noch bis in die Fixsternwelt hinausdringen konnte. Und als während der zweiten Sothisperiode dieses Schauen auf die planetarische Welt beschränkt war, sprachen sie vom zweimal Großen Thoth, und vom Großen Thoth, als während der dritten Sothisperiode nur noch elementare Weisheit erlangt werden konnte, die sich aber auf die alten Überlieferungen stützte.

Die Entwicklung der äußeren Kultur Ägyptens steht im umgekehrten Verhältnis zu dem Verlauf dieser drei Stufen. Sie befand sich noch in ihren ersten Anfängen während der ersten Sothisperiode und entfaltete ihre höchste Schaffenskraft und Leistung während der Pyramidenzeit nach dem Übergang von der zweiten zur dritten Sothisperiode.

Die Ägypter trennten scharf die vordynastische von der dynastischen Zeit ihres Landes. Sie sagten, es sei während der vordynastischen Zeit von Göttern regiert worden, weil durch die Gegenwart der Götter an der Opferstätte und die durch sie empfangene Urweisheit eine inspirierte, selbstlose Führung des Landes bestanden hat; eine Führung durch Götterabsichten, nicht durch menschliche Gedanken, die dem Irrtum unterworfen sein können, Götterabsichten und -gedanken aber nicht. Es sind auch von den geistigen Führern der vordynastischen Zeit keine Namen überliefert. Ihre geschichtlichen Nachfahren nannten sie «Diener des Horus» oder die Ahnen, und ihre Gräber sind unbekannt geblieben.

Unter Göttern haben die Ägypter, wie die vorzeitliche Menschheit ganz allgemein, kosmische Intelligenzen verschiedener Entwicklungsstufen und Tätigkeiten verstanden, die sich nicht in einem Erdenleib verkörpern, aber im Opferdienst ihre Absichten und ihren Willen denen kundgeben, die sich in diesem Opferdienst zu ihren selbstlosen Werkzeugen, zu ihren Dienern gemacht haben. Götterregierung nannten die späteren Nachfahren dieser Diener des Horus eine Seelenhaltung, die von Göttern Inspirationen empfangen konnte, ohne diese mit menschlichen Gedanken zu vermischen, weil diese irren können. Diese Haltung, die alles Eigenwesen, auch das Gedankliche, ausschloß, gab dem vordynastischen Mysterienwesen seine herbe, keusche Geistigkeit.

Da es in dieser Zeit keine schriftlichen Aufzeichnungen gegeben hat wie in der geschichtlichen Epoche, deren Inhalte auf ein bestehendes Mysterienwesen hinweisen, müssen die Spuren, die das vordynastische Mysterienwesen zurückgelassen hat, in anderen Schichten der damaligen kulturellen Formen des Lebens gesucht werden. Solche Spuren liegen vor in der im vorangehenden Abschnitt erwähnten ägyptischen Hockerbestattung mit ihrer wechselnden Orientierung. Der fast allgemein in der Vorzeit bestehenden Sitte, den Verstorbenen in Hockerlage zu bestatten, kommt nicht eine beliebige, sondern eine offensichtlich kultische Bedeutung zu. Der Verstorbene mußte ja nach eingetretenem Tode erst in diese künstliche Lage gebracht werden und dieses deswegen, weil damals noch eine Fähigkeit des Beobachtens des Todesvorganges bestanden hat, einer Beobachtung, wie die menschliche Seele den Körper verläßt, um in das körperlose Dasein einzutreten. Es wurde der Leichnam in eine Lage gebracht, die die Loslösung der Seele vom Körper und ihren Eintritt in das Totenreich unterstützen sollte. Aus diesem Grunde wurde der Leichnam in die Hockerlage gebracht. Die Hockerlage unterscheidet sich von der gestreckten Lage des Körpers in auffallender Weise durch die Winkelstellungen, die den Armen und Beinen gegeben wurden. Es wurde der tote Körper durch diese Stellungen geometrisiert. Dieses Geometrisieren der Leichname durch die Hockerlage steht in einer gewissen Beziehung, so sonderbar dies erscheinen mag, zum sog. «geometrischen Ornament» der Gefäßverzierungen, die dem Toten mit ins Grab gegeben wurden. Die geometrische Ornamentik in Zickzack-Linien, Dreiecken, Winkelstellungen ist die erste Form, die Urform aller Gefäßverzierung, die im neolithischen Zeitalter der Menschheit aufgetreten ist.

Die Winkelstellung, das Geometrisieren der Hockerleichen ist von denen, die den Todesvorgang beobachtet haben, angeordnet worden, weil dieses als verwandt mit dem Lichte oder den Lichtstrahlen angesehen worden ist. Leonardo da Vinci bemerkt in seiner Lichtlehre, daß die lichtdurchdrungene Luft ausgefüllt sei mit unzähligen Strahlenpyramiden, welche durch die Dinge, die in die Luft gestellt sind, hervorgerufen werden, Strahlenpyramiden, d. h. Dreiecke, die sich gegenseitig durchdringen. Dieses Geometrisieren in Dreiecklinien und -Stellungen bildete nach den Anschauungen jener Zeit eine Brücke vom Reich der Lebenden in das Reich der Toten. In dieser Beziehung ist besonders bemerkenswert, daß sich im heliopolitanischen Kulturkreis des späteren Ägypten Darstellungen von Lichtstrahlen finden in Gestalt einer Kette von Lichtdreiecken. Der menschliche Leichnam wurde durch diese Hockerlage zum Kultobjekt.

Die Ägypter ihrerseits haben eine allgemein bestehende Form der Bestattung, die Hockerlage, weiter ausgebildet, indem sie die Hockerleichen in Ziegenfelle hüllten, die sie mit Kupfernadeln befestigten. Ein weiteres bedeutsames Symptom liegt vor in der wechselnden Orientierung. Im Süden Antlitz gegen Westen, im Norden Antlitz gegen Osten. In dieser Orientierung liegt unmißverständlich eine Kultordnung vor, und ohne Zweifel ist die Westorientierung im südlichen Ägypten, namentlich auch dort, wo später die große Nekropole der Westlichen, Abydos, entstanden ist, ein erster Anfang für den nachmals so mächtig entwickelten Totenkult.

Diese Interpretation der Hockerbestattung und deren weiteren Ausbildung, die sie in Ägypten durch die Orientierung erfahren hat, verliert sogleich an phantastisch anmutender Unwirklichkeit und gewinnt an nüchterner Wirklichkeit, wenn in Betracht gezogen wird, welches Ausmaß an Dreieckformen im Ägypten der dynastischen Zeit die Baukunst (Pyramide) und die Darstellung der menschlichen Gestalt in der bildenden Kunst erfahren hat. Das Geometrisieren und das Orientieren sind nach den ersten Anfängen und deren Fortsetzung in vordynastischer Zeit als ein elementarer Grundzug in die ägyptische Kultur und Kultordnung der dynastischen Zeit eingegangen.

Die doppelte, die westliche und östliche Orientierung der Hockerleichen in Nekropolen, die, wie erwähnt, 400 km von einander entfernt sind, von denen die im Süden der Kultur von Negade I und die im Norden derjenigen von Negade II angehören, scheiden Ägypten in dieser Beziehung in zwei von einander verschiedene Gebiete. Es liegt damit ein Tatbestand vor, wonach schon während der jüngeren Steinzeit der Süden und der Norden des Landes sich deutlich von einander abheben. Hinzugefügt werden kann auch, daß im Süden weiß bemalte, im Norden rot bemalte Töpferei in Gebrauch stand.

Während der vordynastischen Zeit sind auch aus früher bestehenden, älteren Gemeinschaftsformen zwei verschiedene Reiche, das Südreich und das Nordreich, gebildet worden. Breasted äußert sich über diese beiden Reiche dahin, es habe eine Verschmelzung früherer Grenzstaaten zu zwei großen Reichen stattgefunden, die nicht vor etwa 4000 v. Chr. ihren Abschluß gefunden habe. Das ist ein Datum, das in die Nähe des Überganges von der ersten zur zweiten Sothisperiode gerückt ist, 4242 v. Chr., ein Datum, welches Ed. Meyer für dasjenige der Einführung des Sothiskalenders hält. Es würde demnach die Bildung der beiden Reiche zeitlich ungefähr zusammenfallen mit dem Übergang von der ersten zur zweiten Sothisperiode. Ein solcher Übergang war, was jedenfalls bei demjenigen der zweiten zur dritten und der dritten zur vierten Sothisperiode der Fall war, von einschneidenden Vorgängen und Ereignissen begleitet. Ein solcher Vorgang von einschneidender Bedeutung für den kulturellen und geschichtlichen Verlauf Ägyptens war auch die Begründung der beiden Reiche. Diese Zweiteilung ist nicht aus geographischen Verhältnissen des Niltales heraus entstanden, sondern aus der Himmelsgeographie der Ägypter. Nach dieser wurde, wie Brugsch an zahlreichen Hieroglyphentexten nachgewiesen hat, das Himmelsgewölbe in eine obere und eine untere, in eine südliche und eine nördliche Hemisphäre geteilt. Es gab danach ein südliches und ein nördliches Götterland. Dieser Himmelsgeographie entsprechend wurde als deren irdisches Abbild das Niltal in zwei gesonderte Gebiete geteilt. Das Südland erstreckte sich vom ersten Katarakt bis zum Beginn des Delta, das Nordreich umfaßte das Delta. Diese Entsprechung von Himmelsgeographie und Erdengeographie weist in Zeiten zurück, als Oben und Unten, Himmel und Erde noch nicht unterschieden, sondern, dem damaligen Bewußtsein nach, beide vereinigt waren. Es hat dabei auch der hermetische Grundsatz «Es ist unten alles wie oben» insofern eine Anwendung gefunden, weil das geographische Gebiet des Landes als ein Abbild der Himmelsgeographie angesehen wurde. Für den Ägypter gab es keine bloße irdische, territoriale Geographie. An welchem Orte des Landes er sich auch immer befinden mochte, empfand er sich nicht als bloßer irdischer Mensch, sondern er empfand sich als ein den Richtungen des Kosmos und des Sonnenlaufes eingegliedertes Wesen.

Als mit Beginn der geschichtlichen Zeit Menes, der erste Pharao, die beiden bisher getrennten Länder vereinigte, waren sie vordem von Königen beherrscht worden, von denen jeder die besondere Krone seines Landes, die Krone des Süd- oder Nordlandes trug. Und jedes der beiden Länder besaß ein besonderes Kultzentrum für seine Schutzgöttin mit den ihr zugehörigen Kultsymbolen.

Die Schutzgöttin des Südreiches war Nechbet, ihr Kultsymbol der Geier mit ausgebreiteten Flügeln und ihr weiteres Hoheitszeichen die Lilie. Die Stadt Nechbet war ihr Kultort. Die Schutzgöttin des Nordlandes hieß Buto, ihr Kultsymbol die Schlange, ihr weiteres Hoheitszeichen der Papyrus. Buto im Delta war ihre Kultstätte.

Die Königskrone des Südlandes bestand in einer kegelförmig zulaufenden Kopfbedeckung aus weißem Filz, manchmal auch mit kleinen Flügelansätzen: die weiße Krone. Die Krone des Nordlandes besaß eine gefäßartige Form aus rotem Filz, hinten mit einer aufsteigenden eingewickelten Spirale: die rote Krone des Nordens. Weiß und rot waren also die Farben der beiden Länder. Der Nechbet-Geier mit den ausgebreiteten Flügeln weist nach der Sprache dieser Kultzeichen unverkennbar auf die Repräsentanz eines seelischen Wesens hin, die Buto-Schlange auf ein Universelles.

Es kann nun von weittragender Bedeutung erscheinen, daß das, was sich so seit der Begründung der beiden Länder und der genannten Einrichtungen des kultischen und königlichen Lebens herausgebildet hatte, unverändert in das Pharaonenreich eingegangen ist. Sie sind in die Titulatur der Pharaonen eingezogen und haben im Götter- und Totenkult, in besonderen Doppelräumen der Tempel, in unzähligen Inschriften der Denkmäler ihr Dasein und ihr wirkendes Wesen weiter geführt.

Es ist in vordynastischer Zeit mit der Begründung des Süd- und Nordreiches mit ihren Schutzgöttinnen, ihren Kultsymbolen und Königskronen etwas ins Leben gerufen worden mit einer Zeitendauer bis zum Ende der Pharaonenherrschaft und darüber hinaus bis gegen das Ende der vierten Sothisperiode, d. h. einer Zeitdauer von 4000 Jahren. In ihrer rückläufigen Betrachtung bis zur Zeit der Begründung der beiden Reiche erhält diese Zeitendauer ein ungeheures geistiges Gewicht, denn hier sind die Spuren zu ergreifen, die das vordynastische Mysterienwesen aus der Zeit der Götterherrschaft zurückgelassen hat.

VII

DAS ÄGYPTISCHE WELTBILD

Die Entwicklung der nachatlantischen Menschheit verläuft nach Kulturepochen, und diese folgen aufeinander und gestalten sich nach dem Sternengang. Es folgt so Kulturepoche auf Kulturepoche und damit auch Weltbild auf Weltbild, denn jede Kulturepoche entwickelt ihr besonderes Weltbild mit den ihr eigenen Erkenntnismitteln. Anders ist das Weltbild der urpersischen Epoche als dasjenige der urindischen mit dessen späteren Abwandlungen, anders das ägyptisch-hermetische Weltbild gegenüber demjenigen des Zarathustra, wieder anders dasjenige der Griechen und Römer oder der Kelten und Germanen.

Unsere gegenwärtige Epoche, mit dem 15. Jahrhundert beginnend, hat das heliozentrisch-kopernikanische Weltbild entwickelt. Ihm vorangegangen ist das geozentrische Weltbild des Ptolemäus.

Die zeitlich aufeinander folgenden Weltbilder haben bei all ihren verschiedenen Erkenntnismitteln und Erkenntnisinhalten ein Gemeinsames. Es wird auf verschiedenen Wegen und mit verschiedenen Erkenntnismitteln das Eine angestrebt, sich ein Bild zu machen von der Konstitution des Kosmos und der Entwicklung der Menschheit auf der Erde.

Das gegenwärtige kopernikanische Weltbild ist ein naturwissenschaftliches, auf exakt geschulte Sinnesbeobachtung und die stoffliche Beschaffenheit der Erscheinungswelt eingeschränktes Weltbild, wonach der Kosmos als ein nach mathematisch-mechanischen Gesetzen aufgebautes, nach Maß, Zahl und Gewicht bestimmbares Geschehen erscheint. Der Werdegang der Menschheit auf dem Erdenplaneten ist einem Entwicklungsgesetz unterworfen, das von Darwin und Haeckel formuliert worden ist und seither Modifikationen erfahren hat, wonach im Menschen eine aufsteigende, in den höheren Tierarten wie dem Affengeschlecht eine absteigende Entwicklungsströmung zu sehen ist.

Das menschliche Denken, d. h. das Erkenntnismittel, welches das gegenwärtig geltende Weltbild hervorgebracht hat, ist eine auf die stoffliche Konstitution des Kosmos durch die Sinnesbeobachtung gerichtete Erkenntnis. Dieses sinngebundene Denken ist mit dem 15. Jahrhundert in die Menschheit eingezogen. Anders waren die Erkenntnismittel, welche das ptolemäische Weltbild geschaffen haben und wieder anders diejenigen vorangegangener Epochen.

Das ägyptische Weltbild hat wie alle bisherigen Weltbilder der nachatlantischen Menschheit die Entwicklung und Konstitution des Kosmos und der Menschheit zum Gegenstande. Seinem Erkenntnisinhalte nach ist es wie das gegenwärtige ein heliozentrisches Weltbild, aber von diesem radikal verschieden durch den gegensätzlichen Unterschied der angewandten Erkenntnismittel.

Das gegenwärtige Weltbild ist aus der modernen Naturerkenntnis heraus entstanden, das ägyptische aus der damaligen Mysterienwissenschaft. Die Ägyptologie als Spezialwissenschaft, deren stoffliche Kenntnis und Beherrschung ihres Forschungsmateriales eine nicht hoch genug einzuschätzende Arbeitsleistung darstellt, an der Generationen hervorragender Forscher beteiligt sind, verfährt bei der Interpretation des ägyptischen Weltbildes nach derjenigen Denkungsweise, nach welcher unser gegenwärtiges, auf stofflicher Erkenntnis beruhendes Weltbild entstanden ist. Sie wendet bei der Interpretation ihres Forschungsmateriales als Erkenntnismittel das naturwissenschaftliche Denken, das erst in neuerer Zeit entstanden ist, auf ein Zeitalter an, das sich ganz anders gearteter Erkenntnismittel bedient hat. Auf diese Weise ist eine Interpretation des ägyptischen Weltbildes und eine Urteilsbildung über dieses entstanden, das dem naturwissenschaftlichen Denken, aber nicht den Erkenntnismitteln der ägyptischen Kulturepoche angemessen ist.

Die ägyptische Mysterienwissenschaft hat ebenso wie die heutige Naturwissenschaft zu ihrem Inhalt das Bild des entstehenden Kosmos, die Entwicklung der Menschheit und deren äußere und innere Beziehung zur natürlichen und kosmischen Umwelt. Dieses ägyptische Weltbild ist aber kein stoffliches, sondern ein geistiges, ein moralisches, ein durchgöttlichtes Weltbild. Die Ägypter haben ein Stoffliches im heutigen Sinne weder gekannt noch erlebt. Alles Stoffliche am Menschen, in den Naturreichen und im Kosmos empfanden sie als ein Durchgöttlichtes, daher wurde allen Erscheinungen der Stoffeswelt und deren Verwandlungen ein göttlicher Name gegeben, und im Namen aller Dinge und Erscheinungen wurde die Wirkung des göttlichen Schöpferwortes vernommen.

Das Weltbild, welches die göttliche Ordnung der Erscheinungswelt und der in der Stoffeswelt wirkenden Kräfte, die Entwicklung des Erdenplaneten und der Menschheit in universell geformten Bildern und in Tempellegenden zur Darstellung brachte und in Kulten feierte, war Aufgabe und Leistung der ägyptischen Mysterien mit ihrem Hauptzentrum in Heliopolis (ägyptisch On). Eine sachgemäße Interpretation des ägyptischen Weltbildes muß daher mit den Erkenntnismitteln der modernen Geisteswissenschaft versucht werden, da das ägyptische Mysterienwesen bisher kaum oder gar nicht in die wissenschaftliche Forschung mit einbezogen wurde und das Weltbild, welches aus diesem Mysterienwesen hervorging, mit dem Schleier der Isis zugedeckt geblieben ist.

In unzähligen Hieroglyphentexten an Pyramiden und Tempelwänden, in den Gräbern und auf Papyrusrollen der geschichtlichen Zeit ist das Weltbild der Ägypter aufgezeichnet, in Statuen, Reliefs und Malereien sinnbildlich dargestellt und in damaligen Opferhandlungen und Volkskulten zelebriert worden. Es gibt kein Land, kein Volk und keine der alten Kulturepochen, die eine solche, sich über Jahrtausende erstreckende Fülle von Denkmälern und Texten über die Weltentstehung, die Weltordnung und Weltentwicklung durch die Götter, den ihnen dargebrachten Opferdienst und über den osirianischen Totenkult hinterlassen hat, wie die Ägypter. Dabei sind die Inhalte dieses Weltbildes in einer heilig gehaltenen Schrift, den Hieroglyphenzeichen, aufgeschrieben worden, die von Eingeweihten erfunden und nur von diesen gelesen werden konnten. Es sollten nach deren Absichten die Götterhandlungen nur in einer sakralen Schrift aufgezeichnet werden. Wäre der Stein von Rosette nicht aufgefunden worden, dessen Hieroglyphentext zugleich in demotischer und griechischer Schrift wiederholt gewesen war, so würden vermutlich bis heute die stumm gebliebenen, rätselvollen Zeichen der Hieroglyphen die Inhalte des ägyptischen Weltbildes verhüllen. Der Stein von Rosette stammt aus der ptolomäischen Zeit, als die Bindungen an die Schweigepflicht nicht mehr bestanden oder durchbrochen wurden mit der Übertragung der Hieroglyphen in bekannte, profane Schriftsysteme.

In das undurchdringlich scheinende Labyrinth der Hieroglyphentexte hat vor allem Heinrich Brugsch durch systematische Ordnung derselben einen ersten Ariadnefaden gespannt. Seiner vorbildlichen Forschergesinnung gab er im Vorwort der zweiten Auflage seines Werkes «Religion und Mythologie der Ägypter» in folgenden Worten Ausdruck: «Die von den Klassikern viel und ungeteilt gerühmte Weisheit der ägyptischen Priester, welche Gott in der Welt wiedererkannten und ein philosophisches System aufgebaut hatten, dessen Lehrsätze in ihren letzten Bruchstücken uns auf Stein oder Papyrus erhalten geblieben sind, war sicherlich kein leerer Wahn, und es hieße dem hellenischen Geiste ein falsches oder schiefes Urteil zuschreiben, wollte man nach beliebten modernen Mustern die Ansichten der Alten darüber in Zweifel ziehen. Solange man nicht imstande ist, die Zeichen und Formeln der philosophischen Sprache der Ägypter, wie sie im mythologischen Gewande überliefert ist, dem vollsten Umfange nach zu verstehen, solange sollte man die weise Vorsicht beobachten und mit dem vorschnell absprechenden Urteil zurückhalten. Vorläufig tappen wir im Dunkeln umher, aber vielleicht hat mein Buch das bescheidene Verdienst, meinen Nachfolgern ein paar Lichtstrahlen geöffnet zu haben.»

Brugsch's Forschungsarbeit fiel in eine Zeit, die ganz beherrscht war von der Großmacht des naturwissenschaftlichen Denkens, die, auf Gebiete des alten, vorzeitlichen Geisteslebens übertragen, die kosmogonischen und mythischen Weltenbilder in naturwissenschaftlicher Weise zu interpretieren begann. Einer solchen konnte sich auch Brugsch, wie aus manchen seiner Deutungen hervorgeht, nicht völlig entziehen.

Nach den von Brugsch redigierten Texten gab es im Anfange der Weltschöpfung das Urgewässer oder Chaos, ein Urzustand, aus dem durch Evolution alles Spätere hervorgegangen ist. Dieser Urzustand war der Gott «Nun». Nun bedeutete im sprachlichen Sinne soviel wie «jung», «ins Dasein treten». Aus diesem Uranfange, aus dem Gott Nun, ging eine Achtheit von Göttern, vier männliche und vier weibliche hervor. Diese Achtheit sind namentragende Götter, und da es sich um männlich-weibliche Götterpaare handelt, haben sie lautverwandte Namen erhalten:

1. Paar	Nun	–	Naunet
2. Paar	Huh	–	Hauhet
3. Paar	Kuh	–	Kauket
4. Paar	Amun	–	Amaunet

Diese acht Urgötter werden in den Pyramidentexten als Eltern des Atum bezeichnet, und es ist als bedeutungsvoll hervorzuheben, daß sich unter diesen, und zwar als viertes Paar, Amun befindet, der nachmals während der thebanischen Epoche ein zentraler, ein führender Gott geworden ist, von dem spätere Abschnitte handeln werden.

Aus dieser Achtheit der Ursprungsgötter (ägyptisch «Schmun») ging aus nachfolgenden Schöpfungsakten eine Neunheit von Göttern, d. h. drei aufeinander folgende Göttergeschlechter hervor (ägyptisch Paut). Der ägyptische Schöpfungsmythos berichtet: Aus diesem Uranfange entstand das Weltenei. Dieses spaltete sich und aus ihm hervor ging der Sonnengott Rê. Durch Selbstzeugung gebar Rê vier Nachkommen, den Luftgott Schu und dessen Gemahlin Tefenet, die Göttin des Lichtes, dann Geb, den Wassergott, und Nut, die Göttin des Himmels. Unter diesen Nachkommen, so wird weiter berichtet, brach Streit aus. Schu und Tefenet warfen sich auf Geb und Nut, sie traten Geb mit Füßen und warfen Nut empor, so daß Geb zur Erde und Nut zum Sternenhimmel wurde.

Weiter erzählt die ägyptische Schöpfungsgeschichte, daß Geb und Nut ihrerseits vier Nachkommen hatten: Osiris und Isis, Seth (griechisch Typhon) und seine Gemahlin Nephtys, dazu kam noch Horus. Es gab somit drei aufeinander folgende Göttergeschlechter, das erste Nun mit der Achtheit der Ursprungsgötter, dann das zweite Göttergeschlecht der neun Götter und als drittes die sogenannte kleine Neunheit mit der großen Zahl der Lokal- und Gaugötter. Das zweite Göttergeschlecht, das der großen Neunheit, bildete den Leib des Kosmos, den Neb-Paut, den Herrn der Neun. Ein diesbezüglicher Text lautet: «Du (Neb-Paut) schufst neun Götter als Anfang des Entstehenden. Du, der Herr des löwenköpfigen Zwillingspaares (als solche wurden Schu und Tefenet dargestellt). Du ordnetest die Leiber der Neun und bildetest Teile der Welt, welche ihren Namen führen.»

Diese Namen sind der Himmel (Peti), die Erde (Ta), die Tiefe, die Unterwelt (Dat). Daraus ergibt sich die folgende Übersicht:

Erstes Göttergeschlecht
Nun
Die Achtheit der Ursprungsgötter (Schmun)

Zweites Göttergeschlecht
Die große Neunheit (Paut)
Tum – Rê
Schu – Tefenet
Geb – Nut
Osiris – Isis Seth (Typhon) – Nephtys Horus

Drittes Göttergeschlecht
Die sogenannte kleine Neunheit
Die Lokal- und Gaugötter

Ein Vergleich der ägyptischen Weltschöpfungsbilder mit denen anderer Völker, mit den babylonischen, griechischen, sogar germanischen, vor allem aber mit denen der Genesis des Moses, ergibt verwandte, allen gemeinsame Züge. Dieses Gemeinsame besteht darin, daß ein gleichartiger Urzustand beschrieben wird, der dann in eine Evolution übergeht, es erfolgt die Lichtschöpfung, die Trennung von Oben und Unten, von Himmel und Erde, und ein Götterstreit oder eine Götterentscheidung, durch welche der kosmische Rhythmus der Gestirne geordnet wird. Solche Weltenbilder finden sich im babylonischen Schöpfungsmythos von Tiamat und Marduk. In den griechischen und germanischen Schöpfungsbildern finden sich ebenfalls dieselben Vorgänge in ihrer Sprache.

Die Genesis des Moses, die ja in Ägypten entstanden ist, steht aber den ägyptischen Schöpfungsbildern am nächsten. Die Einleitungsworte über den Urzustand: «Die Erde war wüste und leer, es war finster in der Tiefe und der Geist Gottes schwebte über den Wassern. Und Gott sprach: Es werde Licht und es ward Licht» entsprechen den ägyptischen Schöpfungsbildern vom Urzustand «Nun» und «Tum – Rê», was der Lichtschöpfung gleichkommt. Dann folgt in der Genesis die Teilung von Oben und Unten, in die Feste des Himmels und die trockene Erde, was in dem ägyptischen Schöpfungsbild in dem Götterstreit mit Geb und Nut angedeutet ist. Die Genesis kennt nicht den Götterstreit, wohl aber die Götterentscheidung, und in weiterer Folge gehen die Schöpfungsbilder eigene Wege. Die Genesis wendet sich dem Entstehen der natürlichen Schöpfung, dem Werden des Pflanzen- und Tierreiches, der Ordnung des kosmischen Rhythmus und der Erschaffung des Menschen zu. Die ägyptischen Schöpfungsbilder ihrerseits enthalten in ihren weiteren Darstellungen eine fast unübersehbare Vielfalt von Götterwesen verschiedener Rangstufen und Wirksamkeiten. Die Genesis ist monotheistisch. Ganz fehlt dem ägyptischen Schöpfungsmythos der Entschluß der Elohim: «Lasset uns den Menschen machen.» Dieses aber ist die einzige Göttervielheit der Genesis, welchem der unbedingte, unwiderrufliche Monotheismus des Jahwe folgt.

Die Konstitution des Götterkosmos und die Stellung des Menschen in diesem ist neben dem, was das ägyptische Weltbild mit andern Völkern und andern Zeitepochen gemeinsam hat, von besonderer Eigenart. Um die schwer entwirrbare Sprache dieses Weltbildes zu entziffern, genügen die gegenwärtigen naturwissenschaftlichen Erkenntnismittel nicht, weil es sich bei dem ägyptischen Weltbilde nicht um eine stoffliche, sondern um eine geistige Konstitution des Kosmos handelt, aus welcher das Stoffliche erst durch Evolutionsvorgänge hervorgeht. Um das gegenwärtige, stofflich-konstituierte Weltbild zu begreifen, sind die Erkenntnismittel des naturwissenschaftlichen Denkens das Gegebene. Um die Sprache des ägyptischen Weltbildes zu enträtseln, müssen die Erkenntnismittel der modernen Initiationswissenschaft zu Rate gezogen werden.

Rudolf Steiner hat in seiner «Geheimwissenschaft im Umriß» und in zahlreichen anderen Darstellungen seines Lebenswerkes eine Schöpfungsgeschichte des Kosmos und der Menschheit mitgeteilt. «Die Geheimwissenschaft im Umriß», die nur solange «Geheimwissenschaft» bleibt, als sie nicht mit dem heutigen Denken durchdrungen wird und begriffen wird, wozu sie grundsätzlich veranlagt ist, gibt eine Beschreibung des Erdenplaneten auf verschiedenen, aufeinander folgenden Evolutionsstufen. Diese lassen sich unter zwei Hauptaspekten betrachten, nämlich nach dem Vollzug eines weltschöpferischen Götterhandelns verschiedener Rangstufen und Aufgaben und nach den die entstehende Weltschöpfung konstituierenden kosmischen Substanzen in Gestalt der vier Urelemente.

Nach den Darstellungen in der «Geheimwissenschaft im Umriß» hat die Erde, ehe sie in den gegenwärtigen verdichteten, stofflichen Zustand eingegangen ist, drei Verwandlungen oder Metamorphosen früherer Zustände durchgemacht, eine Saturn-, eine Sonnen- und eine Monden-Metamorphose, um dann auf einer vierten Stufe gegenwärtige Erde zu werden. Auf jeder dieser vier Entwicklungsstufen haben weltschöpferische Wesen sich einer besonderen, die werdende Weltschöpfung konstituierenden Substanz oder eines Urelementes als Gestaltungskraft bedient, um die Erde und die Erdenmenschheit zu schaffen. Erdenentwicklung und Menschheitsentwicklung waren vom Urbeginne an gleichzeitig verlaufende Vorgänge der Weltschöpfung.

Die welterschaffenden Kräfte sind namentragende, hierarchisch abgestufte göttlich-geistige Weltwesen, welche durch ihre schöpferische Tätigkeit selber eine Entwicklung durchmachen und auch die Entwicklung der Erde in ihren Metamorphosen bewirken. Die Bezeichnung und Stufenfolge dieser namentragenden Weltwesen sind diejenigen der Hierarchienlehre des Dionysius des Areopagiten. Ihr in vielfältigen Aspekten dargelegtes weltschöpferisches Handeln und ihre Eigenentwicklung ist Inhalt der geisteswissenschaftlichen Forschung ohne jede Anlehnung oder Benutzung von alten Überlieferungen außer der Namengebung. Das in der «Geheimwissenschaft» dargelegte Bild der Weltschöpfung bietet daher drei Hauptaspekte: Die Entwicklung der namentragenden Weltwesen selber durch ihre schöpferische Tätigkeit, die Entwicklung der Erde und die gleichzeitig damit verlaufende Entwicklung der Menschheit.

Die erste Evolutionsstufe der Erde trägt die Bezeichnung Saturnzustand, weil der gegenwärtige Saturn seiner Substanz nach dem Urbeginne verwandt geblieben ist. Im Saturnzustand war die Erde, was der heutige Saturn noch ist, ein kosmischer, in sich begrenzter Wärmekörper; Wärme als weltschaffende, den Saturnzustand konstituierende Substanz, Wärme als erstes Urelement. Die Erde ein durchgeistigter Wärmekörper, der Mensch eine uranfängliche Wärmeform, ein kosmischer Keimzustand, der in eine fortlaufende Evolution überging.

Auf den Saturnzustand folgte nach Wiederholung desselben und Anpassung an die neue Evolutionsstufe der Sonnenzustand der Erde. Das diesen Zustand konstituierende und differenzierende Urelement war das Luft- und das sich emanzipierende Element des Lichtes. Der Saturnzustand war finster, der Sonnenzustand von innen leuchtend. Erde und Menschheit gingen in den Licht- und Luftzustand über. Dann ging auf der nachfolgenden Evolutionsstufe nach Wiederholung der zwei vorangegangenen Metamorphosen die Erde in den Mondenzustand ein, und zu den zwei bisherigen trat ein drittes, den Mondenzustand konstituierendes Urelement, das Wässerige, dazu. Im Verlaufe der Mondenevolution und der weitergehenden Differenzierungen emanzipierte sich die Sonne als Lichtträger, indem sie sich als Eigenwesen herauslöste aus der Mondenerde, um im entstehenden Kosmos ihre zentrale Stellung als Fixstern-Weltenkörper einzunehmen und das Licht der Mondenerde von außen zuzusenden.

Nach Wiederholung der drei vorangegangenen Metamorphosen, Saturn-, Sonnen-, Mondenzustand, erreichte die Erde ihre vierte Evolutionsstufe, und als viertes konstituierendes Element trat das Erdenhafte, die mineralische Stofflichkeit in Erscheinung. Auf dieser vierten Evolutionsstufe fand während der lemurischen Epoche, einer Wiederholung der dritten Metamorphose der Erde, der Mondenaustritt statt, und durch die im Uranfang vereinigten, nunmehr gesonderten Weltenkörper von Sonne, Mond und Erde kamen Erde und Mensch zwischen beschleunigt wirkenden Sonnenkräften und retardierenden Mondenkräften in einen kosmischen Gleichgewichtszustand. Der Mensch selber gelangte nach dem Austritt des Mondes aus seiner bisherigen horizontalen, schwimmenden Lage in die vertikale, in die aufrechte Lage. Durch kosmisches Geschehen ist die Aufrechtheit der menschlichen Gestalt herbeigeführt worden.

Im Laufe von vier Entwicklungsstufen sind die die Weltschöpfung konstituierenden Elemente, Wärme, Luft, Wasser, Erde, aus ihrem geistigen Mutterschoße in Erscheinung und Wirksamkeit getreten. Sie haben auf der vierten Stufe einen qualitativen Zustand erlangt, unter dem sie als die vier Urelemente, auf welche die gesamte stoffliche Welt in allen ihren sichtbaren Erscheinungen und Differenzierungen zurückzuführen ist, bekannt sind. Diese vier Ursprungselemente waren die den entstehenden Kosmos konstituierenden Substanzen. Sie bildeten den Weltenleib der namentragenden weltschöpferischen Wesen.

Mit dieser vierten Stufe begann für die Erde diejenige Entwicklung, durch die sie die gegenwärtige Gestalt erhalten hat. Für den Menschen brachte diese Entwicklung das Erden-, das Ich-Bewußtsein, nachdem er mit der erlangten Aufrechtheit seiner Gestalt und damit seiner neuen Stellung im Kosmos zugleich von den namentragenden weltschöpferischen Wesen mit dem Ich begabt worden war. Aufrechtheit und Ich-Begabung auf dieser vierten Stufe sind diejenigen Früchte der Gesamtentwicklung seit dem Urbeginn, die den Menschen zum Primat der Schöpfung auf der Erde gemacht haben. Im Weltenfeuer, d. h. in der von den namentragenden urschöpferischen Weltenwesen durchgeistigten Weltenwärme des Urbeginnes, war für den Erdenplaneten die Entwicklung zu einem Lebensorganismus veranlagt worden, für den Menschen die Ich-Begabung als Keim seiner Erdenbestimmung.

Im Laufe der Entwicklung der Erde als Lebensorganismus entstanden ihre Meere, ihre Kontinente, ihre atmosphärische Hülle, die drei Naturreiche und das natur-heroische Drama der Bildung und des Unterganges zweier Kontinente, des lemurischen und des atlantischen, auf denen sich Entwicklung und Schicksal der Menschheit seit der vierten Stufe, nach dem Austritt des Mondes, zugetragen haben. Die im zweiten und dritten Abschnitt gegebenen Darstellungen schließen sich mit den vorirdischen Metamorphosen der Erde zu einem Gesamtbilde zusammen.

Damit sind die Voraussetzungen gegeben für die Erkenntnis der besonderen Eigenart des ägyptischen Weltbildes. Dieses und dasjenige der Genesis, sowie alle andern genannten Weltbilder, beginnen ihre Darstellung mit der Beschreibung des Urzustandes der Erde, nachdem sie durch ihre drei vorirdischen Metamorphosen hindurchgegangen war und ihre Eigenentwicklung mit der vierten Stufe einsetzte. Das von Rudolf Steiner in der «Geheimwissenschaft im Umriß» gegebene Bild der Weltschöpfung unterscheidet sich von jedem andern überlieferten Weltbild der älteren Menschheit durch die eingehende Beschreibung der drei vorirdischen Metamorphosen der Erde, ihre Saturn-, Sonnen- und Mondenstufe, welche die kosmisch-geistigen Voraussetzungen und Lebensbedingungen der Entwicklung der Erde enthalten. Darin ist auch der Beweis für die geistige Originalität dieses Weltbildes gegeben, da es für diese Metamorphosen keinerlei Anlehnung an irgendeine bestehende Tradition geben konnte.

Die Eigenart des ägyptischen Weltbildes besteht nun darin, daß nach den Hieroglyphentexten eine Welterkenntnis vorliegt, deren Geistesblick auf jene Epoche der Erdenevolution gerichtet war, in welcher nach erfolgtem Austritt des Mondes die Dreiheit von Sonne, Mond und Erde als selbständige Weltenkörper bestanden und der Mensch selber aus der horizontalen in die aufrechte Lage übergegangen war. Die kosmischen und menschlichen Geschehnisse der lemurischen Epoche nach erfolgter Sonnen- und Mondenabtrennung mit ihren Folgen für die beginnende Erdenentwicklung des Menschen sind von den ägyptischen Mysterienträgern zum Weltbild geformt worden. Was sich während der lemurischen Epoche an gewaltigen, tiefeingreifenden kosmischen Vorgängen zugetragen hat, das wurde Initiationsprinzip und Kultordnung. Das ägyptische Mysterienwesen ist hervorgegangen aus dem Eintauchen des rückwärts schauenden Geistesblickes in die entscheidenden Geschehnisse der lemurischen Epoche.

In lapidarer Zusammenfassung kosmischer und menschlicher Vorgänge ist, wie auch andere Kosmogonien, das ägyptische Weltbild geprägt worden und im Laufe der Zeit in einer Fülle von Hieroglyphentexten, im Opferdienst und Totenkult und in bildlichen Darstellungen überliefert.

Was in der Genesis als Urzustand der Erde beschrieben ist, das sind im ägyptischen Weltbild der Gott Nun, d. h. die acht Ursprungsgötter. Mit Nun ist die Erde nach ihren drei vorangegangenen Metamorphosen mit der Sinnbedeutung von Nun, d. h. «jung», in eine neue Evolutionsstufe getreten. In ihrem Schoße birgt Nun die vier, die neue Evolutionsstufe der Erde konstituierenden Elemente Wärme, Luft, Wasser, Erde im Doppelaspekt von vier männlichen und vier weiblichen Urgöttern, welche zusammen die Achtheit bilden. Mit dieser Verdoppelung wird auf die zeugende, weltschöpferische Urkraft der vier Elemente hingewiesen. Die Achtheit ist also jener Urzustand der Erdenentwicklung, dem der Saturn-, der Sonnen- und Mondenzustand der Erde vorangegangen waren, als diese nun in eine neue Evolutionsstufe eingeht. Ehe sie diese in ihrer Eigengesetzlichkeit beginnen kann, werden die drei vorangegangenen Stufen wiederholt, um sie der neu beginnenden Entwicklung anzupassen. Die Wiederholung der Saturnstufe ist in dem Bilde des Welteneies gegeben. Dann erfolgt die Wiederholung der Sonnenstufe: Tum – Rê. Im Lautwert ist der Übergang von der Saturnzur Sonnenstufe angedeutet. Aus dem dunklen, uranfänglichen, saturnischen «Tum»-Zustande entwickelt sich der Sonnenzustand «Rê». Mit der Wiederholung des Sonnenzustandes, während dessen Dauer das zweite Element, die Luft, in die Evolution eintritt, erfolgt die Trennung von Licht und Luft im Bilde des Nachkommenpaares Schu, dem Luftgott, und Tefenet, der Lichtgöttin. Entstanden ist dieses Götterpaar durch die Abtrennung der Sonne, ein Vorgang, welcher im Bilde der Selbstzeugung des Rê ausgedrückt ist. Durch Selbstzeugung des Rê entstand ein weiteres, dem ersten nachfolgendes Götterpaar, Geb und Nut, das Bild für die Wiederholung der Mondenstufe. Damit ist das dritte, das wässerige Element, in die Evolution getreten. Während der Wiederholung dieser Mondenstufe, der lemurischen Epoche, erfolgt die Abtrennung des Mondes. In einer tiefsinnigen, bildhaften Interpretation wird dieser Vorgang als Götterstreit dargestellt. Er bewirkt die Trennung des Götterpaares. Es entsteht das Obere und das Untere: Nut, die Himmelsgöttin, deren Leib das Sternenall bildet, und Geb, die Erde, als Glied der kosmischen Dreiheit von Erde, Mond und Sonne. Geb, der mit Füßen getreten wird, ist das kosmische Bild der weitergehenden Verdichtung der Erde durch das vierte, das Erdenelement.

Die durch den Götterstreit herbeigeführte neue Evolution des Erdenelementes hat die nachfolgende bildliche Darstellung erfahren.

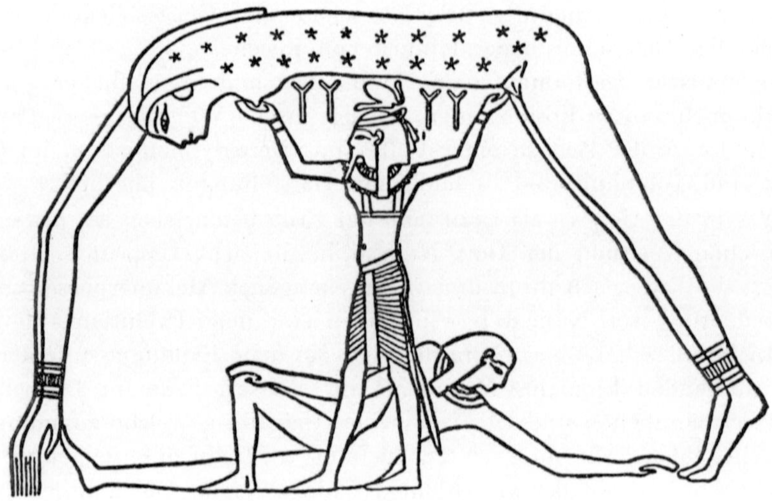

Die Dreiheit Nut, Schu und Geb.

Die Himmelsgöttin Nut. Unter ihr die vier Stützen des Himmels. Stehend der Gott Schu. Liegend der Erdgott Geb.

Die Darstellung dieser Dreiheit gewährt nicht nur einen Einblick in den Tiefsinn des ägyptischen Weltbildes, sondern auch in den skizzierten Ablauf der kosmischen Gesetzmäßigkeit der Entwicklung dieses mit der lapidaren Kürze der Bildersprache gegebenen Weltbildes.

Der Sternenleib der Himmelsgöttin Nut wird von dem Luftgott Schu emporgehoben und gestützt. Geb, in liegender Stellung, mit halb erhobenem Oberkörper, berührt mit dem lang ausgestreckten linken Bein die herabgesenkten Hände der Nut und mit der Hand des lang ausgestreckten linken Armes, bei zurückgewendetem Haupte, deren Füße. Die Hand des ausgestreckten rechten Armes ist auf das Knie des aufgestützten rechten Beines gelegt. Die Stellungen der drei Gestalten sind kosmisch orientiert. Nut befindet sich in Ost–West-Stellung, Geb umgekehrt in West-Ost-Stellung, und Schu wendet sein Antlitz westwärts. Diese Darstellung ist vieldeutig. Abgesehen davon, daß die Orientierung der drei Göttergestalten nach dem Sonnenlauf von Ost nach West und zurück von West nach Ost gegeben ist, liegt in dieser bildlichen Darstellung ein besonderer Fall dieser im Laufe der Weltschöpfung entstandenen Dreiheit von Sonne, Mond und Erde vor, die das ägyptische Weltbild beherrscht.

Im Totenbuch ruft der Verstorbene die Sonne an, um ihre Herrlichkeit beim Auf- und Niedergange zu schauen: «Wenn deine Mutter, die Himmelskönigin Nut, dich mit ihren Armen umfängt.» Im Innern der Sarkophage der Pharaonen und hohen Würdenträger oder über der Brust der Mumie wurde Nut mit ausgebreiteten Flügeln, den Toten umarmend, dargestellt. Dagegen wurde Geb als leidendes Wesen aufgefaßt, worauf die Sprachwurzel hinweist. Von den Leiden des Erdgottes ist in manchen Texten die Rede. Geb ist aber auch ein Freund der Toten. Himmel und Erde, Nut und Geb, begrüßen gemeinsam den Toten mit dem Freudegruß: «Sei willkommen bei deinen Eltern.» Dabei reicht Geb dem Toten die Hand und Nut umarmt ihn.

Die Kinder von Nut und Geb sind die beiden Götterpaare Osiris-Isis und Seth-Nephtys. Diese vier Götter sind von den ersten der bisher genannten großen Götterneunheit zu unterscheiden. Diese bilden den Kreis der weltschöpferischen Götter, jene gehören einer bereits geschaffenen Welt an. Die ersteren sind obere, die letzteren untere Gottheiten, d. h. Seelengötter.

Das ägyptische Weltbild unterscheidet weltschaffende und welterkennende Götter. Die umfassende Bedeutung, welche die letzteren zwei Götterpaare, die Seelengötter, wozu auch Horus zu rechnen ist, im gesamten ägyptischen Mysterienwesen erhalten, soll im nachfolgenden Abschnitt zur Darstellung kommen.

Jene, die Weltschöpfung konstituierenden elementaren Substanzen, welche im ägyptischen Weltbild als die aus dem Urbeginne, aus Nun hervorgegangenen, im Weltenschoß ruhenden acht Ursprungsgötter gelten, sind nacheinander in die Evolution eingetreten und haben sich als die vier Elemente, Wärme, Luft, Wasser, Erde, manifestiert. Die Erdenentwicklung mit der Bildung der drei Naturreiche nimmt ihren Lauf nach den sie konstituierenden vier Elementen in denjenigen Aggregatszuständen, die sie mit der Entwicklung der Erde seit dem Austritt des Mondes während der lemurischen Zeit erhalten haben und die dann in immer dichtere Zustände übergehen. Der Mensch in seiner leiblichen Erscheinung ist in den Werdegang der Naturreiche einbezogen, er entwickelt sich in dieser Beziehung als Wärme-, Luft-, Wasser- und Erdenmensch. Er konstituiert sich wie die Naturreiche aus diesen vier Elementen. Im ägyptischen Weltbild werden die in den Naturreichen und im Menschen wirkenden und gestaltenden Kräfte der vier Elemente dirigiert und entwickelt durch die im Verborgenen bleibenden Elementargötter. Von der Achtheit der Ursprungsgötter sind vier in die Evolution der Naturreiche und des Menschen als die vier Elemente eingetreten. Im Verborgenen wirkend sind geblieben die vier anderen Urelemente. Im Sichtbaren sind es die vier weiblichen, im Verborgenen die vier männlichen Ursprungsgötter. Die Wirkungsweise entfaltet sich während der Erdenentwicklung in der Vielfalt. Im ägyptischen Weltbild erscheint diese Vielfalt als die verwirrende Zahl der Lokal- und Gaugötter. In ihrer Gesamtheit, ihren Namen, ihrem Gestaltenwechsel, ihren Kultorten in den verschiedenen Gauen, in ihrer fast unübersehbaren Zahl, können sie als die Familie der ägyptischen Elementargötter, d. h. als drittes Göttergeschlecht zusammengefaßt werden, als deren Königin die Hathor erscheint.

Nach den vorliegenden Texten, die vom ägyptischen Weltbild handeln, erschien den Ägyptern jede stoffliche Substanz als die Leiblichkeit eines Göttlichen, der sie einen göttlichen Namen gaben. Die Erde war der göttliche Leib des Erdgottes Geb, der Himmel die Offenbarung der Himmelskönigin Nut und ihre Beziehungen zueinander die von Bruder und Schwester. Die Erde wurde nicht als ein toter mineralischer Weltenkörper empfunden, sondern ein mit Gebärungskräften ausgestattetes Lebewesen, das nach dem Tode des Osiris zum Hause des Osiris wurde.

Aus den erhalten gebliebenen Darstellungen dieses Weltbildes geht hervor, daß sich die Ägypter in einer ganz anderen Weise in die Weltordnung eingegliedert empfunden haben. Wie in diesem Weltbild das Obere von dem Unteren als Götterpaar Nut und Geb unterschieden war, so empfand auch der Ägypter den oberen Menschen der Himmelskönigin Nut, mit andern Worten den Sternenordnungen des Jahreslaufes, den unteren Menschen, den Gliedmaßenmenschen, dem Erdgotte Geb eingegliedert, was auch an der obigen Abbildung ersichtlich ist. Himmel und Erde standen nach dem ägyptischen Weltempfinden in einem geschwisterlichen Verhältnis zueinander und die Geschwister im Nachkommenverhältnis zur Sonne, zu Rê. Das ägyptische Weltbild leistet in seinen beschreibenden Texten den Nachweis, daß es zustande gekommen ist aus einer Erkenntnisfähigkeit, die weniger auf die äußere Erscheinung der Sterne als auf die das Weltall durchseelende Geistigkeit gerichtet war.

Es gab in der Zeit der alten Menschheit eine Uroffenbarung durch die kosmischen Intelligenzen, und manche Forscher haben sich zur Anerkennung einer solchen durchgerungen oder sind auf dem Wege dazu. Diese Uroffenbarung hat im ägyptischen Weltbild eine entsprechende Form durch Thoth-Hermes und seine Nachfolger, die späteren hermetischen Weisheitsträger, erhalten.

Im ägyptischen Weltbild erscheint der Gott Thoth als Träger und Verkünder der Urweisheit. Dabei muß, um mit den vieldeutigen Hieroglyphentexten zurechtzukommen, der Unterschied gemacht werden zwischen dem Gotte Thoth, dem Ursprung dieser Urweisheit, und ihrem menschlichen Verkünder, dem Urlehrer Thoth-Hermes und seinen Nachfolgern.

Wie Brugsch bemerkt, wird in den Inschriften außer Rê und Osiris kein Göttername so oft genannt wie derjenige des Thoth. In einem Text aus der 18. Dynastie heißt es von ihm: «Thoth, der Herr von Hermopolis, der ungeboren sein eigener Ursprung ist, der eine Gott, er ist der Einzige, der Herr des Himmels, Herr der Erde, Fürst der Tiefe.» Oder wie ihn ein Pyramidentext nennt, der «Uranfängliche», oder wie andere Texte ihn nennen: «Schöpfer und Leiter dessen, was da ist und dessen, was noch nicht ist, Schöpfer des Seienden.» In solcher Ausdrucksweise wird die Uroffenbarung in ägyptisch-hermetischer Weise umschrieben. Es soll damit ausgesprochen werden, daß die Weltschöpfung aus allwaltender Urweisheit hervorgegangen und sie von ihr durchdrungen sei. Dementsprechend wird Name und Wesen des Gottes Thoth in vielfältige Beziehung zur Weltschöpfung und deren Fortgang gebracht. Er wird u. a. identifiziert mit Tum-Rê, und wiederum trägt er den Doppelnamen Schu-Thoth, als solcher ist er wie der Luftgott Schu ein Sohn des Rê. Es wird ihm eine Sonnennatur, aber auch eine Mondennatur zugeschrieben, und zwar die des jungen, des zunehmenden Mondes. Daher wird er auch dargestellt als ibisköpfiges Kind, welches das osirianische Uzatauge in der Hand hält. Die weltmoralischen Eigenschaften der Urweisheit werden zum Ausdruck gebracht, indem von Thoth gesagt wird, daß alle seine Handlungen auf Wahrheit beruhen. Er besänftige die Gottheiten durch die Wahrheit, er lebe durch die Wahrheit. Auf die lebenspraktischen Eigenschaften der Urweisheit wird hingewiesen, wenn Thoth in den Inschriften «Herr der heiligen Sprache» genannt wird. Thoth schenkt durch Thoth-Hermes die Sprache und die Schrift. Thoth-Hermes ist der Schreiber der ersten Bücher. Die heilige Elle ist nach ihm benannt. Die Landesvermessung und die Geometrie werden auf ihn zurückgeführt. Er ist der Begründer der ägyptischen Kultur, die aus der Urweisheit hervorgegangen ist.

Der Ibis war dem Thoth heilig, und die üblichen bildlichen Darstellungen zeigen ihn als eine voranschreitende Gestalt mit dem Ibiskopfe. Da Thoth auch der Gott der oberen Hemisphäre genannt wird und mit dem Luftgotte Schu wesensgleich war, wurde der Hauptesorganisation das Bild eines Vogels gegeben, weil nach der ägyptischen bildmäßigen Weltempfindung die Urweisheit in dem von Rê durchleuchteten Luftraum, in welchem der Vogel seine Welt hat, d. h. im Universellen urständet und aus diesem in das menschliche Haupt, das irdische Abbild des Universellen, eingezogen sei.

Es muß, dem ägyptischen Weltbilde und den sich darauf beziehenden Texten entsprechend, der Unterschied gemacht werden zwischen der göttlichen Uroffenbarung durch die kosmischen Intelligenzen und ihrer Auswirkung im menschlichen Leben, d. h. der bereits erwähnte Unterschied zwischen dem Gotte Thoth und dem menschlichen Urlehrer Thoth. Das ägyptische Weltbild stellt den Menschen nicht nur in einen göttlichen und durchseelten Kosmos hinein, sondern auch in einen moralischen Weltzusammenhang. Die lebenspraktische Seite, aus welcher die Formen des kulturellen Lebens geschaffen wurden und die im Einklang mit dem Sternengang stehen, ist eine menschliche Angelegenheit des von der Urweisheit inspirierten Urlehrers Thoth. Auf ihn und seine späteren Nachfolger gehen die Bücher des Thoth zurück, deren Inhalt usprünglich nur durch mündliche Überlieferung weitergegeben, dann aufgeschrieben und von der späteren Hermespriesterschaft mit Zusätzen und Interpretationen erweitert wurde. Der alexandrinische Bischof Clemens erwähnt einen Bestand von 42 hermetischen Büchern. Ihrem Inhalte nach bildeten sie einen Codex für alle Grade der hermetischen Priesterschaft einer Spätzeit, in welcher ein Lehrsystem an die Stelle des ursprünglichen Verkehrs mit den inspirierenden Göttern getreten war und das Mysterienwesen sich bereits in eine Hierarchie von Ämtern veräußerlicht hatte, an der aber die einstige Urweisheit auch in ihren starr gewordenen Formen noch zu erkennen war. Unter diesen hierarchischen Ämtern stand der Prophet, auch der «Große Schauende» genannt, an der Spitze. Der Stolist verwaltete und leitete das mit der Zeit hoch und kompliziert entwickelte Opfer-Ritual und das kultische Festwesen. Der Hierogrammateus stand allem vor, was mit dem Götterkosmos und der Sternenordnung zusammenhing. Dann gab es die Verwaltung für die Landesvermessung, den Tempelbestand und Tempelbesitz. Der Horoskop befaßte sich mit der Beobachtung der Gestirnskonstellationen und mit der Deutung derselben für Geburt und Schicksalslauf. Unter diesen 42 Büchern, in denen das gesamte Wissen aufgezeichnet war, gab es auch solche über die Heilkunst, die von den Pastophoren ausgeübt wurde. Nach Herodot war die ägyptische Heilkunst hoch entwickelt und in Spezialisten für bestimmte Organe gegliedert.

Im ägyptischen Weltbild und dem aus ihm hervorgegangenen Totenkult erscheint der Gott Thoth nicht nur als Offenbarer der Urweisheit, sondern auch als Begleiter der Toten vor das Totengericht. Thoth galt den Ägyptern der geschichtlichen Zeit auch als «Herr des Herzens». Als solcher begleitet er den Toten zur Wage des Gerichtes, auf welcher das Herz gewogen wird. Das menschliche Herz, von dem die menschlichen Handlungen ausgehen, wurde der Weisheit gleichgesetzt. Thoth, der Herr des Herzens, wurde zum Prüfer des menschlichen Herzens nach dem Tode bestellt. Es ist der tiefsinnige und grandiose Zug der ägyptischen Lebens- und Weltauffassung, die Urweisheit mit dem Herzen gleichzusetzen, im Herzen das Organ der Weltweisheit zu sehen und dieses in Verbindung zu bringen mit dem menschlichen Schicksalsgang in Leben und Tod. Indem von den Weisheitsträgern des späteren Ägypten Thoth zum Begleiter und Herzensprüfer der Toten gemacht worden ist, haben diese zugleich bis in die spätesten Zeiten durch die hermetische Form, die dem Totenkult gegeben wurde, die lebendige Kontinuität mit ihrem Urlehrer und dem Inaugurator ihrer Kultur bewahrt.

Neben Thoth nehmen im ägyptischen Weltbild noch zwei andere Götter, Chnum und Ptah, eine hervorragende Stellung ein. Sie bilden mit Thoth neben der großen Götterneunheit eine besondere Götterdreiheit. Die vielen Erscheinungsformen und Namenverbindungen, die dem Chnum gegeben werden, charakterisieren ihn als eine besondere göttliche Kraft, die sich in zahlreichen Formen der Erscheinungswelt manifestiert und doch einheitlichen Wesens ist.

Chnum ist der Herr von Elephantine und wird in den Texten als Gott des Südens bezeichnet. Schon in ältester Zeit wurde er als Gott der Gegend des ersten Kataraktes verehrt; er galt als Gott der Nilquellen und dieses auch noch in späterer Zeit, als das ägyptische Herrschaftsgebiet sich bereits über den oberen Nillauf und die weiter südlich gelegenen Katarakte ausgedehnt hatte. Daraus geht hervor, daß die Ägypter nicht, wie angenommen wird, einen irrtümlichen geographischen Begriff über den Ursprung des Niles, sondern etwas ganz anderes damit verbunden haben. Chnum wurde als widderköpfiger Gott dargestellt, als Bildner aller auf der sich drehenden Töpferscheibe entstehenden Dinge. Als solcher wird er in Verbindung mit der Nilschwelle gebracht. Der stoßende Widder, die Drehscheibe, die Nilschwelle und die stürzenden, strudelnden Wassermassen des Kataraktes sind naturhafte Wesensbilder für Chnum, dem die Ägypter das Weltelement aller Bewegungskräfte zugeschrieben haben, und diese Bewegungskräfte sahen sie in dem naturgewaltigen Phänomen des Kataraktes gleichsam lokalisiert. Eine göttliche Bewegungskraft, die im Katarakt und in der Nilschwelle im Element des Wassers wirkt, strömt durch das Niltal und formt durch die bewegende Kraft die Dinge, wie jeder formenden Kraft die Bewegung innewohnt. Thoth ist der Gott der Weltweisheit; Chnum der Gott der Weltbewegung und damit aller Veränderung im Zeitenlauf.

Als Gemahlin des Chnum, des Gottes der Bewegung der Nilschwelle, nennen diesbezügliche Texte die Göttin Sothis als diejenige Göttin des Jahreslaufes, welche die Nilschwelle bringt, die aber im Gegensatz zu Isis als eine bloße Elementargöttin zu betrachten ist. Chnum wird aber auch in Verbindung gebracht mit zwei weiteren Elementargöttinnen, mit Satit, der Göttin der eingetretenen Nilschwelle, der Herrin von Elephantine, «sati – Hapu», die den Nil ausgießt. Die Wortwurzel «sati» bedeutet nach Brugsch auch «werfen», «in Bewegung setzen». Satit wird auch öfter mit Bogen und Pfeil dargestellt. Die andere Elementargöttin ist «Anuqit», d. h. «umarmen», «umfangen», womit die mit der Nilschwelle ansteigenden Fluten des Niles gemeint sind. Dargestellt wird Anuqit mit einem Wassergefäß in der Hand. Ihr Tempel befand sich auf der Kataraktinsel Satit.

Nach einer aus der ptolemäischen Zeit stammenden Granitstele, auf welcher der Pharao Zoser (dritte Dynastie) mit seinen beiden Begleiterinnen Satit und Anuqit dem Chnum ein Opfer darbringt, wird berichtet, daß Zoser infolge des Ausbleibens der Nilschwelle und der damit drohenden

Hungersnot sich an Chnum gewandt habe. Zum Dank für das erfüllte Gebet habe er den Chnum-Tempel in Elephantine gebaut und mit Land und Privilegien beschenkt.

Chnum wird auch «Bauherr der Welt» genannt. Er hat das Weltenei gebildet und formte Götter und Menschen. Ein diesbezüglicher Text lautet: «Der Chnum Widder, welcher den Samen der Götter und Menschen ausgießt, welcher leuchtet als Sonnenschein und als Mondstrahl, welcher als Wind dahergeht und als Nil hervorquillt nach seinem Gefallen. Er hat den Himmel auf seine vier Stützen aufgehängt und ihn durch die Luftgewalten gestützt, die Himmelsgöttin haltend, stellt er sich unter sie als Säule der Luft.» Er wird also auch dem Luftgotte Schu gleichgesetzt. Eine besonders ausführliche Inschrift sagt von Chnum, sein Wesen sei enthalten in dem vierköpfigen Widder, in welchem die vier Götter vereinigt seien, «Der Herr von Elephantine als Widder des Rê, als Widder des Schu, als Widder des Geb, als Widder des Osiris».

Alle diese scheinbar divergierenden Eigenschaften und Wirksamkeiten des Chnum lassen sich auch hier zu einem einheitlichen Wesensbild zusammenfassen. Chnum, der Bildner des Welteneies, ist derjenige Gott, welcher mit der Spaltung desselben die Evolution in Bewegung setzt. Der Widderkopf des Chnum ist das Kultsymbol einer sich in Bewegung setzenden, durch die Bewegung im Sternenall, in den Naturreichen, in der menschlichen Organisation wirkenden göttlichen Kraft. Die rhythmische, die Lebensorganisation, welche in Atemgang und Pulsschlag ohne Unterlaß in Bewegung ist, empfand der Ägypter als Abbild der Bewegung der Sternenwelt, als Widder des Rê, als Widder des Osiris, und in dem Lautwort Chnum lebte für ihn das göttliche Geheimnis dessen, was der Welt und dem Menschen, dem Makrokosmos und dem Mikrokosmos, als Bewegung zugrunde liegt und mit der Bewegung die Veränderung, der Wechsel der Erscheinungen. Der Widderkopf des Chnum ist Bild für die stoßende Kraft, die der Bewegung und damit der nie ruhenden Veränderung, welche die Evolution in beständigem Flusse erhält, innewohnt. Die bewegten Wassermassen des Kataraktes und die steigende Flut der Nilschwelle sind die durchgöttlichten Naturbilder, in denen sich Chnum im Naturgeschehen offenbart.

Der Gott Ptah, der den Hauptsitz seiner Verehrung in Memphis hatte, ist ein demiurgischer Gott. In den Texten wird er der «Herr der Künstler» genannt. Er hat das Gewölbe des Himmels geschmiedet und den goldenen, geflügelten Sonnenkäfer, den Skarabäus, gegossen. Der Oberpriester von Memphis, wo sich der Haupttempel des Ptah befand, trug den Namen «Vorsteher der Künstler». Ptah wird in den Inschriften, ebenso wie Thoth und Chnum, dem Luftgotte Schu gleichgestellt. Sein Haupttitel ist aber «Ptah-Tanon, Herr der dreißigjährigen Periode». Außerdem wird er als Vater der Götter bezeichnet und in einem thebanischen Text als «Herr von Theben, der große Gott von Anbeginn an». In einem Hymnus aus der

18. Dynastie, in welchem in vielen Eigenschaften sein Wesen zusammengefaßt ist, wird er u. a. gepriesen als Bildner der Götter, Ursprung von allem, was nach ihm hervorgetreten ist. Schöpfer des Himmels, Gründer der Erde, Herr des Lebens, welcher die Kehle öffnet und die Lüfte den Nasen spendet. Friedensstifter für alle Götter in seiner Gestalt als voller Nun. Dann wiederum gilt er als Nilstrom. Nach den memphitischen Königslisten ist durch die Herrschaft des Ptah die erste Götterdynastie begründet worden. Er steht somit an der Spitze der vordynastischen Götterdynastien, welche den geschichtlichen Pharaonendynastien vorangegangen sind und als königliche Götterdynastien in diesen Listen angeführt werden. In den bildlichen Darstellungen trägt Ptah als der Erste der königlichen Götterdynastien und Vereiniger der beiden Länder die Doppelkrone.

Um das weithin verschlungene Netz von Verbindungen, die mit Ptah verknüpft sind, zu entwirren, müssen diese, wie bei Thoth und Chnum, auf einen gemeinsamen Nenner gebracht werden, an dem seine Wesensart und Wirkungsweise erkannt werden kann. Ptah ist der göttliche Name für jene Lebensbildekräfte, welche im weltschöpferischen Werden und im künstlerischen Schaffen zur Form drängen. Ptah ist der Gott aller formbildenden Kräfte, die im göttlichen wie im menschlichen Schaffen zur Offenbarung kommen. Nach ägyptischer Weltauffassung ist die schöpferische, formbildende Kraft in voller Wirksamkeit, wenn der Baumeister den geformten Stein zum Bau, den naturgegebenen Block zur Statue formt, wenn die Farbe sich zum Bilde fügt. Alles formbildende Schaffen des Künstlers ist von Ptah inspiriert. Künstlerisches Schaffen ist göttliches Schaffen. Vater und Bildner der Götter im Urbeginne ist Ptah, weil der Urbeginn und die Götter unter Entfaltung formbildender Kräfte in die Evolution eingetreten sind. Wesensgleich mit dem Luftgotte Schu ist Ptah durch die den Himmel (Nut) stützende Kraft, weil die Lebensbildekraft, aller Schwere entgegengesetzt, eine stützende, eine tragende Weltenkraft ist. Daher auch der Name Ptah-Tanon, Herr der dreißigjährigen Periode, von der in einem späteren Abschnitt noch die Rede sein wird.

Im ägyptischen Weltbild erhalten alle schaffenden Kräfte und Dinge einen göttlichen Namen. Thoth ist die allwaltende Weisheit, aus welcher Welt und Menschheit hervorgegangen sind und die stets allgegenwärtig ist. Ptah die lebendige, formende Weltenkraft, deren die Götter sich bedienen und im menschlichen Schaffen die Künstler.

Obwohl nach den bestehenden Texten nicht nur Ptah, sondern auch Chnum die Eigenschaft eines Bildners zugeschrieben wird, ist der grundlegende Wesensunterschied der beiden Götter unverkennbar. Trotzdem dieselben Namen und Bezeichnungen auf Thoth, Chnum und Ptah angewendet werden, sind diese drei Götter in tiefstem Sinne wesensverschieden, und jeder derselben besitzt im ägyptischen Weltbild sein eigenes, in sich bestehendes Herrschaftsgebiet. Nur gehören diese Herrschaftsgebiete derselben

Weltschöpfung, demselben Kosmos an. Thoth, Chnum und Ptah verhalten sich in dem ihnen gemeinsamen Kosmos zueinander, wie sich Weisheit, Bewegung und Form im göttlich-geistigen Wirkensfelde des ägyptischen Weltbildes zueinander verhalten.

Ein Unterschied zwischen Chnum und Ptah besteht auch in bezug auf die Weltrichtung, von der das ägyptische Weltbild grundlegend bestimmt ist und zu dessen Struktur sie gehört. Die Weltrichtung für Chnum und Ptah ist Süd–Nord. Chnum ist im Süden, in Elephantine lokalisiert, Ptah im Norden, in Memphis, obwohl beide Götter auch in andern Landesteilen ihre Kultstätten hatten. Anders wurde im innerlichen Empfinden der Welt der Norden, anders der Süden erlebt. Der Norden formschaffend, der Süden alle Bewegung impulsierend; in dem Sinne wurden sie erlebt, daß der Ägypter den Norden und den Süden in sich selber trug.

Zu den Darstellungen, welche die Wesenszüge des ägyptischen Weltbildes charakterisieren, gehören die inneren Erlebnisse des Jahreslaufes und diejenigen der Richtungen im Weltall.

In drei Richtungen stellt sich, wie Rudolf Steiner dargelegt hat, das gesetzmäßige innere Erleben des Menschen in seinem Verhältnis zum Weltall dar, in dem Oben–Unten, dem Vorne und Rückwärts und dem Innern und Äußern. Im ägyptischen Weltbild erfahren diese drei Richtungen eine ihren Eigenarten entsprechende Erlebnisgestalt. Den Gegensatz von Oben und Unten empfand der Ägypter als Gegensatz seines Geistigen und Leiblichen, er drückte ihn in der menschlichen Darstellung der Götter oder der Pharaonen durch die Kultsymbole der Kopfbedeckungen aus, im Kult durch den Opferdienst, im Weltbild durch den Gegensatz von Nut und Geb, im Pyramidenbau durch den Gegensatz von Basis und Spitze und in zahlreichen anderen Beziehungen.

Im Vorne–Rückwärts erlebte der Ägypter sein besonderes Verhältnis zu Leben und Sterben, indem er es dem Sonnengang einordnete, das Vorne als Osten, das Rückwärts als Westen. Diesem Richtungsverhältnis entsprechend wurden schon in dem vordynastischen Ägypten die Toten bestattet, in den Nekropolen des Südens mit dem Angesicht gegen Westen, daher wurde Abydos die Stadt der Westlichen; in den Nekropolen des Nordens die andere Bestattung mit dem nach Osten gewendeten Antlitz, die dann die übliche wurde. Es sollte damit zum Ausdruck kommen, daß die Seele, nachdem sie sich vom Leibe gelöst hatte, in den geistigen Osten eingehe. Abydos aber blieb die Stadt der Westlichen.

Die dritte Richtung, der Gegensatz von Innen und Außen, betrifft den menschlichen Lebenslauf, der sich in einer aufsteigenden und absteigenden Richtung vollzieht. Die Wachstumskräfte finden gegen die Lebensmitte hin ihren Abschluß, und es setzt die absteigende Entwicklung mit den Verfallskräften ein, die schließlich den Tod herbeiführen. Von der Lebensmitte ab steht das Innere des Menschen, das sich in aufsteigender Entwicklung befindet, zum Weltall in einer ähnlichen Weise wie das Äußere, das Leibliche im Beginne seiner aufsteigenden Entwicklung zum Weltall gestanden hat, wo das Geistige noch auf naturgemäße Weise mit dem Leiblichen verbunden war. Es findet im Hinblick auf das Äußere und Innere im Laufe des Lebens eine Umkehrung statt, indem das Leibliche Verfallskräften ausgesetzt wird, das Geistige aber einer freien Entwicklung entgegenstreben kann.

In Ägypten war der Gegensatz von Innen und Außen und dessen Umkehr im Lebenslauf ein Erlebnis, das diesem Lebenslauf eine bestimmte Richtung gab. Die Pharaonen werden in der Regel dargestellt mit dem Henkelkreuz, dem Zeichen des Lebens. Wer, wie der Pharao, Träger des Henkelkreuzes war, verfügte über bestimmte Lebensgeheimnisse, die der Profane nicht kannte. Das Henkelkreuz war das Zeichen, wie das Innere zum Äußeren stand. Aber der Pharao schaute nicht nur die Geheimnisse des Lebens, sondern auch die des Sterbens, und er ließ im Gegensatz zum Henkelkreuz sein Grabmonument bauen. Henkelkreuz und Grabmal des Pharao sind die gewaltigen Zeichen der ägyptischen Epoche, wie Inneres und Äußeres in ihrer Richtung zum Weltall erlebt worden sind. Der Gegensatz von Innerem und Äußerem wurde als Gegensatz von Lebens- und Todesstimmung dargelebt.

Das ägyptische Weltbild entzieht sich im Grunde jeder Systematik, denn es besitzt keine starre Struktur. Alles in diesem Weltbilde befindet sich in einem Wechsel von Beziehungen. Jeder der Götter und Göttinnen ist wie ein Okular, durch welches die schöpferische und geschaffene Welt anders erscheint. Namen und Orte erscheinen wie Glieder eines lebendigen Kreislaufes, die sich nicht in ein starres System einordnen lassen. Das Festbleibende, das Unabänderliche daran ist das Beharrungsvermögen dieses Weltbildes, das sich durch Jahrtausende hindurch als Unabänderliches gehalten hat. Das Lebensgeheimnis dieses Weltbildes liegt in seiner nie unterbrochenen Kontinuität. Durchwirkt ist es von Weisheit, Bewegung und Form als denjenigen geistigen Urgewalten, welche dieses Weltbild und die gesamte ägyptische Kultur in ihren Kultordnungen und Kunstformen mitbestimmt haben, und im Erleben der Weltrichtungen empfand sich der Ägypter als lebendiges Glied des Kosmos und einer moralischen Weltordnung, die sein Erdendasein mit durchgöttlichtem Weltendasein unwiderruflich verknüpfte.

VIII

DIE TEMPELLEGENDE VON OSIRIS-ISIS-HORUS

Die Osirissage nimmt im ägyptischen Weltbild und in der gesamten Kultordnung einen vorherrschenden Platz ein. Mit den drei Namen Osiris, Isis und Horus verbindet sich neben den oberen Göttern, wie Atum und Rê, Tiefstes, Umfassendes der religiösen Anschauung der Ägypter.

Die Inschriften der Denkmäler und die bildlichen Darstellungen des Opferdienstes und Totenkultes an den Tempelwänden und in den Gräbern stellen Osiris stets in den Mittelpunkt, aber sie geben immer nur Teile, nicht eine Gesamtdarstellung des Inhaltes der Osirissage. Die Kenntnis ihres vollen Inhaltes ist nicht durch die Texte der Denkmäler, sondern durch den griechischen Schriftsteller Plutarch der Nachwelt überliefert worden. In seiner Schrift «Über Isis und Osiris» teilt er den Inhalt der Osirissage als Ganzes mit. Plutarch, der in die delphischen Mysterien eingeweiht war, galt schon zu seiner Zeit als einer der gründlichsten Kenner der ägyptischen Volksreligion und des ägyptischen Mysterienwesens. Als ein solcher Kenner hat er die Osirissage niedergeschrieben und der Nachwelt erhalten. Er wußte, daß für den in die Mysterien Eingeweihten strengste Schweigepflicht bestand, daß aber Mysterieninhalte, in bildliche Legendenform eingekleidet, als Volksreligion und Kultordnung der praktischen Lebensgestaltung dienten und für die Entwicklung der ägyptischen Kultur von der allergrößten Bedeutung waren. Es kann auffallen, daß Plutarch in der Titelgebung seiner Schrift den Namen der Isis dem des Osiris vorangestellt hat. Gerade darin erweist er sich als ein Kenner des ägyptischen Mysterienwesens. Er stellt in seiner Titelgebung den Namen der Isis voran, was darauf hindeutet, daß er die Kenntnisse der Osirissage seinem Einblick in die Isismysterien verdankt, die denjenigen des Osiris vorangehen.

Die Osirissage darf als eine Tempellegende der Isismysterien angesehen werden. Als solche besitzt sie einen äußeren und einen inneren Aspekt. Einen inneren, weil in den der Öffentlichkeit entzogenen Tempeln die fortdauernden Osirisopfer durch die Hermespriesterschaft dargebracht wurden, einen äußeren durch die jährlichen, öffentlich stattfindenden Osiris-Trauer- und Klagefeiern.

Zum Mysterienwesen der älteren Menschheit gehören die Tempellegenden, und diejenige von Osiris-Isis-Horus ist eine tiefsinnige, ihrem Inhalte nach umfassende Schöpfung des ägyptischen Mysterienwesens. In Zusammenfassung des von Plutarch mitgeteilten Inhaltes und der in Inschriften von Denkmälern überlieferten Bilderfolgen hat diese Tempellegende in ihren Hauptzügen die nachfolgende Gestalt erhalten.

In uralten Zeiten herrschte in Ägypten als König Osiris. Ihm verdankten die Ägypter viele Wohltaten. Er schaffte die Menschenfresserei ab, lehrte den Ackerbau und die Zubereitung von Speisen aus dem Pflanzenreich. Auch Gesetze gab er und führte dadurch die ersten Rechtsordnungen ein. Die Verehrung der Götter, die Astronomie, die Schrift und auch die wichtigsten Künste verdankten ihm die Ägypter. Osiris unternahm, um seine Wohltaten zu verbreiten, auch Reisen in andere Länder, und es wird gesagt, daß er seine Absichten nicht durch das Schwert, sondern durch Überredung zur Ausführung gebracht habe.

Während Osiris auf Reisen war, suchte sein Bruder Seth (griech. Typhon) anstelle der bewährten Einrichtungen Neuerungen einzuführen, was aber die wachsame Isis nicht zuließ. Typhon wurde deswegen wütend, und als Osiris von seinen Reisen zurückkam, trachtete er ihm nach dem Leben. Heimlich ließ er das Maß vom Leibe des Osiris nehmen und danach einen kostbaren Kasten machen. Bei einem Gastmahle, das er veranstaltete, gab er kund, der Kasten solle derjenige von den Geladenen zum Geschenke erhalten, der am besten hineinpasse. Alle versuchten es, aber nur Osiris allein paßte hinein. Typhon und seine Verschworenen töteten darauf den so überlisteten Osiris, schlugen den Deckel des Kastens zu und ließen ihn in das Meer hinaustreiben. Die Legende gibt für dieses Geschehen genau die Sternenkonstellation an. Es war zur Zeit, als die Sonne im November im 17. Grad des Skorpion unterging und der Mond auf der entgegengesetzten Seite im Stier oder in den Plejaden als Vollmond erschienen war.

Isis suchte nach dem Leichnam des Osiris. Durch einen Knaben erfuhr sie, daß der Kasten ins Meer hinausgeschwommen war, und sie fand ihn zu Byblos in Phönizien. Trauernd brachte sie ihn nach Ägypten zurück. Typhon, wütend darüber, zerriß den Leichnam in vierzehn Stücke. Isis sammelte die Stücke und – so erzählt die Legende weiter – machte unter Zuhilfenahme von Spezereien aus jedem der vierzehn Stücke ein Wesen, das die Gestalt des Osiris hatte. Nach anderer Fassung begrub sie die vierzehn Teile in vierzehn Gräbern. Dadurch wurde Osiris ein Gott der Unterwelt, der Gott der Toten. Durch einen Lichtstrahl wurde dem Osiris und der Isis ein Sohn nachgeboren, der Horus. Isis schenkte den Priestern ein Drittel des Landes, damit das Grab des Osiris geheimgehalten werde und der Totendienst um so mehr gefeiert würde.

Die Legende berichtet weiter, daß Osiris aus der Unterwelt heraufkam, dem Horus erschien, ihn unterrichtete, und dieser zum Rächer seines Vaters wurde. Isis war es gelungen, den Typhon einzusperren. Sie gab ihn aber aus Unvorsichtigkeit wiederum frei, worüber Horus zornig wurde, seiner Mutter die Krone vom Haupte riß und ihr Kuhhörner aufsetzte. In der

Folge wurde dann Typhon unter dem Beistande von Thoth-Hermes in zwei Schlachten von Horus besiegt, und es entstand darauf in Ägypten eine Horuskultur, die Horuskultur der vordynastischen Zeit.

Diese Tempellegende in ihrer lapidaren Bildersprache erweist sich als Schlüsselbewahrerin, was ägyptische Welterkenntnis in dieser aus dem Mysterienwesen geprägten Form zu sagen hat über Welt- und Menschheitsvorgänge fernster, vergangener Epochen. Es geht dabei nicht nur um die Darlegung eines umfassenden Tatbestandes der Menschheitsentwicklung, sondern vor allem auch darum, in welcher Weise dieser für den Fortgang der kulturellen Entwicklung Ägyptens schicksalbildend geworden ist.

In den Weltenbildern dieser Tempellegende hat das im vorangehenden Abschnitt skizzierte ägyptische Weltbild eine besondere Ausgestaltung erfahren. Der Inhalt dieser Tempellegende ist nicht einheitlich, was schon aus den verschiedenen Fassungen hervorgeht. In der überlieferten Form erscheint sie als eine Zusammenfügung von Teilen, die zeitlich nacheinander entstanden sein können, weil sie auseinanderliegende Epochen und Zustände zum Gegenstande haben. Tempellegenden wie die vorliegende entstehen, bilden sich um nach den Notwendigkeiten, welche die fortschreitende Entwicklung fordert. Es lassen sich drei Hauptgesichtspunkte unterscheiden und sich gegenseitig abgrenzen, ein fixsternartig bestimmbarer, ein planetarischer und ein kultischer in einem nachstehend darzulegenden Sinne.

Das skizzierte ägyptische Weltbild gibt in seinen Ursprungsgöttern eine Anschauung über den Gang der Entwicklung der Erde während der lemurischen Epoche nach erfolgter Wiederholung früherer Zustände. In den Bildern der Tempellegende von Osiris-Isis-Horus wird die Entwicklung nicht vom Gesichtspunkte der oberen Götter, sondern von demjenigen des Menschen und seiner Entwicklung als Glied der Weltschöpfung mitgeteilt.

Der Anfang der Tempellegende läßt mit genau formulierter Bildhaftigkeit den Sonnenzustand der Erde vor Beginn der lemurischen Epoche auftauchen, als die Erde, und mit ihr der Mensch, mit Sonne und Mond in einem Weltwesen vereinigt war. Das Sonnenwesen Osiris herrschte als König auf Erden, und ihm wird nach der Legende der Anfang aller Gesittung, aller menschlichen Kultur und Kunst zugeschrieben. Ein Tiefstes ist damit ausgesprochen. Der Ursprung aller Gesittung und Kultur wird im Sonnenwesen gesucht, das der Mensch nach dem Sinne der Legende als seine Sonnennatur in sich trägt. Unter der menschlichen Sonnennatur verstanden die Ägypter die Lebensbildekraft ihrer Organisation, und sie wurde dem Menschen zu eigen, weil er einst, wie die Erde, mit dem Sonnenwesen vereinigt gewesen war.

Während dem einstigen Sonnenzustand war der Mensch ein osirianischer Lichtatmer, und die Erde befand sich, solange sie mit der Sonne vereinigt war, mit dem Menschen im Fixsternzustand. Dann löste sich die Sonne von Mond und Erde ab, wodurch sie ihr eigenes Fixsterndasein im Kosmos begründete. Die Erde machte darauf eine verdichtende Wandlung durch und wurde Wasser-Erde. Der Mensch entwickelte sich, seiner Gestalt nach, zu einem Doppelwesen, er gliederte sich in einen oberen und einen unteren Teil. Mit dem oberen Teil ragte er aus der Wasser-Erde heraus und empfing von außen das osirianische Sonnenlicht, sein Unteres war in die finstere Wasser-Erde getaucht; in diesem Meer waren Erde und Mond noch vereinigt. Von oben empfing das damalige Menschenwesen Licht, von unten, von der Wassererde, formenden Ton. Der Fortgang der Evolution führte zum Austritt des Mondes und zu einem weiteren Verdichtungszustande, zur mineralischen Erde. Es bildete sich ein fester, von Wassermassen umgebener Erdkern, und im Umkreis entstand die Lufthülle. Der Austritt des Mondes während der lemurischen Epoche hatte für den Menschen eine tiefgreifende Wirkung, es wurde dadurch sein beginnendes Erdenschicksal bestimmt. Vor dem Mondaustritt war der Mensch ein Lichtatmer, als Folge des Mondenaustrittes wurde er zum Luftatmer. Solange er Lichtatmer war, hatte er kein Bewußtsein eines Wechsels von Leben und Tod, mit der Luftatmung trat jetzt der erste Anfang eines Bewußtseins vom Tode auf. Die Luft, welche sich im Laufe der Evolution vom Licht abgespalten hatte, wurde für das menschliche Bewußtsein zum Bringer des Todesbewußtseins; die Luft als Schatten des Lichtes.

Die Tempellegende drückt diesen für das Erdendasein des Menschen schicksalbestimmenden Evolutionsvorgang in einem weiteren, umfassend formulierten Weltenbild aus. Licht und Luft, d. h. Osiris und Typhon, waren nach derselben ursprünglich Brüder. Sie wurden entzweit, indem Typhon dem Osiris nach dem Leben trachtete, ihn tötete und den Leichnam in einen Kasten verschloß, der dann ins Meer hinaustrieb, womit in einem grandiosen Weltenbilde der Evolutionsvorgang des Mondenaustrittes mit seinen Folgen für das Erdenschicksal des Menschen festgehalten wird. Das Eintreten des Todes und des Todesbewußtseins wurde mit dem Übergang zur Luftatmung menschliches Erdenschicksal, denn Typhon heißt soviel wie Lufthauch.

Darin besteht also der tiefste Sinn der osirianischen Tempellegende, daß in ihr auf jenen kosmischen Vorgang der lemurischen Zeit hingewiesen wird, durch den der Tod in die Evolution der Menschheit eingetreten ist und nachmals als Todesbewußtsein im ägyptischen Totenkult eine so umfassende Ausgestaltung gefunden hat. Solange die kosmische Evolution des Menschen sich im Sonnenzustand befand und er selber ein lichtatmendes Wesen war, hat es keinen Tod und kein Todesbewußtsein gegeben. Mit der Mondenevolution ist der Tod, den die Ägypter dem Typhon zugeschrieben haben, eingetreten.

Diese entscheidenden Vorgänge der lemurischen Zeit bilden somit den Inhalt der Tempellegende von der Tötung des Osiris durch Typhon. Im Fortgang derselben geht ihr kosmisches Blickfeld von dem ursprünglichen

Fixsternaspekt der Erdenevolution in den planetarischen Aspekt von Mond und Erde und der weiteren Entwicklung des Menschen über. Die weiteren Bilder der Tempellegende handeln von der Wirkungsweise des Osiris in seinem planetarischen, in seinem Mondenaspekt.

In vierzehn Teile hat nach der Legende Typhon den Leichnam des Osiris zerrissen, und jedem dieser Teile hat Isis wiederum die volle Gestalt des Osiris geben können. Auf Vorgänge der Mondenevolution deuten diese Bilder hin.

Der Mond strahlt das Sonnenlicht während den zunehmenden und abnehmenden Phasen täglich in anderer Weise zurück. Die vierzehn Phasen des zunehmenden Mondes werden in der Tempellegende zum Bilde des von Typhon zerstückelten Osiris. Osiris sendet nach den stattgefundenen kosmischen Ereignissen, Mondenaustritt und Übergang des Menschen zur Luftatmung, vom Monde aus während den vierzehn zunehmenden Phasen dem Menschen das Sonnenlicht zu. Der Mond hat kein eigenes Licht. Als erstarrter kosmischer Weltenkörper reflektiert er das Sonnenlicht. Typhon hat den Leichnam des Osiris in vierzehn Teile zerstückelt.

Die Tempellegende ist im lapidaren Stil einer bildhaften osirianischen Weltensprache gegeben, und ihr Inhalt sind die Ereignisse der lemurischen Epoche. Diese Ereignisse haben naturgemäß auch tief in die Entwicklung des Menschen eingegriffen. Die Bildersprache der Legende handelt davon, welchen Verlauf die Entwicklung der menschlichen Gestalt genommen hat. Die vierzehn Phasen des zunehmenden Mondes bewirken durch das reflektierte Sonnenlicht die Anlage der vom Rückenmark ausgehenden vierzehn Hauptnervenstränge, die vierzehn Phasen des abnehmenden Mondes die Anlage weiterer vierzehn Nervenstränge, zusammen achtundzwanzig, die dem Mondenjahr von 12 Monaten zu 28 Tagen entsprechen. Die Differenz zwischen dem längeren Sonnenjahr und dem kürzeren Mondjahr wird in dieser Entwicklung durch die Anlage weiterer drei Nervenstränge zum Ausdruck gebracht. Die Osiriswirkung auf den Menschen geschieht nach der Bildersprache der Legende durch die vierzehn Phasen des zunehmenden, die Isiswirkung durch die vierzehn Phasen des abnehmenden Mondes. Nach dem Bilde der Legende hat Isis jedem der vierzehn Teile des Leichnams die volle Gestalt des Osiris gegeben. Entwicklungsvorgänge des Menschen eines bestimmten Zeitraumes geben die Bilder der osirianischen Tempellegende und dieses hinsichtlich der Ausbildung der Nervenstränge und der Rückgratsäule. Plutarch berichtet in seiner Darstellung, daß, als der Kasten mit dem Leichnam des Osiris in Phönizien gelandet und an einer Erikastaude niedergelegt worden sei, sich diese zu einem großen Baum entwickelt habe, der den Kasten schließlich ganz umrankte. Es ist damit das Bild des Nervenbaumes der menschlichen Organisation gegeben.

Mit der Einbeziehung von Phönizien in die osirianische Tempellegende durch die Landung des Kastens in der Hafenstadt Byblos sollte auf den bestehenden Wesensunterschied zwischen der Eigenschaft der ägyptischen Bildhaftigkeit und derjenigen des bildlosen semitischen Intellektes hingedeutet werden. Daher läßt die Legende den toten Osiris in Phönizien landen. Aus der Bildhaftigkeit der Ägypter ist ihre bildhafte Hieroglyphenschrift entstanden, aus dem semitischen, abstrakten Intellekt der Phönizier, in welchem die Bildhaftigkeit erstorben war, die bildlose Buchstabenschrift.

Die mondenhafte Wechselwirkung zwischen Osiris und Isis findet ihren Ausdruck auch darin, daß in den diesbezüglichen Inschriften Isis sowohl als Gemahlin wie als Schwester des Osiris gilt. Ein anderer tiefer Zug der Legende liegt vor in der Geburt des aus einem Lichtstrahl nachgeborenen Horus, womit auf die osirianische Sonnennatur der menschlichen Organisation hingewiesen wird, die das Geheimnis des Sonnensohnes, des Horus, im Menschen birgt. Horus ist aus dem Geiste heraus geboren worden, und jeder berechtigte Träger des Horusnamens in Ägypten wußte sich als verantwortlicher Repräsentant des Geistigen im Menschen oder des Strebens nach dem Geiste.

Die Tempellegende schildert in ihrem weiteren Verlauf noch andere Vorgänge der Entwicklung des Menschen. Diese betreffen zwei Seiten der Osiris-Isis-Wirkung auf die menschliche Organisation. Die Trennung in eine männliche und eine weibliche Organisation wird in Verbindung mit der Osiris-Isis-Wirkung gebracht. Sie wird gleichfalls auf die kosmischen Vorgänge während der lemurischen Zeit zurückgeführt. Vor dem Austritt des Mondes bestand noch nicht die Zweigeschlechtlichkeit. Der frühere Menschenzustand während der Sonnenzeit vereinigte noch in sich das männliche und das weibliche Element. Im Bilde wird dieser Zustand durch die Selbstzeugung des Rê ausgedrückt und damit auf den Sonnenzustand der Erde und des Menschen, welcher der lemurischen Zeit vorangegangen ist, hingewiesen. Selbstzeugung des Rê ist das kosmische Bild einer Stufe, auf welcher der Mensch noch eine zweigeschlechtliche Organisation besessen hat. Die Geschlechtertrennung entwickelte sich während der Mondenzeit der Erde, d. h. nach dem Austritt des Mondes und dessen Übergang zu seinem planetarischen Eigenzustand. Im kosmischen Aspekt gesehen, trat sie im Zeichen des Skorpions ein, was die Legende durch die bereits erwähnte Sternenkonstellation ausdrückt. Plutarch seinerseits bemerkt, Typhon habe den Leichnam des Osiris bei Vollmondlicht entdeckt und zerstückelt. Unter der Wechselwirkung von Osiris und Isis mit der typhonischen Luftatmung entwickelte sich die Trennung in zwei Geschlechter, unter vorherrschender Osiriskraft die männliche, unter vorherrschender Isiskraft die weibliche Organisation.

Mit der Geschlechtertrennung gestaltete sich in der menschlichen Organisation eine innerliche Osiris-Isis-Wirkung. In der Ausgestaltung des Sprachorgans die innerliche Osiriswirkung, indem im Kehlkopf auf dem Wege der Luftatmung das schöpferische Wort gebildet wird. Die innerliche

Isiswirkung in der Lunge, demjenigen Organ, das die Luftatmung ordnet. In seinem Sprachorganismus ist der Mensch also ein zweigeschlechtliches Wesen geblieben. Jeder Mensch besitzt Lunge und Kehlkopf. Das Männliche hat sein Weibliches in der Lunge, das Weibliche sein Männliches im Kehlkopf. Das durch den Lichtstrahl nachgeborene Kind von Osiris-Isis ist der Horus, das menschliche Herz, das Kind der Isis, das sie unter ihren Lungenflügeln hütet. Damit erhält ein weiteres Bild der Legende seine tiefsinnige Bedeutung, nämlich durch die Vorgänge, die sich zwischen Isis und Typhon und zwischen Isis und Horus abspielen. Es betrifft dieses Bild das Geheimnis der Sprache. Die Isis mit der Krone ist Bild für die göttliche, die Isis mit den Kuhhörnern Bild für die menschliche Seite der Sprache. Die Isis mit der Krone ist Bild für das Lesen der Sternensprache, für die Himmelsschrift, die Isis mit den Kuhhörnern Bild für die menschliche Sprache und Schrift, die vom typhonischen Wesen durchdrungen ist.

Diese Vorgänge sind eng verknüpft mit der aufrechten Stellung, die der Mensch im Weltall einnimmt. Nur ein Erdenwesen, das, wie der Mensch, durch die aufrechte Stellung sein Verhältnis zur kosmischen Umwelt bestimmt, kann Wortträger werden, und eine kosmische Vorbedingung dafür war der Austritt des Mondes. Es bedurfte dazu eines ganzen Weltenganges der Sonne durch den Tierkreis. In der ägyptischen Bildersprache ausgedrückt: Osiris hat den Menschen aus der horizontalen in die vertikale Lage aufgerichtet.

Die Inhalte des ägyptischen Weltbildes mit Einschluß der osirianischen Tempellegende schildern, zurückgespiegelt in das schauende Bewußtsein der ägyptischen Mysterienträger, die kosmischen Ereignisse der lemurischen Zeit mit der gleichzeitigen Entwicklung der dargelegten Stufen der menschlichen Organisation. Einbezogen in dieses Weltbild und dieses mitbestimmend ist der zeitendauernde Kampf gegen die mächtige typhonische Gegnerschaft.

Der dritte Hauptgesichtspunkt der osirianischen Tempellegende ist deren Übergang und Ausgestaltung in Kultordnungen, Feiern und Jahresfesten. Ein solches Jahresfest, das öffentlich stattfand und sich damit als eine der feierlichsten Angelegenheiten der ägyptischen Volksreligion kundgibt, war das Fest der Aufrichtung der Tet-Säule oder Tet-Pfeilers. Dieses Jahresfest fand jeweilen im Herbste nach den großen Osiris-Feiern, wenn die Sonne im Skorpion stand, statt. Eine Säule lag am Boden, deren oberer Teil in zwei Federn auslief. Diese Säule wurde unter feierlichen Zeremonien hochgezogen und aufgerichtet.

Durch diese Kulthandlung sollte die Erinnerung an die Aufrichtung der menschlichen Gestalt durch Osiris in vergangenen Weltenzeiten im Bilde wachgerufen werden. Die Tet-Säule stellte die Rückgratsäule dar, welche durch die Monden-Wechselwirkung von Osiris und Isis entstanden war. Die beiden aufgerichteten Federn an der Spitze sind das vielfach vorkommende Kultsymbol der beiden Gehirnhälften, die, im Gehirnwasser, für die ägyptische Anschauung im Mondenmeer schwimmend, den Auftrieb erhalten und dadurch die organische Unterlage bilden für die frei aufsteigenden Bildgedanken. Aufrechte Stellung des Menschen im Weltall, Bildung der Sprachorgane und Bildgedanken in Gestalt von Weltenbildern sind die drei grundlegenden Eigenschaften des Menschenwesens. Zugeschrieben wurden diese drei Eigenschaften dem Zusammenwirken von Osiris, Isis, Horus und damit zum Ausdruck gebracht, daß diese göttliche Dreiheit in den Menschen eingezogen sei und ihn dadurch erst zum wahren Menschen gemacht habe. Horus galt nach ägyptischer Anschauung als der Träger von Herzgedanken.

In dem Feste der Aufrichtung der Tet-Säule hat somit ein entscheidender Vorgang der Welt- und Menschheitsentwicklung Kultform erhalten. Dieses trifft erst recht für die Tötung des Osiris durch Typhon zu. Der osirianische Totenkult in seiner beispiellosen Entfaltung durch die Mumifizierung und den Grabbau findet in der Legende seine Motivierung durch Osiris, der, einst bei den Lebenden, durch die Tat des Typhon in die Welt der Toten eingegangen sei, dort als Totenrichter walte und erst im Leben nach dem Tode wiedergefunden werden könne.

Auf zweierlei weist die Legende hin, auf einen kosmischen und einen kulturgeschichtlichen Vorgang. Der kosmische Vorgang betrifft die lemurische Zeit, der kulturgeschichtliche das Auslöschen der Fähigkeit des Wachträumens. Solange der Mensch diese Fähigkeit noch besaß, war er im Sinne der Legende noch mit Osiris vereinigt. Sie ging verloren, nachdem Typhon den Osiris getötet hatte. Der kosmische Vorgang wiederholte sich im menschlichen Seelenleben, und seither konnte der Mensch den Osiris erst wieder im Leben nach dem Tode finden und sich dort mit ihm vereinigen.

Die ägyptischen Mysterienträger wußten, daß das menschliche Seelenleben von typhonischen Gewalten durchsetzt sei und haben den Kampf mit diesen Gewalten in ihr Weltbild einbezogen. Wenn ihre Nachfolger, die die Pfleger und Hüter des überlieferten Weltbildes waren, auf die urferne Zeit hinwiesen, da ihr Land von Göttern regiert worden sei, dann meinten sie die Zeit vor der Tötung des Osiris.

Die Dreiheit von Osiris-Isis-Horus ist verinnerlichtes Bild der ägyptischen Welt- und Menschenerkenntnis. Hineingemischt ist der Kampf mit der typhonischen Gegnerschaft, der von Horus geführt wird.

In zahlreichen Hieroglyphentexten treten die beiden Hauptgestalten der Tempellegende, Osiris und Isis, in mannigfaltigster Weise und Bedeutung in Erscheinung. So beziehungsreich und anscheinend widerspruchsvoll die Inhalte dieser Texte sind, lassen sie sich in die Linie der bisher eingehaltenen Betrachtungsweise bringen. Dabei gelangt ein charakteristischer, immer wieder auftretender Zug des ägyptischen Weltbildes, die Weltorientierung, zur vollen Geltung. Der osirianische Totenkult hat ganz Ägypten durchdrungen, besonders lokalisiert war er an zwei Orten, in Abydos im südlichen und Busiris im nördlichen Ägypten als Kultstätten des Osiris. Busiris deswegen, weil dort eine Reliquie, das menschliche Rückgrat darstellend, aufbewahrt wurde, wodurch die Stadt ihren Namen Busiris, auch «Tat» (eine andere Schreibweise für Tet) erhalten hat. Diese Reliquie stellte eine Säule mit aufgetürmten Würfeln dar. Es ist dies eine andere Form der Tet-Säule ohne das Kultsymbol des Federnpaares, welche eine bildliche Darstellung der Lichtnatur des Osiris sein sollte. Die Lichtnatur, welche Osiris ausströmt, ist in unzähligen, immer wiederkehrenden Hymnen, Bildern, Namen, Formen, Beziehungen gefeiert worden, die immer ein und dasselbe meinen: den Osiris. Ein Hymnus aus der 18. Dynastie preist Osiris als den, welcher mit dem Federnpaar geschmückt, d. h. als denjenigen, dem das Fest der Aufrichtung der Tet-Säule galt.

«Heil dir! Groß und hehr bist du unter
deinem Namen als Urschöpfungskraft.
Der älteste Sohn (von Geb und Nut)
trat er heraus aus seiner verborgenen Stätte.
Und kein Gott tat, was er getan hat.
Ein Herr des Lebens, lebt der Mensch durch sein Wesen
Und kein Leben wird geschaffen ohne sein Zutun.
Herr der wachsenden und dahinrollenden Zeit
Ist Osiris in Abydos, Herr von Busiris,
Gebieter des Westens, geschmückt mit dem hohen Federnpaar,
Hat er den Himmel berührt, so betet die Seele in der Tiefe
Zu den Uräusschlangen an seiner Stirn.
Er ist der vornehmste unter den Herren von Abydos,
Dessen Herrlichkeit Rê geschaffen hat
Und dessen Ehrfurcht Schu in das Herz der Menschen gelegt hat.»

Dieser Hymnus gilt der göttlichen, innerlich erlebten, der eigentlichen Lichtnatur des Osiris. Er gilt der wirkenden Lebensbildekraft, welche die Lichtnatur des Osiris ausströmt, die im Kosmos, in der Natur und der Organisation des Menschen dieselbe ist und deren göttliches Wesen in unzähligen hymnischen Bildern, Namen, Formen, Beziehungen wiederkehrte, das ägyptische Weltbild bestimmend und durchdringend, aber immer ein und dasselbe meinend: den Osiris.

Diesem Weltbilde entsprechend, wird folgerichtig der Nil, der den Namen Hapi führt, mit Osiris identifiziert. «Osiris, der volle Nil, Schöpfer aller Wesen, Urheber der Nahrung für die lebenden Menschen» lautet ein diesbezüglicher Text. Das Wasser des Niles befruchtet ganz Ägypten. Es schafft die Lebensbedingungen für die Kulturentwicklung. Die steigenden und fallenden Wasser mit dem abgesetzten Schlamm befruchten die Erde und bewirken das Wachstum der Samenkörner. Von göttlicher Lebenskraft durchdrungen sind die Wasser des heiligen Niles. Sie wurden zum innerlich göttlich erlebten Bilde der Lebensbildekräfte, und Osiris wird zum Osiris-Hapi. Osiris als Nil, Osiris-Hapi, gehört zu den Urerlebnissen, die das ägyptische Weltbild geformt haben. Ihm entgegen steht Typhon, der sich naturhaft im heißen Wüstenwind manifestiert, der den Tod in das osirianische Walten der Lebensbildekräfte hineinmischt.

Nach einer Mitteilung von Brugsch befand sich in einem der dem Osiris geweihten Gemächer des Isis-Tempels von Philae die Darstellung des toten Osiris, aus dessen Leib Getreidehalme sprießen. Dazu eine begleitende Inschrift: «Das ist die Gestalt dessen, den man nicht kennen soll, Osiris der Mysterien, welcher entsteht aus dem wiederkehrenden Wasser.» Neben dem toten Osiris steht eine priesterliche Gestalt, welche mit einem Wasserkruge in der Hand die Halme befeuchtet.

Eine andere, von Diodor zitierte Osiris-Inschrift lautet: «Ich bin des Urgottes ältester Sohn, entsprossen aus gutem, edlem Stamm, von Geburt dem Tage verwandt. Kein Ort ist in der Welt, wohin ich nicht gekommen wäre, um meine Wohltaten zu verbreiten.»

Eine ganz besondere Bedeutung kommt dem Namen Osiris (griech. Bezeichnung) zu. Brugsch bemerkt diesbezüglich, daß nach den Inschriften der ältesten Denkmäler dieser Name mit Us-ar ausgesprochen worden sei, später mit Us-iri und in einer weiteren Variation Us-ra. Usr hat die Bedeutung von Kraft der Sonne. Eine Inschrift aus Philae lautet: «Die Kraft (usr) der Sonne (ra) ist das, wenn du kommst, entsprechend dem bekannten Namen Us-ar.» Uzat heißt das göttliche Sonnenauge des Osiris. Es wurde unterschieden zwischen dem rechten und linken Auge, das rechte als Sonnenauge, das linke als Mondenauge, und der Weltorientierung entsprechend wird das rechte Auge dem Westen, das linke dem Osten zugeschrieben. Die Göttin Mehnit, heißt es, vollendete ihre Arbeit damit, daß sie dem Gott Osiris den Mond in das linke Auge habe eintreten lassen.

Die philologischen Untersuchungen und Vergleiche von ägyptischen Namen, wie die, welche das Sonnenauge Uzat betreffen, erhalten ihren Wert erst durch die Bedeutung, die sie in der osirianischen Welterkenntnis haben. Alles, was die einschlägigen Texte und Namen darüber enthalten, muß auch auf den Menschen bezogen werden. Das Uzat-Auge des Osiris ist das menschliche Auge, welches mit osirianischer Sehkraft begabt ist, einer aktiven Sehkraft; ein Sehen, das empfunden wurde wie ein lebendiges Feuer, welches zu den Dingen der Umwelt hinströmte. Dieses aktive Sehen war zugleich ein Tasten. Auch Plato hat noch auf dieses aktive Sehen hingewiesen, das dann in späterer und namentlich gegenwärtiger Zeit in ein passives Sehen übergegangen ist. Aus der Kraft dieses aktiven Sehens, des Sehens mit dem osirianischen Uzat-Auge, wurde im dahinströmenden, befruchtenden Nilwasser die Lebensbildekraft geschaut und die Wasser des Niles mit Osiris-Hapi benannt. Diese Lebensbildekraft durchrieselte auch die Glieder des Menschen und ließ durch das Feuer des Uzat-Auges die Umwelt erschauen und ertasten.

Ein Lebensgeheimnis birgt auch der Doppelname von Sonnen- und Mondenauge. Die ägyptische Welterkenntnis stellt sich in ihren vielfältig ineinander verschlungenen Beziehungen und Namen dar als Lebensvorgang einer kosmischen Metamorphose, aus welcher der Mensch hervorgegangen ist und in seinem Embryonalzustand diese abbildete. Entstanden sind nach ägyptischer Weltauffassung die Augen im Embryonalzustand durch die Umbildung von Sonne und Mond zu den beiden Organen des Sehens. Die West-Ostorientierung des Sonnen- und Mondenauges entspricht dem kosmischen Rhythmus von Leben und Sterben in der Richtung des Sonnenlaufes. Im Tode wird der Mensch, wie Osiris, ein Westlicher, und die Seele selber geht in den Osten ein. Jede Art von Zugehörigkeit des Menschen zum Kosmos wird durch Orientierungsverhältnisse ausgedrückt und im osirianischen Welterlebnis sinngemäß lokalisiert. Weil im aufrechten Rückgrat der Norden empfunden worden ist, im Augenpaar die West-Ost-Richtung, ist im Norden des Landes, in Busiris, die Osirisverehrung lokalisiert worden, welche im Kult die aufrechte Stellung des Menschen im Sonnenall zum Inhalte hatte; in Abydos aber, der Stadt der Westlichen, das Sterben in der Richtung der sinkenden Sonne im Westen, bei horizontaler Lage des Toten.

Kosmisch wurde Osiris dem Sternbild des Orion gleichgesetzt. Ob diese Gleichsetzung früher oder später stattgefunden hat, ist sie eine Erinnerung an das einstige Fixsternbewußtsein während der ersten Sothisperiode.

Die wunderbarste Gestalt des ägyptischen Weltbildes ist die Isis. Die Isis ist das verborgene Geheimnis von Ägypten, worauf die Inschrift auf dem Standbilde der Göttin Neith-Isis zu Sais hinweist: «Ich bin das All. Ich bin die Vergangenheit, die Gegenwart und die Zukunft. Meinen Schleier hat noch kein Sterblicher gelüftet.» Diese Inschrift ist in der Sprache der ägyptischen Mysterien gehalten. Auf zweierlei wird zunächst in ihr hingewiesen, auf die Isis als Trägerin und Bewahrerin der Geheimnisse des dahinfließenden Zeitenwesens, die, wie das osirianische Weltbild zeigt, durch Tod und Grab des Osiris in die Raumesgeheimnisse eingehen und damit die Baukunst begründen. Das andere betrifft die Erkenntnisgesinnung gegenüber dem Weltgeheimnis, welches der Schleier der Isis verhüllt und das sich nur einer völlig selbstlos gewordenen Erkenntnisgesinnung entschleiert, die in der Mysterienschulung vorbereitet wurde. Der Sterbliche lüftet ihren Schleier nicht, wohl aber der Unsterbliche.

Nach der osirianischen Tempellegende lebte die Isis zu gleicher Zeit, als Osiris Herrscher in Ägypten war. An diese fernste Vergangenheit, an das, was im Verlaufe des lebendigen Zeitenstromes in der Vergangenheit geschah, sollte das Bild der Isis erinnern. Die Isis mit dem Horuskinde im Arm, das durch einen Lichtstrahl gezeugt worden war, rührt an das Geheimnis der jungfräulichen Geburt, das heißt an jene kosmische Vergangenheit vor der Geschlechtertrennung, als die Isis im Beginne der lemurischen Zeit auf der damaligen Stufe der menschlichen Entwicklung als jungfräuliche Fortpflanzungskraft wirkte. Nach der Mondenabtrennung bewirkte sie vom Monde aus im Verein mit Osiris dasjenige, was im offenbaren Geheimnis der doppelgeschlechtlichen Anlage des menschlichen Sprachorganismus von Kehlkopf und Lunge in Erscheinung tritt.

In jener Vorzeit, der Zeit des Wachträumens und der aus dem Geistkosmos befruchteten Welterkenntnis, wurde in der Isis jene weltenmütterliche Kraft geschaut, welche die Natur und den Menschen durchdringt, die Isis, die aus dem Sonnenall die Natur und den Menschen befruchtet.

Nachdem Osiris nicht mehr der Gott der Lebenden, sondern der Toten geworden war und erst im Leben nach dem Tode wieder gefunden werden konnte, Osiris also in der geistigen Welt verblieben war, blieb Isis, das geht aus der Legende hervor, bei den Menschen im irdischen Dasein. Sie ging in das physisch-sinnliche Dasein des Menschen ein. Dadurch wurde sie in der menschlichen Seele durch die Befruchtung aus dem Sonnenall die Mutter des Horus. Sie wurde zur Gebärerin des anderen, des höheren Menschen, des nachgeborenen Sohnes des Osiris im Erdenmenschen. Horus ist der Erdenmensch, der durch die jungfräuliche Kraft der Isis den Sonnensohn in sich gebiert.

Die Eingeweihten Ägyptens sahen im Isis-Geheimnis ein Dreifaches, und als dreifache Isis hat sie auch in älterer Zeit eine Darstellung gefunden. Als Isis, die in die physisch-sinnliche Welt eingegangen ist und darin wirkt, die Isis mit dem Horuskinde im Arm, dann hinter dieser eine zweite, weltenmütterliche Isis mit Geierflügeln und aufgesetzten Kuhhörnern, die geflügelte Isis, die nicht der physisch-sinnlichen Welt angehört, sondern der Geistwelt und die Kuhhörner auf dem Kopfe trägt als Symbolum der befruchtenden Urkraft aus dem Weltengeist, die dem Kinde das Zeichen des Lebens, das Henkelkreuz, als göttliche Nahrung reicht. Hinter dieser zweiten Gestalt eine dritte, löwenköpfige Isis, das Ganze darstellend die dreifache Natur des Menschen, die willensartige, die gefühlsartige und die weisheitsartige Natur in ihrer Verbindung mit der dreifachen weltenmütterlichen Isis.

In der geschichtlichen Zeit, als die Ägypter aus einem gemischten Rassentum zu einem Volkstum geworden waren, wurde Isis als Volksseele verehrt und wirkte durch den Kult. Ebenso wie für Osiris wurde auch für die Isis ein Kultdienst eingerichtet. Es sollte das Wirken der Isis im menschlichen Dasein in die Heiligkeit des Opferdienstes getaucht sein. Zu einer bestimmten Jahreszeit, unter einer bestimmten Sternenkonstellation, d. h. wenn die Plejaden erschienen, wurden die Isisfeste gefeiert, und die Isis-Priesterinnen, die als Weltenmütter verehrt wurden, haben aus der Sternkonstellation zur Zeit der Nilschwelle in Weltenbildern die Umarmung des Osiris-Hapi mit der Isis-Sothis vorausgeschaut, d. h. die göttliche Befruchtung der Natur für das laufende Sonnenjahr des Landes.

Das Bild der verschleierten Isis zu Sais aus der Spätzeit Ägyptens erweckte noch, wie die Inschrift bezeugt, heiligste Empfindungen gegenüber dem Weltengeheimnis der Isis, mit dem die Ägypter das Tiefste und Innerlichste, was ihnen die osirianische Welterkenntnis im Volkskult vermitteln konnte, vereinigt haben.

Die unzähligen Inschriften, in denen die Isis wie keine andere Göttin des Landes gefeiert wird, lassen sich, ihrem tieferen Sinne nach, alle auf ihr eigentliches Wesen als Volksseele Ägyptens beziehen. Ihre Eigenschaften, ihre Namengebungen, ihre Segenskräfte und ihre Stellung unter den übrigen Göttern sind alles Umschreibungen für das, was als Volksseele und damit als ein Geheiligtes, als ein Tiefstes von den Ägyptern empfunden wurde. Die Isis war Weltenseele und göttliche Erdenmutter, die Königin aller Welten, alles Leben umfassend, durchdringend, ernährend, schützend und heiligend. Daher wird sie in den Inschriften die Vielnamige, die Tausendnamige genannt: Herrin des Himmels, der Erde und der Tiefe. Königin aller Götter. Sie ist der Sothisstern, und mit ihr, als der Göttin des Zeitenlaufes, nahm das Sothisjahr seinen Anfang. Sie ist die Königin des Südens, die Herrin des Nordens, die Mutter des goldenen Horus, die Hehre von Heliopolis, die Guttätige von Memphis. Im ganzen späteren Ägypten waren ihre Kultorte verbreitet. Besonders berühmt war ihr Heiligtum auf Philae, das für die Herrin des Südens, für die Königin des Südvolkes errichtet worden war. In Unterägypten wurde Isis unter den Doppelnamen Isis als Bast, Isis als Buto, Isis als Hathor, Isis als Neith verehrt. Kosmisch als Sternengöttin, im Jahreslauf als Sothis, im Kult als Volksseele, faßte Isis alles in sich, was dem ägyptischen Volk hoch und heilig war.

Nach einer Studie von Hermann Beckh über den Namen Isis mußte das Lautzeichen, das in diesem Namen verborgen ist, erst gesucht werden. Da im Ägyptischen die Vokale nicht geschrieben werden, wird die konsonantische Wiedergabe des Namen Isis mit J-S-T geschrieben, was dann durch die Hinzufügung der Vokale Iset, Isit, die Starke, die Mächtige, im Griechischen Isis ergeben hat. Isis, sagt Beckh, bedeute soviel wie stoffgebärende, stoffgestaltende Weltenmutter, das weibliche Prinzip der Welt. Lautlich erhält is-is nach Rudolf Steiner die Bedeutung von Sich als Ich empfinden, nämlich in der rhythmischen Wiederholung is-is = ich-ich im Sinne einer Rückspiegelung eines Göttlichen im Menschen. Die Inschrift des Bildes von Sais «Ich bin das All» läßt demnach die Isis als Ich-gebärende Göttin erscheinen. Die Ägypter haben von der Isis, von ihrer Volksseele die Ich-Empfindung empfangen.

Die osirianische Tempellegende läßt sich nach dem Empfinden der ägyptischen Volksreligion zusammengefaßt in folgendem Sinne zum Ausdruck bringen:

«Du bist aus geistigen Welten auf die Erde herabgestiegen, bist Erdenmensch geworden. In Urzeiten warst du ein sonnenhaftes Wesen (Erinnerung an den einstigen Sonnenzustand der Erde), das war deine Osiris-Natur, denn du warst damals mit Osiris vereinigt. Dann mußtest du dich der fortschreitenden Weltentwicklung gemäß in immer dichter werdenden, stofflichen Substanzen verkörpern. Aus einem Lichtwesen wurdest du ein Luftwesen, dann ein Wasserwesen und zuletzt ein Erdenwesen. Typhon hat den Osiris in dir getötet. Seither kannst du den Osiris im Erdendasein nicht mehr finden. Du kannst nur durch deine guten Taten im Erdenleben nach ihm streben. Im Leben nach dem Tode wirst du den Osiris wiederfinden, du wirst nach der Läuterung deiner Seele im Totengericht selber ein Osiris werden. Als Erdenmensch kannst du nur zu deinem höheren Selbst, zum Osiris, zu deinem Sonnenwesen emporschauen. Die göttliche Mutter, die Isis mit dem Horuskinde, gibt dir die innere Kraft zu diesem Emporschauen. Die Isis gebiert den Horus, den Sonnensohn in dir. Schaue zur geflügelten Sonnenscheibe über dem Tempeltor empor. Sie zeigt dir im Bilde deine eigene Seele, die nach Vereinigung mit Osiris strebt. Du trägst, wenn du Mensch im Erdendasein bist, den göttlichen Horus in dir, der deinen von Typhon getöteten Vater, den Osiris, rächt.»

Der Inhalt der Tempellegende wurde nicht gelehrt, er wurde im Kult zelebriert und in Bildern dem ägyptischen Volk eingeprägt. Die öffentlichen Kulte der Volksreligion weisen aber zurück auf die verborgene Welt der Isis- und Osiris-Mysterien und deren Eingeweihte.

IX

ÄGYPTISCHES MYSTERIENWESEN

ISIS- UND OSIRIS-EINWEIHUNG

In der wissenschaftlichen Literatur über Ägypten wird das ägyptische Mysterienwesen kaum berührt, noch weniger dargestellt, zuweilen auch nur für eine zweifelhafte Angelegenheit einer machtlüsternen Priesterschaft gehalten. Dagegen haben die Kulte eine vielfältige Bearbeitung und Darstellung gefunden, insbesondere der osirianische Totenkult. Der tiefere Grund hierfür liegt darin, daß das Mysterienwesen und die Methoden der Einweihung streng geheim gehalten wurden und auf Mysterienverrat Todesstrafe bestanden hat, die Kulte dagegen, insofern sie solche der Volksreligion waren, öffentlich stattgefunden haben.

Die Kulte der Volksreligion, wie der Totenkult, die Jahresfeste und namentlich die Götterkulte im Innern der Tempel lassen das Bestehen und das verborgene Wirken des Mysterienwesens sowie der Einweihung als unabweisbar erscheinen. Die Pharaonen werden mit den Insignien der Einweihung dargestellt oder als Kultträger, indem sie vor Osiris oder andern Göttern die Opferhandlungen zelebrieren, zuweilen werden sie auch auf bildlichen Darstellungen von der Isis gesäugt. Das ägyptische Weltbild und die osirianische Tempellegende sind unzweifelhafte Schöpfungen des ägyptischen Mysterienwesens und einer durch Einweihung erlangten tiefgründigen, durchgeistigten Welterkenntnis. Alles, was an Resten von Sakralbauten, Gräbern, bildlichen Darstellungen, an Hieroglyphentexten der ägyptischen Kultur erhalten geblieben ist, spricht unverkennbar vom Bestehen eines Mysterienwesens. Dieses selber aber entzieht sich der wissenschaftlichen Forschung, deren hervorragende Ergebnisse doch allgemeine Weltgeltung erlangt haben. Dort, wo versucht worden ist, den dieses Mysterienwesen verhüllenden Schleier zu heben, handelt es sich meist um Mitteilungen, die der Verfallszeit angehören, als die Schweigepflicht bereits weitgehend gelockert war. Herodot bemerkt im Verlaufe seines Reiseberichtes über Ägypten wiederholt, daß er über gewisse Dinge schweigen müsse, und Plutarch, der als einer der besten Kenner des ägyptischen Mysterienwesens gilt, hüllt seine Kenntnisse in eine Bilderwelt, die erst entziffert werden muß.

Die heutige Forschung, die sich vor das Rätsel von Ägypten gestellt sieht, sich aber herangebildet hat an der geltenden Großmacht der naturwissenschaftlichen Denkweise, verhält sich skeptisch gegen jedes Mysterienwesen.

Hierfür kann als Beispiel unter vielen das hervorragende Werk von Breasted über Ägypten gelten, in welchem aus dieser Skepsis das Mysterienwesen kaum berührt wird.

Zu den Ausnahmen, welche dieser Befangenheit nicht unterlegen sind, gehört u. a. das Buch Edouard Schurés «Die großen Eingeweihten». Schurés Darstellungen der Einweihungsvorgänge, Prüfungen und Erlebnisse von Neophiten der ägyptischen Mysterien sind vom Geiste derselben berührt. Sie nehmen sich aus wie aus einem Lichtquell auf eine Wand zurückgeworfene Schattenbilder, aber sie geben nicht das Original dieser Vorgänge in ihrer weltgereiften geistigen Ordnung. Voraussetzung für jede sachliche Erörterung dieses Mysterienwesens und der Einweihung ist die Erkenntnis seines unlöslichen, inneren Zusammenhanges mit einer geistigen Weltordnung und deren Gesetzmäßigkeit; eines Mysterienwesens, das an Strenge, an Methodik und Willenseinsatz der auf die Stoffeswelt gerichteten naturwissenschaftlichen Forschung ebenbürtig ist. Die naturwissenschaftliche Erkenntnisart folgt in allen Einzelheiten einer natürlichen Ordnung der Erscheinungen; das Mysterienwesen einer geistigen und moralischen Weltordnung, die im göttlichen Urgrund der Welt ihren Ursprung hat und die als geistige Welterfahrung zur Methode im Einweihungsweg ausgebildet wird.

Rudolf Steiner hat in seinem Buche «Wie erlangt man Erkenntnisse der höheren Welten?» die Bedingungen und Methoden eines heute wiederum möglichen, modernen Einweihungsweges eingehend dargelegt. Es kann daran für den unbefangenen Leser und Erkenntnissucher ersichtlich werden, daß derjenige, welcher eine solche Anleitung zu einem neuen, zeitgemäßen Einweihungsweg zu geben vermag, die aus eigener Erfahrung stammt, auch über eine genaue Kenntnis früherer, vorchristlicher Einweihungsarten, wie u. a. der ägyptischen, verfügt. Der Unterschied zwischen dem heute möglichen und dem altägyptischen Einweihungswege besteht grundsätzlich darin, daß der erstere nicht geheim wie der ägyptische, sondern öffentlich ist und derjenige, der ihn sucht, sich nicht einem autoritativen Lehrer zu unterwerfen hat, sondern in diesem nur einen auf Vertrauensverhältnis beruhenden Ratgeber sieht, Bedingungen, die in vollem Einklang mit der Freiheit des Menschen stehen.

Rudolf Steiner hat in seinem Lebenswerk wiederholt und von verschiedenen Seiten her eingehende Darstellungen des ägyptischen Mysterienwesens und des Einweihungsweges gegeben, wie sie dem damaligen Stand der Menschheitsentwicklung, den Eigenschaften jenes Zeitalters, der Aufgabe, welche diesem Zeitalter gestellt war, sowie der Form der ägyptischen Welterkenntnis angemessen waren. In diesen Darstellungen findet der unbefangene Betrachter einen Tatsachenbericht vor, der eine höhere Entwicklung nach Einweihungsmethoden schildert, die ebenso gültigen Gesetzen einer geistig-moralischen Weltordnung folgen, wie in der natürlichen Weltordnung physikalische oder chemische Gesetze ihre Anwendung finden. Den Gesetzen der natürlichen Weltordnung folgt der Mensch aus Naturnotwendigkeit, er ist ihnen unterworfen. Den geistig-moralischen Gesetzen der Weltordnung folgt er gemäß der geltenden Konvention oder aus eigenem innerem Antrieb. Auf dem Einweihungswege aller Kulturepochen, mithin auch der ägyptischen, wurde nach bestehenden, strengen Methoden um eine Welterkenntnis gerungen, aus welcher hervorging, wie die natürliche Weltordnung aus der geistig-moralischen Ordnung der Welt erst entstanden ist. Es wurde durch die Einweihung das Erkenntnisorgan für die geistig-moralische Weltordnung ausgebildet. Auf diesem Wege wird die Erkenntnis der geistigen Weltordnung zum Weltbild. Tatsachen über die Wege und Methoden der ägyptischen Einweihung sind der denkenden Betrachtung ebenso zugänglich, wie die Tatsachen der natürlichen Weltordnung, weil sie durch unverbrüchliche Gesetzmäßigkeiten verbürgt sind. Die erhalten gebliebenen Zeugnisse der ägyptischen Kulturepoche und die darauf bezüglichen Überlieferungen lassen sich zum ägyptischen Weltbild vereinigen, und dieses Weltbild zeigt, wie die Magnetnadel auf den magnetischen Pol, auf den verborgenen Geistespol des ägyptischen Mysterienwesens.

Die Vereinigung der menschlichen Seele mit Osiris war das eigentliche innerste und höchste Ziel der Kultordnung und der Einweihung. Diese Vereinigung wurde auf zwei Wegen gesucht. Der eine, der Vaterweg, war derjenige, auf welchem die Seele nach dem Tode in die Welt des Osiris einging und sich mit ihm vereinigte, selber ein Osiris wurde. Für den Ägypter war es nicht nur innere Gewißheit, sondern etwas wie eine seelisch-geistige Naturanlage, sich nicht nur nach seiner natürlichen, sondern auch nach seiner geistigen Organisation als Glied einer geistigen Weltordnung zu empfinden. Zum Erleben seines wahren Wesens, das einer geistigen Welt entstammt, fand er einen Zugang durch die Kultordnung, von welcher alles Gemeinschaftsleben durchdrungen war, sowie durch die wiederkehrenden Jahres- und sonstigen Weihefeste, in alten Zeiten durch die Wachträume. In seinem natürlichen Dasein wie im Hinausgehobensein über dieses im zeremoniellen Kult und durch die Weihefeste empfand er sich durchdrungen und erfüllt von diesem geheimnisvollen Walten der Isis, der Seele Ägyptens.

Der andere Weg zur Vereinigung mit Osiris war die Einweihung in die Mysterien der Isis und des Osiris. Dieser Weg war jeder Öffentlichkeit entzogen und nahm einen streng geheimen Verlauf. Der Neophit wurde von der Außenwelt abgeschlossen und gehörte ganz dem Tempel und der Tempelordnung an. Jede Tages- und ein Teil der Nachtstunden waren streng geregelt. Der Hermespriester forderte vom Neophiten als erste und unerläßliche Bedingung strenge und völlige Unterwerfung. Er mußte lernen, sein Eigenwesen ganz auszuschalten und nur das allein auszuführen, was von ihm verlangt wurde. Nicht nur sein äußeres Tun, auch seine Gedanken und Gefühle hatte er der autoritativen Führung zu unterstellen.

Der Hermespriester führte den Neophiten zuerst den Isisweg. Dieser begann mit Übungen zur Demut und Selbstlosigkeit. Nur durch völlige Läuterung der Seele konnte gefahrlos der Weg der inneren Versenkung und Prüfungen, welche die Isiseinweihung erforderte, beschritten werden.

Die Mysterien der Isis oder der Isisweg bestand aus drei Stufen. Der Neophit mußte zuerst in die Isisnatur seiner eigenen Leiblichkeit untertauchen können, um diese zu durchschauen. Die Blutskräfte, die den physischen Leib aufbauen, die rhythmische Organisation, die in Atemgang und Herzschlag dem physischen Leib von Geburt bis zum Tode das Leben geben, mußte er kennen lernen, d. h. erlebend in sie untertauchen. Um diese leibliche Hüllennatur des Menschen nicht von außen, sondern von innen, ihren Bildekräften nach, als elementare Lebenserfahrung zu haben, mußte sich der Neophit vom Blute frei machen. Er mußte zu diesem Zweck den Ahnenweg gehen. Das konnte nur in der Überwindung der Hüllennatur, d. h. im leibfreien Zustande der Seele geschehen, was durch fortgesetzte Übungen erreicht wurde. Dann aber erlebte der Neophit in rücklaufenden Bildern die ganze Ahnenreihe, die an seinem Blute gearbeitet hatte, bis zurück zum ältesten Ahnen. In dem großen Gewicht, welches auf die Ahnen der jeweiligen Pharaonen gelegt wurde, ist eine Folge des Isisweges zu erkennen.

Das Sicherleben im leibfreien Zustande brachte dem Neophiten neben dem Ahnenerlebnis noch eine andere Erfahrung, nämlich die des Aufhörens jeglicher Sinneswahrnehmung, die Erfahrung, als zöge sich die äußere Welt vor ihm zurück, er verlöre allen Boden unter den Füßen, die Erde trage ihn nicht mehr.

In der Sprache der Mysterien wurde dieses Erlebnis auf der ersten Stufe der Isiseinweihung «Heranschreiten an die Schwelle des Todes» genannt.

Es gab weder in den ägyptischen noch in anderen Mysterien einen Einweihungsweg ohne dieses Todeserlebnis als erste Probe und Erfahrung, die der Nichteingeweihte erst bei seinem Erdentode, wenn sich die Seele vom Leibe trennt, machen kann, eine Erfahrung, die vom Neophiten bereits einen hohen Grad von Mut und Furchtlosigkeit forderte, die erst nach entsprechend langer Vorbereitung erlangt werden konnten, um das Todeserlebnis zu ertragen.

Die zweite Stufe des Isisweges bestand in der Feuer-, Luft- und Wasserprobe. Sie führte den Neophiten um eine weitere, tiefere Stufe in das Erleben seiner Isisnatur hinein. Sie führte ihn dahin, das Geheimnis des Wirkens der Elemente in seiner physischen und rhythmischen Leibesorganisation, aber auch draußen in der Natur und im Kosmos durchschauen zu lernen. Er erlangte die innerliche, wesenhafte Erkenntnis jener Bildekräfte, aus denen die Götter die Welt und den Menschen geschaffen haben. Er gelangte zum Schauen der Geheimnisse der ursprünglichen kosmogonischen Achtheit, d. h. der acht Urgötter. Durch acht Stufen mußte er emporsteigen, um das Geheimnis der vier Elemente in ihrer stofflichen und geistigen Wirkungsweise kennen zu lernen oder, wie gewissenhafte Inschriften lauten, der vier männlichen und vier weiblichen Ursprungsgötter.

Um diese zweite Stufe zu erreichen, war eine fortgesetzte verstärkte Läuterung oder Katharsis erforderlich. Was bisher durch die verdunkelnden Leibeshüllen verborgen geblieben war, wurde nunmehr durchsichtig. Nachdem die Hüllen seiner Isisnatur gefallen waren, öffneten sich dem Blick des Neophiten Geheimnisse der Weltenweiten, und er erlebte nun, was in der Sprache der Mysterien genannt wurde «das Schauen der Sonne um Mitternacht». Die Erde war für ihn kein Hindernis mehr, die Sonne zu schauen, wenn sie sich um Mitternacht auf der entgegengesetzten Seite befand als am Mittag, wo sie dem physischen Auge in ihrem höchsten Stand sichtbar war. Jetzt war sie auch dem geistigen Auge sichtbar geworden.

Mit dem «Schauen der Sonne um Mitternacht» hatte der Neophit die dritte Stufe der Isiseinweihung erreicht. Er stand nunmehr vor der Pforte der Osiriseinweihung. Diese kann nur in einigen Umrissen angedeutet werden. Vor dieser Pforte angelangt, hatte der Neophit rückschauend das Erlebnis, er habe in innerlichem Erleben eine weite Wanderung, eine Weltwanderung durchgemacht. Er habe Wesen und Kräfte kennengelernt, die seine physische und seine rhythmische Lebensorganisation aufgebaut hatten. Was so im zeitlichen Verlauf der Weltschöpfung die vier die Welt und die Hüllennatur des Menschen konstituierenden Elemente bewirkt haben, das erlebte der Neophit rückschauend als Weltwanderung. Er empfand nun, diese Weltwanderung habe ihn durch ein Land geführt, das rings vom Weltenmeer begrenzt sei, und er stehe jetzt am Ufer dieses Weltenmeeres, er befinde sich auf heiligem Boden. Damit stand der Einzuweihende vor einer neuen Probe, die Schwerstes von ihm forderte. Er mußte nunmehr alles, was bisher an Bindungen an das Volkstum, an die Familie, an das Elternpaar, denen er durch seine Hüllennatur angehörte, bestanden hatte, zurücklassen, ja er mußte selbst seine bisherige Urteilskraft über Welt und Dinge aufgeben und in völliger, grenzenloser Einsamkeit vor dem Nichts stehen lernen. In der Sprache der Mysterien heißt diese Probe «den Lethetrank trinken». Er mußte den Lethetrank trinken, der in ihm alles auslöschte, was er durch seine bisherigen Lebenszusammenhänge geworden war, um durch die neuen, ganz andersartigen Erlebnisse nicht beirrt zu werden. Er mußte sich jetzt mit einer Wesenheit vereinigen, von der er fühlte, sie trage das Geheimnis der anderen Seite des Menschendaseins in sich, jene Seite, die im Leben zwischen Geburt und Tod in die Hüllennatur untertaucht und sich mit ihr umkleidet. Er fühlte sich vereinigt mit demjenigen Wesen, welches den unsterblichen Menschen durch die Geburt in das Erdenleben hinein und durch den Tod wieder hinausführt und das die menschliche Seele im Leben zwischen Geburt und Tod erleuchtet. Er fühlte das geheimnisvolle Wesen in sich, das den Menschen von Erdenleben zu Erdenleben geleitet. Das Innerste, das Tiefste barg dieses Wesen in sich, aber es blieb stumm.

Der Einzuweihende, der den Lethetrank getrunken hatte, mußte nun aus der Einsamkeit seines Nichts eine neue Eigenschaft entfalten, die starke, die mächtige Sehnsuchtskraft, das Rätsel der Welt und des Menschen enthüllt zu erhalten. Es vereinigte sich dann die starke Kraft dieser Erkenntnissehnsucht mit der bisher stumm gebliebenen Wesenheit, und diese Vereinigung bewirkte eine Geburt, die seit Urzeiten das stumme Wesen immer wieder vollzogen hat. Es stand vor dem geistigen Blicke des Einzuweihenden die Isis in ihrer entschleierten Gestalt.

Der Eingeweihte der Isismysterien hatte mit diesem Erlebnis seiner verstärkten Seelenkräfte die Schwelle der Osiriseinweihung überschritten. Ihm ertönte jetzt, was in der Sprache der Mysterien die «Sphärenmusik» genannt wird, das Hören, das Vernehmen des schöpferischen Weltenwortes, das allen Dingen als göttliches Ursprungsgeheimnis zugrunde liegt. Die Isis hatte dem Eingeweihten den Osiris geboren. Es stand vor dem geistigen Blick des ägyptischen Eingeweihten die Gemeinschaft von Osiris und Isis, eine Gemeinschaft, die, in vielen Weltaspekten sich darlebend, in den Inschriften durch die Beziehungen von Sohn, Bruder und Gemahl ausgedrückt ist und im ägyptischen Weltbild auch in seiner besonderen Fassung der Tempellegende von Osiris-Isis-Horus seine Darstellung gefunden hat.

Diese vierte und höchste Stufe der ägyptischen Einweihung hat die Bezeichnung erhalten «Begegnung mit den unteren und oberen Göttern». Untere Götter sind, wie aus den bisherigen Darstellungen hervorgeht, Osiris und Isis, Seth und Nephtys. Obere Götter sind Rê und seine vier Nachkommen Schu und Tefenet, Geb und Nut.

Die Begegnung mit den oberen Göttern wurde dem Osiriseingeweihten auch zu einer Begegnung mit dem Sonnengott Rê. Er erkannte, daß im tiefsten Grunde Osiris und Rê nur zwei Seiten ein und desselben geistigen Weltwesens seien, Rê der im Tageslauf am Himmel dahinziehende Sonnengott, Osiris der Gott der Nachtsonne und des vom Monde zurückgespiegelten Sonnenlichtes. Rê der göttliche Ursprung und Quell des schöpferischen Lebens im Sonnenall, Osiris das dem Tode abgerungene Welterkenntnislicht der Seele durch die Einweihung. Rê die äußere Offenbarung des schöpferischen Weltenwortes, Osiris die von der Isis immer wieder neu geborene innere Erkenntnis des Weltenwortes, das sich erst durch die Osiris-Einweihung der Seele zu enthüllen begann. Mondenweisheit war alles, was sich der Osiris-Eingeweihte auf den vier Stufen des Einweihungsweges errang, aber Mondenweisheit war zurückgespiegeltes Sonnenlicht. Der Osiris-Eingeweihte vereinigte auf der vierten Stufe Rê und Osiris in sich. Wo immer in Hieroglyphentexten die Doppelbezeichnung Rê-Osiris erscheint, ist sie ein Schlüsselzeichen für die Begegnung des Eingeweihten mit den oberen und unteren Göttern. Sie wirkte sich in grundlegender Weise aus, denn in der gesamten ägyptischen Kultur der dynastischen Zeit nehmen Rê und Osiris einen für Leben und Tod entscheidenden, höchsten Rang ein.

Eine ägyptische Einweihung vollzog sich somit in zwei Hauptvorgängen. Auf dem Isisweg stieg der Einzuweihende in sein eigenes Inneres hinab; er tauchte damit nicht nur in die Untergründe, sondern auch in die Abgründe seines Eigenwesens hinunter. Dieser Abstieg in die Unterwelt war mit Gefahren verbunden, denn bei diesem Abstieg erfuhren die natürlichen, die egoistischen Selbsterhaltungstriebe eine mächtige Verstärkung und widersetzten sich der Katharsis. Es mußten diese überschüssigen Kräfte des Ich gedämpft und stufenweise herabgestimmt werden. Dazu bedurfte der Hierophant, der die Einweihung leitete, einer Anzahl von Helfern. Zwölf solcher Helfer, jeder in einer besonderen Funktion, standen ihm zur Seite, um bei diesem Hinabsteigen des Neophiten in das eigene Innere die verstärkte Egoität in Schach zu halten.

Die zweite Stufe, die Osiris-Einweihung, führte den Einzuweihenden hinaus in die Weiten des Makrokosmos. Das schöpferische Weltenwort ertönte ihm im Sternengang und in der Sternenschrift. Um diese höchste Stufe der Einweihung gefahrlos zu erreichen, mußte die egoistische Kraft des Eigenwesens noch weiter herabgedämpft werden. Das geschah durch das Zusammenwirken der zwölf Helfer, es wurde durch sie diese Kraft bis auf ein Zwölftel der Lebensnorm herabgestimmt. Bei diesem Höhepunkt und Schlußakt der Einweihung versank der Einzuweihende in einen drei Tage und Nächte dauernden todähnlichen Schlaf, während dessen Dauer die Funktionen der Lebenskräfte auf ein Zwölftel herabgedämpft blieben. Der Einzuweihende wurde dabei in einem unter der Erde befindlichen Raum oder in der Kammer einer Pyramide in einen Sarkophag gelegt und damit symbolisch begraben. Es wurde der Totengesang angestimmt, die Fackeln gelöscht, und nach dem hochheiligen Zeremoniell entfernte sich, nachdem der Fallstein der Pyramide sich gesenkt hatte, die Helferschar durch den Gang zurück in die Kulträume, in denen die Einweihung vorbereitet worden war. Im Zustande des herabgedämpften Ichbewußtseins, das von der Helferschaft gehalten wurde, erlebte der Einzuweihende die vierte Stufe, die Osiris-Einweihung, die Begegnung mit den unteren und oberen Göttern. Nach drei Tagen kehrte die Schar der zwölf Helfer in den Einweihungsraum zurück. Der Hierophant sprach das weckende Schöpferwort, und mit einem zeremoniellen Auferstehungsakt wurde der neue Eingeweihte in die Brüderschaft der Eingeweihten aufgenommen. Er empfing nun die Insignien der Einweihung, das Henkelkreuz der Isis, die Uräusschlange der Osiris-Einweihung, das Kopftuch mit der goldenen Binde zum Zeichen, daß er die Sternenschrift, die göttliche Hieroglyphe, lesen gelernt hatte.

In seinem vierten Mysteriendrama «Der Seelen Erwachen» hat Rudolf Steiner den Verlauf einer ägyptischen Einweihungsszene in dramatischer Darstellung geschildert. Es stehen dabei dem höchsten Opferweisen, dem Hierophanten, zwölf Helfer in ihren verschiedenen Rangstufen und Funktionen zur Seite. Unter ihnen befinden sich die Vertreter der vier Elemente, durch deren Weiheworte die Kräfte dieser vier Elemente auf den Neophiten wirken, um ihn bei herabgedämpftem Bewußtsein am Leben zu erhalten. Dargestellt wird in dieser Szene das Ritual einer Isis-Einweihung, d. h. eines Teiles derselben. Die Gruppierung der Zwölfheit, die Vertreter der vier Elemente, der Schwellenhüter, der Wortbewahrer, der Myste, der Siegelbewahrer, im weiteren die drei Seelenkräfte und der Opferweise, entspricht einer späteren Stufe des ägyptischen Mysterienwesens, das an einem Wendepunkte steht, wie aus dem Verlauf der Szene hervorgeht. Die Zwölfheit mit dem höchsten Opferweisen als dem Dreizehnten bleibt unantastbares Gesetz des ägyptischen Mysterienwesens, da dieses aus den Gesetzen des Sternenalls abgelesen war und das zusammenwirkende Handeln der Dreizehn der Einweihung das Siegel eines kosmischen Sakramentes verlieh.

Der Osiris-Eingeweihte lernte, wenn sich ihm die Isis entschleiert hatte, die Sternenschrift lesen. Himmelsschrift, Göttersprache wurden ihm der Sternengang und die Sternenkonstellationen, d. h. die Beziehungen der Ruhesterne zu den Wandelsternen, das Verhältnis von Sonne und Mond im Übergang vom Neumond zum Vollmond durch das zurückgespiegelte Sonnenlicht.

Die ägyptischen Eingeweihten bildeten die Himmelsschrift, in welcher sie das Götterhandeln erkannten, um zum Alphabet einer sakralen Erdenschrift, zur Hieroglyphe. Sie schauten in den Ruhesternen die Urform der Konsonanten, in den Wandelsternen diejenigen der Vokale. Das Uralphabet, das Alpha und Betha, ergab sich aus den gegenseitigen Beziehungen von Fixsternen und Planeten und wurde in älteren Zeiten als Himmelsschrift geschaut, aber nicht aufgeschrieben. Dann wurde in Ägypten diese Himmelsschrift heruntergeholt und zur Hieroglyphenschrift umgebildet, womit sich, als sakrales Schrifttum der Eingeweihten, in der dynastischen Zeit die Wände der Sakralbauten mit dem Inhalte der heiligen Texte zu bedecken begannen. Dann folgte im Zeitenlauf die Buchstabenschrift. In der Tempellegende von Isis und Osiris sind diese drei Stufen angedeutet. Zuerst in alten Zeiten die Himmelsschrift, dann nachfolgend die Hieroglyphenschrift und in Phönizien die Entstehung der profanen, nach ägyptischer Auffassung typhonischen Buchstabenschrift.

Am Schlusse der erwähnten dramatisierten ägyptischen Einweihungsszene spricht der Opferweise die für das gesamte ägyptische Mysterienwesen und das Mysterienwesen überhaupt geltenden Tempelworte:

«Was wir als mystisch Weihewerk vollbringen,
Bedeutung hat es doch nicht hier allein;
Es geht des Weltgeschehens Schicksalsstrom
Durch Wort und Tat des ernsten Opferdienstes.»

Für das Geheimnis und die Größe der ägyptischen Kultur muß die heutige Kulturforschung den Maßstab ihrer Urteilsbildung suchen in dem Geheimnis und der Größe des einstigen ägyptischen Mysterienwesens.

X

ÜBERGANG VON DER VORDYNASTISCHEN ZUR DYNASTISCHEN ZEIT ÄGYPTENS

Die Begründung der Pharaonenherrschaft, mit welcher die vordynastische Zeit ihr Ende gefunden, die geschichtliche Zeit ihren Anfang genommen hat, stellt die Kulturforschung vor ein Rätsel. Eine markant gezogene Grenze trennt die vordynastische von der dynastischen Zeit. Bis dahin gab es nur namenlose, nur allgemein als «Diener des Horus» bezeichnete Vorfahren der Pharaonen. Mit der Pharaonenherrschaft trat Ägypten in das Licht der Geschichte und entfaltete gewaltige schöpferische Kräfte. Es lassen sich diese in ihren Anfängen wohl schon an den Grabfunden der vordynastischen Zeit verfolgen, aber es können daraus keinerlei Schlüsse gezogen werden, welche die reiche Entfaltung schöpferischer Kräfte während der ersten Dynastien erklären. Eine gewisse Kontinuität künstlerisch-handwerklichen Schaffens läßt sich etwa an den Schminkpaletten oder auch an der Keramik feststellen. Was jedoch in keinerlei äußeren Anzeichen zu erkennen ist und in keinerlei Verbindung mit vorangegangenen Verhältnissen zu stehen scheint, ist u. a. die während der 1. Dynastie aufkommende Mumifizierung der Leichen und der Gebrauch der Hieroglyphen in ihren ersten Anfängen.

Die Motive, welche zur Begründung der Pharaonenherrschaft geführt und die genannten epochalen Neuerungen gebracht haben, müssen in Vorgängen gesucht werden, über die nicht Grabfunde, sondern mythische Überlieferungen Aufschluß geben können.

Aus altindischer Zeit stammt die mythische Überlieferung von den vier Weltzeitaltern der Menschheit. Nach dieser gab es ein erstes, als Goldenes bezeichnetes Weltzeitalter, das Krita-Yuga. Dieses hat vor dem Untergange der Atlantis bestanden, ein Zeitalter, in welchem nach den damals vorhandenen Eigenschaften des Seelenlebens Menschen und Götter noch zusammen lebten, als die Menschheit aus dem einstigen Götterverbande noch nicht entlassen worden war, um Erdenmenschheit zu werden. Auf dieses folgte ein zweites, das Silberne Weltzeitalter, das Treta-Yuga. Dieses entspricht der urindischen Zeit nach dem Untergange der Atlantis. Die Menschheit wurde in diesem Zeitalter aus dem Götterverbande entlassen. Darauf folgte das dritte, das Eherne Weltzeitalter, das Dvapara-Yuga, während der urpersischen Epoche, in welchem noch eine lebendige Erinnerung an das einstige Göttererlebnis vorhanden war. Dann zog ein viertes Zeitalter herauf, das einen tief eingreifenden Wendepunkt herbeiführte, das Kali-Yuga, so genannt nach der Göttin der Nacht, Kali, das Eiserne oder das Finstere Zeitalter. Während dessen Verlauf wurde das Tor zur Götterwelt nach und nach geschlossen. Die Menschheit begann jetzt immer mehr, sich der äußeren, stofflichen Welt zuzuwenden, wodurch im menschlichen Erleben das Götterbewußtsein vom Selbstbewußtsein abgelöst wurde, und es sank das einstige Göttererlebnis zum bloßen Gedankenerlebnis herab. Damit fand der einstige Götterweg der Menschheit sein Ende und der Erdenweg nahm seinen Anfang.

Die altindische Überlieferung gibt für den Eintritt des Kali-Yuga-Zeitalters und für die Dauer desselben genaue Zeitbestimmungen an. Danach begann es 3101 v. Chr. und endete nach einer Dauer von 5000 Jahren im Jahre 1899 unserer Zeitrechnung. Göttererlebnis des Menschen im Goldenen Zeitalter, götterlose Naturwissenschaft am Ende der vier Weltzeitalter. Unzählige Zwischenstufen zwischen Anfang und Ende; Mysterien und Einweihung, um die geistige Führung und die Verbindung mit der Götterwelt nicht abreißen zu lassen.

Der Untergang des atlantischen Kontinentes war eine sich über eine gewisse Zeitdauer erstreckende Naturkatastrophe, das Eintreten des Finsteren Zeitalters eine mit Plötzlichkeit eintretende Katastrophe im menschlichen Bewußtseinsfelde. Von einer Bewußtseinskatastrophe kann insofern gesprochen werden, als das Finstere Zeitalter mit einer plötzlich beginnenden Trübung, einer Verfinsterung des Bewußtseins einsetzte, die sich während einer gewissen Zeitdauer bis zur Ohnmacht steigern konnte, aus welcher zahlreiche Menschen nicht wieder erwachten. Diese plötzliche, als Katastrophe eintretende Bewußtseinsverfinsterung wurde verursacht durch das, was als «Rückzug der Götter» aus dem menschlichen Bewußtsein bezeichnet wird und in zahlreichen Mythen und Sagen seinen Niederschlag gefunden hat. Ausgelöscht wurden dadurch die im dritten Weltzeitalter noch lebendig gewesenen Beziehungen der menschlichen Seele zur Götterwelt, ausgelöscht wurde die bis dahin noch vorhanden gewesene Fähigkeit des Wachträumens. Ein bis dahin bestehender Seelenkontinent versank mit Einbruch des Finsteren Zeitalters in den Fluten des Unterbewußtseins. Das Versinken alter Seelenkontinente hatte das Auftauchen derjenigen Kontinente im menschlichen Seelenleben zur Folge, die den Bereich der äußeren Stofflichkeit und der Sinnesanschauung betreffen.

Anfang und Ende der vier Weltzeitalter lassen Schicksal und Werdegang der Menschheit in ihren klar formulierten, gesetzmäßig verlaufenden Stufenfolgen vor den Erkenntnisblick treten. Am Anfang naturgegebene Gemeinschaft von Göttern und Menschen im Goldenen Zeitalter. Gegen das Ende des Eisernen, des Finsteren Zeitalters zunehmende Beherrschung der Stoffe und Kräfte der Natur durch völliges Untertauchen des menschlichen Geistes in die Stoffgebiete infolge der voll entwickelten Großmacht des naturwissenschaftlichen Forschens und Denkens. Eine Katastrophe der geschilderten Art hat das Finstere Zeitalter heraufgeführt. In sozialen Katastrophen findet das Finstere Zeitalter seinen Abschluß und führt sich in unzeitgemäßer Selbstbehauptung ad absurdum.

Die Entwicklung der Menschheit aber drängt seit dem Ende des Finsteren Zeitalters, ihrem bisherigen Schicksalsgang weiter folgend, einem neuen Weltzeitalter entgegen. Auf das vierte folgt ein fünftes, welches die genannte Überlieferung als «Lichtes Weltzeitalter» prophezeit hat. Mit diesem «Lichten Weltzeitalter» beginnt für die Menschheit wiederum die Möglichkeit einer Erkenntnis der geistigen Welt.

Kulturforschung darf, wenn sie die kulturelle Entwicklung der Menschheit, die aus dem Geiste stammt, auf geistgemäße Weise verfolgen und darstellen will, weder das Mysterienwesen noch die Grundgesetze der vier Weltzeitalter unberücksichtigt lassen, wenn sie nicht vom Schattenwurf des Finsteren Zeitalters getroffen sein soll. Dieses erfordert das historische Gewissen, dem der Kulturforscher stets Rechenschaft schuldet.

Für den Fortgang der allgemeinen Kultur jener Zeit war der Eintritt des Finsteren Zeitalters am Ende des 4. Jahrtausends von tief eingreifenden Folgen begleitet. Besonders eindrücklich sind diese in Ägypten beim Übergang der vordynastischen in die dynastische Zeit festzustellen, und dieses aus dem Grunde, weil die zu starker Verinnerlichung hintreibende hermetische Geistigkeit die Trübung und das Absinken des götterverbundenen Bewußtseins besonders eindringlich erlebt hat und zu Maßnahmen führte, welche für den Fortgang der ägyptischen Kultur von einschneidender Bedeutung werden sollten. Dabei ist hervorzuheben, daß in Ägypten die vier Weltzeitalter eine Art zurückgespiegelte Wiederholung in den vier Sothisperioden gefunden haben.

In Ägypten hat der Eintritt des Finsteren Zeitalters zu all den Erscheinungen geführt, die sich der Betrachtung als Rätselfragen aufdrängen. Die eine Erscheinung liegt vor in dem Wechsel der geistigen Führung, die von den Göttern an die Pharaonen überging, die andere in einer damit zusammenhängenden Veränderung des bisherigen Mysterienwesens mit allen ihren Folgen für die Entwicklung der ägyptischen Kultur und ihren Kultordnungen.

Die Berufung der spätägyptischen Priester auf ihre uralten Überlieferungen und Lehren finden eine Stütze in den geschichtlichen Königs- und vorgeschichtlichen Götterdynastien. Zutreffend sagt Otto hierüber: «Gewiß verstand der Ägypter unter ‚Geschichte' etwas ganz anderes als wir; aber gerade die seit alters gepflegte Form der Geschichtsschreibung, die Annalistik, verlieh ihm, dem Ägypter, ein konkretes Wissen von den ungeheuren Zeiträumen seiner Vergangenheit und befähigte ihn, geschichtliche Erinnerungen chronologisch richtig einzuordnen... wenn wir bei Herodot (II, 100) lesen, die Priester hätten ihm aus einer Schrift die Namen von 330 Königen von Menes an aufgezählt, so können wir an Hand der erhaltenen Königslisten diese Nachricht (außer der Korrektheit der Anzahl) nur bestätigen.»

Aus den bisher bekannten Quellen setzen sich die geschichtlichen Überlieferungen der aufeinanderfolgenden Pharaonendynastien zusammen. Die Hauptquelle bildet das verlorengegangene Geschichtswerk des ägyptischen Priesters Manetho, welcher zur Zeit des Ptolemäus I. (305–285 v. Chr.) gelebt hat, das in den Auszügen des Julius Africanus, des Eusebius und des Flavius Josephus vorliegt. Manethos Werk enthielt eine Chronologie von 30 Dynastien, beginnend mit Menes mit einer Einteilung in Altes, Mittleres und Neues Reich, welche bisher von der einschlägigen Wissenschaft beibehalten worden ist. Eine weitere Quelle ist die berühmte Königsliste aus der Königsgalerie im Tempel des Sethos II. in Abydos, dann die Königsliste in der Königskammer in Karnak von Thutmosis III. und als vierte Quelle die Liste des Turiner Papyrus. Aus diesen Annalen geht hervor, daß zeitweilig außer den Hauptdynastien auch Nebendynastien bestanden haben.

Nach diesen Listen gingen den geschichtlichen Pharaonendynastien drei Götterdynastien voran, von denen die Götternamen der ersten Dynastie bekannt sind, wie Ptah, Rê, Geb, Osiris, Horus, Seth-Typhon, außerdem noch eine Anzahl mythischer Könige von This. Nach den genannten vier Quellen ägyptischer Geschichte und Vorgeschichte gab es somit die geschichtlichen Pharaonendynastien, die mythischen Könige vom oberägyptischen This und die Götterdynastien. Die dreißig Pharaonendynastien bilden die chronologische Grundlage der heutigen ägyptischen Geschichtsforschung. Die Existenz von einigen mythischen Königen ist durch Ausgrabungsergebnisse nachgewiesen. Dagegen scheiden die Götterdynastien für die heutige Wissenschaft aus. Als ältestes, feststehendes Datum, wenn auch nicht unwidersprochen, gilt die mutmaßliche Einführung des Sothisjahres um 4242 v. Chr. nach Ed. Meyer.

Wenn aber die saitische Priesterschaft sich auf ihre uralten Überlieferungen berief, so hatte sie ohne Zweifel nicht nur die 30 Pharaonendynastien, sondern auch die Götterdynastien des Manetho und der anderen Quellen im Auge. Für ihr Zeitbewußtsein waren die Götterdynastien identisch mit der vordynastischen Götterregierung. Für diese traditionsgebundene Priesterschaft riß die Chronologie hinter den geschichtlichen Dynastien nicht ab. Das ägyptische Zeitbewußtsein überschritt mit den Götterdynastien die Grenze der geschichtlich geltenden Daten. Die Zahlenangaben für die Götterdynastien brauchen nicht für bloße Phantasien, denen jede Berechtigung abzusprechen ist, gehalten zu werden, denn sie sollten den Zeitenstrom bis in die Atlantis, bis ins Goldene Zeitalter zurückführen. Die Atlantisüberlieferung, welche die Priester von Sais dem Solon zur Kenntnis gebracht haben, findet ihre chronologische Stütze in den Zeitangaben für die Dauer der Götterdynastien. Diese nehmen sich im Zeitbewußtsein dieser Priesterschaft so aus, wie die weither rollenden Meereswogen, die, bildlich gesprochen, schließlich an die Gestade des geschichtlichen Bewußtseins schlagen, damit in dessen Bereich eintreten und ihre geschichtliche Fortsetzung finden. Nicht nur war für die Ägypter Geschichte etwas anderes als für uns, auch ihr Zeitbewußtsein war ein anderes. Die Atlantisüberlieferung ist durch die aufeinanderfolgenden Zeitalter bis in die geschichtliche Zeit hinein bewahrt worden.

Die Königslisten des Manetho und des Turiner Papyrus nennen Menes als ersten geschichtlichen Herrscher Ägyptens, mit welchem die 1. Dynastie begann. Er vereinigte Ober- und Unterägypten zu einem Reich und trug daher den Titel «König von Oberägypten und König von Unterägypten». An der Grenze, an der die beiden Reiche, das nördliche Deltareich und das sich vom ersten Katarakt bis in die Nähe des späteren Memphis erstreckende Südreich, zusammenstießen, gründete Menes einen befestigten Ort, die sog. weiße Mauer, aus welchem nachmals die Stadt Memphis entstand.

Menes stammte aus der oberägyptischen Stadt This, er und seine Nachfolger der 1. und 2. Dynastie heißen daher die Thiniten. Ihre Gräber befinden sich bei Abydos. Die thinitische Zeit Ägyptens ist als eine in sich geschlossene Epoche zu betrachten, die bis zum ersten Pharao der 3. Dynastie, dem ersten Pyramidenbauer Zoser (Djoser), dauerte, der die Residenz der Pharaonen von This nach Memphis verlegte. Auf die thinitischen folgten sodann die memphitischen Dynastien.

Die Vereinigung der beiden Reiche durch Menes erfährt insofern eine Modifikation, als Otto in seiner Darstellung der Thinitenzeit den Nachweis zu erbringen sucht, daß drei Könige dieser ersten geschichtlichen Epoche Ägyptens an der Vereinigung der beiden Länder beteiligt gewesen sind, die nach den Zeugnissen der Denkmäler über das ganze Ägypten geherrscht und den Titel «König von Ober- und Unterägypten» geführt haben. Alle drei Herrscher nannten sich in den auf sie bezüglichen Denkmälern Horus. In den Königslisten führen sie aber den Königsnamen und den Herrschertitel «König von Ober- und Unterägypten». Der älteste dieser drei Könige führt nach den Schriftzeichen seiner Denkmäler den Namen Skorpion, der zweite ist der durch seine Schminktafel bekannte König Narmer, und der dritte ist der Horus Aha, der mit Menes als identisch angesehen wird, denn der Königsname Menes kommt erst in den Königslisten der 18. Dynastie vor. Nun reichen aber, wie Otto weiterhin darlegt, die geschichtlichen Überlieferungen über die erste Dynastie hinaus, denn auf dem berühmten Palermo-Stein finden sich außerdem die Namen von Königen verzeichnet, welche die oberägyptische wie die unterägyptische, aber auch die Doppelkrone tragen, dieses also zu einer Zeit, die der Vereinigung der beiden Länder durch Menes voranging. Diese Königsnamen des Palermo-Steines gehören somit den vordynastischen, mythischen Königen an. Auf dem Palermo-Stein, der aus der 5. Dynastie stammt, war ehemals die Chronologie der 1. bis zur 5. Dynastie verzeichnet. Da aber der Stein weitgehend zerstört ist, sind nur die Annalen dieser Dynastien erhalten geblieben, und diese Aufzeichnungen beziehen sich vorwiegend auf kulturelle und wirtschaftliche

Leistungen, wie Tempelbauten, Stiftungen für Götter, auf Herstellung von Götter- und Königsstatuen, Abhaltung von Festen, auch auf Anlagen von Teichen und Kanälen usw. Es gab aber schon zur Zeit des Horus Aha, d. h. des Menes, die sog. Jahrestäfelchen aus Holz und Elfenbein mit chronologischen Aufzeichnungen. Mit dem Übergang von der vordynastischen zur dynastischen Zeit hat somit die erste Verwendung der Schrift im Dienste der Annalistik stattgefunden.

Die Frage, welche Otto im Hinblick auf die Vereinigung der beiden Länder aufwirft, ob es ein Zufall sei, «daß die Überlieferung von Königsnamen und historischen Ereignissen an diesem Zeitpunkt einsetzt, oder beginnt hier tatsächlich etwas Neues, das die ‚geschichtliche Zeit' als etwas grundsätzlich anderes von der Vorgeschichte abhebt», erfordert, da es sich um eine entscheidende Frage handelt, eine eingehende Erörterung.

Den ägyptischen Herrschernamen, die mit Beginn der dynastischen Zeit in den Königslisten oder auf Fundgegenständen vorkommen, muß eine ganz andere Bedeutung als die von Eigennamen im heutigen Sinne zugeschrieben werden. Dieses geht schon daraus hervor, daß Doppelnamen vorkommen, auf den Denkmälern der Name Horus, den die Pharaonen als Eingeweihte haben, und auf den Königslisten die Herrschernamen, die sie als Pharaonen tragen. Der erste dieser Könige führt bezeichnenderweise den Namen Skorpion. Nach ägyptischer Weltauffassung muß er daher mit dem Sternbild des Skorpion in Verbindung gebracht werden. Zur Zeit einer Skorpion-Konstellation ist nach der osirianischen Tempellegende Osiris von Typhon getötet worden. In dem vorliegenden Falle besagt dieser Name, daß dessen Träger zur Zeit des beginnenden Finsteren Zeitalters gelebt hat. In der Sprache der ägyptischen Weltauffassung, daß es typhonische Skorpionkräfte sind, welche die alten Fähigkeiten der Seele ausgelöscht haben und den Menschen in ein neues Verhältnis zur äußeren Welt bringen, wodurch jene Kräfte aufgerufen werden, die geeignet sind, in der äußeren Welt sich zu betätigen. Die ägyptischen Weisen haben ein deutlich erkennbares Bewußtsein davon gehabt, daß von einer bestimmten Zeit an ihr geistiges Weltbild von typhonischen Kräften durchsetzt worden ist und daß diese Durchsetzung mit dem Übergang von der vordynastischen zur dynastischen Epoche eine Verstärkung erfahren hat. Der Königsname Skorpion ist eine Bestätigung dieser Weltauffassung und eines der Zeugnisse für die neue Bewußtseinslage, die in Ägypten mit Einbruch des Finsteren Zeitalters eingetreten ist.

Der auf Skorpion folgende Herrschername Narmer ist bezeugt durch die Schminktafel, auf welcher sein Name durch ein sinnbildliches Zeichen vermerkt ist. Als Herrscher der vereinigten Länder, als König von Ober- und Unterägypten ist Narmer zu erkennen, weil er als Träger der beiden Kronen dieser Länder dargestellt ist. Vielfach wird vermutet, daß Narmer mit Menes identisch sei. Die Vereinigung der beiden Länder stellt sich dar als ausgesprochener Willensakt eines geschichtlichen Bewußtseins, das sich durch Kampf durchsetzen mußte, indem der Süden, d. h. die thinitischen Herrscher den Norden unterwarfen und die bisher geteilten Länder zu einem Ganzen vereinigten.

Der Name Menes ist eine Abwandlung des Namens Manu, des Eingeweihten, der in der atlantischen Zeit den Keim der Denkkraft für die nachatlantische Entwicklung veranlagt hat. Diesem Namen kommt die Bedeutung zu, daß dessen Träger im Gegensatz zu seinen Vorfahren erstmals gedankliche Kräfte zur Entfaltung gebracht hat und diese in den Dienst der Machtentfaltung stellte.

An diesen drei Namen und was mit ihnen verknüpft ist, können die Bedeutung und die Folgen, welche der Eintritt des Finsteren Zeitalters für Ägypten gehabt hat, ermessen werden.

Die mit Beginn der dynastischen Zeit einsetzende mächtige kulturelle Entwicklung ist ohne die Vereinigung der beiden Länder nicht denkbar. Bis dahin waren die Ägypter noch weitgehend ein Rassenvolk. Durch die Vereinigung der beiden Länder wurden sie ein Kulturvolk, das weltbedeutende Leistungen vollbracht hat, und in weiterer Folge ein Erobererervolk und damit vorübergehend für das damalige Zeitalter eine Weltmacht.

Menes ist diejenige Herrschergestalt, welche nach ihren Fähigkeiten den Übergang zum geschichtlichen Bewußtsein vollzogen hat als Folgeerscheinung des eingetretenen Finsteren Zeitalters. Mit ihm begannen die erwähnten geschichtlichen Aufzeichnungen, die im Stein von Palermo eine Fortsetzung erfahren haben.

Mit dem Eintritt des geschichtlichen Bewußtseins, d. h. mit der 1. Dynastie, kam die Hieroglyphenschrift in ihren ersten Anfängen in Gebrauch, die sich dann, wie aus den Pyramideninschriften der 5. und 6. Dynastie hervorgeht, zu einem ausgebildeten Schriftsystem sakralen Charakters entwickelt hat.

Über die Entstehungszeit der Hieroglyphenschrift bestehen Meinungsverschiedenheiten. Scharff hat in einer Studie den Nachweis erbracht, daß keines der Hieroglyphenzeichen älter sei als die Meneszeit und dieselben keine Vorbilder aus älterer Zeit haben. Zu den ältesten Schriftzeichen dieser Art gehören diejenigen aus den Gräbern der Thiniten in Abydos und die erste archaische Form, womit auf der Schminktafel des Narmer dessen Name eingegraben ist. Auch kann mit einiger Sicherheit darauf geschlossen werden, daß die Hieroglyphenschrift in Unterägypten entstanden ist.

Andere Forscher, an ihrer Spitze Sethe, sind der Meinung, es sei der Hieroglyphenschrift, die bereits eine Lautschrift ist, in vordynastischer Zeit eine reine Bilderschrift ohne feste Bindung an bestimmte Lautgruppen vorangegangen und aus dieser sei dann die Hieroglyphenschrift entstanden. Es seien die in vordynastischer Zeit vorhandenen ideographischen Zeichen in gleichaussehende Lautzeichen übergeführt worden. Dagegen macht Scharff anhand von sieben Gruppen hieroglyphischer Lautzeichen aus den ersten Dynastien geltend, daß diese nicht aus der vorzeitlichen ideographischen Bilderschrift (Felsenzeichen), die bisher nicht oder nur in Einzelfällen entziffert werden konnte, abgeleitet sein können, zumal diese ideographischen Zeichen auf keinerlei Denkmälern nachzuweisen seien.

Nun gab es aber eine vordynastische Bilderschrift, die jedoch nicht in Schriftzeichen geschrieben wurde, die Himmelsschrift, welche in Abschnitt IX über das Mysterienwesen erwähnt ist. Das Ur-Alphabet, das aus den gegenseitigen Beziehungen der Ruhesterne und Wandelsterne hervorgegangen ist, aber nicht in äußeren Schriftzeichen seinen Ausdruck fand, weil es nur innerlich erfahren oder geschaut, doch nicht geschrieben wurde. Himmelsschriften wurden nicht in äußeren Zeichen aufgeschrieben, wohl aber Erdenschriften. Die Hieroglyphenschrift, das besagen ihre Bildzeichen, ist eine Erdenschrift, die aber ihre Herkunft von der Himmelsschrift in ihrem Gesamtcharakter und ihrer sakralen Verwendung nicht verkennen läßt. Es mußte von den Führenden bei dem Übergange in die geschichtliche Zeit der Pharaonenherrschaft eine Erdenschrift in Bildzeichen mit lautlicher Bindung geschaffen werden, und als Beispiel eines ersten Anfanges kann u. a. das Hieroglyphenzeichen des Narmer auf dessen Schminktafel gelten.

Die Hieroglyphenschrift ist phonetisch. Ihre Bildzeichen haben eine lautliche Bindung, aber sie selber wird nur in Konsonanten geschrieben, und diese bleiben stets gleich, während die zu den Konsonanten gehörigen Vokale je nach Form und Stellung des Wortes wechseln. Die Konsonanten sind das ruhende, das objektive Element, die Vokale in ihrer Anwendung sind beweglich, variabel (etwa 1500 Varianten), sie bestimmen den Lautwert der konsonantisch geschriebenen Silbenzeichen. Die Hieroglyphenschrift wird von rechts nach links geschrieben.

Neben der Hieroglyphenschrift bildete sich von Anfang an für den täglichen Gebrauch die hieratische Schrift durch Abkürzung und Vereinfachung der Hieroglyphenzeichen aus. Sie diente zur Überlieferung religiöser und profaner Texte auf Papyrus. Zur Zeit der äthiopischen Herrschaft kam dann für allgemeine Zwecke die demotische oder Volksschrift auf. Die Hieroglyphenschrift ist demnach eine Schöpfung der ersten Dynastien der Pharaonenherrschaft.

Zufall ist es also nicht, daß die Überlieferung von Königsnamen und geschichtlichen Ereignissen mit diesem Zeitpunkt eingesetzt hat. Die Erscheinungen gruppieren sich zur Zeit des Menes vor dem prüfenden Blick so, daß ein fast sprunghaft sich vollziehender Übergang in eine neue, grundsätzlich andere Zeit als gewiß erscheint.

Gegenüber früheren Datierungen, die den Beginn der dynastischen Epoche mit Menes betreffen, bewegen sich diese in neuerer Zeit zwischen 3200 und 3000 v. Chr. Um Beispiele zu nennen, setzen Steindorff, Schäfer und Roeder die Zeit des Menes auf 3200 v. Chr., Otto auf 3000 v. Chr. fest.

Diese Datierungen umkreisen somit das Jahr 3101 v. Chr., den Einbruch des Finsteren Zeitalters, und geben damit dem Zusammenschauen der Ereignisse eine gemeinsame, annähernd gesicherte Datierung. Dieser Datierung kann noch eine weitere Stütze gegeben werden. Ein gesichertes Datum ist der Beginn der dritten Sothisperiode 2782 v. Chr. Die Herrschaft der 1. und 2. thinitischen Dynastie schwankt bei einzelnen Forschern zwischen 420 Jahren (Breasted) und 220 Jahren (Otto). Wird ein Mittel von 350 Jahren für die Thinitenherrschaft angenommen, dann fällt deren Beginn zusammen mit dem Eintritt des Finsteren Zeitalters um 3101 v. Chr.

Mit den drei ersten Königsnamen der dynastischen Zeit liegt aber noch ein weiter zu erörterndes Problem vor. Die Königslisten führen, wie bemerkt, nur den Namen des Menes als den Begründer der ersten Dynastie an. Die beiden anderen Königsnamen, Skorpion und Narmer, sind nur aus Denkmälern jener Zeit bekannt, und alle drei führen den Titel «König von Ober- und Unterägypten». Otto nennt sie die Könige der Reichseinigungszeit, wonach an der Vereinigung der beiden Länder die drei Könige, nicht Menes allein, beteiligt waren. Auch Herodot nennt Menes als ersten König, der über Ägypten geherrscht habe. Es besteht nach den in Ägypten üblichen Namengebungen die Möglichkeit, daß sowohl Narmer wie Skorpion als Beinamen des Menes zu gelten haben. Skorpion ist der Name eines Tierkreisbildes und muß als Königsname eine bestimmte Beziehung zu diesem haben. Auf der oberen Seite der Schminktafel des Narmer ist dieser König als Siegender über das Nordreich dargestellt, daher trägt er die Krone des Nordens. Vorangetragen werden ihm vier Standarten, und hinter ihm geht je ein Diener, der dem Pharao die ihm zugehörigen Kultsymbole nachträgt. Im untersten Felde ist der Königsstier dargestellt, einen Feind niederstoßend. Auf der anderen, unteren Seite der Tafel erscheint Narmer als Kämpfender und trägt die Krone des Südens, aus dem er selber stammt. Sein Name ist in zwei übereinanderstehenden Schriftzeichen vermerkt. Es geht in diesen Motiven der Schminktafel um die Darstellung eines geschichtlichen Vorganges, um die Vereinigung der beiden Länder durch kriegerische Machtentfaltung, um ein geschichtliches Ereignis einer bestimmten Zeit, das sich unter dem Zeichen des Skorpions vollzogen hat. Die Ägypter haben im Pharao den Exponenten einer bestimmten Sternenkonstellation gesehen, den Exponenten derjenigen wirkenden Kräfte, die sich zu einer bestimmten Zeit von einem bestimmten Tierkreisfeld her manifestieren.

Nach dem Stande des Sternenganges, wonach die Sonne im Frühlingspunkt in die Zwillinge vorgerückt war und von dort her wirkte, war die zweite nachatlantische Epoche eine Zwillingszeit. Dann rückte die Sonne in das Tierkreisfeld des Stieres vor, und die nachfolgende dritte, die ägyptische Epoche gestaltete sich zur Stierzeit. Die Stierkräfte der Sonne kulminierten mit Beginn der dynastischen Zeit. Nach der für die ägyptische Epoche vorhandenen Konstellation befand sich die Sonne im Frühlingspunkt im Stier, im Herbstpunkt im Skorpion, im Sommerhöchstpunkt im Löwen, im Tiefwinterpunkt im Wassermann.

Dieser Sonnenstand mit der Kulmination der Stierkräfte kann sich bei sachlicher Betrachtung der ägyptischen Weltauffassung als aufschlußreich erweisen für die drei ersten Königsnamen der ersten Dynastie. Darnach kann der erste König «Skorpion» als Namensträger gelten für den Eintritt des Finsteren Zeitalters in dem angedeuteten Sinne, Narmer für die Vereinigung der beiden Länder als geschichtliches Ereignis und Menes als der erste Pharao und Namensträger der neuen Kräfte und Eigenschaften, mit denen die geschichtliche Zeit eingesetzt hat. Insofern sich die Vermutung, daß Narmer mit Menes identisch sei, auf sachliche Voraussetzungen stützt und Narmer nur ein Beiname des Menes ist, so kann das auch für Skorpion zutreffen. Im Blickfeld der ägyptischen Weltauffassung gesehen, können die ersten drei Königsnamen als drei verschiedene Aspekte der neu eingetretenen Weltsituation gelten. So erscheint es verständlich, warum die Königslisten nur den Namen des Menes führen, weil er als der erste geschichtliche Träger dieser Weltsituation gilt. Ein ähnliches kann auch für die Namengebung des vierten Königs angenommen werden, der, bei verschiedener Schreibweise, wie Wenepher, Wedimu, Wadje, Dyet, als König «Schlange» bezeichnet wird nach seiner in Abydos gefundenen Grabstele mit dem Horusfalken im obersten Feld und einem im unteren Felde sich befindenden Schlangenzeichen, wodurch mit diesem Symbolum dieser König als Weisheitsträger gekennzeichnet werden sollte.

Auf dem Palermo-Stein sind, wie erwähnt, aber auch Namen mythischer Könige aus der vordynastischen Zeit angeführt, welche die Krone des Nordens oder die des Südens und manchmal die Doppelkrone tragen. Dieses bezeugt zunächst das eine, daß diese Kronen bereits vor der nachfolgenden Vereinigung der beiden Länder bestanden und von den Königen der noch nicht vereinigten Länder sogar als Doppelkrone getragen worden sind.

Herrscherkronen haben seit Urzeiten immer eine kultsymbolische Bedeutung gehabt und diejenigen von Ober- und Unterägypten im ganz besonderen Sinne. In Abschnitt VI ist bereits darauf hingewiesen worden, daß der Nechbet-Geier des Südens als Bild für eine seelische, die Buto-Schlange des Nordens als Bild für eine geistig-universelle Wesenserscheinung zu betrachten ist. Die beiden Reiche sind auch nach ihren Kultsymbolen, insbesondere nach ihren Herrscherkronen, für alle folgenden Zeiten unterschieden worden. Das Südreich und das Nordreich sind aus Mysterienprinzipien zu Abbildern der südlichen und nördlichen Hemisphäre, von Götterländern gemacht worden. So entstand eine Zweiteilung, d. h. eine Polarität in äußerer, in geographischer Beziehung, die sich innerlich im Einweihungserlebnis als Polarität von weltenväterlichen und weltenmütterlichen Kräften, die sich gegenseitig befruchten, einer höheren Erkenntnis darbot: Isis, die weltenmütterliche, Osiris, die weltenväterliche

Gestalt, dieser jetzt nicht als Gott der Toten, sondern als Gott des Lichtes, als Rê-Osiris, als schöpferisches Weltenwort. Diese Zweiteilung ist in ihrer besonderen Art auch schon im Weltbild durchgeführt. Die Lehre von der Götterneunheit ist im Norden, in Heliopolis, diejenige von den Urgöttern, d. h. von den Urelementen, im Süden, in Hermopolis, entstanden. Die Zweiteilung in ein Süd- und Nordland und die Polarität von weltenmütterlichen und weltenväterlichen Kräften weisen offensichtlich dem Südland vorwiegend die Einwirkung dessen zu, was von der Isis, von der Volksseele, ausgeht, was durch das Volkstum zur Wirksamkeit gelangt; dem Nordland dasjenige, was dem universellen Wesen des Osiris zuzuschreiben ist.

Es dürfen mit dieser Zweiteilung und der Polarität, in der sie zueinander stehen, keine abstrakten Vorstellungen verbunden werden. Wenn die Isiswirkung vorwiegend dem Gebiet des Südlandes, das Osiriswirken vorwiegend dem Nordlande zugeschrieben wird, so liegt darin nicht Trennung als solche, sondern Weisheit eines Lebenswiderspruches vor, ohne den im tiefsten Sinne schöpferische Gestaltungskräfte sich nicht entfalten können. Ebenso wie, im Bilde ausgedrückt, der Kopf und das Herz getrennte Organe sind und getrennte Funktionen haben, wirken sie im menschlichen Organismus doch zusammen. Durch das Leben des ganzen Organismus werden Herz und Kopf in ihren getrennten Funktionen vereinigt. Erst mit der Vereinigung der beiden bisher getrennten Länder durch Menes erfolgte der erstaunliche Einsatz schöpferischer Kräfte. Die Vereinigung der weißen mit der roten Krone zur Doppelkrone und die bleibende Titulatur «Herr der Diademe» und «König von Ober- und Unterägypten» können die überragende kultsymbolische Bedeutung der beiden Kronen klarstellen.

Die weiße Krone des Südens in ihrer kegel- oder tiaraartigen Form erweist sich als symbolhafte Form des Atemorganismus, der Lunge, d. h. der Isisnatur des menschlichen Organismus; die rote Krone des Nordens mit der aufsteigenden, einwickelnden Spirale und gefäßhaften Gestaltung als symbolische Form der Kehlkopforganisation, der Osirisnatur des Menschen. Im Pharao, der die Isis- und Osiris-Natur der menschlichen Organisation durch Einweihung kennengelernt hatte, wirkten sie vereinigt in dem Sinne, daß er als oberster Kultträger, als Offenbarer des Weltenwortes und als göttliche Erscheinung auf Erden das Land beherrschte und in allen Gauen das gesprochene Königswort als oberstes Gesetz des Lebens galt.

Der Übergang von der vordynastischen zur dynastischen Zeit Ägyptens mit der Begründung der Pharaonenherrschaft erfolgte aus Gründen eines eingetretenen neuen Weltzeitalters. Als erste geschichtliche Handlung erforderte dieses neue Zeitalter die Vereinigung der beiden Länder.

Anmerkung: In einer Studie hat Borchardt nachgewiesen, daß das Hieroglyphenzeichen, das bisher als solches für den Magen gegolten hatte, in Wirklichkeit das Zeichen der Lunge sei. Dieses Zeichen wird in Form einer umgekehrten Krone des Südlandes geschrieben.

XI

HELIOPOLIS UND DIE BEGRÜNDUNG DER PHARAONENHERRSCHAFT

Heliopolis gilt allgemein als eine Kultstätte, die schon in uralter Zeit bestanden hat. In Heliopolis ist das ägyptische Weltbild in der Form, die es während der ersten fünf Dynastien erhalten hat, entstanden, und das als sogenanntes «Theologisches System von Heliopolis» bekannt ist. Es ist das System von der großen und kleinen Götterneunheit mit Einschluß der osirianischen Tempellegende nach der Darstellung in Abschnitt VII und VIII.

Osiris, dessen Name in den Denkmälern der Pyramidenzeit erstmals erscheint, war, so wird gefolgert, zuerst ein in der Deltastadt Busiris verehrter Lokalgott, der dann im Theologischen System von Heliopolis zu einem Hauptgott und mit der Ausbildung des Totenkultes zum Gott der Toten geworden ist.

In seiner Studie über die Stellung des Osiris im Theologischen System von Heliopolis berichtet Rusch, daß Atum zuerst ein in Heliopolis verehrter Lokalgott gewesen sei und später ein kosmischer Gott wurde. Atum, Schu und Tefenet seien dann zu einer Dreiheit vereinigt worden, und diese habe nach den Pyramidentexten das sogenannte Göttergericht von Heliopolis gebildet. In der Folge sei weiter die Götterneunheit entstanden. Nach den Pyramidentexten der 5. Dynastie habe Geb dann das Reich des Atum geerbt und sei dadurch an die Spitze der Götter getreten.

Nach einem weiteren Pyramidentext, den Osiris betreffend, habe unter den Göttern ein Streit stattgefunden. Thoth, heißt es, «legte die Götter unter Osiris, da sie seine Widersacher waren», und dann weiter «dein Sohn Horus gibt dir die Götter, deine Feinde; Thoth hat sie dir gebracht». Es wird dann weiter geschildert, wie der Widerstand der Götter durch ein Gerichtsurteil beseitigt worden ist. Das Göttergericht von Heliopolis, Atum-Schu-Tefenet, sollte über Osiris entscheiden, dabei traten Geb und Thoth für Osiris ein, und er ging als Sieger aus dem Götterstreit hervor. Dieser Urteilsspruch hatte allgemeine Zustimmung zur Folge: «Alle Götter des Himmels und alle der Erde, des Südens, des Nordens, des Westens, des Ostens, die Götter aller Gaue und Städte sind zufrieden über den Ausspruch des Thoth für Osiris.» In diesem Text wird Thoth «Schatzmeister des Lebens», «Siegelbewahrer der Götter» genannt, Anubis der «Herzenszuteiler», der Osiris aus der Reihe der Götter der Erde den Göttern des Himmels zuerteilt.

Die Pyramidentexte beziehen sich in der Hauptsache auf die Götterlehre, auf das Weltbild und den osirianischen Totenkult. Es ist dabei zu berücksichtigen, daß dieses sogenannte «Theologische System von Heliopolis» von Hermespriestern stammt, welche mit den Geheimnissen und Erkenntnissen, die durch die Isis- und Osiris-Einweihung gewonnen werden konnten, vertraut waren. In dieser Weise wollen diese Texte interpretiert sein. Sie sind in der Sprache der Eingeweihten verfaßt, einer Geheimsprache, die sich einer besonderen Ausdrucksweise bediente. In dem zitierten Text handelt es sich um einen den Osiris betreffenden Götterstreit, der vom heliopolitanischen Göttergericht durch das Eintreten des Thoth für Osiris zu dessen Gunsten und zur allgemeinen Befriedigung entschieden worden ist. Die Hermespriesterschaft hat, wenn sie weitgehende Entscheidungen zu treffen hatte, dieselben auf ihre Weise gleichsam protokolliert. Pyramidentexte wie die vorliegenden können als solche Protokolle sakralen Charakters betrachtet werden. Ihr Inhalt braucht nicht aus der Zeit zu stammen, zu welcher sie in die Granitwände der Pyramidenkammern eingemeißelt worden sind. Da die Pyramidentexte erst seit der 5. Dynastie vorkommen, müssen Gründe dafür bestanden haben, warum dies nicht schon bei früheren Pyramiden der Fall war. Diese Gründe werden ersichtlich an den Neuerungen, welche mit der 5. Dynastie eingetreten sind und in Abschnitt XV zur Darstellung kommen. Die Götterentscheidung für Osiris kann schon deswegen nicht aus der Zeit der 5. Dynastie stammen, weil damals Osiris im Totenkult schon längst eine überragende Stellung eingenommen hat. Der Inhalt dieser Texte muß der Sache nach aus einer Zeit stammen, in welcher der Osiriskult erst eingeführt, in der 5. Dynastie aber als sakrale Angelegenheit protokolliert worden ist. Es geht nun darum, die Eigenart des Stiles, dessen sich die Hermespriesterschaft bei ihren Aufzeichnungen bedient hat, zu erfassen, denn dieser Stil gewährt einen Einblick, wie in damaliger Zeit, unter den damaligen Kulturverhältnissen und Anschauungen Verhandlungen geführt und Entscheidungen getroffen wurden und wie sie aufgezeichnet worden sind.

Wenn von einem Göttergericht in Heliopolis, welches Entscheidungen zu treffen hat, die Rede ist, dann sind damit Verhandlungen gemeint, welche von der heliopolitanischen Hermespriesterschaft geführt worden sind. Und wenn ein Götterstreit geschlichtet werden soll, dann betrifft dieser die bestehenden Meinungsverschiedenheiten und Urteilsbildungen, die bei solcher Verhandlung, bei der es um eine weittragende Entscheidung ging, bestanden haben, wobei den lebendig erlebten Bildgedanken Götternamen gegeben wurden. Das groteske Bild, Thoth habe die Götter unter Osiris gelegt, weil sie seine Widersacher waren, kann nur einen Sinn haben in der umfassenden Bedeutung und höchsten Autorität, die Thoth in der Hermespriesterschaft gehabt hat. Wird also Thoth als derjenige genannt, der die Götter unter Osiris legt, dann ist mit diesem Bild die allwaltende Weisheit, die

Thoth verkörpert, gemeint, und dieser beugen sich diejenigen, welche die Entscheidung über Osiris zu treffen haben. Wird außer Thoth noch Geb genannt, der sich für Osiris einsetzt, dann ist damit eine Entscheidung gemeint, die im besonderen Sinne das menschliche Erdenleben betrifft. Die Entscheidung wird durch das Eintreten von Thoth und Geb zugunsten des Osiris getroffen, und alle Götter des Himmels und der Erde und alle Gaue und Städte sind zufrieden über den Ausspruch des Thoth. Ohne Zweifel ging es dabei um eine weittragende Entscheidung, wenn Götter und Menschen von ihr befriedigt sind.

Was in diesem Pyramidenprotokoll im Stil von Götterverhandlungen und Götterentscheidungen aufgezeichnet worden ist, bezieht sich zeitlich auf den Anfang der Pharaonenherrschaft. Vor dieser Herrschaft war Osiris ausschließlich ein verborgener, ein Mysteriengott. Mit dem Eintritt des Finsteren Zeitalters, der Begründung der Pharaonenherrschaft und der Geburt des geschichtlichen Bewußtseins sahen sich die Führer des Mysterienwesens vor eine ganz neue Weltsituation gestellt, mit der sie nunmehr rechnen mußten. So entstand die entscheidende Frage: Soll Osiris, wie bisher, ausschließlich Mysteriengott bleiben oder soll er, nachdem das neue Weltzeitalter die Geburt des geschichtlichen Bewußtseins mit sich gebracht hatte, auch in diese neue Sphäre des Bewußtseins eintreten und wie soll er in diese eintreten. Die Entscheidung fiel dahin aus, daß Osiris aus der bisherigen Verborgenheit als Mysteriengott heraustreten und in das geschichtliche Bewußtsein einziehen solle. Für diese Entscheidung ist es in hohem Maße charakteristisch und zugleich tiefsinnig, daß sie durch Thoth und Geb herbeigeführt worden ist. Thoth entscheidet bei der zuerst vorhanden gewesenen Meinungsverschiedenheit der Hermespriesterschaft, weil sich in ihr die allwaltende Weisheit dazu durchgerungen hat. Und Geb entscheidet mit, weil es sich bei der Berücksichtigung des eingetretenen geschichtlichen Bewußtseins um eine ganz neue Erdenangelegenheit handelt, denn Geb ist der Erdengott. Durch diese Entscheidung wurde bestimmt, daß Osiris nunmehr als der Gott der Toten in das geschichtliche Bewußtsein und damit auch in die Volksreligion einziehen solle, und die Folge war die mächtig einsetzende Entwicklung des osirianischen Totenkultes mit allen seinen Wirkungen für die ägyptische Kultur.

Was in der 5. Dynastie auf diese Weise als sakrales Protokoll an den Wänden der Pyramidenkammern zu lesen ist, betrifft eine im damaligen Mysterienwesen eingetretene tiefgehende und tiefbegründete Wandlung, die letzten Endes auf den Eintritt des Finsteren Zeitalters zurückzuführen ist. Der osirianische Totenkult in seiner ungeheuren Entfaltung, die er im Laufe der dritten Sothisperiode erhalten hat, wurde eine Erdenangelegenheit (Geb), aber eine Brücke für das Leben nach dem Tode, eine göttliche, eine Himmelsangelegenheit (Thoth) wurde er, weil sich die Seele des Toten mit Osiris vereinigte.

Der vorliegende Pyramidentext erweist sich somit als ein sakrales Protokoll erster Ordnung, denn er betrifft die Einführung des osirianischen Totenkultes in seiner inkommensurablen Bedeutung und Tragweite in kulturgeschichtlicher Hinsicht.

Die heliopolitanischen Hermespriester als verantwortliche Körperschaft für die geistige Führung Ägyptens blieben als solche im Verborgenen. Um so mächtiger wirkte diese Körperschaft durch ihre Anonymität, aus der nur selten große Namensträger, wie Imhotep, sich herausgehoben haben. Die Pharaonen dagegen als geschichtliche Persönlichkeiten sind die sichtbaren, die führenden Repräsentanten eines mächtigen theokratischen Systems, aber auch sie entziehen sich einer biographischen Erfassung und Darstellung ihrer Persönlichkeit. Über ihre Jugend, ihre Erziehung, ihre Schulung, ihre Entwicklung ist nichts bekannt, sie sind dem menschlichen Verständnis entrückt. Was von ihnen bekannt ist, sind ihre äußeren, geschichtlichen Taten, ihre Bauten, ihr Verwaltungssystem, ihre Kriegszüge, ihre Grabstätten. In ihren bildlichen Darstellungen als Eingeweihte und oberste Kultträger sind sie angetan mit ihren Königs- und Eingeweihteninsignien und erscheinen so, als gehörten sie einer anderen, nicht irdischen Welt an. Selbst dort, wo der Pharao in einer Kampfhandlung dargestellt wird, vollzieht er sie nicht als irdischer, persönlicher Heerführer, sondern als Sohn des Osiris, als Horus, in vollem Ornat.

Die Königsinsignien, die Kronen beider Länder und die Titulatur «Herr der Diademe» und «König von Ober- und Unterägypten» besagen, daß der Pharao die Isis- und Osirisnatur seiner Organisation in einem höheren Sinne als Herrscher in sich vereinigt habe (Abschnitt X). Die Insignien der Einweihung, das Henkelkreuz und die Uräusschlange, trägt er als Repräsentant der hermetischen Welterkenntnis; das Henkelkreuz als Zeichen der Isis-, die Uräusschlange als Zeichen der Osiris-Einweihung, gleichviel ob er sie in voller Realität und mit bestandenen Proben durchgemacht hat oder die Einweihung, wie dies später der Fall war, nur in symbolhafter Weise vollzogen worden ist.

Zum Ornat des Pharao gehörte außerdem noch der hinten durch einen Gürtel angehängte Tierschwanz und ein an den Ohren befestigter künstlicher Kinnbart, der auch in plastischen Darstellungen als Fortsetzung des Kinnes erscheint.

Im nachatlantischen Mysterienwesen der verschiedenen Zeiten und Völker gab es verschiedene Arten von Eingeweihten. Es gab Adler-, Löwen- und Stier-Eingeweihte. Beim Übergang in die dynastische Zeit und mit Beginn der Pharaonenherrschaft wurde der Stand der Sonne im Stier, der sich in Quadratur mit dem Löwen befand, bei der Einweihung in Berücksichtigung gezogen. Es mußten diejenigen Wirkenskräfte zur Entfaltung kommen, welche das kulminierende Stierzeitalter erforderte. Die ägyptischen Pharaonen wurden daher Stier-Eingeweihte, und als solche trugen sie den Tierschwanz.

Sie trugen ihn nicht als Königssymbol, wie Breasted meint, denn Königssymbol aller Zeiten war immer die Krone, sondern als Horus, als Sohn des Osiris.

Den Tierschwanz trägt Narmer auf der Schminktafel. Narmer oder, wenn er mit diesem identisch ist, Menes erscheint hier somit als erster Stier-Eingeweihter seiner Epoche. Als Zeichen des eingetretenen Stierzeitalters und des Stier-Eingeweihten ist der Tierschwanz als Attribut des Ornates, das der Pharao beim Vollzug des Opferrituals trägt, in den nachfolgenden Zeiten beibehalten worden. Auf den Reliefs im Totentempel des Sahu-rê aus der 5. Dynastie trägt dieser Pharao beim Opferritual den Tierschwanz, ebenso der zelebrierende Pharao auf den Reliefs der großen Halle des Tempels in Luxor aus der 18. Dynastie, und Tut-ench-Amun ist in dem Goldsarge mit einem Tierschwanz aus Glasperlen beigesetzt worden.

Mit dem Tierschwanz als Zeichen des Stier-Eingeweihten verknüpft war das Sedfest, welches seit der 1. Dynastie bestanden hat und noch von den Pharaonen der letzten Dynastien gefeiert worden ist. Das ägyptische Wort «sed» heißt übertragen Schwanz.

Das Sedfest wird allgemein für ein Regierungsjubiläum des Pharao gehalten, was in einem bestimmten Sinne auch der Fall war. Seine eigentliche kultische Bedeutung hatte es durch eine dreißigjährige Umlaufszeit, die dafür angesetzt war. Newberry verweist auf die älteste bildliche Darstellung des Sed- oder Hebsedfestes auf dem Keulenknauf des Menes, «das in abgeschwächter Form gewöhnlich als ein Überrest der Zeremonie des ‚Tötens des Königs' betrachtet wird und vermutlich libyscher Herkunft sei». Auf libysche Herkunft wird geschlossen, weil auf Reliefdarstellungen libysche Gefangene, vermutlich Fürsten oder Kleinkönige, ebenfalls einen Tierschwanz tragen. Dieses scheint darauf hinzuweisen, daß es bei den Libyern ebenfalls Stier-Eingeweihte eines niederen Grades gegeben hat.

An diesem großen Hauptfeste des Landes, dem Hebsedfest, haben alle Großwürdenträger und die Priesterschaft der Gaue teilgenommen. Zur Zeremonie dieses Festes gehörte das «Feuer-Anzünden», was Newberry dazu verleitet hat, darin eine Vermählungsfeier zu sehen und dieses Fest in Zusammenhang zu bringen mit der Vermählung des Menes mit der Tochter oder Witwe des libyschen Königs, dessen Land er unterworfen hatte. Durch diese Vermählung erhielt nach damaliger Sitte der Besitz des Landes Rechtskraft. Newberry bringt damit zwei Feiern zusammen, die nichts miteinander zu tun haben, wohl aber berührt der Hinweis auf die Zeremonie «Töten des Königs» ein Kultgeheimnis vorzeitlichen Königtums.

In älteren Zeiten bestand eine Kultordnung, wonach der Stammeskönig mit dem erreichten 30. Lebensjahr freiwillig unter feierlicher Zeremonie in den kultischen Tod ging und ein jüngerer König darauf seinen Platz einnahm. Im germanischen Altertum war der kultische Tod des Königs z. B. bei dem Stamme der Ingaevonen üblich. In der Baldursage ist eine Erinnerung daran erhalten geblieben, und bei den Ingaevonen trug der Stammeskönig, der mit 30 Jahren sterben mußte, den Namen des Gottes Baldur.

Eine Abart des kultischen Todes scheint zur Zeit der sumerischen Patesi stattgefunden zu haben. Die sumerischen Könige (Patesi) wurden als herabgestiegene Götter verehrt. Wie die Ausgrabungen Wolleys ergeben haben, folgte beim Tode des Patesi seine Dienerinnenschar, die reihenweise im Festgewande in dessen Grab beigesetzt war, durch kultischen Tod dem König und der Königin nach.

Das ägyptische Hebsedfest erhielt seine besondere kultische Bedeutung dadurch, daß der Pharao dreißig Jahre nach seiner Ernennung zum Thronfolger und Einkleidung in das Ornat des Priester-Königtums nicht durch kultischen Tod sein Leben beschließen sollte, sondern eine Erneuerung derselben in kultischer Form stattfand. Dem Hebsedfest kommt die Bedeutung einer erneuten Vereinigung des Königtums mit dem Priestertum, d. h. mit dem Stier-Eingeweihten zu. Durch die damit verknüpfte Umlaufszeit von 30 Jahren erhielt das Fest seine besondere Weihe. Das Sedfest ist bereits im Beginne der 1. Dynastie eingerichtet worden. Es sollte damit zum Ausdruck kommen, daß der Pharao als Exponent eines theokratischen Systems mit dieser Lebensperiode von dreißig Jahren sich in Einklang befand mit der dreißigjährigen Umlaufszeit des Saturns, welcher als fernster Planet das Sonnensystem begrenzt. In älteren Zeiten galt der Ablauf der ersten dreißig Lebensjahre eines Stammeskönigs, dieser Saturnumlaufszeit entsprechend, als Schnittpunkt, an welchem die aufsteigenden Lebenskräfte in die absteigenden Lebenskräfte hinüberwechselten. Nach den damals für den Stammeskönig geltenden Opfergesetzen forderte dieser Zeitpunkt, wie bereits erwähnt, dessen kultischen Tod. Stammeskönig konnte nach diesen Anschauungen nur derjenige sein, der sich in aufsteigender Lebensperiode befand gleich der Sonne im Jahreslauf. Trat die absteigende Lebensperiode ein, dann mußte er sterben, und der Zeitpunkt dafür war die Johannizeit.

Das Sedfest kann als eine spätere Abwandlung dieser uralten kultischen Einrichtung angesehen werden, die auch im vorzeitlichen Ägypten bestanden haben mag. Wie der Saturn den Umkreis des Sonnenkosmos begrenzt, so wurde die Regierungszeit des Pharao durch eine dreißigjährige Periode begrenzt. An einer Darstellung des Sedfestes von Zoser wird ersichtlich, daß anstelle des Tötens des Königs eine Art kultischer Umlauf des Pharao im Tempelbezirk getreten ist, denn eine Darstellung zeigt ihn in eilendem, kultisch zu deutendem Lauf im Tempelbezirk. Auch Ptah wurde in eine innere Beziehung zum Sedfeste gebracht, indem er als Ptah-Tanon den Titel «Herr der dreißigjährigen Periode» erhalten hat.

In innerer Übereinstimmung mit der kulminierenden Stier-Löwe-Konstellation wurde von Menes der Apiskult eingerichtet, von welchem Diodor und Herodot Berichte gegeben haben. Nach Diodor wurde in Heliopolis der heilige Stier Mnevis, in Memphis der Apis (ägyptisch Hapu) verehrt, der dem memphitischen Ptah heilig war, woraus geschlossen werden darf, daß der Stierkult von Heliopolis ausgegangen ist.

Diodor schildert, wie der Apis in einem geheiligten Gehege gehalten, von angesehenen Männern gepflegt und auf das kostbarste gefüttert wurde. Starb ein Apis, so wurde um ihn getrauert. Der Leichnam wurde einbalsamiert und in einem granitenen Sarkophag beigesetzt. Die Apisgrüfte in Sakhara mit ihren 24 gewaltigen Granitsarkophagen aus der Zeit des Ramses II. und des Psammetich I. legen Zeugnis ab von der bis in späte Zeiten dauernden Macht dieses Stierkultes. Nach dem Bericht des Diodor suchten nach dem Tode des Apis die Priester ein neues junges Kalb, das die erforderlichen Merkmale aufwies, worauf es in Nilopolis zum Kulttier erhoben, darauf in einem Schiff mit übergoldetem Gemach nach Memphis gebracht und nach dem Zeremonial als göttliche Erscheinung der Generationskräfte in Kultformen verehrt wurde. Herodot beschreibt die besonderen Merkmale des Apis: schwarze Farbe, auf der Stirn einen viereckigen weißen Fleck, auf dem Rücken das Bild eines Adlers, auf der Zunge das eines Käfers. Die Ägypter, erzählt Herodot weiter, behaupten, ein Strahl komme vom Himmel herab auf die Mutterkuh und davon gebäre sie den Apis.

In diesem Volksglauben der spätägyptischen Zeit lebt in abgedunkelter Form die Sternkonstellation der Sonne im Tierkreis fort, aus welcher der Apiskult hervorgegangen ist, und die von Herodot genannten besonderen Merkmale, es sind solche einer Stieredelrasse, ließen den Apisstier als Abbild eines Göttlichen erscheinen. Im Volksglauben war der heilige Apisstier Sinnbild für die Generations-, die Fortpflanzungskräfte, welche in die Sphäre des Kultischen hinaufgehoben wurden, um Natürliches und Göttliches zu einer Lebenseinheit zu vereinigen.

Der Apiskult stellt sich der Betrachtung von zwei Seiten her dar. Die aus der Tierkreisregion des Stieres kommenden Sternenkräfte in ihrer Wirkung auf die menschliche Organisation haben in Ägypten eine natürliche, volkstümliche, aber kultisch geschützte und eine für den Stier-Eingeweihten bestehende sakrale Bedeutung erhalten. In der menschlichen Organisation wirken die Stierkräfte auf den Kehlkopf, auf den Sprachorganismus. Aus dem gesetzmäßigen Verlauf der menschlichen Entwicklung, wie die der Mutation der Stimme mit eintretender Reifezeit bei der männlichen Organisation und dem noch tiefer in die Organisation eingreifenden Mondenrhythmus (Osiris-Wirkung) der weiblichen Organisation, geht hervor, wie eng und lebensgemäß Sprachorganismus und Reproduktionskräfte in den Tiefen der menschlichen Natur verbunden sind. Es gab im Apiskult, durch Denkmäler bezeugt, zwei das Leben beherrschende Kräfte, diejenigen, welche die Nachkommenschaft hervorbringen, und diejenigen, welche sich im Geistigen durch das gesprochene schöpferische Wort und die in diesem sich offenbarende Sprachgewalt kundgaben. Der Apiskult manifestierte sich demgemäß in zwei Erscheinungsformen, im volkstümlichen Kult und im Geistbereich des Stier-

Eingeweihten, dem Träger und Verkünder des schöpferischen Wortes im Zeremonial des Opferdienstes für Götter und für Tote. Es standen damals diese Kräfte, als die Stierkonstellation sich in ihrer Kulmination befand, noch in einer viel engeren Verbindung miteinander, als dies in späteren Zeiten der Fall war.

An Tempelwänden bildlich und in Texten der sakralen Hieroglyphenschrift sind die Pharaonen im Königs- und Eingeweihtenornat als Träger des Wortes dargestellt. Als Stier-Eingeweihte ist ihnen eine mächtige, magisch wirkende Wortgewalt übertragen worden. Als Könige fiel ihnen die Aufgabe zu, das Wort im äußeren Leben zum Heil und Fortschritt des Landes im Handeln zu verwirklichen. Im Mysterienwesen haben der Siegelbewahrer und der Wortbewahrer die geistige Kraft des Wortes, die im kultisch gesprochenen Worte lebt, zu pflegen und zu bewahren gehabt. Der Pharao, zum obersten Kultträger eingesetzt, besaß durch Mysterienschulung die magisch wirkende Wortgewalt, deren er sich im Kult und im Opferzeremonial bediente.

Die Wortgewalt des Pharao herrschte über ganz Ägypten, und in ganz Ägypten waren auch die Fortpflanzungskräfte in den Schutz einer heiligenden Kultordnung gestellt, um sie vor Verwilderung und Mißbrauch zu bewahren. Die sich zum Worte formende Sprachgewalt war dem Gotte, der auch als formende Kraft in allem künstlerischen Schaffen lebt, dem memphitischen Ptah heilig. Der Apisdienst stand unter seinem Schutz.

Die beiden Kultsymbole, der Tierschwanz und der künstliche Bart, gehören zusammen. Beides trug der Pharao beim Zeremonial und Ritual des Opferdienstes im Tempel. Den Tierschwanz trug er als Stier-Eingeweihter, den künstlichen Kinnbart als ein berufener, ein geweihter Pfleger und Hüter der magischen Sprachgewalt. Der Pharao bedeckte mit dem künstlichen Bart von der Unterlippe an das Kinn und den Kehlkopf, wenn er im Opferdienst das Ritual und die Konsekrationsworte darüber hinwegsprach. Er legte ihn ab nach Vollendung des Opferdienstes. Diesem Kultsymbol kommt aber noch eine andere Bedeutung im Opferdienst für Osiris zu. Es sollte der Pharao als osirianischer Eingeweihter, als Horus, den typhonischen Tod des Osiris in fortdauerndem Opferdienst rächen, was im Wortgebrauch dasselbe ist wie sühnen. Geheimnis und Tiefe dieses Opferdienstes sollte durch das Tragen des Kinnbartes ausgedrückt werden als Zeichen der Verhüllung eines fortdauernden Weltgeheimnisses, das er als Eingeweihter durch den Tod des Osiris erfahren hatte und bewahren sollte.

Die Worte des Opferweisen in der von Rudolf Steiner dramatisierten Einweihungsszene (Abschnitt IX), wonach das vollbrachte Weihewerk nicht nur für die Gegenwart Bedeutung habe, sondern Wort und Tat des ernsten Opferdienstes durch des Weltgeschehens Schicksalsstrom gehe, gewinnt im folgenden Vergleich eine weltbedeutende Bestätigung. In der frühchristlichen Kunst ist anfänglich die Christusgestalt in ihrer sonnenhaften Erscheinung dargestellt worden. Als dann einige Jahrhunderte später erstmals zu Darstellungen der Passion übergegangen wurde, wechselte die Christusdarstellung in ihrer sonnenhaften, bartlosen Erscheinung zum älteren, bärtigen Christusantlitz. Dieser Übergang vom bartlos sonnenhaften zum bärtigen Christus der Passion hat in ihrer Art und an demselben Ort eine einmalige und einzigartige Darstellung gefunden in den Mosaiken der obersten Zone von Apollinare nuovo in Ravenna (s. «Die Mosaiken von Ravenna» des Verfassers).

Das geschichtliche Tätigkeitsfeld der Pharaonen begann sich schon in der ersten Dynastie abzuzeichnen. Dieses Tätigkeitsfeld umfaßte von Anfang an einen bestimmten, gegebenen Umkreis. Im Norden hatten die Pharaonen Abwehrkämpfe zu führen gegen die vordringenden stammesverwandten Libyer und gegen die räuberischen Einfälle der Beduinen der Sinaihalbinsel. Im Süden unterwarfen sie in Kriegszügen die troglodytischen Stämme in der Gegend des ersten Kataraktes. Es war dies der Anfang einer fortdauernden Bewegung bald in kriegerischen, bald in Handelsunternehmungen, die mehr als ein Jahrtausend später zur Eroberung und Kolonisation von Nubien bis zum ersten Katarakt geführt haben. Nach dem Osten wurden die Expeditionen nach dem Lande Punt an der Somaliküste zu Schiff durch das Rote Meer durchgeführt. Ebenso bestanden vielfältige Handelsbeziehungen nach Palästina, Phönizien und Syrien. Mit diesen entwickelte sich auch die Schiffahrt. Das östliche Delta und die Landenge von Suez waren das Tor, durch welches Ägypten mit der Welt und die Welt mit Ägypten in mannigfaltige Beziehung trat, deren Anfänge bereits in vorgeschichtlicher Zeit bestanden haben. Weiterhin wurden die Kupferminen am Sinai und die Steinbrüche des Landes ausgebeutet.

Neben den Kriegszügen gegen die umwohnenden barbarischen Völker, den Handelsbeziehungen mit Vorderasien waren die Pharaonen durch alle Zeiten die großen, weltgeschichtlichen Bauherren und die Schöpfer eines sich über das ganze Land erstreckenden Verwaltungssystems, das sich in seinen Wandlungen stets dem Fortgange der Zeiten anpaßte.

Ägypten war seit der Pharaonenherrschaft nie ein territorial abgeschlossenes Land, aber es hat eine geistig autonome, in sich abgeschlossene, gewaltige Kultur hervorgebracht.

Von Heliopolis und der Begründung der Pharaonenherrschaft ist auch dasjenige ausgegangen, was Ägypten nicht nur für seine Zeit, sondern für die gesamte Kulturwelt bis zur Gegenwart seine besondere Bedeutung und den Schleier des Geheimnisvollen gibt, die Einführung der Mumifizierung und mit dieser die mächtige Entwicklung des Grabbaues.

XII

DIE MUMIFIZIERUNG

Die Mumifizierung der Leichname mit dem damit verbundenen Ritual gehört zweifellos zu den erstaunlichsten und rätselvollsten Erscheinungen der ägyptischen Kultur. Nachdem die mumifizierten Leichname einen etwa 3000 Jahre dauernden Zeitraum die Nekropolen von Ägypten bevölkert haben, erhielten sie seit der Begründung der ägyptischen Wissenschaft im vorigen Jahrhundert und den fortgesetzten Ausgrabungen einen neuen Aufenthalt in den Altertumsmuseen der gesamten Kulturwelt. Hier werden sie, entgegen den Absichten derer, welche die Mumifizierung eingeführt haben, wonach der einbalsamierte Leichnam niemals wieder von einem menschlichen Auge gesehen werden sollte, den Augen der Welt ausgesetzt. Gerade darin ist aber die Veranlassung gegeben, dieser rätselvollen Tatsache des Mumifizierens von immer neuen Seiten her auf den Grund zu gehen. Insbesondere auf diesem Felde der ägyptischen Wissenschaft wird eine vorurteilslose Forschergesinnung nicht die Meinung haben, daß die bisherigen Erkenntnisse für abgeschlossen gehalten werden können. Im Gegenteil, eine diesbezügliche Erkenntniserweiterung gehört zu den Forderungen, welche der Gegenstand selber stellt, nachdem er den Blicken der Welt preisgegeben worden ist und in dem Betrachter immer neue Fragen, die nach Beantwortung drängen, aufsteigen läßt. Die Mumie ist für den Anblick deswegen mit Fragen verknüpft, weil sie bewußt oder unbewußt das Rätsel des Todes im Betrachter hervorruft.

Anfänge der Mumifizierung sind bereits unter den Thiniten nachgewiesen. Dann ist sie weiter ausgebildet worden, um später dasjenige Ausmaß zu erreichen, welches aus dem Ritual der Einbalsamierung zu entnehmen ist.

Der Entschluß zu einer so weltbedeutenden Maßnahme muß jedoch aus bestimmten Beweggründen heraus gefaßt und ins Werk gesetzt worden sein. Dieser Entschluß, nicht nur die Tatsache als solche, ist eine Frage, die sich beim Anblick einer Mumie immer wieder von neuem erhebt. Es wird die Tatsache zur Kenntnis genommen, daß die Ägypter von einem bestimmten Zeitpunkt ab das Bedürfnis oder die Notwendigkeit empfunden haben, die Erdenform des Menschen auf künstliche Weise zu erhalten. Der tiefere Grund hierfür ist zunächst im ägyptischen Weltbild zu suchen, d. h. in dem besonderen Verhältnis, das der Ägypter einerseits zur Erde als Lebensorganismus hatte, zu welchem er die menschliche Erdenform rechnete, und andererseits in der besonderen Beschaffenheit seines Seelenwesens. Die Erde galt dem Ägypter als Haus des Osiris. Durch zahlreiche Hieroglyphentexte ist dies bezeugt. Aus dem Leib des Osiris sprießen Blumen und Kräuter, wächst das Korn. In einer Inschrift sagt der Tote von sich: «Ich lebe, ich sterbe, ich bin Osiris... ich lebe, ich wachse als Korn. Geb hat mich verborgen. Ich lebe, ich sterbe, ich bin die Gerste, nicht vergehe ich.» Seinem eigenen Seelenwesen gegenüber empfand der Ägypter, er sei aus einem vorgeburtlichen Dasein auf die Erde herabgestiegen, um sich in einem Erdenleibe zu verkörpern. Der Ägypter erlebte aber in seinem Wachbewußtsein als Erdenmensch nicht sein wahres Wesen, er empfand es in den Zwischenzuständen von Wachen und Schlafen und in seinen auf- und abwogenden Traumbildern. In einer geistigen Welt, die in diesen Zwischenzuständen offen stand, sah er die Kräfte, die seinen Erdenleib gestaltet haben. Jenes Göttlich-Geistige, das den Leib aufbaut, wurde für wichtiger gehalten als das Wachbewußtsein des Tageslebens, das sich mit der Geburt wie eine Flamme entzündet und mit dem Tode wieder erlischt. Für den Ägypter war das wahre Leben dasjenige nach dem Tode. Die Erde war für ihn das Haus des Osiris, die menschliche Erdenform ein Götterwerk, erschaffen aus Kräften, die jenseits der Todesschwelle liegen, und darum sollte diese göttergeschaffene Erdenform erhalten bleiben.

Diese von Rudolf Steiner gegebene Interpretation des ägyptischen Seelenlebens faßt die in unzähligen Inschriften vorliegenden, sich auf Leben und Tod beziehenden Darstellungen in einem überschauenden Blickfelde zusammen und motiviert von dieser Seite her das Erhalten der Erdenform. Eine weitere Frage betrifft, neben dem angedeuteten allgemeinen Gesichtspunkt, die noch besonderen Beweggründe, welche zu diesem Entschluß geführt haben.

Entwicklungsgeschichtlich hat die Mumifizierung bald nach dem Übergang von der Götterregierung zur Pharaonenherrschaft begonnen. Das war die Zeit, in welcher sich die Eingeweihten des ägyptischen Mysterienwesens durch das Eintreten des neuen Weltzeitalters mit seinen Folgen vor eine neue Weltsituation gestellt sahen, die neue Maßnahmen für die Führung des Landes erforderte. Eine solche Maßnahme war die Einrichtung der Pharaonenherrschaft mit ihrer Dynastienfolge und die Übertragung des Göttlichen auf die menschliche Persönlichkeit des Pharao. Es wurde das Göttliche in die Sphäre des Menschlichen versetzt, aber dadurch auch dem menschlichen Irrtum und menschlichen Machtbereich ausgeliefert.

Zu den Lebensbedingungen und Methoden des Mysterienwesens der alten Menschheit gehörte es, daß seine führenden Vertreter durch kultische Mittel, zu denen die Opferritualien gehörten, in Beziehung zu den Göttern, d. h. zu bestimmten kosmischen Intelligenzen traten, um sie um Rat zu befragen. Diese Beziehungen nahmen nach Kulturepochen, Sternenstand der Sonne und Zeitenlauf verschiedene Formen an.

Vom griechischen Mysterienwesen, über welches die antiken Schriftsteller aus ihren Kenntnissen Mitteilungen gemacht haben, ist allgemein eine wichtige Tatsache bekannt geworden, daß die Griechen, wenn sie sich vor entscheidende Entschlüsse gestellt sahen, welche die Schicksale des Landes oder den Einzelnen betrafen, den delphischen Gott Apollo durch dessen Eingeweihte um Rat gefragt haben. Der Götterrat ist ein Hauptmotiv aller Überlieferungen in mythischer oder auch geschichtlicher Form der alten Menschheit.

Götterrat suchten auch die Eingeweihten der beginnenden Pharaonenherrschaft. Durch den Eintritt des Finsteren Zeitalters und dessen Folgen war aber dieser Götterrat nicht mehr in der bis dahin gepflegten Form zu erhalten, und es mußte ein neuer Weg dafür gesucht werden. Die ägyptischen Eingeweihten haben dieses auf eine Weise getan, die in der Geschichte der alten Kulturvölker völlig einzigartig dasteht, sie haben diesen Weg in der Mumifizierung gefunden.

Wie in Abschnitt VII und VIII dargestellt worden ist, sind Weltbild und osirianische Tempellegende aus einer Welterkenntnis hervorgegangen, welche in der Hauptsache die Vorgänge während der lemurischen Epoche der Erdenentwicklung betrifft. Die kosmischen Intelligenzen, an die sich die Eingeweihten der vordynastischen Zeit um Rat gewandt haben, waren solche der Mondenevolution, es waren Mondgötter. Diese Mondgötter wurden auch «Väter» genannt. Väter deswegen, weil von ihnen jene Uroffenbarung, jene Weltweisheit ausging, die als heilig gehaltene Überlieferung, aber dann vielfach mißverstanden, bis in die Verfallszeit weiterbestanden hat. In den heiligen Büchern des Thoth wurde die von den Mondgöttern, den Vätern, empfangene Uroffenbarung bewahrt und überliefert. Thoth wurde daher auch als Mondgott verehrt. Der Mond war für die gesamte Welterkenntnis des alten Orients, nicht nur für die ägyptische, der Kosmos der Weisheit, denn er empfängt das Licht der Sonne und strahlt es durch die Intelligenzen des Mondes zurück. Im Monde schaute die alte orientalische Welterkenntnis zurückgespiegelt die Weisheit des Sonnenalls.

Den Weisheitsträgern der vordynastischen Zeit Ägyptens standen, wenn sie sich an die kosmischen Intelligenzen des Mondes, an die «Väter» wandten, diejenigen Kräfte der Menschenseele zur Verfügung, die zufolge natürlicher Veranlagung in den Zwischenzuständen von Schlafen und Wachen die Seelen in die Welt schauen ließen, in der sie vor der Geburt gelebt haben und nach dem Tode wieder eingehen werden. Dieser Zwischenzustand des Wachträumens war verknüpft mit einem besonderen Rhythmus des Atemorganismus, einem Überwiegen des Einatmungsvorganges gegenüber dem Ausatmen. Unter den Büchern des Thoth befand sich auch ein solches über die Einatmung. Daß in vorgeschichtlicher Zeit zwischen dem Überwiegen des Einatmungsvorganges und der höheren Erkenntnis ein geistiger Zusammenhang bestanden hat, wußte man im alten Orient und in Ägypten ebenso gut, wie man heute weiß, daß Höhenluft und Höhensonne eine wohltätige Wirkung auf den Atemorganismus ausüben. Die altindische Yogaschulung beruhte auf einer bewußten, willensmäßig herbeigeführten Regelung des Einatmungsvorganges, um höhere Erkenntnis zu gewinnen. Der Yogi brachte zu diesem Zwecke den Körper in eine bestimmte Gleichgewichtslage, um sich dadurch in den Rhythmus des Kosmos einzuschalten und durch das Mittel der Atembeherrschung, d. h. das willensmäßig gesteigerte Überwiegen der Einatmung, sich in den Zustand der Rückerinnerung an sein vorgeburtliches Dasein zu versetzen. Der Yogi durchbrach die Bewußtseinsgrenze, welche dem Menschen normalerweise sonst durch das Leben zwischen Geburt und Tod gesetzt ist, und gelangte zu Erkenntnissen, die ihm aus der Weisheit des Mondenkosmos gereicht wurden. Früher stiegen die Mondgötter in die für ihre Welt offenstehenden Seelen herab. Die auf der Erde lebenden Seelen waren der Schauplatz, von dem die Eingeweihten die Ratschläge der «Väter» holten. Nun wurden diese genötigt, ihren Wohnort in den Mumien zu nehmen. Die Mumien, nicht mehr die lebenden Seelen, wurden Aufenthaltsorte der Mondgötter. Die Mumien wurden Erdenwohnstätten für die Mondgötter.

Während in anderen damaligen Kulturgebieten, z. B. in der gleichzeitigen chaldäisch-babylonischen Kultur, der Ausweg nach Eintreten des Finsteren Zeitalters in der Astrologie gefunden wurde und die Befragung der kosmischen Intelligenzen durch das Mittel der Sternenordnung und des Sternenganges stattfand, wofür das chaldäische Mondenjahr mit einem entsprechenden Schaltmonat und die Mondephemeriden ein Beispiel sind, haben die geistigen Führer Ägyptens das Mittel der Mumifizierung gewählt.

Die Mumifizierung, das liegt in ihrer Weltbedeutung, kann nur aus einem weitausholenden Beschluß hervorgegangen sein, und dieses ohne Zweifel von Heliopolis, dem Ort, wo auch das ägyptische Weltbild und die osirianische Tempellegende enstanden sind. So ist es naheliegend, daß der im vorangegangenen Abschnitt dargestellte Vorgang, durch den der osirianische Totenkult entstanden ist, in unmittelbaren Zusammenhang gebracht werden muß mit dem Entschluß zur Mumifizierung.

In diesem Zusammenhang soll darauf hingewiesen werden, daß die heutige vielfach angewandte Medienbefragung eine Angelegenheit ist, mit der sich manche ernsthafte Forscher, darunter auch Physiker, befassen. Es mag daran erinnert werden, welches Aufsehen über eine Medienbefragung der Bericht des berühmten englischen Physikers Oliver Lodge betreffs seines im ersten Weltkrieg (1914–1918) gefallenen Sohnes hervorgerufen hat, von dem das Medium behauptete, gewisse Mitteilungen erhalten zu haben. Medien, die sich in Tieftrance in einem kataleptischen Zustand befinden, sind zwar nicht Mumien, aber ihnen vergleichbar, und so erscheint es berechtigt, daß diese letzteren nicht nur als Fundobjekte, sondern als Kultobjekte eingehendes wissenschaftliches Interesse beanspruchen können.

Die erstaunlichen Fortschritte der neueren Physik, durch welche ein ganz neues physikalisches Weltbild entstanden ist, haben zu Ergebnissen geführt, welche zwar nicht mit der ägyptischen Mumifizierung im Sinne einer Götterbefragung verglichen werden können, aber doch eine gewisse Verwandtschaft damit aufweisen. Die Entdeckungen in bezug auf die Konstitution und Wirkungsweise von Stoffen und Kräften und die technische Anwendung ihrer inkommensurablen Kraftwirkungen kann mit nüchterner Sachlichkeit und ohne jede mystische Beimischung als ein Befragen kosmischer Intelligenzen auf dem Wege wissenschaftlich herangeschulter Methoden betrachtet werden, eine Befragung von kosmischen Intelligenzen, die sich im physikalischen, im technischen, nicht im geistigen Felde der Erscheinungen der Welt manifestieren. Die Forschungsergebnisse, wie sie z. B. im Radargerät, vor allem aber im Gebiet der Kernphysik vorliegen, können, was gerade geniale Forscher am wenigsten in Abrede stellen werden, als ein wissenschaftliches Verfahren betrachtet werden, die Wirkenskräfte kosmischer Intelligenzen in den Dienst der Technik zu stellen, sie der technischen Verwendung zu unterwerfen.

Nicht der Zeit, aber der Sache nach ist ein Vergleich der Befragung kosmischer Intelligenzen durch die Mumien mit derjenigen, welche durch gegenwärtige wissenschaftliche Methoden, aber im Gegensatz zur Mumifizierung mit panisch wirkendem Erfolg, betrieben wird, keine bloße Phantasie, sondern eine Sache tieferer Überlegung und sachlicher Erkenntnis. Ein entscheidender Unterschied zwischen Ägypten und der Gegenwart liegt vor allem darin vor, daß die ägyptischen Weisheitsträger die kosmischen Intelligenzen, an die sie sich um Rat gewandt haben, als «Väter» erkannten, während es die Wissenschaft in den Laboratorien der Kernphysik mit nicht erkannten, mit namenlosen Kräften zu tun hat, verbunden mit einer kaum überschaubaren Gefahrenzone.

Auch mit dem Entschluß zur Mumifizierung ist eine Gefahrenzone im geistigen Felde geschaffen worden, denn mit ihr wurde der Keim zum Niedergang und Verfall des ägyptischen Mysterienwesens gelegt. So widerspruchsvoll es auch erscheinen mag, die Größe, die Kraft und der Formenreichtum der ägyptischen Kultur ist entstanden zu einer Zeit, als das vorzeitliche Mysterienwesen seinen Übergang in die geschichtliche Zeit vollzogen hat und mit der Mumifizierung seinem Verfall entgegenging. Dennoch ließ dieses Mysterienwesen seine schöpferischen Kräfte in die Formgewalten der geschichtlichen Kultur Ägyptens einströmen.

Die Vorbereitungen zur Einbalsamierung hat Herodot beschrieben. Darnach gab es zu jener Zeit drei verschiedene Arten, die eine, die vornehmste Art, welche Herodot als die des «Gottes» bezeichnet, dann zwei geringerer und geringster Art für jene, die nicht über die Mittel für die erste Art verfügten. Über die kultische Seite der Mumifizierung, welche «die des Gottes» ist, spricht sich Herodot nicht aus, weil er durch ein Schweigegebot gebunden war.

Das Ritual der Einbalsamierung ist in zwei Aufzeichnungen auf Papyrus erhalten geblieben. Das eine Exemplar stammt aus Theben, etwa um 100 v. Chr., das andere aus der griechisch-römischen Zeit. Davon einige Proben:

Die kultische Einbalsamierung wurde von einem Priesterkollegium ausgeführt, dessen oberster Leiter der Vertreter des schakalköpfigen Gottes Anubis war und daher eine Schakalmaske trug.

Nach dem erhalten gebliebenen Ritual wurde zuerst das Haupt des Toten mit Myrrhenöl unter Anrufung des Rê gesalbt und hierauf der Leib. Die Innenorgane, Herz, Lunge, Leber, Nieren, wurden herausgenommen und in vier Krüge (Kanopen) gelegt. Diese Kanopen mit ihrem Inhalte standen unter dem Schutz der vier Söhne des älteren Horus, Amset, Hapi, Duamutef und Kebehsenuf, die als Schutzgeister im Ritual angerufen wurden. Die Kanopen erhielten von der 18. Dynastie an als Deckel die Kopfformen dieser Schutzgeister: für Amset einen Menschenkopf, Hapi den eines Pavians, Duamutef den eines Hundes und Kebehsenuf einen Falkenkopf. Es folgte sodann die Salbung des Rückgrates mit den Ritualworten: «O Osiris NN, nimm dieses Öl, nimm diese Salbe. Nimm dir, was von den Göttern kommt, den Ausfluß des Rê, die Absonderung von Schu, den Schweiß des Geb, die Glieder, die von Osiris stammen. Zu dir kommt die Salbe, um deine Glieder zu salben. Zu dir kommt das Kleid des Sobk von Schedel, um deine Glieder wie die des Nun zu bestatten. Nimm dein Gewand in dieser heiligen Binde. Rê kleidet dich mit seinem Schweiß . . . Sie geben dir deine Beine in den geheimen Gegenden der Unterwelt, sie beschleunigen dein Gehen in der Halle des Gehens, sie heiligen deine Schritte in der Halle des Geb . . .»

Unter weiteren Ritualworten wurde die Mumie wiederum auf den Rücken gelegt, «dann wende», heißt es, «sein Gesicht zum Himmel, wie es vordem gewesen ist». Hierauf folgen entsprechende Teile des Rituales und die Vergoldung der Nägel an Händen und Füßen.

Nachdem dieser vorbereitende Teil der Mumifizierung und des Rituales stattgefunden hatte, folgte der wichtigste Teil der Handlung, die Umhüllung der Mumie mit den Byssusbinden. Der Anubispriester im Kultgewande mit der Schakalmaske setzte sich unter den Kopf der Mumie (diese lag auf einer Bahre). Der Kopf, das Gesicht, das Hinterhaupt wurde vom Hilfspriester mit Öl gesalbt und mit Binden umwickelt. Die dazu gesprochenen Ritualworte lauteten: «Wickle ihn in die Binde des Rê-Harachte aus der Stadt Hebt und in die Binde der Nechbet aus El-Kab, die an seine Stirne gelegt wird, und die Binde der Hathor, der Herrin von Denderah, die an sein Gesicht gelegt wird, und die Binde des Thoth, der die beiden Kämpfer (Horus und Seth) richtete, die an seine Ohren gelegt wird, und die Binde der Nebt-hotpet, die an seine Stirne gelegt wird.»

Das Einbinden des Kopfes wurde sodann fortgesetzt durch viele, genau nach Zahl und Ort angegebene weitere Binden. Es wurden die Ohren, die

Nasenlöcher, die Wangen, die Augen, der Mund, das Kinn, der Nacken eingebunden. Einundzwanzig Streifen wurden nach dem Ritual dazu benötigt, «rechts und links von seinem Gesicht, auf seinen Ohren umwunden. An seinem Munde vier Streifen, zwei außen und zwei innen. Am Kinn zwei Binden, am Nacken vier große Streifen usw.»

Dieser Vorgang war wiederum von entsprechenden Ritualworten begleitet: «O du gewaltige, ehrwürdige Göttin, Herrin des Westens, Fürstin des Ostens (gemeint ist Hathor), komm und tritt in die Ohren des Osiris N.N. O du gewaltige, göttliche, große Herrin des Westens, Fürstin des Ostens, komm und hauche Atem in das Haupt des Osiris N.N., in der Duat. Lasse ihn mit seinem Auge sehen, mit seinem Ohre hören, mit seiner Nase atmen, mit seinem Mund reden, mit seiner Zunge ruhen in der Duat.»

Nach diesen Worten wurde der Kopf abermals mit Myrrhenöl gesalbt, u. a. mit den Ritualworten wie: «Dein Name ist angesehen bei den Einbalsamierten, und du hast einen Namen bei den Verklärten und Ehrwürdigen. Die Bewohner der Duat küssen die Erde vor deinem Leibe, die Bewohner des Himmels empfangen deine Seele, die Bewohner der Erde erweisen dir Verehrung, die Bewohner des Tales reinigen deinen Leib. Anubis und Horus richten deine Einbalsamierung schön her, Thoth macht deine Glieder durch die Zauber seiner Aussprüche heil.»

Hierauf erfolgte das Einbalsamieren und Umwickeln des Körpers, der Arme, der Hände, der Finger, der Beine, der Füße in gleicher Weise und unter entsprechenden Ritualworten.

Nach einer überlieferten Anordnung vollzog sich der Vorgang des Einbalsamierens in 36 Abschnitten, weil es 36 Götter seien, mit denen die Seele des zum Osiris gewordenen Toten zum Himmel emporsteige, und es 36 Gaue seien, in denen die Gestalten des Osiris sich offenbare.

Das feierliche, lange dauernde Ritual der Einbalsamierung vollzog sich in einer aufsteigenden Wolke von Weihrauch, in welche die Ritualworte hineingesprochen worden sind, und dieses mit einer magisch wirkenden Sprachgewalt. Das Ritual endete mit den magischen Schutzworten: «Wer sich meinem Leibe nähert, wird den Tod finden.»

Die nach dem überlieferten Text in einigen Hauptzügen dargestellte Art zeremonieller Einbalsamierung ist diejenige, von welcher Herodot sagt, sie sei die des Gottes, dessen Namen er aus guten Gründen verschweigt («denn es wäre Sünde, ihn zu nennen»), weil für diesen Vorgang strenge Schweigepflicht bestand.

Das magisch wirkende Ritual der Einbalsamierung machte die Mumie zu einer Stätte, in welche die Mondgötter herabsteigen und befragt werden konnten. Während sie ehedem in den Wachtraumzuständen der Menschenseelen anwesend waren und die Eingeweihten auf diesem Wege in Beziehung zu ihnen treten konnten, wurde nunmehr durch die Magie des Rituales die Mumie zu diesem Ort.

Nach dem Verfahren der Einbalsamierung wurde jedes Organ des Körpers in besonderer Weise zeremoniell behandelt, das Haupt und dessen Organe, die Sinnes- und Sprachwerkzeuge, wie das Verfahren offensichtlich zeigt, mit besonderer Sorgfalt und Auszeichnung. In dem Haupte sollten die Mondgötter (die ratgebenden Väter) wohnen.

Die Einbalsamierung war zugleich ein Lehrgang, durch den ganz neue Erkenntniswelten erschlossen wurden. Vor der Mumifizierung gab es in Ägypten noch keine eigentliche Naturerkenntnis. Das Seelenleben in vordynastischer Zeit war so beschaffen, daß es nicht zur Naturerkenntnis hindrängte. Erst mit der durch die Mumifizierung eintretenden Organkenntnis, die durch Schulung an der Mumie entwickelt wurde, erwachte der Drang und entstand eine anfängliche Naturerkenntnis. In der Folge entwickelte sich eine weitgehende Substanzerkenntnis durch die vielartigen Stoffe, Öle, Salben, Essenzen, Harze, auch Metalle, die bei der Einbalsamierung verwendet wurden. Plutarch beschreibt u. a. die Zusammensetzung eines Räuchermittels, Kephi, das aus sechzehn pflanzlichen und tierischen Substanzen zusammengesetzt war, mit welchem am Geburtstage des Horus morgens, mittags und abends geräuchert wurde und das, in flüssiger Form eingenommen, einen rauschartigen höheren Seelenzustand hervorrief. Vor allem aber ging aus der Einbalsamierungskunst die hochentwickelte ägyptische Medizin hervor, worüber die medizinischen Papyri, vor allem der Papyrus Ebers, orientieren. In diesem berühmten Papyrus werden in besonderen Abschnitten die verschiedenen Organerkrankungen beschrieben, wie die der Leber, des Magens, der Haut, der Augen usw., ferner Abschnitte, welche die Diagnose und die Rezeptur behandeln. Herodot berichtet, es sei in Ägypten alles voller Ärzte, und für jede Krankheit gebe es einen Spezialisten.

Zwei eindrucksvolle Bilder oder Szenen, das eine aus dem alten Ägypten, das andere aus der Gegenwart, können im Vergleich zueinander den Eindruck hervorrufen, es sei mit der Mumifizierung der erste Keim für die Entwicklung der Medizin und der Naturwissenschaft als solche entstanden. In Ägypten eine Gruppe von Sachverständigen, welche unter der Leitung des Anubispriesters den zeremoniellen Vorgang der Einbalsamierung vollziehen, in der Gegenwart eine solche, welche im Anatomiesaal unter der Leitung eines Lehrers Leichen sezieren. Die ersten, an italienischen Universitäten zugelassenen Sezierungen von Leichen wurden mit einer zeremoniellen Feier, mit dem Meßopfer, eingeleitet.

Der Entschluß zur Mumifizierung wurde in seiner Auswirkung nicht nur eine ägyptische, sondern eine Weltangelegenheit. Für Ägypten brachte er die mächtige Entwicklung des Totenkultes und des Grabbaues. Für die Kulturwelt der Gegenwart das Rätsel des Todes, das beim Anblick einer ägyptischen Mumie in der Seele des Beschauers aufsteigt.

XIII

DER OSIRIANISCHE TOTENKULT

Heinrich Brugsch sagt in seiner «Ägyptologie»: «Es wird kaum möglich sein, ein Werk durchzuführen, welches die Gestalten, Namen und Titel altägyptischer Numina, wie sie auf publizierten und nicht publizierten Denkmälern uns überliefert sind, auch nur in annähernder Vollständigkeit enthielte. Die Aufgabe übersteigt menschliche Darstellungskraft.» Dieser Forscher wollte damit aus eigener, reicher Erfahrung darauf hinweisen, wie unermeßlich weit und kaum durchschaubar das Feld dieser Denkmäler sei, welche von der im alten Ägypten errungenen Form der Welterkenntnis und Weltweisheit berichten. Eine solche Vollständigkeit ist auch seither nie erreicht worden. Dieser Ozean von Götternamen und Götterbeziehungen kann nur mit einigem Erfolg befahren werden, wenn im Ganzen oder im Speziellen ein bestimmter Kurs auf ein bestimmtes Ziel eingehalten und dabei ein Kompaß benutzt wird, den eine Wissenschaftsgesinnung liefert, die das ägyptische Weltbild aus ägyptischer Welterkenntnis zu interpretieren sucht.

Brugsch zitiert auch einen Ausspruch von Plutarch aus dessen Schrift «Isis und Osiris», worin sich dieser gegen eine äußerliche Auslegung der Inhalte der ägyptischen Welterkenntnis mit den Worten wendet: «Wenn aber Jemand annehmen und behaupten wollte, dies sei alles in Bezug auf die glückselige und unvergängliche Natur, welcher zumeist entsprechend das Göttliche gedacht wird, wirklich geschehen und vorgefallen, dann, um mit Aischylos zu reden – muß man ausspeien und den Mund reinigen.» So spricht der griechische Weise und Welterkenner aus Kenntnissen, die er vom ägyptischen Mysterienwesen besaß, aber seiner Stellung gemäß nur mit Vorsicht aussprechen durfte.

Was Brugsch und Plutarch jeder auf seine Weise und aus ihrer Zeit aussprechen, gilt für das Ganze der ägyptischen Welterkenntnis, im besonderen auch für den Totenkult und die zahlreichen Lokal- und Elementargötter. Brugsch spricht von etwa 2000 auf Denkmälern vorkommenden Götternamen.

Selbst auf dem speziellen Gebiete des Totenkultes ist eine im Sinne von Brugsch gemeinte, auch nur annähernde Vollständigkeit der Darstellung der vorhandenen Texte kaum zu erlangen. Wohl aber liegt es im Bereich der Möglichkeit, die Betrachtung dieses weiten Gebietes in eine ordnende und überschaubare Linie zu bringen.

Die ältesten Hieroglyphentexte über den Totenkult und das Leben nach dem Tode stammen wie diejenigen über die Götterneunheit aus den Pyramiden der 5. und 6. Dynastie. Diese Pyramidentexte enthalten eine Sammlung von Ritualen über den Opferdienst, Schilderungen über den Aufstieg und den Eintritt des Pharao in das Leben nach dem Tode und folgen einer bestimmten Anordnung: auf der Nordwand die Opferrituale, auf der Südwand die Atum-Hymnen, auf der Ostwand die Beschwörungen und Speisetexte, auf der Westwand die Nut- und Osiris-Texte. Es wird darin beschrieben, wie der Pharao von den Göttern empfangen und selber ein Osiris wird. Die Rituale des Totenkultes haben später einen weiteren Inhalt durch Zusätze erhalten. Aus der Zeit der 12. Dynastie stammen die sog. Sargtexte. Das Ritual ist umfangreicher geworden und wurde nun an die Innenwände der Särge geschrieben. Den einzelnen Textgruppen sind erläuternde Überschriften beigefügt.

Während der 18. Dynastie sind die Rituale und Schilderungen über das Leben nach dem Tode wiederum weiter entwickelt worden. Es wurde damit begonnen, das umfangreiche Totenritual auf Papyrusrollen aufzuzeichnen. So entstand das ägyptische Totenbuch, das in jeweiligen Abschriften der Mumie unter den Kopf gelegt wurde.

Der Inhalt des Totenbuches ist von Naville und Lepsius übersetzt und veröffentlicht worden. Lepsius hat dem Inhalte eine in aufeinanderfolgenden Abschnitten geordnete Einteilung gegeben. Die Pyramidentexte sind durch Mariette erstmals der Öffentlichkeit übergeben und von späteren Forschern neu redigiert worden. Durch diese Veröffentlichungen und Übersetzungen liegt neben den bildlichen Darstellungen in Tempeln, Grabbauten und auf Grabstelen eine weitgehende Textkenntnis des ägyptischen Totenkultes vor. In den «Urkunden zur Religion des alten Ägypten» hat Günther Roeder eine Auswahl solcher Texte in deutscher Übersetzung herausgegeben.

Der osirianische Totenkult und die Anschauungen über das Leben nach dem Tode sind aus einem ganz anders gearteten Verhältnis zu Leben und Tod, als dieses im gegenwärtigen Zeitalter der Fall ist, hervorgegangen. Dieses muß für eine Beurteilung des sog. Totenglaubens der Ägypter in erster Linie berücksichtigt werden, denn dieser Glaube beruhte in Wirklichkeit auf instinktiver, innerer Erfahrung, er besaß die Kraft der Gewißheit. Die Unsterblichkeit, d. h. das Leben nach dem Tode, bedurfte für den Ägypter keines Beweises oder einer darauf bezüglichen Lehre, weil ganz allgemein in der alten Menschheit und in Ägypten insbesondere ein instinktives Bewußtsein vom vorirdischen Leben vorhanden war. Was früher in den Zwischenzuständen von Schlafen und Wachen als Erfahrung erlebt worden war, das lebte später noch als instinktive Gewißheit weiter, daß die Toten leben, daß der Verstorbene nur in eine andere Daseinsform übergegangen sei und von dieser aus weiterhin am Fortgange des Erdenlebens teilnehme. Weltbild und osirianische Tempellegende haben vom Mysterienwesen aus im Totenritual eine angemessene Kultform erhalten, die im Laufe der Zeit immer weiter ausgebildet worden ist. Der osirianische Totenkult hat deswegen eine so umfassende Bedeutung im ägyptischen Leben erlangt, weil das Verhältnis von Leben und Tod und die Anschauungen über das Leben nach dem Tode aus einer außerirdischen Erfahrungswelt stammen, aus der auch das Weltbild und die osirianische Tempellegende hervorgegangen sind.

Mit dem Totenkult eng verknüpft war die Anschauung, daß der Mensch nicht während seines Erdenlebens, sondern erst im Leben nach dem Tode sein volles, wahres Menschentum erreichen könne. Das Erdenleben diene dem Menschen nur als Vorbereitung für das Leben nach dem Tode. In ägyptischer Erkenntnisform ausgedrückt, wurde der Mensch im Leben nach dem Tode zum Osiris. Osiris war für den Ägypter dasjenige göttliche Wesen, welches der Welt angehört, in die der Mensch erst nach dem Tode eingeht. Solange der Mensch in einem Erdenleibe lebte, galt er als ein natürlicher Mensch, dessen Erdenbewußtsein mit der Geburt entfacht und im Lebenslauf als eine sich verzehrende Flamme empfunden wurde. Diese Auffassung hat ihren Grund darin, daß der ägyptische Mensch noch nicht, wie das beim späteren Griechentum der Fall war, sich voll und ganz als Erdenbürger fühlte.

Die Vereinigung der Seele mit Osiris im Leben nach dem Tode hat ihren tiefsten Grund in einer Veränderung des Bewußtseins, die im Zeitenlauf in bezug auf das Leben nach dem Tode eingetreten war. Nach einem Hinweis Rudolf Steiners bestand gegenüber früheren Zeiten in der ägyptischen Epoche bereits eine solche Verdunkelung im Leben nach dem Tode, daß sich die Seele in eine völlige Einsamkeit versetzt sah, in der eine helfende, stützende Verbindung mit anderen Seelen nicht mehr bestand. Diese Einsamkeit konnte nur dadurch überwunden werden, daß die Seele im Leben nach dem Tode in die Gemeinschaft mit Osiris einging, nachdem sie im Erdenleben schon bestrebt war, Eigenschaften zu entwickeln, die sie in Gemeinschaft mit Osiris bringen konnten. Dadurch wurde ein Ersatz geschaffen für das, was gegenüber früheren Zeiten als Gemeinschaft im Leben nach dem Tode verlorengegangen war.

In dieser Beziehung erweist sich die Inschrift auf der Grabstele einer verstorbenen Frau um 2500 v. Chr. als besonders aufschlußreich, denn es wird darin u. a. gesagt: «Das Westland (das Totenreich) ist ein Land des Schlafes und der Finsternis, ein Wohnort, in dem die bleiben, die darinnen sind. Sie schlafen in ihrer Mumiengestalt, sie erwachen nimmermehr, um ihre Genossen zu sehen, sie erkennen weder ihre Väter noch ihre Mütter, ihr Herz sorgt sich nicht um ihre Weiber und Kinder. Auf Erden genießt jeder das Wasser des Lebens, aber ich leide Durst. Wasser kommt zu dem, der auf Erden weilt, ich aber dürste nach dem Wasser, das bei mir ist. Seit ich in dieses Tal kam, weiß ich nicht, wo ich bin. Ich schmachte nach dem

Wasser, das bei mir fließt. Ich wünsche den Luftzug am Ufer des Flusses, damit er mein Herz in seinem Kummer labe. Denn der Name des Gottes, der hier herrscht, lautet ‚vollkommener Tod'.»

Eine andere Stelle aus dem Totenbuch (18. Dynastie) lautet ähnlich. Der Verstorbene wendet sich mit der Frage an Thoth: «Was ist das für ein Land, wo ich bin? Es hat kein Wasser, es hat keine Luft, sowie Tiefe ist nicht auszumessen, es ist schwarz, wie die schwärzeste Nacht, und die Menschen wandern hilflos darin herum.»

Dagegen findet die Vereinigung mit Osiris im Leben nach dem Tode in der Inschrift auf dem Sarge des Mykerinos einen erhabenen Ausdruck: «Der du Osiris geworden, des Nord- und Südlands Gebieter, König Menkara, ewiglich lebendes Kind des Himmels, den Nut empfangen hat und welcher das Erbe des Geb ist, möge schützend breiten über dich ihre Schwingen deine Mutter Nut, in deren Namen sich birgt das Geheimnis des Himmels. Möge sie dir geben, zu sein wie ein Gott und was dir feindlich ist, Vernichtung finden. Des Nord- und Südlandes König, Menkara, ewiglich Lebender.»

Die intellektuelle Form des Erkenntnislebens war damals im allgemeinen Leben noch nicht und bei den Pharaonen nur anfänglich entwickelt. Es war dieses Erkenntnisleben noch ganz vom Bedürfnis nach Bildhaftigkeit durchdrungen. Diese Bildhaftigkeit, mit der auch das eigene Seelenwesen erlebt wurde, brachte es aber mit sich, daß der Mensch in Beziehung zum Untermenschlichen kam, eine Beziehung, die gerade im Totenkult ganz besonders in Erscheinung tritt. Der Tote muß sich mit diesem Untermenschlichen in der Unterwelt, in der Duat, auseinandersetzen. Dieses Untermenschliche, das in Bildform erscheint, wirkte in vielgestaltiger Weise in das allgemeine Leben der Ägypter hinein. In der Ägyptologie werden diese Mächte vielfach mit dem Sammelbegriff «Numina» bezeichnet. Aus diesen Numina, d. h. einem vorzeitlichen Animismus, so wird gefolgert, entstand im Laufe der Zeit das heliopolitanische System der Götterneunheit. Ein Anderes ist aber die bildhafte Beziehung des Ägypters zum Untermenschlichen und ein Anderes die Welterkenntnis der ägyptischen Weisheitsträger.

Diese Interpretation des Totenkultes und des Lebens nach dem Tode steht in keinem Widerspruch zu der Göttlichkeit des Pharao. Seine Göttlichkeit bestand ja gerade darin, daß er sich durch Einweihung eine Erkenntnis errungen hatte, die aus derjenigen Welt stammte, in welche der nicht eingeweihte Mensch erst im Leben nach dem Tode einging. Solange der Pharao selber in einem Erdenleib lebte, verfügte er als der in das Blut herabgestiegene Gott über eine göttliche Erkenntnis, denn er war der Träger und Aussprecher des osirianischen Weltenwortes. Er vereinigte sich im Leben nach dem Tode mit dem göttlichen Wesen, dem er schon im Erdenleben begegnet war und in dessen Dienst er gestanden hatte.

In diesem Verhältnis zum Tode und zum Leben nach dem Tode ist die Veranlassung zu sehen, warum die Pharaonen während ihres Erdenlebens ihre mächtigen Grabbauten haben errichten lassen. Sie sind die monumentalen Zeugen dafür, wie der Pharao seine Vorbereitung getroffen hat, nach seinem Tode Osiris zu werden, aber Osiris als Pharao zu werden, der schon im Erdenleben Repräsentant des Göttlichen war. Daher sollte im monumentalen Grabbau, im Totentempel, für den zum Osiris gewordenen Pharao das dauernde Totenopfer dargebracht werden, wie er es im Erdenleben als oberster Kultträger dem Osiris und den anderen Göttern im Göttertempel dargebracht hatte.

Aus dieser Interpretation des ägyptischen Totendienstes wird die unserer Zeit entgegengesetzte Bewußtseinslage zum Tode ersichtlich. Die intellektuelle Erkenntnisform, welche während der ägyptischen Epoche noch nicht oder nur anfänglich zur Entwicklung gekommen war, ist im gegenwärtigen Zeitalter die herrschende geworden und ausgelöscht ist die im ägyptischen Bilderbewußtsein vorhanden gewesene Kraft der Erinnerung an das vorgeburtliche Leben, aus welchem im tiefsten Grunde der ägyptische Totenkult hervorgegangen ist.

Dasjenige Wesen des Menschen, das sich im Tode von dem irdischen Leibe löst und außerhalb desselben ein eigenes Dasein führt, nannten die Ägypter den «Ka». Der Ka des Toten schwebt in seinen bildlichen Darstellungen über der Mumie in Gestalt eines Vogels mit ausgebreiteten Schwingen. Im Mastabagrab und den Totentempeln, in welchem die Mumie beigesetzt war, befand sich außer der Türe, durch welche die Lebenden aus- und eingingen, eine Scheintüre für den Ka.

Im Totenritual wird in mannigfacher Weise der Ka angerufen. Ein solcher Anruf aus den ältesten Texten des Totenrituales, den Pyramidentexten, lautet: «Du, dieser N. N. (der Verstorbene) stehe auf, damit du dich reinigst und damit dein Ka sich reinigt, und damit Horus dich im Himmelsozean reinigt.» Das Grab wurde auch das Haus des Ka genannt, und der Pharao besuchte im Grabe den Ka seiner verstorbenen Angehörigen. In diesem Ritual wird auch beschrieben, wie der Tote zum Osiris wird: «Du stehst auf, indem du geschützt bist und ausgestattet bist als ein Gott und indem du mit der Gestalt des Osiris versehen bist, auf dem Thron des ‚Ersten der Westlichen'. Du tust, was er zu tun pflegt unter den Lichtgeistern und den unvergänglichen Sternen.»

Es ist, wie aus diesen als Beispiel angeführten Stellen hervorgeht, zu unterscheiden zwischen dem Ka des verstorbenen Pharao und dem zum Osiris gewordenen Pharao, der in den Himmel und damit in den Schutz der Himmelskönigin Nut eingegangen ist. «Nut, falle nieder über deinen Sohn Osiris! Behüte ihn, du Große Hüterin, diesen Größten, der unter deinen Kindern ist.» Der zum Osiris gewordene Pharao wird auch nach dem Ritual bei dem Götterkönig Rê-Atum angemeldet: «Rê-Atum, dieser N. N. (der verstorbene Pharao) kommt zu dir, ein unvergänglicher Lichtgeist, der Herr der vier Himmelsstützen. Dein Sohn kommt zu dir.» Der Pharao wird auch als Osiris in den Kreis der übrigen Götter aufgenommen. «Du steigst empor und die Götter sehen dich, wie du mit ihm (dem Gewand) bekleidet bist. Nimm dir die Große Krone dazu bei der Großen Götterschaft von Heliopolis.»

Als Ariadnefaden im Labyrinthe dieser Texte kann die Unterscheidung zwischen dem Ka und dem Osiris dienen, denn es geht aus diesen Texten unzweideutig hervor, daß der Ka des Pharao nicht identisch ist mit dem zum Osiris gewordenen Pharao. Über die Auffassung des seelisch-geistigen Wesens des Menschen und dessen Verhältnis zum Leiblichen im Altertum hat sich Plutarch dahin ausgesprochen, es gebe außer dem in den irdischen Leib versenkten Teil der Seele noch einen andern, reinen Teil, der, über dem Haupte schwebend, sich als ein Stern darstelle. Dieser sei der Dämon, der den Menschen leite und dem er willig folge. Plutarch unterscheidet also einen Teil der Seele, der den irdischen Leib durchdringt, mit ihm vereinigt ist und einen andern, den Genius des Menschen, der nicht in den Leib untertaucht. Obwohl Plutarch diese Unterscheidung aus eigener Erfahrung und nicht im Hinblick auf das ägyptische Mysterienwesen gemacht hat, ist sie aufschlußreich für die Unterscheidung des Ka eines Pharao und des zum Osiris gewordenen Pharao. Es verhalten sich diese zueinander wie der Genius zu dem in den irdischen Leib versenkten Teil der Seele, den die Ägypter den Ka nannten. Die Folgen, und zwar die fragwürdigen Folgen der Mumifizierung wirkten sich dahin aus, daß der in den Erdenleib versenkt gewesene Teil der Seele, der Ka, mit der Mumie in der Grabkammer verbunden blieb; es wurde die Verbindung, die einst im Leben bestanden hatte, durch die Mumifizierung und das sie begleitende Ritual künstlich weitergeführt. Der Ka blieb an die Erdensphäre gefesselt und empfing von der Erde her die Opfergaben der Hinterbliebenen. Dieser Verbindung wegen, die nunmehr zwischen dem Ka und der Mumie bestand, wurde in der Grabkammer außer der wirklichen Türe eine Scheintüre für den Ka eingerichtet. Durch die Scheintüre sollte zum bildlichen Ausdruck gebracht werden, daß es sich dabei nicht um einen in der Sinneswelt abspielenden Vorgang handle, wohl aber um einen solchen, der in sinnbildlicher Weise zur Darstellung gebracht werden sollte. Die Darstellung von nichtsinnlichen Vorgängen in sinnbildlicher, äußerer Anschauungsform ist ein grundlegendes, hermetisches Prinzip der ägyptischen Welt. Blieb somit der Ka mit der Mumie erdgebunden, so ging der Genius des toten Pharao als Osiris in die Himmelswelt der Götter ein.

Dem Ka werden die Opfergaben in Form von Speisen und Getränken dargebracht. Es sollte dadurch eine Verbindung der Lebenden mit dem Ka des Verstorbenen hergestellt werden. Das ägyptische Totenopfer kann aber nicht mit der üblichen Anschauungsweise der Gegenwart interpretiert werden, die an reiner Sinneswahrung herangeschult worden ist, wonach die Ägypter geglaubt haben sollen, der Ka verzehre leiblich die auf dem Opfertisch dargebrachten Gaben. Solange in Ägypten die Totenopfer bestanden haben, war nie ein Ägypter des Glaubens, der Ka verzehre sie leiblich, denn der Augenschein belehrte ihn hinlänglich darüber, daß dieses nicht der Fall war. Der Ka, welcher im Totenritual ausdrücklich als ein Seelenwesen angerufen wurde, besaß ja für den Ägypter wie für die Gegenwart keine leiblichen Organe, wie sollte er denn ohne solche Speise und Trank leiblich verzehren können. Mit den im Totenopfer dargebrachten Gaben verband der Ägypter keine nur stofflich geartete Beziehung, weil er eine solche nach dem damaligen Stand des Seelenlebens gar nicht kannte. Es gab für den Ägypter noch nicht die Möglichkeit einer reinen Sinneswahrnehmung, die erst mit dem 15. Jahrhundert zur vollen Entfaltung gelangt ist und die Voraussetzung gegenwärtiger wissenschaftlicher Gesinnung bildet. Das Seelenleben der Ägypter war so beschaffen, was aus den Hieroglyphentexten zur Evidenz hervorgeht, daß Stoffliches und Geistiges im Bewußtsein noch nicht getrennt waren. Die Sinneswahrnehmungen waren vermischt mit nichtsinnlichen Wahrnehmungen in Bildern, in Imaginationen. Dadurch ging im Bewußtsein Stoffliches in ein Geistiges und Geistiges in eine Stoffliches über. Es fand mit der Wahrnehmung ein Kommunizieren von Stofflichem und Geistigem statt. Dieser Wahrnehmungsvorgang bildete im Totenkult und dessen Ritual die Brücke von der Welt der Lebenden zu der Welt der Toten. Der Tote konnte das, was im Totenkult geschah, entgegennehmen, weil es mit seiner Welt wesensgleich war. Der Ka hat daher nach der Anschauung der Ägypter nicht leiblich das Totenopfer in Gestalt von Speise und Trank konsumiert, sondern die Imaginationen, welche ihm entgegengebracht wurden und ihn erreicht haben.

In den Totenkult einbezogen waren die in Reliefdarstellungen und Malereien geschilderten Szenen aus dem vergangenen Erdenleben des Verstorbenen; diejenigen aus dem Leben des Pharao in dessen Totentempel, in den Mastabas und den späteren Felsengräbern diejenigen der Angehörigen des Pharao und der hohen Würdenträger seines Hofes.

Unermeßliche Leistungen bildschöpferischer Kunst waren ausschließlich für die Toten bestimmt und sollten ebenso wie die Mumien und alles, was an kostbaren Grabbeigaben den Toten mitgegeben wurde, niemals wieder vom Auge eines Lebenden gesehen werden. Nicht für irdische Augen waren diese Szenen aus dem vergangenen Erdenleben und die Grabbeigaben als persönliches Eigentum des Verstorbenen bestimmt, wohl aber für das Auge des Horus, für das heilige Auge, das auf der Außenseite des Mumiensarges in der Augenhöhe des Leichnams aufgemalt war. Es sollte all das Genannte nicht von irdischen, sondern von überirdischen Augen, vom Erinnerungsauge gesehen werden. Das Horus-Auge besagt eindrücklich, daß ebensowenig der Glaube bestanden habe, der Tote schaue mit leiblichen Augen die Ausschmückung der Grabkammer, wie der, daß er die Opfergaben leiblich verzehre. Wohl aber bestand die Gewißheit, daß der Verstorbene im Leben nach dem Tode Anteil nehme am Fortgange des Erdenlebens und sich daran in seiner Weise beteilige, daß der Verstorbene in den Erinnerungsbildern des vergangenen Erdenlebens seine Beziehungen zu diesem herstelle. Diese Erinnerungsbilder an das vergangene Erdenleben waren die Augen, mit denen der Verstorbene zurückschaute, daher wurden sie auf den Sarg gemalt. Das Hindrängen nach Bildlichkeit, dieser Grundzug des gesamten ägyptischen Seelenlebens, innere Erlebnisse zum gegenständlichen Ausdruck zu bringen, liefert den Schlüssel für die ägyptische Grabausstattung, ob mit den Ausdrucksmitteln der Reliefkunst oder dem Reichtum und der Vielfalt der Grabbeigaben. Grabschmuck und Grabbeigaben von einem Aufwand, wie das im ägyptischen Totenkult der Fall war, sind als Zeugnisse zu bewerten, wie urgewaltig dieser Drang nach Bildlichkeit und gegenständlicher Darstellung dessen war, was nur in inneren Bildern verläuft und in den Dienst des Totenkultes gestellt wurde.

Eine besondere Vertiefung erhielt der Totenkult durch den Skarabäus, welcher der Mumie auf die Stelle des bei der Mumifizierung entfernten Herzorganes gelegt wurde. Welche wichtige Rolle der Skarabäus im Leben und Tode der Ägypter eingenommen hat, geht zur Genüge aus den diesbezüglichen Hieroglyphentexten hervor. Ptah, heißt es, habe ihn gegossen. Die Wissenschaft hat ihn der Kategorie der «Numina» zugewiesen. Warum diese Spezies von Käfer, d. h. der sog. Blatthorn- oder Mistkäfer, der in Südeuropa und Nordafrika vorkommt, in Ägypten eine so große kultische Bedeutung erlangen konnte, kann daher nicht unwichtig erscheinen.

Der Skarabäus ist eines der aufschlußreichsten Beispiele der Verbundenheit der Ägypter mit der durchgeistigten Natur und den Geheimnissen des Jahreslaufes. Wie ein Naturobjekt zum Bilde gewisser Vorgänge im Jahreslauf werden konnte und das Bild zum äußeren Kleide eines Geistig-Göttlichen, das sich im Sonnenall manifestiert, das zeigt der Skarabäus in seiner Kultform. Der Skarabäus oder Mistkäfer hat diesen letzteren Namen erhalten, weil er aus Mist Kügelchen formt, in die er sein Ei hineinlegt. Dieser natürliche Vorgang im Kleinen wurde zum Sinnbild eines Weltvorganges, zum Sinnbild, wie der Sonnengott Rê aus dem Weltenei hervorgegangen ist. So wurde der Skarabäus zum Sinnbild des Rê. Gerade an diesem besonderen Fall der sinnbildlichen Verbindung eines Untersten mit einem Höchsten, also des Mistkäfers zum kultischen Skarabäus mit seiner Beziehung zum Sonnengott Rê, wird deutlich, welcher Art die Naturverbundenheit des Ägypters war, der eine ungöttliche Natur nicht kannte, aber ihre Göttlichkeit in das Kleid eines Sinnbildlichen hüllte. Zum Sinnbild eines Sonnengöttlichen wurde diese besondere Käferart auch deswegen, weil im Naturbewußtsein der Ägypter die Insektenwelt im lichtdurchflossenen Luftraum oder diesem als Erdenwesen hingegeben, im Gebiete des Rê, ihr Dasein hat. Die Insekten, an ihrer Spitze die Schmetterlinge, sind Sonnentiere und der Skarabäus ein Spezialfall, weil er durch seine besondere Art der Eilegung im Kleinen wiederholt, was im Großen im Kosmos sich als Weltschöpfungsvorgang zugetragen hat. Der Skarabäus schuf sich in dem geschilderten Vorgang zur Entstehung eines neuen Lebens seinen eigenen Kosmos im Kleinen.

Interpretationen dieser Art können leichthin für fragwürdig und wissenschaftlich unbrauchbar gefunden werden. Für die Ägypter war der Skarabäus ein tief empfundenes Natursinnbild. Zum kultischen Sinnbild erhoben, hat der Skarabäus im Leben wie im Tode als Sprache oder Ausdruck des Herzens seine Bedeutung erlangt.

Thoth, der Offenbarer der ägyptischen Urweisheit, wurde «Herr des Herzens» genannt. Welterkenntnis war Herzens-, nicht Kopfangelegenheit. Ihren Tiefsinn wie ihre Lebenswirklichkeit offenbart die ägyptische Welterkenntnis darin, daß sie in Thoth auch den Seelenführer der Verstorbenen erblickte. Thoth führt die Seele des Verstorbenen vor das Totengericht, wo im Beisein von Anubis und den Totenrichtern das Herz gewogen und geprüft wird, ehe der Verstorbene in das Osiris-Dasein eingeht. Nach der heliopolitanischen Welterkenntnis sind Herz und Zunge die Organe, denen die Herrschaft im Menschen zukommt. Eine diesbezügliche Inschrift lautet: «Das Sehen der Augen, das Hören der Ohren, das Luftholen der Nase, sie erstatten dem Herzen Meldung. Das Herz ist es, das jede Erkenntnis entstehen läßt; die Zunge ist es, die wiederholt, was vom Herzen erdacht wird.»

Aus Herz und Zunge formt sich nach heliopolitanischer Welterkenntnis das Schicksalsbild des Menschen. Daher wird das Herz im Totengericht gewogen, weil sich im Herzen dieses Schicksalsbild offenbart. Wie Herz und Schicksalsbild, wie Gut und Böse, wie Gerechtigkeit und Ungerechtigkeit im Handeln sich der Weltordnung im Leben und im Leben nach dem Tode einfügen, darüber entscheidet die Maat, die Tochter des Rê.

Die Seele hatte nach ägyptischer Auffassung ihren Sitz im Herzen. Das Herz, hieroglyphisch als Gefäß (Kanope) dargestellt, galt als dasjenige Organ, von dem alle moralischen Kräfte, alles Streben nach Wahrheit und Gerechtigkeit ausging. Das Herz wurde der Sonne gleichgesetzt, daher wurde der Mumie der Sonnenkäfer, der heilige Skarabäus, auf die Herzgegend gelegt als Sinnbild des Schicksalswesens des Menschen, der sich nach dem Gesetz der Tatenfolgen vor Osiris und Rê zu rechtfertigen hat. Im Leben galt der Skarabäus als sonnenhaftes Abbild irdischer Schicksalsverbundenheit und spielte bei besonders feierlichen Angelegenheiten, wie z. B. bei der Vermählung des Pharao, ein wichtige Rolle.

Wenn nach dem Totenbuch der Tote in der Halle des Hüters an der Schwelle des Totenreiches ankam, sagte der Hüter zu ihm: «Ich melde dich nicht an, wenn du meinen Namen nicht nennen kannst.» Der Tote antwortet: «Erkenner der Herzen und Erforscher der Leiber ist dein Name.» Der Hüter: «Ich melde dich an.» Dann folgt eine weitere Frage: «Wer ist der Gott, der den Stundendienst versieht? Sprich seinen Namen aus.» Der Tote antwortet: «Thoth ist es.» Vor Thoth geführt, sagt dieser: «Weshalb bist du gekommen?» Der Tote: «Ich bin gekommen, um angemeldet zu werden.» Thoth: «Was ist an dir?» Der Tote: «Ich bin rein von allem Übel und bin geschützt gegen alle Übel derer, die ihr Tagewerk tun, ich habe keine Gemeinschaft mit ihnen.» Thoth: «Dann will ich dich anmelden.»

Im Papyrus Rhind (von Brugsch übertragen) aus der ptolemäischen Zeit heißt es in der folgenden Überschrift, die einer Anrufung vorangeht: «Es öffnet Osiris seinen Mund, um zu reden, wobei sein Neungötterkreis mit ihm vereint ist.» Sodann folgt: «Dieser ist ein Mann, dessen Herz fromm war. Er möge sich zur Zahl der Gebenedeiten rechnen. Es möge seine Seele in den Himmel eingehen und sein Leib erhalten bleiben in der Tiefe. Ihm sei die tägliche Speise auf dem Opfertisch dargereicht.»

Zur Totenfeier, die ihren Abschluß mit der Beisetzung der Mumie in der Sargkammer fand, gehört die oft erwähnte Zeremonie der «Mundöffnung». Nach ägyptischer Anschauung gab es die Sprache der Lebenden und die Sprache der Toten. Um auf die Fragen des Hüters Antwort geben zu können, mußte der Tote sich erst in die neue Situation hineinfinden, die mit dem Verlassen der Erdenhülle eingetreten war. Es mußte das Bewußtsein für den neuen Ort und den neuen Zustand erst erweckt werden. Dieses Erwecktwerden, dieses Aufwachen hieß «Mundöffnung». Es geschah durch ein Ritual, in welchem der Tote mit magischer Sprachgewalt von denen, welche die Zeremonie der Mundöffnung zelebrierten, angerufen wurde. Durch die Totenfeier sollte ja eine Brücke von den Lebenden zu den Toten geschlagen werden. Die Zeremonie der Mundöffnung war die Mithilfe der Lebenden, die dem Toten für sein Aufwachen zu dem neuen Bewußtsein an dem neuen Orte geleistet wurde. Die völlige Umkehrung des Bewußtseinszustandes, die mit dem Tode eintritt, sollte dem Toten durch die Zeremonie der Mundöffnung erleichtert werden. Der Wortgebrauch «Mundöffnung» ist also dahin zu verstehen, daß unter Mithilfe der Lebenden der Geburtsakt des Bewußtseins für das Leben nach dem Tode stattfand, durch das der Tote seine Verbindung mit dieser neuen Welt aufnehmen konnte.

Das ägyptische Totenbuch enthält alle diejenigen Anschauungen über das Leben nach dem Tode, wie sie sich seit Einsetzung des osirianischen Totenkultes entwickelt haben. Im Laufe der Zeit wurde zum Osiris im Leben nach dem Tode nicht nur, wie anfänglich, der Pharao allein, sondern jeder konnte vermöge seiner sozialen Stellung als Großwürdenträger, als Gaufürst oder Priester oder überhaupt seiner Verdienste und seiner Lebensführung nach im Tode zum Osiris werden und auch eine Einbalsamierung erhalten, welche nach den Worten Herodots «die des Gottes ist».

War das Zeremoniell der Mundöffnung vollzogen und hatte das Einlaßgespräch mit dem Hüter der Todesschwelle stattgefunden, so wurde der Tote vor das Totengericht geführt. Im Beisein von 42 Totenrichtern wurde das Herz des Toten, das Weltorgan des menschlichen Schicksals, auf der

Weltenwaage gewogen. An der rechten Seite derselben stand der ibisköpfige Thoth, der «Herr der Herzen», ihm gegenüber kauerte der Totenhund, auf der linken Seite befand sich der schakalköpfige Anubis. Die große Neunheit der Götter sagt zu Thoth, der durch seine Rede den Toten vor den Göttern als einen Gerechten verteidigt hat: «Deine Aussprüche aus deinem Munde sind richtig und ein Zeugnis für ihn. Er hat keine Sünde und soll bei uns keine Strafe erleiden. Der Hund darf sich seiner nicht bemächtigen, sondern die Brote, die vor Osiris geliefert werden, sollen ihm gegeben werden und ein dauernder Acker im Jaru Felde.»

Die 42 Totenrichter sind nach dem Totenbuch eingesetzt, um 42 mögliche Vergehen, die in den 42 Gauen des Landes begangen werden konnten, zu richten. Sie werden alle im Totenbuch einzeln genannt. Die Überschrift dazu lautet: «Bekenntnis vor den 42 Totenrichtern», und die Aufzählung beginnt mit den Worten: «Weitausschauender, der aus Heliopolis kommt: ich habe keine Sünde getan.» Dann folgt die Aufzählung der 42 möglichen Vergehen, von denen sich der Tote reinigt, u. a.: «O Feuerumarmer, der aus Tura kommt: ich habe nicht geraubt. O Langnasiger, der aus Schmun kommt: ich habe nicht betrogen. O Verschlinger der Schatten, der aus der Höhle kommt: ich habe nicht gestohlen. O Rückwärts-Schauer, der aus Rosetaw kommt: ich habe keinen Menschen getötet. O Flamme, die verkehrt herauskommt: ich habe kein Gottesopfer gestohlen. O Knochenbrecher, der aus Ehnas kommt: ich habe keine Lüge gesprochen.»

In dieser Weise werden alle 42 möglichen Vergehen in einer Art Rückschau auf das vergangene Erdenleben aufgezählt. Wird dann die Seele des Toten von den Richtern freigesprochen, so darf sie in die Welt des Osiris eingehen und selber ein Osiris werden. Die Seele des Toten geht damit in diejenige Welt ein, in welcher sie erst ihr wahres Menschentum findet und aus der auch die Kräfte stammen, die den Erdenleib geschaffen haben. Im Totenbuch werden daher der Kopf und die Glieder des Erdenleibes in Beziehung zu bestimmten Göttern gebracht. So heißt es u. a. vom Kopf des Toten: «Die vier Knochen meines Hinterhauptes sind verbunden von dem Himmelsbewohner... Ein Knochen meines Hinterhauptes ist von Seth verbunden, mit dessen erster Stärke die Neunheit war. Laßt keinen Kampf entstehen. Errettet mich. Ein Knochen meines Hinterhauptes ist von Nut verbunden, als ich zum erstenmal die Gerechtigkeit erblickte und die Götterbilder geformt wurden. Ich bin der Schauende, wenn ich vor den großen Göttern stehe.» Über die Körperteile heißt es: «Mein Haar ist Nun, mein Gesicht Rê, meine Augen sind Hathor, meine Ohren sind Wep-wawet, meine Nase ist der Erste von Letopolis, meine Lippen sind Anubis, meine Zähne sind Chepra, mein Nacken ist Isis die Göttin, mein Hals ist Neith, meine Brust ist der großmächtige Widder, mein Bauch ist Sechmet, mein Unterleib ist das Horusauge, meine Beine sind Nut, meine Sohlen Ptah.» In dieser Aufzählung wird der Erdenleib, in welchem der Mensch während des Erdenlebens seine Verfehlungen begeht, in Beziehung zu den göttlichen Kräften und Wesen gebracht, die ihn geschaffen und am Leben erhalten haben.

Nach dem Totenbuch wurde jedes Glied des menschlichen Organismus in Verbindung mit einem göttlichen Wesen gebracht oder mit einem solchen identifiziert. Dabei werden drei Gruppen, die sich auf den Sinnesnervenorganismus, den rhyhtmischen Organismus und den Stoffwechselorganismus beziehen, unterschieden. «Es gibt kein einziges Glied in mir», so lautet ein Text, «in welchem nicht ein Gott wäre.»

Diese Verfehlungen werden auch nicht einfach im Sinne eines strafrechtlichen Kodex aufgezählt, sondern entsprechend eines bildlich-wesenhaften Trieblebens der menschlichen Seele in bestimmten Provinzen des Seelenlebens. Wesenhaft als Verschlinger der Schatten, welcher aus der Höhle kommt, wird der Diebstahl durch den Ort und den Schattenverschlinger tiefgründig charakterisiert oder die Lüge als Knochenzerbrecher, d. h. als eine bis in die Tiefen der Leibesorganisation hinunter wirkende destruktive Kraft, da der Leib aus der Wahrheit der Götterwelt heraus geschaffen worden ist. Es werden die Organe des Leibes mit den Göttern in Beziehung gebracht, weil es für die Ägypter kein Ungöttliches gab. Mit der Mumifizierung entstand eine uranfängliche Anatomie, die im Unterschied zur heutigen Anatomie, welche die einzelnen Organe in Bildtafeln darstellt, diesen Organen in innerer Bildhaftigkeit Götternamen zuerteilte. Wenn gesagt wird, das Gesicht ist Rê, so ist damit die Leuchtkraft eines Antlitzes gemeint, und wenn gesagt wird, die Augen sind Hathor, das liebevolle Aufnehmen der Dinge der Welt durch das Licht der Augen. Wird gesagt, der Nacken ist die Isis, so lebt in der Form der Nackenbeugung als demutsvolle Beziehung zur Umwelt die jungfräuliche Seelenkraft der Isis. Damit soll nur angedeutet werden, daß jedes Organ und die Bewegung des Organes als Abbild eines Göttlichen angesehen wurde. Die wesen- und bildhafte Anatomie der Ägypter stellt eine Vorstufe aller anatomischen Wissenschaft dar, die in der Mumifizierung ihren Anfang genommen hat.

Die Zahl 42 hatte nicht nur ihre Bedeutung im Hinblick auf die Zahl der Totenrichter, der möglichen Verfehlungen und der Gaue, sondern auch der Generationsfolgen. Die Isis-Einweihung führte durch das Untertauchen in das Blut zu einer Rückschau auf die Ahnenreihe. Vor dieser Ahnenreihe hatte sich der Tote für seine Verfehlungen zu verantworten, weil diese aus den Blutstrieben heraus begangen worden sind. So waren die Totenrichter die Vertreter der Ahnen.

Der größte Ahne der Lebenden, der einst unter ihnen geweilt hatte, war Osiris, der durch die Tat des Seth-Typhon der Gott der Toten geworden war. Daher wurden für Osiris die Stundenwachen eingerichtet, und diese bildeten die feierliche Krönung des gesamten Totenkultes. Junker hat in einer Studie eine Darstellung des Rituales nach den Inschriften an den

Wänden der Tempel von Denderah, Edfu und Philae gegeben. Jedoch keiner der drei Texte enthält das vollständige Ritual für die zwölf Tag- und Nachtstunden des osirianischen Dauerkultes.

Die handelnden, das Ritual zelebrierenden Personen sind die zwölf Stundenschutzgötter, die hinter dem Gotte stehen, die kommen, «um den Gott zu sehen». Die ersten vier dieser Stundengötter sind nach dem Ritual die «Kinder des Horus», Amset, Hapi, Duamutef, Kebehsenuf. Die Vollstrecker des Rituales sind Götter und Priester, ferner zehn Klagegöttinnen, wie Isis, Nephtys, Neith, Sechmet u. a.

Die Abbildungen an den Wänden der genannten Tempel sollen, wie Junker bemerkt, nicht Schmuck, sondern Vollzug des Rituales sein. Dazu ist zu bemerken, daß diese Tempel mit den Ritualdarstellungen aus der ptolemäischen Epoche stammen, einer Zeit, in welcher das Mysterienwesen längst in Verfall gekommen war und nur noch in überlieferten Formen weiter existierte. Ursprünglich war dieses wie jedes ägyptische Ritual dazu bestimmt, mit magisch wirkender Wortgewalt gesprochen zu werden. Dazu gehörten die weiteren Verrichtungen wie die Darbringung von Weihrauch, Myrrhen, verschiedenen Salben und Ölen zu bestimmten Tagesstunden, Darbringung von kühlem Wasser zu bestimmten Nachtstunden.

Zu jeder der zwölf Tages- und Nachtstunden wurde ein bestimmter Teil des Rituales gesprochen und jede Stunde stand unter dem Schutz eines besonderen Stundengottes. So lautete der Anfang des Rituales für die erste Tagesstunde:

«Die erste Stunde des Tages, das ist die Stunde des Öffnens der Kapelle. Rê geht aus dem Grabe des Gottes hervor und der Horus der Götter kommt, um Osiris zu opfern. Der Gott dieser Stunde als Schutz des Gottes (des Osiris) ist Amset.»

Für die zwölfte Tagesstunde lautet das Ritual:

«Die zwölfte Stunde des Tages. Es ist die Stunde des Anzündens der Lampe, des Schließens der herrlichen Türen. Dieser Gott wird von Horus und den Göttern, welche die Bahre bewachen, gereinigt. Heil dir, Gott! Heil dir, Seele der Götter! Heil dir, Osiris, Erster der Westlichen . . . Dein Sohn Harendotes bringt dir die Söhne des Horus, namens Amset, Hapi, Duamutef und Kebehsenuf.»

Es folgt die erste Stunde der Nacht:

«Die erste Stunde der Nacht. Es ist die Stunde, in welcher Thoth und Anubis eintreten, wenn der Gott in die Kapelle gesetzt wird. Der Gott dieser Stunde als Schutz des Gottes ist Amset.»

«Die zwölfte Stunde der Nacht. Es ist die Stunde, in welcher Osiris von seinem Sohn Horus und von seinem Vater Geb begrüßt wird, wenn sie ihm die Herzen der Götter in ihren Stunden zuwenden. Der Gott in dieser Stunde als Schutz dieses Gottes ist Schesmu.»

Unter diesen schützenden Genien der Tag- und Nachtstunden nehmen die vier Söhne des Horus den wichtigsten Rang ein. Sie folgen aufeinander in den ersten vier Tagesstunden. Sie erscheinen mit ihrem Vater Horus in der zwölften Tagesstunde wie in der neunten Nachtstunde und folgen wiederum aufeinander in den ersten vier Nachtstunden. Es sind diese vier Söhne die schützenden Genien der vier Weltrichtungen, welche auch den vier Sonnenstellungen im Jahreslauf, dem Frühlings- und Herbstpunkt, dem Sonnenhöchstpunkt und dem Sonnentiefpunkt, entsprechen. Es waren die Stundenwachen für Osiris den vier Weltenrichtungen eingefügt.

An diesem Dauerkult für Osiris, den großen Ahnen, den «Ersten der Westlichen», kann die umfassende Bedeutung ermessen werden, wie die Ägypter den Tod dem Leben eingefügt haben.

Die öffentlichen volkstümlichen Osirisfeiern fanden alljährlich im Herbst, wenn im Jahreslaufe die Sonne im Skorpion stand, statt. Sie bildeten den Höhepunkt aller kultischen Feiern der ägyptischen Volksreligion. Zuerst fanden während einer Reihe von Tagen die Klage- und Trauerfeiern für Osiris statt. Herodot beschreibt, welchen Verlauf sie zu seiner Zeit genommen haben. Tausende von Männern und Frauen brachen in Klagen aus und schlugen sich an die Brust. Auch die Götter des Osiriskreises nahmen an diesen Klagefeiern durch Priester und Priesterinnen im Götterornat teil. Dann folgte der Höhepunkt dieser Feiern, die «Auffindung des Osiris», welcher das «Suchen des Osiris» vorangegangen war.

Plutarch berichtet darüber: «Am 19. Athyr (31. Oktober) steigen sie nachts zum Meere hinab (der Nil wurde auch Meer genannt). Die Bekleider und Priester tragen den heiligen Korb (cista mystica), worin sich das goldene Gefäß befindet. Sie nehmen von dem Trinkwasser und gießen hinein (in das goldene Gefäß). Und ein Geschrei der Anwesenden entsteht, Osiris sei gefunden. Dann vermischen sie fruchtbare Erde mit diesem Wasser, tun Gewürze und Spezereien von Kostbarstem hinzu und formen daraus ein mondförmiges Bildchen (ein Osirisbild), das sie ankleiden und schmücken.»

Außerdem fanden noch weitere Festlichkeiten und Zeremonien statt, wie der siebenmalige Umgang einer heiligen Kuh um den Tempel, vor allem aber Tagesumzüge, Tanz- und Kriegsumzüge und, wie Herodot berichtet, auch besondere Osirisfeiern für Frauen; auch in Schauspielen wurde das Osirisdrama vorgeführt. Der Höhepunkt dieser Feiern war aber der von Plutarch geschilderte Vorgang der «Auffindung des Osiris».

Die Zeremonie, bei welcher Nilwasser in ein goldenes Gefäß geschöpft, dann mit Erde und kostbaren Gewürzen vermischt wird, birgt ein osirianisches Lebensgeheimnis Ägyptens. Es wurde Osiris, wie früher erwähnt, mit dem Nil, der durch die jährliche Überschwemmung fruchtbare Ackererde absetzt, die dann den Getreidesamen empfängt, identifiziert. Dabei ging es nicht um die symbolische Darstellung eines nur äußerlich zu beobachtenden Naturvorganges, sondern um das innerliche Miterleben der göttlich empfundenen Lebens- oder Bildekräfte, die im Wasserelemente wirksam sind und die Erde befruchten. Im dahinströmenden Wasser des Niles wurden die dahinströmenden Lebensbildekräfte erlebt. Und der Nil wurde mit Osiris identifiziert, weil Osiris das Geheimnis des Lebens wie das des Todes in sich vereinigte. Alle Zeremonien und Festlichkeiten der Osiriszeit im Herbst hatten nur diesen einen Sinn, diese allumfassende Bedeutung. Osiris ist das Lebensgeheimnis Ägyptens, das im dahinströmenden Wasser des Niles sich von der Naturseite her offenbart. Osiris-Hapi ist der Bewahrer des Lebensgeheimnisses, weil er durch den Tod gegangen ist. Letzten Endes diente die ägyptische Kultur der dritten Sothisperiode in allen ihren Manifestationen der Darstellung der osirianischen Lebensgeheimnisse. Dabei muß stets in Berücksichtigung gezogen werden, daß der osirianischen Welt immer das typhonische Element hemmend entgegensteht. Die Osirisfeiern fanden ihren Abschluß mit dem Fest der Aufrichtung des Tet-Pfeilers.

Der ägyptische Totenkult in seiner Gesamtheit bietet zwei Hauptaspekte, einen allgemeinen und einen speziellen. Auch andere Völker und andere Kulturepochen der vorchristlichen Zeit haben ihre Totenkulte gehabt. Welche besonderen Anschauungen, Kultformen und Bestattungsweisen auch immer bestanden haben, bei der alten Menschheit war ganz allgemein ein instinktives, nur bei den Weisheitsträgern bewußtes Wissen von dem vorgeburtlichen Dasein vorhanden. Aus diesem heraus wurde der Totenkult entwickelt. Diese Gewißheit lebte deswegen in den Seelen, weil, wie dargelegt, die nachatlantische Menschheit erst nach und nach, von Kulturepoche zu Kulturepoche fortschreitend, ihr eingeborenes Himmelsbürgertum in das ihr bestimmte Erdenbürgertum umwandeln konnte. Im dritten nachatlantischen Kulturzeitraum, dem Ägypten angehört, war das Inkarnationsdrama der Menschheit noch nicht bis zum vollen Erdenbürgertum vorgeschritten, aber es befand sich, vor allem in Ägypten, an seinem Anfang. Die Erinnerung an das vorgeburtliche Dasein war noch nicht ausgelöscht, wurde aber im nachfolgenden griechisch-römischen Zeitraum zum Erlöschen gebracht.

In Ägypten kam es zur Entwicklung und zu einer Form des Totenkultes, die einzigartig und unübertroffen von allen vor-christlichen Kulturvölkern des Orientes war, denn nur Ägypten hat die Mumifizierung als dauernde Einrichtung der Totenbestattung gehabt.

Es ist die gewaltige, zur Verinnerlichung drängende Kraft der hermetisch-osirianischen Welterkenntnis, welche im ägyptischen Totendienst eine Kultform in ihrer tief beeindruckenden Eigenart erhalten hat. Und diese Eigenart fand ihren stärksten Ausdruck in der Mumifizierung. Ein durch nahezu drei Jahrtausende durchgeführter Totenkult, der die Erdenform des Menschen in der Mumie konserviert und Osiris zum göttlichen Träger des menschlichen Bewußtseins im Leben nach dem Tode macht, wirkte sich in seinen Folgen auch in der allgemeinen Kulturentwicklung aus. Diese Folgen werden darin ersichtlich, daß der ägyptische Totenkult die Verschiebung des menschlichen Bewußtseins von der Erinnerung an das vorgeburtliche Dasein zugunsten der ausschließlichen Hinwendung zum Leben nach dem Tode, die im griechisch-römischen Zeitraum eingetreten ist, entscheidend mitbewirkt hat.

Das gewaltige Bild der Seelenwaage im Totengericht erhält dadurch noch eine andere Gestalt. Die Waagschale der Erinnerung an das vorgeburtliche Dasein verlagerte sich zugunsten desjenigen Bewußtseins, das sich nur an das Leben nach dem Tode halten will.

XIV

ÄGYPTEN IM AUFGANG DER III. SOTHISPERIODE

Die ägyptische Kalenderordnung nach dem Sothisjahr mit den vier aufeinanderfolgenden Sothisperioden zu je 1460 Jahren bildet nicht nur einen fest gefügten chronologischen Rahmen für die ägyptische Kulturforschung der vordynastischen und dynastischen Zeit, sondern es ist in den Sothisperioden auch ein Gesetz der inneren Entwicklung mitenthalten, das im vierten Abschnitt bereits formuliert worden ist. Darnach stellt die dritte Sothisperiode sich als eine solche dar, welche nur noch die Gestaltungskräfte der elementarischen Welt zur Entfaltung bringt. Die vierte Sothisperiode bietet dann das Bild des vollen Zerfalles. Ägypten fällt unter verschiedene Fremdherrschaften und wird schließlich zuerst in das persische Weltreich und dann in das Imperium Romanum eingegliedert. Diese vierte Sothisperiode spielte sich ganz im Felde irdisch-geschichtlichen Geschehens ab, und man wandte sich in dieser vierten, unschöpferisch gewordenen Epoche nur zu den alten schöpferischen Vergangenheiten zurück (saitische und ptolemäische Epoche).

Die Ägypter haben die Folge der vier Sothisperioden in ihren absteigenden Stufen des Weltbewußtseins nicht in dieser exakt formulierten Weise ausgesprochen, aber sie haben sie dargelebt. Die Kalenderordnung nach Sothisjahren war für sie nicht eine äußerliche, nur astronomische Tatsache, sondern eine innere Erfahrungswelt. Das geht auch daraus hervor, daß die Isis, die Seele Ägyptens, den Namen Sothis trug.

Das ägyptische Weltbild ist aus der dem Thoth-Hermes zugeschriebenen Uroffenbarung hervorgegangen, es ist seiner Geistigkeit nach hermetisch, auf Verinnerlichung veranlagt und hat in Heliopolis etwa zu Beginn der Pharaonenherrschaft eine zeitgemäße Form und nachmals auch seine Aufzeichnung gefunden. Heliopolis reicht nach allgemein geltender Ansicht weit in die vordynastische Zeit zurück und war diejenige Stätte im Norden, wie aus dem heliopolitanischen Sonnenkult von Atum und Rê hervorgeht, die in Beziehung zu den iranischen Sternenmysterien gestanden hat. Aus dem geistigen Wesen des Sonnenkosmos hatte Zarathustra das urpersische Weltbild geschaffen und die iranischen Sternenmysterien begründet. Thoth-Hermes schuf aus dem Mondenkosmos, aus Vorgängen, die während der lemurischen Zeit stattgefunden haben, das ägyptische Weltbild. Das urpersische Weltbild ist seinem Wesen nach sonnenhaft, es ist ein Fixstern-

Weltbild. Das hermetisch-osirianische Weltbild ist mondenhaft. Das heliopolitanische System enthält aber ganz unverkennbar, wenn auch verwandelt, Züge des urpersisch sonnenhaften Weltbildes. Die Begründung der ägyptischen Epoche und die Einführung des Sothisjahres fielen noch in die urpersische Zeit hinein.

Für den Übergang von der ersten zur zweiten Sothisperiode können scharfe Grenzen nicht gezogen werden. Es liegen aber nachprüfbar Wegmarken für diesen Übergang vor. Eine solche ist die Begründung des Süd- und Nordreiches, welche, wie aus guten Gründen angenommen werden darf, beim Übergang von der ersten zur zweiten Sothisperiode stattgefunden oder jedenfalls ihren Abschluß erhalten hat. Eine weitere Bestätigung liegt vor im Hereinragen von Überlieferungen aus der ersten und zweiten in die dritte Sothisperiode.

Der Übergang von der zweiten in die dritte Sothisperiode und der Beginn und Fortgang derselben von 2780–1322 v. Chr. manifestiert sich in Vorgängen und kulturellen Schöpfungen, welche in die geschichtliche Zeit Ägyptens fallen und geschichtlich erfaßbar sind. Diese dritte Sothisperiode umfaßt im großen und ganzen das Wesentliche, das Entscheidende an schöpferischen Leistungen der ägyptischen Kultur. Dieser Zeitraum mit seiner von Manetho gegebenen Einteilung in Altes, Mittleres und Neues Reich bildet den eigentlichen Hauptgegenstand der Ägyptologie. Was vorher liegt, fällt in das Gebiet der ägyptischen Vorgeschichtsforschung. Diese dritte Sothisperiode nimmt in der Kulturgeschichte der alten Menschheit einen ersten Rang ein. Die Pyramidenzeit und die kurze Amarna-Epoche des Echnaton bilden im Grunde die mächtigen Klammern, welche diese dritte Sothisperiode zu einem in ihrer Art beispiellosen Ganzen zusammenfassen. Mit ihrem Beginn trat ein Einsatz von schöpferischen Kräften ein, die das kulturell-geistige Bild Ägyptens geformt haben. Dahin äußert sich auch Hermann Junker im Vorwort seiner Schrift «Pyramidenzeit»: «Die Pyramidenzeit hat der ägyptischen Kultur ihr endgültiges Gepräge gegeben, hat die Grundlage geschaffen, auf denen alles ruht, was die späteren Jahrhunderte erbauten. Ohne große äußere Ereignisse scheint diese Zeit gleichförmig dahinzufließen; aber unter der ruhigen Oberfläche birgt sie den machtvollen Drang, aus dem allein alles Große wächst. Die Werke dieses Zeitalters können nicht leicht überschätzt werden. Seine Führung in der Bau- und Bildkunst ist unbestritten, seine wunderbare Organisation galt bis in die spätesten Zeiten als vorbildlich, und auch die Wissenschaft verdankt ihm große Leistungen.

Eine ähnliche Bedeutung hat die Pyramidenzeit auch für die ägyptische Religion. Was sie hier geschaffen hat, darf als maßgebend für die Folgezeit gelten.»

Junker hat mit diesen Worten eine in der ägyptischen Wissenschaft allgemein geltende Anschauung ausgesprochen. Die Grundlagen und Formen der ägyptischen Kultur sind in einem mächtigen, ersten Einsatz gegeben worden und bestimmen das Gesamtbild der dritten Sothisperiode.

Dieser unumstößliche Tatbestand läßt es berechtigt erscheinen, die bisher geltende Einteilung vom Alten, Mittleren und Neuen Reich fallen zu lassen zugunsten einer in Wirklichkeit nie unterbrochenen Kontinuität, welche die dritte Sothisperiode als ein in sich geschlossenes Ganzes erscheinen läßt. Manethos Königslisten sollten doch ohne Zweifel die ununterbrochene Folge der Pharaonendynastien darlegen. Die Einteilung in Altes, Mittleres und Neues Reich ist keinesfalls ägyptisch, sondern ägyptisch ist die Kontinuität der Dynastienfolgen. Die erstere erscheint vielmehr als eine Konzession an die römische, abstrakte Systematik der Ptolemäerzeit, die von der systematisierenden Wissenschaft übernommen worden ist.

Das erstaunliche Phänomen, welches sich mit Beginn der dritten Sothisperiode, insbesondere mit Beginn der Pyramidenzeit darbietet, wirft die Frage nach den sich in ihr manifestierenden Gestaltungskräften auf, welche diese Periode zu einem so eindrucksvollen Ganzen gemacht haben.

Den Übergang von der zweiten zur dritten Sothisperiode bilden die beiden ersten Dynastien der aus der oberägyptischen Stadt This stammenden Thiniten. Die Königslisten des Turiner Papyrus und des Manetho überliefern die Namen von achtzehn Herrschern dieser beiden Dynastien, wovon siebzehn Königsnamen aus Denkmälern bekannt sind. Die unterste Grenze ihrer Regierungszeit beträgt 220 Jahre (Otto), die oberste 420 Jahre (Breasted).

Die schwankenden Datierungen, welche mangels gesicherter Unterlagen für den Beginn der ersten beiden thinitischen und den Beginn der nachfolgenden memphitischen Dynastien bestehen, erhalten insofern ein gesichertes zeitliches Rückgrat, indem der Beginn der dritten Sothisperiode mit dem Jahre 2782 v. Chr. als feststehendes Datum gelten kann, da nach ägyptischen Quellen um 1322 v. Chr. eine neue, die vierte Sothisperiode begonnen habe. Der Beginn der dynastischen Zeit Ägyptens fällt, wie in Abschnitt VI dargelegt, zusammen mit dem Beginn des neuen Weltzeitalters um 3101 v. Chr. Dieses ist kein geschichtliches, sondern ein vorgeschichtlich überliefertes Datum. Wird aber für die Regierungszeit der beiden thinitischen Dynastien ein Mittel von 300 Jahren angenommen, was den heute geltenden Festsetzungen in keiner Weise widerspricht, so erhält auch, vom Anfang der dritten Sothisperiode zurückgerechnet, der Beginn des neuen Weltzeitalters um 3101 v. Chr. ebenfalls ein gesichertes zeitliches Rückgrat. Die memphitische Epoche, d. h. die 3. Dynastie, deren Beginn mit demjenigen der dritten Sothisperiode um 2782 v. Chr. zusammenfällt, führt diesen Namen zufolge des einschneidenden Ereignisses durch die Verlegung der Pharaonenregierung aus dem oberägyptischen This nach Memphis, der Stätte, an welcher das durch Menes vereinigte Süd- und Nordreich zusammenstießen.

Der Übergang von der planetarischen zur elementarischen Stufe des

Weltbewußtseins ist dahin zu verstehen, daß eine bis dahin nicht vorhanden gewesene, durch die Mumifizierung hervorgerufene Naturerkenntnis und damit ein anderes Verhältnis zu den Naturreichen entstanden ist. Diese elementarische Welt, welche in der Sprache der Mysterien auch das Reich der Mütter genannt wird, ist eine formenschöpferische Welt. Das Untertauchen in diese formenschöpferische Welt drängt nach bildhafter Anschauungsweise (Imagination), und die im Bildhaften sich erlebende Seele setzte sich in jener Zeit in ein empfindungsmäßiges Verhältnis zur Umwelt. Die sich im Bildhaften erlebende, die Empfindungsseele wurde im Übergang von der zweiten zur dritten Sothisperiode die führende, die gestaltende Seelenfähigkeit, und ihr ist eingeboren der Trieb, Göttliches in Sinnesbildern darzustellen.

Dem sich in der Empfindungsseele erlebenden Ägypter erschienen die drei Naturreiche als stehengebliebene Zeugnisse einer urgöttlichen Welt. Die Gestaltungskräfte und Gesetzmäßigkeiten der Gesteinswelt wurden in der Folge zur Pyramide geformt, die Lebenskräfte der Pflanzenwelt erhielten ihren Ausdruck in der Lotosblume. Und in den mannigfaltigen Formen der Tierwelt erlebte die ägyptische Empfindungsseele diejenigen göttlichen Urkräfte, die auf dem Wege zum Menschwerden stehengeblieben waren. Die Gesteinswelt offenbarte auf einer ersten Stufe ihr Göttliches; es erhielt seine gesetzmäßige Form in der Pyramide. Auf einer zweiten Stufe offenbarte es sich in den Bildekräften der Pflanzenwelt und erhielt seine angemessene Form im Säulenkapitell. Auf einer dritten Stufe manifestierte es sich in dem mit Empfindung begabten Tier, wodurch dieses dem Menschen verwandt ist, und diese Beziehung fand ihren angemessenen Ausdruck im Tierkult. Auf einer vierten Stufe offenbarte sich das Urgöttliche der Welt im wortbegabten Menschen, im Pharao, dem Träger der kultischen Sprachgewalt. Diese Vierheit ist es, die im Keime und in ersten Anfängen bereits vorgebildet war, aber mit Beginn der dritten Sothisperiode als ein erstaunliches Phänomen eines neuen Zeitabschnittes in Erscheinung tritt.

Diese nunmehr in die volle Entwicklung eintretenden Formgewalten manifestierten sich in zweifacher Weise, in gestalthaften Darstellungen und in Symbolen. In den gestalthaften Darstellungen (Mensch, Tier, Pflanze, Bau) können die Formgewalten voll zur Auswirkung gelangen, im Symbol oder im Zeichen werden sie zurückgehalten. Im Symbol und im Zeichen werden die Formkräfte, welche sonst in die naturalistische Gestaltung eingehen, in derjenigen göttlichen Welt zurückbehalten, aus welcher auch jene stammen. Damit aber haben sie, was damit beabsichtigt war, im Symbol und im Zeichen eine magisch wirkende Kraft behalten.

Unter den Memphiten hat der Gott Ptah eine überragende Bedeutung im ägyptischen Götterkosmos erhalten als ein Gott, in welchem «die Götter ihre Gestalt haben». Bereits die Thiniten haben Ptah zum Schutzgott von Memphis gemacht. Unter den Memphiten, welche mit dem Bau des Ptah-

Tempels diesem Gotte eine Hauptkultstätte in Memphis geschaffen haben, ist Ptah scheinbar an die erste Stelle der bisherigen Götter gerückt.

Unter den führenden Forschern hat sich die Auffassung gebildet, daß die Memphiten mit der Erhebung des Ptah eine Götterlehre begründet haben, durch welche die bisher geltende Götterlehre von Heliopolis in den Hintergrund gedrängt werden sollte, indem sie Atum durch Ptah ersetzt haben. Es habe sich, sagen diese Forscher, zwischen Memphis und Heliopolis dadurch ein Antagonismus herausgebildet, der erst mit der 5. Dynastie sich zu Gunsten von Heliopolis entschieden habe.

Diese Ansicht stützt sich auf die sogenannte Schabaka-Inschrift, einen Granitstein aus der Zeit des Königs Schabaka (716–701 v. Chr.), auf welchem der als «Götterlehre von Memphis» bezeichnete Text eingemeißelt ist, dessen Ursprung jedoch aus der Zeit der ersten Dynastien stammt und wie Junker in seiner Schrift «Die Götterlehre von Memphis» darlegt, während der memphitischen Epoche entstanden sei. Dem Inhalt dieser Schrift wird seitens der Forscher, die sich damit beschäftigt haben, größte Bedeutung zugeschrieben. Junker sagt hierüber am Schlusse seiner Studie: «Sethe nennt unseren Text die ‚aufschlußreichste Quelle für den inneren Gehalt der ägyptischen Religion, die wir besitzen', und alle früheren Bearbeiter desselben haben betont, daß die hier entwickelte Lehre ‚nicht nur für die ägyptische Religionsgeschichte, sondern auch für die Geistesgeschichte der Menschheit im allgemeinen von größter Bedeutung sei'.»

Nach dem Inhalt der Schabaka-Inschrift wurde der memphitische Ptah über den heliopolitanischen Allgott Atum gesetzt. Bis dahin war Atum der ägyptische Allgott mit dem Titel «der Große» (auch der Oberpriester von Heliopolis hieß «der Große»). Nun wurden nach diesem Text Rang und Titel des Atum auf Ptah übertragen. Bisher war Atum (hieroglyphisch «Wr» geschrieben) «Herz und Zunge der Götterneunheit», jetzt wurde Ptah «Herz und Zunge» derselben. Nicht Atum, sondern Ptah galt nunmehr als Vater der Götter. Demgemäß lautet die Überschrift dieses Textes nach der Übertragung Junkers «Götter, die in Ptah Gestalt haben», die er der Übertragung Sethes «Götter, die in Ptah Gestalt gewonnen haben» als die sachgemäßere entgegensetzt. Ptah ist nunmehr der große Gott, dem alle Götter ihr Dasein verdanken.

Für die Beurteilung der ägyptischen Götterlehre muß als Axiom gelten, daß die Erkenntnisformen nicht in Begriffen, sondern mit Götternamen, mit Götterhandlungen ausgedrückt werden. Statt einer abstrakten Begriffswelt haben die Ägypter eine Bilderwelt, und statt normierter Gesetze haben sie namentragende Göttergestalten.

Ptah ist, wie in Abschnitt VII dargestellt, ein formenschöpferischer, ein demiurgischer Gott. Die Lautfolge P-t-a-h ist ein besonders hervorzuhebendes Beispiel ägyptischer Wortmagie. In dem willenserfüllten Stoßlaut «p», der formenden Kraft des «t», dem räumlich weit sich ausladenden Vokal «a» und dem elementaren Wehen des abschließenden «h» hat die ägyptische Empfindungsseele durch Wortmagie das Wesen dieses formenschöpferischen Gottes ausgedrückt.

Wenn im Laufe der Entwicklung der ägyptischen Kultur besondere, bis dahin verborgene, d. h. unentwickelte oder nur anfänglich entwickelte Fähigkeiten zur vollen Entfaltung und im Beginn der memphitischen Epoche zum epochalen Durchbruch kommen, dann werden diese formenschöpferischen Gewalten nicht dem Menschen, sondern dem im Menschen wirkenden Göttlichen zugeschrieben, und es wird dem Gotte, der sich in solch epochaler Weise offenbart, ein Tempel gebaut und ein Kult eingerichtet.

Die Stellung, die dem Gotte Ptah in Memphis zugewiesen worden ist, hat aber in keiner Weise den Sinn einer Zurücksetzung des bisherigen Allgottes Atum. Es wurde damit auch keine besondere «memphitische Theologie» inauguriert, die sich in Gegensatz zur «Theologie von Heliopolis» stellte. In Wirklichkeit hat diese letztere neben und trotz Ptah ihre volle Gültigkeit behalten. Mit der «memphitischen Theologie» ist eine aus dem heutigen Geistesleben stammende, abstrakte Begriffsbildung in den Schabaka-Text hineininterpretiert worden. Dieser Text fordert jedoch eine ägyptische Interpretation dahingehend, daß nach ägyptischer Weltempfindung an dem Durchbruch dieser formschöpferischen Kräfte die älteren Götter von Heliopolis mitbeteiligt sind. Wenn also dem Ptah die Eigenschaften und die Stellung des Atum zugeschrieben werden und er als Vater, d. h. als Bildner der Götter angesehen wird, deren «Herz und Zunge» er nunmehr sein soll, dann deswegen, weil die formschöpferischen Kräfte, die sich in Ptah auf neue Weise offenbaren, schon im Weltbeginne vorhanden waren und gewirkt haben. Sie erschienen mit der memphitischen Zeit nur auf einer neuen Stufe ihrer Wirksamkeit, indem sie nunmehr in den Menschen eingezogen sind und der von ihnen ergriffene schöpferische Mensch, in erster Linie der Baumeister, ihnen einen Tempel baut und einen Kult einsetzt.

Sinn und Bedeutung des Schabaka-Textes liegt also nicht in einer vorübergehenden Zurücksetzung einer «Theologie von Heliopolis», sondern in der Darlegung und Bezeugung einer neu einsetzenden Entwicklungsstufe, die eben nicht abstrakt-begrifflich, sondern nach ägyptischer Art in Bildern gegeben ist, aus denen hervorgeht, wie später auftretende formschöpferische Kräfte mit denen des Uranfanges in Beziehung gebracht werden. Der Erkenntniswert, den der Schabaka-Text für die Forschung besitzt, ist in der Tat von größter Bedeutung für die ägyptische Religion und für die Geistesgeschichte der Menschheit, weil in ihm der Entwicklungsbegriff, den die neuere naturwissenschaftliche Forschung in ihrer Weise formuliert, in ägyptischer, d. h. in bildhafter und umfassender Weise formuliert worden ist. Die Schabaka-Inschrift ist deswegen ein bedeutendes Dokument, weil sie im Grunde die Inauguration der dritten Sothisperiode mit ihrem Durchbruch formenschöpferischer Kräfte zum Gegenstande hat.

In diesem Zusammenhange erhebt sich eine Frage, die in der vorliegenden Form bisher nicht aufgeworfen und daher auch nicht behandelt worden ist. Warum erfolgte der so plötzliche, so merkwürdige Übergang vom Kammersystem der Ziegelstein-Grabbauten während der Thinitenzeit zu der monumentalen Pyramidenform unter Zoser, dem ersten Pharao der memphitischen Epoche? Diese Frage drängt sich auf, weil die Thinitenzeit keinerlei Voraussetzungen oder sonstige Anhaltspunkte für den Pyramidenbau bietet.

Dieser Tatbestand erhält eine überraschende Gestalt durch einen knapp gehaltenen Hinweis Rudolf Steiners bei Gelegenheit einiger Bemerkungen über den Pyramidenbau. Er sagt darüber: «Diese Pyramidenbauten haben nicht eigentlich die Ägypter gemacht, sondern immer, wenn Eroberer aus iranischen Gegenden, aus Vorderasien nach Ägypten gekommen sind, haben diese die Pyramiden aufgeführt. Die Ägypter haben die Pyramiden erst bauen gelernt von solchen Völkern, welche Sternen-Mysterien gehabt haben, während die Ägypter selber nicht Sternen-Mysterien, sondern eine Art Weihnachts-Mysterien gehabt haben.» («Mysterienwahrheiten und Weihnachtsimpulse», Vortrag IV, Dornach 1917.)

Dieser Hinweis, so sehr er von den bisher geltenden Anschauungen abweicht, steht trotzdem im Einklang mit Forschungen, welche in dieser Richtung verlaufen, aber nicht zu Ende geführt worden sind. Es ist bekannt, daß die ägyptische Annalistik streng darauf ausging, die ununterbrochene Reihe der Pharaonendynastien in den Königslisten festzuhalten, Fremdherrschaften oder fremde Einflüsse unerwähnt zu lassen. Selbst für die Hyksos-Zeit, über die nur ganz ungenügende Berichte der Ägypter vorliegen, reißt die Dynastienfolge nicht ab, sondern die legitime Fortdauer der Pharaonenherrschaft wird gewahrt. Manetho erwähnt zwar die Hyksos-Fremdherrschaft, läßt sie aber von zwei Pharaonen-Dynastien, einer thebanischen und einer unterägyptischen, überdauern. Die Königsliste von Abydos dagegen ignoriert die Hyksos-Zeit, die Tafel von Karnak und der Turiner Papyrus führen sie an. Auch während der Herrschaft der Äthiopier wurden, trotz der Unterdrückung, in den Königslisten die legitimen ägyptischen Thronfolger weiter geführt. Aus ägyptischen Quellen ist bezeichnenderweise nichts zu erfahren über den Aufenthalt des israelitischen Joseph in Ägypten und dessen Wirken am Hofe des Pharao, auch nichts über den Aufenthalt der Israeliten im Lande Gosen, ebensowenig über Moses und den Auszug der Israeliten unter dessen Führung. Die Geschichtsforschung ist in dieser Beziehung lediglich auf die Schilderung im Alten Testament angewiesen.

Infolge der Einseitigkeit der ägyptischen Geschichtsquellen, die nur eine Darstellung der Pharaonengeschichte, aber auch diese nur lückenhaft enthalten, ist über eine mögliche zeitweilige iranische Fremdherrschaft nichts zu erfahren. Nur die Einsetzung des Sothisjahres und damit der Sothisperioden kann zunächst als Stütze dienen einer Beziehung von Iran und

Ägypten bei Begründung der ägyptischen Kulturepoche. Die vier Sothisperioden und die geschlossenen Dynastienfolgen lassen jedoch Entwicklung und Zeitenschicksal von Ägypten in einem weit gespannten, vorgeschichtlich verlaufenden Kraftfeld erscheinen, das mit der Kolonisation von Iran her seinen Anfang genommen und mit der Eroberung und Unterwerfung des Landes durch die persische Großmacht unter Kambyses (525–404 v. Chr.) ein Ende gefunden hat. So kann es naheliegend erscheinen, daß Ägypten auch zwischen Anfang und Ende zeitweiligen Einfällen von Iran und Vorderasien her ausgesetzt war, wenn auch die ägyptischen Quellen darüber schweigen. Selbst über die ersten sechs Dynastien sind diese Quellen äußerst gering, und doch sind während dieser ersten 6–8 Jahrhunderte der Pharaonenherrschaft Entscheidungen getroffen und Leistungen vollbracht worden, welche für den ganzen Verlauf der dritten Sothisperiode richtunggebend gewesen sind.

Die durch ersichtliche Tendenz herbeigeführte Begrenzung des ägyptischen Geschichtsbildes bedarf einer Erweiterung, vor allem nach dem Iran, dem geistigen Ursprungsland der ägyptischen Kulturepoche. Es geht daher darum, weiterhin den Spuren von Beziehungen zwischen Iran und Ägypten nachzugehen. Diese Spuren sind, an der großen Bedeutung des Problems gemessen, noch sehr gering, aber sie sind geeignet, den Blick in diese Richtung zu lenken. Zunächst handelt es sich darum, ob in Ägypten schon vor den Hyksos, d. h. schon zur Pyramidenzeit, Fremdherrschaften bestanden haben.

Ein älterer ägyptischer Archäologe, August Knötel, hat 1861 eine Schrift «Cheops, der Pyramidenbauer und seine Nachfolger» als Aufklärungs- und Streitschrift gegen seine wissenschaftlichen Gegner erscheinen lassen. Knötel sucht darin den Nachweis zu erbringen, daß Ägypten zur Zeit des Cheops eine Fremdherrschaft gehabt habe. Dabei stützt er sich auf eine Aussage des Herodot, dahingehend, die Ägypter hätten unter Cheops und Chephren infolge der Pyramidenbauten soviel Drangsal erlitten, daß sie aus Haß gar nicht deren Namen aussprechen, und sogar die Pyramiden «nennen sie nach dem Hirtenkönig Philitis». Knötel suchte nun unter Aufwand großer Gelehrsamkeit nachzuweisen, daß dieser Hirtenkönig Philitis mit Cheops identisch sei. Dieser Versuch hat sich jedoch völlig unbrauchbar erwiesen, weil Knötel die Fremdherrschaft der Hyksos in die Zeit der 4. Dynastie verlegte, wonach Cheops ein Hyksoskönig gewesen wäre, und er damit die ganze zu Recht bestehende Chronologie in Verwirrung gebracht hätte.

Die Bemerkung des Herodot scheint aber doch darauf hinzuweisen, daß in Memphis z. Z. der Pyramidenbauer eine Fremdherrschaft bestanden habe oder fremde Einflüsse kultureller Art vorhanden gewesen sein müssen. Eine Gruppe weiterer Erscheinungen, welche den Blick auf dieses Problem lenken können, stehen seitens der neueren Forschung zur Erörterung, die bereits in Abschnitt V dargelegt worden sind, wie die Schädelmessungen aus der Nekropole von Abusir el Melek mit dem Hinweis auf iranische Einwanderungen, ferner die von Otto erwähnte Berührung von Sumer mit Ägypten, sowie die Ausbreitung der vordynastischen Kultur von Negade II, die sich vom Norden her über ganz Ägypten erstreckte, an welcher auch iranische Einflüsse beteiligt gewesen sein können.

Ganz unklare geschichtliche Verhältnisse haben am Ende der ersten und während der zweiten Dynastie bestanden, worüber die ägyptischen Quellen nichts aussagen. Es geht aber aus den Denkmälern der ersten Dynastie hervor, daß der Pharao Semerchet den Namen seines Vorgängers Adjib und dessen Mutter Merit-Neith ausmeißeln ließ, was wiederum der Nachfolger des Semerchet, der König Ka, mit dessen Namen auch getan hat. Demnach müssen am Ende der ersten Dynastie dynastische Kämpfe stattgefunden haben. Auch das Ende der Thinitenepoche brachte «schwer durchschaubare Wirren mit sich» (Otto).

Die angeführten Erscheinungen lassen sich dahin zusammenfassen, daß zwar damit kein Eingreifen iranischer Einflüsse erwiesen ist, wohl aber als Problem nicht abgewiesen werden kann. Da während der thinitischen Epoche keinerlei Voraussetzungen für den Pyramidenbau vorliegen, müssen diese mit Beginn der dritten Sothisperiode, also mit Beginn der memphitischen Ära eingetreten sein. Der Hinweis Rudolf Steiners, daß der Pyramidenbau nicht aus den ägyptischen Weihnachtsmysterien, sondern nur aus iranischen Sternenmysterien habe entstehen können, rückt das Problem einer so bedeutenden iranischen Einflußsphäre auf Ägypten zu dieser Zeit in eine besondere Richtung. Inwiefern haben iranische Sternenmysterien den Pyramidenbau in seinen geometrischen Formen und seinen Abmessungen bestimmen können, wenn die ägyptischen Weihnachtsmysterien nicht dazu in der Lage waren?

Die ägyptischen Weihnachtsmysterien führen diesen Namen, weil eine Hauptgestalt derselben, die Isis, das Horuskind auf dem Arme trägt. Es sind Geburtsmysterien der verinnerlichenden, der hermetischen Welt. Durch sie wurde in der Seele der Eingeweihten der Horus geboren. Sternenmysterien sind ihrem kosmischen Wesen nach den hermetischen Geburtsmysterien entgegengesetzt. Durch diese wird der Geistesblick in die geheimnisvollen Tiefen der menschlichen Seele gelenkt, durch die Sternenmysterien aber in die Weiten und Geheimnisse des Kosmos.

Sternenmysterien, denen in der irdischen Welt ein Abbild in Gestalt eines Kulthauses gegeben wird, erhalten ihre äußere Form nach kosmischen Gesetzmäßigkeiten durch Abmessungen, Raumesorientierung, Winkel- und Flächengestaltung. Die kosmischen Gesetzmäßigkeiten der iranischen Sternenmysterien sind, wie aus dem Weltbild des Zarathustra hervorgeht, diejenigen der Fixsternwelt. Sollte also aus den Sternenmysterien der Fixsternwelt heraus ein irdisches Abbild in einem Kultbau geschaffen werden, dann mußte nach den Gesetzmäßigkeiten der Fixsternwelt ein solcher Bau eine denselben entsprechende charakteristische Form erhalten, und als eine solche charakteristische Form erweist sich die Pyramide. Wie die Natur im Quarzkristall mit seinen sich in der Spitze vereinigenden Dreiecken eine streng geometrische Form aus den Kräften der Fixsternwelt geschaffen hat, so entstand aus Sternenmysterien die geometrische Form der Pyramide mit ihren die Spitze bildenden Dreiecksflächen. Aus denselben Sternenkräften des Kosmos heraus ist die geometrische Form des Quarzkristalles wie die der Pyramide entstanden. Die Pyramide in ihrer geometrischen Form mit ihren Neigungswinkeln und Dreiecksflächen ist aus der Fixsternwelt der iranischen Sternenmysterien herabgeholt worden.

Da hinlängliche Nachweise für den Einzug und die Wirksamkeit iranischer Eroberer in Ägypten um die Zeit des Beginnes der dritten Sothisperiode vorläufig, bis etwa neu entdeckte, bisher nicht bekannte Pyramiden Aufschlüsse in dieser Richtung geben, nicht erbracht werden können, muß die Antwort auf die aufgeworfene Frage in den iranischen Sternenmysterien selber gesucht werden. Die Pyramide als der merkwürdige Erstling der ägyptischen Baukunst, und damit der nachatlantischen Baukunst überhaupt, gibt eine hinlängliche Antwort auf diese Frage. Eine grundlegende Erkenntnistatsache muß hierbei beachtet werden. Die Pyramidenform konnte nur aus solchen Sternenmysterien entstehen, welche, wie die iranischen, aus der Fixsternwelt stammen oder in sie hinausreichen. Die chaldäisch-babylonische Kultur hat auch Sternenmysterien gehabt, die aber der planetarischen Sphäre angehörten; daher sind in diesem Kulturkreis nicht Pyramiden, sondern Türme als angemessene Kultbauten errichtet worden.

Als Ereignis, als Erstling der Baukunst erscheint die Pyramide nicht nur, weil sie hinausweist in die Fixsternwelt der iranischen Sternenmysterien, sondern in ihrer engen Verbindung mit dem hermetisch-osirianischen Totenkult. Zwei voneinander völlig verschiedene Geisteswelten haben sich damit in der Pyramide vereinigt: die aus Fixsternwelten kommenden Sternenmysterien mit der hermetischen Geisteswelt, die Stufe für Stufe zur Verinnerlichung führt und in dieser Verinnerlichung an die Schwelle des Todes gelangt. Im Pyramiden-Kultbau begegnen sich Geheimnisse der Fixsternwelt mit den Todesgeheimnissen des menschlichen Erdendaseins, die auf dem Wege der hermetischen Einweihung erlangt wurden.

In dem folgenden Pyramidentext hat diese Verbindung einen tiefsinnigen Ausdruck gefunden: «O Horus, ein Osiris ist diese Seele. Ein Osiris ist dieses Bauwerk, ein Osiris ist diese Pyramide.»

Universell und kulturgeschichtlich gesehen, liegt in dieser Verbindung eine Wiederholung uralter iranisch-ägyptischer Beziehungen vor. Erstmals haben sich diese zwei Welten miteinander verbunden, als die vorzeitliche Kultur Ägyptens mit der Einsetzung des Sothisjahres und den beginnenden Sothisperioden begründet worden ist und der Sternengenius des Zarathustra, der Sirius, in die Isis-Sothis, in die Seele Ägyptens einging. Zum andern

Male, und dies mit monumentaler Zeugenschaft, fand eine solche Verbindung durch den Pyramidenbau statt an einem entscheidenden Wendepunkte beim Übergang in die dritte Sothisperiode.

Die Stufenpyramide des Zoser, des ersten Pharao der dritten Sothisperiode, ist der erste bisher bekannt gewordene Pyramidenbau. Vorher ließ er sich, wie seine thinitischen Vorfahren, in Abydos ein Ziegelsteingrab mit Kammern bauen. Manetho nennt Zoser den Begründer des Steinbaues. Steinbearbeitung, d. h. behauene Quadersteine zu Mauern und Bodenbelag in Gräbern von Abydos herzustellen, hat es schon unter den Thiniten gegeben. Diese handwerkliche Fähigkeit wurde bereits längere Zeit vorher entwickelt, ehe behauene Steinquadern zur ersten Pyramide gefügt worden sind.

Der Übergang vom reinen Ziegelbau zur handwerklichen Fähigkeit der Bearbeitung von Steinen zu Bauzwecken setzt eine längere Übungszeit voraus. Diese Fähigkeit wurde dem Gotte Ptah zugeschrieben. Daher haben die Thiniten, als bereits zu ihrer Zeit sich die Fähigkeit des Steinbehauens zu entwickeln begann, diese unter den Schutz des Ptah gestellt, und die Memphiten haben diesen Gott mit dem Aufkommen des Pyramidenbaues zum «Vater der Götter» gemacht.

Die Überschrift zum Schabakatext: «Götter, die in Ptah Gestalt haben» (Übertragung von Junker) oder «Götter, die in Ptah Gestalt gewonnen haben» (Übertragung von Sethe), eine Unterscheidung rein akademischen Charakters, läuft nach allem, was bisher in dieser Beziehung vorgebracht worden ist, darauf hinaus, daß nach ägyptischer Weltauffassung dieser demiurgisch-kosmischen Gestaltungskraft sowohl die Götter ihr Schaffen verdanken, wie der Mensch sein künstlerisches Schaffen. Die Götter haben ihr Weltwerk geformt wie der Mensch die Pyramide durch die demiurgischen Schaffenskräfte des Ptah.

Als ein Markstein im Pyramidenbau ist der Name des ersten Pyramidenbauers Imhotep überliefert, der, wie durch eine Inschrift bezeugt ist, Hoherpriester von Heliopolis und Oberbaumeister des Zoser war und welchem außerdem der Titel «Sohn des Ptah» verliehen wurde. Zu seiner Zeit galt Imhotep ferner als großer Weiser und Arzt, und bis in späteste Zeiten wurde sein Name hochgehalten. Die Griechen sahen in ihm den heilkundigen Asklepios.

Hier erhebt sich die Frage, kann Imhotep als derjenige Eingeweihte seiner Zeit angesehen werden, der zum Mittler wurde für die Vereinigung der iranischen Sternenmysterien mit dem osirianischen Totenkult im Pyramidenbau? Eine solche Vermittlung konnte doch nur geschehen durch einen Initiierten, als den die Überlieferung Imhotep hinlänglich kennzeichnet. Imhotep macht das Bestehen zweier antagonistischer Theologien hinfällig, denn in der großen geschichtlichen Gestalt des heliopolitanischen Weisen erscheint Atum von Heliopolis und Ptah von Memphis vereinigt.

Der mächtige Einsatz formschöpferischer Kräfte ist das erstaunliche Phänomen, mit welchem die dritte Sothisperiode begonnen hat. Mit diesem Einsatz sind, wie bereits erwähnt, die Grundlagen für deren Verlauf und die nachfolgenden Leistungen gelegt worden.

Die gegenwärtig geltenden Daten für die Regierungszeit des ersten memphitischen Pharao, des Zoser, und damit des ersten Pyramidenbaues sind schwankend, sie bewegen sich jedoch in neuerer Zeit sichtlich in einer Richtung, die mit dem Beginn der dritten Sothisperiode um 2782 v. Chr. zur Deckung kommen. Die Regierungszeit des Zoser begann nach Breasted um 2980, nach Ed. Meyer um 2895, nach Steindorff um 2780, nach Otto um 2778 v. Chr. (nach Angaben von Drioton und Vandier «L'Egypte»). Darnach hätte Zoser etwa im Anfange der dritten Sothisperiode die erste Pyramide gebaut oder unter den dargestellten Voraussetzungen bauen lassen. Diese Festsetzung gilt so lange, solange sie nicht durch künftige Entdeckung von Pyramiden modifiziert werden sollte.

Eine ebenso erstaunliche Erscheinung der beginnenden dritten Sothisperiode ist die Gruppe der ersten fünf Pyramidenbauer (Zoser, Snofru, Cheops, Chephren, Mykerinos), welche diese Periode inauguriert haben. Als Machtträger der dritten und vierten Dynastie haben sie ihrer Zeit und damit Ägypten das Sphinx-Antlitz gegeben.

Die Vereinigung von Sternenmysterien mit dem osirianischen Totenkult in der Pyramide hat in der Folge zu einer Verinnerlichung und zugleich einer Erkraftung des Seelenlebens geführt. Form und Abmessungen der Pyramide entsprachen kosmischen Gesetzmäßigkeiten, der osirianische Totenkult solchen des Seelenlebens, und er führte zu einer Verinnerlichung und Verstärkung desselben in mächtiger Weise. Die Großpyramiden, welche die Pharaonen der genannten Gruppe haben bauen lassen, rufen schon in ihrer äußeren Erscheinung den Eindruck hervor, daß sie aus einer mächtigen Verinnerlichung des seelischen Lebens heraus gewollt und ausgeführt worden sind. Hermetische Geistigkeit, die zur Verinnerlichung des Seelenlebens führt, hatte schon während der Thinitenzeit eingesetzt. Mit den memphitischen Pharaonen der genannten Gruppe hatte sie eine mächtige Steigerung erfahren, und sie spricht sich aus in den aufgetürmten Steinquadern ihrer Pyramiden, die das Osiriswerden des Pharao im Leben nach dem Tode zu gigantischem Ausdruck bringen sollte. Diese Monumentalbauten als Zeugen eines mächtigen Verinnerlichungsvorganges sprechen aber auch davon, daß mit dieser Verinnerlichung als Begleiterscheinung auch ganz besondere Machtimpulse aufgetreten sein müssen, denn durch diese Verinnerlichung wurde naturgemäß das Emotionelle, das Willensartige ergriffen und daraus erwuchsen die Machtimpulse. Aus solchem elementaren Machtwillen, welcher die handwerklichen und wirtschaftlichen Kräfte des Landes in seinen Dienst zwang, sind die Großpyramiden erbaut worden, einem Machtwillen, der andererseits im Dienste der osirianischen Welterkenntnis und des Totenkultes stand. Der Anblick dieser Großpyramiden belehrt augenscheinlich, daß Gestaltungskräfte, die ursprünglich in den Weiten des Kosmos, in Sternenweiten gefunden wurden, in das menschliche Seelenleben eingezogen sind und in dieser Pharaonengruppe als Verinnerlichung wie als Machtimpuls zur Auswirkung gelangten.

Die Pharaonen der thinitischen, der memphitischen und der späteren Dynastienfolgen sind die in das geschichtliche Feld getretenen Machtträger, welche die dritte Sothisperiode beherrscht, geformt und gewandelt haben, aber als menschliche Persönlichkeiten im üblichen Sinne nicht faßbar sind. Die Pharaonen, insbesondere diejenigen der ersten 6–8 Jahrhunderte, über welche die ägyptischen Geschichtsquellen so wenig aussagen, waren lediglich Exponenten eines mit ungeheurer Konsequenz durchgeführten theokratischen Systems, d. h. einer geistigen Strömung, von der sich die einzelne geschichtliche Persönlichkeit des Pharao wenig oder kaum abhebt.

Dieses Geistesleben, dessen geschichtliche Exponenten die Pharaonen waren, ging, wie dargestellt, aus dem Mysterienwesen hervor. Im Sinne dieses Mysterienwesens und daher auch in der Titelgebung war der Pharao, dem ein höheres, ein göttliches Wesen innewohnte, eine Erscheinung, gegenüber der seine menschliche Persönlichkeit und seine leibliche Abstammung zurücktraten, daher auch das Biographische, das die irdisch menschliche Persönlichkeit zum Gegenstande hat, ohne Bedeutung blieb. Der eingeweihte Pharao erhielt den Titel Horus und damit einen Namen, der das Wesen des Persönlichen nicht berührte. Als Horus verrichtete er diejenigen Taten, die in Inschriften und bildlichen Darstellungen geschichtlich erfaßbar sind. Es hängt also mit dem Mysterienwesen und der Einweihung zusammen, warum die Pharaonen als menschliche Persönlichkeiten anonym geblieben und als historische Gestalten nur in Umrissen zu erkennen sind.

Der Pharao hatte durch seine Einweihung gelernt, seine Persönlichkeit im Dienste des Landes hinzuopfern. Er wurde durch eine zweite, eine geistige Geburt ein Horus, ein Sohn der Isis und des Osiris. Nicht seine irdische Persönlichkeit durfte zur Richtschnur seines Handelns werden, sondern das, wozu der Horus in ihm ihn inspirierte. Ob die Pharaonen der dritten Sothisperiode den Einweihungsweg in Wirklichkeit oder nur symbolisch, was in späteren Zeiten der Fall war, durchgemacht haben, gut oder weniger gut anwendeten, ist eine andere Frage. Als menschliche Persönlichkeiten sind sowohl die thinitischen wie die memphitischen Pharaonen der Pyramidenzeit anonym geblieben.

Die Pharaonen, als tätige Exponenten des theokratischen Systems, standen in ihrem verantwortlichen Aufgabenkreis nicht allein. Ihnen standen als Rater die Führenden der Hermespriesterschaft, unter deren Leitung sie die Einweihung erlangt hatten, zur Seite. Als einer dieser Rater, die sonst anonym geblieben sind, erscheint Imhotep. Außer dieser geistigen Vaterschaft der Rater stand in hohem Ansehen die Maternität, die königliche

Raterin als Mutter oder Gemahlin des herrschenden Pharao. Diodor bemerkt in seinen Berichten über Ägypten, daß die Ägypter gegen die allgemeine Sitte der Menschen durch das Gesetz erlaubt hätten, die eigene Schwester zu heiraten, und dieses aus dem Grunde, weil Isis ihren Bruder Osiris zum Gemahl gehabt habe. Aus diesem Grunde habe die Königin eine größere Macht und Ehre genossen als der König. Geschwisterehen werden auch gelegentlich von Ed. Meyer und anderen Geschichtsschreibern erwähnt, wie z. B. diejenige von Thutmosis III. und Hatschepsut. Otto sagt diesbezüglich: «Wie dem auch sei, wird eines jedenfalls deutlich: Die exponierte Stellung der Frau, speziell der Königin, in Ägypten, die in dynastischen Verhältnissen für die Legitimität der Thronfolge ebenso entscheidend war wie die Abstammung vom König selbst. Deshalb garantiert die reinste Legitimität nur die königliche Geschwisterehe.»

Der Pharaonenthron war, wie der geschichtliche Verlauf zeigt, nicht an die Erbfolge von Vater und Sohn nach einem geltenden Erbgesetz gebunden, denn es ereignete sich häufig, daß die Thronfolger nicht Söhne des regierenden Pharao waren. Die Legitimität der Thronfolge war verankert in der Maternität, im königlichen Muttertum als Repräsentanten der Generationsfolge und alles dessen, was die Ahnen als geistiges Gut für die Entwicklung der Volksseele hinterlassen hatten. Galt der Pharao als der in das Blut herabgestiegene Gott, so wurde der Mutter oder der Gemahlin des Pharao aus dem erwähnten Grunde göttliche Verehrung entgegengebracht, und sie erlangte einen großen Einfluß, weil in der Maternität die menschliche Verkörperung des Isis-Prinzipes, d. h. der Volksseele, und der geistigen Ahnen verehrt wurde. Die Heiligkeit der Isis wurde auf die Maternität übertragen und war entscheidend bei der Frage der Thronfolge, welche über die väterliche Erbfolge gestellt wurde. Hieraus findet die häufige Geschwisterehe ihre Erklärung. Von der Maternität, die das Geheimnis des Isis-Prinzipes verkörpert, ging vielfach die Regelung der Thronfolge aus. Mutterrechtliche Prinzipien, wie sie von Bachofen im «Mutterrecht» auch für Ägypten dargestellt wurden, fanden ihre Anwendung auf das Rechtsleben, z. B. in den Erbansprüchen der mütterlichen Linie. In ihren tiefsten Wurzeln geht aber die ägyptische Maternität und ihr Geltungsbereich zurück in die Isis-Mysterien.

In den Bereich der von der Isis geheiligten Maternität hinaufgehoben erscheinen bereits die Gemahlinnen thinitischer Könige, wie die Gemahlin des Aha (Menes), die Neith-Hotep, und diejenige des Königs Den mit Namen Merit-Neith. Beide Königinnen haben in Abydos ihre Gräber und den Titel «Große, königliche Gemahlinnen» erhalten. Ihre Doppelnamen, die ihre Eigennamen mit Neith verbinden, weisen auf die Neith-Isis von Sais hin und bezeugen auch damit den Ursprung der heilig gehaltenen ägyptischen Maternität.

Am Ende der thinitischen Periode ist es die Königin und Königinmutter

Ni-Maat-Hap, die als Frau (oder Tochter) des letzten Herrschers der 2. Dynastie, des Chasechemui, und Mutter des Zoser das Maternitätsprinzip in die 3. Dynastie überleitete. Dasselbe ist auch der Fall bei dem Übergang von der 3. zur 4. Dynastie. Die Königinmutter Hetepheres, vermutlich die Tochter des letzten Herrschers der 3. Dynastie, vermählt mit Snofru, dessen Herkunft aber unbekannt geblieben ist, wurde die Stammutter der drei großen Pyramidenbauer der 4. Dynastie, denn ihr Sohn war Cheops.

Das Grab der Hetepheres ist 1925 von dem amerikanischen Archäologen Reisner und seinem Mitarbeiterstab unter einer unvollendet gebliebenen Königinnenpyramide in der Nekropole der Familie des Cheops entdeckt worden. Die Grabkammer enthielt einen Reichtum von Grabbeigaben, worunter ein mit Gold beschlagenes Bett, dessen vergoldete Pfosten einst einen Baldachin getragen hatten. Aus einer Inschrift ging hervor, daß dieser Baldachin ein Geschenk des Snofru an seine Gemahlin war. Eine Truhe enthielt acht Alabasterkrüge, auf deren Deckel die in den Krügen enthaltenen Salbungsöle angegeben waren, wie «stihal» (Parfüm für festliche Anlässe), «wadj» (grüne Augentusche), ferner «hatet-tjehnu» (libysches Blütenöl) u. a., außerdem goldene Trinkbecher und Teller, Rasierklingen aus Kupfer und Gold, Manikürgerät. Der Sarkophag war leer und trug Spuren einer einst gewaltsam versuchten Öffnung. Die Identifizierung des Grabes ergab sich aus einer Inschrift, die ein vorgefundenes morsches Holzstück in goldenen Hieroglyphen trug, des Inhaltes: «Mutter des Königs von Ober- und Unterägypten, Anbeterin des Horus, Beraterin des Herrschers, Herrin in hoher Gunst, deren jegliches Wort Befehl ist, Tochter des leiblichen Gottes Hetepher...»

Diese Funde besagen, wie reich die Grabausstattung bereits zur ersten Pyramidenzeit gewesen war, und die Inschrift bezeugt das hohe Ansehen, das die Königinmutter als Raterin des Pharao gehabt hat. Zugleich ist sie ein Beweis für die sakrale Hoheit der Maternität, aus der auch die 4. Dynastie hervorgegangen ist.

Dasselbe ist auch der Fall bei der Begründung der 5. Dynastie. Die Tochter des Mykerinos, Chent Kaus, führte nach Inschriften den Titel «König von Ober- und Unterägypten» und nannte sich «Tochter des Gottes» und «Mutter der Könige». Name und Herkunft ihres Gatten sind ebenfalls unbekannt geblieben. Als ihre Söhne gelten die beiden ersten Herrscher der 5. Dynastie, Userkaf und Sahu-rê. Die sakrale Maternität der Königin und Königinmutter für die ersten fünf Dynastien steht damit außer Zweifel.

Zoser, der erste Pharao der memphitischen Epoche, hat ein Verwaltungssystem geschaffen, das seine Gültigkeit bis zum Ende derselben behalten hat. Mit der Verlegung der Residenz nach Memphis erhielt diese unterägyptische Stadt die Vorherrschaft. Das ganze Land wurde in Verwaltungsbezirke (Gaue) gegliedert, die in Oberägypten schon in früherer Zeit bestanden haben. Jedem dieser Gaue stand ein Gaugouverneur oder Gaugraf als «Erster des Königs» vor. Diesem unterstand alles, was unter die Verwaltung eines solchen Gaues fiel: Steuerabgaben in Form von Naturalien, Gerichtsbarkeit, Vermessungen, Besitzrechte, wozu ihm die nötigen Helfer und Schreiber zur Verfügung standen. Was die Gaue an Vieh, Korn und andern Naturalien an den Hof des Pharao zu entrichten hatten, kam in das Schatzhaus, das unter der Verwaltung des «Obersten Schatzmeisters» stand. Außer diesem gab es zwei «Schatzbeamte des Gottes» (des Pharao), denen der Betrieb und die Beaufsichtigung der Steinbrüche und Bergwerke oblag. Die Gaugerichte, deren Gerichtsbarkeit in den Händen des Gaugouverneurs lag, waren zusammengefaßt in sechs Gerichtshöfen des Landes. Bereits in dieser Frühzeit war ein hochentwickeltes Rechtsbewußtsein vorhanden, dessen Satzungen zwar nicht erhalten geblieben sind, von denen man aber annehmen darf, daß sie im heliopolitanischen Weltbild verankert waren und ihren Inhalt von dort empfangen haben. An der Spitze dieses Verwaltungssystems, das in seiner Gliederung und seinem Aufbau der theokratischen Ordnung entspricht, stand der Wesir. Der Wesir war, da Verwaltung und Gerichtsbarkeit eine Einheit bildeten, zugleich der oberste Richter des Landes und trug daher bei der Ausübung seiner richterlichen Funktionen das Bild der Rechtsgöttin Maat am Halse zum Zeichen der Unparteilichkeit, die kein Ansehen der Person kennt. Der Wesir führte auch den Titel «der Oberste über alle Arbeiten des Königs», er war also auch oberster Baumeister und alle Tempelbauten standen unter seiner Aufsicht. In der Halle des Wesirs liefen alle Geschäfte des Landes zusammen, für die er dem Pharao gegenüber verantwortlich war und wofür er von diesem die Weisungen empfangen hatte. Hier wurde als «Schriftstücke des Königs» alles registriert, was die Verwaltung des ganzen Landes betraf. Der Wesir war in dieser Eigenschaft und umfassenden Tätigkeit nicht nur der Vertraute des Königs und eine im Lande hoch geachtete Persönlichkeit, sondern er war auch, was ihn zu dieser Stellung befähigte, ein Weisheitsträger. Von zwei Wesiren der 3. Dynastie, Kagemni und Ptahhotep, sind Weisheitssprüche, die jahrhundertelang fortlebten, überliefert, und Imhotep, der Rater des Zoser, welcher vermutlich auch sein Wesir war, erlangte höchsten Ruhm noch in der späten Nachwelt.

Der Pharao pflegte den Wesir persönlich einzusetzen. Aus Gräbern der 18. Dynastie stammen Texte über dessen Amtseinsetzung. In einer solchen Ernennungsansprache, die der Pharao an den Wesir richtete, heißt es u. a.: «Es ist ein Greuel, wenn man Parteilichkeit zeigt. Dies ist eine Lehre, nach welcher du handeln sollst. Den, welchen du kennst, sollst du ansehen, wie den, der dir unbekannt ist, und den, der dem König nahe ist, wie den, der fern von ihm ist... Sei nicht ungerecht erzürnt über einen Menschen, sondern sei erzürnt über das, wegen dessen man zornig werden muß.»

In diesen Worten lebt nicht nur eine hohe Moral der Rechtsprechung und der Rechtsauffassung überhaupt, sondern auch eine tiefe Einsicht in jene Gewalten des Bösen, die den Menschen zu strafbaren Handlungen verführen, weshalb der Richter nicht über den Menschen, der sie begangen hat, sondern über die Gewalten des Bösen zornig werden soll. Es wird also unterschieden zwischen dem objektiv Bösen, dem wesenhaft Bösen, in dessen Gewalten sich der Mensch durch strafbare Handlungen verstrickt hat, und dem Menschenwesen selber.

Andere diesbezügliche Worte des Pharao an den Wesir lauten: «Siehe, das Wesirat, das ist nichts Süßes, sondern bitter wie... Das bedeutet, Erz zu sein, welches das Gold des Hauses seines Herrn umschließt. Das bedeutet, sich nicht den Fürsten und Räten zu neigen und keine Anhänger sich unter jeglichen Leuten zu schaffen.»

Mit der Pharaonenherrschaft setzt ein Wendepunkt der ägyptischen Kulturentwicklung ein. Unter der Führung der Pharaonen sind die Ägypter aus einem gemischten Rassenvolk zu einem ägyptischen Volkstum und zu einem Kulturvolk geworden. Es wurden dadurch Blutskräfte, die naturgebunden sind, in Bewußtseinskräfte umgewandelt, und diese haben die ägyptische Empfindungsseele in ihrer Eigenart geformt und zu denjenigen schöpferischen Leistungen emporgetragen, welche die Bewunderung der Nachwelt aller Zeiten hervorgerufen haben.

XV

HELIOPOLIS UND DIE BEGRÜNDUNG DES SONNEN-KULTES

Mit der 5. Dynastie traten Neuerungen ein, deren Anzeichen schon in der 4. Dynastie zu finden sind, nun aber zu voller Entfaltung kamen und von tief eingreifenden Folgen für den weiteren Verlauf der dritten Sothisperiode werden sollten. Der heliopolitanische Sonnengott Rê erhielt eine überragende Stellung, die er bis zum Ende der Pharaonenherrschaft behalten hat.

Der bisherigen Titulatur der Könige wurde ein neuer Titel hinzugefügt. Der Pharao galt nunmehr als «leiblicher Sohn des Rê». Während dieser 5. Dynastie erhielt auch das künstlerische Schaffen und der nach außen gerichtete Unternehmungsgeist abermals einen bedeutenden Aufschwung. Was aber diese Dynastie außerdem in markanter Weise von den vorangegangenen unterscheidet, ist die eintretende Lockerung im festen Gefüge des bisherigen theokratischen Systems.

Diese Vorgänge werden in der Regel dahin interpretiert, es habe von Heliopolis aus eine Machtergreifung stattgefunden, wodurch der Sturz der 4. Dynastie herbeigeführt und der «Theologie von Heliopolis» zum Siege verholfen worden sei. Dabei wird einer Sage oder eines Märchens, den Pharao Cheops betreffend, Erwähnung getan, das aber erst ein Jahrtausend nach der 4. Dynastie aufgeschrieben worden ist (Papyrus Westcar. Zeit 1790–1580 v. Chr.) und aus welchem ersichtlich wird, wie darin geschichtliche Wahrheiten angedeutet worden sind.

In seinem vollen Wortlaut findet sich dieses Märchen in der von Ulrich Steindorff herausgegebenen Sammlung altägyptischer Märchen. Zusammenfassend wird darin Folgendes erzählt:

Der Pharao Cheops unterhielt sich mit seinen drei Söhnen, und jeder erzählte ihm eine Geschichte. Nachdem der dritte Sohn Hardedef die Geschichten seiner Brüder angehört hatte, sagte er zu Cheops, bisher habe er nur Geschichten über die Vergangenheit vernommen, er wolle ihm nun eine aus der Gegenwart erzählen, und so berichtete er von den Wundertaten des Weisen Dedi, der, über hundert Jahre alt, 500 Brote, eine Ochsenkeule und 10 Krüge Bier in einer Mahlzeit zu verzehren vermöge. Dedi verrichte auch Wundertaten, er verstehe die Kunst, einem Enthaupteten den Kopf wieder aufzusetzen, einen Löwen zu zähmen, und außerdem besitze er die Kenntnis des Schlosses zum Tempel des Thoth, als wäre er der

Gott der Weisheit selber. Cheops, der sich seit Jahren um diese Kenntnisse bemüht hatte, gebot dem Dedi, zunächst seine Wundertaten zu zeigen. Der Weise vollzog nun vor dem Pharao das Wunder, Totes wieder lebendig zu machen. Einer Gans wurde der Kopf abgehackt, darauf sprach Dedi Zauberworte, der Kopf fügte sich wieder zum Leibe und die Gans begann zu schnattern. Darauf geschah dasselbe mit einem Stier. Von Cheops alsdann über die Schlösser befragt, sagte Dedi, diese befänden sich in einer steinernen Truhe im Sonnentempel zu Heliopolis. Cheops forderte ihn auf, sie zu holen. Dedi jedoch entgegnete, er selber werde sie nicht holen, wohl aber der älteste der drei Söhne, die heute noch ungeboren im Leibe der Reddedet ruhen, welche «die Frau eines Priesters des Herrn der Sonne, unseres Gottes Rê» sei. Der Gott habe ihr kundgetan, daß diese drei Söhne die königliche Würde in Ägypten erlangen und der Älteste Hoherpriester in Heliopolis sein werde. Darauf wurde Cheops tief betrübt. Sei nicht betrübt, sagte Dedi, erst kommt dein Sohn, dann deines Sohnes Sohn und dann erst einer von den dreien an die vorausgesagte Herrschaft.

Das Märchen schildert weiter, wie nach gekommener Zeit die Geburt der drei Söhne der Reddedet erfolgte. Rê schickte ihr vier Helfer zur Geburt, Isis, Meschent, die Göttin der Geburt, Heket und Chnum. Isis gab jedem der drei Neugeborenen den Namen. Es sind diejenigen der ersten drei Könige der 5. Dynastie, Userkaf, Sahu-rê und Kakai (nach den Königslisten Neferirkarê), die von Rê gezeugt worden seien.

Diese Erzählung besitzt echte Märchenzüge, die, obwohl aus altägyptischer Erlebniswelt entstanden, doch einige Verwandtschaft mit solchen der Grimmschen Volksmärchen haben, in denen oft genug von Weisen und Zauberern, von drei Brüdern und erlangten Königswürden, von verborgenen Schätzen und Geheimnissen die Rede ist. Die grotesken Mengen von Speise und Trank, welche der hundertjährige Dedi zu verzehren vermag, erinnern an gewisse ähnliche Bilder in der finnischen Kalewala. Daß diese Bilder nicht realistisch gemeint sind, ist naheliegend. Sie sollen dartun, daß Dedi über die Geheimnisse der Lebenskräfte verfügt und damit umzugehen versteht. Das gilt vor allem für die Wunder, die er verrichtet. Zusammenfügung und Wiederbelebung von enthaupteten Lebewesen ist ein Urmotiv, das sich in den Grimmschen und Märchen anderer Völker ebenfalls findet. Die ägyptische Fassung dieses Urmotives, das auf die atlantische Lebenskraft zurückweist, gibt dem Märchen als Ganzes eine epochale Bedeutung, denn es handelt von dem Sonnengeheimnis des Rê, dessen Schlüssel die Mysterienstätte von Heliopolis besitzt. Der geschichtliche Vorgang, welcher in die Bilder des Märchens gehüllt ist und der Zug um Zug im Verlauf der 5. Dynastie verfolgt und beobachtet werden kann, betrifft eine neu einsetzende Bewegung, welche für den weiteren Verlauf der Entwicklung bestimmend wurde.

Die von Heliopolis aus inaugurierte Rê-Bewegung, die von so durchgreifender Art war, daß sie zu einer Titelvermehrung der Pharaonen führte, dokumentiert sich in Wirklichkeit als eine geistige Führung, welche den Gang der Entwicklung und deren Gesetze kennt und diese mitbestimmt, indem sie ihr die zeitgemäße Richtung gibt. Durch geeignete Maßnahmen soll mit der Begründung der 5. Dynastie fortgesetzt werden, was von der 4. Dynastie so machtvoll begonnen worden ist. Dabei ist ein wichtiger und aufschlußreicher Zug des Märchens zu beobachten, die Mithilfe der Isis bei der Geburt der drei ersten Könige der 5. Dynastie auf Veranlassung des Rê. Es sollte also diese neue Dynastie unter den besonderen Schutz der Isis, der ägyptischen Volksseele gestellt werden.

Die führende Stellung des Rê hat ihren Sinn und ihre Bedeutung darin, daß die von Heliopolis aus begründete 5. Dynastie dem Fortgang der Evolution nicht nur Rechnung getragen hat, sondern die eingeschlagene Richtung in zeitgemäße Bahnen lenken wollte. Der hermetische Trieb zur Verinnerlichung und damit zur Verselbständigung, welcher im Keime schon unter den Thiniten vorhanden war, von den Memphiten der 3. und 4. Dynastie weiter entwickelt worden ist, sollte durch die Maßnahmen, die von Heliopolis aus getroffen wurden, eine weitere Verstärkung erfahren. Die Metamorphose des Kosmischen zum Menschlichen brachte die Eigenkräfte der menschlichen Seele zunehmend zum Aufwachen, und diesem Aufwachen sollten durch die Stellung, die nunmehr dem Rê zugewiesen wurde, neue Kräfte zugeführt werden.

Mit der 5. Dynastie, die den Pharao zum «leiblichen Sohn des Rê» machte, hat die Pharaonentitulatur ihren Abschluß gefunden. Durch die Titulatur, welche mit der Thronbesteigung verliehen wurde, war der Pharao als Herrscher über Ägypten legitimiert. Der Ursprung dieser Titulatur reicht in die vorgeschichtliche Zeit zurück und hat schließlich im Laufe der Zeit die bekannte fünfgliedrige Namenreihe erhalten, die bis zum Ende der Pharaonenzeit als offizielle Herrschertitulatur geblieben ist:
Horus, Herr der Diademe, Goldener Horus, König des Südens und des Nordens, Sohn des Rê.

Diesen Titeln wurden als Beinamen die Eigennamen des Königs hinzugefügt, welche im Schriftbild mit einem Ring (Kartusche) umschlossen wurden.

Der erste und älteste in der vordynastischen Zeit nachgewiesene Herrschertitel ist Horus, in bildlicher Darstellung als Falke auf Töpfereien, Holz- und Elfenbeintäfelchen, dem dann mit geschichtlicher Zeit der Eigenname des Pharao beigefügt wurde. Horus war, wie bereits ausgeführt, kein Königstitel. Die Entwicklung der Königstitulatur hat durch die Arbeit H. Müllers eine einläßliche Darstellung gefunden. Darnach erscheint auf Denkmälern der vordynastischen Zeit der Horusfalke in horizontaler Stellung ohne Beinamen, da es solche damals noch nicht gab. Mit Beginn der geschichtlichen Zeit und der Pharaonenherrschaft trat eine auffallende Stiländerung ein, indem nun der Falke in aufgerichteter Stellung dargestellt wird.

Diese Stellungsänderung mit gleichzeitiger Hinzufügung des Eigennamens des Königs erweist sich als symptomatisch für das Erwachen des geschichtlichen Bewußtseins, sie ist das unverkennbare Zeichen eines eingetretenen Bewußtseinswandels. Der Falke in horizontaler Lage träumt noch, der in vertikaler Lage wacht.

Mit der 1. Dynastie erscheint der Königstitel als Horus mit dem Falken in aufrechter Stellung unter Beifügung des Königsnamens, wie z. B. auf der Schminktafel des Narmer. Nach der Vereinigung der beiden Reiche trat der zweite Titel «Herr der Diademe» hinzu. Der dritte Titel «Goldener Horus» zeigt den Horusfalken über dem Goldzeichen, es ist der Hinweis auf den Sieg des Horus über Seth, wovon später die Rede sein wird. Der «Goldene Horus» tritt zum erstenmal auf in der Titulatur des Snofru, also mit Beginn der 4. Dynastie. In der 4. Dynastie wird dem Titel der persönliche Beiname des Herrschers in dem Ring (Kartusche) beigefügt, wie aus der Titulatur auf der Statue des Chephren ersichtlich ist. Der vierte Titel, «König des Südens und des Nordens», wird mit zwei Falken über dem Goldzeichen geschrieben. Der fünfte Titel, «Sohn des Rê», erscheint, ehe er mit der 5. Dynastie als gültiger, unveränderlicher Titel geführt wird, auf einer Vorstufe, aber bereits als «Sohn der Sonne», als welcher sich der König Chephren der 4. Dynastie bezeichnet. Schon in vorgeschichtlicher Zeit, als die Weisheitsträger sich nur Horus nannten, haben sie Rê ihren Vater genannt, jedoch ohne diese Sohnesschaft in den Titel aufzunehmen. Mit der 5. Dynastie erhält der Titel «Leiblicher Sohn des Rê» eine Darstellung, die völlig neu ist und sich aus keiner der vorangegangenen Darstellungen ableiten läßt. Es ist ein Vogelzeichen mit beigefügtem Sonnenzeichen, das unter den ersten Königen dieser Dynastie auch in den Ring mit dem Eigennamen eingeschlossen wurde, später aber als fünfte Titulatur für sich neben den Königsring gesetzt wurde.

Diese in Kürze angedeutete Entwicklung der Pharaonentitulatur entspricht dem Gang der Ereignisse während der ersten fünf Dynastien seit der vordynastischen Horusherrschaft. Außer dieser neuen Königstitulatur haben zahlreiche nachfolgende Könige ihrem Eigennamen noch den Namen des Sonnengottes Rê beigefügt.

Der Pyramidenbau nahm unter den Pharaonen der 5. und der nachfolgenden Dynastie seinen Fortgang. Die drei Pyramiden in Abusir (von Borchardt freigelegt), die des Sahu-rê, des Nefer-IR-Kê-Rê und des Ne-User-Rê, folgen in ihren Anlagen, wenn auch in kleineren Maßstäben, denen der 4. Dynastie. Ihre besondere Bedeutung erhalten sie durch ihren reichen Schmuck in bemalten Hochreliefs. Die Wände im Bau des Sahu-rê waren bedeckt mit der Darstellung von Szenen aus dem kultischen und öffentlichen Leben des Königs, ferner Szenen aus dem Leben nach dem Tode. Bei den Opferszenen trägt der Pharao stets den Tierschwanz (Starker Stier war eine Nebenbezeichnung des Horustitels). Eine Säuleninschrift lautet: «Der Horus,

Herr der Kronen (Diademe), Sahu-rê, König, der Horus, der den Seth überwand, der göttliche Sahu-rê, dem alles Leben, alle Gesundheit und alle Freude ewiglich gegeben wird.» Zum erstenmal erscheint an einem Architrav dieses Baues die Sonnenscheibe mit den beiden Schlangen.

In der Pyramide des Unas, des letzten Pharao der 5. Dynastie, erscheinen erstmals die in die Wände der Kammern eingemeißelten Pyramidentexte. Warum diese Aufzeichnungen nicht in den früheren Pyramiden gemacht worden sind, kann nicht darin den Grund haben, daß ihr Inhalt erst in dieser Zeit entstanden ist. Daß dieses nicht der Fall sein kann, geht aus den Darlegungen in Abschnitt XII hervor. Das Bedürfnis, und nicht nur dieses, sondern auch die Notwendigkeit zu diesen Aufzeichnungen entstand aus der zunehmenden Verstärkung des geschichtlichen Bewußtseins, das sich auch in dem Bedürfnis nach solchen Aufzeichnungen kundgibt. Unter Atum sind Pyramiden mit stummen Wänden gebaut worden, unter Rê fingen sie an zu sprechen.

Abgesehen davon, daß das Kunstschaffen in Plastik und Relief mit der 5. Dynastie einen gewaltigen Aufschwung aufweist, erhielt die eingetretene epochale Wendung noch eine besonders eindrückliche Bedeutung durch einen neu geschaffenen Kultbau, welchen die Herrscher der 5. Dynastie in Gestalt eines Sonnenheiligtums des Rê errichten ließen. Ein solches Heiligtum, dasjenige des Ne-User-Rê, ist freigelegt worden. Von einem Torbau führte wie bei den Pyramiden ein gedeckter Aufgang zu einem offenen, heiligen Bezirk, in dessen West-Ost-Achse sich ein gewaltiger alabasterner Opferaltar befand und hinter diesem, über einen mächtigen Unterbau emporragend, ein gemauerter Obelisk mit dem Pyramidion als Abschluß. Zu beiden Seiten des Baues in einiger Entfernung von der Außenmauer bildeten zwei 30 m lange Barken des Sonnengottes aus Ziegelstein den Abschluß der Gesamtanlage.

Das ägyptische Weltbild war, wie auch an dem Bau des Sonnenheiligtums und dem Inhalt des Rê-Kultes ersichtlich wird, heliozentrisch, aber ein heliozentrisches Weltbild, das zum Unterschied mit dem gegenwärtigen den Menschen einschließt.

Der Sonnengott Rê fährt in seinem Tageslauf am Himmel in zwei Barken, in der einen am Vormittag, in der andern am Nachmittag. Am Abend geht Rê in die Unterwelt ein und bringt den Seelen in der Duat Licht. Am Morgen wird der Sonnengott von der Himmelskönigin Nut neu geboren und geht im Tageslauf durch diejenigen Lebenszustände, die auch der Mensch in seinem Lebenslauf durchmacht: am Morgen als Kind, im Fortgange des Tages als Jüngling, dann als Mann und am Abend als Greis.

Die Hymnen an Rê, die nach der Einführung des Rê-Kultes entstanden sind, geben ein anschauliches Bild von dem mächtigen Einfluß, den das Sonnenleben auf das ägyptische Seelenleben auszuüben begann. Die Sonnenbarke wurde zum Kultbild der Lebensbildekräfte, welche das Sonnenwesen mit jedem neuen Tageslauf entfaltet und die im menschlichen Tageslauf miterlebt werden. Diese Bilder laufen darauf hinaus, wie im Tageslauf die menschliche Sonnennatur sich vereinigt mit dem Sonnenwesen des Kosmos. Der Ägypter empfand aus solcher Vereinigung, daß er selber in der Sonnenbarke des Rê den Tageslauf mitmache und abends im Schlafe mit der Sonne, mit Rê verbunden bleibe, daß er im Schlafe die geistige Kraft der Sonne empfange, wie die Seele in der Duat ihr Licht.

Die Lebensbildekräfte, welche nach ägyptischer Anschauung am Morgen neu geboren, d. h. jung sind, wie das Sonnenwesen jeden Morgen neu geboren und jung ist, und im Tageslaufe verbraucht, alt werden, sind elementarische Kräfte. Es gibt kein ausdrücklicheres Bild für das elementarische Kräftewalten in der Welt als die Sonnenbarke. Das Kultbild der Sonnenbarke sagt wie kein anderes, daß das Weltbewußtsein der dritten Sothisperiode sich mit der elementarischen Welt vereinigt hat und alles elementarische Leben vom Sonnenwesen, von Rê seine belebende Kraft empfängt. Mit dem Rê-Kult und der Sonnenbarke hat das Untertauchen der ägyptischen Seele in die elementarische Welt Bewußtseinskraft erhalten. Die ausdrückliche Bestätigung dafür liegt vor in dem neuen Pharaonentitel «Leiblicher Sohn des Rê». Dieser Titel sagt aus, daß für die künftige Bewußtseinsrichtung das Kraftfeld der elementarischen Welt, die göttlicher, nicht irdischer Natur ist, maßgebend werden sollte, die elementarische Welt, welche in die irdisch-natürliche Welt eingeht und deren Fortentwicklung bewirkt. Der neue Titel «Leiblicher Sohn des Rê» will somit in ägyptischer Formulierung sagen, der Pharao habe eine neue Stufe seiner Erdenbürgerschaft angetreten.

Nach ägyptischer Anschauung, die aus den Sonnenhymnen ersichtlich wird, machte das Sonnenwesen im Tageslauf nicht nur eine Wandlung vom Kinde zum Greis durch, eine Wandlung, die in rhythmischer Folge Verbrauch und Erneuerung der Lebensbildekräfte betrifft, sondern auch eine solche des Bewußtseins. Am Morgen heißt das Sonnenwesen Chepre, am Mittag Rê, am Abend Atum. Rê-Horachte wird es genannt, indem es im Aufgang und Niedergang den Horizont der Welt berührt. Am Steuer der Sonnenbarke sitzt Thoth, der «Herr der Herzen», weil Weltenweisheit die Barke lenkt und Weltenweisheit dem Sonnenwesen entstammt.

So wie der Ägypter seine Sonnennatur, seine Lebensbildekräfte am Morgen verjüngt, am Abend verbraucht empfand, so empfand er umgekehrt sein Bewußtsein durch die Erfahrung und Erlebnisse des Tageslaufes bereichert. Als Bewußtseinsmensch empfand er sich am Abend als ein anderer als am Morgen. Aus der Sonnenverwandtschaft seines Lebens mit dem Sonnenwesen der Welt, mit Rê, erlebte er sich mit diesem als wesensgleich. Wie der Mensch in seinem Lebenslauf durch seine Erlebnisse und Erfahrungen als Bewußtseinsmensch heranreift, so auch das Sonnenwesen in seinem Tageslauf, wenn es in der Barke den Himmel durchmißt. Auch das

Sonnenwesen ist am Abend reicher, gesättigter an Welterfahrung als am Morgen. Am Morgen ist es, den Tageslauf seiner Welterfahrung beginnend, Chepre, am Mittag Rê, am Abend Atum. Als Atum mit herangereifter Welterfahrung, als geistige Sonne, geht das Sonnenwesen aus der irdischen Welt in die elementarische Welt, in die Duat ein, um dort den Toten Licht zu bringen. Dann setzt die geistige Sonne ihren Lauf fort und wird von der Himmelsmutter Nut, deren Leib die Fixsternwelt ist, neu geboren. Aus der Fixsternwelt kehrt das geistige Wesen der Sonne verjüngt zum Tageslauf am sichtbaren Himmel zurück.

Menschenwesen und Sonnenwesen, Menschenerfahrung und Welterfahrung des Sonnenwesens wurden auf diese Weise durch den Rê-Kult in einen inneren, menschlich-göttlichen Zusammenhang gebracht.

Wenn nach ägyptischer Vorstellung der Mensch nach durchlebtem Tageslauf in den Schlafzustand überging, dann ging er, wie am Tage mit der sichtbaren Sonne, nunmehr mit der geistigen Sonne in den Schlafzustand ein und machte deren Gang im geistigen Gegenbild des Tageslaufes mit. Sein Seelenwesen, die Erfahrung des Tageslaufes mitnehmend, ging mit der Sonne in die elementarische Welt der Duat ein, ging mit ihr durch die planetarische Welt in die Fixsternwelt, um am Morgen verjüngt an Lebenskräften den Tageslauf mit seiner neuen Erfahrungswelt zu beginnen. Im Weltaspekt gesehen, erscheinen die vier Zustände, der Tageslauf und das Durchlaufen der drei Zustände des Nachtschlafes, wie eine Art abgekürztes Abbild der vier Sothisperioden mit ihren vier Stufen des Weltbewußtseins.

Das ägyptische Weltbild, das in der heliopolitanischen Götterneunheit seine endgültige Gestalt gefunden hat, stellt das Sonnenleben an den Anfang der Evolution. Dem entspricht in der osirianischen Tempellegende jener Weltzustand, wonach Osiris in Ägypten als König geherrscht hat. Mit der Einführung des Rê-Kultes erhielt das Sonnenleben eine neue Richtkraft. Wie in allem elementarischen Leben der Erde, in Erde, Wasser, Luft und Wärme das Sonnenwesen tätig ist, das wurde Weltempfinden der dritten Sothisperiode. Dieses Weltempfinden wirkte sich in einer zunehmenden Verstärkung der das Selbstbewußtsein formenden Kräfte aus, die, im Rê-Kult zusammengefaßt, der Entwicklung des Seelenlebens dienstbar gemacht werden sollten.

Der mächtige Obelisk, der sich im Sonnentempel des Rê hinter dem großen Altar erhob, ist monumental sprechendes Bild der eingetretenen Verstärkung des menschlichen Eigenwesens. Vor allem aber Bild der Kräfte, die den Menschen durch seine Aufrechtheit im Sonnenall, wodurch er ein sprachbegabtes und ichbegabtes Wesen wurde, zum Menschen machen und zum Sonnensohn erheben können.

Der Rê-Kult zeigt die Stufe an, welche in der Entwicklung des Ichbewußtseins erreicht worden ist. Er zeigt an, daß dieses Ichbewußtsein noch nicht vom Gedanken erfaßt, sondern noch ganz in der elementarisch veranlagten Empfindungsseele lebt. Im kultisch geführten Volke lebte es noch dumpf, im Pharao aber in der höchsten Entfaltung seines Zeitalters.

In den Reliefs der 5. Dynastie findet sich erstmalig die Darstellung, wie der Pharao den Duft der Lotosblume einatmet. Die Lotosblume galt in Ägypten als Sinnbild für die ganze Pflanzenwelt. Diese Darstellung als eine Art Genrebild aufzufassen, würde der Würde eines Pharao entgegenstehen. Der Vorgang des Riechens an der sich öffnenden Lotosblume betrifft den Pharao in seiner Eigenschaft als Kultträger. Er kommuniziert mit dem im Elementarischen sich manifestierenden sonnengöttlichen Wesen. Er nimmt im Duft der Lotosblüte die Güte, die Schönheit, die Herrlichkeit des Sonnenalls entgegen. Er empfindet sie im Einatmen des Duftes.

Die zu Söhnen des Rê gewordenen Pharaonen der 5. Dynastie zeichnen sich nun insbesondere durch ihre Initiative zu Unternehmungen in dem Umkreise aus, welcher bereits in Abschnitt XI umrissen worden ist. Dieser Umkreis vergrößerte und verstärkte sich zusehends. In Ägypten wurden die wirtschaftlichen Bedürfnisse weitgehend von den religiösen Bedürfnissen bestimmt. Auch dieses gehört zu den besonderen Eigentümlichkeiten des Pharaonenreiches. Die Mumifizierung, der Totenkult, die Grabbauten, die Grabbeigaben und die Bedürfnisse des Hofes machten in vermehrtem Maße die Einfuhr von Erzeugnissen notwendig, welche die Ausübung des religiösen Lebens erforderte. Das Niltal war aber arm an Rohstoffen. Es gab in Ägypten weder Holz noch Edelmetalle. Die Sinaiminen lieferten Kupfer und die Steinbrüche Granit, Marmor und Alabaster. Durch Expeditionen in andere Länder verschafften sich die Pharaonen die nötigen Rohstoffe und anderweitige Erzeugnisse.

Unter Sahu-rê wurde die ägyptische Flotte zu diesem Zwecke weiter ausgebaut und Expeditionen nach Punt sowie nach vorderasiatischen Ländern unternommen. Von Koptos am oberen Nil aus konnten Karawanen in wenigen Tagen über das Wadi Hammamât an das Rote Meer und von da nach Punt gelangen. Punt lieferte Weihrauch, Myrrhen, Essenzen, Öle, Salben, auch Silber und Gold. Im Mumifizierungsritual wird häufig Punt erwähnt, aus dem die kostbaren Salben und Öle stammen. Aus Phönizien wurden Edelhölzer, aus dem Libanon wurde Zedernholz bezogen. Sahu-rê unternahm auch einen siegreichen Kriegszug gegen die Libyer, von denen die Reliefs in seinem Grabbau bildliche Kunde geben. Unter Asosi, dem sechsten Pharao dieser Dynastie, wurden die Steinbrüche im Wadi Hammamât ausgebeutet, und weiterhin haben die Unternehmungen im Süden nach Nubien einen immer größer werdenden Umfang angenommen.

Das theokratische System der ersten vier Dynastien und die damit zusammenhängende Verwaltung des Landes brachten es mit sich, daß die Verwalter der Gaue in engster Bindung mit dem Pharao und dessen Hof standen. Wie stark diese Bindung war, geht schon daraus hervor, daß sich die Gauverwalter auch in unmittelbarer Nähe der Königspyramide bestatten ließen. Im Leben wie im Tode bestand eine durch Kultordnung verbundene, enge Gemeinschaftsform.

Nach der Einführung des Rê-Kultes begann sich diese sakral verankerte Gemeinschaftsform zu lockern, indem die Gauverwalter nach Verselbständigung und Eigenrechten zu streben begannen. Diesen Vorgang in Verbindung mit dem Rê-Kult zu bringen, kann den Einwand hervorrufen, daß diese Lockerung auf jeden Fall durch den natürlichen Gang der Entwicklung gekommen wäre. Das ist aber nicht der Fall. Die Kultordnungen müssen in ihrer Wirkung auf die Gemeinschaftsformen in Berücksichtigung gezogen werden. Das bisherige theokratische System war durch die bestehende Kultordnung eine geschlossene, einheitliche Gemeinschaftsform, deren einzelne Glieder in der Göttlichkeit des Pharao sich vereinigt wußten. Diese Gemeinschaft war sakral geschützt. Das traf beim Rê-Kult nicht mehr im bisherigen Sinne zu, denn dieser wandte sich an den Einzelnen. Nicht die bisherige Gemeinschaft als solche, sondern der Einzelne wurde durch ihn erhoben und geschützt. Die Entwicklung, welche in die Richtung der Verselbständigung und des menschlichen Eigenwesens ging, wurde von Heliopolis unter den kultischen Schutz des Rê gestellt.

In einer Anzahl symptomatischer Vorgänge kann die unter den Gauverwaltern entstandene, auf Verselbständigung hinzielende Bewegung verfolgt werden, die der gekennzeichneten Sachlage nach sowohl im kultischen Felde wie in der führenden Verwaltung eintrat. Schon während der 5. Dynastie begannen die Großwürdenträger und Gauverwalter damit, sich immer größere, reichere Gräber anzulegen. Dann wurde es schließlich Sitte, das Grab nicht mehr am Orte der Residenz der Könige, d. h. in der Nähe der Pyramiden, sondern im eigenen Gau errichten zu lassen und auch ihre Titel zu vermehren. War bisher in den Steinbrüchen, in denen auftragsgemäß ein Würdenträger des Pharao die Beaufsichtigung der Arbeiten und die Berichterstattung an den König übertragen erhalten hatte, nur der Name des Pharao als Auftraggeber vermerkt, so begannen nunmehr auch die Beauftragten, ihre eigenen Namen und Titel dazu zu setzen. An solchen Symptomen läßt sich die Lockerung der bisherigen Bindung der Würdenträger an den Pharao verfolgen. Diese Bewegung ging dahin, daß der König schließlich den Würdenträgern eigene Rechte in der Verwaltung der Gaue einräumen mußte. Der Pharao ergriff seinerseits seine Maßnahmen, indem er einen Gouverneur des Südens einsetzte.

Unter den Pharaonen der 6. Dynastie entstanden bereits selbständige Gaufürstengeschlechter. Das Amt des Gaufürsten wurde erblich, wenn auch zunächst im Todesfall der Pharao Stellung und Titel auf den Sohn übertrug. In bezug auf die Verwaltung bestand die Verbindung mit dem königlichen Hof durch die Schatzkammer, an welche die Gauverwalter die Abgaben abzuliefern hatten.

Während der 6. Dynastie (die 5. Dynastie regierte von 2563–2423), also nach Ablauf von knapp 150 Jahren, war im Verhältnis von Königtum und Gaufürstentum eine durchgreifende Änderung eingetreten. Die Gaufürsten hatten ihre Selbständigkeit und ihre Rechte erlangt und führten nun in ihrer neuen Stellung die Aufträge des Königs aus. Trug der Pharao den Titel «Leiblicher Sohn des Rê», so nahmen die Gaufürsten u. a. den Namen «Großes Oberhaupt des Gaues» an.

Einer unter den Gaufürsten, Uni, hat eine besondere Berühmtheit erlangt durch eine von ihm hinterlassene Lebensbeschreibung. Das biographische Element, das für den Pharao, der ausschließlich Träger eines theokratischen Systems war, außer Betracht fällt, beim Gaufürstentum tritt es in Erscheinung. Die Selbstbiographie des Uni bietet ein charakteristisches Beispiel, wie in diesem besonderen Falle nach und nach eine Verselbständigung erreicht worden ist.

Uni diente zunächst dem ersten Pharao der 6. Dynastie, dem Teti, als Unteraufseher der königlichen Güter. Von dessen Nachfolger, Phiops I., zum Richter erhoben, zeichnete er sich durch seine Initiative für Unternehmungen aus. Er unterwarf nubische Stämme und bildete aus ihnen Truppenteile für weitere von ihm geführte Kriegszüge. Damit machte er den Anfang zu der späteren, dauernden Verwendung nubischer Söldnertruppen bei der Begründung der Großmachtstellung Ägyptens. Mit diesen nubischen Truppen hielt er die räuberischen Einfälle der Beduinen im Norden des Landes in Schach. Phiops übertrug Uni weiterhin den Oberbefehl über das ägyptische Heer, das neben Ägyptern und Nubiern aus Libyern bestand.

Der Nachfolger des Phiops, dessen Sohn Meren-rê, nahm den altbewährten Diener gleichfalls in seine Dienste und ernannte ihn zum «Gouverneur des Südens», wodurch ihm ganz Oberägypten unterstand. In seiner Biographie nennt er sich selber «Wirklicher Vorsteher von Oberägypten», womit er seine Selbständigkeit unterstreicht. Im Dienste dieses Königs unternahm er auch Expeditionen in die Steinbrüche des Südens nach Elephantine und Mittelägypten, um Diorit, Granit und Alabaster für die Pyramide des Königs zu beschaffen. Es wurde ihm die Verteidigung der Gegend am ersten Katarakt, dem «Südtor» Ägyptens, gegen die unruhigen nubischen Stämme anvertraut. Eine Aufgabe von ganz besonderer Bedeutung erhielt Uni mit der Ausführung der Schiffbarmachung des ersten Kataraktes durch fünf in die Granitbarren getriebene Kanäle. Dadurch konnten auch die mächtigen Granitblöcke für die Pyramide des Königs aus den Steinbrüchen von Elephantine zu Schiff transportiert und die Handelsbeziehungen mit Nubien, welches Gold, Straußenfedern, Ebenholz, Pantherfelle, Elfenbein u. a. lieferte, intensiviert werden.

Uni ließ sich, was mittlerweile die Regel geworden war, nicht in der Nekropole der Residenz, sondern in der Provinz, deren selbständiger Verwalter er war, in Oberägypten bei Abydos bestatten.

Bei den heute als prahlerisch empfundenen Berichten über ihre Tätigkeit und geschraubten Titulaturen, welche die Gauverwalter oder andere Beauftragte des Königs in den Steinbrüchen und Kupferminen des Sinai oder in ihren Gräbern anbringen ließen, muß berücksichtigt werden, daß sie im Stile der ägyptischen Empfindungsseele verfaßt worden sind, für die es eine objektive Distanzierung vom eigenen Tun noch nicht gegeben hat. Man lebte mit stärkstem Anteil im eigenen Tun, aber man betrachtete es nicht von außen. Die errungene Selbständigkeit konnte sich nur in Empfindungen, noch nicht im distanzierenden Gedanken zum Ausdruck bringen.

Unter Phiops II. haben die mächtig gewordenen Gaufürsten von Elephantine kriegerische Beutezüge in die Gegenden oberhalb des Kataraktes in das Land Kusch ausgeführt und damit die spätere Unterwerfung Nubiens vorbereitet. Dieser Pharao, der letzte große Herrscher dieser Epoche, kam nach dem Tode seines Vaters, Meren-rê, der jung starb und nur vier Jahre regiert hatte, auf den Thron und soll nach Manetho ein Alter von 100 Jahren erreicht haben. Nach seinem Tode verdunkelt sich das Bild der glanzvollen und ereignisreichen Epoche. Name und Herrschaft des Nachfolgers von Phiops II., des Meren-rê II., versinkt bereits in das überhandnehmende Dunkel. Aber von symptomatischer Bedeutung ist es, daß als letzte Herrschergestalt dieser Dynastie eine Frau, die Königin Nitokris, auftritt, über welche geschichtlich nichts bekannt ist, die aber durch einen Bericht des Herodot in das Zwielicht von Sage und Geschichte gerückt erscheint. Herodot sagt von Nitokris, sie habe ihren Bruder Meren-rê, der von seiner Gegnerschaft ermordet worden sei, blutig gerächt. Darnach scheint es, als ob mit dem beginnenden Niedergang und der Auflösung dieser Dynastie die Maternität noch einmal ihren Schild erhoben hätte.

Die mächtigen schöpferischen Gestaltungskräfte der thinitischen und memphitischen Epoche, die einen Zeitraum von 800 Jahren umfaßt haben, waren erschöpft. Es wurde jedoch durch die Einsetzung des Rê-Kultes eine Brücke geschaffen, die, dem äußeren Blick zunächst nicht sichtbar, schließlich zu einer neuen schöpferischen Epoche der dritten Sothisperiode hinüberführte.

Der erste und älteste Pharaonentitel war «Horus», der jüngste und letzte «Leiblicher Sohn des Rê». Ein Umfassendes liegt in der Pharaonentitulatur vor. Als Horus ist der Pharao Sohn des Osiris, nach dem jüngsten Titel ist er aber auch Sohn des Sonnengottes Rê. Beide Götter, die in Weltbild und Kult eine überragende Stellung einnehmen, vereinigt somit der Pharao in sich. Rê-Osiris, das geht auch aus den Texten eindeutig hervor, sind in tiefstem Grunde nur zwei Erscheinungsformen desselben göttlichen Weltwesens.

Der in die vordynastische Zeit zurückreichende Horus-Titel (Diener des Horus), weist, wie vorausgesetzt wird, auf eine damals vorhanden gewesene Horus-Kultur zurück, und schon in jener Zeit war Heliopolis das kultische Zentrum des Falkengottes Horus.

Ein im ägyptischen Weltbild tief verankerter Gegensatz ist die Feindschaft zwischen Horus und Seth. Seth ist der Gott aller gegensätzlichen, aller hemmenden und aller todbringenden Kräfte. Er ist der Mörder des Osiris, und Horus, der Rächer des Osiris, kämpft einen Weltenkampf mit Seth. Dieser Weltenkampf gehört zu den tiefsten Zügen des ägyptischen Weltbildes, denn Götter und Menschen sind an ihm beteiligt. Die diesbezüglichen Überlieferungen berichten, daß in dem Kampf zwischen Horus und Seth die Götter die Entscheidung getroffen haben, Horus solle in Unterägypten, Seth in Oberägypten herrschen.

In seiner «Urgeschichte und ältesten Religion Ägyptens» interpretiert Sethe diesen mythischen Bericht dahin, daß schon in vorgeschichtlicher Zeit Herrschaftskämpfe zwischen Unter- und Oberägypten stattfanden, die dann durch Menes mit der Vereinigung der beiden Länder ein Ende gefunden haben und sich in diesem Bericht spiegeln. Nach den Darlegungen Sethes bestand schon in vorgeschichtlicher Zeit in Oberägypten eine Kultstätte des Seth, die später, mit dem Goldzeichen geschrieben, den Namen «Goldstadt», griechisch Ombos, erhielt. Daß dort schon früher Ansiedelungen bestanden haben, ist durch das Vorhandensein alter Nekropolen nachgewiesen.

Diese Götterentscheidung ist nach dem Sprachgebrauch solcher Berichte wiederum nicht anders aufzufassen, denn als eine in Heliopolis getroffene Entscheidung der Hermespriesterschaft. Dieser Bericht ist ebenfalls ein Protokoll wie jener, in welchem über Osiris, siehe Darstellung in Abschnitt XII, entschieden worden ist. Nach den Voraussetzungen, die in der osirianischen Tempellegende gegeben sind, konnte Seth nur Oberägypten als Herrschaftsgebiet zufallen, weil auch Abydos, die Stadt der Westlichen, und das Grab des Osiris sich in Oberägypten befinden. Nicht im Norden, sondern nur im Süden, im Gebiet der weißen Krone, konnte nach allen Vorgängen, die sich nach der Legende auch zwischen Isis und Seth zugetragen haben, die Kultstätte des Seth lokalisiert werden. Tiefgründig wird bei dieser Entscheidung der im ägyptischen Kultgebiet herausgehobene Unterschied zwischen dem Südland und dem Nordland zum Ausdruck gebracht. Der kosmische, der Lichtgott Osiris gehörte nach der Himmelsordnung dem Norden, der Totengott Osiris dem Süden an, ebenso Horus und Seth, und bedeutend genug spricht sich der Ort wie der Wesensunterschied zwischen ihnen aus: Horus als Sonnenfalke von Heliopolis, Seth mit dem Goldzeichen seines Namens und der Goldstadt Ombos. Damit wird Seth als der Herr des Goldes gekennzeichnet, das irdische Macht verleiht.

In der Titulatur der Pharaonen finden sich vereinigt die beiden Länder, es finden sich auch vereinigt Rê und Osiris, Osiris und Rê, und Horus führt den Weltenkampf gegen Seth. Wie Rê und Osiris, wie Horus und Seth in Weltbild und Kultordnung zueinander stehen, das gehört zu den umfassendsten, zu den tiefsten Angelegenheiten der ägyptischen Kulturepoche.

Zwei Erscheinungen sind es vor allem, die, in Vergleich zueinander gesetzt, den Kultbereich des Osiris und den des Rê voneinander wie zwei verschiedene und doch zueinander gehörende Welten unterscheiden. Im osirianischen Kultgebiet ist es die Aufrichtung der Tet-Säule und das Bild der Mumie. Im Kultbereich des Rê ist es der Obelisk und die Sonnenbarke.

Das kultische Fest der Aufrichtung der Tet-Säule weist zurück auf die kosmische Vergangenheit des Menschen, der Obelisk auf die Bewußtseinsentwicklung im Zeitenlauf. Im Totenbuch heißt es, Osiris sei der gestrige Tag und Rê der nächste Morgen oder die Zukunft.

Der Obelisk wurde mit der Pyramide in Verbindung gebracht, indem der Spitze des ersteren die Form eines Pyramidion gegeben wurde, das ägyptisch «benben» hieß. Nach Brugsch hat «benben» den Sinn von «auswerfen», von «Licht auswerfen». Im hieroglyphischen Schriftzeichen wird der Obelisk als Lichtauswerfer mit von ihm ausgehenden Lichtstrahlen in Form kleiner Dreiecke geschrieben.

Im Obelisk, der aus dem Rê-Kult von Heliopolis ausgegangen ist, wurden beide, Obelisk und Pyramide, vereinigt, es wurden Rê und Osiris vereinigt. Die Mumie ist Bild der zurückbehaltenen, vom magischen Ritual geschützten Erdenform des Menschen; die Sonnenbarke Bild des unversieglichen Lebens, der lebenslänglich dauernden, innigen Verbundenheit des Menschen mit dem Sonnenleben des Kosmos. Und der kosmische Widersacher und Feind des Sonnenlebens im menschlichen Dasein findet in Horus im Weltenkampf seinen Überwinder.

Zu den tiefsten Angelegenheiten des ägyptischen Geisteslebens gehört nun der Vorgang, wie zu herangereiftem Zeitpunkt dem osirianischen Totenkult der Rê-Kult der 5. Dynastie zur Seite gestellt wurde, und wie und mit welchen Folgen dieses geschehen ist. Es wurde der osirianischen Tempellegende vom Tode des Osiris die andere heliopolitanische Tempellegende von der «Geflügelten Sonnenscheibe» als Zeichen des Sieges des Horus über Seth zur Seite gestellt. Diese beiden von Heliopolis ausgegangenen Tempellegenden gehören zu den bedeutendsten, den größten in sichtbare Erscheinungen des Lebens eingreifenden Manifestationen des ägyptischen Mysterienwesens jener Zeit. Sie sagen aus, wie der Totenkult und der Sonnenkult miteinander zum gegenseitigen Ausgleich im menschlichen Dasein gebracht worden sind. Wie Leben und Tod im menschlichen Dasein, wie aber auch Vergangenheit und werdende Zukunft im Zeitenschicksal der ägyptischen Kulturentwicklung gewaltet haben, dafür sind von Heliopolis die gewaltigen Zeichen gesetzt worden.

Die Tempellegende von der «Geflügelten Sonnenscheibe» ist an den Wänden des inneren Umganges im Horustempel von Edfu in Hieroglyphen und bildlichen Darstellungen aufgezeichnet. In deutscher Übertragung von Brugsch mit dem beigefügten Hieroglyphentext ist sie als «Sage von der geflügelten Sonnenscheibe» 1870 erstmals im Druck erschienen. Ihr Inhalt ist den Hauptzügen nach der folgende:

Die Tempellegende von Heliopolis über die geflügelte Sonnenscheibe

Der Sonnengott Rê-Harmachis begab sich in Begleitung seines Gefolges zu Schiff nach Nubien und landete dort im Nomos von Apollinopolis (Edfu). An Bord des Schiffes befanden sich der Gott Hor-hut (Horus von der Stadt des Flügelausspanners) und Thoth. Da sah Hor-hut, wie die Feinde Rat hielten gegen seinen Vater Harmachis und er sprach zu ihm: Laß deine Lichtkrone den Sieg über sie davontragen. Harmachis wandte sich darauf an Hor-hut: Du Sonnenkind, du Erhabener, schlage meine Feinde nieder. Da flog Hor-hut in Gestalt einer geflügelten Sonnenscheibe zur Sonne empor, stürmte auf die Feinde ein und vernichtete sie in kürzester Zeit. Darauf kehrte er in seiner Gestalt als geflügelte Sonnenscheibe in das Schiff des Harmachis zurück. Da sprach Thoth zu Harmachis: Der Gott Hut ist zurückgekehrt in Gestalt einer geflügelten Sonnenscheibe, darum sei er von diesem Tage an Hor-hut genannt. Harmachis setzte darauf seine Wasserfahrt fort. Jetzt aber begaben sich seine Feinde ins Wasser, verwandelten sich in Krokodile und Nilpferde und öffneten ihre Rachen gegen Harmachis. Da kamen Hor-hut und die Seinen, jeder unter der Gestalt eines Erzbildners mit Eisenlanze und eiserner Kette, und töteten die Feinde. Thoth aber sprach im Anblick der erschlagenen Feinde: Freut euch, ihr Götter des Himmels, freut euch, ihr Götter der Erde. Horus, der Jugendliche, hat Außerordentliches vollbracht, er hat das Nilpferd (den Typhon) überwunden. Darauf nahm Hor-hut wiederum die Gestalt der geflügelten Sonnenscheibe an und setzte sich an seinen Platz im Vorderteil des Schiffes von Rê.

Die Feinde schlugen nunmehr ihre Richtung nach Oberägypten ein, und in der Nähe von Theben besiegten Hor-hut und die Seinen sie abermals mit ihren Eisenlanzen und eisernen Ketten. Der nächste Schauplatz des Kampfes war Denderah und verschob sich immer weiter nach dem Norden. Unter den Feinden eines neuen Kampfplatzes befand sich ein männliches Nilpferd, das seinen Rachen öffnete und schloß. Hor-hut, auf dessen Rücken stehend, tötete es mit seiner Eisenlanze. Da sprach Thoth zu Harmachis: Es werde wegen dieser Tat Horus die Sonnenscheibe mit Flügeln genannt. Nachdem Hor-hut wiederum auf einem weiteren Kampfplatze gesiegt hatte, erschien Seth-Typhon mit gräßlichen Verwünschungen. Hor-hut schleuderte seine Eisenlanze nach ihm und schlug ihn nieder. Jetzt sprach Rê zu Thoth, es solle Seth der Göttin Isis und ihrem Sohne Horus überliefert werden und sie sollen mit ihm nach dem Gefallen ihres Herzens verfahren. Darauf schnitt Horus dem Seth den Kopf ab. Isis aber bat den Rê, er möge die geflügelte Sonnenscheibe ihrem Sohne als Talisman geben. Hor-hut, heißt es weiter, war von Gestalt eines urkräftigen Mannes mit dem Kopfe eines heiligen Sperbers und gekrönt mit der weißen und roten Krone und dem Schlangendiadem an der Stirne. Die Eisenlanze und die Kette trug er in seiner Hand und Horus, der Sohn der Isis, nahm dieselbe Gestalt an. Darauf schlachteten sie den Erzfeind. Seth erstand aber zu neuem Leben und nahm die Gestalt einer brüllenden Schlange an, verkroch sich in die Erde, damit er unsichtbar werde. Nach weiterer Fahrt brachte die geflügelte Sonnenscheibe, wie der Text nun lautet, das Sonnenschiff des Rê in die Gewässer Meh. Da erblickte Hor-hut, der sich wieder mit Eisenlanze und Kette ausgerüstet hatte, den einzigen Feind allein mit ihm an einsamem Ort, warf die Lanze nach ihm und tötete ihn. Der Kampf war nunmehr durch den Sieg des Hor-hut über Seth, den er nun endgültig getötet hatte, entschieden. Da sprach Rê zu Thoth, es solle fortan Hor-hut mit dem Namen «Meister im Kampf» genannt werden. Der Kampf hatte aber noch nicht sein endgültiges Ende gefunden. Der Schauplatz wurde nun nach Unterägypten verlegt. Nachdem auch dort Hor-hut alle Feinde besiegt hatte, kehrte das Sonnenschiff wieder an seinen Ausgangspunkt zurück und landete an dem göttlichen Wohnsitz des Rê in Apollinopolis Magna. Da sprach Thoth zu Harmachis, Hor-hut sei von diesem Tage an genannt «der Strahlensender». Darauf Harmachis zu Thoth: Man bringe die geflügelte Sonnenscheibe an alle Stätten, wo ich weile, an alle Stätten der Götter in Oberägypten, an alle Stätten der Götter in Unterägypten, an alle Stätten der Götter in der Tiefe, damit sie abwehre das Böse von ihnen. Da machte Thoth ein solches Bild an allen Stätten, an welchen sich ein Gott oder eine Göttin befand von diesem Tage an: Die geflügelte Sonnenscheibe, die sich auf den Adyten aller Götter und Göttinnen Ägyptens befindet.

Diese Tempellegende enthält in ihren Hauptzügen ganz unverkennbar verwandte Vorgänge mit denen, welche in der christlichen Legende als Kampf Michaels mit dem Drachen geschildert werden und als eines der großen und häufigen Motive der christlichen Kunst bekannt sind. Es erweist sich somit diese Tempellegende als eine Urgestalt des im Weltbilde des Christentums geschilderten Streites am Himmel, des Sturzes Luzifers mit den Seinen durch den siegenden Erzengel Michael und die Fortsetzung des Kampfes auf Erden. Der erste Kampf des Hor-hut wird in Sonnensphären ausgefochten, dann folgt dessen Fortsetzung im Erdgebiet. Hor-hut, wie Georg oder Michael, durchstößt das unter seinen Füßen befindliche Ungeheuer mit seinem Eisenspeer. An der Tempelmauer von Edfu hat gerade dieser Vorgang eine bildliche Darstellung gefunden. Hor-hut, den Seth im Kampfe am Ort der Einsamkeit besiegend, erhält von Harmachis den Namen «Meister des Kampfes». Der Siegeszug des Hor-hut, in den Isis und der jüngere Horus einbezogen werden, erstreckt sich vom Süden nach dem Norden über ganz Ägypten und vom Norden an seinen Ausgangsort im Süden zurück. Dann wird die geflügelte Sonnenscheibe als Kultbild für den Sieg des Horus über Seth über alle Tempeltore eingesetzt.

Die beiden Tempellegenden fügen sich zu einem umfassenden Ganzen zusammen. Vereinigt werden durch sie Osiris und Rê, die Nacht- und die

Tagessonne, als zwei Erscheinungsformen desselben urgöttlichen Wesens der Welt, des Atum. Daher führt dieses urgöttliche Weltwesen den Titel «Der große Gott, der Herr des Himmels», und dieses sagt von sich «Mir gehört das All», und es ist «Herr bis ans Ende». Als solcher nimmt Atum im ägyptischen Weltbild, in das Werden der Schöpfung eingehend, viele Gestalten und Namen an.

Die memphitische Epoche von der 3. bis zur 6. Dynastie mit einer Dauer von etwa 400 Jahren, einem Zeitraum, in welchem alles Entscheidende, alles Große der ägyptischen Kultur der dritten Sothisperiode begründet worden ist, erscheint als das heroische Zeitalter Ägyptens. Sie erscheint als Zeitalter einer siegenden Geistgestalt, die im christlichen Zeitalter als Sieger im Weltenkampfe den Namen des Erzengels Michael erhalten hat.

Nach der 6. Dynastie oder schon gegen das Ende derselben brach wie ein Naturereignis der ungeheure Zerfall ein als Zeichen, daß die mächtigen Gestaltungskräfte des heroischen Zeitalters erschöpft waren, und es gehört zu den großen Angelegenheiten der ägyptischen Kulturentwicklung, zu verfolgen, wie der ägyptisch-hermetische Geist seine ihm eingeborenen Wesenskräfte von neuem sammelte, um sie abermals zur Entfaltung zu bringen.

XVI

DIE ÄGYPTISCHEN GAUE – GAU- UND LOKALGÖTTER

Von der geschichtlichen Zeit an, oder noch früher, bis zur römischen Herrschaft war Ägypten in Gaue gegliedert. Die Namen dieser Gaue finden sich in den erhalten gebliebenen Gaulisten. Nach der ptolemäischen Gauliste, die an den Wänden des Tempels von Edfu verzeichnet ist, gab es in Oberägypten 22, in Unterägypten 20 Gaue oder Nomoi. Die Anzahl von 42 Gauen entspricht den 42 Totenrichtern, welche 42 Ahnen vertreten. Außer der vollzähligen Gauliste der ptolemäischen Zeit gibt es noch diejenige aus dem Tempel des Sethos I. in Abydos, ferner die des Amenhotep III. im Hypostyl von Luxor und eine solche im Tempel von Der-el-Bahri, doch sind diese unvollständig. Gaulisten von der 12. Dynastie zurück bis zum Beginn der geschichtlichen Zeit sind nur lückenhaft vorhanden. Jeder dieser Gaue hatte neben seinem Namen auch seine besondere Gottheit, die in der Hauptstadt des Gaues ihren Kultort besaß. Aus der 4. Dynastie ist z. B. die Stele aus dem Totentempel des Mykerinos bekannt, die den Pharao im Reliefbild zwischen der Hathor und der Gaugöttin des VII. Gaues (griechisch Diopolis) im nördlichen Teil von Oberägypten zeigt.

Die 42 Gaue, welche auf der Namenliste der ptolemäischen Zeit genannt sind, waren steuerpflichtige Verwaltungsbezirke mit führenden, verantwortlichen Persönlichkeiten, die früher als Gauverwalter vom Pharao eingesetzt wurden, später als selbständig gewordene Gaufürsten amtierten.

Diese Gaue waren aber nicht nur steuerpflichtige Verwaltungsbezirke, sondern engere, in sich geschlossene Kultgemeinschaften in Form von Lokalkulten, und der Gauverwalter war nicht nur Richter, sondern auch Priester der Gaugottheit, der «die Geheimnisse wußte».

Mit der Betrachtung der Gaugötter und Lokalgötterkulte, die in großer Zahl über ganz Ägypten verbreitet waren, wird das Feld des dritten Göttergeschlechtes, der sog. kleinen Neunheit betreten. Hier erhebt sich sogleich die Frage, wie sich dieses dritte Göttergeschlecht zu demjenigen der kosmogonischen Götter verhält. Ganz allgemein herrscht in der gegenwärtigen Forschung die Ansicht, daß sich aus ursprünglichen Lokalkulten in einzelnen Gauen die großen Götterkulte entwickelt haben sollen.

Zunächst geht es darum, aus welchen Voraussetzungen die ägyptischen Gaue entstanden sind, die sich zu einem geschlossenen System von 42 Gauen mit ihren Namen und Gaugöttern entwickelt haben. Es steht also zur Frage, was der Bildung der Gaue, die in die vordynastische Zeit zurückreicht, ursprünglich vorangegangen sein kann.

Wenn in den üblichen Darstellungen der urzeitlichen Menschheit immer wieder davon die Rede ist, daß die älteste Gemeinschaftsform in Horden bestanden habe, die dann aus Gründen des Selbsterhaltungstriebes sich zu Stämmen oder andern Gebilden mit einem Zentrum, Stadt oder dergleichen zusammengeschlossen haben und daraus die ersten Anfänge der Kultur entstanden seien, so ist, was Ägypten betrifft, diese Ansicht durch die Aussagen der Ägypter selber widerlegt. Es verträgt sich der Hordenbegriff nicht mit dem Urlehrertum. Das Urlehrertum, d. h. eine geistige Führung tritt an die Stelle der Horden-Hypothese, und die letztere erhält eine andere konkrete und faßbare Gestalt durch das Blutsippentum. Wo immer Überlieferungen der alten Menschheit in Mythen, Ursagen oder Epen sich erhalten haben, ist ihnen allen gemeinsam das Bestehen von Blutsippen. Das gemeinsame Blut, das Sippenblut bildete die Grundlage der Gemeinschaftsform der gesamten alten, der urzeitlichen Menschheit. Und wo diese Blutsippen in Verbindung mit einem Mysterienwesen und Urlehrertum standen, entwickelten sich die Anfänge der Kultur und Kulturepochen. Das Urlehrertum verschiedenen Grades bediente sich der Kräfte und Anlagen der Blutsippe, um kulturschöpferisch wirken zu können. Blutsippen in kleineren oder größeren Verbänden haben sich gegenseitig bekämpft, haben Beute-, Rache- und Eroberungszüge geführt und dabei die überschüssigen Blutkräfte abreagiert oder verwandelt. Unter gewissen Voraussetzungen haben sich auch Blutsippen miteinander verbündet gegenüber andern feindlichen Sippenverbänden.

Das gemeinsame Blut hatte ein gewisses gemeinsames Seelenleben zur Folge, es bildete die naturgegebene Grundlage eines Seelenlebens, das in Form von Wachträumen Begegnungen mit denjenigen Kräften und unsichtbaren Wesen hatte, welche in den Elementen, in Wärme, Luft, Wasser, Erde schöpferisch tätig sind, Begegnungen mit unzähligen Elementarwesen, die im ägyptischen Weltbild das dritte Göttergeschlecht, die Gau- und Lokalgötter bilden und wie die Hauptgötter als namentragende Wesen erscheinen.

In Wachträumen vor dem Einschlafen und vor dem Aufwachen fanden diese Begegnungen statt, aber auch solche mit dem Begründer einer Blutsgemeinschaft, mit dem Ahnen. Diese Wachtraum-Begegnungen haben, wie das im gewöhnlichen Traum auch der Fall ist, Bildform angenommen. Diese Traumbilder verliefen aber nicht chaotisch wie vielfach im heutigen Traumleben, sondern nahmen einen innerlich geordneten Gang an; sie bildeten gewisse objektive Tatbestände ab, die Vorgängen in der elementarischen Welt entsprachen. In Bildgestalten verschiedenster Tierformen manifestierten sich die Triebe, welche im Blute verankert sind. Denn was an höheren und niederen Trieben im Blute waltete, das fand sich auch draußen in der Natur in Gestalt verschiedener Tierformen. Form und Organe des Tieres entsprechen seinen Trieben. Und was draußen im Tier als formgewordener Trieb erschien, das lebte auch als Trieb im Sippenblut.

Aus solchen Erlebnissen und Erfahrungswelten heraus haben die geistigen Führer, die Urlehrer, vom Mysterienwesen aus die Blutsippen zu Kultgemeinschaften zusammengeschlossen, und eine solche Kultgemeinschaft erhielt außer dem Kultgott oder der Kultgöttin ein Tier als Kultsymbol, welches für das Triebleben der betreffenden Blutsippe charakteristisch war. Es wurden durch eine solche Kultgemeinschaft die Triebe der Blutsippe in das kultische Leben einbezogen, damit in Schach gehalten, aber auch veredelt. Was als Totemismus bei primitiven Völkern der Gegenwart in Verfallsformen noch vorhanden ist, hat seinen wahren Ursprung in dem in Kultgemeinschaften zusammengefaßten Blutsippentum der alten Menschheit.

Aus solchen Voraussetzungen sind die ägyptischen Gaue entstanden. Sie sind hervorgegangen aus Blutsippen und Kultgemeinschaften, und in Namengebungen und Kultsymbolen lebte in zähem Festhalten weiter, was aus der Zeit des einstigen Wachträumens in bildhaften Begegnungen mit der elementaren Welt und den Blutsahnen erfahren, erlebt worden war und im Grunde auch in späteren Zeiten nie ganz auslöschte.

Als die Zweiteilung des Landes in ein Süd- und Nordreich nach Mysterienordnung erfolgte, haben diese Kultgemeinschaften mit ihren Kultsymbolen schon bestanden, und jedes dieser beiden Länder erhielt nunmehr auch eine besondere Gottheit mit einem besonderen Kultsymbol: im Südreich Nechbet mit dem Geier, im Nordreich Buto mit der Schlange.

Die Gemeinschaftsformen der vordynastischen Zeit waren also Blutsippen, die in Kultgemeinschaften einer höheren Ordnung unterstellt worden sind, um die Fähigkeiten, die im Blute liegen, der Entwicklung dienstbar zu machen. Mit der Zweiteilung in ein Süd- und Nordreich entstand wiederum eine Kultgemeinschaft höherer Ordnung mit ihren besonderen Gottheiten und Kultsymbolen.

Die Einteilung in Gaue ist der Pharaonenherrschaft zuzuschreiben. Sie wurden auch «Gaue der Götter» genannt und haben als solche bis zur Zeit der Ptolemäer gegolten. Es ist damit auf ihren Ursprung als Kultgemeinschaften hingewiesen. Die Gliederung in 42 Gaue hat sich aus der fortschreitenden Entwicklung ergeben. Die Gaue waren aber nicht nur Kultgemeinschaften, sondern dienten zugleich als Verwaltungsdistrikte zu organisatorischen Zwecken. Durch die Einteilung des Landes in Gaue wurden die Ägypter auch zu Begründern der Geometrie. Der jährlichen Nilüberschwemmung zufolge mit ihren Schlammablagerungen mußten die einzelnen Bezirke oder Besitztümer immer wieder neu vermessen werden. Herodot berichtet hierüber, Sesostris habe das Land unter alle Ägypter verteilt und jedem ein gleich großes, steuerpflichtiges Viereck gegeben. Wenn dann der Nil Teile davon weggerissen hatte, mußte immer eine neue Vermessung stattfinden. Auch andere alte Schriftsteller, wie Heron und Diodor, haben über die Landesvermessung in Ägypten berichtet.

Durch die Nilüberschwemmung und die dadurch entstandene Kunst der Landesvermessung sind die Ägypter die Begründer und Lehrer der Geometrie geworden. Sie haben durch Anwendung des Denkens gelernt, das Erdgebiet ihres Landes in Gaue zu teilen und dadurch die Erde zu formen, das Stoffliche in den Dienst des Geistigen zu stellen. Es konnten die Pharaonen durch die Gaueinteilung und die von der Naturseite her aufgedrängte Landesvermessung das Land vom Gedanklichen, vom Geistigen her beherrschen. Da dieses Gedankliche erst mit Menes, d. h. mit Beginn der Pharaonenherrschaft aufgetreten ist, aus Voraussetzungen, die in Abschnitt X dargelegt worden sind, kann die Einteilung in Gaue erst mit dieser Zeit ihren Anfang genommen haben.

Die Gaue mit ihren Namen, Gaugöttern und Kultsymbolen, sowie ihrer geographischen Lage in Ober- und Unterägypten, lassen noch deutlich erkennen, daß ihnen einstige Blutsippen und Kultgemeinschaften vorangegangen sind. Die Frage, wie sich die Gau- und Lokalgötter zu den Hauptgöttern verhalten, wird durch die skizzierte Darstellung über die Entstehung der Gaue in ein neues Blickfeld gerückt.

Die Einteilung der Gaue, sowohl nach ihrer kultischen wie ihrer wirtschaftlichen Führung, bildet ein wichtiges, integrierendes Glied der ägyptischen Geschichte. Die Gaue haben daher eine vielfache Bearbeitung gefunden. Neben solchen Bearbeitungen von Ed. Meyer, G. Steindorff und anderen Forschern liegt die in neuester Zeit erschienene von dem verdienstvollen Übersetzer ägyptischer Kult- und Ritualtexte Günther Roeder «Volksglaube im Pharaonenreich» vor. Roeder teilt darin die übliche Ansicht, wonach Gau- und Lokalgötter zu Hauptgöttern erhoben worden seien. In seiner Schrift unternimmt er den Versuch, an Hand der Gaue eine «geographische Aufteilung der ägyptischen Religion» darzulegen, ausgehend von der These, daß der Totemismus die Grundlage der ägyptischen Religion geblieben und unter der Verehrung eines Tieres das Abzeichen und der Schutz einer Horde zu verstehen sei.

Die in dieser Schrift gegebene aufschlußreiche Darstellung der 42 Gaue mit ihren Namen, Göttern, Kultsymbolen sowie die durch Kartenskizzen gegebene geographische Lage ist geeignet, die aufgeworfene Frage nach ihrem Sachverhalt an denjenigen Gauen zu erörtern, in denen sich Hauptgötter lokalisiert finden.

Unter den 20 unterägyptischen, den Delta-Gauen, nahm der Gau I eine hervorragende Stellung ein. Er führte den Namen Anbu = weiße Burg; seine Hauptstadt war Memphis an der Grenze von Ober- und Unterägypten. Hier wurde seit Urzeiten der Gott Ptah verehrt. Dargestellt wurde er mit einer noch ungegliederten, plumpen Körperform. Seine Gattin war die löwenköpfige Kriegsgöttin Sachmet.

Im II. Gau war Horus der Ältere, der Horus «mit den beiden Augen» lokalisiert. Die Hauptstadt hieß Chêm, Kultsymbol war eine Rinderkeule als Schriftzeichen und Sinnbild für die Kraft des Menschenarmes.

Der V. Gau hatte als Kultsymbol einen Schild mit zwei gekreuzten Pfeilen. Die Hauptstadt hieß Saw, griechisch Sais. Die Fürsten dieser Stadt trugen die rote Krone des Nordens. Die Göttin dieses Gaues war Nêret, später Neith. Das verschleierte Bild der Isis zu Sais trug den Namen Neith-Isis. Die Priesterschaft von Sais erlangte Berühmtheit durch ihre Heilkunst, und ihr Oberpriester trug den Namen «Größter der Ärzte».

Der VI. Gau war derjenige der Schlangengöttin Uto, «Haus der Uto», griechisch Buto. Hier wurden die Könige von Unterägypten vor der Vereinigung bestattet, als «Seelen von Pe» (Männer mit Falkenkopf). Die Sage erzählt, der kleine Horus-Knabe sei im Papyrusdickicht vor seinem Gegner Seth-Typhon versteckt und von der Schlange Uto auferzogen worden.

Besonders aufschlußreich ist der Mythos des IX. Gaues. Name dieses Gaues war «Anzeti», der Gott des Anzet-Nilarmes, mit der Hauptstadt Dêdu oder Per-Usirê, griechisch Busiris, arabisch Abusîr. Ein König der Urzeit, heißt es, habe das Sumpfland entwässert und das Land für den Getreidebau urbar gemacht. Noch nach seinem Tode habe er die Menschen erfreut, indem er jedes Frühjahr das Sprossen der Pflanzen bewirkte. Es wurden ihm aus Erde geknetete Mumienbilder, die mit Getreidekörnern gespickt waren, geweiht. Der Gott Anzeti erhielt den Namen Usirê, und sein Reich war die Unterwelt. Als Kultsymbol hatte er den entlaubten Baumstamm «Ded», und das Aufrichten des «Ded-Pfeilers» war ursprünglich ein Frühlings-Jahresfest des Usirê-Kultes. Aus dem XII. Gau erhielt er seine Gattin Isis und aus dem Gau der Buto den Horus-Knaben.

Der XIII. Gau besaß kein Kultsymbol, trug aber den Namen «Beherrscher des Anzeti». Die Hauptstadt hieß Onu, auch Per-Rê «Haus des Rê», lateinisch Heliopolis, «Sonnenstadt». Verehrt wurden hier zwei Götter: Atum, der «Herr des Alls» und Rê, mit dem Beinamen «Horachte».

Unter den oberägyptischen Gauen ragt der XV., der Hasengau, besonders hervor. Die Hauptstadt dieses Gaues hieß Wenu «Hasenstadt», wurde aber auch Achtstadt, nach den acht Urgöttern, genannt. Der Herr derselben war Thoth, der dreimal Große, daher die Stadt auch nach ihm den Namen Hermopolis erhielt. Dem Thoth war der Ibis und der Pavian (Hundskopfaffe) heilig. In einem vom Hasengau abgetrennten Bezirk am Ostufer des Nils hat Echnaton nachmals seine Residenz und Kultstadt des Aton, Amarna, begründet.

Der VIII., weiter südlich gelegene Gau, Ta-wêr, «Das große Land», besaß ein Gauzeichen in Gestalt eines mit einer Osiris-Reliquie versehenen Schreines. Hauptstadt war Tine, griechisch This, der Geburtsort der Könige der 1. und 2. Dynastie. In diesem Gau entstand die hochberühmte Nekropole von Abôdev, griechisch Abydos, «die Stadt der Westlichen», woselbst sich die Gräber der Könige der 1. und 2. Dynastie befinden. Eines der Gräber war für dasjenige des Osiris erklärt worden.

Der VII. Gau mit der Hauptstadt Hot-bawet, griechisch Diospolis, mit dem Kultzeichen eines Hathor-Kopfes, ist später von dem VI. Gau, dem der Hathor, abgetrennt worden. Die Hauptstadt des Hathorgaues mit ihrem Haupttempel war Onet, griechisch Ta-Téntyra, arabisch Dénderah. Ihr Kultzeichen war Bat, das Sistrum.

Der Gau V war der Gau des Seth-Typhon, mit der Stadt Nubt «Goldstadt», griechisch Ombos. Dargestellt ist Seth aus einer Zusammenfügung von verschiedenen Tieren mit einem Pfeil (Skorpion) als Schwanz.

Der IV. Gau ist derjenige der Verehrung des Amun und des hochberühmten Theben, der Metropolis von Oberägypten.

Der II. Gau führte den Namen Wetset-Hor «Erhebung des Horus», Hauptstadt war Behdet, arabisch Edfu, lateinisch Apollinopolis Magna, mit dem Haupttempel des jüngeren Horus.

Der I. südlichste, am Katarakt gelegene Gau wurde «Land des Bogens» genannt (nach der Waffe der Nubier). Im Norden dieses Gaues liegt die Stadt Nubôt, griechisch Ombos, arabisch Kom-Ombo. Hier befindet sich der Doppeltempel, dessen nördliche Hälfte dem Horus, die südliche Hälfte dem Seth geweiht ist. Im südlichen Teil auf einer Insel lag Abu (Elephantenstadt), griechisch Elephantine, mit dem Tempel des Chnum, dem «Herrn des Wassers».

Diese Reihenfolge einer Anzahl besonders hervorragender Gaue gibt ein Bild von der Lokalisierung der genannten Hauptgötter des Landes in einzelnen Gauen Unter- und Oberägyptens. Aus dieser Lokalisierung kann in keiner Weise gefolgert werden, daß ursprüngliche Lokalgötter zu Hauptgöttern gemacht worden seien. Die genannten, in verschiedenen Gauen lokalisierten Götter, Hathor ausgenommen, sind, wie aus den bisherigen Darstellungen hervorgeht, immer Hauptgötter gewesen. In die kosmische Ordnung, welche die ägyptischen Initiierten ihrem Weltbild gegeben haben, wird Verwirrung hineingetragen, wenn die Rangstufen der untergeordneten und übergeordneten Götter miteinander vermischt werden. Die genannten Hauptgötter sind nicht nur in den Gauen, in denen sie lokalisiert erscheinen, sondern in ganz Ägypten verehrt worden. Ihre Lokalisierung ergab sich aus den Notwendigkeiten der Entwicklung, wie dies bereits an dem Beispiel des memphitischen Ptah erörtert worden ist. Diese Notwendigkeit trat mit dem Übergang von der vordynastischen zur dynastischen Epoche und dem Auftreten des geschichtlichen Bewußtseins ein. Mit diesem Übergang verknüpft war eine neue Orientierung oder Ordnung des Weltbewußtseins, und diese fand ihren Ausdruck in dem heliopolitanischen Weltbild von der Götterneunheit. Bewußtseins-Ordnung ist im Sinne dieses Weltbildes Götter-Ordnung.

Es wurden nicht untergeordnete Lokalgötter zu übergeordneten, zu

Hauptgöttern gemacht, sondern es wurden bisherige Hauptgötter in einzelnen Gauen lokalisiert zur Begründung und Entwicklung einer von der Zeit geforderten neuen Form der Volksreligion. Die Hauptgötter sollten, der neuen Bewußtseins-Ordnung entsprechend, in die Volksreligion einziehen und dieser einen neuen Inhalt geben.

Im Verfolge der Gesamtentwicklung lassen sich drei Hauptetappen unterscheiden. Zuerst gab es die Gemeinschaftsform des Blutsippentums, dann folgten auf einer weiteren Stufe die zusammenfassenden Kultgemeinschaften, und auf einer dritten Stufe, im Anbruch der geschichtlichen Zeit, sollten die Hauptgötter in die Volksreligion und in die Kultordnung einziehen. Zu diesem Zwecke wurden sie in bestimmten Gauen lokalisiert.

Die Lokalisierung von Osiris im Norden in Busiris und im Süden in Abydos erhält ihren Sinn und ihre Bedeutung dadurch, daß mit der Osiris-Säule «Ded» in Busiris auf die kosmopolitische Stellung des Gottes, mit dem Grab in Abydos auf seine Stellung als Totengott hingewiesen ist.

Nach allem, was bisher über die Zweiteilung von Norden und Süden und über die oberen und unteren Götter vorgebracht worden ist, ist es verständlich, weil in der Sache tief begründet, daß die Dreiheit der oberen Götter, Atum, Rê und Ptah, im Norden, die Dreiheit der unteren Götter, Horus, Seth und Thoth, im Süden lokalisiert worden sind, denn dieses entsprach der Weltorientierung und der Mysterienordnung, nach welcher das Nord- und Südreich nach Osiris- und Isis-Prinzipien begründet worden sind.

Es gab über das ganze Land verbreitet die regionalen Gaugötter und Gaukulte. Es gab das Süd- und Nordreich nach hermetischer und heliopolitanischer Mysterienordnung, und es gab die Lokalisierung der oberen und unteren Hauptgötter in Gauen des Süd- und Nordreiches.

Für die dritte Sothisperiode ist charakteristisch die große Zahl der Tierkulte und die noch größere, fast unübersehbare Zahl der Elementargötter, deren Namen in den Ritualen der Götterkulte, in den Mumifizierungsritualen, im Totenkult und anderen Texten vorkommen. Die Tierkulte wie die Elementargötter gehören dem dritten Göttergeschlecht an. Es ist ein Reich verschiedener Rangstufen, das schon in Urzeiten bestand, während der dritten Sothisperiode, der elementaren Stufe des Weltbewußtseins, aber eine besondere Bedeutung und Ausbreitung gefunden hat. Vor allem sind es die Tierkulte, die, in den verschiedenen Gauen von Unter- und Oberägypten lokalisiert, Gegenstand der Volksreligion waren. So wurde in unterägyptischen Gauen der Schakal Anup, griechisch Anubis, als Totengott in der Nekropole von Gizeh verehrt. Die Katzengöttin im Gau von Bubastis als «Herrin von Bastet, die Göttin der Freude und des Tanzes». Im Gau von Mendes der Ziegenbock, im Gau Heseb, griechisch Leontopolis, der Löwe, im Fajum das Krokodil, der Hund im oberägyptischen Gau Anpu, griechisch Kynopolis. Weitere Kulttiere sind der Ibis des Thoth, der Habicht des Horus, die Kuh der Hathor, die Uräusschlange der Buto. Aus diesen Tierkulten geht hervor, daß in Ägypten ein besonderes Verhältnis zur Tierwelt des Landes bestanden hat. Rudolf Steiner hat darauf hingewiesen, daß bei den Ägyptern die Empfindung dafür vorhanden war, wie ohne gewisse Tiergruppen, die Gruppe der kultisch verehrten Tiere, menschliches Dasein und menschlicher Fortschritt nicht möglich sei. Es bestand die Empfindung, daß Götter, die über dem Menschen stehen, ihre Wirkenskräfte in Tieren, die unter dem Menschen stehen, manifestieren. Was für das heutige Bewußtsein Begriff einer Tiergattung ist, das war in altägyptischer Zeit bildhafte Anschauung der elementaren Kräfte, die im Tier wirksam sind und vom Gattungswesen der Tiergruppe, vom göttlichen Tierwesen, dirigiert werden durch Benützung des Tierinstinktes. Durch den Tierkult ergab sich ein gemeinsames, ein intimes Zusammenleben mit den Tiergruppen, welche die Götter der menschlichen Gemeinschaft beigesellt hatten, und aus dieser kultischen Gemeinschaft mit den Tiergruppen entfaltete sich die Gemeinschaft der Menschen, die Empfindung der Volksgemeinschaft. In der Tierverehrung, im Heilighalten der Tiere wandte sich der Ägypter an ein Göttliches, durch das er sich als Glied eines Gemeinsamen erleben konnte, dem Gemeinsamen des Volkstums. So sonderbar es auch dem heutigen Bewußtsein erscheinen mag, in Ägypten gab es Kulte, deren tieferer Sinn in dem gegenseitigen Verhältnis von Menschen und Tiergemeinschaften in ihrer göttlichen Zuordnung bestand, aus welchen die Empfindung der Volksgemeinschaft erwuchs.

Dem Horus, dem Thoth, dem Amun, der Sachmet und andern Göttern wurden Tierköpfe gegeben, weil diese Götter sich dem Schauen in denjenigen Bildgestalten offenbarten, die ihren Eigenschaften, ihrer Wirkensart entsprachen. Thoth mit dem Ibiskopf war Bild für die allwaltende Weisheit im Umkreis der Welt. Der Ibis ist in der ägyptischen Kultur Bild jenes Geistes, der in der christlichen Zeit in Gestalt der Taube als heiliger Geist verehrt wird. Horus mit dem Falkenkopf ist Bild für die nach Geisterkenntnis strebende Seele, daher hat auch in der Parzifal- und Lohengrin-Sage der Falke auf einer neuen Stufe dieselbe Bedeutung als Symbolum für die Suche nach dem Gral. Horus und Parzifal stehen in derselben gewaltigen Entwicklungsströmung wie Sphinx und Gral. Amun, der einen Widderkopf trägt, ist der Gott eines Zeitenwandels, von dem spätere Abschnitte handeln werden.

In dem weiten Reich der Lokal- und Elementargötter aber waltete Hathor, die Herrin von Denderah. Hathor gehört, obwohl sich ihr Kult über ganz Ägypten erstreckte und auch schon in vordynastischer Zeit bestanden hat, nicht der großen, sondern der kleinen Götterneunheit, dem dritten Göttergeschlecht an, diesem aber als Hauptgöttin, als Königin im Reiche der Elementargötter.

Ihr Hauptkultort war Tentyra (Denderah), wo bereits in der 4. Dynastie ein ihr geweihter Tempel bestanden hat, der nach eingetretenem Verfall immer wieder neu aufgebaut wurde, zuletzt von den Ptolemäern. Die Inschriften und bildlichen Darstellungen der Hathor an den Wänden und Säulen dieses Tempels, bemerkt Brugsch, bilden die Quelle für das Wesen und Walten dieser Göttin.

In diesen Inschriften wird Hathor die älteste aller Götter und Urbild aller Göttinnen genannt; sie ist die Tochter des Sonnengottes Rê und wird in hermetisch mystischer Ausdrucksweise «als Mutter ihres Vaters und Tochter ihres Sohnes» bezeichnet, welcher seinerseits wiederum «Gatte seiner Mutter» genannt wird. Ihre Kinder sind Schu und Tefenet (Tafnut). In viele Namen kleidet sich ihr Rätselwesen und über viele Lokalkulte des Landes ist sie als Königin eingesetzt. Ihr ursprünglicher Kultort als Tochter des Rê war Heliopolis, und auch sie trug den Namen Sothis. Wenn Rê in seiner Sonnenbarke am Himmel emporstieg, nahm sie ihren Platz im Vorderschiff ein und leuchtete wiederum als Diadem an der Stirne des Rê. Dann wurde für sie nochmals in Tentyra ein «stellvertretendes, zweites Onu», Heliopolis, als neue Heimat geschaffen. Sie wurde die Königin des Landes und die Kyria, d. h. die Oberste aller Lokal- und Elementargötter Ägyptens. Der Name Hathor bedeutet sprachlich das «kosmische Haus des Horus», womit der ältere Horus gemeint ist. Der Hathor war die Kuh geweiht. Bildlich wurde sie dargestellt mit der Sonnenscheibe zwischen den Kuhhörnern und blau oder grün bemaltem Antlitz, andererseits auch mit einem Kuhkopf. Angerufen wurde sie u. a. als «die Leuchtende am Himmel, die Starke auf Erden, die Vielgefürchtete in der Unterwelt». In der Hand trägt Hathor auf bildlichen Darstellungen einen grünen Blumenstengel oder das Henkelkreuz. Beide Zeichen haben nach Brugsch in der Hieroglyphik die Bedeutung von «ut», d. h. Leben spendend.

Nach der Sprache der Denkmäler, welche ihr Wesen beschreiben, ist Hathor die Göttin der Verwandlungen. Sie wird Mutter aller Göttinnen genannt, weil sie deren Eigenschaften annimmt oder in diese untertaucht. Sie ist Tafnut und Nut, Isis und Nephtys. Sie ist die Göttin der vier Weltgegenden des Landes und hat die Namen der vier Landschaftsgöttinnen angenommen. Im Süden heißt sie Nechbet, im Norden Buto, im Osten Bast, im Westen Neith. Sie ist die Göttin der beiden Länder, und ein diesbezüglicher Text lautet: «Schön ist dein Anblick, Göttin Tumit, Herrin des Doppellandes, Herrin des roten Schleiers, welche die helle Farbe liebt. Du leuchtest in der Stadt Buto und du strahlst für den Osten als Herrin von Bubastis». Oder ein anderer Text: «Hathor, Nebithotpit von Heliopolis, du einzige Königin, Auge des Rê, im Westlande von Theben, glanzvoll am Himmel, Starke auf Erden, Finsternis in der Unterwelt, in deren Namen das Süd- und Nordreich wohlbehütet und die Tempel wie die Sonne dauernd bestehen.»

Die Säulenkapitelle im Hathortempel in Denderah sind vierteilig mit vier Hathorköpfen, die nach ihren vier Herrschaftsgebieten im Osten, im

Westen, im Norden, im Süden gerichtet sind. Dementsprechend geben die Inschriften ein Bild ihrer Stellung, ihrer vielfältigen Beziehungen, ihres Gestaltenwandels in diesen Herrschaftsgebieten und Kultstätten, die über das ganze Land verbreitet sind.

Hathor als Gebieterin des Ostens erscheint dort als Herrin von Bubastis, dem Kultort der Katzenverehrung. Die Göttin Bast hatte aber auch Kultstätten in anderen Gauen, in Heliopolis, in Memphis, in Theben. Dort erscheint ihr Name verknüpft mit den Hauptgöttern. In Heliopolis mit Rê, in Memphis mit Ptah, in Theben mit Amun.

Hathor als Herrin des Westens nahm hier den Namen der Neith in Sais an. Neith ist eine Abwandlung von Nut. Neith mit dem Zeitwort «ut» zusammenhängend, interpretiert Brugsch mit «verknüpfen», mit der Fähigkeit des Webens. Neith war demnach die göttliche Weberin. Dargestellt wurde sie mit der Krone des Nordens und mit grün bemaltem Antlitz. Ihr hieroglyphisches Lautzeichen ist ein Weberschiffchen. Neith wurde auch als Kriegsgöttin verehrt. Als solche erscheint sie mit Pfeil und Bogen. Sie wurde aber auch als kuhköpfige Göttin dargestellt, und Plutarch berichtet, daß zur Zeit der Wintersonnenwende eine Kuh siebenmal um den Sonnentempel von Heliopolis herumgeführt worden sei und dieser Umgang «Aufsuchung des Osiris» genannt wurde, eine Kulthandlung, welche der aus dem Kosmos die Pflanzenwelt neu befruchtenden Sonnenkraft galt. Eine Inschrift aus einem Toten-Papyrus lautet: «Komm nach Sais in deinem Namen als der Saitischen (Neith-Hathor), komm nach Sais, damit du deine Mutter Nut schaust.» Oder: «Die große Kuh stellt dich wieder her, sie ernährt dich und sie vereinigt dich mit dem Sonnenreich des Atum.»

Hathor als Göttin und Königin des Nordens, dargestellt mit der roten Krone des Nordens und der Schlange, mit ihrer Kultstätte in Buto, führte auch den Namen Utit-Buto. In einer solchen Darstellung zu Denderah wird ihr der Papyrusstengel gereicht mit den Worten: «Ich reiche dir den Papyrusstengel ‚ut' deinen Schmuck. Es grüßt dich das Land (ut-ta) durch deinen Papyrus-Szepter.»

Hathor als Göttin und Herrin des Südens trägt die weiße Krone des Südens, an der Kultstätte der Geiergöttin Nechbet wurde sie verehrt als Hatit, die Weiße (mit der weißen Krone) und als Fakit, als Geiergöttin.

Hathor galt jedoch nicht nur als Göttin der vier geschilderten Herrschaftsgebiete in Ost und West, in Nord und Süd, sie nahm auch die Namen der 22 Gaugottheiten des Südens und der 20 des Nordens an. Unter den 22 Hathoren des Südens wurden sieben besonders als die «großen Hathoren» hervorgehoben, und eine aus den Südgauen stammende Anrufung lautet: «Du offenbarst dich gefeiert als Hathor, die Große, die Geliebte des Rê in sieben Gestalten.»

Alles, was in den Inschriften über Hathor ausgesagt wird, läßt diese Göttin erscheinen als Herrscherin im Reiche der Mütter. Dieses ist aber ein Reich dauernder Verwandlung, nie ruhender Metamorphosen und nie ruhenden Gestaltenwandels. Die vier Elemente, welche Gesetz und Wirkenskräfte im Reiche der Mütter sind, befinden sich in fortwährender Verwandlung, in fortwährendem Gestalten und Umgestalten. Hathor ist die Göttin dieser Welt der Verwandlungen. Daher wirkt sie im Reich der Mütter, im Reich der Elementargötter, im Umkreis aller vier Weltrichtungen, im Osten, im Westen, im Norden, im Süden und nimmt die Namen der Elementargötter der vier Herrschaftsgebiete, die Namen auch aller Gaugötter an. So wirkt Hathor in allen elementaren Vorgängen des Jahreslaufes und in den elementaren Kräften und Eigenschaften der menschlichen Seele, als Weberin, als Kriegsgöttin wie als Lebensspenderin. Sie wirkt in den sieben Gestalten der großen Hathor, d. h. in den sieben aufeinanderfolgenden Wochentagen, wenn die planetarischen Kräfte (nach denen in christlicher Zeit die Wochentage genannt wurden) mit ihren wechselnden Wirkungen in den Elementarreichen den sieben Wochentagen ihren elementarisch-kosmischen Duktus, ihre besondere Nuancierung geben. Sie begleitet aber auch in jedem Tageslauf, im Vorderschiff der Barke des Rê stehend, den Sonnengang, von morgens bis abends und wiederum bis zum anderen Morgen. Sie ist die Göttin, die als Tochter des Rê während des Schlafes die verbrauchten Lebenskräfte erneuert, im Tageslauf aber in den vier Temperamenten der menschlichen Seele tätig ist. Ihre vielfältigen Erscheinungsformen, ihre Metamorphosen, ihre Lebensgeheimnisse zusammenfassend, wird Hathor aus einer Welterkenntnis, die auf das Kräftewirken der Elementarreiche gerichtet ist, zur Tochter und Geliebten des Rê. Mit Hathor als Tochter des Sonnengottes ist eine umfassende Wahrheit ausgesprochen, denn im Walten und Wirken der vier Elemente, in ihren nie ruhenden Verwandlungen, Mischungen und Entmischungen ist Rê, ist das Sonnengöttliche immer beteiligt und tätig. Wo und wie immer die vier Elemente in dauernden Metamorphosen wirksam sind, sind sie es durch die Sonnenkräfte des Alls. Und da es in diesem Reich der Verwandlung kein Oben und kein Unten, sondern nur Bewegung gibt, in der, wie in einem Spiegelbild, die Dinge und Verhältnisse auch umgekehrt erscheinen, ist Hathor die Mutter ihres Vaters und die Tochter ihres Sohnes. Es ist damit auch ein Gesetz der elementarischen Welt angedeutet.

Logische Gedankenfolgen gibt es im Reich der Hathor nicht, sondern Bilderfolgen in fortwährender Bewegung und Wandlung. Hathor in der Vielfalt ihrer Namen und Erscheinungsformen, Hathor in allem, was die Inschriften und Anrufungen von ihr sagen, liefert die untrügliche Bestätigung dafür, daß für den Ablauf der dritten Sothisperiode die Elementar-Weisheit, das Reich der Mütter, mit seinen ihm eigentümlichen Erleuchtungen, aber auch mit seinen Gefahren, maßgebend und führend geworden ist.

Alle ägyptischen Götter haben Gemahlinnen und die Göttinnen ihren Gemahl. Hathor aber nicht, und gerade dieses charakterisiert sie von einer anderen Seite her als Gebieterin im Elementarreich. Dagegen wird Hathor in eine besondere Beziehung zu Horus gebracht. Hathor, die Tochter des Rê, und Horus, der Sohn des Osiris, haben beide sinngemäß ihre Hauptkultstätten im Südreich, in Oberägypten. Im kultisch geordneten Jahreslaufe fand alljährlich im Frühling ein Besuch des Horus von Edfu bei der Hathor in Denderah statt. Das Kultbild des Horus wurde unter feierlichen Zeremonien auf eine festlich geschmückte Barke gesetzt und nach Denderah zu Hathor gefahren, wo es während drei Tagen verblieb. Durch diese Kulthandlung sollte gefeiert werden, daß Horus alljährlich, wenn im Sprossen der Pflanzenwelt aus dem Reich der Mütter die belebenden Kräfte regsam werden, die Liebe der Hathor empfängt, die helfenden Segenskräfte der elementarischen Welt.

Keinen Pharao und damit keinen Namensträger des Horus gab es, der, wie der Isisweg der Eingeweihten, wie die Schminktafel des Narmer und die Stele des Mykerinos zeigen, nicht der Hathor verpflichtet war; denn das Henkelkreuz, das Zeichen des nie versiegenden Lebens, wird empfangen auf dem Isiswege beim Betreten des Reiches der Elemente und der Schwelle des Todes.

Es kann als Widerspruch erscheinen, daß Isis und Hathor vielfach dieselben Namen trugen. Isis wie Hathor werden Sothis genannt. Beide werden mit dem Nil identifiziert und beide sind Göttinnen des Jahreslaufes. Dieser Widerspruch wird gegenstandslos, wenn Stellung und Wirkungsweise der Göttinnen gegeneinander abgegrenzt werden. Nach der Inschrift der Neith-Isis zu Sais sagte Isis von sich: «Ich bin das All». Das konnte Hathor nicht von sich sagen, denn sie ist Isis gegenüber eine untergeordnete Göttin. Sie ist Herrscherin der Elementarreiche und der Elementargötter. Aber in diesem Reich begegnen sich Isis und Hathor, und der Isisweg der Eingeweihten führte durch dieses Reich.

Das dritte Göttergeschlecht ist es, das mit seinen unzähligen Namen, den Namen der Gaue und der Elementargötter, neben den Hauptgöttern den Schlüssel liefert, daß mit der dritten Sothisperiode das Weltbewußtsein auf die elementarische Stufe herabgestiegen ist.

XVII

ÄGYPTEN IM AUFSTIEG VON THEBEN

XI. UND XII. DYNASTIE

Auf das heroische Zeitalter Ägyptens folgte, gegen das Ende der 6. Dynastie beginnend, ein grenzenloser Zerfall und eine völlige Auflösung der bisherigen Bindungen und Ordnungen. Die mächtigen schöpferischen Kräfte des heroischen Zeitalters hatten sich erschöpft. Werdegang, Leistung, Zerfall und Zerstörung von schöpferischen Perioden lassen sich während der ganzen kulturellen Entwicklung der Menschheit verfolgen. Lebensgesetze des Kosmos und der Menschheit gelangen darin zu natur- und geistgemäßer Auswirkung, aber in jeder solcher Perioden auf eigene Art mit ihren besonderen Gegensätzlichkeiten, Lebenswidersprüchen, ihrer besonderen Tragik.

Das Bild der geschilderten heroischen Epoche von Ägypten bietet, wie dasjenige ihres Zerfalles, einen besonders ergreifenden Anblick dar. Es ist das Bild, wie schöpferische Kräfte, die im Kosmos walten, aus Sternenweiten heruntergeholt worden sind, in die menschliche Seele einzogen und sich kulturschöpferisch im großen Stile ausgewirkt haben. Der Demiurg Ptah, der «Vater der Götter», und die Pyramide umfassen und begrenzen dieses Bild. Nachdem diese in die menschliche Seele herabgestiegenen Gestaltungskräfte sich in einem mächtigen Willenseinsatz erschöpft hatten, mußten sie sich erst im Laufe einer Zwischenzeit wieder sammeln, um sich, da sie nun Eigenkräfte der menschlichen Seele geworden waren, auf einer weiteren Stufe der Entwicklung wieder einzusetzen.

Dieser kosmisch-menschliche Vorgang bedurfte, um sich entwickeln zu können, gewisser Voraussetzungen. In der konsequenten Durchführung des theokratischen Systems waren diese Voraussetzungen gegeben. Der Pharao mit seinen Würdenträgern und den Gauverwaltern bildete einen sozialen Organismus nach theokratischen Prinzipien, in die auch das Verwaltungssystem mit einbezogen war. Es gab in diesem sozialen Organismus nichts, das nicht von Kultformen durchdrungen gewesen oder von solchen ausgegangen wäre. Die Würdenträger am Hofe des Pharao, die Gauverwalter, kurz diejenige Schicht, welche gewöhnlich als Geburtsadel bezeichnet wird, standen in einer Art von geistigem Leibeigenschaftsverhältnis zum Pharao. Ihre gemeinsame Nekropole in der Umgebung der Königspyramide erscheint als eine Bestätigung der Gemeinschaftsform dieses theokratischen Systems. Bezeichnenderweise haben die Gauverwalter, als sich das alte Verhältnis zum Pharao zu lockern begonnen hatte, auch gleichzeitig angefangen, ihre eigenen Grabstätten in ihrem Gau anzulegen.

Mit der 5. Dynastie begannen, aus Voraussetzungen, die in Abschnitt XV dargelegt worden sind, die Lockerungen in diesem sozialen Organismus einzutreten, die mit dem Ende der 6. Dynastie zu dessen völliger Zerstörung führten. Im Hintergrunde dessen, was sich im Vordergrunde als geschichtliches Geschehen abspielte, standen die Träger der heliopolitanischen Welterkenntnis, welche die Gesetze der Entwicklung kannten und mit ihnen rechneten aus der Souveränität einer Geisteshaltung, die weiß, daß nach dem ungeheuren Kräfteeinsatz die Erschöpfung dieses Einsatzes und in der Folge Verfall und Zerstörung in Kauf genommen werden muß. Die Inaugurierung des Rê-Kultes zeigt zur Evidenz, daß mit den Gesetzen der Entwicklung gerechnet worden ist. Der Rê-Kult mit seinen Wirkungen und Folgen für die Bewußtseinsentwicklung muß als gestaltender geistiger Faktor in Betracht gezogen werden bei der Beurteilung der hereingebrochenen Krise und deren schließlicher Überwindung. Dabei kommt es darauf an, wie der neue Kräfteeinsatz zur Überwindung der Krise und der Neugestaltung erfolgte und woher er gekommen ist.

Das Hereinbrechen der Krise scheint unmittelbar nach dem Tode des greisen Phiops II. eingetreten zu sein und nahm ein alles erschütterndes Ausmaß an. Wie diese Krise sich im Bewußtsein der Ägypter dieser und der nachfolgenden Zeit ausgenommen hat, äußert sich Otto in zutreffender Weise dahin: «Der Eindruck, den der Verfall des für die Ewigkeit gedachten Reiches auf die Miterlebenden und die Späteren machte, ist ungeheuer. Die Krise ist wahrhaft total, indem sie in gleicher Weise die Wirtschaft wie die Religion, den Staatsaufbau wie die Gesellschaft, die Gesamtheit wie jeden einzelnen betrifft. Wenn wir heute auch wissen, daß die Spanne vom Ende der 6. Dynastie bis zur erneuten ‚Reichseinigung' durch Mentuhotep etwa 200 Jahre betrug und daß von einer eigentlichen ‚Wirrenzeit' nur über etwa 40 Jahre gesprochen werden kann, so scheint die Auffassung des Ägypters, es handle sich hier um ein letztlich kosmisches Unglück mythischen Ausmaßes, eine Art Götterdämmerung, doch berechtigt; denn nicht nach der objektiven Länge der Zeit, sondern nach der subjektiv empfundenen Bedeutung muß ein historisches Ereignis gewertet werden.»

Aus dieser Zeit des Verfalles und der eingetretenen Demoralisierung sind Schilderungen erhalten geblieben, die als «Literatur der Verfallszeit» u. a. auch durch Junker eine eingehende Darstellung in seiner «Pyramidenzeit» gefunden haben. Ein Hauptwerk derselben liegt vor in den sogenannten «Mahnungen des Ipuwêr», die ein Bild dieses Umsturzes geben. «Das Land», heißt es darin, «hat sich gedreht, wie die Töpferscheibe es tut.» Plündernde Banden durchziehen das Land. Fremdvolk richtet überall Zerstörungen an. Hungersnot und Pest herrschen, alles Lachen ist vergangen. Trauer und Wehklagen, wohin man schaut. Selbst die Kinder wünschen, nicht geboren worden zu sein. Wer früher wohlhabend war, geht in Lumpen, und die Geringen, die Sklaven, die sonst nichts besaßen, eignen sich an, was jene besessen haben. Die Gerichtsräume hat der Pöbel geplündert und die Akten verschleppt. Kein Amt befindet sich mehr an der richtigen Stelle, die Richter und Verwalter sind vertrieben, und die Menge ist wie eine aufgescheuchte Herde ohne Hirten.

Raub, Plünderung, Zerstörung müssen sich auch auf die Tempel und den Tempelbesitz erstreckt haben. Auch die Friedhöfe fielen dem Vandalismus zum Opfer. Die Königsmumien wurden aus ihren Särgen gerissen und ihres Schmuckes beraubt, die Grabanlagen zerstört, darunter auch diejenige des Imhotep, Pharaonenstatuen wurden in Stücke geschlagen. Es scheint, als sei in dieser Zeit alle Pietät gegenüber den großen Toten und alle Ehrfurcht vor den Werken vorangegangener Generationen ausgelöscht gewesen. Wieviel von der hereingebrochenen Barbarei fremden Eindringlingen zuzuschreiben ist und wieviel herrenlos gewordene Sklaven und Ägypter der untersten Schichten, in denen der blinde Haß gegenüber den Zuständen des heroischen Zeitalters wütete, beteiligt gewesen sind, bleibt eine offene Frage. In das Delta waren jedenfalls räuberische Beduinenstämme, deren Einbrüche von jeher abgewehrt werden mußten, eingedrungen und haben in den ehemaligen königlichen Residenzen der Pyramidenzeit ihr Zerstörungswerk vollbracht. Otto zitiert ein Wort über diese Einfälle aus der nachfolgenden Herakleopolitenzeit des Inhaltes: «Er (der Asiat) liegt im Kampf mit uns seit der Zeit des Horus (d. h. von je); aber er kann nicht zum Siege kommen und kann auch nicht besiegt werden.» Es ist damit auf eine Erscheinung hingewiesen, die nicht nur die Geschichte Ägyptens, sondern auch diejenige Asiens in älterer Zeit betrifft.

Nach dem Bericht des Ipuwêr wurden während dieses Umsturzes, und dieses wohl erstmalig, Pharaonen- und andere Gräber ausgeraubt. Seither ist die Geschichte Ägyptens bis in die neuere Zeit mit dem fatalen Odium des Grabraubes belastet, der das typhonische Gegenbild zum osirianischen Totenkult darstellt.

Nachdem die heroische Epoche Ägyptens, welche dem weiteren Verlauf der dritten Sothisperiode ihre formenden Kräfte und damit die von ihrem Geist geprägten Züge ihres Antlitzes gegeben hatte, ihr Ende fand, müssen für den Fortgang derselben und ihre weitere Entwicklung die maßgebenden Faktoren gesucht werden. Es gilt als feststehend, daß trotz allem, was an Zerbrechen der bisherigen Formen des Pharaonenreiches und an äußeren Zerstörungen geschehen war, die veranlagten Fundamente standhielten und die Kontinuität des geistigen Lebens weiterging. Der osirianische Totenkult und die Bedeutung und Stellung, die Rê im Bewußtseinsfeld der Zeit eingenommen hatten, blieben davon unberührt und nahmen ihren Fortgang. Dadurch war zweierlei garantiert. Für den Fortgang des äußeren Lebens die Bildung neuer Formen für den Bestand des Pharaonenreiches, die mit der Inauguration des Rê-Kultes ihren ersten Impuls erhalten hatten. Als zweites die osirianische Kultordnung, durch welche die Verbindung des Lebens zwischen Geburt und Tod mit dem Leben nach dem Tode geregelt wurde.

Ein Weiteres von entscheidender Bedeutung für den geschichtlichen und kulturellen Fortgang wie für die Schicksalsbildung des Landes liegt vor in den Ereignissen, die sich zwischen Unter- und Oberägypten, d. h. zwischen dem Norden und dem Süden, zugetragen haben.

Die fortdauernde Kontinuität erweist sich in ihrem äußeren Verlauf durch die Königslisten, in denen die Dynastienfolge sich ununterbrochen fortsetzt, wie auch in der Königstitulatur die Bezeichnung «Sohn des Rê» weitergeführt wird und zahlreiche Königsnamen bis zur 17. Dynastie mit Rê endigen.

Über den geschichtlichen Verlauf der 7. und 8. Dynastie als unmittelbare Nachfolger der letzten Pharaonen der 6. memphitischen Dynastie ist nichts Sicheres bekannt; es sind weder Gräber noch Denkmäler ihrer Herrscher erhalten geblieben oder bisher entdeckt worden, auch keine der sonst üblichen Inschriften in den Steinbrüchen. Was mit der 5. Dynastie begonnen hat, die Verselbständigung der Gaufürsten, wurde nunmehr allgemeiner Zustand, und aus dem verselbständigten Gaufürstentum begann sich eine neue Ordnung unter einer neuen führenden Königsherrschaft zu entwickeln.

Zunächst waren es die Gaufürsten von Herakleopolis (Nähe des Fajum), welche ein neues Herrscherhaus begründet haben (die 9. und 10. Dynastie des Manetho), indem sie den unbedeutenden Königen der 8. Dynastie die Herrschaft entrissen. Ihr Begründer war Achthoes I. Von den fünfzehn Königen der beiden Dynastien der Herakleopoliten (Turiner Königslisten) haben sich nur spärliche Denkmäler erhalten. Erst die beiden letzten Herrscher der 10. Dynastie, Achthoes III. und Merika-Rê, treten in das Licht der Geschichte. Die herakleopolitischen Dynastien haben die Ordnung im Delta und im memphitischen Gebiet wieder hergestellt. Aber wie aus dem vorstehenden Zitat hervorgeht, haben diese Könige nicht damit gerechnet, die Beduinen endgültig fernzuhalten und das Land vor weiteren Einfällen zu schützen. Außer diesem Königshaus gab es noch die mächtigen Gaugrafen von Siut (13. Gau im nördlichen Oberägypten). Das Kultzeichen dieses Gaues war der Wolf. Als kämpferische Fürsten, als Wolfsdiener suchten sie das Vordringen der Gaufürsten von Theben gegen das mittlere Ägypten fernzuhalten und unterhielten zu diesem Zweck gute Beziehungen zu den Herakleopoliten.

Aus dieser Zeit haben sich zwei Literaturwerke erhalten, die unter dem Titel «Klage des Bauern» und «Die Lehre für König Merika-Rê» bekannt geworden sind. Ihre Bedeutung haben diese Schriften durch den Hinweis auf das Bestehen einer moralischen Weltordnung, die für den menschlichen

Lebenslauf gilt, und einer aus den Leiden und Gefahren der Zeit erstandenen starkmütigen Seelenhaltung. Dem Bauern ist durch widerrechtliche Wegnahme von Erträgnissen, die er zu Markte bringen wollte, Unrecht geschehen. Gegenüber diesem Unrecht verteidigt sich der Bauer in Reden, die den Inhalt einer dieser beiden Schriften bilden. Otto zitiert daraus den folgenden Passus: «Die Maat (Gerechtigkeit und Wahrheit) dauert bis in die Ewigkeit. Sie steigt mit dem, der sie ausübt, in die Unterwelt hinab. Wenn er beerdigt und bestattet ist, so vergeht doch nicht sein Name auf Erden. Denn man gedenkt seiner wegen des Guten. So will es die Ordnung des Gotteswortes.»

Die Schrift «Die Lehre für König Merika-Rê» enthält Lebensmaximen, die der herakleopolitische Herrscher Achthoes III. (10. Dynastie) seinem Sohne und Nachfolger Merika-Rê empfohlen hat. Auch hier wird das Einhalten der Maat, der Gerechtigkeit, aber auch das Einhalten der religiösen Gebräuche in den Vordergrund gestellt. Von eindringlicher, von weltmoralischer Bedeutung ist der folgende Passus, in welchem auf die Zerstörung einer Nekropole im Gebiet von Abydos Bezug genommen wird und worüber sich der Pharao folgendermaßen äußert: «Es geschah als etwas, was ich getan habe, obwohl ich es erst erfuhr, als es geschehen war» (der Pharao machte sich also verantwortlich für das Tun seiner Untergebenen in dem Sinne, daß ihn dafür auch die Vergeltung treffe und zieht daraus die Folgerung): «Es nützt einem Manne nichts, wenn er wieder aufbauen will, was er zerstört hat, und vernichten will, was er aufgebaut hat, und verbessern will, was er gut gemacht hat... Jeder Schlag wird mit seinesgleichen vergolten. Das ist die Aufeinanderfolge der Taten.»

In diesen Worten ist eine Schicksalsauffassung ausgesprochen, die dem orientalischen Karmabegriff, aber in ägyptischer Formulierung, entspricht. Es ist dies eine Anschauung über die Auswirkung der Taten im menschlichen Schicksalslauf, die verhüllt schon immer vorhanden gewesen sein muß, in einer solchen Leidenszeit, wie sie über Ägypten hereingebrochen war, sich aber dem Pharao auf die Lippen drängte und aufgeschrieben worden ist. Es bricht in diesen Worten eine Schicksalsauffassung hervor, die tief hineinleuchtet in das, was das Pharaonentum unter «Maat» letzten Endes verstanden hat.

Während der Herrschaft der Herakleopoliten im Norden begann im Süden des Landes eine andere Gaufürstenfamilie eine wachsende Macht zu entfalten. Ausgangsort war Theben, damals noch eine unbedeutende Provinzstadt. Einer dieser thebanischen Gaufürsten, Antef, war «Verwalter des Südtores» geworden, und es gelang ihm, den ganzen Süden unter seine Führung zu bringen und eine Königsherrschaft in Theben zu begründen. Dieser Antef galt später als der Ahnherr der großen thebanischen Königsgeschlechter, denn mit ihm hat sich thebanisches Gaufürstentum zum Pharaonentum erhoben. Antef führte den Titel «Der die beiden Länder zur

Ruhe bringt». Dieser Titel besagt, daß sich dieser erste Pharao der 11. Dynastie die Aufgabe gestellt hatte, Ägypten unter thebanischer Herrschaft einer neuen Epoche entgegenzuführen. Seine Nachfolger, Antef II. und III., haben dann in entscheidenden Kämpfen der Herrschaft der Herakleopoliten ein Ende bereitet. Damit wurde die Bahn frei für eine thebanische Herrschaft über das ganze Land. Ein Angehöriger des Hauses Antef, der Pharao Mentuhotep (2060–2010 v. Chr.), führte die Kämpfe gegen die Herakleopoliten zu Ende, vereinigte die beiden Länder und inaugurierte damit den endgültigen Aufstieg von Theben. Nach einer Zwischenzeit von 200 Jahren, während der sich neue, verborgene Kräfte unter dem Schutz einer nie unterbrochenen geistigen Kontinuität sammeln, sich gegenseitig messen und verstärken konnten, nahm das kulturelle Leben der dritten Sothisperiode seinen Fortgang.

Die in Kürze dargelegten geschichtlichen Ereignisse, welche zur Erhebung von Theben geführt haben, fordern nicht nur eine geschichtliche, sondern auch eine geistesgeschichtliche Interpretation, denn diese Ereignisse reichen in ihrem Ursprung in Tiefen hinab, denen gegenüber das geschichtliche Geschehen sich nur wie aus diesen Tiefen an die Oberfläche heraufgeworfene Wellengänge ausnimmt.

Mit der Vereinigung der beiden Länder durch Menes wurde der Grundstein für das Zentrum der Pharaonenherrschaft in Memphis gelegt. In Memphis, im Norden des Landes, entfaltete sich von der 1. bis zur 6. Dynastie die heroische Epoche der ägyptischen Kultur. Die Thiniten, die aus Oberägypten stammten, haben diesen Grundstein gelegt, und die Memphiten haben der Epoche ihre Größe und universelle Bedeutung gegeben. Nun aber trat mit der 11. Dynastie eine Verlagerung der Pharaonenherrschaft und damit der Machtverhältnisse vom Norden nach dem Süden, von Memphis nach Theben ein. Im Lande der roten Krone hatte die geschichtliche Epoche ihren Anfang genommen und ihren Aufschwung erreicht. Im Lande der weißen Krone sollte sie nunmehr ihren Fortgang nehmen.

Um die Bedeutung dieser Verlagerung zu ermessen, müssen die Prinzipien in Berücksichtigung gezogen werden, welche in der vordynastischen Zeit zur Begründung des Süd- und Nordreiches geführt haben. Im Lande der weißen Krone herrschten diejenigen Geistgewalten vor, aus deren Quell die ägyptische Volksseele ihre Kräfte holte und die durch das ägyptische Volkstum in das Feld der Geschichte getreten sind; im Lande der roten Krone aber jene, die ihr Quellgebiet im Universellen, im Kosmopolitischen haben, wofür die Schöpfungen der Pyramidenzeit eindrückliches Zeugnis ablegen. Aus jenen Tiefen, die im Mysterienwesen zu Isis und Osiris hinführen, urständen die Kräfte, welche den Wellengang des geschichtlichen Geschehens bewirken, selber aber in den unbewegten Tiefen verborgen bleiben.

Die großen, die entscheidenden geschichtlichen Ereignisse haben, wie die Tatsachen erweisen, ihre impulsierende Kraft aus dem Gebiet der weißen Krone empfangen. Von einem aus Oberägypten stammenden Herrscher sind die beiden Länder vereinigt und Memphis begründet worden. Und wiederum waren es oberägyptische Herrscher, welche die Verlagerung der Pharaonenherrschaft vom Norden nach dem Süden und die Erhebung von Theben herbeigeführt haben.

Aus einer Vereinigung der geschichtlichen und der geistesgeschichtlichen Betrachtungsweise, welche das Mysterienwesen einbezieht, erhält die Erhebung von Theben und die Gestalt, welche die großen Pharaonen der 11. und 12. Dynastie ihrer Epoche gegeben haben, ihre kulturgeschichtliche Bedeutung für den weiteren Verlauf der dritten Sothisperiode.

Die Herrschaft der 11. Dynastie umfaßt einen Zeitraum von rund 140 Jahren. Die größte Gestalt dieser Dynastie ist der erste Mentuhotep, der Ägypten wieder vereinigt und ein halbes Jahrhundert lang regiert hat. Mit zwei seiner Nachfolger, Mentuhotep II. und III., ging diese Dynastie zu Ende. Der Begründer der nachfolgenden, denkwürdigen 12. Dynastie war Amenemhet I. Durch ein astronomisch bestimmbares Datum ist Beginn und Dauer dieser Dynastie von 1991–1786 v. Chr. mit 206 Jahren genau festgelegt.

Amenemhets I. großes Verdienst war es, das Land wieder in geordnete Verhältnisse zurückgeführt und zum Wohlstand gebracht zu haben, worüber er sich selber in folgenden Worten ausgesprochen hat:

> «Ich pflanzte Getreide und liebte den Erntegott,
> Mich grüßte der Nil in jedem Tal.
> Niemand litt Hunger in meinen Jahren und Keiner dürstete;
> Die Menschen wohnten in Frieden durch das, was ich tat,
> und sprechen von mir.»

Danach stand dieser Pharao in hohem Ansehen. Seine Residenz hatte er nicht, wie seine Vorgänger der 11. Dynastie, in Theben, er verlegte sie in den Norden von Oberägypten zwischen Memphis und dem Fajum und gab seiner Residenzstadt den Namen «Beherrscher beider Länder». Der Grund mag darin gelegen haben, den Norden in seinem Widerstand gegen die Vorherrschaft des Südens in Schach zu halten. Ob in diesem oder einem anderen Zusammenhange, was nicht geklärt ist, fand eine Verschwörung gegen ihn statt. Amenemhet wurde nachts in seinem Schlafraum überfallen, kam aber mit dem Leben davon und regierte noch weitere zehn Jahre. Er nahm seinen Sohn Sesostris zum Mitregenten an und starb 1962 nach 30-jähriger Regierungszeit.

Nach neuerer Forschung soll Amenemhet bei dem Anschlag sein Leben verloren haben. Aber weder die eine noch die andere Version ist mit Sicherheit erwiesen.

Was diesen Begründer der 12. Dynastie neben seinen geschichtlichen

Taten besonders hervorhebt, sind die erhalten gebliebenen Mahnworte an seinen Sohn, welche von einem abgründigen Pessimismus erfüllt sind. Ein anderes ist es nun, ob nach der einen Version, wonach Amenemhet getötet wurde, sein Sohn Sesostris diese Mahnworte dem Vater in den Mund gelegt hat und sie an dessen Stelle ausspricht, und ein anderes, ob sie in der vorliegenden Fassung von Amenemhet selber ausgesprochen worden sind. In dem ersten Falle können sie nicht auf das Attentat Anwendung finden, im zweiten Falle können sie verstanden werden als das Lebensbekenntnis eines Herrschers, der tief in die Höhen und Abgründe des Lebens seiner Zeit hineingeschaut hat, als Mahnworte eines Weisen, dem das Attentat Anlaß zu solchem Bekenntnis gegeben hat.

Mahnworte des Amenemhet an seinen Sohn

Höre auf das, was ich dir sage,
Damit du König seiest auf Erden,
Damit du die Länder beherrschest
Und das Gute mehrest;
Verhärte dein Herz gegen alle Untergebenen!
Das Volk gibt acht auf den, der es in Schrecken hält.
Nahe dich ihnen nicht allein.
Laß deinem Herzen keinen Bruder lieb werden,
Kenne keinen Freund
Und mach' dir keinen Vertrauten –
Es ist nichts Vollkommenes dabei.
Wenn du schläfst, bewache selbst dein Herz,
Denn ein Mensch hat niemanden
Am Tage des Unglücks.
Ich gab dem Bettler
Und ernährte die Waise,
Ich ließ den Niedrigen zu mir
Wie den, der angesehen war,
Aber die mein Brot aßen, empörten sich;
Dem ich die Hand reichte, der erregte Schrecken.

In diese auch durch ihre reiche Literatur auf verschiedensten Gebieten, wie Volksmärchen, lyrische Dichtungen u. a., hervorragende Zeit gehört auch «der Bericht über den Streit des Lebensmüden mit seiner Seele», ein Dokument, dessen Inhalt zu den bedeutendsten Schöpfungen der ägyptischen Literatur vor Echnatons Sonnenhymnen gerechnet wird. Dieser Bericht ist in einer Abschrift aus der 12. Dynastie erhalten. Er schildert die Äußerung eines Menschen, der das Leben mit einem abgründigen Pessimismus betrachtet, weil aus ihm alle moralischen Werte geschwunden sind und das Unrecht, die Habgier und Schlimmeres herrschen. Der Lebensmüde möchte freiwillig aus diesem Leben scheiden, das ihm zum Ekel geworden war, und in einem sich in seiner Seele abspielenden Streit werden die Gründe, die für und gegen den freiwilligen Tod sprechen, gegeneinander angeführt und abgewogen.

Ein weiteres Beispiel dieser Art von philosophierender Lebensbetrachtung ist das Lied eines Harfners beim Totenmahl. Es stammt aus dem Grabe eines Königs Antef, den Junker der 11. oder 13. Dynastie zuweist. Dieselbe abgründige Lebensverachtung spricht auch aus dem Lied des Harfners, in welchem er in Form wiederholter Fragen u. a. sagt: «Zu wem kann ich noch sprechen? Der Sanftmütige geht zugrunde, der Freche hat Zutritt zu den Leuten. Zu wem kann ich noch sprechen? Wer ein zufriedenes Gesicht hat, ist schlecht, das Gute liegt überall darnieder. Zu wem kann ich noch sprechen? Es gibt keinen Wahrhaftigen mehr, das Land ist den Übeltätern überlassen usw.» Daher erscheint ihm der Tod willkommen: «Der Tod steht heute vor mir, wie wenn man sich sehnt, sein Heim wiederzusehen, nachdem man viele Jahre in Gefangenschaft gehalten war usw.»

Diese Zeugnisse einer ergreifenden Lebensklage brauchen nicht nur auf die Zustände des Landes allein zurückgeführt zu werden, der innere Duktus derselben weist auch auf eine eingetretene tiefgehende Wandlung des Seelenlebens hin, die zu den Symptomen dieser Epoche gehört und deren Ursachen in Erwägung gezogen werden müssen.

Amenemhet I. hat noch während seiner Regierungszeit seinen Sohn Sesostris I. zum Mitregenten angenommen. Das gleiche taten auch seine Nachfolger. Auf Sesostris I. folgte Amenemhet II., nachdem er Mitregent gewesen war, und auf diesen Sesostris II., dessen Sohn der große und berühmte Sesostris III. war, den die Griechen zu einer heroischen, sagenumwobenen Gestalt gemacht haben. Ihm folgten zwei weitere Könige, Amenemhet III. und Amenemhet IV., nach. Diese Gruppe von sieben Pharaonen ist es, welche der 12. Dynastie ihre Größe und geschichtliche Bedeutung gegeben hat.

Zwei gewaltige Schöpfungen sind es vor allem, welche während dieser Dynastie entstanden sind, der Bau des sogenannten Labyrinthes und das Stauwerk im Fajum.

Herodot, der das Labyrinth noch mit eigenen Augen gesehen hat und das im Altertum als Weltwunder galt, berichtet von zwölf bedeckten Höfen, deren Türen einander gegenüber lagen, davon sechs gegen Norden und sechs gegen Süden. Der ganze Bau, sagte er, habe die Pyramide übertroffen. Von seinen dreitausend Räumen hätte die Hälfte unter, die andere Hälfte über der Erde gelegen. Der Bericht des Herodot findet eine Ergänzung durch den des Strabo, wonach der Bau aus einem verwickelten System von Hallen und Gängen bestanden habe. Jede Zimmerdecke habe aus einem einzigen Stein bestanden, ebenso die Gänge, und es sei weder Holz noch ein anderes Material bei diesem Bau verwendet worden. Weiter bemerkt Strabo, dieses Bauwerk habe deswegen den Namen Labyrinth erhalten, weil bei dem System von verschlungenen Gängen kein Fremder sich ohne Führung wieder herausgefunden haben würde. Nach seiner weiteren Beschreibung soll für jeden ägyptischen Gau ein besonderer Säulenhof vorhanden gewesen sein, in welchem sich die Vornehmsten der Gaue mit ihren Priestern und Priesterinnen versammelt hätten, um zu opfern und Recht zu sprechen.

Aus dem Bericht des Strabo und des Herodot kann zunächst der Eindruck gewonnen werden, es sei das Labyrinth etwas wie ein Nachbild der beiden Länder und der Gaue gewesen. Dieses gigantische Bauwerk war aber weit mehr als ein solches Nachbild. Es ist in Ägypten in diesen gewaltigen Ausmaßen wie das Labyrinth nichts gebaut worden, das nicht in innerster Beziehung zu bestimmten Tatsachen der Entwicklung und des jeweiligen Weltbewußtseins gestanden hat. Was in einem bestimmten Zeitraum Welterlebnis war und damit eine entsprechende Form des Bewußtseins angenommen hatte, das wurde gebaut. Im Pyramidenbau sind kosmische Gesetze, Gesetze der Sternenordnungen mit dem osirianischen Totenkult vereinigt worden, d. h. mit ausgesprochenen Erdenerlebnissen, da Todeserfahrungen nur im Erdenleben und in einem Erdenleibe gemacht werden können. Es fand, wie früher dargestellt, während der Pyramidenzeit eine gewaltige Metamorphose von kosmischen in menschliche Erfahrungswelten statt, die dann durch die Einführung des Rê-Kultes in der 5. Dynastie fortgesetzt und immer weiter verstärkt worden sind, weshalb der Königsname mit dem Namen des Rê vereinigt worden war.

Die Pharaonen der 12. Dynastie haben den Pyramidenbau nicht mehr im alten Stile fortgesetzt, sie haben sich nur kleine Ziegelsteinpyramiden in der Gegend des Fajum bis nach Dahschur errichten lassen. Aber einer unter ihnen, Amenemhet III., hat das Labyrinth gebaut und damit sein großes Ansehen unter den Nachfahren begründet, denn er wurde bis in die griechische Zeit hinein im Fajum als Gott verehrt.

In der angedeuteten Richtung, welche seit dem Ende der Pyramidenzeit die weitere Entwicklung und Wandlung des ägyptischen Geisteslebens angenommen hat, lag es, daß die Pharaonen immer weniger die Möglichkeit hatten, unmittelbare Inspirationen der Götter entgegenzunehmen (was seit Beginn des Finsteren Zeitalters der Fall war) und daher immer mehr sich des gedanklichen Elementes bei der Erfüllung ihres Aufgabenkreises bedienen mußten. Dieses Gedankliche nahm aber in ihrem Bewußtsein nicht die Form des Eigendenkens an, sondern wurde dem Wirken eines Göttlichen im Menschen zugeschrieben, das sich nicht mehr in den einstigen Inspirationen, sondern in gedanklicher Form kundgab. Menes, der erste Pharao, war, worauf schon hingewiesen worden ist und was sein Name besagt, der erste Repräsentant des ägyptischen Geisteslebens, der auf das beginnende gedankliche Element angewiesen war. In der Natur desselben lag es, eine leibliche Unterlage in der menschlichen Organisation, d. h. im Gehirn, als Widerstand zu benötigen, durch den die göttlichen Gedanken zurückgespiegelt in das Bewußtsein treten können, wogegen bei den alten Götterinspirationen eine solche leibliche Unterlage nicht in Frage kam.

Mit dem Labyrinth hat Amenemhet III. gebaut, was inzwischen als Wandlung im Geistesleben eingetreten war. Das Labyrinth nimmt sich im Geistesleben der 12. Dynastie aus, wie eine imposante geistesgeschichtliche Demonstration des seit dem Ende der Pyramidenzeit eingetretenen Bewußtseinswandels, als eine Demonstration des dargelegten Tatbestandes, der nunmehr im Geistesleben der maßgebende Faktor geworden war, das Gedankliche. Es sollte der Bau des Labyrinthes, der im Altertum als Weltwunder gegolten hat und auch ein Weltwunder war, in seinen labyrinthisch gewundenen Gängen die Gehirnbildungen nachbilden, welche der menschliche Denkvorgang im Gehirn formt. Es wurde damit das Labyrinth auch zum Bilde dafür, daß die einstigen Gebiete des Geistkosmos unbetretbar, d. h. labyrinthisch geworden waren und der ordnende Gedanke als Mittel zur Welterkenntnis dienen mußte.

Mit Menes hatte diese Wandlung ihren ersten Anfang genommen, und Amenemhet III. hat ihr mit herangereifter Zeit ein geistesgeschichtliches Denkmal gesetzt. Die Pyramide hat im Labyrinth ihre entwicklungsgeschichtliche Entsprechung gefunden, und Amenemhet III. hat sich so mit den großen Pharaonen der 12. Dynastie als Repräsentant einer neuen Stufe des ägyptischen Geisteslebens und der Welterkenntnis legitimiert.

Dieses sind die umfassenden geistesgeschichtlichen Gesichtspunkte, unter die der Verlauf der 11. und namentlich der 12. Dynastie gestellt werden muß. Die seit dem Ende der Pyramidenzeit eingetretene und zunehmende Verinnerlichung des Seelenlebens, in die auch die Erlebnisse, welche die chaotischen Zustände der Zwischenzeit hervorgerufen haben, einbezogen werden müssen, hat als Folgeerscheinung die reiche und vielfältige Literatur auf den verschiedensten Gebieten dieser Epoche hervorgebracht. Der Lebenspessimismus, der sich in dem zitierten Schrifttum geltend macht, gibt in gewisser Hinsicht auch die tragische Stimmung eines Seelenlebens wieder, das die alten geistigen Stützen verloren hat und erst wieder neue gewinnen muß.

Es geht nun nach diesen Ausführungen darum, zu verfolgen, wie sich im Laufe der 12. Dynastie, d. h. in einem Zeitraum von zwei Jahrhunderten, diese Wandlung ausgewirkt hat und an welchen symptomatischen Vorgängen dieser Epoche diese zu ergreifen ist. Sie sind in drei maßgebenden Gebieten zu finden, in der Fortentwicklung des Totenkultes, in der Ausgestaltung des Rechtslebens und damit in der sozialen Ordnung und in den praktischen Unternehmungen der Pharaonen dieser Epoche.

Im Totenkult wirkte sich die zunehmende Verinnerlichung dahin aus, daß Osiris als Gott der Toten eine immer größere Bedeutung erhielt und durch die alljährlich stattfindenden öffentlichen Trauer- und Auferstehungsfeste auch immer tiefer in das Volksbewußtsein eingedrungen ist. Osiris, ursprünglich nur ein Mysteriengott, wurde nach und nach auch ein Gott der allgemeinen Volksreligion. Auch dieses ist der fortschreitenden Verinnerlichung zuzuschreiben. Das Grab des Zer aus der 1. Dynastie wurde zum mythischen Grabe des Osiris und damit zu einer geheiligten Stätte der Volksreligion. Diese Grabstätte wurde ein Wallfahrtsort für das ganze Land, und jeder Ägypter, auch aus höheren Kreisen, begab sich dorthin, um ein Tongefäß als Weihegeschenk niederzulegen oder um eine Gedenktafel aufzurichten.

Eine Folge dieser Verinnerlichung war auch, daß Osiris zum Totenrichter eingesetzt wurde und in der «Halle des Osiris» mit den 42 Totenrichtern das Urteil über den Toten gemäß dessen Lebensführung sprach. Vorgebildet war dieses Totengericht bereits in den Pyramidentexten. Während der 12. Dynastie kam eine Schilderung der Gefahren und Nöte hinzu, denen die Seele ausgesetzt ist, wenn sie im Tode den Körper verlassen hat und in die Duat eingegangen ist. Es entstand daher eine große Anzahl von bestimmten Formeln, welche dem Toten als Schutzmittel gegen diese Gefahren mitgegeben wurden. Diese Texte wurden nun während der 12. Dynastie als die sog. Sargtexte auf die Innenseite derselben geschrieben. Aus diesen Texten geht hervor, welche Formen der Erweiterung und Vertiefung der osirianische Totenkult erfahren hat. Diesen Texten wurden Überschriften beigegeben, welche deren Inhalt anzeigen. Eine unermeßliche Bilderwelt enthüllen diese Texte, die sich auf alles bezieht, was die Erlebnisse der Seele im Leben nach dem Tode betrifft. Außer den Gefahren, die den Toten bedrohen und die im einzelnen angegeben werden, geht es dabei um den Weg, den die Seele zu Osiris beschreitet, ihre Vereinigung mit ihm, aber auch um die Pein, welche die Seele erleidet durch Triebe und niedere Bedürfnisse, die ihr aus dem Leben in einem stofflichen Körper geblieben sind. Ein großer Teil der Texte betrifft die Begegnung mit den Göttern und andererseits die Verbindung mit dem Menschenkreis, in welchem der Tote sein Erdenleben verbracht hat. «O Rê, o Atum, o Geb, o Nut, mit euch sei dieser Tote, wenn er zum Wasser steigt. Er besuche seine Angehörigen, seinen Vater, seine Mutter, er besuche seine Kinder und seine Brüder, er besuche seine Dienerschaft, er besuche seine Freunde und alle, die ihm auf der Erde opfern. Er besuche seine Liebste, die weiß, daß du der große Schöpfer bist. Dieser Tote möge sich mit seinen Kindern und seiner Liebsten vereinigen, damit sein Herz froh sei. Er vereinige sich mit seiner Dienerschaft, die ihm auf der Erde opfern.»

Aus den Priestergräbern mit ihren Sargtexten aus der 12. Dynastie, welche in die Totentempel der Königspyramiden von Abusir (5. Dynastie) hineingebaut sind, geht hervor, daß der Totendienst für diese Pharaonen noch nach sieben Jahrhunderten stattgefunden hat. In diesen Texten werden stets Osiris von Busiris, Osiris, der Herr des Lichtes, Anubis als Herr des Lebens, ferner Schu und Tefenet, Geb und Nut, Elementargötter wie die vier Söhne des Horus (die Kanopengötter) angerufen, in Texten der Frauengräber Isis und Nephtys. Die Lage der Mumie ist ohne Ausnahme Kopf im Norden, Gesicht gegen Osten.

Diese Sargtexte leuchten hinein in weite Gebiete des Lebens nach dem Tode, d. h. in Gebiete, die sonst der menschlichen Erkenntnis verhüllt bleiben. Im osirianischen Totenkult der 12. Dynastie haben sie eine Erweiterung erfahren, welche mit dem inzwischen eingetretenen Status des Seelenlebens dieser Zeit in innerstem Zusammenhange steht. Diese Texte stammen weder von Profanen noch waren sie für profane Ohren oder Augen bestimmt, denn den Profanen waren die Hieroglyphen ein Buch mit sieben Siegeln. Die Pyramiden- wie die Sargtexte, welche vom Leben nach dem Tode handeln, konnten nur von Eingeweihten stammen, denen die Geheimnisse des Todes offenstanden. Solche Geheimnisse konnten aber nur erworben werden durch die Isis-Einweihung im Untertauchen in das eigene Innere und der damit verknüpften Todeserfahrung mit allen ihren Folgen für das Durchschauen der Todesgeheimnisse. Es bestand in Ägypten, worauf Rudolf Steiner hingewiesen hat, das Mysteriengesetz, daß keiner, der nicht eingeweiht war in die heiligen Mysterien, die Geheimnisse des Menscheninnern erfahren durfte. Vor einem Uneingeweihten diese Geheimnisse auszusprechen, war verboten, «weil der Mund und das Ohr sündhaft werden, wenn sie vor Uneingeweihten ausgesprochen werden». Diese Geheimnisse, wozu die Erlebnisse gehören, welche die menschliche Seele im Leben nach dem Tode macht und die in sakraler Hieroglyphenschrift an die Wände der Pyramidenkammern und an die Innenseite der Mumiensärge geschrieben wurden, waren sekretiert. Sie waren nur den Ohren und Augen bestimmter Tempelkreise zugänglich. Diese Todesgeheimnisse sind auch nur in angemessenen Formen der Volksreligion und in den für sie eingerichteten Kultordnungen zur Kenntnis der Allgemeinheit gedrungen. Profanen Augen und Ohren im Sinne des ägyptischen Mysterienwesens wurden sie erst zugänglich durch die Entzifferung der Hieroglyphen im 19. Jahrhundert.

So verdienstvoll und aufschlußreich für die Wissenschaft diese Entzifferung und Übertragung der Totentexte auch ist, sind sie nicht im Sinne der ägyptischen Mysteriensprache, sondern im Geiste unseres Zeitalters übertragen und werden auch dementsprechend interpretiert.

Die Ursache, warum seit der Pyramidenzeit die Mitteilungen über das Leben nach dem Tode eine so starke Erweiterung nach der schreckensvollen wie nach der erhebenden Seite gefunden haben, liegt in der dargestellten Wandlung des Seelenlebens. Die eingetretene Verinnerlichung hatte auch eine Verstärkung nach der Seite des Emotionellen, des Trieblebens der Seele zur Folge. Tiefer hinab in die Untergründe des Trieblebens wie in die Läuterungen der menschlichen Seele drang nunmehr das Schauen derer, welche die Isis-Einweihung durchgemacht hatten. Letzten Endes laufen alle diese so schwer zu enträtselnden Todestexte auf diese beiden Seiten des Lebens nach dem Tode hinaus. Sie stammen aus einer Erfahrungswelt, die nur durch die Isis-Einweihung, welche in die Geheimnisse des Menscheninnern und an die Schwelle des Todes führte, gewonnen werden konnten. Dadurch hatte aber auch das Mysterienwesen selber eine Veränderung erfahren, indem sich dieses im weiteren Verlauf der dritten Sothisperiode immer mehr auf die Isis-Einweihung zurückzog. Es zog sich zunehmend auf diese Stufe zurück, weil sich auch das Weltbewußtsein auf die Stufe der Elementarweisheit zurückgezogen hatte. Die Stufe der Welterkenntnis und die Isis-Einweihung mit ihrem Hinabdringen in das Reich der Mütter, in das Reich der Elemente hielten sich nunmehr die Wage. Damit hatte aber bereits der Verfall des Mysterienwesens begonnen, und er hatte begonnen im Reich der weißen Krone, im Südlande, nach der Verschiebung des Kult- und des Machtzentrums von Memphis nach Theben mit Folgen, die im nächsten und in späteren Abschnitten zur Darstellung kommen sollen.

Mit den geschilderten Vorgängen auf das engste verknüpft ist ein anderes. Wenn die Bindung an eine höhere Ordnung, wie sie in der Form des theokratisch-hierarchischen Systems der ersten vier Dynastien bestanden hat, aufhört und eine zunehmende Verselbständigung des Seelenlebens eintritt, dann muß diese höhere Ordnung ersetzt werden durch eine irdische Rechtsordnung, nach welcher das Leben der Gemeinschaft seine Gestaltung erhält. Es muß dann, lapidar ausgedrückt, Sternenordnung durch irdische Ordnung ersetzt werden.

Dieses Bild bietet der Verlauf der 12. Dynastie. Sie bietet es in einer für das ägyptische Geistesleben tief bedeutsamen Weise, denn es ging die irdisch-menschliche Rechtsordnung aus dem Totenkult hervor. Was in der Welt heute allgemein als Justitia gilt, das hat in Ägypten seinen Ursprung im Totengericht des Osiris und in den Anschauungen über das Leben nach dem Tode genommen. Breasted äußert sich in dieser Beziehung dahin: «In diesem Totengericht der Ägypter (der 12. Dynastie) tritt zum erstenmal in der Menschheitsgeschichte voll entwickelt der Gedanke auf, daß das künftige Geschick der Toten lediglich abhängen müsse von ihrem sittlichen Verhalten während des irdischen Lebens – der Gedanke der persönlichen Verantwortlichkeit, deren erste Spuren wir schon im Alten Reich gefunden haben.» Breasted hat damit auf einen bedeutenden Tatbestand hingewiesen, aber er hat ihn nicht entwicklungsgeschichtlich begründet, weil ihm das Mysterienwesen fremd geblieben ist.

Unter den Pharaonen der 12. Dynastie haben die rechtlichen und sozialen Verhältnisse und mit diesen auch die bisherige selbständige Stellung des Gaufürstentums eine weitgehende Umgestaltung erfahren. Aus dem Bericht des Strabo über das Labyrinth geht hervor, daß in den 42 Säulenhöfen der

Gaue Recht gesprochen worden sei. Insofern eine solche Verbindung von Rechtssprechung mit einer besonderen Einrichtung des Labyrinths bestanden hat, geht aus allem, was über dieses und über die eingetretene Wandlung im Seelenleben vorgebracht worden ist, hervor, daß auch das Rechtsleben von dieser Wandlung ergriffen wurde. Das zeigt sich insbesondere in der veränderten Stellung, die das Gaufürstentum während der 12. Dynastie erfahren hat.

Während der 11. und bis zur Mitte der 12. Dynastie besaßen die Gaufürsten eine, wenn auch bereits begrenzte Selbständigkeit. Sie verwalteten ihre Bezirke und deren Tempel und Tempelgüter, trieben die Steuern für den Pharaonenhof ein, führten selbständige Unternehmungen wirtschaftlicher und auch kriegerischer Art aus. Nach vorliegenden Berichten von solchen Gaugrafen wurde die getrennte Verwaltung von Privat-, Gau- und Tempelvermögen durch Verträge geregelt. Die übliche Erbfolge des Gaues vom Vater auf den Sohn mußte jeweils vom Pharao bestätigt werden. Das wurde unter dem mächtigen Sesostris III. anders. Er veranlaßte die von Herodot erwähnte neue Gaueinteilung in gleich große Distrikte, und mit dieser systematisierenden Anordnung hörte die bisherige Selbständigkeit des Gaufürstentums auf. Es wurde einem neuen Verwaltungssystem eingegliedert und verlor seine Sonderrechte. Wenn allgemein auch für frühere Zustände und in diesem Falle besonders davon gesprochen wird, die Gaugrafen seien durch Verlust ihrer Selbständigkeit Beamte des Pharao geworden, so ist dieser Begriff für die damalige Zeit unzutreffend. Von Beamtentum kann erst gesprochen werden seit der Bildung moderner Staaten, wobei das Beamtentum des preußischen Staates an erster Stelle steht. Das pharaonische Ägypten war aber nie ein Staat, sondern ein Reich im alten theokratischen Sinne, welches bei allen Veränderungen des Verwaltungs- und Rechtswesens immer als theokratisches System weiterbestanden hat. Der Pharao war und blieb der Gott, und er wurde in der Führung des Landes unterstützt von einem Heer von Helfern und Dienern verschiedener Rangstufen, für die der Begriff des Beamten deswegen nicht zutrifft, weil ein «Reich» wie das der Pharaonen mit seiner Gliederung in ein kultisch gesondertes Süd- und Nordreich einer göttlichen Welt angehörte, der Staat mit seinen Beamten aber einer irdischen Welt, die an die Stelle der göttlichen Welt getreten ist. Das war aber bei dem zentralen Verwaltungssystem, das unter Sesostris III. entstanden ist, nicht der Fall, obwohl es nicht mehr das streng theokratische System der ersten fünf Dynastien war. Auch die Stellung des Pharao hatte eine Änderung erfahren, aber nicht innerhalb dieses neuen Verwaltungssystems, sondern durch die Wandlung, welche das Pharaonentum selbst durchgemacht hatte. An den Pharaonen der 12. Dynastie wird ganz eindeutig ersichtlich, daß die Führung des Landes von der Höhe der einstigen Inspirationen der Götter herabgestiegen ist in das Reich des inspirierten Gedankens, in das Reich der elementarischen Welt.

Im Bilde zusammengefaßt, entspricht die geistige Haltung und Tätigkeit der thebanischen Pharaonen der 11. und 12. Dynastie innerlich dem, was das System der verschlungenen Gänge des Labyrinthes äußerlich darstellt. Sie haben gebaut, was sie als Welterlebnis im Bewußtsein trugen.

Das dritte, an welchem die Wandlung dieser Zeit zu ergreifen ist, sind die praktischen Unternehmungen der Pharaonen der 12. Dynastie. Hier steht an erster Stelle die ungeheure Unternehmung des Stauwerkes im Fajum. Das als Fajum bekannte Gebiet ist eine in der libyschen Wüste nahe dem Nillauf befindliche Oase von 60 km Länge und ebensolcher Breite, deren am niedrigsten gelegener nordwestlicher Teil, der heutige Birket Karun See, 45 m unter dem Meeresspiegel liegt. Durch einen Wasserarm mit dem Nillauf verbunden, wurde zur Zeit der Nilschwelle das ganze Gebiet unter Wasser gesetzt. Es entstanden dort große Sumpfgebiete, die von Krokodilen bevölkert waren. Die Verehrung des Krokodils als Kulttier ist hier entstanden. Es wurde nun der Plan gefaßt, durch eine Bewässerungsanlage ein Reservat, d. h. ein Staubecken für die Zeit des niedrigen Wasserstandes zu schaffen durch den Bau einer Staumauer von 40 km Länge mit den nötigen Reguliervorrichtungen für den Ein- und Ausfluß. Durch diese technische Großschöpfung wurden 11 000 km² ackerfähiges Land gewonnen, und es konnte dem Lande unterhalb des Fajum während des niedrigen Nilstandes nach Bedürfnis die nötige Wassermenge zugeführt werden.

Nach den Berichten von Herodot und Strabo befanden sich im Stausee (den Herodot Moeris-See = großer See nennt) zwei Kolossalstatuen des Amenemhet III., unter dessen Regierung das ungeheure Werk vollendet wurde. Am Nordufer war der gewaltige Bau des Labyrinthes errichtet worden. Von beiden Schöpfungen sind heute nur noch wenige Reste vorhanden.

Diese gigantische technische Schöpfung ist ein Gemeinschaftswerk der großen Pharaonen der 12. Dynastie. Der Plan wurde von Amenemhet I. gefaßt und begonnen, von Sesostris III. weiter geführt und von Amenemhet III. vollendet in einer Bauzeit von 150 Jahren. Das Labyrinth und das Stauwerk sind somit die gewaltigen Zeugen einer Zeit und eines Pharaonentums, das sich anschickte, die Naturkräfte in größtem Ausmaße in den Dienst des Menschen zur Erfüllung der Erdenaufgaben zu stellen und die Erde beherrschen zu lernen.

Außer diesem Werk der Gemeinschaft, das die mächtig erwachte Initiative dieser Pharaonen für Unternehmungen größten Stiles bezeugt, haben sie noch zahlreiche andere durchgeführt. Der große Zug ihrer Initiative machte sich auch geltend in dem Bestreben nach Ausdehnung des Landes über die bisherigen Grenzen sowie demjenigen nach ausgedehnten Handelsbeziehungen. Das Bestreben nach territorialer Expansion ging nach dem Süden, nach dem Goldlande Nubien, da der Goldbedarf durch die erweiterten Handelsbeziehungen sich zusehends steigerte.

Handelsbeziehungen mit Nubien in den Gegenden des ersten Kataraktes hatten schon die Pharaonen der ersten Dynastien unterhalten. Unter denjenigen der 11. Dynastie in kleinem Maßstabe wieder aufgenommen und von denen der 12. Dynastie fortgesetzt, hat Sesostris III. das ägyptische Herrschaftsgebiet um 300 km nilaufwärts bis zum zweiten Katarakt erweitert und damit die Kolonisation von Nubien begonnen. Vorbereitet wurde sie dadurch, daß schon früher ein Gaufürstengeschlecht in Elephantine eingesetzt wurde, dem unter dem Titel «Vorsteher der Fremdländer» der Schutz und die Überwachung des «Südtores» übertragen wurde. Durch kleinere Züge wirtschaftlicher und kriegerischer Art wurde die Unternehmung des Sesostris eingeleitet. Dieser ließ durch einen in die Granitbarren des ersten Kataraktes getriebenen Kanal den Nil an dieser Stelle für seine Schiffe passierbar machen, nachdem das Werk des Phiops längst verfallen war. Mit dem Vordringen in Nubien mußten vor allem auch die kriegerischen Stämme in dem auch aus dem Alten Testament bekannten Lande Kusch niedergeworfen oder in Schach gehalten werden. Zur Bestimmung der neuen «Südmark» ließ Sesostris Grenzsteine setzen und zur Sicherung Festungen anlegen. Vom Bewußtsein seiner geschichtlichen Sendung zeugt eine Inschrift, die er auf die Grenzsteine setzen ließ: «Jeder Sohn von mir, der die Grenze, die ich gemacht habe, aufrechterhalten wird, ist mein echter Sohn... Wer sie aufgibt, ohne dafür zu kämpfen, der ist nicht mein Sohn.»

Am zweiten Katarakt ließ des Sesostris Sohn Amenemhet III. die jährliche Höhe der Nilschwelle an einem Felsen verzeichnen, die jeweilen nach Unterägypten gemeldet wurde. Nach diesem Nilmesser stieg damals der Fluß um 7–9 Meter höher als in der Gegenwart.

Unter den Pharaonen der 12. Dynastie wurden die Handelsexpeditionen ins Wadi Hammamât, an das Rote Meer und nach Punt wieder aufgenommen, die Kupferminen am Sinai erneut betrieben, weitere Bergwerke eröffnet und die Steinbrüche intensiver Ausnützung unterstellt. Vor allem aber wurden die Goldvorkommen in dem Goldlande Nubien, dasjenige von Koptos in der Nähe des Wadi Hammamât sowie dasjenige von Wadi Alâki ausgebeutet. Damit haben die Pharaonen ihren Reichtum begründet, der ihnen auch die Möglichkeit für ihre Unternehmungen verschafft hat.

Unter Sesostris III. nahmen die Handelsbeziehungen mit Vorderasien, mit Syrien, Palästina, Phönizien sowie mit dem ägäischen Kulturkreis, mit Kreta und Mykene, einen großen Aufschwung. Erzeugnisse der kretischen und mykenischen Kleinkunst, wie Keramik, Schmuck u. a., fanden in ganz Ägypten bis hinauf nach Nubien Eingang und umgekehrt ägyptische Erzeugnisse in den genannten Kulturkreis.

Die Pharaonen der 11. und 12. Dynastie haben außer ihren großen Unternehmungen auch zahlreiche Tempel gebaut, so den Terrassenbau des Mentuhotep II. in Der-el-Bahri, den sein Nachfolger, Mentuhotep III., erweitern und vollenden ließ.

In Theben, das ein unbekanntes Dorf oder eine kleine, unbedeutende Provinzstadt gewesen war, hat Amenemhet I. für Amun, ein bis dahin ebenfalls wenig bekannter Lokalgott, einen Tempel bauen lassen. Mit diesem Tempel wurde der Kult eines Gottes begründet, der im späteren Theben eine umfassende, alles beherrschende Stellung erhalten sollte. Eine Anzahl von Pharaonen der 12. Dynastie haben in ihren Königsnamen die bisherige Anfügung Rê fallenlassen, um den Namen des Amun von Theben anzunehmen und damit auszusprechen, daß sie in dessen Dienst getreten seien. Der Name Amenemhet bedeutet nach der üblichen Übertragung «Amun an der Spitze», dem innern Sinne nach dasselbe wie in der Verbindung von Amun und hotep «der von Amun erleuchtete Pharao».

Dieser erste thebanische Amuntempel ist dann von Sesostris I. erweitert worden. Sesostris ließ auch den Tempel des Rê in Heliopolis wieder aufbauen. Der Sitte gemäß vollzog er selber die feierliche Handlung der Grundsteinlegung, und in einer Weiheinschrift des Baues sagte er von sich:

«Meiner Schönheit wird man in diesem Hause gedenken,
mein Name ist das Pyramidion, und mein Denkmal der See.»

Neben dem Tempeleingang ließ er Obelisken aufstellen, worauf in der Inschrift Bezug genommen ist. Markanter konnte Sesostris (ägyptisch Senwosret), indem er sich mit dem Pyramidion identifizierte, nicht zum Ausdruck bringen, welche Stellung und Bedeutung der Sonnengott Rê im Bewußtsein dieses Pharao eingenommen hat. Es ist darin das Bewußtsein der Aufrechtheit der menschlichen Gestalt im Sonnenall und der göttlichen Stellung des Pharao, die sich durch die Sprachbegabung, durch das königliche Wort kundgibt, zum lapidaren Ausdruck gebracht. Mein Name, d. h. ich bin das Pyramidion, sagt Sesostris in der Weiheinschrift des Tempels. Daher ließ er auf allen vier Seitenflächen des Obelisken dieselbe Inschrift in Hieroglyphen einmeißeln: «Senwosret I., König von Ober- und Unterägypten, der Herr der Diademe und Sohn der Sonne, den die Geister von On lieben» usw. Der neben dem Tempel angelegte See als sein Denkmal ist der bildhafte Ausdruck für die erlebte Isiseinweihung.

Es standen ursprünglich zwei Obelisken rechts und links vom Tempeleingang. Der eine ist umgestürzt, der andere steht heute noch als einziges, was von dem Tempel übriggeblieben ist.

In die Regierungszeit des Sesostris I. fällt der berühmte, in einer Reihe von Abschriften erhalten gebliebene Bericht des Sinuhe, eines hochgestellten

Hofmannes. Sinuhe war infolge eines Verdachtes, an einer Verschwörung gegen den Pharao beteiligt gewesen zu sein, oder aus anderen Gründen nach Asien geflohen, lebte dort viele Jahre im Exil und hat in seinem Bericht ein Bild von Persönlichkeiten und Zuständen seiner Zeit entworfen. Vom Pharao, der seine Unschuld erkannt hatte, zurückgerufen, beschreibt er als Höhepunkt seines Lebens seinen Empfang am Pharaonenhof. Dabei ist anzunehmen, daß er nicht in Privataudienz, sondern vor versammeltem Hofe im Prunksaal empfangen worden ist. Das mächtige, seelenerschütternde Erlebnis, das er bei diesem Empfang hatte, gibt in seiner Schilderung den Eindruck, welche faszinierende, machtvoll suggestive Wirkung von einem Pharao ausgehen konnte. Sinuhe sagt darüber: «Da war ich wie ein Mann, den ein Greif raubt; meine Glieder erschauerten, das Herz entsank mir, und ich war nicht mehr in meinem Leibe (er wurde also in den leibfreien Zustand hineingerissen), ich wußte nicht, ob ich lebend oder tot war. Siehe, hier liege ich vor Dir, Du bist das Leben. Gewähre den Atem dem, der zugrunde geht.» Der Pharao als irdische Erscheinung eines Göttlichen, denn als solchen beschreibt ihn Sinuhe, ist der Verleiher des Lebens und des Atems. Daß dieses nicht nur ein ganz persönliches Erlebnis des Sinuhe war, geht daraus hervor, daß gelegentlich der Erscheinung von Gesandten des Königs von Mitanni vor einem Pharao der 18. Dynastie von ihm die Gewährung des Lebensatems erfleht worden ist.

Amenemhet III. ließ die alte Hauptstadt des Südlandes, Elkat (Nechbet), mit einer Ziegelsteinmauer umgeben zum Schutz der uralten Kultstätte. In Abydos baute er einen Osiristempel, auf der Sinaihalbinsel für die dort tätigen Arbeitskräfte einen Tempel für die Hathor. Von den zahlreichen Tempelbauten dieser Dynastie im ganzen Lande ist jedoch außer einigen wenigen Ruinen nichts erhalten geblieben. Amenemhet III., dessen Haupttätigkeit das Gebiet des Fajum war, in welchem der Krokodilgott Sobk (Sebek) verehrt wurde, regierte nahezu ein halbes Jahrhundert (von 1842–1797 v. Chr.). Auf seinen Sohn Amenemhet IV., der nur neun Jahre lang regierte und keinen Sohn hinterließ, kam eine Prinzessin, Sebek-neferu-rê, für vier Jahre auf den Thron (1789–1786 v. Chr.). Mit ihr fand die an Fähigkeiten und Großtaten erstaunliche 12. Dynastie nach 200jähriger Regierungszeit ihr Ende.

Das Fazit, das sich aus dem Gesamtbilde dieser Dynastie, auch für den weiteren Fortgang der dritten Sothisperiode ziehen läßt, ist dieses: Mit dieser Dynastie hat Ägypten den Weg zur Expansion seines Gebietes sowie seiner wirtschaftlichen Beziehungen und damit zu seiner großen Machtentfaltung angetreten. Diese Dynastie hat den Aufstieg von Theben begründet und mit derselben auch den Kult des Amun, durch den Theben die mächtigste Stadt des damaligen Ägypten geworden ist. Über dieser Gründung lag aber bereits ein Schatten. Der beginnende Verfall der Isismysterien hat in dieser Zeit seinen Ursprung gehabt. Andererseits hat der

Goldbedarf der Pharaonen und der zunehmende Goldbesitz Folgen für die weitere Zukunft Ägyptens nach sich gezogen, die in späteren Dynastien festzustellen sind. In diesem Zusammenhange erhebt sich die Frage, warum die Stadt des Seth, Ombos, den Namen Goldstadt erhalten und die Pharaonen den Titel «Goldener Horus» als die Überwinder des Seth. Seth ist von den ägyptischen Initiierten als «Herr des Goldes» angesehen worden, und er sollte fortdauernd besiegt oder in Schach gehalten werden durch jene, die den Titel «Goldener Horus» trugen. Wenn die ägyptische Mysteriensprache das Gold, welches Macht verleiht, meint, weist sie auf Seth-Typhon hin, wenn sie die Weisheit meint, welche die Macht zum Fortschritt anwendet, dann nennt sie den Goldenen Horus.

Das Fajum war das Gebiet, auf dem die stärksten Kräfte der Pharaonen der 12. Dynastie zur Entfaltung gekommen sind. Auf das Fajum, auf das Labyrinth und auf das Stauwerk richtet sich der überschauende Blick, wenn er dasjenige, was durch Entwicklung überragender, aber zeitbedingter Fähigkeiten geleistet worden ist, zu fassen sucht.

Mit dieser Dynastie verbunden bleibt aber auch der typhonische Schatten, den sie der Zukunft des Landes mitgegeben hat.

XVIII

JOSEPH IN ÄGYPTEN

FREMDHERRSCHAFT DER HYKSOS

Das Ende der 12. Dynastie erweckt den Eindruck, als wären nach dem Schlußakt eines über die Bühne gegangenen großen Dramas in dem Raum, in dem es gespielt worden war, nun plötzlich die Lichter gelöscht worden. Die nachfolgende, etwa ein halbes Jahrhundert umfassende Zeit vor dem Einbruch der Hyksos ist in ein unbegreifliches Dunkel gehüllt. Auf die großen Herrschergestalten der 12. Dynastie folgte, wie aus einer Welle von Königsnamen hervorgeht, eine Aufteilung des Landes in wechselnde, kurzfristige Herrschaftsgebiete. Es gab eine Gruppe von Herrschern, die sich Nachfolger der 12. Dynastie nannten und daher den Namen Amenemhet angenommen hatten. Aus einer anderen Gruppe von Herrschern, die den Namen Sebekhotep trugen, ragte einer derselben hervor, unter dessen Regierung, was durch Denkmäler bezeugt ist, das Land noch einmal als Ganzes vereinigt war. Dann aber zerfiel es in kleinere Herrschaften, und unter diesen ragte bezeichnenderweise eine thebanische hervor, die durch drei Könige namens Intef bezeugt ist. Es folgte eine weitere Welle von Königsnamen (die Turiner Königsliste enthält deren über hundert bis zum Ende der Hyksoszeit), deren Träger in wechselnden Herrschaftsverhältnissen, die geschichtlich nicht erfaßbar sind, regiert und ohne Zweifel die Kontinuität durch die Pflege der alten Überlieferungen und des kultischen Lebens gewahrt haben. In einem nie, auch in den geschichtlich dunkelsten Zeiten nie unterbrochenen Fortgang der Dynastien in den Königslisten verbirgt sich die Stärke und Lebenskraft der ägyptischen Kultur. Die Kultordnungen haben die Zeiten der geschichtlichen Unordnung immer überdauert. Sie haben sich stets als stärker erwiesen als die geschichtlichen Kräfte, indem sie in Zeiten, als diese in Verfall kamen, wie unter der Fremdherrschaft der Hyksos, dem äußeren Niedergang die innere Dauer entgegengesetzt haben.

Für die geschichtliche Betrachtung sind die Ursachen der nach der 12. Dynastie eintretenden Auflösung und des Zerfalles der äußeren Machtverhältnisse undurchdringlich geblieben. Sie traten ein, ohne daß sichtbare innere oder äußere Faktoren dazu Veranlassung gegeben zu haben scheinen. Der Einfall der Hyksos erfolgte erst etwa ein halbes Jahrhundert nach dem Ende der 12. Dynastie.

In diese Zeit fiel ein Ereignis, für welches aus den ägyptischen Geschichtsquellen nichts zu entnehmen ist, das aber von anderer Seite geschichtlich verbürgt ist, jedoch seiner Einfügung in die Geschichte Ägyptens namentlich in seinen Folgen beträchtliche Schwierigkeiten entgegensetzt. Es ist der Aufenthalt und die Tätigkeit des Israeliten Joseph, des Nachkommen von Abraham, am Hofe des Pharao.

In geschichtlichen Darstellungen wird stets auf die semitischen Einflüsse, insbesondere der sprachlichen, die schon sehr früh stattgefunden haben, hingewiesen. Welche Bedeutung und Einwirkung das semitisch-israelitische Element durch den Abrahamiten Joseph für Ägypten gehabt hat, ist immer noch eine weitgehend offene Frage geblieben. Die Geschichte des israelitischen Joseph muß aber der Pharaonengeschichte jener Zeit eingefügt werden, denn durch sie ist ein Einblick in eine Zeit zu gewinnen, die sonst in Dunkel gehüllt bleibt.

Nach dem Bericht im ersten Buch Moses ist Joseph von seinen Brüdern, die ihm wegen seiner Träume feindlich gesinnt waren, an vorüberziehende Ismaeliten verkauft worden und kam nach Ägypten, wo sie ihn ihrerseits dem Kämmerer des Pharao, dem Potiphar, verkauft haben. Potiphar gewann ein solches Vertrauen in Joseph («weil er sah, daß der Herr mit ihm war»), daß er ihn zum Verwalter seines Hauses und seiner Güter einsetzte. Im Hause des Potiphar widerstand Joseph einer Versuchung, in welche ihn die Frau Potiphars zu bringen trachtete, und da ihr dieses nicht gelang, verleumdete sie ihn bei ihrem Mann, der ihn wegen eines Vergehens, dessen er nicht schuldig war, ins Gefängnis setzen ließ. Dort legte er zwei Mitgefangenen, dem Bäcker und dem Mundschenk des Pharao, die sich gegenüber ihrem Herrn vergangen hatten, ihre Träume aus. Nach drei Tagen gingen diese Träume, wie Joseph vorausgesagt hatte, in Erfüllung. Der Mundschenk wurde vom Pharao begnadigt und wiederum in sein Amt eingesetzt, der Bäcker aber wurde gehängt.

Zwei Jahre darnach hatte der Pharao den Traum von sieben fetten und sieben mageren Kühen, die aus dem Nil aufstiegen. Die sieben fetten Kühe wurden von den mageren gefressen, und in einem weiteren Traum wurden sieben dicke Ähren von sieben dünnen Ähren verschlungen.

Der Pharao, bekümmert über diese Träume, schickte nach allen Traumdeutern und Weisen in Ägypten, damit sie ihm diese auslegten, aber keiner vermochte es. Da erinnerte sich der Mundschenk des Joseph. Der Pharao ließ ihn kommen, und Joseph deutete ihm seine Träume. Es ist einerlei Traum, sagte er, und er bedeutet, daß sieben ertragreiche Erntejahre kommen werden und nach diesen sieben Jahre der Mißernte und Teuerung. Der Pharao möge nach einem weisen Manne Umschau halten, den er über Ägypten einsetze, um die nötigen Maßnahmen zu treffen, die Not der sieben mageren Jahre zu lindern durch Anlage von Kornhäusern während der guten Erntejahre, um Vorräte anzulegen für die Jahre der Mißernten. Darauf setzte der Pharao, der erkannte, daß durch Joseph göttliche Weisheit zu ihm gesprochen hatte, ihn über ganz Ägyptenland ein. Nur «allein des königlichen Stuhles will ich höher sein als du», sagte der Pharao, ernannte ihn zu seinem Ratgeber und vermählte ihn mit Asnath, der Tochter Potipheras, des Priesters zu On (Heliopolis).

In diesem biblischen Bericht geht es um die erstaunliche Tatsache, daß der israelitische Träumer und Traumdeuter zum Wesir eines ägyptischen Pharao erhoben wird und aus Traumbildern praktische Maßnahmen getroffen werden, die dem Wohl des Landes und darüber hinaus dienen. Diese Berührung Israels mit Ägypten ist ein weiteres markantes Beispiel, wie Ägypten fremde Einflüsse, in diesem Falle solche äußerer, praktischer Art, aufgenommen hat.

Die Josephsgeschichte des Alten Testamentes gehört zweifellos als ein wichtiges Ereignis in die Geschichte Ägyptens hinein. Joseph selber nimmt sich in der Geschichte Israels, wie nachmals Moses, als eine höchst bedeutsame Gestalt aus und läßt die Zeitverhältnisse, die bei seinem Erscheinen in Ägypten geherrscht haben, als fragwürdige erscheinen.

Wie Joseph zu seinen Brüdern und diese zu Joseph stehen, darüber hat Rudolf Steiner Aufschlüsse gegeben, durch welche der Josephsbericht des Alten Testamentes erst vollgültig in die Geschichte Ägyptens einbezogen werden kann. Israel, d. h. Jakob, liebte diesen Sohn mehr als alle seine Kinder. Er machte ihm einen bunten Rock, womit durch ein sinnvolles Bild darauf hingedeutet wird, daß er sich von seinen Brüdern unterscheidet. Joseph hat Wahrträume, die Brüder aber nicht; sie verachten ihn wegen dieser besonderen Eigenschaft und sagen «seht, da kommt der Träumer». Die Brüder hassen Joseph, sowohl wegen seiner Bevorzugung als wegen seiner Träume. Erzählt er ihnen doch, er habe geträumt, wie Sonne, Mond und elf Sterne sich vor ihm verneigt haben. Sie legen ihm das als Größenwahn aus. Ihr Haß steigert sich dahin, daß sie Joseph töten wollen, aber der Einsprache des Ruben zufolge sehen sie davon ab und verkaufen ihn an vorüberziehende Ismaeliten.

Der abgründige Haß der Brüder gegen den Träumer unter ihnen und der Entschluß, ihn aus ihrer Blutsgemeinschaft auszustoßen, bildet das entscheidende Motiv des biblischen Berichtes, und es erweist sich als ein Motiv von weltgeschichtlicher Bedeutung.

Abraham war der Stammvater eines Volkes, welches dazu bestimmt war, im Gegensatz zu allen anderen Völkern die Beziehung zum Göttlichen, d. h. zur außerirdischen Welt, nicht auf bildhafte Weise, wozu neben dem bildhaften Kult die Fähigkeit des Wahrträumens gehörte, sondern durch den völligen Verzicht auf das Bildhafte und das Wahrträumen herzustellen. Nicht die Fähigkeit des Bildhaften und des Wahrträumens sollte das israelitische Volk entwickeln, sondern unter völliger Ausschaltung derselben die Fähigkeit einer rein innerlichen, bildlosen Gottesvorstellung entfalten, aber dadurch auch eine Eigenschaft erwerben, welche Völker mit bildhaften Fähigkeiten in dieser Art nicht haben, nämlich die Fähigkeit des verstandesmäßigen Verhaltens der menschlichen Seele zur äußeren Welt. Die Bildhaftigkeit sollte abgelöst werden durch den kombinierenden Gedanken, den Gedanken, dem die Neigung zur Abstraktion, dem Gegenteil des Bildhaften, eingeboren ist. Dazu war das israelitische Volk bestimmt, und demzufolge kam es bei ihm zur Entwicklung eines bildlosen religiösen Lebens und zu einer monotheistischen Gottesvorstellung.

Unter den zwölf Söhnen des Jakob gab es nun den einen, den Joseph, welcher die Fähigkeit des Wahrträumens noch besaß, der den «bunten Rock» noch trug, aber auch die neue, die verstandesgemäß kombinierende israelitische Fähigkeit dazu besaß, denn Joseph hatte nicht nur Wahrträume, er konnte sie auch deuten und sinnvoll auf das äußere Leben anwenden.

Joseph wurde von seinen Brüdern des «bunten Rockes» wegen gehaßt, denn das war die Eigenschaft, die nicht mehr Geltung besaß und verworfen werden mußte, wenn man ein echter Israelite sein wollte. So haben sie denn Joseph aus ihrer Gemeinschaft gewaltsam entfernt, um diese in ihrem Sinne rein zu erhalten.

Ein besonderer Schicksalsstern führte Joseph nach Ägypten und vor den Pharao. Auch der Pharao hatte Wahrträume, aber er hatte sie gleichsam als legitime, als selbstverständliche Fähigkeit des ägyptischen, zum bildhaften Vorstellen veranlagten Volkstums, dessen Herrscher und Führer er war. Der Pharao jener Zeit hatte Wahrträume, aber weder er noch die Traumdeuter seines Landes konnten sie sinnvoll auslegen. Der Israelite Joseph konnte es. Er konnte es aber mit ganz anderen Fähigkeiten, als bis dahin in Ägypten Träume gedeutet worden waren. Bis dahin ließen sich die Pharaonen von den Traumbildern selber in instinktiver Weise leiten oder von denen in bildhafter Weise auslegen, welche die besondere Fähigkeit dazu besaßen. Traumdeutung im damaligen Ägypten war der Sache nach etwas ganz anderes als Traumdeutung des Israeliten Joseph. Dieser deutete die Träume mit der neuen Eigenschaft des kombinierenden Verstandes. Der Pharao und die ägyptischen Traumdeuter hatten aber, das ist der Sinn des Berichtes, die instinktive Fähigkeit der Traumdeutung verloren. Es war also eine Veränderung im bisherigen Status des ägyptischen Geisteslebens eingetreten. Die Führenden standen ihren Wahrträumen und vor allem dem Inhalte derselben ratlos gegenüber. Der biblische Bericht hebt daher das tiefe Erstaunen, ja die Erschütterung des Pharao über Joseph hervor, der allein in der Lage war, ihm seine Wahrträume zu deuten und die tiefe Bekümmernis über das Versagen seiner Traumdeuter von ihm nahm. Der Pharao ahnte ja, daß seine Träume von ganz besonderer Bedeutung waren. Er schaute auf die gewaltigen Traumbilder, die das Land betrafen, hin, aber sie blieben ihm und den Seinen stumm. Von der Auslegung des Wahrtraumes und dessen lebenspraktischer Anwendung, die Hungersnot vom Lande abzuwenden, durch den landesfremden Israeliten, war der Pharao im Tiefsten ergriffen. Er erblickte nach dem biblischen Bericht in dieser Fähigkeit eine Kundgebung göttlicher Weisheit und setzte aus diesem Erlebnis heraus Joseph zum Wesir und intimen Ratgeber ein.

Außer der Auslegung der Träume durch Joseph und seiner Berufung an den Pharaonenhof enthält der biblische Bericht eine Versuchungsgeschichte und den Hinweis auf die Vermählung Josephs mit Asnath, der Tochter des heliopolitanischen Priesters Potipheras. Beide, der Kämmerer des Pharao und der Priester, tragen denselben Namen Potiphar. Durch diese Namensgleichheit des biblischen Berichtes soll mit besonderer Eindrücklichkeit auf die Verschiedenheit zweier Seiten des damaligen Ägyptertums und die Haltung des Joseph diesen gegenüber hingewiesen werden. Joseph fand in seiner ersten Umgebung ein demoralisiertes Ägypten vor, ein Ägypten, mit dem er nicht eine Gemeinschaft eingehen wollte. Das Gewand, das in den Händen der Frau des Potiphar blieb, während er selber floh, spricht dieses Verhalten aus. Joseph ließ sich von diesem Ägypten nicht verführen. Das kann sich auf die Frau des Potiphar wie auf einen allgemeinen Zustand beziehen. Jedenfalls ist Joseph auf die eine oder andere Weise verleumdet und darauf unschuldig in das Gefängnis geworfen worden.

Nachdem aber der Pharao den Joseph zu seinem Wesir gemacht hatte, ging dieser, wie es seine Stellung erforderte, in eine besondere Verbindung mit dem Ägyptertum ein, das ihm in der heliopolitanischen Priesterschaft entgegentrat, und dieses Ägypten nahm den ungewöhnlich begabten Israeliten auch seinerseits auf. Dieses ist der tiefere Sinn von Josephs Vermählung mit der Priestertochter. Diese Verbindung kann sich durch eine wirkliche Vermählung vollzogen haben, denn der biblische Bericht sagt, daß dem Joseph aus dieser Ehe zwei Söhne geboren wurden.

Unter den dargestellten Voraussetzungen kann der biblische Bericht über Joseph und seine organisierende Tätigkeit am Hofe des Pharao in die Geschichte Ägyptens jener Zeit einbezogen werden. Nach der 12. Dynastie setzte in Ägypten eine chaotische, eine führungslose Zeit ein, weil die instinktive Fähigkeit, sich von Wahrträumen leiten zu lassen, am Erlöschen war. Durch Schicksalsfügung erschien der Israelite Jospeh in Ägypten, der nicht aus dem Instinkt, sondern aus kombinierendem Verstand Träume deuten konnte, und die heliopolitanische Hermespriesterschaft gab Joseph, den der Pharao zu seinem Wesir machte, ihre Weihe. Darin liegt der tiefere Sinn dieser Vermählung. Es kam zu einer Art von Vereinigung heliopolitanischer Geistigkeit mit der einzigartigen Doppelbegabung des israelitischen Joseph.

Aus dem biblischen Bericht geht dann weiter hervor, welche umfassende Tätigkeit Joseph entfaltet haben muß. Um Getreide für die Jahre der Mißernten aufzuspeichern, mußte er im ganzen Lande, was der Bericht hervorhebt, Vorratshäuser bauen lassen, wodurch auch ganz neue Verwaltungsmaßnahmen notwendig wurden. Der Stand der Nilschwelle fiel demnach damals schon ganz verschieden aus. Ein teilweises Ausbleiben derselben zur

Zeit der 3. Dynastie mit einer drohenden Hungersnot ist bereits (Abschnitt VII) erwähnt worden. Das gewaltige Stauwerk im Fajum, das die Pharaonen der 12. Dynastie errichten ließen, diente der Regulierung der Wassermassen für bestimmte Gebiete. Was durch Joseph geschah, war etwas völlig Neues. Die guten Ernten wurden, um einen modernen Ausdruck zu gebrauchen, zum Ausgleich für die zu erwartenden Mißernten rationiert, d. h. die Überschüsse wurden in Vorratshäusern angelegt und dieses auf Jahre hinaus. Es war somit der kombinierende semitisch-israelitische Verstand, der mit Joseph in die ägyptischen Verhältnisse zu einer Zeit eingegriffen hat, als sich das Land in chaotischen Zuständen auch hinsichtlich der Führung befand. Der biblische Bericht enthält zwei Tatbestände von kulturgeschichtlicher Bedeutung, welche die ägyptischen Überlieferungen völlig mit Schweigen übergehen. Es wird darin geschildert, wie in Ägypten das Traumleben nicht mehr auf die äußere Lebenspraxis bezogen werden konnte und Joseph als organisatorisches Genie eine völlige Umgestaltung der äußeren Verhältnisse herbeigeführt hat.

Ungeklärt oder nicht mit Sicherheit geklärt bleibt der genaue Zeitpunkt und der Name des Pharao, unter welchem Joseph in Ägypten gewirkt hat. Nach allen in Betracht fallenden Voraussetzungen war Joseph nach der 12. Dynastie und vor dem Einbruch der Hyksos in Ägypten, also nach 1786 und vor etwa 1720 v. Chr., und da ein Herrscher aus der Gruppe der Pharaonen mit dem Namen Sebekhotep noch über ganz Ägypten geherrscht zu haben scheint, was nach dem biblischen Bericht auch der Fall war, so war der Pharao Nefercharê-Sebekhotep vermutlich derjenige, unter welchem Joseph ägyptischer Wesir gewesen ist.

Die Tätigkeit des Joseph während seines Aufenthaltes in Ägypten war eine ausschließlich organisatorische, sie war aber so eingreifend, daß ihre Auswirkungen die Hyksoszeit überdauert haben. Unvergleichlich viel wichtiger und entscheidender für Ägypten als die Einwanderung semitischen Sprachgutes in die ägyptische Sprache war die Einwanderung des israelitischen Joseph, dessen Tätigkeit in ihren Folgen von Dauer war, was sich an den Verwaltungsmaßnahmen, die von den Pharaonen der 18. Dynastie getroffen worden sind, verfolgen läßt.

Das andere große Ereignis in der Geschichte Ägyptens war die Fremdherrschaft der Hyksos während der 15. und 16. Dynastie mit einer Zeitdauer von etwa 100 bis 140 Jahren. Es ist verwunderlich, welche geringe Beachtung oder Darstellung dieses Ereignis in den ägyptischen Geschichtsquellen gefunden hat. Diese auffallende Tatsache findet ihre Erklärung darin, daß die ägyptische Geschichtsschreibung, wie die des Manetho mit Einschluß der Königslisten, ausschließlich Horus-Geschichte ist, insofern der Pharao, von Narmer angefangen, stets als Horus, und zwar als Horus im Ornat im geschichtlichen Feld, und in den bildlichen Darstellungen erscheint und in der lückenlosen Dynastienfolge dem Horus Dauer gegeben wird.

Manethos Bericht über den Einfall der Hyksos in der Fassung des Josephus geht dahin, daß unerwartet Leute unedler Herkunft aus östlichen Gegenden erschienen seien und das Land kampflos unterworfen haben. Nach diesem Bericht sollen die Eindringlinge furchtbare Zerstörungen angerichtet, die Einwohner mißhandelt und Kinder und Frauen in Sklaverei geführt haben. Die Hyksos setzten einen König namens Salatis ein, der von der Festung Auaris im östlichen Delta herrschte und von da aus sich Unter- und Oberägypten tributär machte. Manetho nannte dieses Eroberervolk «Hyksos», was mit Hirtenkönig übersetzt wird, Hyk = Fürst oder Häuptling, sos = Hirt. Darnach wäre unter Hyksos nicht ein bestimmtes Volkstum, sondern einfach Nomadenhäuptlinge zu verstehen.

Weder über einen annähernd genauen Zeitpunkt des Einfalles, der in verschiedenen Zügen stattgefunden haben kann, noch über die Dauer dieser Fremdherrschaft gibt es gesicherte Angaben. Aber gegenüber früheren Ansichten wird die Dauer derselben, wie bereits bemerkt, auf etwa 100–140 Jahre angesetzt, d. h. während der 15. und 16. Dynastie der Königslisten (1730 bis ca. 1580 v. Chr.). Auch werden die Hyksos nicht für ein Volkstum gehalten, sondern als Gruppen einer in Vorderasien stattgefundenen großen Völkerverschiebung, der sich verschiedene Volkssplitter angeschlossen haben. Auf Vermutungen, die durch keine entsprechenden Sachverhalte gestützt sind, laufen solche Angaben hinaus, nach denen der Aufenthalt des biblischen Joseph in die Zeit der 12. Dynastie oder in die der Hyksos falle.

Über den Umfang der Zerstörungen, welche die Eindringlinge angerichtet haben, sind die Meinungen geteilt. Nach einem Bericht der Königin Hatschepsut, die etwa ein Jahrhundert später gelebt hat, müssen sie sehr beträchtlich gewesen sein, denn sie sagt in einer Inschrift hierüber: «Ich habe wieder hergestellt, was zerstört, und aufgerichtet, was unvollendet war, seitdem die Asiaten inmitten von Auaris im Nordland lebten und die Barbaren unter ihnen (den Leuten des Nordlandes) wohnten, indem sie stürzten, was geschaffen war und herrschten, ohne von Rê etwas zu wissen.»

Die Hyksos haben sich während der Zeit ihrer Herrschaft ägyptisiert. Ihre Herrscher führten den Pharaonentitel unter ägyptischen Namen, die z. B. auf Skarabäen gefunden worden sind. Einer der bedeutendsten Herrscher hieß Chian, dessen Name auf Denkmälern (Skarabäen) in Süd- wie in Nordägypten bis Palästina gefunden wurde und den Titel «Herrscher der Länder» trug. Von einem dieser Hyksoskönige mit dem ägyptischen Namen Apophis ist ein Altar erhalten geblieben, den er nach der Inschrift als Denkmal für seinen Vater Sutech, den Herrn von Auaris, der alle Länder unter die Füße des Königs gelegt habe, errichten ließ. Ob damit eine ägyptische Titulatur oder eine solche für besetzte Gebiete außerhalb Ägyptens gemeint ist, ist nicht festzustellen, da eingehende Berichte über die Hyksoszeit fehlen. Sicher ist, daß von Auaris aus die Hyksos, die den Seth als ihren Schutzgott verehrten, Ägypten beherrscht haben und ihnen auch die oberägyptischen

Pharaonen, die in den Königslisten jener Zeit verzeichnet sind, tributär waren. Die Ägypter haben diese Fremdherrschaft als das große Unglück ihrer Zeit empfunden, und da die Hyksos, wie Hatschepsut sagte, den Rê nicht kannten, sondern den Seth, seinen Gegner, verehrt haben, sahen sie in dieser Fremdherrschaft ein typhonisches Schicksal ihres Landes.

So unaufgeklärt Herkunft, Wesensart und der außerägyptische Herrschaftsbereich der Hyksos auch bisher geblieben ist, aus dem, was aus Berichten und Denkmälern dieser Zeit entnommen werden kann, geht hervor, daß diese Fremdherrschaft von tiefgehender Wirkung auf die weitere Entwicklung Ägyptens gewesen ist.

Neben dem, was Ägypten durch den Einbruch der Hyksos als typhonisches Schicksal erlebt hat und was darüber geschichtlich bekannt geworden ist, geht es auch darum, die Hyksosperiode der Geschichte des Orientes einzufügen. Diese Geschichte bietet sich seit der Urzeit in zwei großen Hauptaspekten dar, im Gegensatz von nomadisierenden und seßhaften, d. h. kultivierenden Völkern und Völkergruppen. Es ist der Gegensatz, der sich in nachatlantischer Zeit im Orient herausgebildet und in vorgeschichtlicher Zeit in lang andauernden Kriegen zwischen Iran und Turan abgespielt hat (Abschnitt VII). In diesem Gegensatz liegt ein Umfassendes vor. Den nomadisierenden Naturvölkern war ein Urtrieb eingeboren, der sich gegen die kolonisierenden und seßhaft gewordenen Kulturvölker wandte, ein Urtrieb, der zerstören wollte, was der Natur durch den menschlichen Geist abgerungen und Kultur geworden war. Denn Natur und Kultur sind tief eingewurzelte Gegensätze, die im Orient, von wo aus die nachatlantischen Kulturen ausgegangen sind, immer wieder zum Austrag kamen. Dieser Urtrieb will vernichten, was an Kulturwerten geschaffen worden ist, er will Kultur wieder in Natur zurückverwandeln. Die Kriege zwischen Iran und Turan sind große vorgeschichtliche, die Züge der Hunnen und des Dschingischan sind geschichtliche Beispiele dieses Geschehens. Wie hereinbrechende Naturereignisse hat die europäische Bevölkerung das Erscheinen der Mongolen aus Asien erlebt. Das trifft auch für den Einbruch der Hyksos in Ägypten zu. Die Hyksos waren, wie später die Mongolen, nomadisierende Reiterscharen, die im Niltal erschienen, Zerstörungen anrichteten und dann doch von der Macht der ägyptischen Kultur besiegt wurden, wie später der Nachfahre des Dschingischan, Kubilai, von der chinesischen Kultur. Für die Ägypter war das Erscheinen dieser barbarischen Reiterscharen auch etwas wie ein Naturereignis. Manetho sah darin eine Art Gottesgericht, denn er sagte, daß dieses geschehen sei, weil «Gott mit uns unzufrieden war».

Eine höchst bedeutsame Parallele ergibt sich in diesem Falle im Vergleich zwischen Iran und Ägypten. Für die Iranier waren die nomadisierenden Turanier Ahriman-Völker, die Hyksos für die Ägypter typhonische Völker, was in beiden Fällen, wenn auch auf verschiedenen Stufen, dasselbe ist, Urtriebe, die vernichten wollen, was nicht Natur ist, die allen Fortschritt des menschlichen Geistes hemmen wollen. Die Fremdherrschaft der Hyksos ist daher, im Weltzusammenhange gesehen, ein von der äußeren Welt herkommender Schicksalsvollzug, von dem Ägypten betroffen worden ist, wodurch ein Faktor, der im ägyptischen Weltbild bestimmend erscheint, geschichtliche Tatsache geworden ist, der für den weiteren geschichtlichen Verlauf bestimmte Folgen hatte.

Zu den in den geschichtlichen Verlauf eingreifenden Folgen gehört auch die Einführung des Pferdes in Ägypten. Damit haben die nomadisierenden Hyksos dem ägyptischen Kulturvolk eine Naturgabe hinterlassen, die weitgehende Folgen nach sich ziehen sollte.

In einem Lande wie Ägypten, das einen so hoch entwickelten Tierkult besaß, einen Kult von Tieren, die zur Natur des Landes gehörten und in einer bestimmten inneren Beziehung zu der Entwicklung des Volkstums standen, muß die Einführung eines fremden, nicht aus ihrer Natur stammenden Tieres einen besonders starken und nachhaltigen Eindruck gemacht haben. Die Ägypter haben von den Asiaten das Pferd übernommen, haben es in ihren königlichen Marställen gezüchtet, um es in der Folge im Kriege, aber nicht wie die Asiaten als Reittier, sondern als Zugtier zu verwenden. In den nach der Vertreibung der Hyksos folgenden Dynastien erscheint auf bildlichen Darstellungen der kämpfende Pharao nicht mehr wie früher zu Fuß, sondern in einem von Pferden gezogenen Streitwagen. Dabei ergibt sich ein weitausholender kulturgeschichtlicher Vergleich.

Die Ägypter haben in früherer Zeit ihre mächtigen Pyramiden gebaut und an diesen Bauten ebenso mächtige innere Kräfte instinktiver Art dargelebt. In Asien wurde das Pferd gezähmt und als Reittier benützt, und es wurden durch diese enge Verbindung von Mensch und Pferd und die damit verknüpfte gemeinsame Bewegung instinktiv die mutartigen, die kriegerischen Kräfte der menschlichen Natur entwickelt.

Nun kam das Pferd durch die einfallenden Asiaten nach Ägypten, in welchem einst die gewaltigen Pyramiden gebaut worden waren, das Pferd, dessen Verwendung bei den Ägyptern instinktive Kräfte weckte, die sich nun nicht mehr im Pyramidenbau, sondern in dem nach außen gerichteten kriegerischen Element auswirkten. Der Pharao, der in einem von Pferden gezogenen Streitwagen kämpft, ist ein anderer als der, welcher zu Fuß gekämpft hatte. Dieser war Pyramidenbauer, jener wird Welteroberer und wendet die neue Kriegswaffe, das Pferd, das er aus Vorderasien empfangen hat, nunmehr erobernd gegen Vorderasien an.

Was die ägyptischen Geschichtsquellen entweder ganz oder teilweise verschweigen, den großen, umgestaltenden Einfluß der Fremdherrschaften, erweist sich als ein aus der Geschichte des Pharaonenreiches nicht wegzudenkendes, treibendes Motiv. Verständlich wird dieses Verschweigen nur dadurch, daß Pharaonengeschichte ihrem inneren Duktus nach nie ganz in die Sphäre der geschichtsbildenden Kräfte, die mit geschichtlich erfaßbaren

Persönlichkeiten verknüpft sind, untergetaucht ist. Pharaonengeschichte blieb stets mit dem Mantel des Göttlichen umkleidet, sie hielt sich zurück in der Sphäre des Horus, der als Sohn des Osiris zwar gegen die typhonischen Gewalten kämpft, aber aus einer Welt heraus, die der geschichtlichen übergeordnet erscheint.

Zwei Fremdherrschaften ganz verschiedener Art haben nach der 12. Dynastie die geschichtliche Entwicklung Ägyptens mitbestimmt. Der israelitische Joseph als Einzelpersönlichkeit, die Hyksos als nomadisierende Naturvölker. Joseph hat als ägyptischer Wesir Ägypten wirtschaftlich und organisatorisch in neue Bahnen geleitet. Die Hyksos mit der Einführung des Pferdes haben Ägypten zu seinen kriegerischen Erfolgen verholfen.

Dennoch, trotz aller inneren und äußeren Erschütterungen, trotz aller Fremdherrschaften ist Ägypten stets Ägypten geblieben. Sein Mysterienwesen, seine Kultordnungen, seine heiligen Traditionen haben gegenüber jeden äußeren Einflüssen standgehalten und die Autonomie des ägyptischen Geistes behauptet. Ägypten hat kosmopolitisch in der Welt gewirkt, auch dann noch, als während der großen thebanischen Epoche die Anzeichen des Niederganges sich unverkennbar zu mehren begannen.

XIX

ÄGYPTEN ZUR ZEIT DER THEBANISCHEN HERRSCHAFT

Die Vertreibung der Hyksos und die abermalige Konstituierung eines geeinigten ägyptischen Reiches ist vom Süden des Landes, von Theben ausgegangen. Aus dem thebanischen Gau sind die starken Geschlechter erwachsen, welche das Kult- und Machtzentrum von Memphis nach Theben verlegt und von dort aus durch eine Reihe großer, schöpferischer Pharaonen das Ägypten der 11. und 12. Dynastie geschaffen haben. Wiederum durch Geschlechter des thebanischen Gaues geschah die Befreiung des Landes von der Fremdherrschaft der Hyksos. Aber auch die geschichtliche Vereinigung des Süd- und Nordreiches zu einem unter der Führung des Pharaonentums stehenden theokratischen System ist von Geschlechtern ausgegangen, die im Süden, in This beheimatet waren. Thinitische Herrscher haben das Pharaonenreich der memphitischen Epoche begründet. Auch Ed. Meyer äußert sich in seiner «Geschichte des Altertums» dahin: «Alle großen politischen Bewegungen, die zu Reichsgründungen geführt und die Gestaltung Ägyptens auf Jahrhunderte hinaus entscheidend bestimmt haben, sind vom Süden Oberägyptens ausgegangen.»

Seit der Begründung der Pharaonenherrschaft zeichnet sich die gesamte geschichtliche Entwicklung Ägyptens unter zwei deutlich erkennbaren und maßgebenden Gesichtspunkten ab. Alles, was im tiefsten Grunde mit dem ägyptischen Volkstum und seiner Stellung in seiner Zeit und der Welt zu tun hat, geht vom Süden, von Oberägypten aus. Alles Kosmopolitische, alle universelle Geistigkeit Ägyptens, ein Geistiges, das größer, umfassender ist, als das an seine Zeit gebundene Ägypten, geht vom Norden, von Unterägypten aus. Dieses ist es, was der ägyptischen Kulturepoche ihre Bestimmtheit und ihre Eigenart gibt. Veranlagt, vorbereitet und in Szene gesetzt wurde sie durch die Begründung der beiden Reiche in vordynastischer Zeit unter den in Abschnitt VI dargestellten Aspekten. Das geschichtliche Ägypten erhielt sein wahres Antlitz und seine Weltbedeutung durch das ägyptische Mysterienwesen, dessen Antlitz verhüllt bleiben mußte, um das sichtbare des geschichtlichen Ägyptens in der Welt leuchten zu lassen.

Der Kampf gegen die Hyksos mit deren schließlicher Vertreibung hat seinen Anfang unter thebanischen Gaufürsten oder Kleinkönigen der 17. Dynastie genommen. Über den Beginn desselben gibt es nicht einen geschichtlichen Bericht, sondern einen solchen in Gestalt eines Märchens oder einer

Erzählung aus der 400 Jahre späteren Ramassidenzeit. Es liegt damit ein Ähnliches bei der Begründung der 18. Dynastie vor, wie bei dem Märchen über Cheops anläßlich der Begründung der 5. Dynastie. Märchen oder Erzählungen, die aus viel späterer Zeit stammen, müssen anstelle geschichtlicher Berichte wichtigste geschichtliche Ereignisse ersetzen. In dem angedeuteten Märchen der Ramassidenzeit wird von einer Versammlung des Apophis und seiner Räte erzählt und einer darauf erfolgenden Botschaft an den thebanischen König Sekenenrê, in welcher Klage geführt wird, daß der Lärm der Nilpferde in Theben den Apophis in seiner Residenz zu Auaris nicht schlafen lasse. «Tag und Nacht», so hieß es in dieser Botschaft, «ist der Lärm von ihnen in meinen Ohren». Diese Botschaft enthält in bildlicher Form den Protest des Apophis gegen den von Theben ausgehenden Widerstand. Apophis hatte den Seth zum Schutzgott von Auaris gemacht, und er beschwert sich über den Lärm der Nilpferde in Theben, weil, wie aus der Tempellegende von der geflügelten Sonnenscheibe hervorgeht, Horus den Seth in Gestalt eines Nilpferdes besiegt. Der Inhalt dieses Märchenbildes geht also dahin, daß der thebanische König als Horus sich zum Widerstand gegen die Herrschaft der Hyksos, d. h. gegen Typhon, gestellt. Das ist der Lärm der Nilpferde, die den Apophis Tag und Nacht beunruhigen. In dieser späteren bildlichen Form ist der Beginn des kriegerischen Widerstandes thebanischer Könige gegen die Hyksos überliefert. Eine Bestätigung hierfür gibt Manetho, der von einem langen Kriege thebanischer Könige gegen die Hyksos berichtet. Nach den Königslisten gab es in Theben zwei Könige mit dem Namen Ta'o und dem Thronnamen Sekenenrê.

Aus allem geht hervor, daß Pharaonen aus dem thebanischen Gaufürstentum der 17. Dynastie den Kampf gegen die Hyksos aufgenommen haben. Der Nachfolger des Sekenenrê war Kamose. Nach einer Königsinschrift forderte Kamose vergeblich die Adelsgeschlechter auf, mit ihm die Asiaten zu schlagen. Sie erwiderten ihm, daß Oberägypten in ihrer Hand sei. Die Antwort, die er ihnen gab, ist nicht nur für ihn und für die Haltung seiner großen Nachfolger, sondern für die thebanische Epoche charakteristisch. Er sagte: «Man soll von mir in Theben sagen: Kamose, der Beschützer Ägyptens nach dem Befehl Amuns, der die rechten Gedanken hat.» Auf seine Speerspitze ließ er die Inschrift setzen: «Ich bin ein tapferer Herrscher, geliebt von Rê, Sohn des Mondes, geboren von Thoth.»

Zweierlei kündet sich in diesen Inschriften an, der erwachte kriegerische Geist, der alsbald sich zu Eroberungszügen anschickte und die inspirierende göttliche Macht des Amun-Rê, welcher mit der Verschiebung des Kultzentrums nach Theben der immer mächtiger werdende Schutz- und Hauptgott Thebens wurde. Im beginnenden Befreiungskriege stand der thebanische Amun-Rê gegen den Seth der Hyksos. Kamose kämpfte mit Hilfe nubischer Söldner erfolgreich gegen einen Vasallen der Hyksos, aber der eigentliche Befreier Ägyptens war Ahmose, der anscheinend sein Bruder war, denn

Kamose regierte nur wenige Jahre. Ahmose vertrieb die Hyksos aus ihrer befestigten Stadt Auaris und verfolgte die Fliehenden bis nach Asien hinein, wo er nach dreijähriger Belagerung ihre Feste Saruhan eroberte und damit einen ersten festen Stützpunkt für die späteren Unternehmungen gewann. Darauf wandte sich Ahmose nach Süden, um Nubien, das während der Herrschaft der Hyksos abgefallen war, wieder zurückzugewinnen.

Dieser Zeit der Vertreibung der Hyksos und der Begründung der 18. Dynastie durch Ahmose (1580–1558) kommt eine ganz besondere Bedeutung zu durch die mit diesen Ereignissen in enge Beziehung zu bringende Maternität. Es wiederholt sich oder setzt sich jetzt fort, was bei der Begründung der thinitischen und memphitischen Dynastien der Fall war, der Königin-Mutter oder den Königinnen-Gemahlinnen wird eine Verehrung entgegengebracht, in welcher die sakrale Würde der Maternität, die an diesen Ereignissen inspirierend beteiligt ist, zu stärkstem Ausdruck gelangt. Nach einer Königsinschrift gab Ahmose seiner Mutter, der Königin Ahotep (die von Amun Erleuchtete), den Titel: «Herrin des Landes und Fürstin der Gestade der Hunebt» (vermutlich Meeranwohner im Delta). Dieser Titulatur wird hinzugefügt «ihr Name ist hoch in jedem Fremdland, sie leitet die Menge, die Gemahlin, Schwester, Tochter, Mutter eines Königs, die Erhabene und Kundige, die für Ägypten sorgt; sie hat seine Armee zusammengebracht und diese beschirmt; sie hat zurückgebracht seine Flüchtlinge, gesammelt seine Auswanderer, Oberägypten (Theben) beruhigt und seine Widerspenstigen bezwungen, die Königsgattin Ahotep, die Lebende». (Ed. Meyer.)

Der Inhalt dieser Inschrift kann nicht den Sinn haben, der ihr von Meyer zugelegt wird, die Königin sei die Schöpferin des neuen Reiches gewesen, sondern diese Worte gelten der von Amun erleuchteten Maternität, sie gelten der Alles durchdringenden, an Allem mitbeteiligten, inspirierenden Seele der Königin Mutter, aber nicht einer organisierenden Tätigkeit derselben. Die Gemahlin des Ahmose, Ahmes-Nofretêre, erhielt das Amt eines zweiten Propheten des Amun, was in dieser Form besagt, daß sie wie einst die Hetepheres, die Mutter des Cheops, Raterin des Pharao war. Aus solchen Verehrungsformen ist zu entnehmen, daß die königlichen Mütter und Gemahlinnen als erleuchtete Trägerinnen der Volksseele angesehen wurden und als solche an allen entscheidenden Ereignissen beteiligt waren und als Raterinnen sibyllenhafte Züge besessen haben. Ägyptische Maternität war eine weithin wirkende Seelenmacht und eine Mittlerin zwischen den großen Ahnen und der ägyptischen Volksseele.

Ahmose wurde der Begründer der 18. Dynastie, deren Pharaonen die glänzende Epoche der äußeren Geschichte Ägyptens heraufgeführt haben. Ahmose stellte die Einheit des Landes wieder her und gab ihr, von seinen Nachfolgern fortgesetzt, zwei tragende Stützen, das mächtig werdende Kultzentrum des Amun-Rê in Theben sowie eine neue Organisation und Verwaltung des geeinigten Reiches.

Der Nachfolger des Ahmose war Amenhotep I. (1557–30). Auch ihm standen die helfenden Kräfte der Maternität durch seine Mutter, der Ahmes-Nofretêre, zur Verfügung, deren Andenken in ebenso hohem Ansehen wie das des Königs gestanden hat. Amenhotep führte das begonnene Werk seines Vaters weiter, die Grenzen des Landes zu erweitern, mit einem Feldzug nach Nubien und scheint auch einen solchen gegen die Libyer unternommen zu haben. Dann wandte er sich gegen Asien, worüber aber genauere Nachrichten fehlen. Nach seinem Tode ist dieser Pharao mit seiner Mutter von den Ägyptern vergöttlicht worden, worüber die näheren Motive nicht bekannt sind.

Sein Nachfolger, Thutmosis I., setzte das Bestreben seiner Vorfahren, die Expansion Ägyptens, fort. Durch einen Feldzug nach Nubien erweiterte er die Grenze über den dritten Katarakt hinaus, wo er seine Siegeszeichen einmeißeln ließ, und in einem weiteren siegreichen Feldzug in Asien drang er in die Gegend des Orontes, in das sog. Land der Flüsse, Naharina, bis zum Euphrat vor, wo er eine Tafel errichten ließ.

Mit der wachsenden Macht der thebanischen Pharaonen steht in engem Zusammenhang die wachsende Macht und Stellung des Amun und damit die Entstehung eines ganz neuen, stetig wachsenden Kultzentrums. Bereits Thutmosis I. ließ vor dem alten, noch aus der 12. Dynastie stammenden Amuntempel zwei mächtige Pylonen und eine Säulenhalle bauen, womit der Anfang für das umfassende Kultzentrum des Amun in der 18. und den nachfolgenden Dynastien gemacht wurde.

Der Kult des neuen Gottes Amun hatte bereits unter den Pharaonen der 12. Dynastie begonnen, doch haben diese sich bei ihren großen Unternehmungen noch nicht auf ihn berufen, wohl aber schon Sekenenrê, der den Kampf gegen die Hyksos begonnen hat, und erst recht Ahmose, der die Hyksos vertrieb, der sich als den «Leiblichen Sohn und Erben des Amun-Rê» bezeichnete. Dann haben die Pharaonen der 18. Dynastie ihre Eigennamen mit dem des Amun verbunden und ihre Taten den Inspirationen dieses neuen Gottes zugeschrieben.

Es steht im Hinblick auf diese Tatsachen zur Frage, warum ein bisher in Theben unbekannter, den thebanischen Lokalgott Montu verdrängender Gott zum, wie er genannt zu werden pflegt, «Reichsgott» des thebanischen Machtzentrums werden konnte. Mit dem Hinweis, daß Amun mit dem Emporkommen der Stadt Theben aufs engste verknüpft ist, wird zwar diese Frage berührt, aber nicht beantwortet. Sie muß auch anders gestellt werden. Was hat sich in der inneren Entwicklung Ägyptens im Laufe der Jahrhunderte (von der 12. bis zur 18. Dynastie) zugetragen, daß Amun eine solche umfassende Bedeutung erlangen konnte?

Amun gehörte nicht der heliopolitanischen Götterneunheit an. Alles, was seine Wesensart und Machtstellung in Theben betrifft, geht davon aus, daß er einer der acht hermopolitanischen Urgötter gewesen ist. Amun und

Amaunet heißt das vierte Paar der acht Urgötter von Hermopolis. Im Abschnitt über das ägyptische Weltbild ist dargelegt worden, daß sie die Götternamen sind für jene die natürliche Welt konstituierenden Substanzen oder Urelemente, Erde, Wasser, Luft und Feuer oder Wärme, diese letztere nicht als Zustand, sondern als eigenwirkendes saturnisches Urelement. Und sie haben Doppelnamen, einen männlichen und einen weiblichen, erhalten, weil jedes dieser Urelemente zwar im Sichtbaren wirkt, aber sein geistiges Gegenbild im Unsichtbaren, im Verborgenen besitzt, aus dem es hervorgegangen ist. Unsichtbares, d. h. Verborgenes muß mit Sichtbarem, d. h. Gestaltendem zusammenwirken, damit das entstehe, was dem Reich des Elementarischen, dem Reich der Mütter angehört.

Nach allem, was bisher in dieser Beziehung vorgebracht worden ist und die Entwicklung Ägyptens während der dritten Sothisperiode betrifft, erscheint es verständlich, weil in der Sache begründet, daß die Anschauung von den acht Urgöttern nicht vom Norden, von Heliopolis, sondern vom Süden, von Hermopolis, ausgegangen ist. Das Reich der Mütter war Gebiet der Isismysterien, das, im Weltaspekt gesehen, dem Süden, dem Gebiet der weißen Krone angehörte. Das Kosmopolitische und die übergeordnete Götterneunheit gehörte dem Norden an. Der innere Süden, das Reich des Elementarischen, der innere Norden, das Reich des Kosmopolitischen und beides kultgeographisch polarisiert in die Gebiete der weißen und roten Krone, aber vereinigt im Geistesmenschen, im Horus.

In seiner Abhandlung über «Amun und die acht Urgötter von Hermopolis» hat Sethe den Werdegang des Amun nach den Hieroglyphentexten und Denkmälern eingehend dargestellt. Als wichtigste Gesichtspunkte sind hervorzuheben, daß die Lehre von den acht Urgöttern, zu denen Amun und Amaunet gehören, von der im Hasengau gelegenen Stadt des Thoth, Hermopolis, auch «Stadt der Acht» genannt, schon in sehr früher Zeit ausgegangen ist. Die Namen dieser acht Urgötter finden sich bereits in den ältesten Pyramidentexten und haben später eine Verbreitung in ganz Ägypten zu allen Zeiten gefunden.

Hermopolis (im 15. oberägyptischen Gau) war also ursprünglich die Kultstätte der acht Urgötter und somit auch des Amun und der Amaunet. Dieser Gau gehörte seinerzeit zum Reich der Herakleopoliten. In den Kämpfen zwischen diesen und den Thebanern bildete der 13. Gau (der Sitz der Grafen von Siut) eine Art Grenzwall gegen die vordringenden Thebaner. Zu dieser Zeit haben die Thebaner den Amun zu ihrem Gotte gemacht, nachdem sie bisher den Montu verehrt hatten. Die Einsetzung des Amun in Theben und dessen spätere Machtstellung ist somit eng verknüpft mit einer Kampfhandlung, d. h. mit dem Sieg der Thebaner über die Herakleopoliten. Auf dem Grabstein des thebanischen Königs Antef findet sich erstmals das Bestehen eines Kultes des Amun und der Amaunet verzeichnet. Nicht früher als mit der 11. Dynastie, die Theben zum Kult- und Machtzentrum des

Südens zu machen begann, ist auch der thebanische Amunkult begründet worden. Der Pharao Mentuhotep, der dann endgültig die Herakleopoliten besiegte, trug noch den Namen des Montu. Der erste Pharao der 12. Dynastie nannte sich bereits nach Amun Amenemhet. Er war es, der die uralte Kultstätte des Südreiches der Göttin Nechbet mit einer schützenden Mauer umgeben und den ersten Tempel des Amun in Theben bauen ließ.

Von der 12. Dynastie an und mit der 18. und den folgenden Dynastien zunehmend, erhielt Amun eine immer größere, immer umfassendere Bedeutung und Stellung als führende Gottheit Thebens. Immer mehr Titel, Eigenschaften, Attribute und Darstellungsformen werden ihm gegeben. In unzähligen Inschriften, in Hymnen und bildlichen Darstellungen wurde das tief verschlungene Wesen und die Wirkungsweise dieses großen «thebanischen Reichsgottes» umschrieben und kultisch gefeiert. Früh schon bildete sich eine neue thebanische Götterdreiheit, Amun, Mut und Chons, heraus, der eigene Tempel und Kultstätten errichtet wurden.

Im Beginn der 12. Dynastie wurde Amun als Min-Amun dem uralten, schon in vordynastischer Zeit verehrten Gotte der Generationskräfte, dem ithyphallischen Gotte Min gleichgesetzt und erhielt dessen Attribute, eine Kappe mit hinten herabhängendem langem Bande. Für beide wurden dieselben Zeremonien vollzogen.

In Hymnen der 18. Dynastie wird Amun sodann als Amun-Rê dem Sonnengott Rê und Weltschöpfer gleichgesetzt und erhielt so eine universelle Bedeutung. In Hymnen dieser Zeit an Amun-Rê heißt es u. a.: «Du bist der Himmel, du bist die Erde, du bist die Unterwelt, du bist das Wasser, du bist die Luft zwischen ihnen.» Seinem Titel nach ist Amun-Rê Herr und Oberhaupt der Götter, Herrscher der Götter der Neunheit, einer besonderen Neunheit, die sich aus fünfzehn verschiedenen Göttern zusammensetzte, in welche die heliopolitanische Neunheit miteingeschlossen wurde. Amun-Rê hieß auch «König der beiden Länder».

In Hunderten von Beispielen, sagt Brugsch, reden die Texte von Amun-Rê, daß er für seine Kinder verborgen sei, daß er sich vor Göttern und Menschen in das Geheimnis hülle oder daß er in seiner wahren Gestalt unbekannt sei. Amun-Api wird er auch genannt, weil Api eine Bezeichnung für Theben war, was verborgener Ort oder Klause bedeutet. Er wird in den Inschriften auch «Amun von Theben, Sohn des Osiris und Kind der Isis» genannt. Daher galt er auch als Horus und hatte Seth-Typhon zu seinem Feinde und Widersacher. Andere Inschriften nennen ihn «der sein eigener Ursprung ist» oder «der aus sich selbst Gewordene». Immer wieder wird er auch der «starke Stier» genannt. Ein Text aus der 19. Dynastie sagt von ihm: «Er heißt auch Amun-Rê Hor-chuti mit dem Widderkopf, welcher die Finsternis erhellt: Der Widder des Westens, der Sperber des Ostens.» Ein Hymnus auf ihn beginnt mit den Worten:

«Den Stier in Hermonthis,
Den Fürsten aller Götter,
Den guten liebenswürdigen Gott,
Den Spender des Lebens in aller Wärme
An jede gute Herde.»

Und weiter in demselben Hymnus:

«Schön ist der Anblick, sind die beiden Hörner aufgerichtet.
Herr des Diadems, mit hohem Federnpaar,
Schön umwunden, mit hoher weißer Krone,
Die Königsschlangen des Südens und des Nordens gehören ihm an.»

In dreierlei Hauptgestalten wurde Amun-Rê bildlich dargestellt. Als Widdergott mit der Sonnenscheibe, als Gott mit der Sonnenscheibe und zwei aufgerichteten Federn und als sperberköpfiger Gott wegen seiner Gleichsetzung mit Horus.

Auf seiner Darstellung mit den beiden Federn trägt Amun wegen seines Beinamens «Starker Stier» den Tierschwanz.

Um über die Suprematie, die Amun-Rê im Geistesleben der thebanischen Epoche erhalten hat, und über die Vielfalt seiner Erscheinung, seiner Wirksamkeit und seiner Namen Klarheit zu erhalten, ist es nötig, den Weg, den das ägyptische Geistesleben seit Beginn der Pharaonenherrschaft genommen hat, überschauend in Betracht zu ziehen. Es ist der Weg fortschreitender Verinnerlichung, wobei zugleich die Eigenkräfte der Seele aufgerufen wurden. Es ist hinreichend begründet worden, daß mit Eintritt der Pharaonenherrschaft ein Wendepunkt, ein grundlegend Neues im Geistesleben Ägyptens eingetreten ist, das vordynastische und dynastische Zeit in nicht zu verkennender Weise voneinander trennt.

Mit Menes ist das gedankliche Element in seinem ersten Keime in Erscheinung getreten. Ein Gedankliches gab es bis dahin nicht, es gab nur die von den regierenden Göttern kommende Inspiration ohne gedankliche Beimischung, nur bildmäßiges Schauen ohne die festen Konturen eines Gedanklichen. Mit dem Aufkommen der Mumifizierung wurde der geistige Blick von den Weiten des Kosmos abgelenkt und auf die Formengeheimnisse des Menschenleibes, auf die Mumie hingelenkt. Vom Totenkult, der sich an der Mumifizierung entwickelte, ging eine das Gedankliche anregende Kraft aus. Der darauf einsetzende Pyramidenbau in seiner Beziehung zum Totenkult stellt in äußerer Formgewalt von Basis zur Spitze dar, wie Menschliches und Kosmisches sich zueinander verhalten. Er stellt dar, wie im Totenkult das Osiriswerden des Pharao einerseits und die sich regenden Eigenkräfte durch Errichtung dieser mächtigen Grabbauten andererseits sich mit instinktartiger Gewalt manifestieren. Dann setzte mit der 5. Dynastie der Rê-Kult ein, und in der Form des Obelisken liegt schon für die bildhafte

Anschauung der Eindruck vor, wie die Verstärkung der Eigenkräfte und damit deren Sonderung ihren Fortgang genommen hat.

Die Begründung eines neuen Kultzentrums in Theben mit Amun-Rê ist das Anzeichen einer im ägyptischen Geistesleben vor sich gegangenen Änderung. Von der 12. Dynastie an, welche Amun-Rê einsetzte, hatte das gedankliche Element sich zu verselbständigen begonnen, und weil dieses mit verstärkter Eigenkraft einsetzte, wurde ihm ein entsprechender Göttername mit Attributen und Eigenschaften gegeben. In allem, was Amun-Rê und dessen Kult in sich schließt, spricht sich eine genau abzugrenzende Stufe aus, die damals das Leben im gedanklichen Verhältnis zur Welt erreicht hatte.

Als gedankliches Leben muß diese Stufe des ägyptischen Geisteslebens bezeichnet werden zum Unterschied und zur Abgrenzung gegenüber einer solchen im verstandesmäßig konturierten Gedankenleben. Was im damaligen Geistesleben von Ägypten mit Amun-Rê angesprochen und im Kult als ein Göttliches verehrt wurde, war ein Gedankliches, das sich noch ganz in Empfindungen darlebte. Ein in Empfindungen verselbständigtes Gedankliches, das sich von jenen Bindungen, die noch zur Pyramidenzeit bestanden haben, gelöst hatte. Ein Pharao der 4. Dynastie konnte noch nicht wie Ahmose sagen, Amun habe ihn zum Siege geführt, denn damals war jene Kraft, die dem Amun zugeschrieben wurde, noch nicht geboren. Damals ruhte dieses Gedankliche noch in Atum. Mit Amun verselbständigte es sich. Daher der Ausspruch: «Amun, der Herr der Throne der beiden Länder an der Stelle des Atum», oder «Amun-Rê, König der Götter, groß in Heliopolis, groß in Memphis». Mit Amun setzte ein verstärktes Empfinden ein, dahingehend, es liege der Welt ein Gedankliches zugrunde. Ein Gedankliches, das mit einer solchen Lebendigkeit empfunden wurde, wie Sinneseindrücke, wie Farben empfunden worden sind.

Aus solchem Weltempfinden heraus faßte Amenhotep I. den Entschluß, den Pyramidenbau, der bis dahin traditionsgemäß weitergeführt worden war, aufzugeben und ein verborgenes Felsengrab unter Trennung vom Totentempel, eine neue, der Zeit angemessene Form des Pharaonengrabes, zu schaffen.

Die im Amun-Kult sich kundgebende Erscheinung eines sich verselbständigenden Gedanklichen ist nicht dahin zu verstehen, daß die Pharaonen ein Eigendenken im heutigen Sinne besessen hätten. Sie empfingen ihre Gedanken, wie die Texte ganz eindeutig aussagen, von Amun. Aber Amun ist der «für seine Kinder verborgene Gott», er ist «Amun-Api», der am verborgenen Ort wohnt. Er ist auch «Hor-chuti», der die Finsternis erhellt. Der Gedanke kommt vom verborgenen Ort, er kommt und geht, er kann nur ausgesprochen, nur mitgeteilt werden. Das Gedankliche hat in Amun seinen verborgenen Ursprung.

Ursprung und Wesensart des Amun wird ersichtlich an seiner Herkunft aus uralter Vergangenheit, denn er ist, wie bereits bemerkt, einer der acht Urgötter von Hermopolis. Demnach ist Amun ein Elementargott. Seine führende Stellung als ägyptischer Volksgott hat er erlangt, als die Zeit dafür herangereift war. Zum Vergleich kann der Zeus der Griechen dienen, denn diese haben im ägyptischen Amun das Vorbild für den blitzeschleudernden, donnernden Zeus gesehen. Zeus war für die Griechen der Weltenvater des Gedankens. Zu ihm gehörte der Adler wie zu Amun der Falke. Der Elementargott Amun galt den Ägyptern als derjenige Gott, der aus dem Elementarischen heraus das gedankliche Verhalten der Seele geboren werden läßt.

Die Kraft, die draußen in der Natur im Getreidehalm sproßt und reift, wurde als dieselbe empfunden, welche im gedanklichen Leben tätig ist. Daher galt Amun auch als Sohn des Osiris und der Isis, denn aus dem Leib des toten Osiris sproßt das Korn. Als Sohn des Osiris und der Isis wurde Amun aber auch Horus genannt, weil der Gedanke sich zu seinem göttlichen Ursprung erheben kann und daher den Typhon zu seinem Feinde und Widersacher hat, der die Macht des Gedankens für seine Absichten mißbrauchen will. Dem Namen des Amun ist der des Sonnengottes Rê hinzugefügt worden, weil alles elementarische Leben, aus dem auch das gedankliche Leben hervorgeht, sonnendurchdrungen ist.

Amun ist bei Gelegenheit der siegreichen Kämpfe der thebanischen Könige, welche die Herrschaft von Theben begründet haben, thebanischer Gott geworden und blieb seither mit dem Erwachen der kriegerischen Kraftentfaltung der thebanischen Pharaonen verbunden. Ahmose, der die Hyksos aus Ägypten vertrieb, führte, wie er sagt, den Kampf auf «Befehl des Amun, der den rechten Gedanken hat».

Schon in der 12. Dynastie erhielt Amun den Titel «starker Stier». Die thebanischen Stiereingeweihten haben damit ausgesprochen, daß sie die «rechten Gedanken» von Amun empfangen, weshalb dieser auch in bildlichen Darstellungen den Tierschwanz trägt. Damals wurde er auch mit den Attributen des Min, des Mondgottes, des Gottes der Generationskräfte, als Min-Amun dargestellt.

Die Vereinigung von Min mit Amun weist darauf hin, daß in jener Zeit der innere Zusammenhang von Fortpflanzungskräften mit denen des Gedankens, des Erkenntnislebens, vom Mysterienwesen aus in die Sphäre des Göttlichen, des Heiligenden hinaufgehoben worden ist. Auch in der biblischen Genesis wird dieser Zusammenhang im gleichen Sinne ausgesprochen: «Adam erkannte sein Weib Heva, und sie ward schwanger und gebar den Kain.» In krassestem Gegensatz zu dem, was in Ägypten unter der Bezeichnung «starker Stier» als ein Heiligendes in Kult und Königstitel einbezogen war, stehen gewisse Auffassungen der Gegenwart, welche die Betrachtungsweise aus den damaligen Höhen in die Abgründe menschlichen Wesens, ja selbst in die des Verbrechens führen wollen.

Amun ist mit Min zu einem Doppelnamen vereinigt worden, weil Fortpflanzungs- und Gedankenkräfte aus demselben Bereich der Lebensbildekräfte stammen. Gedankenkräfte sind umgewandelte Lebenskräfte. Daher sind den bildlichen Darstellungen des Min-Amun allerlei Pflanzengebilde beigegeben.

In allen seinen Erscheinungsformen, Namen und Namenverbindungen, im Kult und in dem Titel «starker Stier» geht es darum, dem Elementargott Amun die ihm zukommende Stellung und Bedeutung zu geben, die folgerichtig und genau zum Ausdruck bringt, daß sich das gedankliche Element im Laufe der Entwicklung verselbständigt hat.

Die drei verschiedenen bildlichen Darstellungen von Amun, die mit dem Widderkopfe, dann die mit dem Federnpaar über der Sonnenscheibe und die mit dem Sperberkopf, zeigen den thebanischen Gott von drei verschiedenen Seiten seines Wesens her.

Der widderköpfige Amun ist Bildgestalt jener gedanklichen Kräfte, die innerlich im Menschen wirken, die Gehirnwindungen formen und am Gehirn als leibliche Unterlage ihren Widerstand finden. Er ist Bild jener innerlich wirkenden Kräfte, welche das Eigenwesen der Seele ergreifen, dadurch sich verselbständigen, aber noch im Elementarischen und im Bildhaften verbleiben und das Denken im Bildhaften halten.

Amun mit den beiden aufgerichteten Federn über der Sonnenscheibe gibt einen andern Aspekt. Das Federnpaar ist wie bei dem Tet-Pfeiler Bild für die beiden im Gehirnwasser schwimmenden und damit der Schwerkraft weitgehend enthobenen Gehirnhälften. Hier ist das hoch aufgerichtete Federnpaar Bild für die andere Seite des Lebens im gedanklichen Elemente, es ist Bild für die schwerelosen, die göttlichen, durch Amun empfangenen Weltgedanken. Wenn u. a. die Texte von dem «hohen Federnpaar» sprechen, ist damit eine besonders hohe Entwicklung und Fähigkeit im Erleben solcher Weltgedanken gemeint. Das hohe Federnpaar auf dem Haupte des Amun kennzeichnet diesen Gott als diejenige Kraft, welche im ägyptischen Menschen die bildhafte, die weltempfindende Intelligenz entwickelt.

Als falkenköpfiger Amun erscheint er, wie den Griechen Zeus mit dem Adler, als der Weltenvater des Gedankens.

Nun ist aber bereits in der 12. Dynastie die thebanische Dreiheit von Amun-Rê, seiner Gemahlin Mut und ihres Sohnes Chons als Ergebnis der Entwicklung ins Leben getreten und mit ihr ein in Theben herrschender Kultdienst dieser Dreiheit. Im Kult derselben erscheint, wie in demjenigen des Rê, als Kultbild die Barke. Die Barke der thebanischen Götterdreiheit, sowie die des Pharao sind aber keine Sonnenbarken. In den Darstellungen des großen Festes von Opet tragen die Priester im feierlichen Prozessionszug die Amun-Barke auf ihren Schultern aus dem Amun-Tempel in Theben zum Nil, wo sie auf Prozessionsschiffen zum Tempel von Opet (Luxor) gefahren und dort, wiederum von den Priestern auf die Schultern gehoben, in den Tempel verbracht wird. Im Tempelinnern bringt dann der Pharao, den Tierschwanz als Kultzeichen tragend, vor der reich geschmückten Barke dem Amun das Opfer dar. Sodann erfolgte die Rückkehr der Barken in den Amun-Tempel in gleicher Prozessionsordnung zu Wasser und einer begleitenden Prozession zu Lande. Diese Barken, Prozessionszüge, Opferrituale, dienten der kultischen Pflege des gedanklichen Lebens, das im Laufe der Zeit seine Verselbständigung erlangt hatte. Und da dieses gedankliche Leben aus dem wogenden Meer des Elementarischen aufsteigt und sich bewegt, wurde es im Kultbild der heiligen Barke zur äußeren Anschauung gebracht.

Die thebanische Götterdreiheit von Amun, Mut und Chons ist im tiefsten Grunde eine bildhafte Darstellung der Bildekräfte, welche in der Hauptesorganisation tätig sind und das gedankliche Leben formen. Die Bedeutung und Stellung, die Amun selber in dieser Dreiheit einnimmt, ist bereits erörtert worden. Seine Gemahlin Mut wird wie Sachmet, die Kriegsgöttin, löwenköpfig dargestellt. Es ist das Kriegerisch-Sieghafte, das dem Gedankenleben zugeschrieben wird, welches die Griechen auch in der Zeustochter Athene gesehen haben und das auch zum Wesen der löwenköpfigen Mut gehört. Chons wird nach Brugsch in zahlreichen Inschriften Chons-Thoth in Theben (Apit) genannt. Die Schreibtafel, das Tintenfaß und der Papyrus sind «die ihm geweihten königlichen Geschenke». Chons wird bildlich in zweierlei Gestalt dargestellt, als vorschreitender Mann, häufig sperberköpfig mit der Neumondscheibe, am häufigsten aber als Mumie. Tiefsinniges birgt diese Mumiengestalt des Chons. Als Chons-Thoth mit dem Sperberkopf und dem Mond erscheint er als Träger der Mondenweisheit. In seiner Mumiengestalt weist er auf jene Art von Erkenntnissen hin, welche von der Mumie, dem Ort der ratgebenden Mondengötter, empfangen werden konnten.

Nach dem Einbalsamierungsritual wurde das Haupt der Mumie, wie in Abschnitt XII dargestellt, mit besonderer Sorgfalt in Binden gewickelt und ritual-magisch behandelt. Das Haupt wurde dadurch zum Sitz der ratgebenden Mondenwesen, und an der Mumie sind die Geheimnisse der Hauptesorganisation erforscht worden, wie z. B. dieses, daß das menschliche Haupt immer die Tendenz hat zu sterben, zur Mumie zu werden, und vom übrigen Organismus stets neu belebt werden muß.

Die thebanische Götterdreiheit, welche die Geheimnisse der Hauptesorganisation zur kultischen und bildlichen Darstellung bringt, erweist sich dadurch offensichtlich als ein Ergebnis von Erfahrungen, die an der Mumie gemacht worden sind.

Der in Theben vorherrschende Amunkult trug seiner Tendenz nach eine Gefahr in sich, die Gefahr einer Machtentfaltung, welche darauf ausging, Ägypten durch kriegerische Unternehmungen eine Vorherrschaft in der damaligen Welt zu geben. Durch eine kriegerische Unternehmung wurde Amun Schutzgott von Theben. Die Entwicklung des ägyptischen Volkstums erhielt durch die Machtentfaltung einen starken Antrieb, und Amun wurde thebanischer Volksgott, dem immer größer werdende Tempel erbaut wurden. Die dem Volkstum übergeordneten universellen Prinzipien, unter denen sich Ägypten bis dahin entwickelt hatte, wurden dadurch mehr und mehr in den Hintergrund gedrängt. Heliopolis und Theben kamen in Gegensatz zueinander. Ohne die ausgleichende universell orientierte Geistigkeit von Heliopolis konnte Ägypten aber nicht sein wahres Wesen entfalten. Die universelle Geistigkeit des Nordens und die elementarische des Südens hätten in Einklang miteinander bleiben müssen. Theben dagegen ging den Weg der äußeren Machtentfaltung, die den Keim des Verfalles in sich trug, auch den Verfall des Mysterienwesens, das immer mehr seine Bindung an die universelle Geistigkeit verlor, sie aber nicht mit dem immer mächtiger werdenden Reichsgott Amun ersetzen konnte.

An der Neugestaltung und Organisation des thebanischen Reiches der 18. Dynastie lassen sich symptomatisch die dargelegten Wandlungen im ägyptischen Geistesleben verfolgen.

Die thebanischen Pharaonen wurden unumschränkte Alleinherrscher in dem Reich, das mit der 18. Dynastie neu begründet wurde. Ahmose, der Ägypten von den Hyksos befreit hatte, löste alle bis dahin noch vorhanden gewesenen, selbständigen Kleinherrschaften im Lande auf, und nach Thutmosis I. hörten auch die letzten Gaufürstenfamilien von Elkab und Elephantine als solche zu bestehen auf. Der alte Landadel verschwand. Die Alleinherrschaft der thebanischen Könige stützte sich nun auf das Heer, das neben Ägyptern aus nubischen, libyschen und asiatischen Söldnern bestand, und auf die große Zahl von hohen und niedern Funktionären, die sich im Dienst des Königs befanden und als solche einen neuen Stand bildeten.

Im Vergleich mit dem theokratischen System der Pyramidenzeit, während welcher die Großwürdenträger und Gaugrafen in einer Art geistiger Leibeigenschaft zum Pharao gestanden haben, bestand bei den Funktionären des thebanischen Reiches eine solche kultische Bindung nicht mehr. Der Pharao besaß eine unumschränkte Herrschaft, Sonderrechte und Kleinherrschaften im Lande gab es nicht mehr. Die Funktionäre des Reiches standen ohne irgendwelche Vorrechte im Dienst des Pharao, und dieser selbst hielt sich, das ist das völlig neue, veränderte Bild, eine bewaffnete Leibwache.

Bald nach der Begründung und Organisation des thebanischen Reiches der 18. Dynastie wurde die Einsetzung eines zweiten Wesirs notwendig. Der Wesir des Südens hatte seinen Sitz in Theben, der des Nordens in Heliopolis. Die oberste Gerichtsbarkeit lag in ihren Händen, daneben gab es die kleineren Gerichtshöfe im Lande. Im «Weißen Haus», dem Schatzhaus, wurden die Listen über die im ganzen Land zu entrichtenden Naturalgaben geführt, die sich auf ein Fünftel des Ertrages beliefen. Die Aufsicht darüber war dem Wesir übertragen. So gestaltete sich das thebanische Reich zu einem zentralistischen Verwaltungssystem. Neben den Funktionären dieses Systems, welche in zahlreichen Inschriften ihrer Grabstätten Berichte über ihr Leben und ihre Tätigkeit hinterlassen haben, und neben dem Heer entwickelte sich die Amunpriesterschaft zu einer besonderen, immer einflußreicher werdenden Macht. Die Ausübung dieser Macht befand sich in den Händen des obersten Priesters des Amun und konnte sich dabei auf den anwachsenden reichen Tempelbesitz, auf die hohen abgabenfreien Einkünfte und Ländereien stützen. Für Königtum und Priestertum wurde Amun eine zentrale, führende göttliche Instanz. Er wurde, wie der Ausdruck in der Regel lautet, der «Reichsgott» von Theben.

In der Begründung und Konstitution des thebanischen Macht- und Kultzentrums unter der Führung des Amun und der thebanischen Götterdreiheit Amun, Mut und Chons liegt somit ein kulturgeschichtliches Phänomen von ganz besonderer Bedeutung vor, denn es gewährt tiefe Einblicke in die während der dritten Sothisperiode waltenden Kräfte.

Die zentralistische Gestaltung des thebanischen Machtzentrums in der Form, die ihm von den Pharaonen der 18. Dynastie gegeben wurde, ist in allen seinen Faktoren ein Ergebnis der skizzierten Wandlung des Geisteslebens, der Verselbständigung des gedanklichen Lebens und der damit verbundenen Verstärkung des Selbstbewußtseins. Es ist das Herrschaftsgebiet des mächtig gewordenen Elementargottes Amun-Rê, was damit umgrenzt wird.

Insofern die Götterdreiheit Amun, Mut und Chons sich auf Geheimnisse der Hauptesorganisation beziehen, ist dieses kulturgeschichtliche Phänomen eine zeitbedingte Folge der Mumifizierung, denn es kann nicht in Abrede gestellt werden, daß die Mumifizierung von gewaltigen Folgen für die Entwicklung des ägyptischen Geisteslebens begleitet war. In ihrer Sprache haben die ägyptischen Weisen selber darauf hingewiesen, indem sie den Sohn des Amun, den Chons, als Mumie dargestellt haben.

Ein anderes muß in diesem Zusammenhang mitberücksichtigt werden, das sich als Nebenerscheinung der Haupterscheinung einfügt, der Aufenthalt des hebräischen Joseph am Hofe des Pharao und die Folgen, die seine Tätigkeit hinterlassen hat. Diese Folgen beziehen sich ausschließlich auf die äußere Organisation und die Regelung der Abgaben an das Schatzhaus. Durch die Auslegung der Träume des Pharao haben die Maßnahmen des Joseph in dieser Beziehung umwälzende Folgen gehabt, die geblieben sind und bei der Begründung des zentralistischen Systems in Theben mitbestimmend waren.

Nach dem Bericht der Genesis (Kap. 47/20) «kaufte Joseph dem Pharao das ganze Ägypten, denn die Ägypter verkauften ein jeglicher seinen Acker, denn die Teuerung war zu stark über sie. Und ward also das Land dem Pharao eigen». Die umwälzenden Maßnahmen des Joseph bestanden demnach darin, daß er unter dem Druck der Teuerung eine ganz neue Agrarordnung schuf, wodurch das Land Eigentum der Krone wurde und daher einer Zentralverwaltung unterstand. Dann erließ (nach Genesis 47/26) Joseph ein Gesetz, wonach die Ägypter dem Pharao von dem Ertrag ihres

Pachtlandes ein Fünftel als Abgaben zu entrichten hatten, ausgenommen die Priesterschaft, welche abgabenfrei blieb.

Dieses Abgabensystem des Joseph scheint unter den Pharaonen der 18. Dynastie weiterbestanden zu haben. Ein auf alle Gebiete des Wirtschaftslebens angewandtes Abgabensystem mußte die Mittel für den Pharaonenhof, die Tempelbauten und die Kriege liefern. Daneben gab es noch eine anonyme Macht, das Gold, das Nubien, Punt und andere Länder lieferten.

Die Tätigkeit des Joseph in Ägypten war ausschließlich eine organisatorisch-wirtschaftliche. Auf den Götter- und den Totenkult hatte sie keinen Einfluß, diese blieben rein ägyptisch. Das israelitische Volk hat die bildlose monotheistische Religion des Mondgottes Jahwe zur vollen, konsequenten Entwicklung gebracht, die in Joseph und seinen Vorfahren bereits veranlagt war. Die Ägypter ihrerseits haben eine bildliche Religion von zahlreichen und vielartigen Göttern entwickelt. Dagegen hat die Organisation der thebanischen Epoche Ägyptens unter Amun und der Mitwirkung des israelitischen Joseph eine zentralistische, dem Monotheismus vergleichbare Form erhalten. In dieser Tendenz lag es, daß in der Folge auch ein selbständiges Amunpriestertum mit seiner Machtentfaltung entstehen konnte, wodurch aber der Verfall des einseitig werdenden Mysterienwesens beschleunigt wurde. Im Elementarischen, im Reich der Mütter, dem Isisweg des Mysterienwesens, aus dem der Amun-Kult seinen Ursprung genommen hatte, lag alles, was in der Richtung der Entwicklung und Erkraftung des ägyptischen Volkstums lag, wodurch Amun zum thebanischen Volks- und Reichsgott wurde. So aber entstand der Gegensatz und die Spannung, die schließlich zur offenen Gegnerschaft führen sollte zwischen dem Kultzentrum des Amun in Theben und dem des Rê in Heliopolis. Es ist der Gegensatz eines Mysterienwesens, das einseitig nur dem Interesse des Volkstums dienen will und eines auf das Universelle gerichteten Mysterienwesens, das sich in den Dienst der Entwicklung der Menschheit stellt.

Die ägyptische Geschichte, welche mit der 18. Dynastie eine neue Wendung erhielt, ist die Geschichte der Erhöhung und Machtergreifung des ägyptischen Volkstums und als solche die eines eingreifenden Bewußtseinswandels, denn diese Erhöhung war begleitet mit einer Erstarkung des Selbstbewußtseins und all der Fähigkeiten, welche die Größe und den äußeren Glanz der ägyptischen Kultur, auch im Künstlerischen, insbesondere im kunsthandwerklichen Schaffen, ins Leben gerufen haben.

Die Pharaonen, welche diese Epoche begründeten und zur Entwicklung brachten, haben sich stets dahin ausgesprochen, daß sie Ausführende des Willens und der Gedanken des Amun seien, daß Amun ihnen die Kraft zu ihren Unternehmungen gebe, daß Amun Ägypten groß gemacht habe und über die Feinde desselben triumphieren lasse.

Die Gedenktafel, welche Thutmosis I. am Euphrat errichtete, war das erste Siegeszeichen für die beginnende Unterwerfung Asiens durch thebanische Pharaonen. Die Gebiete, in welche Thutmosis eingedrungen war, Syrien und Palästina, hatten eine vorwiegend semitische Bevölkerung. Es bestanden dort zahlreiche kleine Fürstentümer, die ihren Sitz in befestigten Städten hatten und vielfach in Kriege miteinander verwickelt waren. Ein größeres Reich war dasjenige von Kadesch am Orontes.

Mit den nördlichen Mittelmeerländern unterhielt Ägypten Handelsbeziehungen, wie schon in frühester Zeit mit den seefahrenden Phöniziern, dann diejenigen mit dem kretisch-mykenischen Kulturkreis, dessen Träger von den Ägyptern in Inschriften Keftiu genannt werden. Um 1800 entstand das Reich der nichtsemitischen Hethiter, und eine iranische Erobererergruppe drang um etwa 1500 an den oberen Euphrat vor und begründete dort die Dynastie der Mitanni-Könige. Damit ist in Kürze der Völkerraum außer den Babyloniern und Assyriern umrissen, welche in engerem Zusammenhang mit der Machtausbreitung der Ägypter standen.

Mit dem Königsnamen Thutmosis verbindet sich ein höchst bedeutender Abschnitt geschichtlicher und kultureller Vorgänge der 18. Dynastie und außerdem ein schwer zu durchschauender Streit um die Legitimität der Thronfolge, die in einem besonderen Abschnitt eine Darstellung finden soll.

Die geschichtlichen Ereignisse, welche Asien unterworfen und Ägypten eine Großmachtstellung errungen haben, sind verknüpft mit Thutmosis III., einem Nachfahren von Thutmosis I. Unter Thutmosis III. wurde zunächst Nubien bis zum vierten Katarakt unter ägyptische Oberherrschaft gebracht und von einem ägyptischen Gouverneur, der den Titel «König von Kusch» führte, verwaltet und kolonisiert. Die kriegerischen Großtaten des Thutmosis III. waren seine 17 Eroberungsfeldzüge in Asien, mit denen er diejenigen seiner Vorfahren weit überragte. Sein erster Feldzug galt der Wiedereroberung der mittlerweile unter der Führung des Königs von Kadesch abgefallenen syrischen Provinzen und Kleinkönige. Im April 1479 rückte er gegen den Berg Karmel vor, wo er den König von Kadesch besiegte mit der Eroberung der Festung Megiddo, welche die Straße von Ägypten nach dem Euphrat sperrte. In neun weiteren Feldzügen erkämpfte er sich ein Ziel, das keiner seiner Vorgänger erreicht hatte, er überschritt den Euphrat und setzte an dessen Ostufer seine Grenzsteine. Schließlich brach er in den letzten seiner 19 Jahre dauernden Feldzüge den endgültigen Widerstand der Hyksos durch die Eroberung der mächtigen Festung Kadesch. In den eroberten Gebieten richtete er eine Verwaltung ein und machte die besiegten Kleinkönige tributpflichtig. Sein Wesir Rechmerê charakterisiert diesen Begründer der ägyptischen Großmachtstellung dahin, «der König verstand, was immer geschah; es gab nichts, wofür er nicht den Weg wußte, er war Thoth in allem; keine Sache gab es, die er nicht zu Ende führte».

Ägypten hatte durch die Eroberungszüge des Thutmosis eine Weltmachtstellung erlangt. Die Gebiete, welche er nun beherrschte oder sich tributär machte, besaßen eine gewaltige Ausdehnung. Nach dem Bilde, das Ed.

Meyer davon gibt, erstreckte es sich über mehr als 18 Breitengrade; seiner Beschaffenheit nach, Nillauf zwischen zwei Wüsten und nur schmales Kulturland im Delta und in Syrien, war es ein Gebiet von einer ausschließlichen Längenausdehnung. Die Wegstrecke von Theben bis zum Euphrat betrug etwa 1800 km, von Theben bis Napata am vierten Katarakt etwa 1400 km. Theben lag demnach ungefähr in der Mitte.

Unermeßliche Reichtümer begannen nunmehr nach Theben zu strömen, die reichen Tribute aus den besiegten Ländern Asiens, die Erzeugnisse aus Punt, das Gold aus Nubien, das eine Hauptstütze Ägyptens als Eroberermacht war. Händler aus den Mittelmeerländern, Gesandtschaften aus den eroberten Gebieten erschienen in Theben, das nun die Größe und den Glanz einer damaligen Weltstadt entfaltete und von den Griechen wegen seiner Bauten das hunderttorige Theben genannt wurde. Der Tempelbezirk des Amun gestaltete sich durch die Bauten des Thutmosis und seiner Nachfolger zu einer Tempelstadt mit reichen Dotationen, Einkünften und Landbesitz. Die Priesterschaft des Amun wurde zunehmend ein Machtfaktor. Die Landschaft von Theben bis zu den westlichen Wüstenbergen erfuhr eine Umgestaltung, sie wurde ausgedehntes Kultgebiet, sie wurde Kultlandschaft. In Theben breitete sich der wachsende Tempelbezirk des Amun aus, in der Ebene westlich vom Nil, zwischen Theben und den Wüstenbergen, entstanden nach und nach die mächtigen Totentempel der Pharaonen der 18. und nachfolgenden Dynastien und in dem von den Wüstenbergen eingeschlossenen Tal der Könige, einem Ort grenzenloser Stille und einsamster Abgeschlossenheit, die Felsengräber der Pharaonen.

Thutmosis III. ließ seine Großtaten an den Wänden seiner Tempelbauten in zahlreichen Inschriften einmeißeln und in den Annalen die Tribute aufzeichnen. Welche Bedeutung der Unterwerfung Nubiens zugeschrieben wurde, geht daraus hervor, daß in Napata ein großer Amuntempel und eine Stadt entstand, die ein zweites Theben genannt wurde.

Thutmosis starb im März 1450 nach einer Regierungszeit von beinahe 54 Jahren, nachdem er noch vorher seinen Sohn Amenhotep II. zum Mitregenten angenommen hatte.

Ein Lobeshymnus auf die epochale Größe dieses Herrschers endet mit einer Ansprache des Amun an Thutmosis. Nicht dem heliopolitanischen Rê, dem thebanischen Reichs- und Volksgott wird darin zugeschrieben, was Thutmosis an Großtaten vollbracht hat. In diesem Hymnus wird u. a. gesagt:

> «Ich (Amun) bin gekommen und habe dir verliehen, die Fürsten von Zahi niederzuwerfen,
> Inmitten ihrer Berge habe ich sie dir zu Füßen geschleudert,
> Ich ließ sie deine Majestät schauen als einen Herrn des Glanzes,
> So daß du in ihr Antlitz schienest wie mein eigenes Bild.»

Dann ferner:

«Ich bin gekommen und habe dir verliehen, die äußersten Enden der
Welt niederzuwerfen –
Der Umkreis des Ozeans ist in deine Faust eingeschlossen.
Ich ließ sie deine Majestät schauen als den aufsteigenden Falken,
Der packt, was er erspäht, soviel er begehrt.»

Mit Thutmosis III. hatte das ägyptische Volkstum den Höhepunkt seiner Weltgeltung zu erreichen begonnen, und dieses Erreichnis wurde, wie dieser Hymnus bestätigt, dem Amun zugeschrieben.

Thutmosis und Hatschepsut

Die Thronfolge von Thutmosis I. bis zu der machtvollen Alleinherrschaft des Thutmosis III. war von Vorgängen begleitet, die einen Einblick nicht nur in die geltenden Prinzipien einer legitimen Thronfolge, sondern auch in die Untergründe, welche die einseitige Machtstellung des thebanischen Amun betreffen, gewähren können.

Diese Vorgänge haben nicht nur eine verschiedene Darstellung, sondern eine verschiedene Interpretation gefunden. Aus zwei einander bekämpfenden Interessengruppen oder Gruppen, die verschiedene Tendenzen verfolgten, ging eine Thronfolge von zwei bedeutenden Herrschergestalten hervor, Thutmosis III. und die Königin Hatschepsut.

Makerê-Hatschepsut war eine Tochter des Thutmosis I. und der Königin Ahmose, einer Nachfolgerin des thebanischen Geschlechtes, das die Hyksos vertrieben hatte. Thutmosis I. hatte noch zwei Söhne von anderen Gemahlinnen, den Sohn der Prinzessin Mutnofret, den späteren Thutmosis II., und den Sohn einer unbekannten Frau namens Isis, der spätere Thutmosis III. Als junger Prinz war Thutmosis III. «Gottesdiener» im Amuntempel von Theben. Seiner Geburt nach besaß er keinerlei Ansprüche auf den Königsthron. Hatschepsut war vermählt mit ihrem Stiefbruder Thutmosis II. Nach den bestehenden Anschauungen mußte ihr die legitime Thronfolge zufallen, da Thutmosis II. kinderlos starb.

Wie auch immer nach den verschiedenen Darstellungen die Ansprüche des Thutmosis III. auf den Thron waren, ob durch Bestimmung seines Vaters oder durch seine Vermählung mit Hatschepsut nach dem Tode des Thutmosis II., Tatsache ist, daß beide ihren Anspruch auf die Thronfolge dem ausdrücklichen Willen des Amun zugeschrieben haben und Thutmosis durch eine zeremonielle Veranstaltung unter Berufung auf Amun zum Thronfolger eingesetzt worden ist. Eine weitere Tatsache ist die, daß Hatschepsut entweder anstelle des jungen Thutmosis oder durch Zurückdrängen desselben für eine Zeitdauer von 22 Jahren ebenfalls unter Berufung auf Amun als Alleinherrscherin den Pharaonenthron besetzt hielt. Erst nach ihrem Tode konnte Thutmosis den Thron einnehmen und mit einem offensichtlich bis dahin mächtig angesammelten und gestauten Willenseinsatz sein Lebenswerk, die Weltstellung Ägyptens, schaffen. Außer Frage steht, daß zwischen Thutmosis und Hatschepsut tiefgehende Gegensätze und Spannungen bestanden haben, wie aus der gründlich durchgeführten Vernichtung ihrer Herrscherzeichen (Kartuschen) durch Thutmosis hervorgeht.

Gegen solche Interpretationen über die widerspruchsvollen Vorgänge bei dieser Thronfolge, welche darin nur Machtpolitik von der einen oder andern Seite sehen wollen, wendet sich mit Recht Eberhard Otto mit den Worten: «Wir berauben uns selbst des Verständnisses für die Dramatik und Realität der Spannungen, wenn wir in derartigen Fiktionen nur einen plumpen Trick der Prätendenten oder der Amunpriesterschaft sehen wollen.» Es wird mit diesen Worten nichts festgelegt, sondern alle Möglichkeiten offen gehalten.

Hatschepsut nahm als Alleinherrscherin die Pharaonentitulatur an. Sie nannte sich König von Ober- und Unterägypten, ließ sich im vollen Königsornat mit den üblichen Insignien, auch mit dem Kinnbart darstellen und im Zeremonial als Mann ansprechen. Mit zwei Unternehmungen hat diese Herrscherin ihrer Regierungszeit Größe und Glanz gegeben und ihren Namen berühmt gemacht, mit der Fahrt nach Punt und ihrem Terrassentempel in Der-el-Bahri.

Die Expedition nach Punt nahm die Königin nach langem Unterbruch «auf Geheiß des Amun», wie sie sagte, wieder auf, nachdem die Produkte dieses Landes auf dem Wege des Zwischenhandels nach Ägypten gekommen waren. Sie ließ fünf große Segelschiffe bemannen und außer den Tauschwaren ihre Statue, zwischen zwei Göttern stehend, mitnehmen, um sie in Punt, dem «Lande der Götter», wie es auch genannt wurde, aufstellen zu lassen. Neben einer Ladung von Myrthenbäumen für den Terrassentempel brachten ihre Schiffe die Erzeugnisse von Punt, kostbare Hölzer, Harze und andere Spezereien, aber auch Gold mit.

Der Terrassentempel der Hatschepsut, welcher unter der Leitung ihres Ratgebers Semnut gebaut wurde, unterscheidet sich grundlegend von den bisherigen Tempelbauten. Diese sind in ihrer Achsenführung in die Tiefe gehende Tempelanlagen. Der Bau der Hatschepsut steigt in drei Terrassen über eine mittlere Rampe empor und erhält mit seinen offenen Säulenhallen, die den Ausblick in die Weiten der thebanischen Nillandschaft gewähren, den ausgesprochenen Charakter eines auf Breitendimension angelegten Tempelbaues. In einer dieser Säulenhallen, der sog. Geburtshalle, ließ die Königin in Reliefs ihre Geburt als «Leiblicher Sohn des Rê» und daher als Knabe darstellen. Die Inschriften, die sie einmeißeln ließ, besagen, daß sie schon bei ihrer Geburt durch Amun zur Herrschaft berufen worden sei und ihr Vater sie zur Thronfolge bestimmt habe.

Die Terrassen ließ Hatschepsut mit den Myrthenbäumen aus Punt bepflanzen und vom Nil her bewässern. Sie nannte diese Terrassen den «Lustgarten ihres Vaters Amun» und sagt in einer Inschrift: «Ich habe ihm ein Punt gemacht in seinem Garten, wie er es mir befohlen hatte... es ist groß genug für ihn, um sich darin zu ergehen.»

Nach fünfzehnjähriger Regierung feierte sie das Sedfest, und bei dieser Gelegenheit ließ sie im Tempel des Amun zu beiden Seiten eines von ihr errichteten Pylon zwei mächtige, 29½ m hohe Obelisken aufstellen. Eine Inschrift darüber sagte aus, daß unter der Leitung des Semnut die gewaltigen Monolithen binnen sieben Monaten in den Steinbrüchen von Syene gebrochen und auf einem zu diesem Zwecke gebauten Transportschiff nach Theben gebracht worden seien.

Nach einundzwanzigjähriger Alleinherrschaft ist diese in der Geschichte Ägyptens einzigartige Königin, ohne daß etwas über ihren Tod bekannt geworden ist, gestorben. Ihr Grab, das aufgefunden wurde, hatte sie nach dem Vorbild ihres Vaters von ihrem Bau getrennt und in dessen Nähe anlegen lassen. Darauf nahm sogleich Thutmosis III. den Pharaonenthron ein.

Die Thronfolge nach dem Tode oder anscheinend noch zu Lebzeiten des Thutmosis I., an welcher drei Herrschergestalten, Thutmosis II. mit einer etwa dreijährigen Regierung, beteiligt waren, entzieht sich in ihrem wahren Verlauf einem klar durchschaubaren geschichtlichen Sachverhalt. Auch zu andern Zeiten hat es bei Gelegenheit von Thronfolgen Schwankungen und Erschütterungen gegeben, die dann ins Gleichgewicht gebracht worden sind. Was sich aber bei dieser Thronfolge zwischen Hatschepsut und Thutmosis zugetragen hat, steht in der Geschichte Ägyptens ohne Beispiel da. Die äußeren Spuren dieser Vorgänge lassen sich verfolgen an der gegenseitigen Austilgung der Herrschernamen der beteiligten Partner, von der eine Studie Sethes über das Hatschepsut-Problem weitgehende Aufschlüsse über deren Umfang gibt.

In der nicht zu entwirrenden äußeren Geschichte dieser Thronfolge steht eines fest, Hatschepsut vermochte die ihre bis zu ihrem Tode in denkwürdiger Weise zu behaupten und ihren Gegenspieler Thutmosis, der doch zum Thronfolger unter Berufung auf Amun erhoben worden war, im Hintergrund zu halten. Thutmosis blieb während ihrer Regierungszeit eine völlig anonyme Gestalt. Womit und wo mag dieser hochbegabte, willensgeladene Mann, der ursprünglich ein Tempelpriester niederen Grades war, diese Zeit verbracht haben? Sein erstes war, als er an die Herrschaft kam, den Herrschernamen seiner großen Vorgängerin auf ihren Denkmälern im ganzen Lande auszulöschen. Es kann dabei auffallen, daß er nur ihren Herrschernamen austilgen, die Darstellung ihrer Geburt und Berufung in der Säulenhalle ihres Tempels stehen ließ, wogegen auf seinen Befehl ihre Inschriften auf den Sockeln ihrer Obelisken vor dem Amuntempel nicht ausgetilgt, aber, um sie dem Anblick zu entziehen, die Sockel ummauert wurden. Der Name wurde ausgelöscht, das Werk, das die Erinnerung lebendig erhielt, blieb unangetastet.

Bekanntlich sind ägyptische Obelisken nach Europa verschickt und solche auch in Rom ausgestellt worden. Goethe berichtet in seiner Italienischen Reise von einem solchen, der auf dem Platze Monte Citorio aufgestellt wurde, und bemerkt dazu: «Merkwürdig war es, als wir neben der sonst in die Luft gerichteten Spitze standen, auf den Zuschärfungen derselben (dem Pyramidion) Sphinx nach Sphinxen auf das zierlichste abgebildet zu sehen, früher keinem menschlichen Auge, sondern nur den Strahlen der Sonne erreichbar. Hier tritt der Fall ein, daß das Gottesdienstliche der Kunst nicht auf einen Effekt berechnet ist, den er auf den menschlichen Anblick machen soll.» Goethe sah den Obelisken, als er noch vor seiner Aufstellung am Boden lag.

Mit dem im Königsring eingeschlossenen Herrschernamen (Kartusche) verhält es sich so, daß ihm eine sakrale Eigenschaft und damit eine wirkende Kraft zukam. Wer als Pharao seinen Herrschernamen im Königsring auf ein Denkmal setzen ließ, bekundete damit seine sakrale Berufung auf den Thron. Wenn aber, wie im Falle von Thutmosis und Hatschepsut, zwei Herrscher unter Berufung auf Amun Anspruch auf den Thron erhoben, so konnte der sakrale Anspruch nur für den gelten, der als Alleinherrscher den Thron einnahm. Für den andern, der aus irgendwelchen Gründen zurückstehen mußte oder verdrängt wurde, galt der sakrale Königsname nicht und mußte, weil er seine Bedeutung, seine sakrale Wirklichkeit verloren hatte, gelöscht werden.

Bereits Thutmosis I. fiel der Anspruch auf den Königsthron nur durch seine Vermählung mit Ahmose, deren Ahnen die großen thebanischen Geschlechter waren, zu. Hatschepsut besaß den Anspruch auf den Thron, da der nachmalige Thutmosis III. geringer Herkunft war. Auch als er zum Thronfolger unter Berufung auf den Willen Amuns eingesetzt wurde, behauptete Hatschepsut das Ahnenrecht und das der Maternität für ihre Thronfolge. So kam durch die geltenden dynastischen Prinzipien eine Frau, die entschlossenen Willens war, diese zu vertreten und zu hüten, auf den Pharaonenthron. Hinter ihr stand, wenn auch verborgen, die Macht derer, welche die Hüter des Isisdienstes, der Macht und des Ansehens der ägyptischen Volksseele waren.

Mit Hatschepsut kam eine Frau auf den Pharaonenthron als königliche Verkörperung der ägyptischen Volksseele, der Isis. Sie hat dann als Alleinherrscherin das dynastische Prinzip streng gewahrt. Heutiger Anschauung mag es lächerlich erscheinen, daß sie sich als Knabe geboren darstellen und im Hofzeremonial als Mann ansprechen ließ. Für ägyptische Anschauung war das dynastische Prinzip solarer, d. h. männlicher Natur, womit nicht das Geschlecht, sondern das Sonnengöttliche gemeint war, daher die Titulatur, auch der Hatschepsut, «Leiblicher Sohn des Rê». Das Königs- und Eingeweihtenornat mit dem Diadem, dem Kinnbart und auf gelegentlichen Darstellungen mit dem Tierschwanz trug sie als streng gehütete Tradition der Pharaonentracht. Verborgene Ratgeber hatte sie an der Isispriesterschaft Thebens und als sichtbaren Rater, Helfer und Beauftragten den Semnut.

Hatschepsut hat sich aber in allen ihren Entschlüssen nicht auf die Isis, sondern auf Amun berufen. Amun hat sie zur Herrscherin bestimmt. Seinen Willen ausführend, hat sie die berühmte Fahrt nach Punt gemacht, den Terrassentempel gebaut und für ihren «Vater» den Lustgarten gepflanzt, die mächtigen Obelisken am Tempeltor gesetzt.

Amun wurde, was aus allen bisherigen Ausführungen über ihn hervorgeht, dasjenige Göttliche, das sich im Eigenleben der Seele manifestierte und inspirierend tätig war, wenn sie sich dem gedanklichen Leben hingab, einem Gedanklichen, das mit dem Leben und Weben des Elementarischen in der Natur als verwandt empfunden wurde. Wer eine Art Isis-Einweihung durchgemacht hatte oder sonst auf lehrhafte Art mit dem Mysterienwesen der Isis vertraut war, konnte als elementarisches Erlebnis empfinden, daß die Kraft, welche in der Natur keimt und sproßt, dieselbe ist, welche in der menschlichen Seele als ihr gedankliches Verhalten keimt und sproßt und Wille wird. Eben dieses wollte Hatschepsut ausdrücken, indem sie ihrem Vater Amun einen Lustgarten pflanzte. Amun war ja einer der acht Urgötter von Hermopolis, die den Elementarreichen, dem Reiche der Mütter, im ägyptischen Sinne der Isis angehören. Alles, was die thebanische Epoche groß und bedeutend gemacht hat, beruht darauf, daß alle Kräfte der Volksseele in den Dienst des Amun gestellt worden sind. Der Terrassenbau der Hatschepsut in seiner von den üblichen Tempeln abweichenden Anlage spricht durch seine Breitendimension, seine offenen Säulenhallen, seinem Gesamteindruck in der Landschaft ganz unverkennbar das Eine aus: Die Isis-Seele der Königin hat diesen Terrassenbau gewollt und erstehen lassen.

Auch Thutmosis hat sich wie Hatschepsut bei seiner Thronfolge auf Amun berufen und in seinem Auftrage Asien erobert und die Weltmachtstellung Ägyptens begründet. Beide, Thutmosis und Hatschepsut, dienten trotz ihrer Gegensätze, ja ihrer Gegnerschaft, wenn auch auf verschiedenen Wegen und mit verschiedenen Mitteln, dem ägyptischen Volkstum, der ägyptischen Volksseele. Hatschepsut führte keine Eroberungskriege. Sie erstrebte nichts anderes als die friedliche Pflege und das Bewahren der Volksseelenkräfte. Thutmosis erstrebte mehr und anderes, er wollte dem Volkstum Ägyptens Macht und Bedeutung in der damaligen Welt verschaffen und hat es erreicht. Ägypten wurde von den Völkern am Mittelmeer und in Asien mehr als je bewundert und gefürchtet. Von Hatschepsut in seiner elementarischen Willensentfaltung gehemmt und weitumfassende Ziele verfolgend, hat er, als er nach ihrem Tode den Pharaonenthron einnahm, ihre Hoheitszeichen, das Zeichen des sakralen dynastischen Prinzipes, und nur dieses, auslöschen lassen. Wieviel oder welcher Art seine persönlichen Emotionen dabei beteiligt waren, mag dahingestellt bleiben. Thutmosis III. hat nicht das Lebenswerk der ihm blutsverwandten Hatschepsut zerstört, er hat durch die

Austilgung ihres Herrschernamens ihre dynastische Sakralität löschen lassen, um sie durch die seine zu ersetzen.

Aus den Vorgängen, welche sich bei dieser Thronfolge zugetragen haben, wird trotz der bestehenden Undurchsichtigkeiten Eines ersichtlich: der fortschreitende Verfall des thebanischen Mysterienwesens. Er wird sichtbar in der zunehmenden Gegensätzlichkeit, ja Gegnerschaft zwischen Theben und Heliopolis, zwischen den universellen Führungsprinzipien und denen, welche nur auf die Größe des Volkstums gerichtet waren. Hier aber stellt sich die Frage, ob es in der Aufgabe, welche die ägyptische Kultur erfüllen sollte, überhaupt gelegen hat, das ägyptische Volkstum zur Weltstellung emporzuführen oder ob damit eine nicht in dessen Berufung gelegene Richtung eingeschlagen worden ist. Die Mittel, mit denen diese Herrschaft errungen worden ist, fremde Söldner und nubisches Gold, waren nicht ägyptisch.

Die Nachfolger des Thutmosis III.

Thutmosis III. hatte gegen das Ende seines Lebens seinen Sohn Amenhotep zum Mitregenten erhoben. Als der Besieger Asiens durch den Tod vom geschichtlichen Schauplatz abgetreten war, brach sogleich eine Empörung unter den tributpflichtigen Ländern aus. Das Land der Flüsse, Naharina, und die Mitanni widersetzten sich der ägyptischen Herrschaft. Amenhotep brach 1449 mit seinem Heer nach Asien auf, besiegte die Fürsten von Naharina, ebenso die Mitanni, überschritt den Euphrat und ließ dort, wie seine Vorfahren, eine Grenztafel setzen. Mit ungeheurer Siegesbeute und zahlreichen gefangenen Fürsten kehrte er im Triumph nach Ägypten zurück. Darnach ließ er einen Zug nach Nubien unternehmen und dort neuerdings Grenzsteine setzen.

Amenhotep II. muß eine ungewöhnliche Körperkraft besessen haben. In seinen Inschriften bemerkt er, daß niemand außer ihm seinen Bogen, der sich auch in seinem Grabe befand, spannen könne. Wie sein Vater hat er nach vorliegenden Berichten sein Heer persönlich geführt und im vordersten Treffen gekämpft. Er starb 1420 v. Chr. nach einer Regierung von 26 Jahren, über die sonst wenig bekannt ist. Auch über seinen Sohn und Nachfolger Thutmosis IV., der schon in jungen Jahren gestorben ist, liegen wenig Berichte vor. Thutmosis IV. ist derjenige Pharao, welcher mit dem Mitanni-König Artatama ein Freundschaftsbündnis schloß und dessen Tochter zur Gemahlin erhielt. Er hat einen Zug nach Asien unternommen und in Nubien einen Aufstand unterdrückt. In Theben ließ er den von seinem Großvater unvollendet gelassenen Obelisken, den größten von Theben, mit einer Höhe von 34 m vollenden. Er steht heute vor dem Lateran in Rom.

So unbedeutend die Regierungszeit des jung verstorbenen Thutmosis IV. an äußeren Taten gegenüber seinen Vorfahren auch erscheinen mag, er hat nur acht Jahre regiert, so bedeutend erscheint er von anderer Seite her.

Nach einem einige Jahrhunderte später aufgetauchten Bericht habe sich Thutmosis als junger Prinz, von einer Jagd übermüdet, in der Nähe der Pyramiden zur Mittagszeit im Schatten der großen Sphinx in den Wüstensand zur Rast niedergelegt. Im Traume erschien ihm der Sonnengott Rê-Harmachis, als dessen Abbild die Sphinx galt, und forderte ihn auf, diese vom Wüstensand freizulegen, wofür ihm der Sonnengott die Thronfolge versprach. Auf einer Granitstele, die sich zwischen den Pranken der Sphinx befindet, wurde später dieses Traumerlebnis des königlichen Prinzen aufgezeichnet.

Auch diese Thronfolge war begleitet von einer Götterberufung, wenn auch in anderer Weise als diejenige des Thutmosis und der Hatschepsut. Der Bericht über das Erlebnis des Thutmosis wird sinnlos, wenn er als eine natürliche Begebenheit angesehen wird. Ein königlicher Prinz legte sich nicht entgegen aller Hofetikette im Wüstensande zum Mittagsschlaf nieder. Thutmosis träumte den Sphinxtraum im Zustande einer Entrückung. Der Sphinxtraum war ein in Ägypten wohlbekanntes Einweihungserlebnis, das viele Pharaonen gehabt haben und sich daher auch als Sphinx darstellen ließen. Wer das Sphinxerlebnis in Wirklichkeit durchgemacht hat, dessen geistiger Blick war in einer traumhaften Rückschau in die kosmische Vergangenheit zurückgetaucht und hatte erfahren, wie die menschliche Gestalt in ihrer Bildung aus dem Sonnenall entstanden ist. Es bestand in den führenden Kreisen von Ägypten die Anschauung, daß derjenige, der als Pharao über Menschen herrsche, auch eine Erkenntnis besitzen müsse, wie der Mensch aus dem Geistig-Göttlichen des Alls hervorgegangen sei.

Der Sphinxtraum des Thutmosis gewinnt seine besondere Bedeutung durch die Zeitlage und in Verbindung mit der Thronfolge. Thutmosis III. und Hatschepsut haben sich auf Amun berufen. Als Herrscher haben sie beide ausschließlich das Ansehen und die Stellung des ägyptischen Volkstums im Auge gehabt und diesem mit ihren besonderen Fähigkeiten gedient. Die Thronfolge des Thutmosis IV. stand nicht unter der Inspiration des Amun von Theben, sondern unter derjenigen des Rê-Harmachis von Heliopolis. Es standen bei diesen Thronfolgen in Wirklichkeit universelle Führungsprinzipien und die diesen untergeordneten Prinzipien des Volkstums einander gegenüber. Der Sphinxtraum des Thutmosis IV. ist außer der Sphinxbegegnung die Berufung für eine Thronfolge, die die Aufgabe hatte, gegenüber der wachsenden Macht der thebanischen Amunpriesterschaft, deren Oberhaupt anscheinend zugleich Wesir war, die übergeordneten universellen Prinzipien zur Geltung zu bringen. Dem thebanischen Machtstreben stand nicht ein machtstrebendes Heliopolis gegenüber, sondern eine Welterkenntnis mit der Vorschau, daß ohne universelle Führung Ägypten immer mehr in den Verfall der typhonischen Mächte gleiten werde.

Nach der Inschrift auf der Granittafel vor der Sphinx hat Thutmosis die Thronfolge unter heliopolitanischer Titulatur «Sohn des Atum und Schützer des Horachte, der Heliopolis reinigt und Rê beschenkt» angetreten. Demnach wollte er sie mit den seit der Vorzeit bestehenden universellen Prinzipien von Heliopolis verknüpft haben. Ein kosmopolitischer Akt war auch seine Vermählung mit der Tochter des Königs von Mitanni. Es vermählte sich damit nach damaliger Auffassung Land mit Land, Ägypten mit Asien, aber dieses als untergeordnetes Land, als Provinz. Als ein babylonischer König unter dem Nachfolger des Thutmosis eine ägyptische Prinzessin zur Gemahlin haben wollte, wurde ihm gesagt, von alters her sei niemals eine ägyptische Königstochter einem fremden Fürsten zur Gemahlin gegeben worden. Die kulturelle Suprematie Ägyptens kommt hier auch in dieser Beziehung zum Ausdruck.

Die Regierung des Thutmosis IV. erscheint somit von zwei Seiten her bemerkenswert, weil in ihnen die Keime für die nachfolgenden umwälzenden Ereignisse zu finden sind, seine Thronfolge unter Beteiligung von Heliopolis und die engere Verbindung mit Mitanni.

Über die Thronfolge des Amenhotep III., des Sohnes von Thutmosis IV., ist nichts Näheres bekannt. Es liegt weder eine Berufung auf Amun noch auf Rê-Horachte vor. Nach Weigalls Darstellung war die Mitanniprinzessin unter dem Namen Mutemua, der durch Denkmale bezeugt ist, die Mutter dieses Königs. Wenn dieses zutrifft (neuere Forschungen stellen die Ehe des Thutmosis mit der Mitanniprinzessin in Frage), dann läge bei diesem Herrscher eine Mischung von ägyptischem mit iranischem Blute vor, da die Mitanni iranischer Herkunft waren.

Amenhotep III. vermählte sich schon als Kronprinz mit einer Frau namens Teje, die, nachdem Amenhotep auf den Thron gekommen war, einen großen Einfluß gewann, denn ihr Name als königliche Gemahlin erschien neben dem des Pharao auf den königlichen Urkunden. Anläßlich der Vermählungsfeier mit Teje ließ Amenhotep eine Anzahl steinerner Skarabäen anfertigen, auf denen er die Vermählung aufzeichnen ließ. Nach der kultischen Bedeutung, die dem Skarabäus in Leben und Tod gegeben wurde, muß diese Eheschließung eine innerste Herzens- und Schicksalsangelegenheit für diesen Herrscher gewesen sein und war das Vorspiel zu der auszeichnenden Stellung, die Teje dann als königliche Gemahlin eingenommen hat.

Die Eltern der Teje hießen Yuaa und Tuau. Ihrer Ehe entstammten zwei Kinder, ein Sohn und die Tochter Teje. Unter Thutmosis IV. befanden sich beide Eltern in bevorzugten Stellungen an dessen Hof, Yuaa in der Stellung eines Propheten des Gottes Min, dem Mondgott der Generationskräfte, dessen Hauptkultstätte Koptos in Oberägypten war. Als Prophet mag er auch Horoskopsteller am Hofe gewesen sein. Nach den Grabinschriften stand er bei Thutmosis und seiner Gemahlin in hoher Gunst.

Als Amenhotep als Zwölfjähriger auf den Thron kam, regierte zunächst seine Mutter Mutemua an seiner Stelle. Und hier liegt ein Grund des Zweifels vor, ob Mutemua identisch sei mit der mitannischen Prinzessin, die den ägyptischen Namen Mut-em-wija trug. Yuaa gehörte zu den Beratern der Königinmutter, und so mag es naheliegend erscheinen, daß die Verbindung des Amenhotep mit Teje durch den Rat des Yuaa zustande gekommen ist. Auf jeden Fall kann es als bedeutsam gelten, daß die Schicksalsfäden und menschlichen Beziehungen von Thutmosis IV. über das Elternpaar der Teje sich verknüpft haben mit Echnaton, dem Sohn des Amenhotep. Die Eltern der Teje sind als Angehörige der Königsfamilie in einem reich ausgestatteten Felsengrabe im Tal der Könige bestattet worden.

In seinem zehnten Regierungsjahre vermählte sich Amenhotep mit der Tochter des Mitannikönigs Schutarna, Sohn des Artatama, namens Giluchipia. Auch bei Anlaß dieser Vermählung ließ der König wiederum steinerne Skarabäen anfertigen. Die Königstochter von Mitanni erschien nach den Berichten in Begleitung von 317 Frauen und Dienerinnen. Ob Giluchipia dem Amenhotep Kinder geboren hat, ist nicht bekannt. Teje blieb nach wie vor mitregierende königliche Gemahlin, Giluchipia dagegen trat völlig in den Hintergrund.

Die vielfach geäußerte Ansicht, daß mit dem Erscheinen asiatischer Königstöchter orientalische Kulte, wie etwa der Adonis-Kult, in Ägypten Eingang gefunden haben, dürfte schwerlich zutreffen. Ägypten blieb in kultischer Hinsicht, jedenfalls vor der Verfallszeit, immer Ägypten. Die Tradition und die tief eingewurzelten Kultordnungen bildeten einen nicht zu durchbrechenden Damm gegen nichtägyptische Kulte.

Die Verbindung mit der Mitannitochter war auch für Amenhotep eine Handlung von kosmopolitischer Bedeutung, die den mächtig erweiterten Grenzen des Landes entsprach, denn er war ein Herrscher von kosmopolitischem Format. Amenhotep war kein Eroberer wie Thutmosis III., Kriege hat er nicht geführt, mit Ausnahme eines Zuges nach Nubien, um dort ausgebrochenen Unruhen ein Ende zu machen.

Aus der Regierungszeit des Amenhotep III. und derjenigen seines Nachfolgers stammen die berühmten Amarna-Briefe, 300 in babylonischer Keilschrift geschriebene Dokumente über den Verkehr dieser Pharaonen mit den Königen von Syrien, Palästina, Babylon, Ninive und Mitanni. Diese Briefe sind ein Zeugnis, in welch hohem Ansehen Amenhotep und Ägypten in diesen Ländern gestanden hat. In einem solchen Brief des Mitannikönigs Tuschratta an Amenhotep bildet außer der Beteuerung der gegenseitigen Freundschaft der Goldreichtum Ägyptens und der Goldhunger des Mitannikönigs den Hauptgegenstand. Tuschratta schrieb u. a.: «Mein Bruder möge mir zehnmal soviel zuteil werden lassen wie meinem Vater... mehr als meinen Vater möge mein Bruder mich bereichern und zusenden... So möge mein Bruder mir sehr viel Gold senden, unzählbar viel möge mein Bruder mir senden, mein Bruder möge mir mehr Gold senden als meinem Vater. Gibt es doch in dem Lande meines Bruders soviel Gold wie Sand.»

Was auch immer den Inhalt dieser Briefe zwischen Ägypten und Asien gebildet hat, in diesem Dokument erscheint die Macht des ägyptischen Goldes in seinem verführerischen Glanze.

In diesem Reiche, das durch die Tribute und Goldminen Nubiens über unermeßliche Mittel verfügte, war Amenhotep III. uneingeschränkter Alleinherrscher. In seiner Hand und unter seiner Führung wurden die Machtmittel, über die er verfügte, zu einem Instrument, auf dem er souverän spielte. Er war kein Herrscher, der, wie Thutmosis III., im Namen des Amun Ägypten Weltgeltung verschaffen wollte, im Gegenteil, seinem Namen diente diese Weltstellung. Ungeheure Mittel stellte er seinen Baumeistern für Tempelbauten zur Verfügung. Im Tempelbezirk des Amun in Theben haben seine Baumeister architektonische Schöpfungen zustande gebracht, die an Größe, an Vollendung des ägyptischen Tempelstiles, an Reichtum des Wandschmuckes alles bisherige übertrafen. Vor dem großen Tempel in Theben ließ er, wie seine Vorfahren, seine Obelisken und Kolossalstatuen aufstellen. Mit Gärten und einer Prozessionsstraße, von Amun-Widdern flankiert, ließ er den Amun-Tempel in Theben mit dem Tempel von Opet (Luxor) verbinden, auf welcher sich die Landprozession, welche die auf den Nilschiffen mit der reich geschmückten Barke des Amun begleitete, bewegte. Für seine Gemahlin Teje ließ er neben seinem Palaste einen Garten mit einem künstlichen See anlegen, auf den er sich bei Gelegenheit rauschender Feste mit ihr auf der Königsbarke hinausrudern ließ.

Das größte und an aufgewendeten Mitteln reichste Bauwerk war sein Totentempel in der thebanischen Ebene, von dem außer den beiden Kolossalstatuen des Königs, welche zu beiden Seiten des Tempeleinganges mit einer Höhe von 21 m errichtet waren, nichts erhalten geblieben ist. Die Griechen nannten diese Bildwerke die Memnonsäulen, von denen berichtet wurde, daß sie jeden Morgen beim Sonnenaufgang ertönten.

Von welcher Seite her auch immer diese königliche Erscheinung und durch keinerlei Bindungen eingeschränkte Alleinherrschaft des Amenhotep III. betrachtet werden mag, sind es kosmopolitische Aspekte, welche seine Regierung bestimmt haben. Amenhotep nannte sich auch «Wiederhersteller der Gesetze». Für seine Unabhängigkeit und Selbständigkeit gegenüber Amun und der Amunpriesterschaft spricht der Umstand, daß er nach dem Tode des Hohenpriesters des Amun, Ptahmose, der zugleich sein Wesir war, nicht dessen Nachfolger zum Wesir berief, sondern eine Persönlichkeit aus seiner nächsten Umgebung, den Ramose. Damit hatte er das höchste Amt des Reiches der Amunpriesterschaft entzogen. Die beiden Sitzstatuen am Portal seines Totentempels, die beim Aufgang der Sonne den Sonnenton erklingen ließen, sprechen mehr und umfassender, als Worte aus dem Munde dieses Herrschers es tun konnten, wie sehr dessen Wesen dem universell gerichteten Geiste von Heliopolis zugewandt war.

Unter seinen Ratern und als sein Oberbaumeister wird «Amenhotep,

Sohn des Hapi» genannt. Nach dem Wortgebrauch kann sich diese Sohnesschaft nicht auf eine Blutsfolge, sondern auf Hapi, einen der vier Söhne des Horus, beziehen. Demnach wäre dieser Ratgeber ein Weiser gewesen, der die Fülle der Elementarweisheit besessen hat, welche der dritten Sothisperiode eigen war, und von ihr erleuchtet worden ist. Die Griechen haben die Weisheit dieses Sohnes des Hapi unter den Sprichwörtern der sieben Weisen bewahrt.

Unter Amenhotep III. hat sich gegen das Ende der dritten Sothisperiode wiederholt, was im Anfang derselben in der 3. Dynastie der Fall war. Zoser hatte wie Amenhotep einen Ratgeber und Oberbaumeister, den Imhotep, an seiner Seite, und beide, Imhotep und Amenhotep, Sohn des Hapi, sind nachmals zu den Göttern erhoben worden.

Theben wurde zur Zeit des Amenhotep III. zu einer Hauptstadt der Welt, zu einem kosmopolitischen Zentrum. In Theben erschienen im Empfangssaal des Pharao die Gesandten und Boten aus den Ländern Asiens. Im Schatzhaus wurden die unermeßlichen Tribute auf Listen eingetragen. Die phönizischen Händler brachten auf ihren Schiffen die Erzeugnisse der Mittelmeerländer und Asiens nach Theben. Das ägyptische Kunsthandwerk erreichte seine höchste und reichste Entfaltung. Die Handwerker bildeten einen eigenen Stand.

Die ganze Lebensführung der Ägypter nahm neue Formen an. Die frühere Einfachheit ging in Üppigkeit und Luxus über. Kleidertracht und Haartracht änderten sich, wurden reicher, anspruchsvoller, modischer. Festlichkeiten, Tanz und Musik gaben, wie aus den Wandbildern zu ersehen ist, dem gesellschaftlichen Leben Thebens den Glanz, aber auch die Anzeichen eines in die Dekadenz gleitenden Zeitalters.

Diesem farbenprächtigen und monumentalen Bild, dem Bilde eines mächtigen, weithin in der Welt wirkenden Machtzentrums, welches das Ägypten der 18. Dynastie in seiner höchsten und persönlichen Steigerung durch Amenhotep III. darbot, stand ein anderes Bild entgegen. Während in der thebanischen Metropole die Wogen des Lebens dahinfluteten, nahm in der anwachsenden thebanischen Nekropole der Totenkult durch das Totenritual verstärkte und eindrücklichere Formen an. Das Totenbuch, dessen Anfang noch in die 12. Dynastie zurückgeht, erhielt die neuen Inhalte, welche bereits in Abschnitt XIII über den osirianischen Totenkult dargelegt worden sind. Die Schrecknisse der Unterwelt und die Gefahren, die den Toten bedrohen, wurden, als würde ein Vorhang weggezogen, enthüllt. Sie waren niedergelegt in dem Buche «Amduat». Das mächtige Bild des Totengerichtes und die Bilder der Strafe für menschliches Vergehen bedeckten in Inschriften und bildlichen Darstellungen die Wände der Kammern und Gänge der Felsengräber.

Wie mächtig, wie nachwirkend diese Welt war, läßt sich bis in die christliche Welt hinein verfolgen, wo im römischen Christentum die Gestalt des richterlichen, des Christus als Weltenrichter erscheint und Dante das Inferno, die Läuterung der Seelen und ihren Aufstieg ins Paradies in mächtigen Bildern dichtete.

Dem ägyptischen Weltreiche war eine kurzfristige Dauer gesetzt, aber universell in nachfolgenden Zeitaltern haben sich die Inhalte und Bilder des Totenbuches ausgewirkt.

Durch Amun und durch das Gold war die thebanische Metropole groß und mächtig geworden, und in seinen Nekropolen wurde das Gold auch den Toten ins Grab mitgegeben.

Amenhotep III. hat durch die seinem Totentempel vorgesetzten Statuen das Geheimnis des Sonnentones erklingen lassen. Sein Sohn Amenhotep IV., Echnaton, hat dem Sonnenton das Sonnenwort hinzugefügt als ein Auftrag, für den er sein Leben einsetzte.

XX

ECHNATON

Echnaton ist eine weltgeschichtliche Gestalt. Wo immer von Exponenten bedeutender weltgeschichtlicher Ereignisse die Rede ist, wird sein Name genannt. In der Geschichte der ägyptischen Pharaonen steht er als eine Königsgestalt da, welche das größte und kühnste Wagnis vollbracht hat, das ehemals von einem Pharao unternommen worden ist. Er führte die Verehrung eines einzigen, allumfassenden Gottes ein, nachdem seit Jahrtausenden eine große Zahl von Haupt- und Lokalgottheiten im ganzen Lande verehrt worden waren. Er brach mit einer uralt heiligen Tradition, nach welcher viele Götter verehrt wurden, zugunsten einer Verkündigung und Anbetung eines einzigen Gottes, des Rê-Horachte oder Aton.

Zugleich ist Echnaton derjenige Pharao einer langen Kette von königlichen Vorfahren bis hinauf zu Menes, der dem menschlichen Begreifen am nächsten steht. Die Vermenschlichung des Pharaonentums bei voller Bewahrung dessen hoher Würde ist eine andere Seite Echnatons. Trotzdem erscheint er als eine Persönlichkeit, deren Betrachtung vor Rätsel stellt.

Amenhotep IV. oder Echnaton ging aus einer Ahnenreihe hervor, die mit dem starren Festhalten an dem Prinzip der Maternität gebrochen hatte. Er war kein reinblütiger Ägypter, er war ein Mischling und dieses sowohl der väterlichen wie möglicherweise auch der mütterlichen Abstammungslinie nach. Seine Großmutter, die Gemahlin von Thutmosis IV., war eine Tochter des Mitannikönigs, seine Mutter Teje die Tochter des Yuaa, des Propheten des Min, von dem nicht sicher bekannt ist, ob er asiatischer oder ägyptischer Abstammung war. Manche Forscher sehen in Teje einen asiatischen Frauentypus. Wie dem auch sei, von väterlicher Seite her liegt eine ägyptisch-asiatische Blutsmischung vor.

Amenhotep IV. war ein spät geborenes Kind einer jung geschlossenen Ehe. Nach der Geburt von mehreren Töchtern kam der ersehnte Thronfolger erst nach fünfundzwanzigjähriger Ehe zur Welt. Amenhotep IV. war, wie sein Vater, mit 12 Jahren (d. h. mit der im Orient eintretenden Geschlechtsreife) vermählt worden mit einer Tochter des Mitannikönigs Tuschratta namens Taduchipa. Durch drei Generationen haben sich ägyptische Pharaonen mit Mitanniprinzessinnen vermählt. Die Lautfolgen der Namen von drei Mitannigenerationen sind charakteristisch für deren Blutsippentum: Artabana-Schurtana-Tuschratta, die drei Töchter Mut-em-wija (ägyptisch) — Giluchipa-Taduchipa. Die letztere starb jung, ohne Kinder hinterlassen zu haben. Dann vermählte sich Amenhotep IV. mit der Ägypterin Nofretete, Tochter eines Vornehmen namens Ey. Die frühere Annahme, Taduchipa sei identisch mit Nofretete, ist fallengelassen worden.

Bei Anlaß der Thronbesteigung des 13jährigen Thronfolgers nahm dieser die folgende Titulatur an: «Kräftiger Stier, hoch an Federn; Günstling der beiden Göttinnen, groß an Königtum in Theben; goldener Falke, der die Diademe im südlichen Heliopolis aufsetzt; König von Ober- und Unterägypten, ‚Schön ist das Wesen des Rê', der Einzige des Rê; Sohn der Sonne. ‚Friede des Amun' (Amenhotep), göttlicher Herrscher von Theben; groß an Dauer, Leben bis in alle Unendlichkeit, geliebt von Amun-Rê, dem Herrn des Himmels.»

Dieser dem Herkommen entsprechenden Titulatur wurde ein neuer, ungewöhnlicher Titel hinzugefügt: «Hohepriester des Rê-Horachte, des im Horizont Jubelnden in seinem Namen ‚Glut, die in Aton ist'.» Seinen dynastischen Namen Amenhotep (Friede des Amun oder der von Amun Erleuchtete) hatte er bereits bei seiner Geburt erhalten. Der neu hinzugefügte Titel, in welchem Rê-Horachte dem Aton gleichgesetzt ist, läßt darauf schließen, daß Heliopolis an dieser Thronbesteigung maßgebend beteiligt war, daß ein Zögling der Hermespriesterschaft von Heliopolis den Pharaonenthron eingenommen hatte, von dem Besonderes erwartet wurde.

Die Atonverehrung war zwar nicht neu. Sie hatte schon unter den Vorfahren des Amenhotep IV. eingesetzt. Neu war diese Titulatur. Der junge Pharao nannte Rê-Horachte seinen Vater und trug mit wenigen Ausnahmen stets die Krone des Nordens. Das kosmopolitische Zentrum von Heliopolis schickte sich an, diesen körperlich zarten, fast transparenten, aber genial veranlagten jungen König für ihre Absichten, nicht für diejenigen der thebanischen Amunpriesterschaft einzusetzen.

Zu den ersten Taten dieses jungen, einer ganz neuen Aufgabe entgegenreifenden jungen Königs gehörte die Vollendung eines Tempels des Rê-Horachte in Theben, der von seinem Vater begonnen worden war. Zum ersten Male ließ sich bei Gelegenheit dieses Baues der König an der Tempelwand, den Amun verehrend, darstellen mit der Sonne über dem Haupte, deren sich ausgießende Strahlen in Hände auslaufen. Demnach bestanden Amun- und Atonverehrung zunächst nebeneinander. Theben erhielt aber einen neuen Namen «Stadt des Glanzes des Aton».

Während den ersten Regierungsjahren des Amenhotep IV. entstanden zwei bedeutende Grabbauten, der Grabbau des Wesirs Ramose in Theben und der des Haremheb in der Nekropole von Memphis. Im Grabe des Ramose war in der Reliefarbeit Amenhotep IV., auf dem Throne sitzend, dargestellt, aber noch ohne die Sonnenstrahlen des Aton. Nach Beendigung der Arbeit wurde vom König die Beifügung der Atonstrahlen mit den Händen angeordnet. Auch im Grabe des Haremheb wurde der König bereits als Atonverehrer dargestellt. In den Inschriften dieses Grabes wird Rê-Horachte wie folgt angesprochen: «Rê, Herr der Wahrheit, großer Gott, Herrscher von Heliopolis... Horachte, einziger Gott, König der Götter, der im Osten aufgeht und seine Schönheit entsendet.»

Vorerst bestanden die beiden Götterkulte, der des Amun und der des Aton, nebeneinander, auch die andern Götter blieben unangetastet. Der sich vorbereitende Monotheismus stand noch in seinen Anfängen, stieß aber zunehmend auf großen Widerstand bei der thebanischen Amunpriesterschaft. Als dem König im fünften Regierungsjahr, nachdem er etwa das 18. Lebensjahr erreicht hatte, sein erstes Kind, eine Tochter, geboren wurde, gab er ihr den Namen «Meryaton», d. h. «Geliebt von Aton».

Amenhotep IV. hatte bei der Konsequenz, mit welcher er dem Atonkult den Vorrang zu geben trachtete, mit dem hartnäckigen Widerstand der Amunpriesterschaft zu kämpfen, und er tat es mit dem vollen Einsatz seiner ihm eingeborenen Willensnatur und dem erwachenden Bewußtsein seiner Sendung. Er gab seinen dynastischen Namen Amenhotep auf und nannte sich Echnaton («Es gefällt dem Aton» oder «Der von Aton Erleuchtete»). Er wollte sich also uneingeschränkt in den Dienst des Aton stellen. Die Namensänderung erfolgte nicht aus äußeren Gründen, sondern aus einer innerlich bestimmten Erkenntnis oder Erfahrung und hatte die Bedeutung eines Taufaktes.

Die Eingeweihten der vorchristlichen Mysterien, insbesondere diejenigen in Ägypten, nannten sich auch die «zweimal Geborenen». Die erste Geburt wurde Mondengeburt genannt, womit die physische Geburt als Sproß einer Ahnenreihe gemeint war, die im Pharaonentum unter der Hoheit der Maternität stand und durch welche das sakrale Prinzip der Dynastienfolge in Ägypten seine Regelung fand. Die Mondengeburt stand unter dem Schutze des Gottes Min, und der Prophet des Min stellte anläßlich der Mondengeburt in der königlichen Familie das Geburtshoroskop, wie dieses bei Yuaa, dem Großvater mütterlicherseits, der Fall gewesen sein mag.

Die zweite Geburt war die Sonnengeburt. Sie erfolgte auf ihrer höchsten Stufe durch das nicht nur in sinnbildlicher, sondern in tatsächlicher Weise erlebte «Schauen der Sonne um Mitternacht». Durch die zweite, die Sonnengeburt, machte sich der königliche Eingeweihte innerlich frei von den Blutsbanden, in die er hineingeboren worden war.

Echnaton machte die Monden- und Sonnengeburt auf eine neue Weise durch. Er kam nicht als reiner Ägypter, sondern als Mischling auf den Pharaonenthron, vorausgesetzt, daß die Identität seiner Großmutter Mutemua mit der Mitanniprinzessin zutrifft. Aber auch wenn als sicher nachgewiesen werden könnte, daß dieses nicht der Fall und Mutemua Ägypterin war, so müssen durch die Ehen seines Vaters und Großvaters mit Prinzessinnen von Mitanni und durch seine eigene erste Ehe die kosmopolitischen Beziehungen in diesen drei Pharaonengenerationen berücksichtigt werden. Alle drei Gemahlinnen dieser drei Könige stammten aus einem Geschlecht, dessen Ahnen iranische Eroberer waren.

Den dynastischen Namen Amenhotep IV. hatte der Sohn des Amenhotep III. durch seine Mondengeburt, Hohepriester des Rê-Horachte von Heliopolis durch seine Sonnengeburt, und Echnaton nannte er sich, weil er der Erstling einer neuen Art von Sonnengeburt war.

Bisher hatten die Pharaonen seit dem Bestehen der Pharaonenherrschaft sich durch ihre Sonnengeburt, die besonders durch die Titulatur «Sohn des Rê» bezeugt ist, vom Blute der eigenen Ahnenreihe emanzipiert, indem sie sich mit dem Wesen des Volkstums vereinigt haben, aber dabei stets die Exponenten eines sakralen Systems in allen seinen dem Wandel unterworfenen äußeren Formen blieben.

Die Sonnengeburt des Echnaton machte ihn auch von dieser Bindung frei. Er wußte sich dadurch nicht mehr, wie alle seine Vorfahren, einem bestehenden sakralen System verpflichtet. Befreit davon, schuf er mit der Atonverehrung ein neues Weltbild. Und durch eine weltgeschichtliche Tat trat an die Stelle des Exponenten eines sakralen Systems der freie Mensch. Echnaton wurde der erste und einzige Pharao, der durch seine Erscheinung, sein Verhalten und seine Schöpfungen der Nachwelt als Mensch erscheint, welcher menschlichem Begreifen nahesteht. Mit Echnaton trat an die Stelle eines streng gebundenen sakralen Systems die natürliche, die reine Menschlichkeit.

Die großen, wahrhaft herrschenden ägyptischen Pharaonen waren alle geistige Frühgeburten, sie waren es als «zweimal Geborene», aber Echnaton war es in einem vertiefteren, neuen Sinne. Mit seinem 18. Lebensjahr war er bereits so herangereift, daß er mit dem Entschluß, seinen Namen zu ändern, auch den andern Entschluß faßte, Theben zu verlassen, um eine eigene Stadt für den Atonkult zu gründen, was einem endgültigen Bruch mit der Amunpriesterschaft gleichkam.

Um den geeigneten Platz für die Atonstadt zu wählen, segelte Echnaton nilabwärts und bestimmte einen solchen etwa 160 km oberhalb von Kairo, an einer Stelle, wo am Ostufer des Niles der Kalksteinhöhenzug zurücktritt und eine Bucht bildet (heutiges Amarna). In der ersten seiner beiden Gründungsinschriften sagte er: «Ich will die Stadt des Horizontes des Aton (d. h. im Bereich der physischen und geistigen Sonnenwirkung liegend) an dieser Stelle für den Aton, meinen Vater, schaffen. Ich will die Stadt nicht südlich, nördlich, westlich oder östlich davon schaffen. Ich will über den südlichen Grenzstein nicht nach Süden hinausgehen, noch will ich über den nördlichen Grenzstein nördlich hinausgehen, um für ihn dort die Stadt des Horizontes zu schaffen. Noch will ich für ihn eine Stadt auf der Westseite schaffen. Nein, sondern ich will die Stadt des Horizontes für Aton, meinen Vater, auf der Ostseite schaffen, den Platz, den er selbst für sich mit Bergen eingeschlossen und in ihrer Mitte eine Ebene geschaffen hat, daß ich darin ihm opfere. So sei es.»

Für die Bestimmtheit, mit der Echnaton dieses Gebiet und kein anderes für seine Gründung gewählt hat, müssen für ihn ganz besondere Gründe vorgelegen haben. Dieses Gebiet gehörte ursprünglich zum 15. Gau, dem berühmten Hasengau, in welchem Hermopolis, die Stadt des Thoth-Hermes, lag. Echnaton hielt sich dabei an ein bestehendes Gesetz der Mysterienordnung, daß neue Gründungen, die aus solcher Absicht erfolgen, verknüpft werden mit Stätten früherer Gründungen. Echnaton wollte mit der Wahl des Ortes seinen Plan der hermetisch gestalteten Weltordnung, die seit der Vorzeit für ganz Ägypten gegolten hat, einfügen.

Diese erste Gründungsinschrift enthält einen Hinweis auf die Gegnerschaft der Amunpriester, die schon zu Zeiten seines Vaters und Großvaters bestanden hatte, mit Andeutungen über deren Methoden, denn es wird darin gesagt: «So wahr mein Vater Rê-Horachte Aton lebt... die Worte oder Taten... der Priester, sie sind schlimmer als jene Dinge, die ich bis zum Jahre 4 (seiner Regierung) hörte. Sie sind schlimmer, als jene Dinge, die ich in... gehört hatte, sie sind schlimmer als jene Dinge, welche König Nebmaare (zweiter Name Amenhoteps III.) hörte. Sie sind schlimmer als jene Dinge, welche Mencheperure (Thutmosis IV.) hörte...»

Eine zweite Gründungsinschrift enthält den Wortlaut eines Eides, den Echnaton dem Aton gegenüber leistete, des Inhaltes: «So wahr mein Vater Rê-Horachte-Aton lebt, so wahr mein Herz über die Könige und ihre Kinder glücklich ist, so wahr der großen, königlichen Gemahlin Nofretete, die immer und ewiglich lebt, die Gnade zuteil werde, viele Jahre das Alter zu erleben in der Fürsorge des Pharao und so wahr es der Prinzessin Meryaton und der Prinzessin Meketaton (zweite Tochter), ihren Kindern, vergönnt sei, in der Fürsorge der großen königlichen Gemahlin, ihrer Mutter, alt zu werden... dies ist mein wahrer Eid, den ich zu leisten wünsche, von dem ich niemals sagen will, ‚er ist falsch' in alle Ewigkeit.» Dann folgt der eigentliche Inhalt des Eides, der die Grenzsteinsetzung der Atonstadt betrifft, deren genaue Maße angegeben werden. Das Gebiet zwischen den vier Grenzsteinen ist das Gebiet der Atonstadt. «Sie gehört meinem Vater Rê-Horachte-Aton: Berge, Wüste, Wiesen, Inseln, Hochland, Tiefland, Land, Wasser, Dörfer, Dämme, Menschen, Tiere, Gehölze und alles, was der Aton, mein Vater, immer und ewiglich erschaffen wird. Ich werde diesen Eid, den ich für Aton, meinen Vater, geleistet habe, niemals mißachten für immer und ewig.»

Dem Wortlaute nach bezieht sich diese Eidesleistung auf das ganze Land, über das Echnaton herrschte. Das ganze Land sollte durch die Atonstadt unter den Schutz des Sonnengottes Aton gestellt sein und sollte, Gemahlin und Kinder miteingeschlossen, einen Schutz gegen die Umtriebe seiner Gegnerschaft erhalten.

In seinem 21. Lebensjahr verließ Echnaton mit den Seinen endgültig die Amunstadt Theben, um in der neugegründeten Atonstadt seinen dauernden Aufenthalt zu nehmen.

Die Atonstadt (heutiges Tel-el-Amarna) mit ihren Tempeln, Palästen, Gärten entstand unter der Leitung des Echnaton und seines Baumeisters Bek. Breasted bemerkt über die geniale Begabung Echnatons: «Es läßt sich immer deutlicher erkennen, daß alles, was in der neuen Stadt und in der Ausbreitung des Atonglaubens geplant und ausgeführt wurde, auf den König selbst zurückgeht und den Stempel seiner Persönlichkeit trägt.» Unter Echnatons Anregungen entstand auch eine ganz neue Kunst. Er ließ sich, was vor ihm niemals ein Pharao getan hat, als Mensch im Kreise der Seinen, seine Gattin liebkosend, darstellen. Er war der Schöpfer eines neuen Kultes, den er als dessen Oberpriester zelebrierte. Als Dichter schuf er in jungen Jahren die berühmten Aton-Hymnen, in denen er Aton als Schöpfer alles Lebenden, als Spender aller Lebensfreuden, als Bringer aller Schönheit und Segnungen der Welt preist. Was sein Großvater Thutmosis IV. im Sphinxtraum als Begegnung mit Rê-Horachte erlebt hatte, was an den Memnonssäulen seines Vaters Amenhotep III. als tönendes Sonnengeheimnis erklang, das wurde in den Hymnen des Echnaton zum gesprochenen Sonnenworte, das wurde Herzenserlebnis durch das Wort.

Echnaton wollte, wie aus seinen Hymnen hervorgeht, die Atonverehrung nicht nur auf Ägypten beschränkt wissen, sie sollte auch für die unterworfenen Länder, für Nubien und Asien Geltung haben, sie sollte eine Weltreligion werden. Der Welt, welche seine Vorfahren durch das Schwert erobert hatten, wollte er den Frieden der Atonreligion geben. Darum weigerte er sich, als einige Provinzen die ägyptische Herrschaft abschüttelten, gegen sie Krieg zu führen, denn das widersprach den der Atonverehrung zugrundeliegenden Weltprinzipien.

Die Königinmutter Teje, die in Theben verblieben war, besuchte ihren Sohn in seiner neuen Residenz, wo er für sie wie für seine älteste Tochter einen Tempel hatte bauen lassen. Im Grabe ihres Haushofmeisters Meryre, das Echnaton in der neuen Hauptstadt hatte anlegen lassen, sind Szenen dieses Besuches dargestellt. Man findet die königliche Familie beim festlichen Mahle, das mit Musik von zwei Kapellen begleitet wird, einer ägyptischen und einer syrischen; die ägyptische aus vier Mädchen bestehend, von denen die erste die Harfe, die beiden folgenden Flöte, die vierte die Leier spielt. In der syrischen Gruppe ist das Hauptinstrument eine große Harfe mit acht Saiten, welche mit beiden Händen gespielt wird. Eine andere Reliefreihe zeigt eine Abendunterhaltung zu Ehren der Teje, und in einer weiteren Reihe von Bildern wird dargestellt, wie Echnaton, seine Mutter an die Hand nehmend, sie zu einem ihr zu Ehren gebauten Tempel führt. Teje ließ ihr Grab in der Nähe desjenigen ihrer Eltern anlegen. In einem großen, kastenartigen Schrein aus Cedernholz, mit Gold bekleidet, in dessen Füllungen die Königin als Atonverehrerin, unter dessen Strahlen stehend, dargestellt ist, stand der Alabastersarg mit der üblichen Grabausstattung: bemalte Büchsen, Alabastergefäße, Toilettensachen, Statuetten u. a.

Unmittelbar nach dem Tode seiner Mutter ergriff Echnaton entscheidende Maßnahmen gegen die Amunverehrung, wobei es unentschieden bleibt, ob das Verhalten der Priesterschaft, der nicht mehr vorhandene besänftigende Einfluß seiner Mutter oder die Folgerichtigkeit seiner eigenen Absichten den Ausschlag gegeben haben. Er ließ im ganzen Lande den Namen des Amun, wo er immer zu finden war, ausmeißeln. Selbst in den Gräbern der Toten wurde der Name getilgt, und besondere Expeditionen machten sich daran, an fernen Orten in Felseninschriften den Namen dieses Gottes zu löschen. Ja, selbst der Name seines Vaters wurde, wo er in Zusammenhang mit Amun genannt war, getilgt oder vielfach ersetzt durch seinen Beinamen Nebmaare. Es kam nun zu einem völligen Bruch mit der Amunpriesterschaft, sie verlor ihre Einkünfte und Besitzungen, und die Verehrung des Amun hörte im ganzen Lande auf. Seine Tempel wurden geschlossen.

Hier ging es nicht darum, die Namen von Herrschern, wie im Falle des Thutmosis und der Hatschepsut, sondern darum, den Namen eines Gottes, des Volksgottes Amun auszutilgen, was im Lande wie ein schreckenvolles Naturereignis empfunden worden ist. Auch die Namen der übrigen Götter sollten verschwinden, was jedoch nur teilweise ausgeführt worden zu sein scheint, denn viele Götternamen blieben nach wie vor bestehen.

Der Totenkult wurde in seiner bisherigen Form weitergeführt. Es lag keine Veranlassung vor, ihn zu ändern, denn die Anschauungen über das Leben nach dem Tode und die Verbindung der Lebenden mit den Toten waren auch die Echnatons. Die Trankopfer und Gaben für die Toten wurden beibehalten. Szenen aus dem täglichen Leben, Feste usw. bedeckten die Wände im Grabe des Ramose. Die alten Anschauungen blieben, auch die Mumifizierung. Was durch Echnaton in dieser Beziehung eine einschneidende Änderung erfuhr, war das Verhältnis zum Tode selber. Mit dem tiefsten Wesen der Atonverehrung hing es zusammen, daß dem Tode die Bitternis genommen wurde. Die düsteren Bilder von Ungeheuern, Dämonen, Strafen, Verdammnis der Unerlösten verschwanden, denn diese schreckensvollen Erlebnisse in der Unterwelt vertrugen sich nicht mit der heiteren, erlösenden Milde der Atonreligion. Es verschwanden auch die Zaubersprüche, Beschwörungsformeln, Amulette, welche, dunkle Gewalten bannend oder ihnen dienend, im Amundienst immer mehr Anwendung gefunden hatten. Alle niedere Magie wurde ferngehalten. Die Unterwelt, in welche die Seele nach dem Tode den ältesten ägyptischen Anschauungen gemäß einging, wurde auch von der Atonreligion beibehalten, aber die Seele konnte durch Gebet aus der Unterwelt auferstehen. Sie ging nunmehr nicht ein in die Lichtwelt des Osiris, um selber ein Osiris zu werden, sie ging in das Licht des Aton ein.

Echnaton gestattete auch nicht, daß von Aton ein Bildnis gemacht werde. Der wahre Gott, sagte er, habe keine Gestalt. Nur die Wirkung, die von Aton ausging, die sich ausgießenden, in eine Hand endigenden Sonnenstrahlen machte er von Anfang an zum Kultbild der Atonverehrung. Wenn er im Wagen zu irgendwelchen Besichtigungen ausfuhr oder überhaupt Rundfahrten machte, ließ er sich nicht, wie seine Vorfahren, von einer bewaffneten, sondern von einer unbewaffneten Leibwache begleiten.

Für sein Grab, das er anlegen ließ, wählte er einen ähnlichen Ort wie das Tal der Könige in Theben. Es befand sich hinter der Atonstadt in einem einsamen, kahlen Felsental. Ein in den Felsen gehauener Gang führte abwärts in eine Halle, die von vier Säulen getragen wurde. Ein Sarkophag aus rotem Granit sollte seine Mumie bergen. An den mit Stuck überzogenen Wänden waren Szenen aus dem Atonkult dargestellt. Ein weiterer Gang führte in eine kleinere Kammer, dann wieder ein solcher, der vermutlich zu einer Halle, dem Grabe der Königin, führen sollte. Das Grab ist unvollendet geblieben. In einer der Kammern wurde die mit 9 Jahren verstorbene Tochter Meketaton beigesetzt und die Wände mit Szenen bedeckt, welche die Trauer der Königsfamilie zum Inhalte haben.

Echnaton wollte mit «Aton, der von der Wahrheit lebt» in Ägypten, das von jeher viele Götter verehrt hatte, den Monotheismus ohne Einschränkung und völlig kompromißlos einführen. Aton sollte nicht nur ein ägyptischer, sondern ein universeller Gott sein, und er setzte seine Absicht mit einem Willensaufwand ins Werk, der seine Kräfte frühzeitig verzehrte.

Mit einer zarten Konstitution geboren und von ausgeprägter Frühreife seines Geistes, wußte er sich seit seiner zweiten, seiner Sonnengeburt zum Träger und Vollbringer einer Weltaufgabe bestimmt, der er sein Leben hinzugeben bereit war. Seine Porträtbüsten sagen es, daß diese willensgeladene, diese erste freie Individualität unter den Pharaonen ein genialer Wachträumer war, der in zwei Welten lebte, die zu vereinigen mit der Wachheit seiner geistigen Frühgeburt er sich als beauftragt empfand. Diese Porträtbüsten lassen in jedem Zuge die Transparenz und Übergewalt dieses Wachträumens in ihrer Einzigartigkeit erkennen. Breasted bezeichnet Echnaton als eine der ausgeprägtesten Persönlichkeiten der Weltgeschichte und Weigall als ersten Pharao, in dessen Herz keine Spur von Barbarei war. Unter denen, die in Echnatons Monotheismus eine Art von Erwartung und Vorbereitung des kommenden Christentums erblicken, hat Kurt Lange in seiner Monographie über Echnaton sich besonders eindrücklich ausgesprochen, denn er sagt am Schlusse derselben: «Er ist Geist vom Geiste Dessen, der viele Jahrhunderte später nach Jerusalem heraufzog – ein König sonder Gewalt – bereit, am Kreuze die Arme der ganzen Welt entgegenzubreiten.»

Im Alten Testament wird der Monotheismus, der sich aus den Voraussetzungen des israelitischen Volkes seit Abraham, Isaak und Jakob herangebildet hatte, in religiöser und geschichtlicher Form mitgeteilt. Es enthält auch die Vorverkündigung durch die Propheten Dessen, der dann in den Evangelien als der erwartete Welterlöser beschrieben ist.

Welcher Art können nun die Voraussetzungen und Ziele sein, durch welche die in Ägypten beinahe zweitausendjährige, geschichtlich bezeugte polytheistische Kultur durch Echnaton ihren Übergang zum Monotheismus finden sollte?

Im Jahre 1352 v. Chr., nach etwa 17jähriger Regierung, ist Echnaton nach einem unerhörten Einsatz seiner geistigen und sittlichen Kräfte und nach heroischem Kampf gegen seine Widersacher durch den Tod vom Schauplatze seiner umfassenden Tätigkeit als Herrscher, als Priester und als Künstler hinweggenommen worden. Kurz vorher, wohl in Erwartung des Todes, hat er den mit seiner ältesten, erst zwölfjährigen Tochter Meryaton vermählten Semenchkarê zum Mitregenten angenommen, der aber nur kurz regiert hat.

Die Mumie des Echnaton ist in dem Felsengrabe, das er hinter Achet-Aton errichten ließ, beigesetzt worden. Ein Geier aus Goldblättern mit ausgebreiteten Flügeln war ihm über die Brust gelegt. Die Mumie war umhüllt von beschrifteten Goldbändern und beigesetzt in einem reich geschmückten Sarg.

Nachdem die Atonstadt aufgegeben war, wurde die Mumie Echnatons nach Theben gebracht und in dem Grabe seiner Mutter Teje beigesetzt, worauf deren Leichnam in ein anderes, unbekanntes Grab verbracht worden ist. Im Jahre 1907 ist diese Grabstätte Echnatons im Tal der Könige von Theodor Davis entdeckt worden. Der Sarg war von der Bahre heruntergefallen, der Körper noch mit den Goldbändern umhüllt und der goldene Geier noch am selben Ort. Der Name des Echnaton war aber, wo er vorkam, ausgelöscht oder von den Goldbändern weggeschnitten. Nach dem Bericht von Weigall ließ sich der ausgelöschte Name auf dem Sarkophag noch entziffern. Am Fußende des Sarkophages fand sich auf einem Goldblatt ein an Aton gerichtetes Gebet eingeschrieben, das ohne Zweifel von Echnaton selber stammte:

«Ich atme den süßen Hauch, der aus Deinem Munde kommt. Ich schaue Deine Schönheit jeden Tag. Es ist mein Wunsch, daß ich Deine schöne Stimme hören möge, gleich dem Nordwind, daß meine Gebeine mit Leben verjüngt werden mögen durch die Liebe zu Dir. Gib mir Deine Hände, die Deinen Geist halten, daß ich ihn empfangen möge und durch ihn lebe. Nenne Du mich bei meinem Namen, in Ewigkeit, und es wird niemals fehlen.»

Echnaton hat während seines Lebens nicht wie seine Vorfahren am Eingange des Atontempels Obelisken mit seinem Namen und seinen Taten setzen lassen, er hat aber die Hymnen an Aton geschaffen. Der Obelisk wie die Hymnen sind Schöpfungen, welche aus der universellen Geistigkeit von Heliopolis hervorgegangen sind. Der Obelisk bewahrt in seiner Formgewalt das noch stumme, das schweigende Sonnenwort, das in den Memnonssäulen des Amenhotep III. tönend wurde und in den Hymnen des Echnaton zu sprechen begonnen hatte.

In den Felsengräbern, die Echnaton für die nächsten seiner Getreuen errichten ließ, sind diese Hymnen an deren Wänden aufgezeichnet worden. Sie wurden im Atontempel als Zeremonial gesprochen und sollten für die Toten eine Verkündigung der Auferstehung alles Lebens vom Tode sein.

Die Hymnen beginnen mit einer Schilderung vom Wesensbilde des Aton:

«Dein Aufleuchten ist schön am Rande des Himmels,
Du lebender Aton, der zuerst lebte!
Wenn du dich erhebst am östlichen Rande des Himmels,
So erfüllst du jedes Land mit deiner Schönheit,
Denn du bist schön, groß, funkelnd, du bist hoch über der Erde;
Deine Strahlen umarmen die Länder, ja alles, was du gemacht hast.
Du bist Rê und du hast sie alle gefangen genommen;
Du fesselst sie durch deine Liebe.
Obwohl du fern bist, sind deine Strahlen doch auf Erden;
Obwohl du hoch oben bist, sind deine Fußstapfen der Tag!»

Aus diesem Wesensbild des Aton ist das Kultbild der Atonverehrung, das Aufleuchten der Lebens- und Liebeskraft der Sonne, deren ausgießende Strahlen in Hände auslaufen, entstanden, das Kultbild des schaffenden, formenden Sonnenwortes.

In den Weltbildern dieser Hymnen breitet sich die durch das schaffende Weltenwort entstandene Schöpfung aus; alles, was ist, der Wechsel von Tag und Nacht, das Dasein der Menschheit, der Tierwelt, des Pflanzenreiches, das Kräftewirken der vier Elemente, aus Aton ist alles entstanden. Alles, was Leben hat, alles, was zum Leben geboren worden ist, hat aus Aton das Leben. Alles, was auf Erden als Mensch und als Kreatur, als Pflanze und als Elementarkraft lebt und tätig ist, hat sein Dasein und Tun aus Aton. Die Sonnenflügel des Aton haben alle Dinge an ihren Ort gesetzt, sie haben auch die Länder Ägypten, Nubien und Syrien an ihren Ort gesetzt. Das Geheimnis des Lebens, das aus Aton, dem schaffenden Sonnenwort, strömt und alle Wesen in Liebe umfaßt, ist das Geheimnis des Atonkultes. Einer allein, der Erste und Einzige, Echnaton, der «von der Wahrheit lebt», kennt die Geheimnisse des Lebens, denn in ihm lebt Aton. Achet-Aton war als Stätte des Atonkultes dazu bestimmt, der Ort auf Erden zu sein, von dem aus eine neue Weltordnung verkündet werden und ihren Anfang nehmen sollte.

«Du bist in meinem Herzen,
Kein anderer ist, der dich kennt,
Außer deinem Sohne Echnaton.
Du hast ihn eingeweiht in deine Pläne
Und in deine Kraft.»

Sodann folgt am Schlusse die Selbsteinsetzung Echnatons und seiner Gemahlin Nofretete in die neue Weltaufgabe, die ihm als König von Ägypten und durch seine Einweihung zugefallen ist:

«Seit du die Erde gründetest,
Hast du aufgerichtet für deinen Sohn,
Der aus dir selbst hervorging,
Den König, der von der Wahrheit lebt,
Den Herrn der beiden Länder Nefer-Cheperu – Rê, Ua-en-Rê,
Der Sohn des Rê, der von der Wahrheit lebt,
Den Herrn der Kronen, Echnaton, dessen Leben lang ist;
Und für die große königliche Gemahlin, die von ihm geliebte,
Die Herrin der beiden Länder, Nefer-nefru-Aton,
Die lebt und blüht für immer und ewig.»

Kein Pharao Ägyptens hat jemals seine königliche Gemahlin in dieser Weise in seine Welt und seine Aufgabe mit eingeschlossen, sich mit ihr im Geiste des Sonnenwortes verbunden. Echnaton hat damit nicht nur Nofretete, sondern mit ihr die Frau, dem Wesen der neuen Weltordnung entsprechend, geadelt mit der Würde der Gleichheit im Geiste.

Das Geheimnis und der Kult des Sonnenlebens im All war der ägyptischen Kulturepoche mit ihrer Begründung durch Hermes-Trismegistos eingeboren. Er selbst hatte diese Begründung mit seinem großen Vorbild, mit Zarathustra verknüpft. Das Universelle dieses Sonnenlebens fand schon während der Vorzeit seine Pflege und Entwicklung im vordynastischen Heliopolis. Der heliopolitanische Allgott Atum, der «Herr der Welt», war am Anfang. Dann haben Osiris und Rê, die beiden Offenbarungen des einen Weltwesens Atum, mit ihren Kultordnungen einen unübersehbaren Anteil an der Entwicklung und Gestaltung der ägyptischen Kultur gehabt. Und zuletzt, gegen das Ende der dritten Sothisperiode, begründete Echnaton den universellen Atonkult.

Von Atum zu Aton bewegte sich der ungeheure Zeitenstrom des ägyptischen Sonnenlebens, das in Heliopolis von jeher seine überragende Stätte gehabt hat. Heliopolis war daher zu allen Zeiten diejenige Mysterienstätte Ägyptens, von der die universellen geistigen Führungsprinzipien ausgegangen sind. Diese Führungsprinzipien blieben in ihrem innersten Wesen als Geheimnis verborgen. Mit Echnaton wurden sie sichtbar.

Es gab in allen führenden Mysterienstätten der nachatlantischen Zeit neben der Pflege und Entwicklung des Sonnenlebens ein verborgenes Sonnengeheimnis.

Was die Propheten Israels, was unter ihnen namentlich Jesajas weitausschauend voraussagte, die Geburt zu Bethlehem, das blieb in seinem tiefsten Sinn innerstes Geheimnis in den Mysterienstätten der großen vorchristlichen Kulturvölker. Das war auch das Mysteriengeheimnis von Heliopolis. Im

Gegensatz zu den Propheten im Alten Testament, deren Prophetien für das ganze Volk bestimmt waren und deren Erfüllung durch den jahwistischen Monotheismus vorbereitet worden ist, gab es in Ägypten keine Prophetie, sondern es gab den Sonnenkult des Rê und den Totenkult des Osiris. Es gab die dargelegten Kultgemeinschaften, und es gab in diesen die Vereinigung von Rê-Osiris.

Was im israelitischen Volk durch den Kult des Mondgottes Jahwe vorbereitend verkündet wurde, die Geburt des Messias, das mußte in Ägypten Mysteriengeheimnis bleiben. Das israelitische Volk erfuhr das Sonnengeheimnis auf dem Umwege der Rückspiegelung durch Jahwe. Im Osiris- und Rê-Kult wurde verhüllt, was im jahwistischen Monotheismus dem ganzen Volke offenbar werden sollte. Vorbilder oder Vorstufen für das, was die innerste Angelegenheit des Christentums durch den Opfertod des Christus wurde, die Besiegung des Todes durch das todüberwindende Leben und die Auferstehung, war der Osiris- und Rê-Kult. Heliopolis verbarg und hütete das Sonnengeheimnis, daß der Sonnengeist zu gekommener Zeit auf die Erde herabsteigen und Menschengestalt annehmen werde. Die Zeit dieses Geschehens wurde erwartet als Erfüllung des großen Mysteriums, des Mysterium Magnum.

In Ägypten ist das Sonnengeheimnis, das im Zeitenstrom von Atum bis zum Aton geruht hatte, durch Echnaton zur sichtbaren Erscheinung, zur Offenbarung gebracht worden.

Welche Beweggründe können Veranlassung gewesen sein, daß diese Offenbarung in der durch Echnaton gegebenen Form der Verkündigung und zu einer Zeit, die der Sinai-Verkündigung des Moses nahe lag, erfolgt ist?

Mit den Aton-Hymnen des Echnaton ist das bis dahin verborgen gewesene Sonnengeheimnis von Heliopolis in die Form einer Verkündigung und Neuordnung übergegangen. Diese Hymnen enthalten aber keinerlei Andeutung darüber, daß der Sonnengeist herabsteigen und Menschengestalt annehmen werde. Den tiefsten Kern des Sonnengeheimnisses berühren sie nicht, jedenfalls nicht in einer unmittelbar ausgesprochenen Form. Aber sie enthalten es. In den Aton-Hymnen spricht das Sonnenwort. Es spricht in der universellen Form einer Verkündigung, die zum Dauernden erhoben werden sollte.

Der sich vorbereitende, aber erst 1300 Jahre später erfolgende Herniederstieg des Sonnenwortes hatte eine Kultform gefunden im Bilde der sich ausgießenden Sonnenkraft, deren Strahlen sich zu menschlichen Händen formen, und im Monotheismus des Atondienstes wurde dieser Herabstieg erwartet und vorbereitet. Eingeweiht in den Plan, in die Absicht des Sonnengeistes als Einziger ist Echnaton, aber auf dieses Geheimnis deutet er nur hin, er spricht es nicht aus.

In Echnaton ist das heliopolitanische Sonnengeheimnis uralter Vergangenheit zur Gegenwart und Zukunft geworden. Alle Pharaonen vor ihm bis hinauf zu Menes waren Exponenten des theokratischen Systems und Kultträger, die das Sonnengeheimnis noch in sakraler Verborgenheit hielten. Als dann von Heliopolis der Sonnenkult des Rê eingeführt wurde und die Pharaonen den Titel «Sohn des Rê» erhielten, hatte das Sonnenwort bereits begonnen, aus seiner Verborgenheit herauszutreten. Echnaton aber wurde der erste und einzige Pharao Ägyptens, durch den es sich in der Weise offenbarte, daß ihm diese Offenbarung ebenso wie Moses zum Auftrag wurde.

Aus dem universellen Geist, der im Zeitenstrom von Atum zu Aton geworden ist und mit Echnaton eine willensdurchfeuerte Verkündigung gefunden hat, werden Echnatons Verhalten und seine Maßnahmen allein begreiflich. Aus der weltgeschichtlichen Sendung Ägyptens, als deren Beauftragter sich Echnaton wußte, nicht aus hemmungslosem Fanatismus oder durch halluzinatorische Visionen, welche manche Beurteiler seines Wesens geltend machen, ist Echnatons Handlungsweise zu verstehen.

Nach den universellen Führungsprinzipien von Heliopolis, die in Echnaton einen Interpreten hatten, «der von der Wahrheit lebt», lag es nicht in der Sendung Ägyptens, ein Weltreich mit äußeren Machtmitteln aufzurichten. Unter der Herrschaft Amuns war das ägyptische Volkstum, dem es seine Erstarkung, seine Bewußtseinserfüllung verdankte, doch in eine Fehlentwicklung hineingeführt worden. Die Isis, die Seele Ägyptens, wurde von den universellen Führungsprinzipien, die sie zur Entfaltung ihres wahren Wesens brauchte, verlassen. Ägyptisch ausgedrückt: Typhon erhielt die Macht und Isis vereinsamte.

Durch das thebanische Macht- und Kultzentrum kam Ägypten in Gefahr, seine wahre Weltaufgabe zu verlieren und damit seinen Verfall herbeizuführen. Daher sollte der thebanische Volksgott sich dem universellen Aton unterordnen, er sollte in ihm, d. h. im Monotheismus aufgehen, was die Priesterschaft verweigerte. So wurde durch Echnaton die Amunpriesterschaft entmachtet, weil sie ihre Machtstellung, die sie durch die Macht des ägyptischen Weltreiches erhalten hatte, nicht dem universellen Geist, der sich durch Aton ankündigte, zum Opfer bringen wollte. In Amun und Aton standen sich Interessen des ägyptischen Volkstums und die der Zukunft der Menschheit gegenüber. Die Sendung Ägyptens war, vorbereitet durch den Doppelkult des Rê-Osiris, das ägyptische Volkstum den universellen Führungsprinzipien dienstbar zu machen. Es sollte ein Diener jenes Geistes werden, der das ägyptische Volkstum den Aufgaben der Menschheit entgegenführen wollte. Diese Entscheidung ist es, die Echnaton als seine Aufgabe betrachtete.

In das Reich alles Lebenden, in die umarmenden Strahlen des Aton einbezogen, hat Echnaton nicht nur Ägypten, sondern auch Syrien und Nubien. Nicht die Macht, das Menschheitliche wurde damit angesprochen. Echnaton konnte, ohne sich selber und seinem Auftrag untreu zu werden, nicht Krieg führen. Er konnte trotz aller dringenden Botschaften keine

Truppen nach Asien schicken, um der großen Gefahr, die dort Ägypten durch die wachsende Kriegsmacht der Hethiter drohte, die bis an die nördliche Grenze Syriens vorgerückt war, zu begegnen, die abgefallenen Provinzen wieder zurückzuerobern und die treu gebliebenen Länder, welche dringende Botschaften um Hilfe nach Achet-Aton schickten, zu schützen. Er konnte nicht dem Oberbefehlshaber der ägyptischen Truppen, Haremheb, den Befehl zur Kriegsführung geben. Echnaton, der sich mit Aton, dem alles Leben in der Welt sein Dasein verdankt, vereinigt hatte, konnte nicht Krieg führen, er konnte nicht Blut vergießen und töten lassen. Seine standhafte Weigerung gegen alles Drängen der Boten aus Asien und aus seiner nächsten Umgebung war auch ein Protest gegen die Machtstellung Ägyptens, denn er wollte sein königliches Priestertum nicht auf Macht, sondern auf den Frieden in Aton gründen.

Echnaton war nicht nur eine geistige Frühgeburt, er hat auch eine geistige Frühgeburt unter Einsatz seines Lebens verwirklichen wollen und hat damit etwas gewagt, was nicht im Laufe eines Menschenlebens, sondern erst im Zeitenlaufe Verwirklichung hätte finden können. Daran ist er zerbrochen.

Eine weltgeschichtliche Persönlichkeit ist Echnaton, weil in ihm das ägyptische Pharaonentum reines, freies Menschentum geworden ist und weil er als der Erstling eines königlichen Menschentums sein Leben für die Verkündigung des Sonnenwesens und dessen kommenden Herabstieges hingegeben hat.

XXI

TUT-ENCH-AMUN UND DAS ENDE DER DRITTEN SOTHISPERIODE

Der erste Nachfolger Echnatons in Achet-Aton war Semenchkarê. Da dem königlichen Paare kein Sohn als Thronfolger geboren wurde, hatte Echnaton ihn zum Mitregenten angenommen und vorher vermählt mit seiner ersten Tochter Meryaton. Über seine Herkunft ist nichts bekannt, aber es ist naheliegend, daß Semenchkarê einer der Getreuen in Echnatons nächster Umgebung gewesen ist. Er hat nur etwa ein Jahr nach dem Tode Echnatons regiert, dann verschwand er in das unaufgeklärte Dunkel jener Zeit. Nach diesem wohl noch jungen Nachfolger Echnatons kam der gleichfalls junge Tut-ench-Aton auf den Thron. Er war vermählt mit Echnatons Tochter Anchsenpaaton.

Sogleich nach dem Tode Echnatons suchte die Amunpriesterschaft den Sturz und die Vernichtung der Atonverehrung herbeizuführen. Nachdem Tut-ench-Aton ein Jahr lang in Achet-Aton den Königsthron eingenommen hatte, gelang es der Amunpriesterschaft, den jungen Thronfolger des Echnaton zum Verlassen der Atonstadt und zur Rückkehr nach Theben zu überreden und seinen Namen in Tut-ench-Amun umzuwandeln.

Über den Zustand, der durch das Verbot des Amun-Kultes und der Entlassung der Priesterschaft im Lande entstanden war, gibt es eine Inschrift des Tut-ench-Amun im Tempelbezirk von Theben, des Inhaltes: «Als ich auf den Thron gelangte, waren die Tempel von Elephantine im Süden bis zum Delta im Norden verlassen, ihre Kapellen waren verfallen, ihre Götterschreine waren, als ob sie niemals gewesen wären, ihre Häuser waren Spaziergänge geworden. Darum hatten die Götter dem Lande den Rücken gewendet. Wenn man Truppen nach Zahi (Phönizien) schickte, um die Grenzen zu erweitern, so erreichten sie diese nicht mehr, und wenn man einen Gott oder eine Göttin anrief, sie um Rat zu befragen, so kamen sie nicht.»

Tut-ench-Amun hat demnach diese Inschrift nach seiner Bekehrung anbringen lassen. Er hat auch Haremheb als Kriegsherr auf einem Feldzuge nach Asien begleitet. Auf einer Holztruhe in seinem Grabe ist er im Miniaturbild dargestellt, wie er vom Kriegswagen aus bogenschießend am Kampf gegen die Asiaten teilnimmt. Er hat auch Bauten im Tempel von Opet (Luxor) ausführen lassen. Über seinem früh erfolgten Tode im Alter von etwa 21 Jahren lastet, wie über demjenigen seines jungen Vorfahren, völliges Dunkel.

Unter der Protektion der Amunpriesterschaft kam nun Haremheb, der bisherige Oberbefehlshaber der ägyptischen Truppen, auf den Thron. Er vermählte sich mit der Tochter seines Vorgängers Eje, mit Nezemmut, einer Anhängerin der Amunpriesterschaft, und legitimierte dadurch seine Thronfolge. Haremheb setzte nach einer Zeit, deren Vorgänge außer dem dreimaligen Thronwechsel in Dunkel gehüllt sind, die Amunpriesterschaft wiederum in ihre Rechte, Einkünfte und in ihren Besitz ein, die nun ihrerseits unter ihrem königlichen Protektor damit begann, Werk, Name und Ansehen des «Ketzers Echnaton» bis auf die letzten Spuren auszutilgen. Wo immer Echnatons Name auf Denkmalen zu finden war, wurde er ausgelöscht und er selber zum Ketzer und Gottesfrevler erklärt. Die Atonstadt wurde dem Untergange preisgegeben und ihre Tempel niedergerissen. Auch in Theben wurde der Atontempel zerstört und die Steine für den Bau eines Pylonen vor dem Amuntempel verwendet. Es ist ein schauerliches Bild der Zerstörung und des Versinkens in Trümmer einer Stadt, die fast ausschließlich eine Kultstadt war und einer neuen Verkündigung, nicht nur ägyptischer, sondern menschheitlicher Zukunft dienen sollte.

Es sind im Altertum viele der größten Städte durch Kriege, Erdbeben, durch menschliche wie durch das Walten natürlicher Zerstörungskräfte vom Erdboden verschwunden. Die Atonstadt ist durch Priesterfluch in kürzester Frist vernichtet worden. Über den maßlosen Vernichtungswillen, der nicht nur der Atonstadt, sondern ebenso dem toten Echnaton galt, sagt Weigall: «Die Priester hätten jetzt nicht mehr gestattet, daß der Name des Echnaton über jemandes Lippen kam... Über den gestirnten Raum hinaus drängten ihn ihre Verfluchungen, griffen nach dem unglücklichen Geist des Jünglings und wollten ihn sogar in dem unbestimmten Jenseits des Totenlandes verfemen. Über die Hügel des Westens, auf den Stufen des Mondes und hinab in die Höhlen der Unterwelt wurde der armselige Schatten von der erbarmungslosen Magie der Leute, denen er hatte eine Reformation bringen wollen, gehetzt und gejagt. Es gab keinen Raum für sein Andenken auf Erden, und in der Unterwelt versagten ihm die Priester sogar einen Stein, auf den er sein Haupt legen könnte. Man kann sich nicht leicht die volle Bedeutung der ägyptischen Exkommunizierung einer Seele vorstellen.» Über dieser priesterlichen Verfluchung, die nicht nur Echnaton, sondern auch dem Aton galt, liegt zweifellos ein dunkles Geheimnis.

Ihren Triumph über den «Frevler von Achet-Aton» brachte die Amunpriesterschaft u. a. in den Worten zum Ausdruck: «Wehe dem, der Dich (Amun) angreift. Deine Stadt dauert, aber der Dich angriff, ist vernichtet. Wehe über dem, der gegen Dich sündigt in irgendeinem Lande. Die Sonne dessen, der Dich nicht kannte, ist untergegangen, aber der Dich kennt, leuchtet. Das Heiligtum dessen, der Dich angriff, liegt zerstört im Dunkel, aber die ganze Erde ist im Licht.»

Seitdem Howard Carter im Jahre 1922 das Grab des Tut-ench-Amun entdeckt hat, ist der Name dieses jung verstorbenen Anhängers und Nachfolgers Echnatons in der ganzen Welt bekannt geworden durch die unermeßlich reiche Grabausstattung und Beisetzung seiner Mumie.

Das Grab des Tut-ench-Amun ist das einzige von den 61 Felsengräbern im Tal der Könige, das nicht oder nur geringfügig von Grabräubern ausgeraubt worden ist. Gegenüber den Grabanlagen seiner großen Vorgänger und Nachfolger ist es ein in kleinen Ausmaßen gehaltenes Grab. Es besteht außer der Sargkammer aus drei Räumen, einer Vorkammer und zwei Schatzkammern. Diese drei Räume waren angefüllt mit einem unerhört reichen Inventar aus dem persönlichen Besitz Tut-ench-Amuns. Unter den Hauptgegenständen befand sich eine kostbare Truhe mit kunstvollen Darstellungen von Jagd- und Schlachtszenen und als Inhalt reichverzierte Gewänder, darunter ein Königsornat, weiterhin drei hölzerne Bahren, jede mit besonderen Tierköpfen, ein Bett aus Ebenholz. Unter den Bahren der Thronsessel mit reichverzierter Rücklehne aus Holz, mit Blattgold überzogen, ferner der in Teile zerlegte, mit Goldblech überzogene Prunkwagen des Königs, dazu das Pferdegeschirr, dann Bogen, Pfeile, Leuchter, Opfergefäße aus Alabaster, Skarabäen, goldene Ringe, eiförmige Behälter, die gebratene Enten und andere Opferspeisen enthielten.

Dieser Raum war von Grabräubern durchwühlt und in Unordnung zurückgelassen worden, desgleichen die beiden Seitenkammern. Eine derselben enthielt den größten Schatz der Grabbeigaben, einen mit Gold überzogenen Schrein, umgeben von den vier Schutzgöttinnen, Isis, Nephtys, Neith und Selket mit ausgebreiteten Flügeln. Beim Eingang der schakalköpfige Anubis auf einem Schrein, der auf einen Schlitten gesetzt war. Längs der Wände weitere Schreine.

Zu beiden Seiten der versiegelten Türe zur Sargkammer standen zwei Wächtergestalten in Lebensgröße mit goldenem Schurz und Sandalen, in den Händen Keule und Stab mit den heiligen Schlangen haltend. Dieses Inventar gewährte den Einblick in das hochentwickelte Kunsthandwerk jener Zeit, das an Reichtum, Schönheit und künstlerischem Formensinn alles, was zum Beispiel der ägäische Kulturkreis, Kreta miteingeschlossen, hervorgebracht hat, übertrifft.

Die Sargkammer (von den Grabräubern fast unberührt gelassen) bot den Anblick einer mit vielleicht beispiellosem Prunk erfolgten Beisetzung eines Pharao, obwohl Vergleiche mit andern Königsbestattungen nicht gemacht werden können, da sie alle dem Grabraub zum Opfer gefallen sind. Die Grabbeigaben und die Beisetzung der Mumie geben aber einen Begriff von dem Reichtum und dem Luxus, welcher gegen das Ende der 18. Dynastie in Theben bestanden haben mag.

Die Wände der Sargkammer trugen Malereien. An der Ostwand der Leichenzug des Königs. Die Mumie in ihrem Schrein auf einer Löwenbahre,

Höflinge ziehen sie auf einem Schlitten zum Grab. Vor und hinter dem Schrein Isis und Nephtys.

In der Ostecke der Nordwand König Eje im Priestergewand, die Zeremonie der Mundöffnung an dem Osiris Tut-ench-Amun vollziehend. In der Mitte der Wand Tut-ench-Amun vor der Göttin Nut, der Himmelsgöttin, die «Gesundheit und Odem seinen Nasenlöchern spendet». In einer weiteren Darstellung umarmt der König, gefolgt von seinem «Ka», den Osiris.

An der Westwand Auszüge aus dem Buche «Amduat» (das, was in der Unterwelt ist), weiter eine Reihe von Hundskopfaffen, die Cheprebarke des Rê und eine Prozession von fünf Göttern der Unterwelt. Die Südwand mit der versiegelten Türe zur Sargkammer zeigt den König zwischen Isis und Anubis und drei Göttern der Unterwelt.

Die Sargkammer enthielt als äußerste Umhüllung des Sarkophages einen aus Eichenbrettern zusammengefügten, außen und innen mit Goldblech überzogenen Schrein, mit seinen Dimensionen von 5,2 m Länge, 3,25 m Breite und 2,75 m Höhe fast die ganze Kammer ausfüllend. Zwischen Schrein und Wand nur 60 cm Raum. In diesem Raum, rings um den Schrein verstreut, eine Reihe von Gegenständen, u. a. eine Lampe aus durchscheinendem Alabaster, eine silberne Trompete mit eingravierten Namen des Rê, Amun und Ptah. Vor der Ostwand des Schreines mit seinen zwei Flügeltüren eine dreiarmige Lampe aus durchscheinendem Alabaster, davor eine aus Holz geschnitzte, in Leinen gehüllte, dem Amun heilige Gans. Zwischen Schrein und der Wand Ruder für die Königsbarke zur Fahrt über die Gewässer der Unterwelt. An der Westwand aufgehängt lotosförmige Stäbe mit goldenen Wahrzeichen des Anubis, weiter vier vergoldete sinnbildliche Stäbe aus Holz, von denen in einem späteren Abschnitt die Rede sein wird, daneben vier Gefäße aus Ton. In der Südwestecke angelehnt ein großer Blumenstrauß aus Zweigen der Persea und Olive.

Die Füllungen der beiden Flügeltüren in Relief mit Gestalten der Unterwelt, Dämon ohne Kopf und andere. In diesem Schrein ein zweiter, gleichgearteter mit unversehrten Siegeln. Darüber auf Stützen ein leinenes Bahrtuch, übersät mit vergoldeten Bronzeblättern in Form von Margeriten. Der Goldschrein bedeckt mit ziselierten Darstellungen aus dem Buch «Von dem, was in der Unterwelt ist». Vor der Türe dieses zweiten Schreines ein Salbengefäß aus lichtdurchlässigem Alabaster in meisterlicher Arbeit mit Gold und Elfenbein verziert und umrahmt von ineinander verschlungenen Linien und Papyrus, die Vereinigung von Ober- und Unterägypten darstellend. Zu beiden Seiten Figuren des Nilgottes Hapi, Szepter haltend, welche die Kronen Ober- und Unterägyptens tragen. Vor diesen eine Salbenbüchse aus geschnittenem Alabaster, auf vier Figuren ruhend, auf dem Deckel ein Löwe. Zwischen den beiden Schreinen Prunkszepter, Waffen, Keulen, Bogen, goldene und silberne Stäbe mit Statuetten des Königs, darunter ein einfacher Goldstab mit Knauf und der Inschrift: «Nimm dir den Stab von

Gold, auf daß du deinem geliebten Vater Amun folgen mögest, dem geliebtesten unter den Göttern.» Zu den Kultgegenständen der Kammer gehörten magische Figuren in kleinen Nischen, die nach Norden, Süden, Osten, Westen schauten.

Dieser zweite Schrein enthielt einen dritten und dieser einen vierten. Die Flügeltüren dieser Goldschreine geschmückt mit Flachreliefs, die Schutzgöttin Nephtys darstellend. Zwischen dem dritten und vierten Schrein zwei prächtige Wedel aus Goldblech mit Szenen aus dem Leben des Königs.

Diese vier Goldschreine bildeten die Umhüllungen des aus einem monolithen Block von gelbem Quarzit bestehenden Sarkophages. An den vier Ecken in Hochrelief die vier Schutzgöttinnen Isis, Nephtys, Neith und Selket mit ausgebreiteten Flügeln. Um die Basis eine Leiste mit den Schutzzeichen des Osiris und der Isis. Der Deckel des Sarkophages aus rötlichem Granit, durch Bemalung der Farbe des Steinsarges angeglichen. Das Innere des Sarkophages bedeckt mit Leintüchern, den ersten Mumiensarg verhüllend. Die Göttinnen Isis und Neith, umfassend den hölzernen, vergoldeten Mumiensarg. Dieser Sarg, in herrlichem Flachrelief den Pharao darstellend mit der Königshaube, Kopf und Hände des Königs aus massivem Gold, in jugendlicher Schönheit porträtgetreu nachgebildet als Osiris mit künstlichem, das Kinn verdeckendem Bart, die Hände über der Brust gekreuzt, die königlichen Insignien, Krummstab und Geißel, haltend, die Stirne geschmückt mit Schlange und Geier, den Kultzeichen Unter- und Oberägyptens. Um die Stirne ein kleiner Blumenkranz als letzter Gruß seiner Gattin. Auf dem Sarkophag die Inschrift: «O Mutter Nut! Breite deine Flügel über mich aus, wie die unvergänglichen Sterne.»

In diesem ersten Sarg ein zweiter, mit einer Leinendecke umhüllt, wie Carter sich ausdrückt, ein Werk herrlichster Sargmacherkunst. Der König mit der Königshaube wieder als Osiris in vollendeter Schönheit, schützend umfangen von der Geierkönigin Nechbet und der Schlangengöttin Buto. Dieser Sarg enthaltend den dritten, den kostbarsten Sarg aus reinem Gold. Der junge König wiederum als Osiris mit dem Kopftuch, Gesicht, Hals und Hände aus poliertem Gold. Um den Hals eine doppelte Kette aus verschiedenfarbenen Fayenceperlen, auf der Brust ein Kragen in Zellenarbeit, über Armen und Leib Nechbet und Buto, über den Beinen die geflügelten Gestalten der Isis und Nephtys.

Umhüllt von drei Särgen und vier Schreinen die Mumie. Kopf und Schulter bedeckt mit einer Goldmaske, das jugendliche Bild des Königs darstellend. Die drei Mumiensärge ruhen auf einer Bahre mit Löwenkopffüßen von vergoldetem Holz und einer so vollendeten Konstruktion, daß sie eine Last von 12½ Zentnern ohne Bruch bis zur Gegenwart getragen haben.

Der Sarkophag in genauer Ost-Westrichtung. Der Mumie beigegeben, von den Binden umwickelt, 143 Gegenstände in folgender Anordnung:

Das Haupt umhüllt von einem goldenen, edelsteinbesetzten Diadem, mit den Kultzeichen des Nord- und Südreiches. Über die Brust laufend bis zu den Ohren ein Goldband zum Festhalten der Königshaube. Um den Hals zwei Arten symbolischer Kragen mit zwanzig in sechs Reihen gelegten Amuletten, jede Schicht von den andern durch Bindenlagen getrennt. Die Brust geschmückt mit fünfunddreißig Gegenständen in siebzehn Gruppen auf dreizehn Schichten verteilt. Zuerst eine Gruppe von vier goldenen Kragen mit Nechbetgeiern und Butoschlangen, dann weitere Metallkragen, acht im ganzen, jeder durch Leinenbinden vom andern getrennt. In einer elften und zwölften Schicht weitere Schmuckstücke, wie Brustanhänger in Geierform, in Skarabäenform und herzförmige Anhänger aus Gold mit den Zeichen des Osiris und der Isis. In den Binden über der Brust und dem Bauch zwei Gruppen von Fingerringen aus Gold. Beide Unterarme bis zum Handgelenk eine Fülle goldener Armreifen. Jeder einzelne Finger in einer Goldhülse. Goldene Ringe am zweiten und dritten Finger der linken Hand. Über dem Leib zehn Gegenstände in zehn durch Binden getrennten Lagen, worunter ein goldenes Amulett, ein den Leib vom Nabel bis zur Scham bedeckender Kragen, acht goldene Reifen in vier Paaren, ein goldener Leibgürtel, schräg über dem Unterleib ein reich verzierter Dolch aus Gold in verzierter Goldscheide. An beiden Gürteln röhrenartige Teile zur Befestigung von Tierschwänzen. Unter der Mumie befindlich Tierschwänze aus Fayenceperlen. Der Schurz aus sieben goldenen Platten, vom Knie bis zum Unterleib reichend. Darunter ein fein gearbeiteter Dolch in goldener Scheide mit einer Klinge aus Eisen, damals ein seltenes Metall. Zum Diadem gehörend, von diesem herabhängend, rechts der Nechbetgeier, links die Butoschlange, weiter sieben Reifen in drei Hüllenlagen über den Oberschenkeln. Die Füße in goldgetriebenen Sandalen, jede Zehe in einer besonderen Goldhülse.

In einer siebenfachen Umhüllung von vier Schreinen und drei Särgen ist die Mumie Tut-ench-Amuns geborgen worden, und diese selbst hat eine kultische Behandlung und Einkleidung erfahren, die unter allen bisherigen ägyptischen Grabfunden einzigartig dasteht. Sie ist in dieser Beziehung die geheimnisvollste aller Königsmumien.

Zunächst erhebt sich die Frage, ob jemals im Laufe der dritten Sothisperiode eine Königsmumie mit einem solchen Aufwand von Inventar und kultischer Umhüllung in einem Grabe beigesetzt worden ist. Von allen Königen Ägyptens sind nur zwei in ihren ursprünglichen Sarkophagen aufgefunden worden, Amenhotep II. und Tut-ench-Amun. Als Loret 1903 das ausgeraubte Grab des Amenhotep entdeckte, fand er darin weitere dreizehn königliche Leichname, die dorthin zum Schutz vor den Grabräubern verbracht und bei dieser Gelegenheit neu bestattet worden waren. Auch die 36 Mumiensärge, die 1881 in der Cachette von Der-el-Bahri entdeckt worden sind (worunter 14 Mumien der großen Pharaonen der 18. Dynastie, die von einem Könige der 21. Dynastie dorthin vor den Grabräubern geflüchtet und verborgen worden waren), haben zum Teil mehrere Umbestattungen erfahren. Das in einem komplizierten System von Gängen, Kammern und Schachten angelegte, aber völlig ausgeraubte Grab Sethos I., das Belzoni im Jahre 1817 entdeckte, enthielt nichts mehr als den leeren Alabastersarkophag des Königs, der sich heute im Soane-Museum in London befindet. Der Grabfund, den Reisner 1926 machte, welcher als Grab der Hetepheres, der Mutter des Cheops, identifiziert werden konnte, enthielt außer einigem persönlichen Inventar auch nur den leeren Alabastersarkophag.

Waren die Königsmumien im Grabe des Amenhotep II. und in der Cachette von Der-el-Bahri einst auch wie die Mumie Tut-ench-Amuns von vier Goldschreinen umhüllt und in drei Goldsärgen mit so unerhörtem Aufwand von Goldschmuck beigesetzt worden?

Das Grab des Tut-ench-Amun mit seinen vier kleinen Kammern nimmt sich in räumlicher Hinsicht bescheiden aus gegen die verschlungenen, tief in den Felsen hineingetriebenen Anlagen von Sälen, Kammern, Nischen und Gängen der Gräber der Pharaonen der 18. und 19. Dynastie. Dieser königliche Jüngling, dessen Alter nach dem Befund nicht mehr als auf 21 Jahre geschätzt wird, verfügte nicht über eine überschauende, herangereifte Lebenserfahrung. Irgendwelche besonderen Leistungen oder Verdienste können ihm nicht zugeschrieben werden. Die herrliche goldene Maske, die das Haupt bis zu den Schultern bedeckte und nach dem Leben gestaltet wurde, also ein Porträt darstellt, zeigt ein noch vom Leben unbeschriebenes Antlitz, ein Antlitz mit den Zügen einer rührenden Schönheit und Unschuld.

Tut-ench-Amun mag unter den ganz wenigen jung verstorbenen Pharaonen der allerjüngste gewesen sein, und doch wurde er mit einem Aufwand bestattet, der anscheinend ein Sonderfall von Pharaonenbestattung gewesen ist. Warum also ist diesem noch knabenhaften Jüngling, der außerdem mit einer Tochter des Frevlers von Achet-Aton, Echnaton, vermählt gewesen war, eine so unermeßlich reiche Bestattung zuteil geworden, und wer kann sie, da hierfür der junge König nicht in Frage kommen kann, weil er ein Grab nicht vorbereitet hatte, veranlaßt haben?

Warum dieser Sonderfall einer Bestattung zu einer Zeit, als das ägyptische Weltreich zusammenstürzte und die Tribute schon unter Echnaton aufgehört hatten, in überreicher Fülle nach Theben zu strömen? Ein Sonderfall in der Geschichte Ägyptens ist auch dieses Grab, weil es das einzige ist, das vor dem Schicksal einer totalen Ausraubung bewahrt geblieben ist. Anscheinend sind auch die in dieses Grab eingedrungenen Grabräuber überrascht worden, denn die Türen sind nachher wieder neu versiegelt worden.

Die Beisetzung der Mumie des Tut-ench-Amun mit ihrer Umhüllung von drei Goldsärgen hat nach einer umfassenden Kultordnung stattgefunden, die alles zur Konsekration herangezogen hat, was zum Weltbild und zur

Kultordnung der Pharaonenherrschaft gehört. Ganz Ägypten und das Pharaonentum waren an dieser Beisetzung in sakraler Form mit eingeschlossen.

Tut-ench-Amun ist beigesetzt worden mit den Insignien des Stier-Eingeweihten, dem Tierschwanz, dem künstlichen Bart, und als Osiris mit den Insignien des Pharao, der Königshaube, dem Diadem, den Insignien des Herrschers von Ober- und Unterägypten, und dieses unter Anrufung der Mächte der Unterwelt und der vier Schutzgöttinnen.

Der dritte, innerste Goldsarg bietet den Anblick einer dreigliedrigen kultischen Anordnung. Das Haupt als Osiris. Über der Brust die Göttinnen von Ober- und Unterägypten, Nechbet und Buto. Über den Beinen die geflügelten Gestalten der Isis und Nephtys.

Dreigliedrig ist auch die Anordnung der von Byssusbinden umwickelten kultischen Beigaben, die unter den gesprochenen Konsekrationsworten an ihren Ort gebracht und umwickelt wurden. Das Haupt der Mumie konsekriert mit dem goldenen, edelsteinverzierten Königsdiadem und den Kultsymbolen von Ober- und Unterägypten, Hals und Brust, der Ort der Sprachorgane und des Herzens, konsekriert mit einer Anzahl schmückender Halskragen, Amulette und Skarabäen. Die Taille umschlossen mit Gürtel aus getriebenem Gold. Auf dem Leib der Dreieckschurz aus sieben Goldplatten und als weitere Beigabe die zwei beschriebenen Dolche.

Echnaton und Tut-ench-Amun, die im Leben in Achet-Aton einander nahe gestanden haben, wurden im Tode durch die Amunpriesterschaft in einen ungeheuerlichen tragischen Gegensatz hineingeworfene Gestalten. Echnatons Werk und seine Stadt wurden vernichtet, sein Name ausgelöscht und verfemt. Tut-ench-Amun aber erhielt eine Bestattung von einem kaum jemals einem Pharao zuteil gewordenen Reichtum und einem magischen Schutz für seine Mumie unter dem Beistand aller kultischen Mächte Ägyptens.

Echnaton wurde das Opfer einer magischen Verfluchung und Tut-ench-Amun das Opfer einer magischen Verherrlichung seiner Mumie.

Eine mächtig gesteigerte Mumienmagie ist das Geheimnis des Tut-ench-Amun-Grabes. Durch die Mumifizierung wurde, worüber die diesbezüglichen Texte deutlich genug orientieren, der «Ka» des Verstorbenen in Verbindung mit der Erde, mit den Lebenden gehalten. Es wurden ihm die Totenopfer dargebracht. Der «Ka» ging durch die Scheintüre ein und aus. Der Tote wurde auch zum Schutzgott für diejenigen, welche er im Leben zurückgelassen hatte.

Verrichtungen zum Zwecke eines magischen Schutzes haben im Altertum vielfach stattgefunden, wie u. a. bei Gelegenheit von Städtegründungen und Tempelbauten. Bei solchen Anlässen einer Stammes- oder einer Kultgemeinschaft wurde unter einem entsprechenden Ritual eine Jungfrau lebendig eingemauert und starb freiwillig einen sakralen Tod für die Gemeinschaft, der sie im Leben angehört hatte und für die sie auf diese Weise das Opfer ihres Lebens darbrachte. Die Wirkung eines solchen freiwilligen Opfertodes war die, daß die Seele der Geopferten nach dem Tode zum Schutzgeist der Kultgemeinschaft oder der neu gegründeten Stadt wurde.

Tut-ench-Amun war wohl, wie bereits bemerkt, der jüngste Pharao, der jemals bestattet worden ist. Der Anblick der Porträtmaske läßt ahnen, wieviel unverbrauchte Lebenskräfte in diesem königlichen Jüngling noch gewohnt haben mögen, denn dieses Antlitz träumt noch dem Leben entgegen.

Die Amunpriesterschaft sah sich nach der erlittenen Katastrophe in die Lage versetzt, ihre aufgelöste Kultgemeinschaft wieder zu sammeln und neu zu festigen. Dazu bedurfte sie nach den unter ihr bestehenden kultischen Anschauungen des Schutzgeistes eines Toten, aber eines königlichen Toten, der wie Tut-ench-Amun jung, mit unverbrauchten Lebenskräften den Tod – auf welche Weise ist nicht bekannt – gefunden hatte und ihrer Kultgemeinschaft nach seiner Lösung von Achet-Aton als königlicher Kultträger angehört hatte. Nach der Absicht der Amunpriesterschaft sollte Tut-ench-Amun der Schutzgeist ihrer neu entstehenden und verstärkten, durch Machtzuwachs verstärkten Kultgemeinschaft werden. Der beispiellose Aufwand der Grabausstattung und der Beisetzung unter der Magie des Rituals diente der Ausführung dieser Absicht.

Der Aufwand von Gold bei der Beisetzung der Mumie Tut-ench-Amuns hat die Welt in Erstaunen gesetzt und macht diese Beisetzung zu einem Rätsel, das eine Deutung fordert. Zur Mumienmagie wurde in diesem Grabe die Goldmagie als Verstärkung und Steigerung hinzugefügt.

Die Mumie ist umhüllt von dem dritten Sarg aus reinem Gold (im Gewicht von 86 kg), das Haupt des Toten von der bis auf die Schultern reichenden, strahligen Goldmaske, die Unterarme vom Ellenbogen bis zum Handgelenk tragen die kostbaren goldenen Armreifen. Die Finger, mit goldenen Ringen geschmückt, stecken in goldenen Hülsen, an den Füßen goldene Sandalen, jede Zehe, wie die Finger, in Goldhülsen. Haupt und Gliedmaßen sind, das ist der sich einstellende Eindruck, durch Goldmagie gefesselt.

Um die Gestalt des Echnaton webt sich die dunkle Tragik von Priesterfluch. Um Tut-ench-Amun die Tragik von Goldmagie, welche die Verbindung der Seele des Toten mit der Erde zu bewahren die Macht hat. Durch Macht, nicht durch dargebrachtes Opfer, wurde Tut-ench-Amun zum Schutzgeist der Kultgemeinschaft der thebanischen Amunpriesterschaft.

Nach Tut-ench-Amuns Tode kam, jedoch nur für kurze Zeit, Eje, der zu der nächsten Umgebung Echnatons gehört hatte, auf den Thron. Er war Oberpriester in Achet-Aton und Kämmerer des Königs gewesen und vermählt mit der Amme Echnatons. Auch dieser dritte Nachfolger konnte sich infolge der inzwischen eingetretenen Störungen und Unsicherheiten oder aus anderen unbekannten Gründen nicht auf dem Throne halten.

Keinesfalls kann Eje die kostbare Beisetzung der Mumie Tut-ench-Amuns zugeschrieben werden. Auf den Wandmalereien in dessen Sargkammer vollzieht er die Zeremonie der Mundöffnung. Eje trägt dabei die königlichen Insignien und das Leopardenfell seines priesterlichen Grades.

Mit einer Königstragödie ohnegleichen, die ganz Ägypten in schwere Erschütterungen geworfen hat, fand die dritte Sothisperiode ihr Ende. Haremheb, der Oberbefehlshaber des Heeres unter Echnaton und seinen Nachfolgern, ist der Pharao, unter dessen Herrschaft, er regierte von etwa 1335–1314, der Übergang von der dritten zur vierten Sothisperiode stattgefunden hat. Haremheb stellte die gestörte Ordnung im Lande wieder her. Er ließ die Gesetze auf einen 5 m hohen und 3 m breiten Denkstein aufzeichnen und ihn vor den Pylon des Amuntempels setzen. In einer Inschrift sagte er von sich: «Höret diese Befehle, die meine Majestät, das ganze Land regierend, zum ersten Male gemacht hat, als meine Majestät an die Fälle der Unterdrückungen dachte, die in diesem Lande geschahen.»

Haremheb stellte nicht nur die alte Ordnung wieder her, sondern verstärkte durch seine Maßnahmen die Macht der Amunpriesterschaft. Er setzte sie in ihre alten Rechte ein, gab ihr ihren Besitz zurück und schenkte ihr in Nubien auch ein eigenes Goldland. Durch ihn wurde die Amunpriesterschaft nicht nur, was sie schon vor Echnaton war, ein mit Privilegien ausgestatteter, selbständiger Priesterstand, sie wurde ein maßgebender Machtfaktor oder, wie Breasted sich ausdrückt, «ein besonderer Staat im Staate».

Als Haremheb starb, wurde seine Mumie nicht in dem von ihm vorbereiteten Grabe in Memphis, sondern in einem neuen Grabe in Theben beigesetzt, aber, was auffallen kann, gegenüber der Beisetzung des Tut-ench-Amun, der sich keine Verdienste für das Land erworben hatte, ohne besonderen Aufwand.

Echnaton und Haremheb sind die beiden Pharaonengestalten, mit denen die dritte Sothisperiode ihren Abschluß gefunden hat. Der Pyramidenbau und der Bau der Atonstadt begrenzen sie.

Echnatons Ziel war ein Universelles, ein Menschheitliches. Das Ziel Haremhebs ein begrenztes Machtziel. Zwischen beiden das Grab Tut-ench-Amuns, die goldbeschwerte Mumie bergend, als Zeugnis des Triumphes der typhonischen Macht am Ende der dritten Sothisperiode.

XXII

AUSBLICK AUF DIE VIERTE SOTHISPERIODE

Die Machtverhältnisse, welche durch Haremheb am Ende der dritten Sothisperiode neu befestigt worden waren, insbesondere die seither wachsende Stellung der Amunpriesterschaft und des thebanischen Kultzentrums setzten sich zu Beginn der vierten Sothisperiode fort. Dennoch ist beim Übergang von der dritten zur vierten Sothisperiode ein tiefgehender Bruch zu bemerken. Jenes große thebanische Königsgeschlecht, das die Hyksos vertrieben und dann die gewaltigen Taten und glänzenden Schöpfungen der 18. Dynastie vollbracht hat, war mit Echnaton erloschen. Ein neues, anders geartetes Geschlecht, das die Namen Ramses und Sethos erhielt, kam auf den Pharaonenthron.

Über dieses neue Königsgeschlecht orientiert ein Denkmal, das unter dem Namen «400 Jahre Stele» bekannt geworden ist. Diese Stele wurde in Tanis-Auaris, dem einstigen Stützpunkt der Hyksos, gefunden und stammt aus der Zeit Ramses II. Ramses hatte sie zum Gedächtnis seines Vorgängers Sethos errichten lassen. Der Inhalt dieser Stele geht dahin, daß Sethos, ehe die Ramassiden den Pharaonenthron eingenommen haben, Tanis-Auaris besucht und dort den Seth verehrt habe, der 400 Jahre früher der Schutzgott der Stadt Auaris unter den Hyksos war. Angeknüpft wird durch diese Stele die Herrschaft des Sethos I., d. h. die Dynastie der Ramassiden, an Seth in Auaris während der Herrschaft der Hyksos. Hierin mag der Grund liegen, warum dieser Ramasside den Namen Sethos I. angenommen hat.

Diese ersten Herrscher der vierten Sothisperiode standen demnach in einer besonderen Beziehung zum Seth. Die vierte Sothisperiode hat ein mit Seth-Typhon sich verwandt wissendes Geschlecht auf den ägyptischen Königsthron gebracht. Das ist der Bruch, welcher mit dem Eintritt in die vierte Sothisperiode stattgefunden hat.

Wenn eine Kulturepoche ihrem Niedergang und Verfall entgegengeht, ist dies ein Vorgang, der sich in der Kulturgeschichte der Menschheit vielfach zu verschiedener Zeit und auf verschiedene Weise zugetragen hat. Der mit der vierten Sothisperiode einsetzende, heute allgemein erkannte Niedergang ist zufolge des Zerfalles des ägyptischen Mysterienwesens eingetreten, auf den schon wiederholt hingewiesen worden ist. Die typhonische Goldmagie im Grabe Tut-ench-Amuns macht diesen Niedergang in nicht zu verkennender Weise deutlich.

Wenn die Isis zu verstummen beginnt, weil sie nicht mehr von dem Universellen her befruchtet wird, dann tritt durch diese Lockerung die Versuchung ein, jene elementarischen Kräfte, welche im Reich der Mütter walten, zum Zwecke niederer Magie zu mißbrauchen. Sie werden dadurch typhonisch. Verfall des Mysterienwesens ist es, wenn nach Haremheb typhonisch inspirierte Herrscher unter Mitbeteiligung der mächtig gewordenen Priesterschaft auf den Pharaonenthron kommen.

Über den Lebenslauf und die Rangstufen eines Amunpriesters gibt eine Inschrift auf der Rückseite einer Statue des thebanischen Oberpriesters des Amun, Bok-n-Honsu, aus der Zeit des Ramses II. Aufschluß. Er sagt darin u. a.:

«Vier Jahre lang war ich ein gar kleines Kind
Und zwölf Jahre lang war ich ein Knabe
  Als Stallaufseher des Erziehers des Königs (Ramses II.)
Dann war ich Amunpriester vier Jahre lang.
  Und wurde ein Pater des Amun zwölf Jahre hindurch;
Als dritter Prophet Amuns verlebte ich sechzehn Jahre
Und zwölf Jahre als Amuns zweiter Prophet.
Er belohnte mich, denn er erkannte mich
Er ernannte mich zum ersten Amunspropheten
Während sechs Mal von Jahren.»

Nach Haremhebs Tode nahm der bereits bejahrte Ramses I. für kurze Zeit den Königsthron ein. Ob Haremheb diese neue Dynastie selber begründet hat, ist in Dunkel gehüllt, gewiß ist, daß unter dieser neuen Dynastie die Absicht Haremhebs, die Weltstellung Ägyptens wieder zurückzugewinnen und zu festigen, von dem Sohn des ersten Herrschers dieser Dynastie, von Sethos I., sogleich aufgenommen und weitergeführt worden ist. Dieses geschah durch seine siegreichen Feldzüge in Asien, wobei er die Festung, welche die Grenze zwischen Palästina und dem Reich der Hethiter sicherte und die denselben Namen Kadesch trug, wie jene von Thutmosis erstürmte Festung im Orontestal, eroberte. In der Folge stießen die Ägypter mit den Hethitern erstmals kriegerisch zusammen und Sethos schloß einen Friedensvertrag mit dem Hethiterkönig Mutallu.

Dieses neue Herrschergeschlecht mit Sethos I. an der Spitze machte sich einen Namen durch seine Tempelbauten, die nicht nur fortführten, was seine Vorgänger der 18. Dynastie geschaffen hatten, sondern in demonstrativer Weise übersteigerten. Vor den großen Pylon Amenhoteps III., den er als Fassade des Amuntempels in Theben errichtete, ließ Sethos die gigantische Säulenhalle des Hypostiles beginnen und an dessen 60 m langer Nordmauer Reliefdarstellungen aus seinen in Asien geführten siegreichen Schlachten einmeißeln. Am Westufer des Nils errichteten seine Baumeister einen Totentempel und im Tal der Könige das größte aller Felsengräber, dessen

Gänge und Kammern 140 m tief in den Felsen hineingetrieben wurden. Hervorragend wegen seiner Eigenart, die von der bisherigen Norm der ägyptischen Tempel abweicht, ist sein Tempelbau mit den sieben Götterkapellen und der Königshalle mit ihren bis zur ersten Dynastie hinaufreichenden Königslisten in Abydos. Dieser Bau (in Abschnitt XXIV beschrieben) ist nicht nur wegen seiner besonderen Anlage, sondern auch wegen der Stätte ein eindrückliches Charakteristikum jener Zeit. Sethos verfolgte dabei die Absicht, mit dieser Tempelanlage alles zusammenzufassen, was seit der Begründung der Pharaonenherrschaft Ägypten seine Größe und Weltbedeutung gegeben hat. So ist in diesem Tempel eine kulturgeschichtliche Dokumentierung dafür zu sehen, daß das wahre schöpferische Leben der dritten Sothisperiode erloschen und nur Tradition oder Nachahmung, aber vielfach ins Maßlose gesteigerte Nachahmung geworden ist.

Ramses II. kam auf den Pharaonenthron, indem er seinen älteren, thronberechtigten Bruder in den Hintergrund drängte und sich in Theben die Macht dadurch zu sichern wußte, daß er die Amunpriesterschaft auf seine Seite brachte.

Ramses II. hat 15 Jahre lang Krieg in Asien geführt. Während der vorangegangenen Friedenszeit unter Sethos I. hatte der Hethiterkönig Mutallu seine Herrschaft befestigt und zu diesem Zweck die stärkste Festung in Syrien, Kadesch, den Schlüssel zum Orontestal, in seinen Besitz gebracht. Ramses wie der Hethiterkönig sammelten ihre Truppen für die bevorstehende kriegerische Auseinandersetzung. Ramses rückte mit einem aus vier Gruppen bestehenden Heer vor, denen er die Namen Amun, Rê, Ptah und Sutech (Seth) gab. Er selber führte die Amun-Gruppe. Beim Vorrücken gegen Kadesch geriet Ramses in eine durch die List des Hethiterkönigs herbeigeführte verzweifelte Lage, in die Gefahr, abgeschnitten zu werden und in die Gefangenschaft zu geraten. Bei dieser Gelegenheit vollbrachte Ramses eine Tat von Geistesgegenwart und Kühnheit, welche die Lebensgefahr verleihen kann, durch die er sich retten konnte. An den Außenmauern einiger seiner Tempelbauten ließ der seiner Neigung nach besonders ruhmredige Ramses seine Tat und sich selber verherrlichen. Nach dem Tode des Mutallu schloß Ramses mit dessen Bruder Chattusil einen Bündnisvertrag und vermählte sich später mit der ältesten Tochter des Hethiterkönigs, der sie selber mit glänzendem Gefolge und Geschenken an den Hof des Ramses begleitete.

An Tempelbauten und Selbstdarstellungen suchte Ramses alle seine Vorfahren zu überbieten. Er ließ den Totentempel seines Vaters vollenden und seinen eigenen, das Ramasseum, bauen. Der Hypostil im Amuntempel von Theben, den Ramses I. plante und Sethos I. in Angriff genommen hatte, fand durch ihn seine Vollendung und damit der gewaltigste Säulensaal mit den mächtigsten und höchsten Säulen der Welt. Da Ramses im Norden seinen dauernden Aufenthalt nahm, ließ er im Delta außer Tempeln auch Städte bauen. Es gab im ganzen Lande kaum einen Tempelbau, an dem nicht durch Inschrift bezeugt ist, daß er von Ramses vollendet oder durch Anbauten erweitert worden ist. Vom Delta bis nach Nubien ließ er seine Statuen aufstellen. Seinem Hang nach Übersteigerung entsprach es, sich in Monolithen von bis dahin nie erreichter Höhe darstellen zu lassen. In Tanis wurde eine dieser Statuen aus einem Monolithen von 27 m Höhe herausgehauen. Außer seinen Statuen ließ er zahlreiche Obelisken vor seinen Tempeln aufstellen, in Tanis allein 14 solcher Monolithen. Der größte derselben, der für den höchsten aller bisherigen Obelisken bestimmt war, liegt heute noch eines Fehlers wegen in den Granitsteinbrüchen bei Assuan. Ramses baute auch in Nubien eine Reihe von Tempeln. In Abu Simbel ließ er am Eingange seines dort errichteten Felsentempels die Kolossalstatuen von sich und seiner Gemahlin mit einer Höhe von 24 m aus dem Felsen heraushauen. Heere von Sklaven und zahlreiche Künstler und Handwerker standen ihm bei der Ausführung seiner Pläne zur Verfügung, und unermeßliche wirtschaftliche Mittel haben sie beansprucht. Übersteigert war auch der Luxus seiner Hofhaltung und seiner Lebensführung.

Entscheidend für die Beurteilung Ramses II. ist der Umstand, daß er seine Residenz nicht in Theben, sondern im Norden nahm. In Tanis ist die früher erwähnte Stele gefunden worden, nach welcher er seine und des Sethos I. Herrschaft, d. h. die 19. Dynastie, nicht wie bis dahin an die von der Maternität gehütete Ahnenreihe, sondern an den Widersacher des Horus, an Seth anknüpfte. Tanis, die Stadt des Seth, wurde seine Residenz, während in Theben die Amunpriesterschaft ihr Machtzentrum erweiterte durch die Begründung einer Priesterhierarchie, indem der Oberpriester des Amun seinen Sohn zum erblichen Nachfolger bestimmte.

Obwohl Ramses II. dem Amun den größten aller Tempel vollenden ließ, seine Obelisken setzte und ganz Ägypten mit seinen Statuen bevölkerte, hat dieser Sohn des Seth das Land dem Verfall und dem Untergang entgegengeführt. Die Pharaonen der bisherigen Dynastien waren für Ägypten da, jetzt war Ägypten nur für Ramses da, und unter ihm hörte Ägypten auf, Ägypten im alten Sinne zu sein. Die ägyptische Bevölkerung wurde durchmischt mit zahlreichen Sklaven semitischer und asiatischer Herkunft. Der Handelsverkehr brachte phönizische und asiatische Händler ins Land und mit ihnen auch fremde Kulte. In Memphis gab es einen Astartetempel, und semitische Götter wurden in den ägyptischen Götterkreis aufgenommen. Die Lieblingstochter des Ramses nahm den Namen «Tochter der Anat», einer syrischen Göttin, an. Im Umkreis dieses Herrschers hörte weitgehend Ägypten auf, Ägypten zu sein. Im Norden des Landes setzte eine zunehmende Semitisierung und Asiatisierung ein. Im Süden, in Theben, erstand die machtvoll herrschende Priesterhierarchie des Amun. Das sind die beiden Faktoren, die schließlich zum Zerbrechen Ägyptens in die getrennten Sondergebiete von Ober- und Unterägypten geführt haben und dadurch zu Einfallstoren für außerägyptisches Herrschertum wurden.

Ramses II. starb nach einer 67jährigen Regierung im Alter von 90 Jahren. Er hat, ausgestattet mit einer unbändigen Lebenskraft und einem ebenso unbändigen Willenseinsatz, mit dem er seine Unternehmungen in ihren ehrgeizigen Übersteigerungen in den Dienst seiner Selbstverherrlichung stellte, einen vielfach bewunderten Platz in der Geschichte Ägyptens erhalten. Unter dem prunkenden Mantel, den er über ganz Ägypten geworfen hat, begannen aber das Herz Ägyptens und der Pulsschlag seines schöpferischen Lebens zu erlahmen. Mit Ramses II. findet die Kulturgeschichte Ägyptens ihren Abschluß und geht über in die Geschichte der Verfallszeit.

Meneptah, der einzige am Leben gebliebene von 13 Söhnen des Ramses, wurde in bereits vorgerücktem Alter sein Nachfolger. Frühere Forscher haben ihn für den Pharao des Auszuges der Israeliten gehalten, der nach der damals geltenden Chronologie 1340–1322 regiert haben soll, wonach dieser Auszug genau am Ende der dritten Sothisperiode stattgefunden hätte. Seither ist aber eine Verschiebung der Chronologie eingetreten, nach welcher die Regierungszeit des Meneptah um ein Jahrhundert später fällt. Neuere Forscher stellen in Frage, ob Meneptah der Pharao des Auszuges gewesen sei. Zeit und Name des Pharao des Auszuges werden im biblischen Bericht nicht genannt und bleiben vorläufig noch ein ungelöstes Problem. Gewiß bleibt aber nach diesem Bericht, daß zur Zeit des Moses ein schwaches Pharaonentum und ein in Verfall gekommenes Mysterienwesen bestanden hat und bei den gewaltigen Ereignissen des Aufbruches eines bis dahin geknechteten Volkes der damalige Pharao mit seinen Truppen den Tod in den Fluten des Roten Meeres gefunden hat. Der innere und äußere Bruch, welcher bei dem Übergang von der dritten zur vierten Sothisperiode stattgefunden hat, ist hier deutlich wahrzunehmen.

Meneptah hatte sich gegen abgefallene Provinzen in Asien, gegen die Hethiter und ins Delta vordringenden Libyer in für ihn siegreichen Feldzügen zu erwehren. Als er 1215 starb, folgte eine Periode von Wirren um die Thronfolge und kurzfristigen Herrschaften, worunter Sethos II., die keine geschichtliche Bedeutung haben, nach denen Ramses III. der Begründer der 20. Dynastie wurde. Die Ramassiden (1200–1085 v. Chr.) waren thronberechtigte Nachfahren des Ramses II., der aus seinem Harem 200 Nachkommen seines Namens hinterlassen hatte. Anderthalb Jahrhunderte lang trugen nunmehr die Pharaonen den Namen Ramses, und Breasted bemerkt, daß es damals unmöglich war, König ohne zugleich ein Ramses zu sein.

Wie sein Vorfahr Meneptah unternahm Ramses III. siegreiche Feldzüge nach Asien und gegen die Libyer. Dann führte er die Bautätigkeit des Ramses II. weiter und ließ an den Wänden des von ihm erbauten großen Amuntempels im heutigen Medinet Habu, westlich vom Nil, seine Kriegstaten in Reliefs darstellen, Werke mit allen Anzeichen einer verfallenden Kunstübung.

Unter Ramses III. setzte sich fort, was von Haremheb begründet worden war, die Macht und der unermeßliche Reichtum der Priesterschaft des Amun. Nach einem von Ramses III. eingeführten Festkalender fand durchschnittlich alle drei Tage ein Festtag des Amun statt. Das jährlich wiederholte «Fest von Opet», das Hauptfest Amuns, erhielt eine Dauer von 27 Tagen. Der größte Teil der Kriegsbeute ging in den Besitz des Amun über. Zwei Drittel von den 15% aller Ländereien Ägyptens, die den Tempeln des Landes gehörten, besaß Amun allein. Der Oberpriester des Amun wurde Oberhaupt aller Priesterschaften Ägyptens.

Von Ramses IV., dem Nachfolger des 1166 verstorbenen Ramses III., stammt eine Urkunde, die unter dem Namen «Papyrus Harris» bekannt ist, welche dieser nach seiner Thronbesteigung anfertigen und seinem Vater, Ramses III., in das Grab mitgeben ließ. Auf einer 40 m langen Rolle finden sich alle Schenkungen seines Vaters an die drei Hauptgötter Amun-Rê, Mut und Chons verzeichnet sowie Berichte über dessen Feldzüge und Wohltaten für das Volk.

Der letzte ägyptische König dieses Geschlechtes war Ramses XII. Während Ramses III. noch durch seine Siege die Autorität Ägyptens in Asien behauptet hatte, ging sie unter seinen Nachfolgern verloren und auch im Lande selber. Ein Oberpriester des Amun, Hrihor, übernahm unter dem Titel «Oberster Heerführer der Armeen des Südens und Nordens» die Führung der königlichen Truppen, die seit Beginn der Pharaonenherrschaft stets nur Sache des Königs allein war. Ein Jahrhundert nach dem Tode Ramses III. hörte die Großmacht der ägyptischen Pharaonen auf zu bestehen.

Symptomatisch für die Zeit der Ramassiden und den Niedergang der Pharaonenherrschaft in ihrer Weltgeltung ist der damals um sich greifende, systematisch betriebene Grabraub. Grabschändungen und Zerstörungen von Gräbern haben schon viel früher, z. B. in der Zeit des Aufruhrs nach der Pyramidenzeit während der 6. Dynastie, stattgefunden. Die systematische, von Banden durchgeführte Ausraubung der Pharaonengräber im Tal der Könige, der Nekropolen von Theben und auch derjenigen von Memphis fällt der Ramassidenzeit zur Last.

Zur Geschichte des Grabraubes während der Ramassidenzeit gehören die in Gräbern aufgefundenen Papyrusrollen dieser 20. Dynastie, der sogenannte Abbott Papyrus, der Leopold II. Papyrus und der Amherst Papyrus, die ein Gerichtsverfahren gegen Grabräuber enthalten, worunter auch ein Protokoll über das Geständnis eines festgenommenen Grabräubers. Dieser sagte aus, daß er mit sieben andern Komplizen, alles Handwerker aus Theben, den Grabraub in folgender Weise betrieben habe:

«Wir gingen also, wie wir es gewohnt waren, die Gräber auszurauben, und wir fanden die Pyramide des Sechemrê-Schedtaui, des Sohnes des Rê-Sebekemsaf (11. Dynastie), das in keiner Weise den Pyramiden und Gräbern der Adeligen gleicht, die wir sonst gewöhnlich ausraubten... wir brachen durch den Schutt hindurch... und fanden diesen Gott im Hintergrunde seiner Grabstätte liegen. Wir fanden die Grabstätte von Nubchaas, seiner Königin, die neben ihm liegt... wir öffneten den Sarkophag und ihre Särge und fanden die edle Mumie dieses Königs, der mit einem krummen Säbel ausgerüstet war. Um seinen Hals lagen eine Anzahl Amulette in Gold, gefaßte Juwelen und auf ihm eine Krone von Gold. Die edle Mumie dieses Königs war über und über mit Gold verziert, und seine Särge waren innen und außen mit Gold und Silber ausgeschmückt und allen Arten wertvoller Steine ausgelegt.»

Der Bericht schildert dann weiter, daß die Grabräuber alles mitnahmen, was sie an der Mumie Wertvolles fanden und dann die Särge verbrannten. Weiter wird gesagt, daß die Grabräuber abgeurteilt und der Bericht dem Pharao übergeben worden sei.

Im Tal der Könige muß der organisierte Grabraub ein Ausmaß angenommen haben, gegen das jede Bewachung oder sonstige Maßnahmen sich als unzureichend erwiesen haben müssen. Schließlich sah sich ein König der 21. Dynastie veranlaßt, die bereits erwähnten 36 Mumien aus den Felsengräbern im Tal der Könige, anscheinend in Hast, in die Cachette von Der-el-Bahri zu verbringen, wo sie während dreitausend Jahren unberührt geblieben sind, bis sie im Jahre 1871, von berüchtigt gewordenen Grabräubern aus dem Dorfe Kurna bei Theben entdeckt, neuerdings ausgeraubt wurden. Nachdem die von den Behörden festgenommenen Grabräuber das Versteck nannten, sind diese Mumien von der Altertumsverwaltung in das Museum nach Kairo gebracht worden.

An diesem Mumienfund und der Tatsache, daß alle Pharaonengräber im Tal der Könige mit Ausnahme desjenigen des Tut-ench-Amun, das durch ein seltsames Geschick erhalten geblieben ist, ausgeraubt worden sind, läßt sich die Schwäche der Herrscher und die Ohnmacht der Priesterschaft gegenüber den Grabräubern ermessen. Verfallszeiten, wie die der Ramassiden, pflegen manche dunkle Seite des menschlichen Wesens an die Oberfläche zu bringen. Dennoch berührt es tragisch, daß in einem Volkstum wie dem ägyptischen, das einen zweitausendjährigen Totenkult und andere Kultordnungen gepflegt hatte, der Grabraub zum System wurde, demgegenüber es keine Abhilfe gab.

Hierfür gibt es nur einen, aber tief sitzenden Grund, der Verfall des Mysterienwesens, der seit dem Tode Echnatons in beschleunigtem Maße vor sich ging und im Volkstum das bisher Heiliggehaltene der typhonischen Zerstörung auslieferte. Verfall und Mißbrauch des Mysterienwesens hatte im Altertum bei demjenigen Volkstum, innerhalb dessen dieses geschah, unweigerlich moralischen und sittlichen Verfall zur Folge.

Die vierte Sothisperiode begann mit dem charakterisierten Bruch, welcher mit dem Dynastienwechsel eintrat. Was das schöpferische Leben der dritten Sothisperiode hervorgebracht hatte, ging in der vierten Sothisperiode in unschöpferische Nachahmung über. Die geschichtlichen Ereignisse, die dann folgten, spielten sich nun ganz innerhalb eines Geschehens ab, das von irdischen Gesetzen und Mächten beherrscht war ohne Beteiligung geistig-kultureller Zielsetzung. Es ging nur um Machtansprüche und Machtkämpfe um den Pharaonenthron.

Nach geistigen Gesetzen, die der ägyptischen Welterkenntnis entsprachen, hatte sich im Zeitenlauf die ägyptische Kultur entwickelt. Ihr war eingeboren das Sonnenwort, das schon in der Vorzeit den Namen Atum trug und am Ende der dritten Sothisperiode als Aton-Verkündigung von der Priesterschaft des Amun verworfen worden ist. Dann haben während der vierten Sothisperiode irdische Gewalten mit deren Gesetzmäßigkeiten dieser Kultur ein Ende gesetzt.

Die ägyptische Kultur und Geschichte haben seit der Begründung der Pharaonenherrschaft den Verlauf genommen, daß sich von Anfang an die Lebensenergien und Willensrichtungen der Pharaonen nach drei Weltrichtungen entfaltet haben. Im Norden seit Menes bis zu den Ramassiden Abwehr gegen die stetig ins Delta vordringenden stammverwandten Libyer. Im Süden Unterwerfung, Kolonisation und Ägyptisierung Nubiens bis zum vierten Katarakt. Im Osten zuerst Handelsexpeditionen und dann nachfolgend durch Eroberungszüge die Unterwerfung Asiens bis zum Euphrat. Aufgerichtet wurde das ägyptische Weltreich mit Hilfe von Söldnern aus allen drei Weltgebieten. Dann erfolgte nach einer Dauer dieses Weltreiches von etwa 150 Jahren (von Thutmosis III. bis Amenhotep III.) im Verlaufe der vierten Sothisperiode der unwiderstehliche Rückstoß von allen drei Weltgegenden her gegen das schwach gewordene Ägypten.

Unter Ramses II. bestand noch ein von ihm beherrschtes Reich, das sich aber gegen den Osten schon in Abwehrstellung befand. Dieses Reich jedoch unterstand bereits zwei Gewalten, dem Königtum und der thebanischen Priestermacht. Unter den unbedeutenden Ramassiden verschob sich das Gleichgewicht zugunsten der Priestermacht und am Ende der Ramassidenzeit wurde Theben vorübergehend ein Priesterstaat. Der Oberpriester des Amun, Hrihor, übernahm nach dem Willen des Amun den Pharaonenthron und die Pharaonentitulatur. Er nannte sich auch «Oberbefehlshaber der Armee des Südens und Nordens», «Herrscher der beiden Länder» und «Vizekönig von Kusch», denn auch das Goldland Nubien war in den Besitz des Amun übergegangen. Nach dem Tode Hrihors folgte eine Herrschaft tanitischer Könige, die 21. Dynastie des Manetho. Diese herrschten einige Zeit über ganz Ägypten. Dann aber setzte der erste Rückstoß vom Norden durch die Libyer ein. Während mehr als zwei Jahrtausenden hatten sich die Pharaonen immer wieder den Einfällen der Libyer zu erwehren gehabt. Jetzt kam ein Geschlecht libyscher Heerführer, die in Herakleopolis eine Herrschaft begründet hatten, an die Macht, und einer unter ihnen, Scheschonk, verlegte seinen Sitz von Herakleopolis nach Bubastis im Delta, wo er sich um etwa 945 v. Chr. zum König einsetzte. Damals, zur Zeit der 7. Dynastie, unterlagen die Herakleopoliten den Thebanern, jetzt unterlag Theben den libyschen Herakleopoliten. Scheschonk I. unterwarf in einem Feldzuge oder Raubzuge das israelitische Doppelreich Israel und Juda, eroberte Jerusalem und brachte die Reichtümer des Salomo in seinen Besitz. Palästina und auch Nubien wurden tributär, und so ließ der ägyptisierte libysche König seine Residenz mit Bauten schmücken und vor dem Amuntempel in Theben einen weiträumigen Hof anlegen. Auch die nachfolgenden libyschen Herrscher konnten sich der durch Jahrtausende gefestigten geistigen und kultischen Macht nicht entziehen und wurden ägyptisiert. Die libysche Herrschaft über Ägypten bis zum letzten Herrscher Scheschonk IV. dauerte 200 Jahre. Darauf führten eine Anzahl Deltafürsten, die 23. Dynastie Manethos, die ständig in Streit miteinander lagen, das Zerbrechen des ägyptischen Reiches herbei.

Nachdem der Rückstoß der Libyer vom Norden her sich erschöpft hatte, erfolgte ein solcher vom Süden her. Im kolonisierten und ägyptisierten Nubien, in welchem Amun verehrt wurde, war ein selbständiges Reich mit Sitz in Napata entstanden. Amun war Reichsgott. Der König führte die Pharaonentitel und nannte sich «Herr der beiden Länder». Dieser Titel wurde von den nubischen Königen und auch von vorangegangenen Machtträgern geführt, auch wenn sie nicht Herrscher der beiden Länder waren. Es haftet diesem Titel eine sakrale Macht an, die ihren Ursprung bereits bei der Begründung des Süd- und Nordreiches in der vordynastischen Zeit erhalten hatte.

Gegen Ende des 8. Jahrhunderts nahm der nubische König Pianchi Besitz von Oberägypten und machte sich dann in einem siegreichen Feldzug zum Herrn über ganz Ägypten. In Heliopolis erschien er im Sonnentempel, um sich dort, wohl zwangsweise als Eroberer, zum «Sohn des Rê» und damit zum legitimen Thronerben zu ernennen. Nach Napata zurückgekehrt, ließ er im Tempel des Amun eine mächtige Granitstele errichten, auf welcher der Verlauf des siegreichen Feldzuges aufgezeichnet wurde. Die nubische Herrschaft hatte die libysche Herrschaft über Ägypten verdrängt.

Nachfolger des Pianchi war dessen Bruder Schabaka, bei Manetho der Begründer der 25., der äthiopischen Dynastie. Unter Schabaka ist die aus der 1. Dynastie stammende «Götterlehre von Memphis» (siehe Abschnitt XIV) auf einen Granitstein übertragen worden.

Der Einfall der Assyrer in Ägypten im Jahre 670 hatte nicht die Folge einer Unterwerfung Ägyptens unter diese asiatische Macht. Er hatte vielmehr den Charakter einer Strafexpedition gegen die äthiopischen Könige, die Nachfolger des Pianchi, die Syrien und Palästina zum Aufruhr gegen die assyrische Herrschaft angestiftet hatten. Die Assyrier haben während der sieben Jahre (670–63) ihres Eroberungszuges keine assyrische Herrschaft eingerichtet. Die weltgeschichtliche Bedeutung und der Schicksalsvollzug des assyrischen Einfalles ist die Eroberung, Plünderung und beginnende Zerstörung der Amunstadt Theben, deren Macht gebrochen und deren Glanz von da an ausgelöscht wurde, um im Laufe der Zeit zu einem verödeten Ruinenfeld zu werden. Aber auch die äthiopische Herrschaft über Ägypten erreichte mit diesen Ereignissen ihr Ende. Das nubische Reich verlor seinen kulturellen Zusammenhang mit Ägypten und kam in völligen Verfall. Seine Könige zogen sich von Napata hinter den fünften Katarakt in das von den Griechen genannte Land Meroë zurück, welches dann das geschichtslose Märchen- und Wunderland der griechischen Schriftsteller wurde.

Die ägyptische Geschichte der vierten Sothisperiode ist nicht nur die Geschichte eines tragischen Niederganges und Endes einer Kulturepoche. Sie ist auch die Geschichte der Größe dieses Niederganges.

Der Rückstoß der Libyer von Norden und derjenige der Äthiopier von Süden her waren von kurzer Dauer und haben sich rasch erschöpft. Das Machtzentrum von Theben, von dem die Unterwerfung Asiens ausgegangen war, wurde von einer asiatischen Macht ausgelöscht. Dann aber erhob sich der Genius Ägyptens nochmals, und wie in einem letzten, sonnenhaften Nachglühen begann im Norden des Landes die saïtische Epoche Ägyptens (663–525) mit einer Dauer von weniger als 150 Jahren. Sie wird gewöhnlich mit dem geschichtlichen Begriff einer Zeit der Restauration bezeichnet. Die geschichtliche Bedeutung dieser saïtischen Zeit liegt aber weniger in dem, was sie für sich selbst darstellt, als in dem, was sie bewirkt hat.

Mit Psammetich (663–609 v. Chr.) erhielt das darniederliegende, von Söldnerführern und Kleinfürsten zerrissene Land wieder einen kraftvoll führenden Pharao. Er ist der Begründer der 26. Dynastie des Manetho. Mit Hilfe eines Söldnerheeres stellte er die gestörte Ordnung im Lande wieder her und brachte es wirtschaftlich zu einem neuen Wohlstand. Saïs wurde königliche Residenz. Dort befand sich aber auch die Mysterienstätte der Neith-Isis. Die Isis-Mysterien haben in Saïs in einem letzten Nachglanz eine Stätte gehabt. Hier stand das Kultbild der verschleierten Isis, von dem Plutarch berichtet, das die Inschrift trug: «Ich bin das All. Ich bin die Vergangenheit, Gegenwart und Zukunft. Meinen Schleier hat noch kein Sterblicher gehoben.» Die saïtischen Priester, welche einen in sich geschlossenen, privilegierten Stand bildeten, nannten sich «die Unsterblichen». Und das Kultbild mit der Inschrift war ihr Werk. Dieses Priestertum wollte damit zum Ausdruck bringen, daß sie diejenigen seien, welche den Schleier der Isis zu heben vermögen, daß sie allein die Unsterblichen seien.

In Saïs waren zum letzten Male Königtum und Priestertum durch den Isiskult in geschichtlich bedeutender Weise vereinigt. Dieser Vereinigung ist das Zurückgreifen auf den Anfang der Pharaonenherrschaft und auf die alten Traditionen zuzuschreiben. Dieses Zurückgreifen birgt aber ein Tragisches in sich. Ein Neues, ein Werdendes konnte nicht mehr geschaffen werden. Die schöpferischen Kräfte Ägyptens waren erlahmt, weil das schöpferische Wort der Isis seit dem Ende der dritten Sothisperiode verstummt war. Das ist der ergreifende Anblick, den dieses sonnenhafte Nachglühen während der saïtischen Epoche bietet, dieses Zurückgreifen auf die einstige Größe und formenschöpferische Kraft der Vergangenheit, mit welcher eine unschöpferisch gewordene Gegenwart zu beleben versucht wurde.

Die Kultordnungen wurden nach den alten, reinen Formen wieder hergestellt, insbesondere erfuhr der Apiskult eine Wiederbelebung, wovon die in gewaltigen Granitsarkophagen mumifizierten heiligen Apisstiere dieser Zeit Zeugnis ablegen, wie denn auch die Tierverehrung damals eine auffallende Verstärkung erfahren hat. Das Totenbuch erhielt seine endgültige Gestalt. Der Name des Seth-Typhon wurde, wo er immer auf Denkmälern vorkam, gelöscht, und die alte, ursprüngliche Hieroglyphenschrift wurde wieder benützt. In den Gräbern sind die Reliefdarstellungen aus den Mastabas der Pyramidenzeit mit ihren Szenen aus dem alltäglichen Leben in Nachahmung neu erstanden. Den Königen der memphitischen Periode, die vor zweitausend Jahren geherrscht hatten, wurde jetzt eine neue, große Verehrung entgegengebracht und die Titel und Rangstellungen jener Zeit am Hofe zu Saïs eingeführt. Damals ist auch Imhotep, der Oberbaumeister des Zoser und Sohn des Ptah, in den Kreis der Götter versetzt worden.

In Saïs, im Norden, lebte die universelle Geistigkeit, die bis dahin immer im Norden, in Heliopolis, ihre Pflegestätte gehabt hatte, nochmals in ihren überlieferten Formen auf. Der Norden bewahrte, von der saïtischen Priesterschaft gehütet und gepflegt, die uralten Geistüberlieferungen Ägyptens, während Theben in Vollzug des Zeitenschicksales ausgelöscht worden war. Von der saïtischen Zeit, die das Ägypten der ersten Jahrhunderte der dritten Sothisperiode bewahrend gepflegt hat, ging eine gewaltige Wirkung auf die Nachwelt aus. Als diese Periode mit Psammetich I. einsetzte, hatte die von Delphi aus geleitete griechische Kolonisation, durch die ein Großgriechenland entstanden war, ihren Abschluß erreicht. Durch den Aufschwung des Handelsverkehrs kam Griechenland in nähere Berührung mit dem Ägypten dieser Zeit. In den Deltastädten erschienen jetzt in großer Zahl griechische Kaufleute, die sich dort niederließen. Der vierte der saïtischen Könige, Amasis (ägyptisch Ahmose), er regierte von 569–525 v. Chr., pflegte ganz besonders enge Beziehungen mit Großgriechenland. Im Delta gründete er die Stadt Naukratis als Handelsplatz und Markt für die Griechen, in welcher sich ausschließlich griechisches Leben entfaltete. Die saïtischen Könige waren vom Griechentum beeindruckt, aber ebenso das geistige Griechentum vom geistigen Ägypten in der Form seiner Wiederholung während der saïtischen Zeit. Durch Reisen, die nicht nur griechische Kaufleute, sondern zahlreiche große Vertreter des griechischen Geisteslebens, u. a. Philosophen wie Pythagoras, Thales, auch Orphiker, nach Ägypten gemacht haben, ist die griechische Kultur von Ägypten befruchtet worden. Solon hat von der saïtischen Priesterschaft die Kunde von der Atlantis erhalten, die Plato nach seinem Aufenthalt in Ägypten durch Veröffentlichung der Nachwelt übergab. Herodot besuchte Ägypten, und seine Geschichtsbücher geben ein Bild des saïtischen Ägypten. Dann hat Plutarch, der größte Kenner des ägyptischen Mysterienwesens, die Legende von «Isis und Osiris» der Nachwelt überliefert.

Die griechischen Göttergeschlechter zeigen eine unverkennbare Verwandtschaft mit denen Ägyptens. Die Griechen haben den ägyptischen Göttern vergleichsweise die Namen ihrer Götter gegeben, und die archaische Plastik der Griechen lehnt sich an die ägyptischen Pharaonenstatuen an, um sie dann unter einer mächtig eingreifenden Schöpferkraft der Verlebendigung zu überwinden und daraus die größte und reifste Kunst der antiken Menschendarstellung zu entwickeln.

Der späte Nachglanz der ägyptischen Kultur während der saïtischen Zeit hat eine weltgeschichtliche Sendung am Griechentum der vierten Kulturepoche zu erfüllen gehabt. Ägyptertum und Griechentum haben sich damals gegenseitig durchdrungen.

Der letzte der saïtischen Könige, der Sohn des Amasis, Psammetich III., verlor um 525 v. Chr. Thron und Herrschaft Ägyptens durch die persische Eroberung. Ägypten wurde von 525 bis 332 persische Satrapie. Der Eroberer und Zerstörer Ägyptens, Kambyses, ließ die Mumien der Apisstiere aus ihren Sarkophagen herauswerfen und die lebenden Tiere seinen Soldaten zur Nahrung vorsetzen. Damals war die Sonne bereits in das Tierkreisfeld des Widder eingetreten. Die Stierepoche war abgelaufen, und Kambyses machte sich durch die Aufhebung des Apiskultes zum Vollstrecker dieses Ablaufes.

Mit der Unterwerfung unter die 200 Jahre dauernde Herrschaft des persischen Weltreiches ist Ägypten nicht nur unterworfen, sondern in den Atemgang und Pulsschlag eines weltgeschichtlichen Schicksalsvollzuges einbezogen worden. Kolonisten vom Iran her und iranisch-urpersische Geistigkeit waren bei der Begründung der ägyptischen Kulturepoche durch Hermes-Trismegistos beteiligt. Auch wenn der urgeschichtliche Zusammenhang zwischen Iran und Ägypten noch nicht vollgültig nachgewiesen werden kann, die geistesgeschichtliche Verbindung besteht. Das ägyptische Weltbild, das Sothisjahr und der Pyramidenbau sprechen sie aus. Weltgeschichtlicher Schicksalsvollzug ist es, daß die Begründung der ägyptischen Kulturepoche mit der ersten Sothisperiode gegen das Ende der vierten Sothisperiode durch die geschichtlich gewordene Macht Persiens ihren Abschluß gefunden hat.

In den Atemgang und Pulsschlag weltgeschichtlichen Geschehens einbezogen wurde Ägypten mit der Gründung Alexandriens durch Alexander d. Gr., und die in Heliopolis bewahrte universelle Geistigkeit vereinigte sich dort mit derjenigen Asiens, Griechenlands, Syriens und Israels.

Unter der Herrschaft der Ptolemäer und dann unter dem Imperium Romanum, dem Ägypten als Provinz einverleibt wurde, hat es, ebenso wie während der saïtischen Epoche das Griechentum, nunmehr das Römertum in seiner Art befruchtet. Die damals entstandenen Tempelbauten, wie der schönste und vollendetste unter den Ptolemäern im 3. Jahrhundert errichtete Tempel des Horus in Edfu, an dessen Wänden die heliopolitanische Tempellegende von der geflügelten Sonnenscheibe aufgeschrieben ist, fielen in eine Zeit, die sich bereits der weltgeschichtlichen Geburt des Christentums näherte. Auch Rom hat, wie das Griechentum, ägyptische Geistigkeit aufgenommen und hat sie unter der Einwirkung des römischen Christentums in ihr Eigenes verwandelt.

Während unter griechischem Anteil die Christusgestalt in der Kunst apollinische und orphische Ausdrucksformen erhalten hat, wurde Christus in den römischen Mosaiken als Weltgestalt, als Pankrator dargestellt, und mit Christus als Weltenrichter in der römischen Kirche ist Osiris in verwandelter Gestalt in die römisch-christliche Welt einbezogen worden.

Ägypten selber hat die Verkündigung des Christentums und der neuen Weltordnung, seiner weltgeschichtlichen Bestimmung und Erfüllung entsprechend, mit hermetischer Verinnerlichung aufgenommen. In der Thebais entstand das erste christliche Mönchstum, die Anachoreten, deren geistiger Vater Paulus in der Thebais war. Nach der Legende ist Paulus zur Zeit der Christenverfolgung unter dem römischen Kaiser Decius im 3. Jahrhundert in die Thebais entflohen und lebte dort als erster Einsiedler der christlichen Welt.

Aus der im Jahre 451 als ketzerisch verurteilten monophysitischen Strömung des frühen Christentums, welche in Christus ein menschgewordenes göttliches Wesen sah, ging die von Rom unabhängige, selbständige koptische Kirche in Ägypten hervor, deren Angehörige Nachfolger der alten Ägypter waren.

Zur Geschichte Ägyptens gehört auch die Geschichte, wie in das Niltal das Christentum eingezogen ist, denn jedes Volkstum hat die neue Weltordnung auf seine Weise aufgenommen, anders die Kelten und Germanen, anders die Römer. In Rom wurde das Christentum durch dessen Machtträger Konstantin zur Staatsreligion gemacht. In Ägypten haben die Kopten ihr romfreies Christentum begründet, in dessen Tiefen die sonnendurchgeistigte Universalität von Heliopolis und die Verkündigung Echnatons fortgewirkt haben.

XXIII

ÄGYPTISCHE RAUMSCHÖPFUNG

PYRAMIDE UND GRABBAU

Die ägyptische Baukunst, deren gewaltige Ausmaße seit jeher das Staunen der Welt hervorgerufen haben und der das fortgesetzte wissenschaftliche Interesse zugewendet wird, ist eine Schöpfung des dynastischen Ägyptens. Ihr Beginn fällt zeitlich mit demjenigen der dritten Sothisperiode zusammen. Es gibt über diese Baukunst nur eine Meinung, dahingehend, daß sich in Ägypten der denkwürdige Geburtsakt der Baukunst vollzogen habe. Ägypten ist das Geburtsland des Monumentalbaues.

Heinrich Schaefer sagt über die Leistung der ägyptischen Kunst u. a.: «In der Kunstgeschichte der Welt nimmt die ägyptische durch ihre Prioritätsstellung einen einzigartigen Platz ein. Architektur, Plastik, Malerei Ägyptens stehen am Anfang der Geschichte der Menschheit. Unermeßlich ist die Bedeutung der ersten ägyptischen Formulierungen architektonischer Grundideen für die ganze Geschichte der Architektur. Im Anfange des dritten Jahrtausends haben die Ägypter den Quaderbau zuerst und selbständig, ja vielleicht einzig in der Welt erfunden. Sie haben die Elemente aller Steinbaukunst geschaffen. Mehr hat kein Volk des Altertums in der Baukunst geleistet.»

Die ägyptische Baukunst war von Anfang an bis zu ihrem Ende im wesentlichen sakrale Kunst. Die profane Baukunst (Königspalast) tritt hinter sie zurück. Sie hat gegenüber dem Sakralbau keine besondere Bedeutung gehabt, und es ist nichts von ihr erhalten geblieben. Als sakrale Kunst blieb die Baukunst unauflöslich verknüpft mit Weltbild und Kultordnung.

Die sprunghaft, anscheinend ohne äußerlich sichtbare Anlaufsperiode auftretende Entwicklung des monumentalen Steinbaues zu den Schöpfungen im Beginne der dritten Sothisperiode gehört zu den merkwürdigsten und fesselndsten Erscheinungen der frühen Pharaonenherrschaft.

Der Auftrag, den die ägyptische Kulturepoche während der dritten Sothisperiode zu erfüllen hatte, war die Geburt der Baukunst, der sakralen Raumschöpfung. Die Befähigung dazu lag in der hermetischen Geistigkeit, von der der Genius Ägyptens von der ersten Sothisperiode an durchdrungen war, einer Geistigkeit der Verinnerlichung und daher besonders begabt und prädestiniert für monumentale Raumschöpfung.

Der Vorgang dieses Geburtsaktes, der unvermittelte Bau der Großpyramiden muß in den beiden Voraussetzungen gesucht werden, die in

Abschnitt XIV dargestellt worden sind: im osirianischen Totenkult in der Form, die er während der ersten Dynastien und dann als Folge der Mumifizierung erhalten hat und in dem Anteil iranischer Sternenmysterien am Pyramidenbau.

Die ägyptische Baukunst, vorbereitet durch die Involution der hermetischen Geistigkeit, war als Grabbau von Anfang an todverwandt, in ihren baukünstlerischen Gesetzen sternen-, kosmosverwandt. Sowohl ihre kosmosverwandte wie ihre todverwandte Seite findet sich bereits in der Osirissage vorgebildet.

Als Goethe während seiner italienischen Reise sich 1787 in Rom aufhielt, sah er dort Zeichnungen einer Pyramide, die von dem französischen Reisenden Cassas entworfen waren, und sagte darüber: «Es ist diese Zeichnung die ungeheuerste Architekturidee, die ich zeitlebens gesehen, und ich glaube nicht, daß man weiter kann.» Goethe hielt demnach die Pyramidenform für ein Urphänomen der Baukunst. Die erste Architekturidee der Menschheit hat sich in der Pyramidenform geoffenbart. Ein Zeitgenosse Goethes, Karl Gustav Carus, äußerte sich dahin, die Betrachtung der Pyramiden weise darauf, daß es in Urzeiten eine Wissenschaft gegeben habe, die verlorengegangen sei, deren Betrachtung aber geeignet sei, die Menschheit der Gegenwart schamrot werden zu lassen.

Um das Geheimnis der Cheopspyramide wird noch heute gerungen. Eine große Zahl von Pyramidenforschern, worunter sich nicht nur Ägyptologen vom Fach, sondern auch Astronomen, Mathematiker, Architekten und Ingenieure befinden, sind bemüht um die genauen Abmessungen, Proportionen, kosmischen Entsprechungen und technischen Mittel dieser größten aller Pyramiden. Borchardt, der verdienstvolle Ausgräber der drei Pyramiden von Abusir aus der 5. Dynastie, wandte sich in seiner Schrift «Gegen die Zahlenmystik an der großen Pyramide von Giseh» gegen die Befunde gewisser «Pyramidenmystiker» (von Piazzi Smyth bis Noetling betreffend die kosmischen Zahlen der Cheopspyramide). Borchardt versuchte mit Hilfe nüchterner Tatsachen eines erfahrenen Fachmannes die «Pyramidenmystik» ad absurdum zu führen. Dabei verfiel er in ein anderes Extrem, wenn er am Schlusse seiner Abwehrschrift sagt: «Die Pyramiden sind einfache, klare Bauwerke, entworfen mit den einfachen Hilfsmitteln der Ägypter der damaligen Zeit.» Klare und der Form nach einfache Bauwerke sind die Pyramiden, aber in dieser Klarheit und Einfachheit manifestiert sich Größtes und Umfassendstes. Der Cheopspyramide voraus gingen die Pyramiden der 3. Dynastie (2778–2723). Der älteste Pyramidenbau ist die Stufenpyramide des Zoser (Djoser). Während dessen Regierung fand der Übergang vom Ziegelsteinbau zum Quaderbau statt, nachdem das handwerkliche Behauen von Steinblöcken schon längere Zeit vorher geübt worden war. Nach Manetho soll Zoser in Ägypten den Quadersteinbau eingeführt haben. Zu seiner Verfügung hatte er den Baumeister, Priester und Arzt Imhotep. Zoser ließ sich zuerst wie seine Vorfahren in Abydos ein Ziegelsteingrab bauen. Eine Treppe führte unter die Erde in einen weiter abwärtsgehenden Gang, an dessen Ende eine Reihe von Kammern angeordnet waren. Der Gang konnte durch eine Einrichtung vom Dache her an fünf Stellen mit fünf schweren steinernen Fallgattern geschlossen werden. Zoser hat dieses Grab aber nie benutzt. Er ließ dann in der Nähe von Memphis die sogenannte Stufenpyramide bauen. Sie ist der erste große Steinbau jenes Zeitalters, und der Bau dieser ersten und ältesten Pyramide fiel zeitlich mit dem Beginn der dritten Sothisperiode zusammen.

Die Stufenpyramide war ursprünglich von einer 10 m hohen Umfassungsmauer umgeben, innerhalb derer sich eine Anzahl weiterer Bauten befanden, wie der Totentempel an der Nordseite, in welchem die Totenopfer dargebracht wurden, dann eine bauliche Anlage für die «heb-sed»-Zeremonie, das Fest der erneuten Krönung des Pharao (Abschnitt XI), wobei der König einen symbolischen Lauf tun mußte, mit welchem die Umlaufszeit seiner Herrschaft ihren menschlich-kosmischen Ausdruck fand. In einem Relief hat der symbolische Umlauf Zosers seine Darstellung gefunden.

An die genannten Bauten schlossen sich eine Reihe kapellenartiger Räume an, deren Fassaden mit Papyrus-Halbsäulen gegliedert waren. Östlich vom Eingang des Tempels, in einem zugemauerten Raum (serdab) befand sich eine lebensgroße Sitzstatue des Zoser. Aus dem Totentempel an der Nordseite mündet eine Treppe in einen abwärtsführenden Gang, der in einen Schacht mit einer Kammer aus schwarzem Granit endigt. Über diesem Schacht steht die Pyramide.

In dem System von Gängen, welche außerdem in den Felsen hineingetrieben sind, fanden sich Alabastersarkophage und Sockel von solchen. Die Särge waren aber ausgeraubt worden und samt den beigesetzten Mumien verschwunden.

Die Pyramide des Zoser besitzt eine Basis von 125×109 m, hatte also nicht eine quadratische, sondern eine längliche Grundfläche und eine Höhe von rund 60 m.

Mit Beginn der 4. Dynastie baute der Pharao Snofru die sogenannte Knickpyramide in Dahschûr. Da bei einer neueren Ausgrabung auf einem der Verkleidungsblöcke die Kartusche des Snofru gefunden worden ist, wurde dieses Bauwerk ihm zugeschrieben. Die Knickpyramide besitzt eine quadratische Grundfläche von 188 m und eine Höhe von 97 m. Ein Gang führt abwärts zu einer Halle von 6 m im Geviert und einer Höhe von 24 m. Die Decke dieser Halle liegt in der Höhe der Erdoberfläche, und darüber erhebt sich die Pyramide. Eine Öffnung in der Decke führt in eine horizontal laufende Galerie, darüber liegt noch eine weitere Kammer, von dieser Kammer geht ein Schacht durch den Steinmantel bis zur Mitte der westlichen Außenseite. Am unteren Ende sind zwei steinerne Fallgatter eingemauert. In dieser Pyramide sind weder Sarkophage noch irgendwelche

Gegenstände gefunden worden, wohl aber zwei in die Decke der großen Halle eingemeißelte Scheintüren.

Snofru baute in Medum noch eine zweite Pyramide, die unfertig geblieben ist und vermutlich nicht als Grab für ihn gedient hat. An der Ostseite dieses Baues befand sich ein kleiner Totentempel mit zwei Kammern. Auch diese Pyramide war ausgeraubt worden.

Auf Snofru folgte Cheops, dem auf Grund vorgefundener Kartuschen der Bau dieser größten Pyramide zugeschrieben wird. Die vorangegangenen Pyramiden streben die strenge, klassische Form des Pyramidenbaues an, die mit der Cheopspyramide erreicht wurde. Mit der formenstreng durchgeführten Cheopspyramide als monumentale Raumschöpfung hat der Geburtsakt der ägyptischen Baukunst einen erstaunlichen Höhepunkt erreicht.

Die Cheopspyramide ist der mächtige steingewordene Ausdruck des ägyptischen Weltbildes, des osirianischen Totenkultes. In ihren Abmessungen sternverwandt und menschenverwandt, ist sie von ihrem schöpferischen Genius genau nach den vier Himmelsrichtungen Nord-Süd, Ost-West in den Erdenraum hineingestellt worden, so genau, daß die Kompaßfehler an ihr korrigiert werden können. Sie ist, wie Goethe sich ausgedrückt hat, die ungeheuerste Architekturidee.

Der Eingang zur Cheopspyramide liegt in einiger Höhe vom Erdboden an der Nordfläche (was die Regel ist). Ein kaum 1 Meter hoher Gang führt in die Tiefe des Felsengrundes unter der Basis des Baues und endigt in einer unfertigen Kammer, einem rechteckigen Raum von 14 m Länge, 8 m Breite und 4 m Höhe. Von diesem Gang, etwa 19 m vom Eingang entfernt, zweigt ein aufwärtsgehender Gang ab, der nach 40 m in eine mehr als 8 m hohe Galerie mündet. Vom Beginn der Galerie zweigt ein waagrecht laufender Gang ab, der in eine zweite Kammer führt, während ein anderer, abwärtsführender Schacht denjenigen Gang erreicht, der vom Eingang her in die unterirdische Felsenkammer mündet.

Vom Ende der Galerie läuft ein kurzer Gang zur Vorkammer und von da in die große Hauptkammer, deren Eingang mit Fallsteinen verschlossen werden konnte. Die Abmessung dieser Kammer ergibt 10,48 m Länge, 5,24 m Breite und 5,84 m Höhe. Sie ist mit glattpolierten Granitblöcken verkleidet und bedeckt mit 12 gewaltigen granitenen Monolithen. Über dieser Kammer befinden sich fünf Entlastungsräume, welche den mächtigen Druck der Gesteinsmassen auf die Seite absetzen. Die Kammer enthielt einen granitenen Sarkophag.

Das Formgeheimnis der Pyramide besteht somit in ihrer Orientierung im Raum, ihren Abmessungen, dem Neigungswinkel der Gänge, dem Anstieg der Flächen zur Spitze, den Kammern und ihrer Bestimmung zum Sakralbau.

Die Abmessungen der Cheopspyramide betragen 230 m Seitenlänge der vier Grundkanten und 147 m Höhe. Ihre Spitze liegt auf dem 30. Breiten-

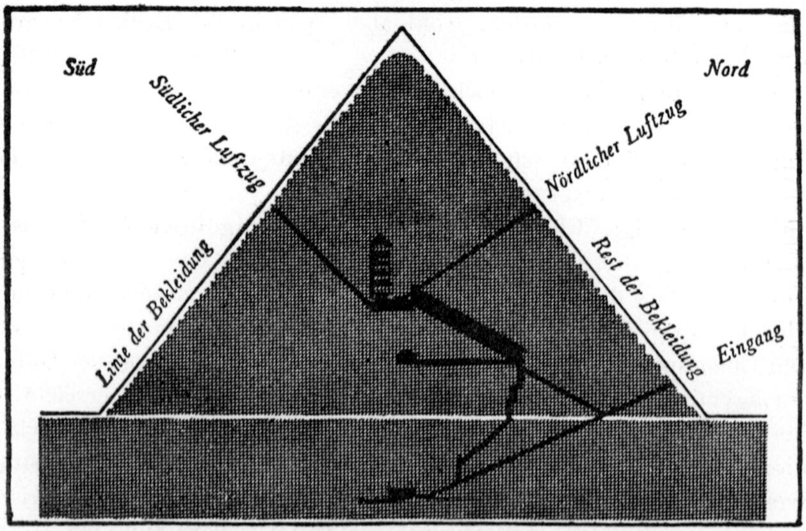

Durchschnitt der Cheopspyramide

grad mit Richtung auf den Polarstern. Über deren Proportionsverhältnisse sagt Kleppisch, die Grundfläche sei nach dem goldenen Schnitt geteilt, derart, daß sich die Grundfläche zur Mantelfläche wie die Mantelfläche zur Gesamtoberfläche verhält.

Die Ergebnisse mathematischer Untersuchungen, welche vielfach an der Cheopspyramide gemacht worden sind, bieten eine gute und sichere Grundlage und einen Ausgangspunkt, ohne «Pyramidenmystik» zu einer Erkenntnis des Pyramidengeheimnisses vorzudringen. Ein solch aufschlußreicher Beitrag liegt u. a. vor in Ernst Bindels Schrift: «Die ägyptischen Pyramiden als Zeugen vergangener Mysterienweisheit».

In dieser Schrift versucht ein Mathematiker nach exakten mathematischen Methoden das sakrale Geheimnis des Pyramidenbaues zu erkennen unter Berücksichtigung der Ergebnisse einschlägiger Untersuchungen anerkannter Pyramidenforscher und Ägyptologen. Die Untersuchungen und Folgerungen Bindels beziehen sich sowohl auf die Abmessungen wie die innere Gliederung der Gänge und Kammern.

Nach Messungen von Flinders Petrie hat der Eintrittsgang der Cheopspyramide eine Neigung von 26° 31′. Dazu bemerkt Bindel: «Sie entspricht nämlich mit großer Annäherung der Diagonalen-Neigung eines auf seiner Langseite vertikal aufgerichteten Doppelquadrates. Würde man den Winkel zwischen der Diagonale und der Langseite des Doppelquadrates berechnen, so würde er sich zu 26° 33′ ergeben.» Die Bestätigung dafür weist Bindel nach an den Abmessungen der großen Kammer, die auf Petrie zurückgehen, und sagt dazu: «Man sieht es den beiden ersten Abmessungen sofort an, daß die Gestalt des Fußbodens und damit auch der Decke ein Doppelquadrat ist, weil die Länge das Doppelte der Breite beträgt.» Die mathematische Nachprüfung des Doppelquadrates ergibt die Richtigkeit der Messungen Petries, woraus Bindel den Schluß zieht, daß auch die Abmessungen der Kammern, ebenso wie der Neigungswinkel, nach streng mathematischer Absicht bestimmt worden seien. Was die Lage der großen Kammer betrifft, die nicht in der Senkrechten, welche Basis mit Spitze verbindet, sondern seitwärts und auch nicht in der Mitte der Höhe liegt, so zeigt Bindel, daß die Pyramide das «Gesetz des Doppelquadrates und seine Diagonale offenbart», die große Kammer also dort liegt, wo die quadratischen Horizontalabschnitte der zur Spitze ansteigenden Pyramidenform immer kleiner werden, d. h. die Kammer sich genau in der Mitte dieses Weges von der Basis zur Spitze befindet, nicht in der Mitte der Höhe, nämlich dort, «wo das Basisquadrat auf die halbe Fläche zusammengeschrumpft ist».

Es ist nun das Verdienst Bindels, dieses Doppelquadrat als eines der mathematischen Gesetze der Cheopspyramide in eine bestimmte Verbindung mit ihrem Erbauer, dem Pharao Cheops, und der von Brugsch dargestellten Achtheit der Urgötter von Hermopolis zu bringen. Cheops nahm bei seiner Thronbesteigung den Namen «Chnum Chufu», d. h. «der Gott Chnum beschützt mich» an. Aus Chnum sind die acht Urgötter hervorgegangen. Cheops, so folgert Bindel, «hat den Namen Chnum angenommen, d. h. den Namen der Urmonas, aus dem die schaffende Achtheit hervorgegangen ist, und hat dieser Achtheit in seiner Pyramide im Doppelquadrat einen geometrischen Ausdruck gegeben». Weiter bemerkt Bindel, daß Chnum nach den Texten der Schöpfer der Achtheit sei, während Thoth als Herr der Achtheit galt, aber auch als Begleiter der Toten zu Osiris. Der ägyptische Name für Hermopolis, der Stadt des Thoth, war Schmun, das ist der Zahlwert Acht, und das Hieroglyphenzeichen für das Wort Pharao wurde mit zwei liegenden Vierecken geschrieben.

Ein weiteres führt Bindel an in der Beziehung der Cheopspyramide zum Licht. Die Ägypter, bemerkt er, nannten die Pyramide Ta Chut, d. h. die Lichte. Im Papyrus Rhind, der mathematische Erkenntnisse der Ägypter enthält, kommt bei der Berechnung des Neigungswinkels der Satz vor «pis em us», was dem Sinne nach übertragen heißt, Herausgehen aus dem us, aus dem Haus, dem Tempel. Diesem Satz fügt er einen anderen hinzu: «pir em haru», womit die Pyramidentexte der 5. Dynastie bezeichnet werden. Über die Bedeutung dieses Satzes bestehen unter den Ägyptologen Meinungsverschiedenheiten. Bindel gibt ihm die Bedeutung «Herausgehen aus dem Tempel des Leibes zum Himmel», womit der Exkarnationsvorgang gemeint ist.

Bindel stützt sich dabei auf Ausführungen Rudolf Steiners, welche das Formgeheimnis der Pyramiden betreffen. Danach haben die Ägypter die Pyramiden gebaut, weil sie in sinnlicher Anschauung vor sich haben wollten, wie die Seele im Tode vom Leibe befreit ihren Weg nimmt in höhere Regionen, den Weg zu Osiris. In der Pyramidenform, im Verhältnis von der Basis zur Spitze, war die sinnlich-übersinnliche Anschauung dieses Weges gegeben. In der Basis die Fesselung der Seele an die Erde, aber auch an die Unterwelt, an die Duat, im Aufsteigen zur Spitze die Loslösung, die Befreiung der Seele, die sich mit Osiris vereinigt, die selber Osiris wird.

Die Pyramidentexte sprechen auf ihre Weise den Exkarnationsvorgang, der in der Pyramidenform zur Anschauung gebracht werden sollte, ganz unmißverständlich aus. Ein solcher Text lautet: «Eine Treppe zum Himmel ist für ihn (den Pharao) gebaut worden, auf daß er auf ihr zum Himmel empor steigen möge.» Ein anderer Text weist auf das Lichtgeheimnis der Pyramide hin: «Der Himmel hat für Dich die Strahlen der Sonne gestärkt, auf daß Du Dich zum Himmel empor heben mögest, wie das Auge des Rê.»

Diese beiden Aussprüche, ägyptisch interpretiert, sind ein Hinweis darauf, daß die Pyramide baukünstlerische Form sein sollte für den Weg, den die Seele bei ihrer Exkarnation zu Osiris nimmt. «Dieses Bauwerk ist ein Osiris», lautet ein anderer, früher zitierter Pyramidentext. Dieser Weg wird beschrieben als ein Lichtweg, wie der Lichtstrahl, der aus dem Auge des Rê kommt. Nach diesen Texten finden sich somit in der Pyramide Rê und Osiris vereinigt.

Der Neigungswinkel von 26^0 31', den Flinders Petrie für die Gänge der Cheopspyramide nach seiner Messung angibt und der von Bindel auf mathematischem Wege Bestätigung gefunden hat, wird durch den sogenannten Seket bestimmt. Ein Winkel von $26\frac{1}{2}^0$ ergibt sich, wenn Vertikale und Horizontale des Winkelmaßes sich zueinander verhalten wie 1:2, die Horizontale also doppelt so lang ist als die Vertikale eines rechtwinkligen Dreieckes. Die Verdoppelung desselben auf 53^0 ergibt bei der Cheopspyramide den Neigungswinkel der ansteigenden Dreiecksflächen. Dem Bau der Cheopspyramide liegt demnach ein Winkelmaß von $26\frac{1}{2}^0$ zugrunde. Daraus geht hervor, daß der Baumeister dieser Pyramide eine Maßeinheit verwendet hat, die auf mathematischem Wege bestimmt worden zu sein scheint. Dieses Winkelmaß von $26\frac{1}{2}^0$ findet sich aber nicht nur bei der Cheopspyramide, sondern wurde ganz allgemein, von kleinen Abweichungen abgesehen, beim Pyramidenbau verwendet und besaß daher allgemeine Gültigkeit bei diesen Sakralbauten.

Die zitierten Pyramidentexte, welche vermehrt werden könnten, schildern in prägnanter Formulierung das ägyptische Pyramidenerlebnis, und sie schildern es von zwei Seiten her, als Exkarnationsbau, als Weg der Seele zu Osiris, und als Lichterlebnis, als Strahl aus dem Auge des Rê. Osiris und Rê finden sich nach dem Inhalt dieser Texte im Pyramidenerlebnis vereinigt und legen nahe, daß das Lichterlebnis in Beziehung zu bringen ist mit dem Neigungswinkel von $26\frac{1}{2}^0$, der als Maßeinheit beim Pyramidenbau allgemeine Verwendung gefunden hat.

Leonardo da Vinci hat in seinen nachgelassenen Schriften im Abschnitt über seine Lichtlehre folgende Beobachtung über ein Phänomen des Lichtes mitgeteilt, in der er seiner Auffassung vom Wesen des Lichtes einen seiner Genialität als Naturforscher und Künstler entsprechenden Ausdruck gibt. Er sagt: « Der Körper der Luft ist angefüllt mit zahllosen Strahlenpyramiden, hervorgerufen von den Dingen, die in selbige gestellt sind, welche sich durchsägen, und ineinander verwebt, ohne einander zu verdrängen, mit gesondertem Laufe sich der ganzen umliegenden Luft sich verschmelzen, und sind von gleicher Macht und alle vermögen soviel wie jede und jede soviel wie alle, und durch sie wird das Abbild des Körpers ganz ins Ganze getragen und ganz in die Teile und jedes empfängt in jedem kleinsten Teil die Ursache völlig. »

Leonardo richtet in diesem Aperçu seine Beobachtung auf die Formkräfte des Lichtes. Er bemerkte, wie diese Formkräfte unter gewissen Bedingungen in Dreiecksform den Raum geometrisierend triangulieren. Er bringt die Strahlungskraft des Lichtes in eine Beziehung zur Dreiecksform, d. h. er bringt Lichteinfall und Geometrie in eine bestimmte Konkordanz zueinander und setzt damit ein Phänomen in ein Beobachtungsfeld, das auch auf die Pyramide Anwendung finden kann, denn das Phänomen der geometrisierenden Formkräfte des Lichtes gilt auch für die Pyramide.

In diesem von Leonardo dargelegten Beobachtungsfelde gesehen, erscheint die Pyramide mit ihrem Neigungswinkel in Konkordanz mit dem einfallenden Licht. Die dem Lichte eigenen formenden Kräfte triangulieren und geometrisieren durch den Neigungswinkel die Pyramide in den Raum hinein. Der Neigungswinkel von $26\frac{1}{2}^0$ entspricht einem bestimmten Lichteinfallswinkel, der dann am Pyramidenbau nachgemessen und seine mathematische Bestätigung finden kann.

Der sich gegen eine solche Ableitung dieses Neigungswinkels eventuell erhebende Einwand ist aus dem heutigen mathematischen Denken völlig verständlich, denn dieses kann nach mathematischen Voraussetzungen nur einen gegebenen Winkel wie den Seket als Konstruktionselement für den Pyramidenbau gelten lassen. Für die heute geltende Anschauungsweise ist dieses zutreffend, nicht aber für die Ägypter. Es hängt in tiefstem Grunde mit Weltbild und Kultordnung, mit Rê und Osiris zusammen, daß der Neigungswinkel nach dem einfallenden Lichtstrahl einer kultisch bestimmten Zeit, nach dem « Strahl aus dem Auge des Rê », nicht nach einem konstruktiven Element wie dem Seket bestimmt worden ist.

Die Beobachtung, welche Leonardo gemacht hat, war auch den Ägyptern wohl bekannt. Die formende, die geometrisierende Kraft des Lichtes gehörte zu ihrer eigenen Erfahrungswelt. Nach Plinius haben die Ägypter den Obelisken als Lichtstrahl bezeichnet. Auf Bildwerken finden sich nach einer Mitteilung von Gruson Darstellungen, wie die von der Sonne ausgehenden Lichtstrahlen Ketten von kleinen Dreiecken bilden. Die Kultbilder von Achet-Aton mit ihren in menschliche Hände auslaufenden Sonnenstrahlen bestätigen nachdrücklich, daß den Lichtstrahlen eine formende Kraft zugeschrieben worden ist. Nach den vorliegenden ägyptischen Zeugnissen, wozu die zitierten Pyramidentexte gehören, erscheint die Konkordanz von einfallendem Licht und Geometrie der Neigungswinkel eine nicht zu bestreitende Erfahrungswelt der Ägypter gewesen zu sein.

Cottrell zitiert einen Ausspruch aus dem Buch von I. E. S. Edwards «Die Pyramiden von Ägypten», worin er sagt, «wenn man auf der Straße von Sakara steht, nach Westen blickt, so kann man die Sonnenstrahlen in ungefähr dem gleichen Winkel zu Boden fallen sehen, wie ihn die Schrägseite der Großen Pyramide bildet.» Die Konkordanz zwischen Lichteinfall und Neigungswinkel ist damit von einem Ägyptologen selber ausgesprochen, wenn auch nicht als Erfahrungswelt der Ägypter belegt.

Ein Schlüssel für das, was die Ägypter mit dem Pyramidenbau beabsichtigt haben und was Goethe die ungeheuerste Architekturidee nannte, ist die Koordination von Lichteinfall und Neigungswinkel, ein Schlüssel, der während der ganzen dritten Sothisperiode als sakrales Geheimnis bewahrt worden ist.

In der Sargkammer des Grabes von Tut-ench-Amun fanden sich die in Abschnitt XXI erwähnten vier vergoldeten Stäbe mit einer bestimmten Winkelbrechung. Diese Winkelbrechung beträgt 26½°. Es sind die sakralen Maßstäbe für die Neigungswinkel der Pyramide. Sie wurden dem toten König mit ins Grab gegeben als das sakrale Maß des Lichteinfalles, damit er,

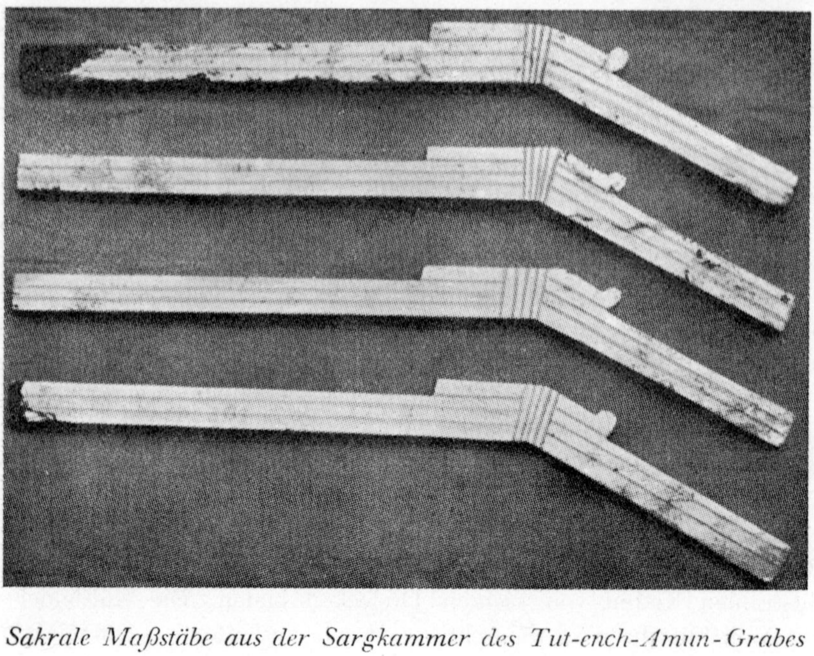

Sakrale Maßstäbe aus der Sargkammer des Tut-ench-Amun-Grabes

durch die Strahlen der Sonne gestärkt, sich zum Himmel emporhebe, denn einer profanen Messung würde nicht eine sakrale Bedeutung gegeben sein. Mit diesen sakralen Maßstäben hat aber die Koordination von Lichteinfall und Geometrie Beweiskraft erhalten. Die Pyramide war nach ägyptischer Auffassung eine Lichtschöpfung, und sie vereinigte mit dieser Koordination iranische Sternenmysterien mit dem osirianischen Totenkult.

Die Pyramiden von Gizeh sind das stärkste, das ergreifendste Erlebnis, das die zur Kultlandschaft gewordene Nekropole der 3. und 4. Dynastie am Rande der Wüste dem Auge darbietet. Sie sind die machtvollen Zeugnisse des in Abschnitt XV dargestellten heroischen Zeitalters Ägyptens. Keine Phantasie und keine Wissenschaft kann den Anblick dieser majestätischen Wirklichkeit ersetzen. Zum Pyramidenerlebnis gehört die unermeßliche, schweigende Wüste, die kristallreine Luft, das Tiefenblau der Himmelswölbung, die reife Lichtgewalt der sinkenden Sonne, das magische Silberband des alten, heiligen Niles und die Ruhe, das Schweigen an dieser Stätte konzentrierter Einsamkeit.

Anders der Eindruck aus der Ferne, wenn die Sonne hinter dem Pyramidenfeld von Gizeh in die Wüste untertaucht. Dann scheinen, aufgelöst in das Abendgold, die Pyramiden im Lichte zu schweben, als wollten sie sich darin auflösen. Die Umrisse der Dreiecksflächen vermählen sich mit dem sinkenden Abendgold. Es trinkt die Pyramide das Licht in vollen Zügen in sich hinein. Ihr Osirisgeheimnis will sich im schwimmenden Sonnengold offenbaren, und der Eindruck verdichtet sich zur Anschauung, sie sei aus dem Lichte heraus geboren.

Anders das Erlebnis aus allernächster Nähe, wenn von einem bestimmten Standorte aus das Licht der sinkenden Sonne die ungeheuer aufsteigende Kante der Cheopspyramide von oben bis unten in himmlischer Reinheit betastet und die formende Gewalt des Lichtes sich an der Dreieckskante in ergreifender Anschauung darlebt.

Nach einem aus dem Totenbuch stammenden Text über den goldenen Horusfalken wird von diesem gesagt: «Du bist das Bild des heiligen Dreieckes, der Falke des Ostens, der hehre Sperber mit dem hohen Federnpaar.»

Die Pyramide trianguliert mit ihren von vier Seiten aufsteigenden Dreiecksflächen den sie umgebenden Landschaftsraum nach den vier Himmelsrichtungen. Das Dreieck ist als Formelement in das gesamte künstlerische Schaffen der ägyptischen Kunst der dritten Sothisperiode eingegangen. Die Baukunst, die Bildhauerei, das Relief werden, wo es sich in den letzteren Fällen um Menschendarstellung handelt, vom Dreieck, d. h. von Winkelstellungen des Dreiecks beherrscht. Es gibt in der Pyramide eine senkrechte Linie, die im mathematischen Sinne nur einmal vorkommt, die Senkrechte von der Spitze zur Basis oder umgekehrt. Sie ist das baumeisterliche Bild des Zusammenhanges des Menschen mit dem Kosmos durch die Aufrechtheit der menschlichen Gestalt. Die Pyramide ist aber auch Bild seiner Gleichgewichtslage und der Stütze, welche die Erde seinem physischen Dasein gibt.

Senklot, Dreieck (Richtmaß) und Wasserwaage urständen in der Pyramidenform und sind für alle nachfolgenden Zeiten die sakralen Abzeichen baumeisterlicher Schöpferkräfte geblieben, denen auch der Mensch sein Dasein verdankt.

Die Großpyramiden der memphitischen Epoche dienten als Sakralbauten zwei verschiedenen Zwecken. Die Pyramide war Exkarnationsbau und Mysterienstätte der Isis- und Osiriseinweihung. Als Exkarnationsbau ist die Pyramide todverwandt. Als Mysterienbau ist sie sternenverwandt. Exkarnationsbau war sie für den Pharao und seine Vereinigung mit Osiris. Einweihungsstätte war sie für den Neophiten durch die Isiseinweihung, in deren Verlauf er das Todeserlebnis als Prüfung zu bestehen hatte. Ihr folgte das Schauen der Mitternachtssonne nach, das den Neophiten an die Schwelle der Osiriseinweihung führte, die den Eingeweihten zum Träger und Bewahrer des Weltenwortes machte. Der Grabbau wurde zur Mysterienstätte.

Die abwärts und wieder aufwärts im Neigungswinkel von $26\frac{1}{2}^{0}$ führenden Gänge sind die äußeren Wegmarken und Stationen für den Abstieg in die Unterwelt und den Aufstieg in die Überwelt.

Die Pyramide als Exkarnationsbau bildete den monumentalen Abschluß einer dreigliedrigen Gesamtanlage. Das erste Glied ist der sogenannte Taloder Torbau am Nil. Von da zieht sich ein gedeckter Gang hinauf zum Totentempel, und von diesem führt ein Eingang in den Pyramidenhof. Talbau, Totentempel und Pyramide fügen sich zusammen zu einem mächtigen Kultbau, den sich die Pharaonen während ihres Lebens errichten ließen, und er bezeugt, welche umfassende Bedeutung im Leben zwischen Geburt und Tod dem Leben nach dem Tode gegeben wurde.

Dem Gesetz der Dreiheit ist diese monumentale Grabanlage in der Vertikalen (Dreiecksflächen der Pyramide) und in der Horizontalen (Torbau, Totentempel und Pyramide) unterworfen. Bei der Cheopspyramide folgt auch die innere Ausgestaltung mit den drei Gängen und den drei übereinander liegenden Kammern ebenfalls dem Gesetz der Dreiheit. Dieses Gesetz bleibt bei diesen Grabbauten unabänderlich bestehen, denn es entspricht der osirianischen Kultordnung. Die Anlage als Ganzes ist dem Gesetz der Dreiheit unterworfen, die einzelnen Teile in ihrer Gestaltung und Anordnung dagegen variabel. Grundriß, Zahl und Lage der Innenräume bei den Totentempeln, Gängen und Kammern bei den Pyramiden wechseln von Bau zu Bau.

Herbert Ricke hat in eingehenden Ausführungen unter Beigabe zahlreicher Grund- und Aufrisse von den Wandlungen in der Entwicklung der Totentempel und Pyramiden von der 3. bis zur 5. Dynastie ein umfassendes Bild entworfen. Zugleich hat er auch den Versuch unternommen, einzelne Räume dieser Bauten nach ihrer kultischen Bestimmung, wie z. B. Reinigungs-, Einbalsamierungs- und Mundöffnungsräume u. a., zu identifizieren.

Eine Erweiterung und Ergänzung haben diese aufschlußreichen Arbeiten Rickes gefunden durch die Studien Siegfried Schotts über den «Pyramiden- und Totenkult» auf Grundlage von Pyramidentexten, Totenritualien mit vergleichenden Analysen, den Totenkult betreffend. Aus der reichen Fülle dieses Arbeitsmateriales ergibt sich zusammengefaßt das Bild einer während der Pyramidenzeit bereits hochentwickelten Form des osirianischen Totenkultes, zu dessen Ausübung die erforderlichen speziellen Räume und Raumanordnungen geschaffen worden sind. Aus diesem Forschungsmaterial einer Tausende von Jahren zurückliegenden Kultordnung stellt sich unweigerlich die Folgerung ein, daß diese hoch entwickelten und spezialisierten Kultordnungen aus einer Welterkenntnis heraus entstanden sind. Was aus jener Zeit erhalten geblieben und Gegenstand der Forschung geworden ist, sind letzten Endes stehengebliebene Weisheitsformen der ägyptischen Mysterienkultur. Um das wissenschaftlich bearbeitete Tatsachenmaterial wieder mit seinem geistigen Ursprung zu verbinden, müßte Fachwissenschaft durch Mysterienwissenschaft ihre Erweiterung finden, um diese Weisheitsformen in dasjenige Erkenntnisfeld zu bringen, aus dem sie einst entstanden sind.

Vom Bau der zweitgrößten Pyramide von Gizeh, vom Grabbau des Chephren, ist der sogenannte Talbau oder Granittempel erhalten geblieben. Dieser Tempel ist neben den Pyramiden durch seine einfache Monumentalität das ergreifendste Baudenkmal der Pyramidenzeit. Zwei Portale führen in einen Vorraum, von dem aus ein Pfeilersaal betreten wird, der sich aus einem Quer- oder Breitenraum und einem Langraum zu einem Raumgebilde vereinigt. Sechzehn mächtige monolithe Pfeilerstellungen, davon sechs im Breitenraum und eine Doppelreihe von je fünf Pfeilern im Langraum schaffen ein Raumgebilde konzentriertester Willensentfaltung. Keine Inschrift, kein Ornament, kein Symbol erscheint auf diesen granitenen Flächen der Pfeiler und mächtigen Architrave. Es scheint, als dulde dieser Raum auch kein profan gesprochenes Wort oder, kaum gesprochen, wird es durch das überweltliche Schweigen, das ihn erfüllt, sogleich vernichtet.

Das Material ist rötlicher, in vollendeter Steintechnik polierter Assuangranit, der Fußboden aus Alabaster. Den Wänden entlang standen auf den noch vorhandenen Sockeln dreiundzwanzig überlebensgroße Statuen des Chephren, eine von denen, die erhalten geblieben sind, gehört zu den schönsten Werken der ägyptischen Bildhauerei. Angeschlossen an den Pfeilersaal durch einen Korridor befinden sich in zwei Reihen je drei übereinander gelagerte Kammern aus demselben Material.

Nur zwei Inschriften, die einzigen des Baues, umrahmen die beiden Eingangstore. Diejenige über dem Nordtor lautet: «Von der Bastet geliebt, ewig lebend.» Über dem Südtor: «Von der Hathor geliebt, ewig lebend.» Und rechts und links von den Portalen je eine nicht mehr vorhandene, aber von den Ausgräbern des Baues wohl mit Recht vermutete Sphinx. Vom rechten Ende des Querraumes führt ein gedeckter Gang von nahezu 500 m Länge in schräger Richtung hinauf zum Totentempel. Von diesem Gang zweigen innerhalb der im Grundriß viereckigen Anlage zwei Räume ab, ein kleiner, mit Alabasterplatten ausgelegter Raum, und diesem gegenüber ein anderer mit einer Rampe zum Aufstieg auf das Dach.

Der Totentempel war in eine Reihe hintereinander liegender Räume gegliedert. Er wurde betreten durch eine breite, gestaffelte Pfeilerhalle, dann folgte eine längliche Halle mit zwei Reihen von fünf Pfeilern und einem Serdab zu beiden Seiten. Hierauf ein Statuenhof mit Umgang, der durch sechzehn Türöffnungen betreten werden konnte. Hinter dem Statuenhof, vom Umgang her zu erreichen, fünf Kammern. Zuletzt, von diesem vorderen Teil der Anlage durch kleinere Räume abgetrennt, ein Querraum mit einer großen Nische in der Mitte, welche diesen Raum, den Abschluß des Totentempels, als das Allerheiligste kennzeichnet. Material: glattpolierter Granit, Fußboden Alabaster.

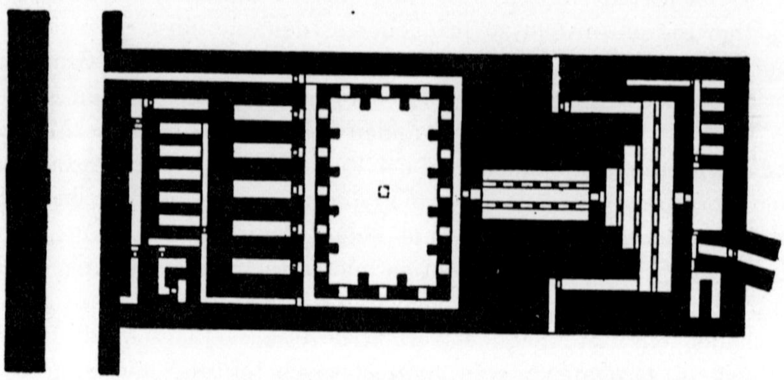

Grundriß vom Totentempel des Chephren

Durch einen schmalen Gang an der Südwest-Ecke konnte der Pyramidenhof, dessen Pflaster höher lag, durch eine Rampe betreten werden; der Hof von 10 m Breite umzog die Pyramide.

Die Pyramide des Chephren hatte eine Höhe von 143,5 m und eine Seitenlänge von 215 m mit Neigungswinkel von 52°. Von der Nordseite führen zwei Gänge in das Innere. Der obere Gang, 11,5 m über der heutigen Sohle, führt 32 m in die Tiefe und mündet in eine Kammer. Der andere Gang, dessen Eingang unter dem Pflaster geborgen, beginnt mit einem Neigungswinkel von 21° 4′ abwärts und gelangt zu einem Fallstein, setzt sich horizontal fort, wendet sich wieder aufwärts und erreicht durch eine waagrecht laufende Fortsetzung eine Felsenkammer. In der Mitte dieses

Ganges befindet sich eine kleine Nische, davon abzweigend ein 6,7 m langer, abschüssiger Gang, der in eine dritte kleine Felsenkammer mündet. Dreigliederig wie die Cheopspyramide ist auch das Innere derjenigen des Chephren angelegt.

Die Bestimmung des sogenannten Torbaues des Chephren ergibt sich aus der gesamten dreigliederigen Anlage und aus dem Totenritual, das in sinnvoller Anwendung die Frage nach dieser Bestimmung beantworten kann. Nach dem Totenritual (Abschnitt XIII) wurde der Tote zuerst in die Halle des Hüters geführt. Dann wurde er vom Hüter angemeldet und kam vor Thoth, d. h. er betrat damit das Reich der Toten, und nach dem Totengericht ging er den Weg des Aufstieges, der ihn mit Osiris vereinigte. Eine dreifache Handlung war es, die der Tote an drei Orten, in drei Räumen durchlebte: das Stehen vor dem Hüter, das Betreten des Totenreiches, das Aufsteigen in die Lichtwelt des Osiris.

Die dreigliederige Gesamtanlage dieses Grabbaues zeigt, daß diese drei geschilderten Handlungen in drei entsprechenden Raumschöpfungen ihr gewaltiges Abbild erhalten haben.

Der sogenannte Torbau ist die Halle des Hüters, der Totentempel das Betreten des Totenreiches und Erscheinen vor dem Totengericht und die Pyramide der Aufstieg in die Lichtwelt des Osiris. Es sind die Raumesbilder, die Raumesimaginationen einer sakralen Baukunst, welche in dem dreigliederigen Grabbau des Chephren zur sinngewaltigen Darstellung gekommen sind, und sie sind die stumm gewordenen, aber in ihrer Stummheit noch immer ergreifenden Zeugen eines verborgenen, im Sakralbau sich manifestierenden Mysterienwesens.

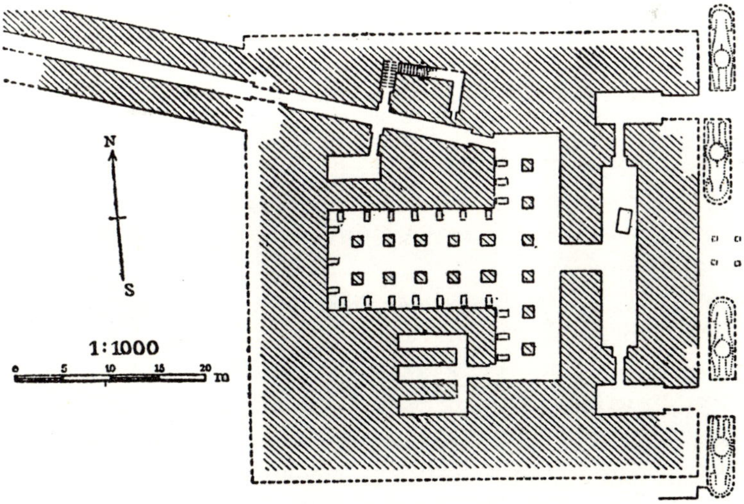

Grundriß der Halle des Hüters, sog. Torbau des Chephren

Das Betreten der Halle des Hüters im Chephrenbau neben der großen Sphinx bedeutet daher, von einer baukünstlerischen Raumesimagination aufgenommen zu werden, die sich in willensmäßig konzentrierter Monumentalität ankündigt und deren Wirkung im Verhältnis von Breitraum und dem in die Tiefe gehenden Langraum mit seinen doppelten Pfeilerstellungen und Statuenreihen besteht. Querraum und Langraum stehen hier in einem gleichsam dialogisierenden Verhältnis zueinander. Die Raumesimagination des Totentempels wiederholt nochmals die baukünstlerisch sprechende Wortgewalt, welche im dialogisierenden Verhältnis vom Breitraum und Langraum der Halle des Hüters vorliegt. Dann geht die Raumesimagination über in den Statuen- und Säulenhof, die fünf Kammern, das Sanktuarium vor dem Pyramidenhof, alles Raumesimaginationen, die sich auf Vorgänge im Totenreich beziehen.

Diese königlichen Grabbauten in ihrer dreifachen Anlage bilden den Urtypus der Gräber der dritten Sothisperiode in allen ihren Varianten und Wandlungen, mit eingeschlossen die späteren Felsengräber im Tal der Könige sowie diejenigen der Angehörigen der königlichen Familie und der Würdenträger des Hofes.

Die Chephrenpyramide wurde in neuerer Zeit erstmals 1818 von Belzoni geöffnet. In der Hauptkammer fand er nichts als einen in den Boden eingelassenen Sarkophag. An der Wand bemerkte er eine Inschrift, wonach die Pyramide bereits von den Arabern unter Ali Mohammed, der dabei zugegen war, geöffnet worden war. In die Cheopspyramide hatte der Kalif Mamum eine Bresche brechen lassen in der Erwartung, Schätze zu finden, aber die große Kammer war leer, denn die Pyramiden von Gizeh sind, wie die Gräber im Tal der Könige, schon im Altertum ausgeraubt worden.

Die dritte Großpyramide von Gizeh, die des Mykerinos, besitzt in ihren kleineren Abmessungen dieselben Neigungswinkel. Zwei Eingänge von der Nordfläche her führen in zwei Felsenkammern, die mit Fallsteinen verschlossen werden konnten. In der einen dieser Kammern, die vom Korridor aus auf sieben Stufen erreicht werden konnte, fand sich ein Porphyrsarg ohne Deckel, in der andern Kammer ein Sarg mit Resten der Mumie des Königs. Eine Grabstele aus dem Talbau des Totentempels zeigt diesen Pharao in der Mitte zwischen zwei Göttinnen, rechts Hathor, links die Göttin des Gaues Diospolis.

Die drei größten Pyramiden der Nekropole von Abusir aus der 5. Dynastie, die des Sahu-rê, des Ne-User-rê und des Nefer-Ir-Kê-Rê, bestehen wie die großen Anlagen der Könige der 3. und 4. Dynastie aus der Dreiheit von Torbau, gedecktem Aufgang zum Totentempel und der Pyramide. Die Abmessungen dieser Pyramiden sind bedeutend kleiner als diejenigen der Pyramiden von Gizeh. Die Höhe der Pyramide des Sahu-rê betrug ursprünglich 49 m, ihre Basis 78 m. Auch bei diesen drei Pyramiden sind, von geringen Abweichungen abgesehen, die Neigungswinkel der Gänge im Innern und des Anstieges der Dreiecksflächen dieselben wie bei den Pyramiden von Gizeh. Sie bestätigen auch ihrerseits, daß der Neigungswinkel von $26\frac{1}{2}^0$ sakrale Gültigkeit besessen hat.

Die technische Seite des Pyramidenbaues hat schon vielfache Erörterung gefunden. Es herrscht hierüber Einstimmigkeit, daß Mittel wie Hebel, Walze und schiefe Ebene dabei verwendet worden sind und zum Behauen der Steinblöcke metallene Werkzeuge. Um Werkblöcke zu zerschneiden, wird vermutet, daß dabei Broncesägen mit Zähnen von Edelsteinen oder Korund in Gebrauch waren. Schnittstellen konnten am Sarkophag in der Königskammer der Cheopspyramide festgestellt werden (Cottrell). Die Kalksteinblöcke des Baues stammten aus den Mokattam-Steinbrüchen bei Kairo, der rötliche Granit aus Assuan.

Herodot teilt über den Bau der Cheopspyramide mit: «Es wurde aber diese Pyramide durch gewisse Absätze errichtet, welche als Stufen in die Höhe gingen, die einige ‚Treppen', andere ‚Altärchen' nennen.» Nach dieser Angabe hat Flinders Petrie die Theorie entwickelt, daß mit jeder neuen Lage der Steinschicht bis hinauf zur Spitze Rampen mit schiefer Ebene für den Transport der Blöcke angelegt worden seien.

Gegen diese Rampentheorie hat sich ein Techniker der Baupraxis, H. Strub-Roessler, gewandt und eine Konstruktionsmethode unter Beigabe von Zeichnungen vorgelegt, die der Genialität der Pyramidenbaumeister weit angemessener erscheint als die Rampenmethode, die jedenfalls nie in diesem Sinne angewendet worden ist und im Grunde von jedem Fachmann verworfen wird.

Der Verfasser geht bei seinen Darlegungen davon aus, daß dem Pyramidenbau mit bloßen mathematischen, geometrischen und stereometrischen Verhältnissen allein nicht beizukommen sei, denn «der Technik bedeutet die Gestalt nur wenig, die wirksamen oder wirksam gewesenen Kräfte aber alles. Der Sakralbau habe gegenüber dem verstandesmäßig abwägbaren Zweckbau noch eine übermaterielle Komponente, die vom Wesen der Religion bestimmt sei». Von dieser nicht zu bezweifelnden Anschauung ausgehend, führt Strub weiter aus, daß «die Pyramiden aus Kräften, und zwar ganz gewaltigen Kräften von ideeller und materieller Art hervorgegangen seien». Diesen Sachverhalt weist der Verfasser zunächst an der Stufenpyramide des Zoser nach, um sie an der Hülle der Vollpyramide des Snofru in Medum zu erhärten. Für die technische Konstruktionsweise der Cheopspyramide zeigt der Verfasser die folgende Methode auf als Fortsetzung derjenigen, die bei den Pyramiden des Zoser und des Snofru angewendet worden ist.

Die Baumeister der Vollpyramide des Snofru wie der nachfolgenden Cheopspyramide haben im Innern die Konstruktion der Schrägmauern, wie sie das Bild der Stufenpyramide zeigt, auch unter der glatten Deckschicht beibehalten. Bei der Stufenpyramide, argumentiert der Verfasser, bildete eine massive Mastaba den Kern der Pyramide, auf die weitere Mastabaformen aufgesetzt wurden. Auf diese Weise entstand die Stufenpyramide. Der Baumeister der Vollpyramide legte um einen solchen Kern Schrägmauern und überdeckte sie mit dem Außenbelag. Bei der Cheopspyramide wurde der Kern vergrößert und stieg bis zur Höhe der Deckenschicht empor. Um diesen erhöhten Kern wurden die Schrägmauern gebaut mit der Wirkung, daß ein Kräfteparallelogramm entstand mit waagrechtem Schub und senkrechtem Druck. Diese Schrägtechnik hatte zur Folge, daß die Baumasse der gesamten Pyramide nur etwa mit vier Siebentel, etwa 55% des Gesamtgewichtes, auf den Kern einwirkte, was einer Entlastung im großen Stile gegenüber der Entlastung der großen Kammer gleichkommt. Darnach, so folgert der Verfasser, beruhe «die Festigkeit der Pyramide nur zum geringsten Teil auf dem toten Gewicht der riesigen Steinmasse, sondern auf den Kräften, die mit der Höhe wachsen». Nach diesem Bauprinzip, führt er weiter aus, erscheine es unwahrscheinlich, daß die Pyramidenbaumeister längere und immer längere Rampen bauen mußten, um die Steinblöcke in die Höhe zu schaffen, es lag in den Stufen der Schrägmauern selber das Baugerüst vor. Der Aufbau vollzog sich in drei Richtungen, in der Horizontalen, der Schräge und der Senkrechten.

Diese überzeugenden Darlegungen des Verfassers ersetzen die Theorie der schiefen Ebene durch ein wohlbegründetes technisches Verfahren, das beim Pyramidenbau angewendet worden sein kann. Nach diesem Verfahren würde die Stufenpyramidenform in den nachfolgenden Pyramiden darinnen stecken. Von Stufe zu Stufe wurden dementsprechend die Kalksteinquadern von den vier Seiten her bis zur Spitze um den Kernbau gefügt.

Die vielfach erörterte Anschauung dagegen, der Stufenpyramide liege der Baugedanke von aufgetürmten Mastabas zugrunde, ist nicht ägyptisch, sondern entspricht dem technischen Denken der Gegenwart.

Es gab für den Grabbau der 3. und 4. Dynastie zwei feststehende Baugedanken, die königliche Grabanlage mit der Pyramide oder das Privatgrab, die Mastaba. Es lagen damit zwei ganz verschiedene Bauabsichten vor, die einander gegenseitig nicht bedingen und auch unabhängig voneinander entstanden sein dürften. Daher ist die Stufenpyramide des Zoser nicht als eine aufgetürmte Mastaba zu betrachten, sondern, wie sich aus den vorstehenden Ausführungen ergibt, ein Stufenbau, der noch keine Ummantelung erhalten hat.

Bei den Erörterungen über die technische Ausführung der Pyramiden wird nicht dem Einsatz der beim Pyramidenbau in Massen verwendeten menschlichen Arbeitskräfte und dem Kräfteverhältnis dieses Einsatzes Rechnung getragen. Während in der Gegenwart die Technik über die menschliche Arbeitskraft dominiert, bestand beim Pyramidenbau das Gegenteil. Die menschliche Arbeitskraft dominierte über die einfachen technischen Mittel von Hebel, Walze und dergleichen. Entscheidend war nicht nur der massenhafte Einsatz menschlicher Arbeitskräfte, sondern deren Eigenart und Stärke. Die rein physische Kraft der Pyramidenarbeiter muß um sehr Erhebliches höher eingesetzt werden, als dies heute der Fall ist. Dieses aus dem Grunde, weil damals die Umwandlung von vitalen, von physischen Kräften in Bewußtseinskräfte noch kaum eingetreten war. Daher wirkte der damalige Einsatz von gesteigerten physischen Kräften wie mit Naturgewalt, was heute durch technische Mittel erreicht werden muß. Unterstützt und gesteigert wurden diese naturgewaltig wirkenden Kräfte außerdem durch den Rhythmus, der unter Einsetzung kultischer Mittel angewendet worden ist. Vergleichsweise kann daher gesagt werden, daß das Heben der Lasten, welches beim heutigen Bauverfahren der Kran leistet, damals durch gesteigerte physische Kräfte und durch Rhythmus geleistet worden ist. Es konnten daher beim Pyramidenbau die mächtigen Quadersteine durch die damals gesteigerte physische Menschenkraft von wenigen Menschen gehoben werden. Aus diesem Grunde wurde die Baupraxis der Stufenform angewendet, weil diese Form, wie bereits erwähnt, selber das Baugerüst abgab, durch welches das Heben des Baumateriales bewerkstelligt werden konnte.

Um die königlichen Pyramiden der memphitischen Epoche mit den Kleinpyramiden für die königlichen Gemahlinnen entstanden in ihrer nächsten Umgebung die Mastabanekropolen der königlichen Prinzen und der Würdenträger des Hofes.

Aus einer ursprünglich einfachen Form des Mastabagrabes entwickelten sich durch Erweiterung und Anbauten die späteren reicheren Formen des Privatgrabes.

Das Mastabagrab erhielt, dem Totenkult entsprechend, dieselbe Anlage und Gliederung, wenn auch in kleinerem Maßstab und anderer Anordnung, wie das königliche Grab. Statt einer ausgebauten Pyramide bestand die Mastaba aus einem von Kalksteinblöcken zusammengefügten massiven Kern in länglicher, rechteckiger Form mit in einem Neigungswinkel ansteigenden Seitenwänden. Vom flachen Dach führte ein Schacht bis 20 m tief in den Felsengrund hinab zur Sargkammer, in der in einem Sarkophag die Mumie beigesetzt wurde. Nach der Beisetzung wurde der Schacht wieder zugeschüttet. Eingebaut oder angefügt waren die Kult- und Vorratsräume für den Totenkult. Bei der weiter entwickelten Mastabaform befand sich an der nördlichen und südlichen Wand des Kultraumes je eine Scheintüre für den ein- und ausgehenden «Ka», der Opfertisch für die dargebrachten Speise- und Trankopfer. Hinter dem Kultraum, in den Steinmantel eingebaut, die Statuenkammer (Serdab) mit den den Verstorbenen darstellenden Statuetten.

Ein solches Mastabagrab der bereits weiter entwickelten Form ist das des Prinzen Kanjnjswt (von Junker freigelegt). Es ist nach seiner Ausstattung das Grab des wohlsituierten Ahnherrn dieser Familie, das zeitlich etwa dem Ende der 4. Dynastie angehört.

Der Kultraum ist mit Reliefs ausgeschmückt. An der einen der Seitenwände ist der Verstorbene dargestellt beim Empfang der Opfergaben, die ihm von Totenpriestern dargereicht werden. Die Reliefs der Westwand zeigen den Verstorbenen in der Würde seiner hohen Stellung am Hofe und im Kreise seiner Familie, Untergebenen und Diener. Auf der südlichen Schmalwand werden die Vorbereitungen für das Totenmahl sowie für das Räuchern, Salben, Schminken geschildert nebst einer Aufzeichnung der Opferspeisen. In den Reliefs der Ostwand erscheinen die dem Verstorbenen tributpflichtig gewesenen Dörfer mit ihren Gaben. Es werden dabei dreißig Dörfer genannt. In den Reliefs über der Eingangstüre ist die Fahrt des Toten, der eben das Segelboot mit den Ruderern besteigt, dargestellt. Auf der Nordwand erscheint die Gestalt des Verstorbenen in einer alle anderen Gestalten überragenden Größe mit Szepter und reicher Hoftracht. Um ihn herum seine Untergebenen, vor ihm in drei Kolonnen die Schreiber und in einer Reliefzone unter ihm eine Gruppe in Hockstellung sich befindlicher tätiger Schreiber. Über dieser Szene ein Schriftband: «Der Gauverwalter von Dep, der Mund aller Leute von Pe, der den Geheimnissen des Perdewa vorsteht, das Oberhaupt von Eileithyaspolis, der Sohn des Königs und dessen einziger Freund: Kanjnjswt.»

Mit der 5. Dynastie wurden die Privatgräber der Würdenträger immer größer und reicher, und die Reliefkunst erreichte ihre höchste Blüte. Zu den hervorragendsten Mastabagräbern dieser Zeit gehört dasjenige des Ti. Dem Steinmantel vorgebaut ist ein Pfeilerhof von zwölf Pfeilern, der für die Darbringung der Opfergaben bestimmt war. Ein niedriger Gang führt von dieser Halle in eine Vorkammer und von da zur Grabkammer. Die Wandbilder dieser Mastaba mit ihrer vollendeten Reliefkunst enthalten die mannigfaltigsten Szenen aus dem alltäglichen Leben: Schlachtszenen, Geflügelhöfe, Eseltreiben, Getreideschneiden, Schiffe und Schiffsbau, Handwerker und Bildhauer bei der Arbeit, Fischfang und Vogelfang, Landleute mit Opfergaben, Schreiberszenen, Tänzer und Tänzerinnen, der Verstorbene selber bei einer Bootfahrt im Papyrusdickicht.

Die Mastaba des Ptahotep, eines der höchsten Würdenträger am Hofe eines Königs der 5. Dynastie, steht derjenigen des Ti in ihrer Gliederung von Pfeilersaal, Opferkammern, Grabkammern und vollendeter Reliefkunst nicht nach. Die Mastaba des Wesirs Kagemni zeichnet sich aus durch ihre besondere Raumgestaltung: Vorraum, anschließend Pfeilerhalle, dann weitere vier Räume und eine Halle mit Aufgang auf das Dach und auf diesem zwei weitere Räume.

Das sind Beispiele von Privatgräbern einer Zeit, als die Verselbständigung der hohen Würdenträger des Hofes bereits begonnen hatte, die ihre Stellung und Tätigkeit am Hofe oder in den Gauen auch durch die Größe ihrer Gräber bekundet haben.

Als die Gaufürsten begannen, ihre Gräber in ihrem Gau, den sie verwalteten, anzulegen, fand der Übergang vom Mastabagrab zum Felsengrab statt.

Während der 11. und 12. Dynastie entstand die Nekropole in Beni-Hassan. Dort ließen namentlich die Gaufürsten vom Antilopengau ihre mit Reliefs geschmückten Felsengräber anlegen, und unterhalb derselben befanden sich in Reihen die kleinen Gräber ihrer Untergebenen.

Mit der 18. Dynastie wurde aus Gründen, die in Abschnitt XIX dargelegt worden sind, die Form des Felsengrabes allgemein auch für die Bestattung der Könige. In der thebanischen Ebene, auf den Höhen der Vorberge von Der-el-Bahri befinden sich die ausgedehnten Nekropolen der Großwürdenträger und der Hohenpriester der 18. Dynastie, die Gräber der Angehörigen der Ramassiden, Königinnen- und Prinzengräber.

In ihren Grundrissen sind diese Privatgräber alle verschieden, aber ihre Verwandtschaft mit dem Archetyp der Pharaonengräber, wie dem des Chephren, ist unverkennbar. Anlagen von Breit- und Langräumen sind häufig. Das Grab des Wesirs von Thutmosis III., des Rechmerê, besteht aus einem Vorraum mit Eingang in einen Breitenraum, von diesem führt ein langer, nach hinten an Höhe zunehmender Korridor zu einem durch eine Granittüre (Scheintüre) geschlossen gewesenen Serdab. Reliefs aus dem Leben des Wesirs bedecken in Reihen die Wände des Breitraumes und des langen Korridors.

In der Ebene liegt das Grab des Ramose, des Wesirs von Amenhotep IV., das wegen Verlegung des Hofes nach Achet-Aton unvollendet geblieben ist, für den aber Echnaton in der Nekropole der Atonstadt ein neues Grab anlegen ließ. In diesen sich weithin erstreckenden thebanischen Nekropolen finden sich auch die Gräber der Gemahlin des Ramses II. und der Königin Eset, der Mutter Ramses VI.

Im Tal der Könige entstanden mit Amenhotep I., der als erster den Pyramidenbau aufgab und sein einfaches Grab im Tal der Könige in den Felsen treiben ließ, die berühmten Felsengräber der Pharaonen der 18., 19., und 20. Dynastie.

In der Anlage dieser Gräber wiederholt sich das Gesetz der Dreiheit der Pyramiden von Gizeh. Drei hintereinander liegende Korridore führen in einen Vorraum und von da in den Hauptsaal mit seinen Nebenräumen, in welchem sich der Sarkophag mit der Mumie befand. Zur Seite des Korridors befinden sich Nischen und kleine Nebenräume.

Die Bilder und Texte, womit die Wände dieser Gräber bedeckt sind, stammen aus dem Totenbuch und den im Zusammenhang mit der Entwicklung und Ausgestaltung des Totenkultes dieser Dynastien entstandenen Beibüchern: «Buch von dem, was in der Unterwelt ist» (in zwölf Abschnitten wie die Nachtstunden des Kultes am Grabe des Osiris), dann das «Buch der Pforten». Ein seit den Pyramidentexten der 5. und 6. Dynastie fortentwickelter und erweiterter Totendienst hat in diesen Königsgräbern sowohl seine kultisch-bildliche wie seine kultisch-räumliche Ausgestaltung erfahren. Ansichten wie solche, daß die weitverzweigte Anlage, z. B. die des Sethos I.

mit ihren zahlreichen Räumen und Schächten, zur Irreführung der Grabräuber dienen sollte, beruht auf einer völligen Verkennung der Absichten ihrer Erbauer. Die Pharaonen- und Privatgräber haben ausschließlich dem Kult und nicht irgendwelchen Schutzmaßnahmen gedient, durch welche für jene Zeit die Kultformen in Bau und Bild als unwirksam hätten gelten müssen. Dadurch wäre die Kultordnung in ihren Grundlagen erschüttert worden. Wenn dennoch, unter den Ramassiden und später, alle 61 Gräber im Tal der Könige mit Ausnahme desjenigen des Tut-ench-Amun ausgeraubt worden sind, so ist der Verfall und Mißbrauch des Mysterienwesens dafür verantwortlich zu machen.

Die Grabbauten der dritten Sothisperiode, die Pyramiden, die Totentempel, die Felsengräber der Pharaonen wie die Privatgräber sind sakrale Raumschöpfungen, die aus Weltbild und Kultordnung heraus gestaltet worden sind. Der hermetischen Sendung Ägyptens gemäß hat Lebenserfahrung und Todeserlebnis durch den Genius Ägyptens eine miteinander vereinigte Raumesform erhalten. Seelenwege, die im Zeitenlauf gegangen werden, sind zu Raumesschöpfungen geworden. In der ägyptischen Baukunst wurde die Zeit zum Raum.

XXIV

DER TEMPELBAU

Die Dreiheit beherrscht die gesamte ägyptische Kultbaukunst und ist ihr von Anfang bis zu Ende verpflichtet geblieben. Wo immer in Ägypten die Dreiheit erscheint, ist sie stets das Bild der Verbindung des Menschen mit der kosmischen Umwelt, mit dem Götterkosmos. Die kosmische Dreiheit von Sonne, Mond und Erde wurde, wie in der osirianischen Tempellegende dargelegt worden ist, Mysterienprinzip und nach außen Volksreligion, in Pyramide und Tempel baumeisterliches Formprinzip. Pyramide und Tempel folgen in ihren Anlagen dem Gesetz der Dreiheit. Wie die Pyramide, so ist auch der Tempel gegenüber der Außenwelt nach hermetischer Ordnung abgeschlossen. Nach außen wie nach seiner inneren Gliederung als Raumesgebilde hat der Tempel für die gesamte Dauer der ägyptischen Kultur einen streng hermetischen Charakter erhalten. Mit dem Pylon an der Stirnseite und der Umfassungsmauer, beide mit sogenannter Böschung, d. h. mit Neigungswinkel, wird der Tempelbau nach außen abgeschlossen und öffnet sich nach innen mit einer dreiteiligen Raumgestaltung.

Der Pylon würde in seiner Dreieckstendenz, bis zur Spitze ausgebaut, dem Auge die Dreiecksfläche einer Pyramide darbieten. In einer wohlproportionierten Höhe erhält er jedoch eine abgestumpfte Form, die in der Mitte eine Senkung erhält. Von unten her öffnet sich der Pylon mit einer hohen, schmalen Eingangspforte, darüber eine Hohlkehle mit der geflügelten Sonnenscheibe. Es ist ein Torbau, der in seiner aufstrebenden Form in sinnlicher Anschauung den Eintritt des Menschen in eine göttliche Welt ankündigt, was im Innern des Tempels durch den Opferdienst erlangt werden soll. Der Torbau trennt zwei Welten. Sein Durchschreiten bedeutet, daß sich die menschliche Seele von der äußeren Welt abwendet und einer inneren Welt zuwendet. Der ägyptische Tempel ist das Haus der Seele. Das Charakteristische der Bauform des ägyptischen Tempels liegt darin, daß der Pylon als einziges Eingangsportal hineinführt zu einer dreigliederigen Anlage, dem offenen Säulenhof (Peristyl), dem gedeckten Säulensaal (Hypostyl) und dem von einer Anzahl Gemächer umgebenen Heiligtum (Sekos). Die Symmetrieachse führt vom Eingang in die Tiefe der Tempelräume. Im Vorschreiten verdichtet sich das Raumeserlebnis in dreifacher Weise. Der Säulenhof ist weit und licht, der gedeckte Säulensaal durch seine engen Säulenstellungen konzentriert, das kleine Heiligtum niedrig, dunkel, das Raumeserlebnis konzentriert sich hier am stärksten. Die Symmetrieachse wird zum Bild des Weges der Seele in ihre Innenwelt, um dem Göttlichen zu begegnen. Ob der Tempelbau Osiris, Isis, Horus, Rê, Ptah oder Amun oder sonst einer Gottheit geweiht war, blieb die Anlage als Norm stets dieselbe: vorgelagerter Pylon mit nachfolgender Dreiheit der Raumesanordnung.

Im ägyptischen Tempelbau wie in der Pyramide haben Weltbild und Kultordnung eine baumeisterliche Ausdrucksform erhalten, welche, von einigen Ausnahmen abgesehen, während der dritten Sothisperiode und darüber hinaus stets dieselbe geblieben ist. Pylon, Säulenhof, Säulensaal und Sanktuarium bilden einen feststehenden Kanon, aber dieser wird in der mannigfaltigsten Weise angewendet, so daß kein einziger ägyptischer Tempel in der Anordnung und Größe seiner Glieder dem andern gleicht. Der gesetzmäßigen dreigliederigen Tempelanlage werden auch in nachfolgenden Bauzeiten weitere Bauglieder als Erweiterung angefügt. Pylonen, Höfe, Säle wurden, wie in Karnak und Luxor, nach und nach hinzugebaut und zu Tempelbezirken erweitert. Dadurch bietet der ägyptische Tempelbau einerseits die streng sakral gebundene Grundform und andererseits ein variables System in Anwendung dieser Grundformen.

Ohne Zweifel waren die ältesten Tempel in vordynastischer Zeit einfache Gebilde mit Schilf- und Lehmwänden, später mit Lehmziegeln, ehe mit der dritten Sothisperiode der Quaderbau einsetzte und die dreiteilige Tempelanlage mit dem Pylon als mächtigem Torbau geschaffen worden ist.

Die Erde empfand der Ägypter als das Haus des Osiris, den Erdenleib des Menschen in seiner aufrechten Stellung als eine Schöpfung von Kräften, die aus der Welt jenseits der Todesschwelle stammen. Der Tempel wurde den Gesetzen der Menschengestalt nachgebildet als einer Raumesform, die dem Gesetz der Koordinate, d. h. den drei Raumesdimensionen unterworfen ist. Das heutige Erleben der Raumesdimensionen ist ein abstraktes, es ist ein mathematischer Begriff. Der ägyptische Baumeister besaß ein bildhaft lebendiges Erleben der dreidimensionalen Raumesgesetzlichkeit, und er verband sein baukünstlerisches Schaffen mit Astrologie, d. h. den Gesetzen der Sternenräume, mit Geometrie, den Gesetzen des Erdenraumes und den Gesetzen der Proportion, aber auch mit Musik, dem Gesetz des Zusammenklanges der Dinge.

Die Koordinate, die drei senkrecht aufeinander stehenden Raumesachsen, das Oben und Unten, das Rechts und Links, das Vorn und Hinten, waren für den ägyptischen Baumeister innere Erlebnisse, die er in Zusammenhang mit der Dreiheit Osiris-Isis-Horus brachte. Für den sich im Raume erlebenden Menschen waren die drei Raumesdimensionen Abbilder dieser göttlichen Dreiheit.

Zur bildhaften Anschauung wurde die Raumesrichtung von Oben und Unten im eigenen Lebenslauf im Wachstum der menschlichen Gestalt nach oben, in der Verbindung von Endlichem mit Unendlichem, von Menschlichem und Göttlichem.

Das Rechts-Links-Erlebnis wurde inneres Erfahrungserlebnis im anschauenden Erleben des Verhältnisses von Sinn und Gestalt, von Weisheit und Form. Was als Erscheinungswelt sich der äußeren Anschauung darbietet, ist weisheitsvolle Form, ist formgewordene Weisheit. Die Symmetrie des Menschen stellt die ausgleichende Beziehung von Rechts und Links dar. Die in der Außenwelt sich ausbreitenden Formen sind weisheitsvoll geordnet durch die in den Dingen waltende Symmetrie.

Die dritte Dimension Vorn-Hinten war bildhaftes Anschauen der Beziehung von Materie und Geist, wie Geistiges sich zum Materiellen verdichtet, wie Geistiges die Dichte des Stoffes braucht, um in das Räumliche eingehen zu können.

Durch die erste Dimension empfand sich der Mensch als ein Strebender, als ein Erkennender des Geistigen, Bild der Linie. Durch die zweite Dimension im Erleben der Fläche wußte er sich im Geistigen lebend. Sollte aber das Flächenhafte zum Raume werden, so mußte die Dichte des Stofflichen dazu kommen. Mit der dritten Dimension, mit dem räumlichen Erleben, vollzog sich der Übergang vom Geistigen zum Stofflichen. Die drei Raumesrichtungen wurden in anschaulich bildhafter Weise und daher vollmenschlich erlebt. Die erste Raumesdimension wurde empfunden im Denken, im Erkennen, die zweite, die flächenhafte, im Fühlen und die dritte im Wollen. Die drei Seelenkräfte des Menschen, Denken, Fühlen und Wollen, koordinierten sich mit den drei Raumesrichtungen. Die Koordinate war allmenschliches Erlebnis und wurde erst im Laufe der Zeit mit der Fähigkeit des abstrakten Denkens zum abstrakten Begriff der Koordinate.

Diese Hinweise Rudolf Steiners finden ihre umfassende Anwendung im ägyptischen Tempelbau. Ägyptisches Höhen-, Flächen- und Tiefenerlebnis war Welterlebnis.

Kosmische Intelligenz im Empfinden dessen, was in der ersten Raumesdimension von Unten nach Oben geht: Osirianisches Welterleben.

Im Rechts-Links-Erleben der Flächendimension ein zweifaches Erleben in der Bewegung von Rechts nach Links und wiederum im Stehenbleiben, in der Ruhe der Betrachtung verharrend; im Erfühlen des Flächenhaften der zweiten Raumesdimension: Isis-Welterleben.

Im Schreiten von Hinten nach Vorn, im Verdichten des Geistigen zum Stofflichen, wurde das Willenshafte erlebt, aber auch der Widerstand des Stofflichen gegen das Geistige: Doppelerlebnis von Horus-Typhon.

Die Dreidimensionalität des Weltenraumes fand in Ägypten im Beginne der dritten Sothisperiode ihre menschliche Verwirklichung durch den Geburtsakt der Baukunst. Die Baukunst in ihrer innerlich erlebten Dreidimensionalität wurde Abbild der Götterdreiheit Osiris-Isis-Horus. Die Achsenlage und Achsenführung des Sakralbaues stand im Dienste der Vereinigung von Menschlichem mit Göttlichem, von Menschenwegen mit Götterwegen.

Höhendimension, Abbild des Welterkennens: Osiris-Achse in den Pfeiler- und Säulenstellungen der Tempel.

Breiten-Flächendimension, Erlebnis des Weltenfühlens: Isis-Achse. Die Tempelwände rechts und links wurden transparent gemacht durch die farbigen Reliefdarstellungen.

Tiefendimension, erlebtes Abbild des Weltenwillens im menschlichen Willen, aber auch der Willenshemmung, Horus-Seth als Brüder: Horus-Seth-Achse in der Symmetrieachse vom Tempeleingang durch den Pylon bis in die Tiefe des Sanktuariums.

Die Aufrechtheit des Menschen im Raume wurde nach dem geltenden Weltbilde dem Osiris zugeschrieben. In der Statik des Tempelbaues erscheint das Abbild der osirianischen Aufrechtheit des Menschen im Pfeiler und in der Säule. Pfeilerstellungen vorwiegend im Grabbau, wie beim Archetyp des Grabbaues, dem Chephrenbau, und zahlreichen Felsengräbern; Säulenstellungen vorwiegend bei Tempelhöfen und gedeckten Tempelräumen.

Der Pfeiler ist ganz Stütze der lastenden Schwerkraft des Architraves. Das kultische Gegenbild ist der schwere Sarkophag mit der Mumie. Die Erde, nicht der Pfeiler, dient ihnen als Stütze.

Die Säule in ihrer Dreiheit von Basis, Schaft und Kapitell zeigt in ihrer Gliederung des Bestreben, Tragen und Lasten zu einem formkünstlerischen Ausdruck zu bringen. Aber das Pflanzenkapitell ist noch mehr Himmelsstütze, denn tragende Erdenlast. Der Pfeiler ist stumm, die Säule beredt. Es gibt im ägyptischen Tempelbau drei Grundformen von Säulenkapitellen, das Lotos-, das Palmen-, das Papyruskapitell. Das Palmen- und Papyruskapitell sind, was ihre Formensprache betrifft, einander entgegengesetzt. Das Palmenkapitell ist geöffnet, ausladend, sonnenhaft. Das Papyruskapitell geschlossen, keimhaft, erdenverwandt. Das Lotoskapitell steht ausgleichend in der Mitte. Die Dreiheit dieser Kapitellformen erscheint in ihrem künstlerischen Ausdruck empfindungsgemäß der Götterdreiheit Osiris-Isis-Horus zugeordnet. Das Palmenkapitell dem Osiris, das Lotoskapitell der Isis, das Papyruskapitell dem Horus. Ihre Verwendung beim Tempelbau ist keine systematische, sondern eine kultisch-künstlerische. Das Hathorkapitell fand u. a. im Horustempel seine kultisch-künstlerische Verwendung.

Der heute noch am besten erhaltene ägyptische Tempelbau ist der dem Horus und der Hathor geweihte Tempel in Edfu. Unter den Ptolemäern erbaut, stellt dieser Tempelbau den Prototyp eines ägyptischen Göttertempels dar, der anstelle einer verfallenen Anlage nach alten Maßen und alter Gliederung gegen das Ende der vierten Sothisperiode errichtet worden ist.

Die Gliederung dieses Baues weist alle Teile auf, die den Kanon eines ägyptischen Göttertempels bilden. Den Pylon, die Umfassungsmauer mit innerem Umgang, den Hof (Peristyl) mit dem Säulengang aus sechzehn Säulen mit ausladendem Palmenkapitell. Anschließend eine erhöhte Schranke (Rampe) mit einer gedeckten Vorhalle, darauf der Säulensaal mit zwölf

Säulen, hierauf folgend ein erster und zweiter Vorsaal, der zu dem mit Gemächern umgebenen Heiligtum führt. Die Wandflächen und Säulen bedeckt mit farbigen Reliefs, Opferhandlungen des Pharao darstellend. Durch die dreigliedrige Anlage läuft die Symmetrieachse. Der gedeckte Säulensaal bildet die Mitte, Säulenhof und Heiligtum sind die Pole des streng durchgeführten hermetischen Prinzips eines Baues, der von Außen in die Tiefe, in das verborgene Innere führt. Der mächtige Pylon scheidet zwei Welten. Jenseits dieser Schwelle mit der geflügelten Sonnenscheibe sind Raum- und Lichtverhältnisse aufeinander abgestimmt. Der große Hof steht unter vollem Lichteinfall. Im räumlich kleineren Säulensaal webt Dämmerlicht. Im engen, am niedrigsten gehaltenen Heiligtum herrscht Dunkel. Hier muß die Opferflamme entzündet werden. Zunehmend werden die Räume niedriger, und das Raumeserlebnis verdichtet sich am stärksten im Heiligtum.

Die ägyptische Baukunst hat mit den Säulensälen ihrer Göttertempel eine Raumeswirkung geschaffen, und diese Raumeswirkung ist Raumesmagie, denn sie bindet den freien Blick, wirft ihn in sich zurück und wirkt dadurch auf den Atemgang. Das Einatmen überwog während der ägyptischen Epoche das Ausatmen. Raumesgestaltung und Raumeswirkung der ägyptischen Säulensäle bestätigen es, daß zur Zeit der dritten Kulturepoche auch der Atemgang der damaligen Menschheit anders war, als dies später der Fall wurde. Der Einatmungsvorgang überwog den Ausatmungsvorgang. Die hermetische Raumesmagie erhielt vom Atemvorgang her eine physiologische Stütze.

Welche Entwicklung der ägyptische Tempelbau unter besonderen Verhältnissen im Laufe der Zeit genommen hat, zeigt der große Tempelbezirk von Karnak und Luxor, dem einstigen Zentrum der thebanischen Amun-Verehrung.

Dieser Tempelbezirk, dessen Mittelpunkt das große Amun-Heiligtum bildete, ist von den Pharaonen der 12. Dynastie begründet worden. Amenemhet I. baute dort den ersten Amun-Tempel, den seine Nachfolger erweitert haben. Von den Bauten jener Zeit sind nur wenige Reste übriggeblieben. Der große Tempelbezirk von Karnak ist eine Schöpfung der 18. und 19. Dynastie und deren Nachfolger. Er ist das Werk einer Bautätigkeit, die sich über den Zeitraum eines Jahrtausends erstreckt hat.

Die Baugruppe des Amun-Tempels, in der Ost-West-Achsenstellung liegend, bietet dem Anblick und der Überschau nicht nur einen eindrucksvollen baugeschichtlichen, sondern auch geschichtlichen Aspekt, denn sie zerfällt in zwei Teile, die durch die Epoche Echnatons getrennt sind, während welcher ein Stillstand der Bautätigkeit eingetreten war. Der östlich davon liegende Teil ist unter den großen Pharaonen der 18. Dynastie entstanden, unter Thutmosis I., Hatschepsut, Thutmosis III. und Amenhotep III. Sie alle ließen Pylonen, Höfe, Säulensäle bauen, indem sie das bisher Entstandene veränderten und erweiterten und außerdem ihre Obelisken aufstellen ließen. Dann kam der Unterbruch und Stillstand durch die Auslöschung des Amun-Kultes zugunsten der Aton-Verehrung, die Schließung des Amun-Heiligtums und die Entsetzung seiner Priesterschaft durch Echnaton. Ein unerhörter kultgeschichtlicher Eingriff, der eine ebenso unerhörte kultgeschichtliche Reaktion zur Folge hatte. Baugeschichtlich erscheint das große Amun-Heiligtum als ein Abbild dieser umwälzenden Ereignisse.

Die der Epoche Echnatons nachfolgenden Pharaonen der 19. Dynastie, Ramses I., Sethos I. und Ramses II., haben darauf in Fortsetzung des Vorhandenen dem Amun-Tempel durch die Anlage des gewaltigsten Säulensaales, den die ägyptische Baukunst hervorgebracht hat, mit seinen hundertvierunddreißig Säulen, deren Höhe im Mittelschiff 24 m erreicht, seine gewaltigste Ausdehnung gegeben. Vollendet wurde die Anlage durch den äthiopischen König Scheschonk, der den großen Hof vor dem Hypostyl und den Eingangspylon bauen ließ.

Baugeschichtlich ist das Amun-Heiligtum ein Dokument zweier für die Geschichte Ägyptens entscheidender Perioden. Der östlich gelegene ältere Teil ist eine Schöpfung jener Pharaonen, welche die damalige geschichtliche Glanzperiode Ägyptens begründet haben. Die Fortsetzung des Baues in westlicher Richtung ist das Zeugnis des Triumphes über Echnaton und ein Dokument der Doppelmacht der Amunpriesterschaft und des Königtums in ihrer Übersteigerung.

Die Symmetrieachse, vom Westpylon bis zum östlichen Anfang des Baues durch sechs Pylone, Höfe und Säulensäle laufend und mit dem Tempel des Thutmosis III. im Osten endigend, beträgt 350 m.

In einem mächtigen Tempelbezirk lag das einstige Amun-Heiligtum als welt- und kunstgeschichtliches Denkmal der thebanischen Epoche Ägyptens. Im Beginne der dritten Sothisperiode entstanden im Nordreich die Großpyramiden. Am Ende derselben führte im mächtigsten Tempelbezirk des Südreiches die Amunpriesterschaft das Wort, dem auch die Pharaonen dienten. Wie geistesgeschichtliche Pylonen flankieren und begrenzen zwei in sich grundverschiedene Mächte, die des Nordreiches und die des Südreiches, den geschichtlichen Achsenlauf der dritten Sothisperiode von ihrem Anfang bis zu ihrem Ende.

Der erste und unauslöschliche Eindruck beim Betreten des großen Hypostyles ist die ägyptische Raumesmagie, die am Tage bei kristallklarem Licht, durch welches die Abmessungen der Säulen in ihrer symmetrischen Folge für das Auge überschaubar sind, jedes Wort verstummen läßt. Nachts aber, bei vollem Mondenlicht, lösen die ineinander schwimmenden, in diesem Lichte aufglimmenden und in Schlagschatten versinkenden Massen eine tiefe Sehnsucht nach einem sanften Ton, einem leise geflüsterten Worte aus, um dieses abgründige, willensgeladene Schweigen zu ertragen. Der ägyptische Säulensaal in seiner überdimensionierten Größe läßt selbst als Ruine den Blick sich nicht frei entfalten, er wird in dieser mächtigen Raumesschöpfung erst recht in sich zurückgeworfen. Die Säulen stehen in diesem Raume wie steingewordener Willenszwang, der den Raum beherrscht und verdichtet. In dieses Raumeserlebnis eintreten, heißt im Erleben den Willen anspannen, um in jedem Schritt sich im Willen des Gehens zu erfühlen, wenn sich das Stehen und Gehen in dieser Raumesmagie dieses gewaltigen Säulensaales nicht in passives, wesenloses Staunen auflösen soll.

Die Ruinenfelder von Karnak lassen beim Durchwandern noch einen verdämmernden Eindruck erstehen, was dieses thebanische Kultzentrum einmal war. Den Tempelachsen entlang und durch die Prozessionsstraßen bewegten sich einst die feierlichen Züge der Priesterschaften hohen und niederen Grades. In den hohen Pfeilersälen ertönte die kultische Musik der Harfen, Flöten und Cimbeln. In die Weihrauchwolken wurde das Opferritual oder der Hymnus gesprochen, und im innersten Heiligtum in weltabgewandter Verborgenheit wurde den Göttern vor der heiligen Barke das Opfer dargebracht.

Vom Mittelhof aus, welcher den östlichen früheren und westlichen späteren Teil des Amun-Tempels trennte, zweigte im rechten Winkel dazu ein weiterer Tempelbezirk ab, dessen Symmetrieachse durch vier aufeinanderfolgende Pylonen führte, zwischen denen Kapellen und Tempelräume eingegliedert waren. Vom letzten dieser Tempel, dem des Amenhotep II., begann eine von Sphinxen flankierte Prozessionsstraße zum weiter südwärts gelegenen Tempel der Mut, welcher von einem halbmondförmigen heiligen See umgeben war. Parallel zu diesem Bezirk lag der Tempel des Chons und in dessen Achsenstellung in einiger Entfernung der mächtige, hieroglyphenbedeckte Portalbau des Ptolemäers Euergetes I.

Von diesem Torbau zog sich eine drei Kilometer lange, in einigen Resten noch vorhandene, von Sphinxen flankierte Prozessionsstraße in östlicher Richtung zum Tempel von Opet (Luxor). Die Symmetrieachse dieses Tempels vom Eingang bis zum Ende beträgt 260 m. Durch einen Pylon, von Ramses II. erbaut, dem sechs Kolossalstatuen und zwei Obelisken dieses Pharao vorgesetzt waren, wird ein von einer Doppelreihe von Papyrussäulen auf allen vier Seiten umgebener Hof betreten. Anschließend folgt eine Empfangshalle. Ihre Architrave werden von sieben Doppelpaaren Papyrussäulen von 16 m Höhe gestützt. Sie stammen aus der Zeit des Amenhotep II. Die Wände bedecken farbige Reliefs. In dieser monumentalen Halle haben auch nachfolgende Könige ihre Namen anbringen lassen: Tut-ench-Amun, Haremheb, Sethos I., Ramses II., Sethos II. Ein zweiter Hof folgt auf diese Säulenhalle. Drei Seiten desselben sind von Säulenpaaren mit Papyruskapitellen umgeben. Auf der vierten, rückwärtigen Seite befindet sich der Eingang zu einer Vorhalle. Hier tragen 32 Papyrussäulen die Decke. Hinter dieser Vorhalle der sogenannte Geburtssaal mit Reliefs, welche Geburt und Thronbesteigung des Amenhotep III. darstellen. Den Abschluß des Baues bildet das sogenannte

Sanktuarium Alexanders d. Gr. mit Reliefs, den Alexander vor Amun und anderen Göttern darstellend.

Der Tempel von Opet ist seiner Anlage nach kein Göttertempel, sondern ein Repräsentationsbau für den Pharao. Das ist auch der Grund, warum Alexander d. Gr. sich in ihm vertreten lassen wollte. Die imposante Empfangshalle zwischen zwei weiten Säulenhöfen erweist sich als der Festsaal für das alljährlich stattfindende Fest von Opet.

Die mächtigen Kolonnaden von Papyrussäulen geben auch der Betrachtung der stolzen Ruine den Eindruck eines festlichen Repräsentationsbaues. Die Papyrussäule ist bei diesem Bau durchwegs stilgemäß verwendet worden für eine Stätte, an der ein mit allem Pomp gefeiertes Fest abgehalten werden sollte.

Der weit ausgedehnte Tempelbezirk im einstigen Theben diente in der Hauptsache der Götterdreiheit Amun, Mut und Chons. Seine Erweiterung fand er durch die Fortsetzung der Symmetrieachsen in zwei Prozessionsstraßen. Die Ost-West laufende Achsenführung des großen Amun-Tempels, die ihren Abschluß in dem westlichen Pylon findet, geht dort über in die von Amun-Widdern flankierte, zum Nil führende Prozessionsstraße. Die andere Achsenführung in nord-südlicher Richtung läuft vom Chons-Tempel durch das Tor des Euergetes in die bereits erwähnte von Sphinxen flankierte Prozessionsstraße nach dem Tempel von Opet.

Diese beiden Prozessionsstraßen waren für das jährlich stattfindende Kultfest von Opet angelegt worden. Auf ihnen bewegten sich zwei Prozessionszüge. Der eine, nachdem er die ost-westlich laufende Prozessionsstraße mit den Amun-Widdern passiert hatte, zu Schiff auf dem Nil, die kostbar geschmückten Götterbarken mit sich führend, der andere Zug bewegte sich zu Lande auf der Prozessionsstraße der Sphinxe. Im Tempel von Opet begegneten und vereinigten sich die beiden Züge. Diese Vereinigung erweist sich von umfassender symbolischer Bedeutung sowohl für den Kult des Amun als auch für die Bestimmung des Tempels von Opet.

Der Prozessionszug zu Wasser mit den Götterbarken war seiner kultischen Bedeutung nach der Götterweg, der Weg des Amun. Der andere durch die Prozessionsstraße der Sphinxe war der Menschenweg. Beide, der Götterweg und der Menschenweg, vereinigten sich im Tempel von Opet, von beiden Höfen her eintretend, in der hohen Empfangshalle. Darin lag Sinn und Bedeutung des Festes von Opet, daß Götterwege und Menschenwege sich in dem Pharao vereinigt haben. In Amun wurde der Mittler verehrt zwischen der Götterwelt und der Menschenwelt, denn mit Amun war ein verborgenes Göttliches in das Innere des Menschen getreten. Was die Hymnen an Amun oder andere Texte über ihn aussagen, betrifft letzten Endes dieses Mittlertum zwischen Menschenwelt und Götterwelt, das sich im gedanklichen Erfassen der Welt ankündigte und auf höchster Stufe vom Pharao dargelebt wurde. Darin ist auch der wahre Grund zu finden, warum die Amunpriesterschaft die monotheistische Atonverehrung verworfen hat. Das göttliche Mittlertum des Amun war seit der 12. Dynastie die kultische Grundlage des Lebens geworden. Der Volksgott als Mittler, nicht der universelle Gott, der Gott aller Götter, mußte dem thebanischen Kultzentrum Inhalt, Größe und Macht geben. Diesem Zwecke diente der Tempel und das Fest von Opet. Ein Bau und ein Fest, das in eindrucksvoller Form alljährlich dieses Mittlertum besiegeln sollte.

An den Wänden der großen Festhalle von Opet waren in übereinander liegenden Reliefreihen die Prozessionszüge dargestellt. An der Westwand die Opferhandlung des Pharao vor den Götterbarken im Amun-Tempel von Theben. Dann der Aufbruch des Zuges zum Nil. Priester tragen die Barken auf ihren Schultern. Ruderer bringen die Schiffe mit den Barken an ihren Bestimmungsort. Dann schildern die Reliefs die Ankunft der Prozessionszüge in Opet. An der Ostwand Darstellung der Opferhandlung des Pharao vor den Götterbarken, Darbringung des Rauch- und des Wasseropfers für Amun. An den Tragbalken die Symbole der acht Urgötter. Der König trägt bei diesen Opferhandlungen den Tierschwanz.

Die kultische Zusammengehörigkeit des Amun-Tempelbezirkes mit dem Tempel von Opet wird eindrücklich bezeugt durch die beiden Prozessionsstraßen und die das Fest darstellenden Reliefs. Es geht daraus hervor, daß der Tempel von Luxor kein Göttertempel war, sondern der kultische Repräsentationsbau für die Vereinigung von Götterwelt und Menschenwelt durch Amun.

Dieses ist der grandiose Anblick, den die beiden Tempelbezirke geben können. Sie sind das kult- und entwicklungsgeschichtliche Ergebnis der dritten Sothisperiode, der diese glanzvollen Tempelbezirke gedient haben. Dieser Anblick kann aber nicht hinwegtäuschen über die dunklen Schlagschatten, daß die eingeschlagenen Menschenwege zur Entfaltung der Macht und zum Mißbrauch der Macht geführt haben.

Eine Sonderstellung im ägyptischen Tempelbau, nicht nur der thebanischen Epoche, sondern in der Geschichte des Tempelbaues überhaupt, nimmt der Terrassentempel der Hatschepsut in Der-el-Bahri ein.

Ort und Anlage dieses Terrassentempels haben eine Art Vorläufer in einem Bau aus der 11. Dynastie, der zur Zeit der Hatschepsut nach einem halben Jahrtausend seines Bestehens noch teilweise erhalten geblieben war und als Terrassentempel zum Vorbild gedient haben mag, seiner übrigen Anlage nach jedoch grundverschieden durchgeführt worden war.

Der Terrassentempel aus der 11. Dynastie wurde als Totentempel des Mentuhotep II. von diesem begonnen und von seinem Nachfolger Mentuhotep III. vollendet. Diese Tempelanlage bestand aus einer unteren Terrasse mit einem Hof, der durch zwei Pfeilerhallen abgeschlossen war. Von da führte ein Aufgang (Rampe) zu einer zweiten, höher gelegenen Terrasse. Auf dieser befand sich ein aus 140 Pfeilern bestehender Umgang, welcher der Pyramide als Unterbau diente. Anschließend folgte ein von Pfeilerhallen umgebener Hof, von dem ein schräger, 150 m langer Gang zur unterirdischen, in den Felsen gehauenen Grabkammer des Mentuhotep III. führte. Ein Pfeilersaal und ein kleines, gleichfalls in den Felsen gehauenes Heiligtum schlossen diese Anlage ab.

Dieser Grabbau wies dieselben Teile in kleinerem und einfacherem Maßstabe auf wie der Totentempel des Chephren: Pfeilersaal, Pyramide, Gang, Grabkammer, Sanktuarium, aber in anderer Anordnung. Mit dieser Anlage ist bereits der Übergang von der Pyramide zum Felsengrab eingeleitet worden. Neu ist auch die Anlage in aufsteigenden Terrassen. Damit hat aber nur eine bereits bestehende Tendenz ihre weitere Entfaltung gefunden, die auch dem Grabbau der 4. und 5. Dynastie eigen war, der Anstieg durch Erhöhungen (Rampen), die das Gelände erforderte. Aber auch bei den Tempeln, die zu ebener Erde lagen, liegt die Tendenz zur Erhöhung durch Rampen vor. Die Symmetrieachse bleibt nicht in der Ebene, sondern steigt durch kleine, terrassenartige Erhebungen an, wobei die Höhe der gedeckten Räume niedriger gehalten wurde. Dieses entsprach dem hermetischen Prinzip. Beim Terrassentempel der 11. Dynastie ist diese Tendenz weitergeführt und gesteigert. Die Tempelanlage wurde in einem Gelände errichtet, das Terrassen forderte. Unverkennbar folgt dieser Grabbau dem Vorbild der mächtigen Anlagen der 4. Dynastie.

Der Terrassenbau der Hatschepsut dagegen machte sich frei von Vorbildern. Er ist eine baukünstlerische Schöpfung, die den Terrassenbau zu voller, einzigartiger, aber auch einmalig dastehender Entfaltung gebracht hat.

Der Terrassentempel der Hatschepsut liegt in gleicher Achsenrichtung wie der daneben gelegene Bau des Amenemhet. Das gegen die Wüstenberge ansteigende Gelände wurde zur Anlage übereinanderliegender Terrassen benützt.

Von einem in der Ebene liegenden ersten, untersten Hofe führt eine breite Rampe auf die unterste Terrasse mit rechts und links liegenden, angebauten schmalen Hallen mit doppelten Pfeilerreihen. Von da steigt die Rampe zum mittleren Hof hinan. Dieser ist an seiner Westseite von einer zweiten Terrasse mit Hallen von doppelten Pfeilerreihen begrenzt. Die rechte, die Geburtshalle, enthält an ihren Mauern Inschriften und Reliefs über die Geburt der Königin und ihre Berufung zur Herrscherin. Dargestellt ist auch die schwangere Königinmutter Ahmes, wie sie von den beiden Geburtshelfern, dem widderköpfigen Chnum und der froschköpfigen Heket, geführt wird. Anschließend an die Geburtshalle eine Vorhalle mit 12 Säulen. In einer Nische Hatschepsut vor Osiris, Anubis, Nechbet und Harmachis.

Die Punthalle zur Linken enthält Reliefs mit Darstellungen der Expedition nach Punt und vom Reichtum der Erzeugnisse, die von Thoth aufgeschrieben werden, u. a. Weihrauch mit Scheffeln gemessen, Myrthenbäume in Kübeln. An die Punthalle anschließend ein Kultraum der Hathor, Pfeiler und Säulen mit Hathorkapitellen, Hathor-Kultdarstellungen an der Südwand. Hinter diesem eine in den Felsen gehauene Kapelle mit drei abgestuften Räumen, an den Wänden Reliefs mit Darstellungen des Hathor-Kultes.

Vom mittleren Hof steigt die Rampe zwischen Geburts- und Punthalle durch eine Doppelpfeilerhalle hinauf zum dritten Hof mit einem Säulensaal in dessen Mitte. An der rechten Ecke eine Vorhalle, anschließend ein kleiner Hof mit einem Altar des Rê-Harmachis in der Mitte. Vom Hofe aus der Eingang zum Kultraum für Amun. An der entgegengesetzten Seite die überwölbte Totenkapelle der Königin mit Szenen aus dem Totenkult. An der hinteren, der Westwand des Hofes, Nischen rechts und links vom Eingang zum Sanktuarium. In der Achsenstellung dieses Tempels, im Tal der Könige, das Grab der Hatschepsut in der Nähe desjenigen ihres Vaters Thutmosis I.

Unter allen Tempeln der dritten Sothisperiode gibt es keinen zweiten von der Eigenart dieses Terrassenbaues der Hatschepsut. Die Abgeschlossenheit ist aufgegeben. Die Höfe, Terrassen, Hallen mit ihren Pfeilerstellungen öffnen sich gegen die weithin ausgedehnte Nilebene. Die Terrassen waren mit Myrthenbäumen bepflanzt und boten den Anblick eines Gartens inmitten einer Wüstenlandschaft mit dem Hintergrund der Kalkfelsen von Der-el-Bahri. Der Bau ist im Gegensatz zu allen sonstigen Götter- und Totentempeln in einer ausladenden Breitendimension angelegt. Eben dieses charakterisiert ihn neben seiner Unabgeschlossenheit als ein Bau, welcher der Isisnatur der Königin entspricht. Hatschepsut hat mit diesem Terrassenbau ihre enge Verbundenheit mit der ägyptischen Volksseele, mit der Isis, der sie in Verbindung mit Amun diente, zum Ausdruck gebracht. Sie hat der Isis und sich selber ein baukünstlerisches Denkmal sondergleichen errichtet und damit ihre von der Isis erleuchtete Geistigkeit wie den Herrscherwillen einer hochbegabten Königin bekundet.

Die Symmetrieachse vom unteren Hof über die Terrassen bis zum Sanktuarium gibt trotz der markanten Breitendimension dem Bau doch wiederum den Charakter eines Totentempels. Offene Höfe, Säulenhöfe, Breitenhallen, Vorhallen und Kulträume, dann das Sanktuarium und, davon räumlich getrennt, das Felsengrab enthalten alle Teile eines Totentempels, aber mit der besonderen Eigenart, mit der er durchgeführt worden ist. Dem Charakter eines Totentempels entsprechend hat Hatschepsut auch die Götter bestimmt, die sie um sich versammelt haben wollte und für die sie besondere Kulträume bestimmte, wie für Rê-Harmachis, Amun und Anubis, oder die sie an den Wänden in Kulthandlungen darstellen ließ: Osiris, Harmachis, Nechbet, Anubis.

Indem Hatschepsut durch ihre offenen Pfeilerhöfe und Pfeilerhallen die Weite der Nillandschaft in ihren Totentempel einbezogen hat, schuf sie sich ein Denkmal, das Leben und Tod vereinigte, aber vereinigte zu einem einmaligen und einzigartigen Denkmal der ägyptischen Maternität.

Von der Norm der üblichen Totentempel abweichend ist die Anlage des Sethos I. in Abydos, ein Bau, den er begonnen, aber unvollendet hinterließ und der von seinem Nachfolger Ramses II. fertiggestellt worden ist. Einzigartig ist dieser Tempel dadurch, daß er den Hauptgöttern und den gesamten Pharaonen der dritten Sothisperiode geweiht war. Als Ahnentempel großen Stiles ist er an der Stätte der Ahnen in Abydos erbaut worden. Für sich selber ließ Sethos einen Totentempel in der thebanischen Ebene (Tempel von Kurna) erbauen und sein Felsengrab im Tal der Könige.

Der Eingangspylon führt in zwei aufeinanderfolgende Höfe. Beide haben einen Abschluß in der Richtung der Längsachse durch eine auf erhöhter Rampe errichtete zwölffache Pfeilerhalle. Vom zweiten Hof gehen sieben Türen in einen ersten Säulensaal von 24 Säulen, dann weitere sieben Türen in einen zweiten Säulensaal mit 36 Säulen. In beiden Säulensälen tragen Papyrussäulen mit geschlossenen Kapitellen die Decke unter Ausnahme der hintersten Säulenreihe, die aus 12 sogenannten Baumstammsäulen besteht (in der 5. Dynastie erstmals aufgetreten). An der Schmalwand dieses erhöhten Saales befinden sich die künstlerisch hervorragendsten Reliefs dieser Zeit. An einem der vorstehenden Pfeiler der Schmalwand eine Darstellung des Tet-Pfeilers.

Anschließend an diesen zweiten Saal in der Achsenführung der sieben Türen sieben Kapellen, die mittlere dem Amun, die drei zur Linken Osiris-Isis-Horus, die drei zur Rechten Horachte, Ptah und dem Sethos selber geweiht. Die Decken dieser Kapellen sind durch Überkragung der Steinblöcke gewölbt und mit Sternen verziert, die Wände dieser Kapellen mit farbigen Reliefs bedeckt. In jeder derselben sind die Opferhandlungen des Pharao vor den betreffenden Göttern dargestellt.

Vom zweiten Säulensaal wendet sich eine Treppe hinauf in die Königsgalerie, ein schmaler Langraum, an dessen Wänden die berühmte Königsliste von Menes bis zu Sethos I. verzeichnet ist. Darüber eine Inschrift: «Verrichtung des Totengebetes, Ptah-Soker-Osiris, Herr des Grabes, der in dem Tempel des Sethos wohnt, mehre die Gaben für die Könige von Ober- und Unterägypten.» Dann folgend eine Aufzeichnung dieser Gaben, u. a. «König Sethos, 1000 an Broten, 1000 an Getränken, 1000 an Rindfleisch, 1000 an Gänsefleisch, 1000 an Weihrauch usw. durch König Sethos für König Menes», und nachfolgend die Königsliste mit 76 Namen.

Von dieser Galerie öffnet sich eine Türe zu einem Durchgangsraum nach einem gewölbten Treppenhaus und eine zweite Türe in einen Saal mit 6 Säulen. Von der Galerie gibt es einen Ausgang in einen offenen Hof mit einem Umgang von 7 Säulen. Die Reliefs dieses Hofes zeigen Sethos beim Zerlegen der Opfertiere.

Die in den Göttertempeln dargebrachten Tieropfer haben nach einem Hinweis Rudolf Steiners den sakralen Sinn, daß durch das Blut die Götter wirkten. Das Blut, das den Organismus des Tieres durchströmt, sei den

Göttern als ihr rechtmäßiger Besitz weggenommen, war die Auffassung. Den Göttern könne man sich nur nähern, wenn ihnen im sakralen Tieropfer das Blut zurückgegeben werde. Das war der Sinn des Tieropfers, das im Altertum ganz allgemein dargebracht worden ist.

Vom zweiten Säulensaal geht eine Verbindungstüre in den danebenliegenden kleinen Kultraum des Ptah-Soker, dem Schutzgeist des Baues. Drei Baumstammsäulen tragen die Decke. Daran anschließend zwei weitere kleine Räume mit Reliefs aus dem Totenkult für den auf einer Bahre liegenden Soter-Osiris.

Von diesem Bau geht ein Weg zu dem im Westen in unmittelbarer Nähe gelegenen sogenannten Osireion. Dieser Bau liegt in der Symmetrieachse des großen Tempels. Seine Rückwand befindet sich in 8 m Abstand parallel zu der Rückwand der großen Säulenhalle. Die beiden Tempel stehen somit Rücken an Rücken zueinander, und ihre Eingänge befinden sich in einander entgegengesetzter Richtung, sind aber die beiden Teile einer Gesamtanlage.

Von einem künstlichen Hügel mit einem senkrecht durchlaufenden Schacht geht ein schräg laufender, gedeckter Gang in einen Vorraum und von da in einen großen, mit Satteldach überdeckten Querraum. Sodann mündet der Gang in einen vom Querraum räumlich getrennten, von 16 Kammern umgebenen Pfeilersaal. Pfeilersaal und Kammern sind durch einen Graben voneinander getrennt. Ein zweiter, für sich bestehender, wieder mit Satteldach überdeckter Querraum schließt diesen Bau ab. Der Grundriß dieses Tempels läßt eine gewisse Ähnlichkeit mit demjenigen des Chephrenbaues (Halle des Hüters) erkennen. Dem Langhaus mit den 16 Kammern ist ein Querraum vorgelagert, der aber mit dem Pfeilersaal keine räumliche Einheit bildet. Der vordere wie der hintere Querraum sind für sich bestehende Raumgebilde. Die Bestimmung dieses Baues ergibt sich aus seiner besonderen Anlage, den Reliefdarstellungen und seinem Zusammenhang mit dem Haupttempel.

Dem Haupttempel wie dem fälschlich bezeichneten Osireion oder Scheingrab des Sethos, wie der zweite Bau auch genannt wird, liegt ein umfassender Baugedanke als einem Ganzen zugrunde.

Mit seinen Doppelhöfen, deren Überhöhungen an der Rückseite, die durch Pfeilerhallen ihren Abschluß finden, unterscheidet sich dieser Tempel bereits von jedem andern Grabbau (mit Ausnahme des Totentempels des Sethos, der auch zwei Vorhöfe besitzt). Die sieben Türen des ersten Pfeilersaales (die Ramses II. bis auf die mittlere zumauern ließ) mit den sieben Kapellen der Götter sprechen den Baugedanken dieser Tempelanlage bereits aus. Die Siebenzahl galt von jeher als die Zahl der in der Zeit verlaufenden Entwicklung. Sie weist auch in diesem Bau darauf hin, daß er die Zeitenfolge einer ganzen Epoche als Raumesschöpfung zusammenfassen soll.

Von den in Reliefs dargestellten Opferhandlungen, die der Pharao den

Göttern darbringt, seien diejenigen, welche für Sethos in der ihm selber geweihten Kapelle vollzogen werden, hervorgehoben.

Der Pharao sitzt auf seinem Thron an seinem Speisetisch. Hinter ihm sein Schutzgeist und vor ihm der ibisköpfige Thoth, der die dem toten König dargebrachten Opfergaben aufschreibt. In der oberen Reihe dieser Reliefdarstellungen sitzt Sethos in der Mitte zwischen Thoth und Nechbet zu seiner Rechten, Horus und Buto zu seiner Linken.

Auf der gegenüberliegenden Wand Sethos wiederum auf dem Throne sitzend zwischen Nechbet und Buto, unter dem Throne die Schriftzeichen «Vereinigung», um die Thoth und Horus die Kultsymbole des Südens und Nordens, die Lilie und den Papyrus schlingen. In der oberen Reihe wird Sethos von Mont und Atum in den Tempel geführt, und Thoth hält dem Pharao das Zeichen des Lebens vor die Nase.

Diese Darstellungen in der Kapelle des Königs entsprechen der geltenden Kultordnung, einer Kultordnung, in die seit Beginn der Pharaonenherrschaft der König als Herrscher der beiden Länder mit deren Kultzeichen einbezogen worden ist. Die Göttlichkeit des Pharao wird in demonstrativer Weise dadurch hervorgehoben, daß die Kapelle des Sethos denen der Götter als siebente eingefügt ist.

Da dieser Tempel in seiner besonderen Eigenart in Abydos an der uralten Stätte der Toten, der Westlichen, errichtet worden ist, könnte erwartet werden, daß in der Reihe der Götter Osiris, dessen Grabstätte Abydos war, den Platz in der Mitte hätte erhalten sollen. Das ist aber nicht der Fall. Die Mitte dieser Götterreihe nimmt der thebanische Amun ein. Er nimmt an dieser Stätte der Ahnen die Mitte ein, weil er, wie dargelegt, zum Mittler geworden ist zwischen Götterwegen und Menschenwegen, weil er Menschenwege mit Götterwegen vereinigt hat. Die Anordnung der Götterreihe in ihren Kapellen mit Amun in ihrer Mitte gewährt einen umfassenden Einblick in das, was mit diesem Bau beabsichtigt war.

			Amun			
Sethos	Ptah	Harmachis		Osiris	Isis	Horus

Zu seiner Rechten und Linken hat Amun den Sonnengott und Osiris. Rê und Osiris sind in einem Götterpaar vereinigt. Das zweite Paar Ptah und Isis betrifft welt- und kunstschöpferische Götterkräfte in ihrer äußeren und inneren Erscheinungsform. Das dritte Paar stellt dar, was der Pharao immer war: der Horus. Es gruppieren sich in dieser Anordnung die Hauptgötter mit dem Pharao als Horus zur Rechten und Linken des thebanischen Amun, des Mittlers zwischen der Göttergemeinschaft und der kultisch geordneten Menschengemeinschaft Ägyptens.

Beigefügt in der Königshalle ist diesen überhöhten, sternbesäten sieben Kapellen, die darstellen, was im Zeitenlauf gewirkt hat, die Königsliste mit dem Totenopfer für alle Pharaonen der dritten Sothisperiode. Dann folgt in der Verlängerung der Symmetrieachse der andere Bau. Dieser Bau, der mit der «Halle des Hüters» des Chephren die Zahl 16 der Kammern mit der Zahl der Pfeiler gemeinsam hat, ist seiner Bestimmung nach auch ein Totentempel.

In dem Gang, welcher in den Bau führt, finden sich an den Wänden Reliefs mit Totentexten auf Sethos. An der rechten Wand solche aus dem «Buch der Pforten», an der linken Wand solche aus dem «Buch von dem, was in der Unterwelt ist». Auch im ersten, durch Satteldach überdeckten Querraum finden sich Texte aus dem Totenbuch. Die 16 Kammern des Pfeilersaales und dieser selber enthalten keine bildlichen Darstellungen. Wohl aber der zweite abschließende, ebenfalls überhöhte Querraum. Am Satteldach dieses Raumes die Darstellung, wie die Himmelsgöttin Nut von Schu emporgehoben wird und in weiterer Folge, wie Nut den toten Pharao, mit ihren Armen umfassend, zu sich nimmt.

Dem Mysterium des Todes ist diese Doppelanlage nach Raumanordnung und Kultdarstellungen geweiht. Der vordere Bau, summarisch ausgedrückt, ist ein Abbild der Kultordnung, der anschließende zweite Bau ein Abbild der Weltordnung. Weltbild und Kultordnung haben in diesem Doppelbau ihre räumlich-bildliche Form erhalten. Was diesen Bau jedoch über alle andern Grabbauten heraushebt und ihm seine umfassende Bestimmung gibt, liegt darin, daß er nicht für einen irdischen Repräsentanten der Kult- und Weltordnung, nicht für einen einzelnen Pharao, also nicht für Sethos, der seinen eigenen Totentempel bauen ließ, sondern für eine ganze Zeitepoche errichtet und geweiht worden ist. Dieser Doppeltempel ist, denn er spricht dieses im Ganzen wie in seinen Teilen selber aus, der Totentempel der dritten Sothisperiode.

Gleichviel ob Sethos I. diesen Baugedanken selber gehabt hat oder ob dieser Bau von der Amunpriesterschaft als triumphaler Zeuge ihrer kultischen Macht gewollt und vom König ausgeführt worden ist, dem zusammenfassenden kultgeschichtlichen Blick enthüllt er sich als der Totentempel der in der Zeitenfolge abgelaufenen dritten Sothisperiode. Als solcher steht er am Ende derselben als ein Schicksalsgeschehen, wie es der Pyramidenbau am Anfang war.

Die beiden am besten erhalten gebliebenen Tempel Ägyptens sind der Horus-Tempel in Edfu und derjenige der Hathor in Denderah. Da diese beiden Bauten erst während der ptolemäisch-römischen Zeit entstanden sind, sind sie keine ägyptischen Originaltempel, sondern späte Nachahmungen. Sie haben jedoch durch den Reichtum ihrer Inschriften und Reliefs Wertvolles, ja Unentbehrliches für die Kenntnis der vorangegangenen alten Zeiten Ägyptens beigetragen.

Eine Bauinschrift im Tempel von Denderah lautet: «Es wurde der große Grundriß des Tempels von Tentyra in allen Schriftzügen aufgefunden, welche auf einer Lederrolle aus der Zeit der Nachfolger des Horus geschrieben standen. Es wurde im Innern einer Ziegelmauer des Königshauses aus der Epoche des Königs und Landesherrn Mry-rê, des Sohnes des Sonnengottes Rê und des Herrn der Diademe Ppy (Phiops) aus der 6. Dynastie aufgefunden.» Eine weitere Inschrift besagt: «Das ist der große Grundstein des Tempels von Tentyra. Es wurde der monumentale Bau von dem König Thutmosis III. von neuem wieder hergestellt, nachdem er (der Grundriß) in alten Schriftstücken aus der Epoche des Königs Cheops aufgefunden worden war.»

Der Horustempel von Edfu ist unter Ptolemäus III. im Jahre 237 v. Chr. begonnen und erst im Jahre 147 v. Chr. von seinen Nachfolgern vollendet worden. Pylon, Umfassungsmauer und Säulenhof sind erst nachträglich hinzugefügt und um 57 v. Chr. fertig geworden. Geweiht wurde er der Götterdreiheit Horus, Hathor und deren Sohn, dem Har-sem-tervi.

Der Horustempel hat oben bereits eine Darstellung als Norm eines ägyptischen Göttertempels gefunden und steht in dieser Beziehung dem großen Chonstempel in Karnak zur Seite.

Ebenso wie mit dem Horustempel verhält es sich mit dem Hathortempel in Denderah. Er ist von den letzten Ptolemäern im letzten vorchristlichen Jahrhundert gebaut und ebenfalls der Götterdreiheit Hathor, Horus und deren Sohn geweiht worden. Beide Tempel sind Erneuerungen von Anlagen, welche nach der Überlieferung bis in frühe Zeiten der dritten Sothisperiode zurückreichen. Inschriften an der Außenmauer des Horustempels geben eine weitläufige Darstellung seiner Baugeschichte.

Dem Götterpaar entsprechend, haben diese beiden Tempel eine weitgehende Übereinstimmung ihrer Raumgliederung erhalten.

Der Hathortempel, der ohne Pylon und Säulenhof geblieben ist, hat über seiner mit einem wuchtigen Hohlkehlengesimse geschmückten Fassade eine deren Mitte überschwebende geflügelte Sonnenscheibe, die auch über dem Eingang am Pylon des Horustempels erscheint. Die Vorhalle besitzt 24 Säulen mit Hathorkapitellen, der Säulensaal deren 6. Hat der Horustempel eine besondere Bedeutung auch durch die aufgezeichnete Baugeschichte erhalten, so der Hathortempel durch eine Darstellung des Tierkreises nach ägyptischer Auffassung an der in sieben Felder geteilten Decke der Vorhalle. Dargestellt ist die Himmelskönigin Nut. Unter ihr die Bilder des Tierkreises und die Barken mit namentragenden Sternen, ferner Sternengötter, die Stunde des Tages und der Nacht, die verschiedenen Phasen des Mondes und der Sonne während der zwölf Tagesstunden. Eine Eigentümlichkeit des Hathortempels sind die zwölf unterirdischen Krypten. In unmittelbarer Nähe beider Tempel befinden sich die Geburtshäuser der beiden Götter.

Der Kult der Hathor, der Herrscherin in den Elementarreichen, war über ganz Ägypten als Volkskult verbreitet und hat schon in der vordynastischen Zeit bestanden. Die Pharaonen der ersten Dynastien, denen das Reich der Hathor wohl bekannt war, haben sie in ihre eigene, innere Welt einbezogen.

Narmer ließ am oberen Ende seiner berühmten Schminktafel Hathorköpfe anbringen. Cheops hat nach der Überlieferung für Hathor einen Tempel bauen lassen, und über der Eingangspforte zu der «Halle des Hüters» des Chephren war die Inschrift zu lesen: «Von der Hathor geliebt, ewig lebend.» Mykerinos ließ sich auf seiner Grabstele Hand in Hand mit Hathor darstellen, und Hatschepsut hat in ihrem Terrassentempel eine Reihe von Kulträumen für Hathor bestimmt. In unzählige bildlich dargestellte Opferhandlungen ist Hathor einbezogen worden.

Die vorliegende Zwölfzahl der Säulenordnungen in beiden Tempeln prägen den Tempelräumen das kosmische Gesetz der Zwölfheit auf. Die Palmenkapitelle des Horustempels gelten hier in ihren ausladenden Sonnenmotiven dem Horus als dem Sonnensohn. Die Hathorkapitelle mit ihren vier Antlitzen schauen, ihrem elementaren Herrschaftsgebiet entsprechend, nach Osten und Westen, nach Norden und Süden.

Die geflügelte Sonnenscheibe über dem Eingang beider Tempel ist ein über ganz Ägypten verbreitetes Sinnbild des siegenden Horus. Sie ist das Sinnbild des Ringens um eine über das Leben zwischen Geburt und Tod hinausreichende Welterkenntnis und der geistigen Führung durch die Pharaonen, den rechtmäßigen Trägern des Horustitels.

Der Horustempel in Edfu ist die Kultstätte, in der die Tempellegende von der geflügelten Sonnenscheibe durch die späten Nachfahren aufgezeichnet worden ist. Ihr Text in den Spätformen der Hieroglyphenschrift bedeckt mit den dazugehörigen bildlichen Darstellungen fast die ganze innere Seite der westlichen Umfassungsmauer und gibt sich als ein offenbares Geheimnis, als eine Manifestation erster Ordnung der ägyptischen Sonnenmysterien von Heliopolis aus den ersten Jahrhunderten der dritten Sothisperiode kund. Ein Vermächtnis, das fast bis zum Beginne der christlichen Ära bewahrt worden ist.

XXV

PLASTISCHE KUNST

Die Isis, mit dem Horuskinde auf dem Arm, war ein Erlebnis, das im Lebensorganismus der ägyptischen Kultur kreiste wie das Blut im menschlichen Organismus. Die Isis war Eingeweihtenerfahrung. Sie gebar das schöpferische Weltenwort, dessen Träger und Verkünder der Horus war. Sie wurde in den Kulten und Festen des Jahres der Volksreligion als die Seele Ägyptens verehrt. Als Heilerin erschien die Isis dem Ägypter im Tempelschlaf, wenn der von einer Krankheit Befallene sich zu diesem Zwecke in den Tempel begab. Vom Priestertherapeuten in den Schlaf geleitet, wurde seinen Traumbildern eine Richtung und eine Vertiefung gegeben, durch die dem Träumenden in majestätisch-himmlischer Gestalt die Isis mit dem Kinde erschien. Von diesem Bilde ging ein Strom heilender Kräfte auf den Kranken über.

In der bildenden Kunst ist die Isis ein stets wiederkehrendes Motiv mannigfaltigster Darstellungen in Opferhandlungen als Spenderin des sich erneuernden Lebens im Sinnbilde des Henkelkreuzes. Am tiefsten aber in jenen Darstellungen, in denen der Pharao im Schoße der Isis sitzt, um als ihr Sohn höheres Leben und Dasein zu empfangen. In solchen Bildern haben Einweihungserlebnisse Bildgestalt erhalten.

In welcher Gestalt die Isis auch immer erschien und erlebt wurde, auf allen Stufen galt sie als Bewahrerin des Geburtsgeheimnisses des Menschen, der Erdengeburt wie der Geistgeburt. Daher trug das ägyptische Mysterienwesen im Unterschied zu den iranischen Sternenmysterien den Namen Geburtsmysterien.

Die kristallverwandte Form der Pyramide mit ihrer sternenwärts erhobenen Spitze stand in ihrer Zeit als ein monumentales Denkmal, das zurückwies auf eine vergangene Sothisperiode, in der noch Fixsternweisheit gewaltet hat, in welcher der Mensch sein wahres Wesen in der fernsten Sternwelt des Tierkreises beheimatet empfand. Die Zeit, in der nach der Legende Osiris noch König der Lebenden auf Erden, nicht der Toten war. Als architektonische Schöpfung war sie ihrer Bestimmung nach das Monument der Exkarnation der menschlichen Seele und ihres Aufstiegs in die Lichtwelt des Osiris.

Ist die Pyramide ein Monument der Osiriswelt, so ist die Sphinx eine Bildung, die der Welt der Isis angehört. Die Isis birgt in ihrem Wesen das

Geheimnis der Sphinx. In dieser hat das Geburtsgeheimnis des Menschen eine formkünstlerische Gestalt gefunden. Die Sphinx in ihrer vierfachen Gestalt ist das Ursprungsbild der Geburt der menschlichen Gestalt aus dem Sonnenall. Die aus dem Felsen herausgemeißelte 20 m hohe Sphinx von Gizeh ist bis jetzt ein anonym gebliebenes Werk des plastischen Schöpferwillens Ägyptens geblieben. Es gibt keine Inschrift, kein sicher überliefertes Zeugnis, wessen Werk sie gewesen und zu welcher Zeit es entstanden ist. Von den großen Pyramiden der dritten und vierten Dynastie weiß man, wer ihre Erbauer waren. Die Sphinx ist anonym geblieben. Ob sie, wie auf Grund ägyptischer Hinweise vermutet wird, als ein Werk des Chephren gelten darf, ist ungewiß. Gewiß ist das eine, die Sphinx ist von den Ägyptern der alten Zeiten als das Abbild des Sonnengottes Rê-Harmachis angesehen und verehrt worden.

Das Antlitz nach Osten der aufgehenden Sonne zugewendet, das Haupt von der königlichen Haube umhüllt, das schwimmende Auge in unbestimmte Weltenfernen gerichtet, stellt sich der nicht abzuweisende Eindruck ein, die Entstehung der Sphinx könne keiner anderen Zeit angehören als derjenigen der ersten Pyramiden, und daß Chephren ihr Erbauer war. Chephren war der erste Pharao, der sich «Sohn der Sonne» nannte, und das Antlitz seiner Sitzstatue mit der Königshaube ist demjenigen der Sphinx verwandt.

Als eine aus dem Felsen herausgehauene Schöpfung des plastischen Kunstschaffens ist die Sphinx ein Urbild des plastisch-künstlerischen Schaffens überhaupt. Sie ist der Archetyp des schöpferischen Geheimnisses der menschlichen Gestalt, die aus den sonnenhaften Schöpfergewalten des Kosmos herausgeboren worden ist. Die Sphinx ist die in Stein gehauene Antwort auf die Frage nach der Herkunft und dem Werdegang der menschlichen Gestalt. Sie ist ein phylogenetisches, ein Entwicklungsgeheimnis.

Die Entwicklung der ägyptischen Plastik, die Darstellung des Menschen während der vordynastischen Stein-Kupferzeit, kann anhand von Grabfunden verfolgt werden bis zu der Zeit, in der die bisherige Kleinplastik etwa mit der 1. Dynastie abgelöst wird von der scheinbar ohne Übergang auftretenden Großplastik. Diese Großplastik blieb in dauernder, enger Verbindung mit der Baukunst, sie blieb gebundene, sakrale Plastik und wurde nie von der Wand abgelöste Freiplastik, was erst bei den Griechen der Fall war.

Mit dem Übergang von der vordynastischen zur dynastischen Zeit fällt der Blick immer wieder auf die Monumentalplastik der großen Sphinx. Ob es sich um vordynastische Kleinfiguren oder um die späteren Großfiguren handelt, geht es dabei immer, von der Tierplastik abgesehen, um die Darstellung der menschlichen Gestalt. Die Sphinx aber birgt in ihrer Viergliedrigkeit ihr Werdegeheimnis. Ob Klein- oder Großplastik, ob primitive Anfänge oder nachfolgende Entwicklung der Großplastik, jede Darstellung der Menschengestalt steht in einer inneren Beziehung zur Sphinx. Was kein anderes

Volk und in dieser Form keine andere Kulturepoche geschaffen hat, das Abbild des Sonnengottes in der Sphinx, in Ägypten ist dieses Abbild erstmals als einzigartige Leistung entstanden. Die Sphinx ist das Urbild der menschlichen Gestalt und der Ursprung der plastischen Kunst. Was in vorangegangenen Zeiten ein Schauen der weltenschöpferischen Kräfte war, die auch die Menschengestalt geschaffen haben, das wurde in der Sphinx von Gizeh steingewordenes Abbild. Das Wort der Elohim, der Sonnengeister, in der Genesis «Lasset uns den Menschen machen» hat in Ägypten als Ergebnis einstigen Schauens Sphinxgestalt erhalten. Während der ersten und zweiten Sothisperiode war das Schauen noch lebendig als Einweihungserfahrung der Isismysterien. Nachdem das Weltzeitalter des Kali Yuga eingetreten war und die Pharaonenherrschaft begonnen hatte, wurde im Aufgang der dritten Sothisperiode die Sphinx zu einer in Stein gehauenen Imagination einstigen Schauens.

Den Namen des Sonnengottes Rê-Harmachis hat die Sphinx als dessen Abbild erhalten, weil nach dem ägyptischen Weltbild die menschliche Gestalt als eine Schöpfung des Sonnengottes angesehen wurde. Sonnenhafte Bildekräfte verschieden wirkender Art von verschiedenen Richtungen her haben diese Gestalt im Laufe der Entwicklung der Erde entstehen lassen. Als nach vorangegangenen Evolutionsstufen die atlantische Epoche erreicht wurde, haben sich diese Bildekräfte dahin ausgewirkt, daß die Menschengestalt, welche auf diesen vorangegangenen Stufen kosmisch vorgebildet worden war, in drei Archetypen ins Dasein getreten ist. Von drei Seiten her wirkten diese Bildekräfte. Es gab solche, die von unten, von der Erde her, solche, die vom Umkreis her und solche, die von oben her als Formgewalten gewirkt haben. Aus den von unten her wirkenden Formgewalten entstand der Stiertypus, aus denen vom Umkreis her der Löwentypus, aus denen von oben her der Adlertypus. Es gab also, wie in Abschnitt II erwähnt, auf der ersten Stufe der Entwicklung der atlantischen Menschheit diese drei Formtypen, d. h. Menschengestalten mit dem Habitus des Stieres nach Leibesbildung und Kopfgestaltung und solche mit dem Habitus des Löwen und des Adlers. Aus diesen drei Archetypen ging durch Metamorphose der Bildekräfte ein Viertes hervor, das menschlich gestaltete Haupt in ätherischer, noch nicht in physischer Bildung. Diese drei Urtypen vereinigt mit einem menschlichen Haupt, die Schönheit desselben vorbildend, das war die Sphinx als Bild, als Imagination. Aus dem Felsen gehauen, wurde mit ihrem nach Osten gewendeten Antlitz die Sphinx sichtbares Bild, wie aus drei verschieden wirkenden Bildekräften ein Viertes, der Mensch, in seiner endgültigen Gestalt entstanden ist. Daher wurde die Sphinx als eine Viergestalt gebildet aus Stier, Löwe und Adler (es waren ursprünglich auch Flügel angesetzt) mit nach Osten gewendetem Haupt.

Im Osten wurde nach ägyptischer Anschauung der Mensch geboren, im Westen starb er. Mit dem Weltensonnengang im Laufe der Evolution der

Erde wurde die Entstehung der menschlichen Gestalt in früheren Zeiten erschaut und in der Sphinx das Geheimnis dieses Werdeganges in den Erdenraum hineingestellt.

Der Sphinx in ihrer Viergliedrigkeit kommt daher keine physische Realität zu. Ihren Bildekräften nach trägt sie aber jeder Mensch in sich.

Während der ersten atlantischen Epoche entstanden die drei Urtypen in ihrer Sonderung, und im Laufe der weiteren Entwicklung auf dem Wege der Umbildung, der Metamorphose, ging der mittel- und spätatlantische Menschentypus hervor. Der atlantische Stiermensch war ein Typus, bei dem das Stoffwechselsystem dominierte, beim Löwentypus das rhythmische System, beim Adlertypus das Sinnes-Nervensystem. Der vierte Typus brachte die drei Systeme in sich zum harmonischen Ausgleich. Phylogenetisch wiederholen sich diese drei Bildekräfte oder Archetypen auch beim heutigen Menschen in der ersichtlichen Nuancierung nach dem Stier-, Löwen-, Adlertypus und solchen, bei denen diese Merkmale innerlich zum Ausgleich gebracht worden sind. Der Mensch trägt den seinen Leib aufbauenden Bildekräften nach die Sphinx in sich.

Die Pharaonen, welche sich als Sphinx darstellen ließen, haben diese Bildekräfte auf dem Isiswege kennen gelernt, weil sie der Sphinx begegnet waren. Wer, wie die Pharaonen, dieses innere Sphinxerlebnis gehabt hatte, der konnte zu sich selber sagen: Das bist Du! Du bist die Sphinx. Du trägst sie in dir. Deine Menschengestalt ist göttlich-sonnenhaften Ursprunges. Abbild des Sonnengottes Rê-Harmachis war daher die große Sphinx von Gizeh, und die von Sphinxen flankierte Prozessionsstraße vom Amun-Tempel zum Repräsentationsbau von Opet hatte den bedeutenden Sinn: Wer im Verbande dieser Prozession diese Straße geht, der geht den Menschenweg.

Zwei monumentale Schöpfungen treten im Beginn der dritten Sothisperiode in Erscheinung: die Pyramide als Urbild der Baukunst und die Sphinx als Imagination des bildhauerisch-künstlerischen Schaffens.

Eigenart und Formgewalt der ägyptischen Plastik oder Rundbildnerei, die sich von jeder anderen gleichzeitigen Kunst in ihren Normen grundlegend unterscheidet, entfaltete sich im Laufe der 1. Dynastie und erreichte in den folgenden Dynastien ihre volle Ausbildung.

Die Kleinplastik der vordynastischen Zeit, bis in die Anfänge der Stein-Kupferzeit zurückreichend, hat zusammengefaßt drei Haupttypen von Darstellungen der menschlichen Gestalt ausgebildet. Es sind alles Grabfunde, und der Bestand derselben ist nicht sehr groß.

Der eine Typus dieser Kleinfiguren aus Elfenbein und anderen Werkstoffen, wie Ton und Metall, betrifft Figuren von übersteigerter Vertikalität, mit lang gestreckten Beinen und langen, herabhängenden, flach an den Körper geschlossenen Armen. Ein zweiter Typus liegt vor in Frauenfiguren, worunter auch säugende Mütter, mit übersteigerten plastischen Formen ihrer Körper. Dann solche, ebenfalls Frauenfiguren, Beterinnen oder Adorantinnen mit über dem Kopf erhobenen Armen, d. h. Bewegungsfiguren, bei denen die Formen des Körpers, namentlich des Kopfes, nur angedeutet sind.

Kosmisch

Tellurisch

Merkurial

Vordynastische Kleinplastik

Bei diesen drei Grundformen der vordynastischen Kleinkunst wird die menschliche Gestalt geträumt. Die Figuren mit der übersteigerten Längendimension der Gliedmaßen, diese axial gerichteten Körper träumen ihre aufrechte Stellung im Sonnenall. Die weiblichen Figuren mit ihren überbetonten, quellenden Körperformen träumen die keimenden, sprossenden Lebens- und Bildekräfte ihres Organismus, jene Bildekräfte, die sich auch im natürlichen Jahreslauf entfalten. Die Bewegungsfiguren träumen den Sternengang. Der erste Typus ist kosmisch, der zweite tellurisch und der dritte merkurial. Diese drei Urtypen wiederholen sich dann in Varianten.

Heinrich Schäfer hat in einer Analyse der ägyptischen Großplastik eine Grundlage für deren Bildegesetze entworfen. Dabei knüpft er an eine Arbeit von Julius Lange über die ägyptische Rundbildnerei an, für die Lange das Gesetz der konsequenten Frontalität aufgestellt hat in dem Sinne, daß jede Menschen- und Tierfigur in zwei symmetrische Hälften geteilt werden kann und dieses von einer Ebene, die durch den Scheitel, Nase usw. bis zur Spaltung der Beine geht. Es gebe bei diesen Figuren, argumentiert Lange, kein

Vor- und Rückwärts, kein Beugen oder Drehen nach Seitwärts. Dieses Aufstellen des Gesetzes der absoluten Frontalität der ägyptischen Rundbildnerei nennt Schäfer eine bahnbrechende Tat.

Schäfer läßt aber dieses Gesetz nicht allein gelten. Er modifiziert es in seiner Einseitigkeit, indem er aufzeigt, daß der Frontalität nicht diese überwiegende Bedeutung zukomme, weil die Richtung der Arme und Beine, die rechtwinklig zur Ebene des Oberkörpers stehen, mitberücksichtigt werden muß. Um diesen Tatbestand bei der Formulierung des Bildegesetzes genau auszudrücken, wählt Schäfer die Bezeichnung «richtungsgerade Rundbildnerei» mit Geltung sowohl für Einzelfiguren wie für Gruppen. Als verdeutlichendes Beispiel zieht Schäfer eine nicht fertig gewordene Gruppe aus der Amarnazeit heran, in der eine weitgehende Lösung von der Tradition stattgefunden habe, aber doch unter Beibehaltung des «richtungsgeraden» Stiles. Nach Schäfer ist dieser richtungsgerade Stil auch in der ägyptischen Rundbildnerei der Amarnakunst nie aufgegeben worden, sondern immanentes Gesetz derselben geblieben. Dieses Bildegesetz, sagt Schäfer, sei in Ägypten «mit einer sonst kaum zu findenden Willenseinheit, beinahe mit geometrischer Klarheit und Schärfe durchgeführt».

Dagegen gibt sich Schäfer einer gründlichen Täuschung hin, wenn er meint, die Kunst der Pyramidenzeit habe mit den erhaltenen religiösen Äußerungen jener Zeit nichts zu tun. Hierzu sagt er wörtlich: «So bleibe denn fast durchwegs das Reden über den Zusammenhang der Religion mit der Kunst ein Sich-im-Kreise-drehen. Man bekommt eine Beschreibung des Wesens der Religion zu hören, die doch erst aus der Kunst, wie man sie auffaßt, hineingetragen ist.» Um den doch ersichtlichen Zusammenhang zwischen Kunst und Religion faßbar zu machen, muß eben anders über Kunst und Religion geredet werden.

Die Formulierung der Bildegesetze, wie sie durch Schäfer geschehen ist, bedarf nicht nur einer Erweiterung, sondern auch einer Korrektur.

Die ägyptische Großplastik der Menschendarstellung war und ist immer in engster Verbindung und Abhängigkeit mit der Baukunst geblieben. Sie teilt mit ihr die Raumesgesetzmäßigkeit sowohl in ihrem Hineingestelltsein in den Raum nach den vier Himmelsrichtungen als auch nach den drei Raumesrichtungen, nach der Koordinate.

Die bildhauerische Darstellung der menschlichen Gestalt wurde nach ihren Bildegesetzen so in den Raum hineingeformt, wie sich der Ägypter in den Erdenraum nach den vier Himmelsrichtungen und der Koordinate hineingestellt empfunden und sich darinnen bewegt hat. Hathor war die Göttin der vier Himmelsrichtungen, daher die Hathorkapitelle mit ihren vier nach den Himmelsrichtungen gehenden Antlitzen. Die Reliefs an den Wänden der Grabbauten und Tempelräume waren, der Kultordnung entsprechend, nach Nord-Süd und Ost-West orientiert, wie z. B. in der bereits erwähnten Grabkammer des Prinzen Kanjnjswt. Der Eingang zum Innern der Pyramiden lag im Norden. Im Raumeserleben wie in der Kultordnung und daher auch im Kunstschaffen war die Weltorientierung nach den vier Himmelsrichtungen etwas, das zu den elementaren Empfindungen des ägyptischen Menschen gehörte.

Die plastisch dargestellte Menschengestalt hat demnach empfindungsgemäß den Rücken im Norden, frontal den Süden, rechts den Westen und links den Osten. Den Raumesrichtungen entsprechend ist die Gestalt, ob Steh- oder Sitzfigur, mit konsequenter Betonung der Raumesrichtungen von Oben-Unten, Rechts-Links und Vorn-Hinten in den Raum hineingestellt, wiederholend die Bildegesetze des Raumes und diejenigen der Sphinx. Beide Bildegesetze haben in der ägyptischen Rundbildnerei ihre folgerichtige Anwendung gefunden.

Die ägyptische Menschendarstellung ist vom Anfang bis zum Ende der dritten Sothisperiode konsequent durchgeführte Raumrichtungsplastik. Dabei ist sie in ihrer vom Sakralbau unauflöslichen Verbindung und Abhängigkeit sakral gebundene Kunst.

Als Archetyp dieses plastischen Schaffens ist als eines ihrer schönsten Werke die Sitzstatue des Chephren zu betrachten. Obwohl die einzige bisher bekannte Pharaonenplastik mit dem Horusfalken im Nacken, bringt dieses Werk alle Grundzüge der ägyptischen Raumrichtungsplastik zur vollen Entfaltung.

Diese Sitzstatue hatte ursprünglich ihren Standort an einer der Wände der «Halle des Hüters» im Chephrenbau. Ihren Norden hat sie im Rücken, ihren Süden in der Frontalität, ihren Westen zur Rechten und ihren Osten zur Linken. Ihre Raumesdimensionen, die Koordinate, sind mit «geometrischer Klarheit und Schärfe» ausgeprägt. Das Oben-Unten, die osirianische Aufrechtheit, obwohl Sitzstatue, ist eine sogleich ins Auge fallende Dominante. Die Faltenbrechung des Kopftuches legt sich, scharfkantige Dreiecke zeichnend, um das Haupt. Zwischen die beiden herabhängenden Lappen schiebt sich die Gerade des Kinnbartes ein und zwischen die Oberschenkel und die vorstehenden beiden Kuppeln der Knie der Dreieckschurz. Im rechten Winkel dazu setzen sich die Beine auf die Basis ab, und korrespondierend mit der ausladenden Form des Kopftuches breiten sich die Zehen der Füße strahlenartig aus im Ertasten der Basis. Das Haupt und die Sehachse der Augen haben eine leichte Neigung nach oben, hervorgerufen durch den Flügelschlag des im Nacken sitzenden Falken.

Die Rechte und die Linke sind markant unterschieden durch die Ballung der rechten Hand und das Spreizen der linken, auf das Knie gelegten Hand.

Das Hinten-Vorn erhält bei dieser Figur ihren stärksten Ausdruck, ihre Steigerung durch den Horusfalken, der sein Flügelschlagen in die Falten des Kopftuches hineingleiten läßt. Ein nur ästhetisch zu wertendes Motiv ist diese Verbindung von Flügelschlagen und Kopftuch nicht. Es wird ein Vorgang, eine Handlung geschildert. Der Horusfalke inspiriert den Pharao, und er inspiriert ihn von rückwärts, von hinten her. Das ist der geniale Zug dieses Werkes. Was für die Achsenführung beim Tempelbau gilt, das gilt auch für diese Figur. Im Verhältnis von Hinten-Vorn spricht sich dasjenige des Geistigen zum Stofflichen, der Übergang des Geistigen zum Stofflichen aus. Der Pharao wird vom Geistigen her, das sich in das Bild des Falken kleidet, inspiriert, und er verwirklicht dieses Geistige als Namensträger des Horus im Stoffgebiet der Tatenwelt.

Dieses Motiv erhält auch in anderer Hinsicht eine besondere Bedeutung, bestimmte Anlagen und Funktionen der menschlichen Hauptesorganisation betreffend. Die Phantasie, die eigentlichen schöpferischen Gestaltungskräfte, haben ihre organische Lokalisierung im Hinterhaupte, im Hinterhirn. Im Vorderhirn sind es die Erkenntniskräfte aller Stufen ihrer Entwicklung, die sie als Weltweisheit oder als sinngebundenen Intellekt haben können. Bei der Chephrenstatue ist diese Verbindung von schöpferischer Gestaltungskraft und Weisheit formkünstlerisch gebildet durch die Verbindung der Falkenflügel mit dem in seinen Falten beweglichen Kopftuch, später der Kopfhaube. Das Zeichen der welterkennenden Weisheit, das Diadem, trägt Chephren an der Stirne.

Wo immer in plastischer Gestalt oder in Relief und Malerei der Pharao das Kopftuch oder die Kopfhaube trägt, und nur er trägt sie, wird sie nie als Kopfbedeckung, sondern als zum Hauptesorganismus gehörend verwendet, als Sakralform, die dem Pharao mit in den Mumiensarg gegeben wurde. Diese Verbindung von Falkenflügel und Kopftuch befriedigt deswegen das künstlerisch-ästhetische Empfinden, weil sie im tiefsten Sinne wahr ist und das Wahre durch die Schönheit seinen Ausdruck finden soll.

Bei den Stehfiguren erhält die dritte Raumesdimension ihren ausdrücklichen Akzent durch das Vorsetzen des einen Beines. Es sind schreitende Gestalten, die sich in willensmäßiger Bewegung befinden. Unantastbares Gesetz dieses Schreitens ist es nun, daß stets das linke Bein vorgesetzt wird. Das Gesetz dieses Vorschreitens mit dem linken Bein kann seine Ursache nur in dem den Ägyptern eingeborenen Erleben der Raumesrichtungen und der Weltorientierung haben. Die rechte Seite wurde, wie bereits dargelegt, als westliche, die linke Seite als östliche Weltorientierung empfunden, das Schreiten im Einklang mit dem Sonnengang von Osten nach Westen im Tageslauf, im Jahreslauf, im Lebenslauf. Das Schreiten setzt willensmäßig mit dem östlichen Linksempfinden ein im Wechsel mit dem Rechtsempfinden im Raum. Im Osten, mit der Geburt, begann nach ägyptischem Weltempfinden der menschliche Lebenslauf, im Westen, mit dem Tode, fand er sein Ende. Das Vorsetzen des linken Beines bezeugt nur, mit welcher Folgerichtigkeit die ägyptische Raumrichtungsplastik durchgeführt worden ist.

Wenn bei Sitz- oder Stehfiguren ein Arm in Bewegung gebracht wird, ist es in der Regel der linke, welcher im rechten Winkel über den Leib geführt wird. Diese Regel wird unterbrochen bei der Darstellung der Doppelfigur des Rahotep und der Nefrit. Hier wird der rechte Arm über die Brust geführt und in der Herzgegend abgesetzt. Außer dem Beinvorsetzen und der Armbewegung gibt es noch ein drittes, das passive Herabhängenlassen der Arme zu beiden Seiten des Körpers, und dieses bei Einzelfiguren wie bei Doppelfiguren von Mann und Frau. Öfter erhalten die Stehfiguren im Rücken einen Pfeiler, wodurch der ersten Raumesdimension ein besonderer Akzent gegeben wird.

Ein besonders ausgebildeter Typus sind die hockenden Figuren (Schreibender, Lesender, Betender). Hier erfährt die Raumrichtungsplastik noch eine besondere Konzentration durch die gekreuzten Beine, beim Betenden auch der Arme, über welche der aufrechte Oberkörper emporsteigt.

Die Chephrenstatue besitzt alle entscheidenden Eigenschaften der ägyptischen Raumrichtungsplastik. Sowohl die zeitlich vorangehenden, wie etwa die Statue des Chasechem, als auch die nachfolgenden Bildwerke sind letztenendes doch nur Abwandlungen eines Archetypus, welcher in der Sitzstatue des Chephren eine besonders hervorragende Leistung und Meisterung erhalten hat.

Es gibt in dieser Raumrichtungsplastik nur drei lapidare Ausdrucks- und Bewegungsformen: Stehen und Sitzen bei ruhenden, herabhängenden Armen in konzentrierter Aufrechtheit. Als zweites: Geballte und gespreizte, über die Knie gelegte Hände oder Führung des linken Armes nach rechts über die Brust. Als drittes: Das zum Schreiten vorgesetzte linke Bein.

Geometrisierende Raumrichtungsplastik bleibt die ägyptische Rundbildnerei unabänderlich vom Anfang bis zum Ende. Was sich dabei ändert, was in die fortschreitende Entwicklung eingeht und damit formalen und ästhetischen Grundsätzen der Urteilsbildung untersteht, das sind die zunehmende handwerklich-künstlerische Sicherheit in der Behandlung der Form, der zur Individualisierung hindrängende Ausdruck, in welchem sich der Wandel der Zeit und der Entwicklung ankündigt, und weiterhin die mit der 18. Dynastie eingetretene Änderung des Gewandes und der Haartracht.

Die geometrischen Bildegesetzen folgende ägyptische Raumrichtungsplastik läßt trotzdem ihre Menschengestalten noch nicht vollmenschlich in den Raum eintreten. Sie läßt sie wie von Außen in den Erdenraum hineinschauen. Ein Außerweltliches, ein Überweltliches haftet ihnen allen an. Es geht eine osirianische Weltstimmung von ihnen aus. Erst mit der Kunst der Amarnazeit, mit den Porträtbüsten des Echnaton, der Nofretete, des Tut-ench-Amun und den Masken aus der Werkstatt des Thutmosis fallen die Schranken der bisherigen sakralen Bindung. Alles Symbolische, wie Kopfhaube, Diadem, künstlicher Bart, Dreieckschurz, Henkelkreuz, verschwindet mit der Amarnakunst. Symbolik ist keine Kunst, sondern hält im geistigen Felde zurück, was in der echten Kunst ganz in die Form eingeht. Das rein Menschliche und im Hinblick auf Echnaton und Nofretete das königlich Menschliche hat sich freie Bahn gebrochen. Was als Erneuerung des Lebens nicht erreicht worden ist, in der Kunst der Amarnazeit hat eine Befreiung des gebundenen Formwillens stattgefunden, die mit dem Ende der Amarnazeit nicht aufgehört, sondern weiter gewirkt hat.

Ein Vorbereitendes, aber als solches ein Umfassendes hat die ägyptische Raumrichtungsplastik für die Entwicklung des plastischen Kunstschaffens der Menschheit geleistet. Sie hat den Weg vorbereitet für die Entfaltung der griechischen Plastik, welche die göttliche Schönheit der menschlichen Gestalt in vollendeter Form vor das künstlerisch empfindende Auge gezaubert hat.

XXVI

DIE RELIEFKUNST

Die ägyptische Kunst hat mit den ihr innewohnenden Bildegesetzen in der Baukunst den Raum, in der Skulptur den Körper, die menschliche Gestalt, in der Reliefkunst und der Malerei das Flächenerlebnis in den Bereich ihrer Gestaltungskräfte gebracht.

Die Reliefkunst und deren Entwicklung läßt sich insbesondere an den Schminkpaletten der vordynastischen Zeit verfolgen. In frühester Zeit wurde diesen Paletten eine Tierform gegeben, Nashorn, Fisch, Vogel u. a. Dann folgten solche mit Reliefschmuck von Kampf- und Jagdszenen, Löwenjagden. Eine übersichtlich geordnete Folge dessen, was in erzählenden Vorgängen geschildert werden sollte, gab es noch nicht, aber es gab ein vielfach belebtes Flächenerlebnis.

Eine übersichtliche Gliederung der Bildfläche bietet bereits die berühmte Schminkpalette des Königs Narmer im Beginn der ersten Dynastie. Hier sind die einzelnen Bildfolgen und Handlungen, die erzählt werden sollen, durch die Einteilung in übereinander liegende Felder in eine klare, übersichtliche Ordnung gebracht. Die Stilbildung der ägyptischen Reliefkunst hat damit ihren Anfang genommen.

Die obere wie die untere Seite der Palette (Tafel XVII) tragen Hathorköpfe. Durch das Schminken wurde auf kunstvolle Weise das Inkarnat des Pharao in Übereinstimmung mit dem königlichen Ornat gebracht. Das Inkarnat sollte dem Antlitz des Herrschers erhöhte Leuchtkraft und Ausdruck geben. In diesem Aufleuchten des Inkarnates durch die aufgetragene Schminke, so wurde empfunden, wirkte Hathor.

Im mittleren Felde der oberen Seite der Palette der Pharao als Kämpfender, vor ihm der Horusfalke über dem Bilde des unterworfenen Landes. Der König mit der weißen Krone des Südens und dem Tierschwanz angetan, kämpft als Horus. Als Horus ist er in allen Reliefs, die ihn immer als siegreichen Kämpfer zeigen, dargestellt worden.

Die untere Seite der Palette mit ihren vier Feldern zeigt die Siegesfeier des Narmer. Der König trägt die rote Krone des Nordens, den er sich unterworfen hat. Hinter ihm ein Diener, Kultobjekte nachtragend. Über ihm der Name Narmer in zwei Hieroglyphenzeichen ältester Form (Fisch=Nar, Keule=mer). Vor ihm vier Standartenträger. Am Rande Feinde mit abgeschlagenen Köpfen. Im dritten Felde zwei Löwen mit aufgereckten verschlungenen

Hälsen, die durch zwei Diener gezügelt werden. Die runde Vertiefung zwischen den Hälsen diente als Schminknapf. Im untersten Felde der Pharao als starker Stier, einen Gegner niederstoßend.

Bei diesem Frühwerk der ägyptischen Reliefkunst finden sich deren Formelemente, die dann nach dem Übergang von der 5. zur 6. Dynastie zur höchsten Entfaltung gelangten, bereits in voller Anwendung: Die erzählende Folge der darzustellenden Begebenheiten und Handlungen; die Einteilung der Fläche in übereinanderliegende Felder; die Darstellung der menschlichen Gestalt im Flächenbild, das die Raumesgesetze noch nicht anwendet, sondern nur die der flächenhaften Erscheinung, und daher den Menschen und die Dinge nicht so wiedergibt, wie sie sich im Raume ausnehmen, sondern wie sie sich der Empfindung des Flächenhaften darbieten.

Das Bildegesetz der ägyptischen Reliefkunst ist schon von Maspero, dann von Erman und anderen Forschern erörtert worden. Eine eingehende kunstwissenschaftliche Analyse liegt von Schäfer vor. Dabei setzt er den Darstellungsstil der ägyptischen Reliefkunst in Vergleich mit symptomatischen Kinderzeichnungen, welche die gleiche oder eine ähnliche Sehempfindung und Flächenbehandlung aufweisen.

Wie bei Kinderzeichnungen, so werden auch in der ägyptischen Reliefkunst z. B. flache Körper, wie Brote und dergleichen, von oben gesehen in ihrer Rundung nicht körperhaft, sondern als Kreisbildung dargestellt. Teiche nur mit ihrer Oberflächenansicht. Möbel, wie Stühle, Schränke, werden in ihrer Seitenansicht wiedergegeben. Manche Dinge erfahren eine Darstellung, als ob sie durchsichtig wären, z. B. zwei aufeinander gestellte Töpfe, die beide ganz gezeichnet werden. Soll eine Königskrone im Relief dargestellt werden, bei welcher Hörner oder Federn hinter den Ohren aufragen, so erscheinen sie so, als ob sie vorn und hinten am Kopfe sitzen würden. Vielgliedrige Körpergebilde, wie fliegende Vögel, werden in Schrägansicht gegeben. Bei Szenen mit sitzenden und stehenden Personen sind die Figurenreihen so gestaltet, daß die Köpfe der Sitzenden und Stehenden in der gleichen Sehlinie liegen, der Höhenunterschied von stehenden und sitzenden Gestalten im Raum findet keine Beachtung. Naturdarstellungen, wie etwa Enten im Papyrusgebüsch, werden in übereinanderliegenden Sehebenen gestaffelt wiedergegeben.

Es gibt in dieser Reliefkunst, argumentiert Schäfer, fortwährende Verschiebungen der Sehebenen im Verhältnis von hinten, vorn, nebeneinander. Eine ursprünglich vorhandene Reserve gegen Überschneidungen wird später fallengelassen und wird benutzt, um vielgliedrige Gruppen, etwa Bogenschützen, laufende Seeleute, zusammenzufassen. Das Neben-, das Über-, das Hintereinander der Dinge wird bei dieser das optisch-perspektivische Sehen nicht berücksichtigenden Reliefkunst mit einer Fülle von Mitteln in Abwandlungen wiedergegeben, die nicht in dieselbe Sehebene gebracht werden, aber den vielen Nuancen der Sehempfindung entsprechen.

Für die Darstellung der menschlichen Gestalt, Schäfer nennt sie die Grundform, bleibt nach seiner Formulierung die Verschiebung der Sehebene als maßgebendes Bildegesetz die Regel.

Erman formulierte seinerseits dieses Bildegesetz dahin: «In dem Bestreben, jeden Teil des Körpers möglichst von der Seite zu zeigen, von der er sich besonders charakteristisch ausnimmt, bilden die ägyptischen Zeichner einen Körper, dessen wunderliche Wendungen der Natur durchaus widersprechen. Im allgemeinen wird er im Profil gedacht, wie das der Kopf, die Arme, die Beine und die Füße zeigen. Aber in diesem Profilkopfe steht dann das Auge en face und vollends der Rumpf fällt ganz verworren aus. Die Schultern sind nämlich von vorn gesehen, während die Schenkel im Profil stehen, und Brust und Unterleib müssen zwischen diesen beiden vermitteln. Bei der Brust geschieht dies dadurch, daß ihre hintere Kontur einem Enface, ihre vordere aber einer Profilansicht angehört; der Unterleib ist etwa im Dreiviertelprofil zu denken, wie dies die Stellung des Nabels zeigt.»

Als Norm für die Darstellung der Grundform gilt eine Figur wie die des Hesire (Tafel XIX) in der üblichen Schrägansicht.

Gegen diese zur allgemeinen Gültigkeit gelangte Interpretation (Grundform) in der Menschendarstellung der Reliefkunst mit ihren verschiedenen Sehebenen wendet sich Schäfer. Er hält das von Erman behauptete Dreiviertelprofil für irreführend. Gerade die seitlich liegende Nabelstellung mache ganz eindeutig klar, daß es sich nicht um eine Vorder-, sondern um einer reine Seitenansicht handle, auch der hintere Brustumriß gebe keine von vorne gesehene Menschenbrust, sondern eine Rückenlinie. Nirgends, führt er weiter aus, gebe es in der Reliefkunst der älteren Zeit ein sicheres Beispiel eines einzelnen Körpers oder Körperteiles in Dreiviertelansicht. Obwohl die Grundform keine reine Seitenansicht des Körpers zur Darstellung bringe, da Auge und Schultern von vorn gesehen sind, mache sich doch ein starkes Hinneigen zur Seitenansicht geltend.

Es liegt somit das Bemerkenswerte, ja Erstaunliche vor, daß zwei gründliche Kenner der ägyptischen Reliefkunst zu einer völlig voneinander abweichenden Interpretation ihrer Bildegesetze kommen. Beide Forscher gehen bei ihren Urteilsbildungen vom perspektivisch-räumlichen Sehen und dem künstlerischen Gestalten der Gegenwart aus, und dieses in einer Anwendung auf eine Kulturepoche und ein Kunstschaffen, das dieses Sehen nicht kennt.

Um den Unterschied zwischen einem Kunstschaffen, das sich des perspektivisch-räumlichen Sehens bedient, und der ägyptischen Reliefkunst begrifflich zu formulieren, bezeichnet Schäfer letztere als «vorstellige Kunst» in dem Sinne, daß bei dieser Reliefkunst nicht von der sinnlichen Anschauung, sondern von «anschauender Begriffsbildung» ausgegangen werde.

Zu einer solchen Begriffsbildung konnte Schäfer doch nur gelangen, indem er eine Fähigkeit, die unser Zeitalter ausgebildet hat, die Begriffsbildung, auf ein Zeitalter überträgt, die sie noch nicht hatte und die für das damalige Kunstschaffen überhaupt nicht in Frage kommen kann, da sie erst mit dem 15. Jahrhundert n. Chr. im Kunstschaffen aufgetreten ist.

Zu einer Gruppendarstellung, wie z. B. laufende Schiffer, bemerkt Schäfer, was für jedes derartige Gruppenbild gelten kann: «Wer wird auch z. B. bei dem wundervollen Bilde der laufenden Schiffer daran denken, wie die Schultern, Arme und Beine etwa in der Natur sich drehen und kreuzen. Dieser Künstler will ganz offenbar nur den Eindruck der geschlossenen Masse erregen. Daß Schiffer in der Natur wohl kaum so schön gemessen taktmäßig im Gleichschritt laufen, das hindert ihn nicht. Was er aus der Natur heraus trägt, war die Gedrängtheit der Figuren. Sobald diese Anschauung im Bilde gesichert war, waltete sein zu rhythmischer Gestaltung treibendes Formgefühl unbehindert.»

Was Schäfer in diesem besonders eindrücklichen Einzelfall heraushebt, das rhythmische Gestalten, ist ein Grundtrieb der gesamten ägyptischen Reliefkunst. Rhythmus fällt aber nicht unter den Begriff «vorstellige» Kunst. Rhythmus ist ein Lebensvorgang, der sich im Blutkreislauf, im Pulsschlag, im Atemgang abspielt, auch dann, wenn im Schlafe das Bewußtsein nicht beteiligt ist. Rhythmisches Geschehen vollzieht sich auch im Tageslauf, im Jahreslauf, in der Weltordnung und im Kult. Ehe das perspektivisch-räumliche Sehen im Kunstschaffen sich entwickelt hatte, hat der Rhythmus, als das Flächenerlebnis das dominierende Ausdrucksmittel in der ägyptischen Reliefkunst wurde, an deren Bildegesetzen einen mitbestimmenden Anteil in der Aufteilung der Fläche gehabt. Das vorperspektivische Sehen, das ganz im Flächenerlebnis aufgeht, setzt aber auch eine andere organische Tätigkeit des Auges voraus als physiologische Grundlage des flächenhaften Sehens.

Das menschliche Auge hat im Laufe langer Zeiträume eine Veränderung durchgemacht, durch die der Sehvorgang mitbestimmt worden ist. Bei der Beurteilung des Kunstschaffens älterer Zeiten muß dieser Tatbestand mitberücksichtigt werden.

Das Auge ist eine zweigliedrige Organbildung. Es besteht ein organischer Unterschied zwischen dem vorderen und dem hinteren Auge, d. h. demjenigen Teil, der nach außen aufgeschlossen ist, um die Sinneseindrücke zu empfangen, und dem hinteren Teil, durch den die Eindrücke durch den Sehnerv weitergeleitet werden. Das vordere Auge ist von außen her durch das Licht gebildet worden, es ist der unlebendige, der physikalisch optische Teil des Auges, der, weil er kein organisches Eigenleben besitzt, ein selbstloses Organ ist, das nur die Eindrücke der Sinneswelt empfängt und weitergibt.

Der hintere Teil des Auges ist von innen her gebildet und von Lebenskräften durchströmt, die den Sehvorgang aufnehmen und die Sinneseindrücke durch die Netzhaut, die Verzweigung des Sehnerves, in das Gehirn leiten. Äußere Sinneseindrücke werden in Sinnesempfindungen umgewandelt.

Die Hornhaut dagegen ist eine unlebendige, knorpelige, äußere Umhüllung des Auges. Die Linse im vorderen Auge ist ein unlebendiges Organ, ein Stück eingebaute Außenwelt. Dagegen nicht der Glaskörper im hinteren Auge, dieser ist ein von Lebenskräften durchströmtes Gebilde. Nach vorn wird das Auge immer unlebendiger, es unterliegt rein physikalischen und optischen Gesetzen. Nach hinten wird es immer vitaler, immer lebendiger und steht in Verbindung mit den Lebensvorgängen des übrigen Organismus, während das vordere Auge den physikalischen Gesetzen der Außenwelt folgt.

Das Verhältnis des vitalen hinteren und des physikalischen vorderen Auges war im Verlauf der Zeiten kein konstantes, sondern ein veränderliches. Das Auge der vorzeitlichen Menschheit war ein viel lebendigeres Organ, als dies später und heute der Fall ist. Damals war auch das vordere Auge an den vitalen Kräften partizipiert. Im Laufe erheblicher Zeiträume zogen sich die Lebenskräfte aus dem vorderen Auge zurück und blieben auf den hinteren Teil desselben beschränkt. Dieses Zurückziehen ging parallel mit der Bewußtseins-Entwicklung. Je mehr und ausschließlicher der Mensch sich den Eindrücken der Sinneswelt hingab, um diese nicht nur in ihren Gesetzmäßigkeiten zu erkennen, sondern sie dadurch auch technisch zu beherrschen, desto mehr zogen sich die Lebenskräfte in das hintere Auge zurück. Die zunehmende Anpassung des vorderen Auges an die Außenwelt zog den Verlust der darin vorhandenen Lebenskräfte nach sich. Das geschah stufenweise im Laufe der Entwicklung der Menschheit. Als dieser Vorgang eine gewisse Stufe erreicht hatte, traten, worauf auch Schäfer immer wieder als auf ein entscheidendes Phänomen hinweist, die ersten Anfänge des perspektivischen Gestaltens im Kunstschaffen der Griechen im 5. Jahrhundert v. Chr. ein, und mit Beginn des 15. Jahrhunderts n. Chr. wurde die exakte mathematische Perspektive die maßgebende Grundlage im Kunstschaffen der italienischen Renaissance. Es kann daher ein Gesetz ausgesprochen werden, das für die gesamte Kunstentwicklung Geltung besitzt, dahingehend, daß die Wandlungen in der Physiologie des Auges mitbestimmend sind für die Stilwandlungen im Kunstschaffen.

Dieses Gesetz muß auch berücksichtigt werden bei der Beurteilung der ägyptischen Reliefkunst und der Malerei. Während der vordynastischen und auch während der dynastischen Zeit war das vordere Auge noch von Lebens- und Bildekräften durchzogen. Diese Bildekräfte unterliegen rhythmischer Gesetzmäßigkeit. Ein Sehen unter solcher physiologisch-organischer Beschaffenheit des Auges nimmt die Erscheinungswelt anders auf, als wenn dieses nicht der Fall ist. Ein solches Auge empfindet die in der Erscheinungswelt wirkenden Lebens- und Bildekräfte mit. Im Kunstschaffen, wie bei der Flächenkunst, dem Relief, macht sich dieser Tatbestand dahin geltend, daß Fläche, Umriß und Rhythmus als die Bildegesetze der ägyptischen vorperspektivischen Reliefkunst ihre Anwendung finden.

Die physiologische Grundlage des vorperspektivischen Sehens ist aber wiederum nur die organische Begleiterscheinung für das damalige Verhältnis des Menschen zur Natur. Mensch und Natur waren zu dieser Zeit noch nicht getrennt. Der ägyptische Mensch stand der Natur noch nicht äußerlich gegenüber. Er lebte in ihr und sie in ihm. Erst mit Eintritt des perspektivischen Sehens, das begleitet war von dem Rückzug der Lebenskräfte in das hintere Auge, trat die Trennung von Natur und Mensch ein. Ein allmählich sich vollziehender Vorgang, der erst mit dem 15. Jahrhundert im vollen Umfang beendet war.

Die nordafrikanischen Felsenbilder mit ihren erstaunlich scharf und sicher geführten Umrißlinien setzen einen Sehvorgang voraus, bei dem in verstärktem Maße zutrifft, was für die ägyptische Reliefkunst gilt. Bedeutend und sinnvoll ist daher der Name, der in Ägypten dem Bildhauer, was auch für den Flächenbildner gilt, gegeben wurde, nämlich se-enech, der Beleber. Zum Beleben gehörte auch die farbige Tönung des Reliefbildes.

Das Flächenerlebnis des ägyptischen Reliefkünstlers war ganz und gar sinngebunden, aber ganz und gar von Lebenskräften durchströmte Sinngebundenheit; eine ursprüngliche, im künstlerischen Schaffen naiv gestaltende Sinngebundenheit. Hierin liegt der Grund, warum mit Recht auf eine gewisse Verwandtschaft der ägyptischen Reliefkunst mit Kinderzeichnungen hingewiesen werden kann. So wenig aber das Kind bei seinen Zeichnungen oder Malereien nach «anschauender Begriffsbildung», sondern ganz naiv in noch voller Betätigung seiner von Bildekräften durchströmten Sinne verfährt, so verfuhr auch der ägyptische Reliefkünstler. Er verfuhr dabei als Erwachsener, der dieses Sehen zeitlebens behielt, das heutige Kind aber nur vorübergehend während seines Kindseins besitzt.

Was auch immer durch angewandte Seh-Analyse an einzelnen Beobachtungen über die ägyptische Flächenkunst vorgebracht werden mag, sie summieren sich in Wirklichkeit zu deren Bildegesetz: Fläche, Umriß, Rhythmus. Die Beschaffenheit des Sehens, die uneingeschränkte Sinngebundenheit, läßt in der Reliefkunst die menschliche Gestalt ebenso uneingeschränkt als ein durch Umriß begrenztes Flächenerlebnis erscheinen. Mögen in dieser als Fläche dargestellten Gestalt Augen, Schultern und Unterleib en face gegeben sein, alles andere dagegen im Profil, möge solche Darstellung jeder Anatomie des Körpers zuwiderlaufen, wer so die menschliche Gestalt bildet, wie dieses in der ägyptischen Reliefkunst geschieht, der läßt sich uneingeschränkt von einer ganz elementar dargelegten Flächenempfindung als sinnlichem Eindruck leiten. Umrissene Flächen sind ihm die Augen, die Schultern, der Unterleib, und für diese ungehemmte, ausschließliche Flächenempfindung gibt es keine anatomischen Gesetze oder Korrekturen, denn diese fallen unter die Raumesgesetzlichkeit. Für die Bildegesetze der ägyptischen Reliefkunst kann die Anatomie des menschlichen Körpers in keiner Weise in Betracht fallen, auch im Vergleich nicht. Sie wird aber von ihnen vorgebildet. Die Bildegesetze enthalten sie ihrer Tendenz nach. In Erscheinung kann sie erst treten, wenn diese Bildegesetze in den Raum übergeführt worden sind und darin wirken. Dieses aber geschah erst mit dem Auftreten des perspektivischen Sehens, physiologisch mit dem Rückzug der Bildekräfte aus dem vorderen Auge. Daher führt eine Betrachtungsweise der ägyptischen Reliefkunst, welche von der scheinbaren Divergenz ihrer Darstellungsmittel ausgeht, ab von dem dieser hochentwickelten Kunstübung innewohnenden Eigenwert.

Schäfer wendet sich nun aber auch gegen die Ansicht Ermans, wonach die Grundform, wie z. B. im Relief des Hesire, als unveränderliche Norm, die keine weitere Entwicklung durchgemacht habe, anzusehen sei. Zwar bleibt, wie Schäfer an weitergehenden Sehanalysen zeigt, diese Grundform mit ihren Umrißlinien bestehen. Von der 6. Dynastie an machen sich aber Abweichungen geltend in der Darstellung der Schulterachsen, und mit der 18. Dynastie führte diese Abweichung zu Darstellungen, bei denen die Brust in Dreiviertel-Ansicht gegeben wird und Brustwarze wie Nabel von der Seite in die Mitte gerückt sind.

Andere Veränderungen beziehen sich auf die Darstellung der Füße, die nur in ihren Umrissen mit der allein sichtbaren großen Zehe gegeben wurden, aber mit der 18. Dynastie auch die übrigen Zehen in Erscheinung treten läßt. Die Wölbung des Fußes wurde nur von der Innenseite her, dann von außen her sichtbar gemacht. Mit der 18. Dynastie hörte die Darstellung dieser Fußwölbung auf, und der Fuß wird mit der ganzen Sohle fest auf die Erde gesetzt.

Es gibt in der ägyptischen Reliefkunst aber auch ein Heben, ein Loslassen des einen oder anderen Fußes von der stützenden Basis. Bei schreitenden Figuren wird stets das vom Beschauer entfernt gesehene Bein vorgesetzt.

Das Holzrelief des Hesire (Tafel XIX) gehört zu einem der schönsten Werke dieser Zeit. Was die Sitz-Figur des Chephren als Archetypus für die Rundbildnerei darstellt, das trifft bei dieser Figur für die Reliefkunst zu. Flächeneinteilung und Proportionsverhältnisse sind unübertroffen. Die Bildegesetze der Reliefkunst werden an diesem vortrefflichen Werk voll ersichtlich. Die menschliche Gestalt ist flächenhaft empfunden und im Umriß begrenzt. Ruhe und Bewegung der Gliedmaßen folgen rhythmischer Gesetzmäßigkeit. Die Fußwölbung wird hervorgehoben und nur die große Zehe ist im Umriß sichtbar.

Der Vergleich mit der Figur des Cha-em-het aus der 18. Dynastie ergibt eindeutig dieses Festhalten an der Grundform, d. h. an der ausschließlichen Flächenempfindung der menschlichen Gestalt, die nach Ablauf von etwa 1200 Jahren dieselbe geblieben ist.

Bei der Figurenreihe von Frauen (Tafel XX) mit über dem Kopf erhobenen Armen handelt es sich nicht, wie oft behauptet wird, um Betende, sondern um einen geschlossenen Reigen von Tänzerinnen, der seitlich, als Flächenempfindung, dargestellt wird. Die Reigenbewegung wechselt, es ist ein sich Öffnen, ein sich nach außen Hingeben und wiederum ein sich im eigenen

Innern Wiederfinden. Dadurch erfährt das rhythmische Geschehen eine Verstärkung.

Dasselbe ist der Fall bei dem Zug der gabentragenden Frauen. Durch den Wechsel der Armhaltung, lang herabhängend und über die Brust gelegt, ist das Grundgesetz rhythmischer Bewegung verstärkt zur Darstellung gebracht.

Das Reliefbild der Ruderer (Tafel XXI) aus dem Grabe des Ti gibt den Anblick einer rhythmischen Gruppenbewegung mit seiner Flächenempfindung. Das andere, rund ein Jahrtausend später entstandene Bild aus dem Terrassentempel von Der-el-Bahri (Tafel XXI) illustriert eindrücklich die Richtung, welche die Entwicklung der Reliefkunst genommen hat. Diese Ruderergruppe zeigt eine freier gewordene Fähigkeit der Beobachtung und der rhythmischen Gestaltung, vor allem aber den Übergang zum Dreiviertelprofil in der Darstellung der menschlichen Gestalt.

Die Tierdarstellungen, z. B. eine Eselsherde mit Treiber im Relief (Tafel XX), bezeugen als Bewegungs- und Gruppenbild die Naturverbundenheit ihrer Schöpfer. Das Tier mit seinen Organen, seiner Bewegung, ist ganz Ausdruck des trieb- und instinkthaften Lebens. Naturalistisch, bei voller Beherrschung der Tierform, ist die Darstellung dieser beiden Tiergruppen nicht. Dargestellt ist der Trieb, der Instinkt, der in der Gestalt des Tieres und seinen Organen Ausdrucksform geworden ist und das einzelne Tier in der Gruppe aufgehen läßt, wodurch sich solche Flächenbilder grundsätzlich von perspektivisch gestalteten Tierbildern unterscheiden. Sie unterscheiden sich auch darin, ob, wie in diesem Falle, der schaffende Künstler mit dem Naturwesen sich vereinigt empfindet oder ob er ihm von außen gegenübersteht.

Die Reliefbilder der Amarnakunst mit den Darstellungen des Echnaton und der Nofretete unter den Strahlen des Aton lösen sich ebenso wie die Werke der plastischen Kunst dieser Zeit von der bisherigen Norm. Die durchscheinenden Gewänder, welche das königliche Paar bei der Ausübung der Kulthandlung trägt, lassen die Körperformen in einer Übersteigerung hervortreten, welche für die ästhetisch-künstlerische Empfindung der Gegenwart, die an der griechischen Formenschönheit herangeschult ist, kaum verständlich ist. Die übersteigerte Form des Leibes in der Gegend des Solarplexus gibt den Anblick der Schwangerschaft bei Mann und Frau. Aber dies ist ohne Zweifel gewollt. Diese Körperformen sind übersteigert und schwanger gemacht von der ausgießenden Lebens- und Segenskraft des Aton. Die Fülle, ja die Überfülle der herabströmenden Lebenskräfte, die auch den menschlichen Leib aufbauen, welche das königliche Paar und auch deren Kinder empfangen, durchströmen diese Gestalten mit ihren sonnenhaften Segenskräften. Davon sollen diese Bilder Zeugnis ablegen, denn Echnaton wollte derjenige sein, der «von der Wahrheit lebt».

Auch diese Bildungen der Reliefkunst während der Amarnazeit haben ihre Fortsetzung gefunden. In der archaischen Kunst der Griechen hat die Arm- und Beinmuskulatur sowohl im Relief wie in der Malerei eine Überbetonung erhalten. Es sollte dadurch die strotzende Fülle der formbildenden Lebenskraft zum künstlerischen Ausdruck gebracht werden, die dann mit der Blütezeit in die vollkommene schöne Form eingegangen ist. In der Amarnakunst war die übersteigerte Form Kulterlebnis, dann wurde sie archaische Kunstform und zuletzt vollendete Schönheitsform.

Die ägyptische Reliefkunst hat, nachdem sie mit einer Leistung wie der Schminkpalette des Narmer eingesetzt hat, eine mächtige Entfaltung erfahren. Mit der 4., namentlich 5. Dynastie hat sie eine Stufe ihrer Entwicklung erreicht, die niemals im Verlauf der dritten Sothisperiode übertroffen worden ist, wohl aber die angedeutete Wandlung durchgemacht hat.

Es sind in der Hauptsache drei Darstellungsgebiete, welche das Thema der ägyptischen Reliefkunst bilden. Die Kriegstaten und Expeditionen der Pharaonen, die Bilderzyklen, die das Leben nach dem Tode betreffen mit ihren Darstellungen aus dem alltäglichen Leben der Verstorbenen und der den Göttern dargebrachte Opferdienst.

Im Grabbau des Sahurê waren ursprünglich 10 000 Quadratmeter der Wandflächen mit Reliefs bedeckt, wovon etwa 150 Quadratmeter erhalten geblieben sind. Für diese drei Darstellungsgebiete waren besondere Tempelräume bestimmt. Die geschichtlichen Taten des Königs im Torbau, an den Wänden des Aufganges, im Vorraum, im Säulenhof, später, wie in Karnak, an den Außenwänden der Tempel und Tempelhöfe. Die Opferszenen in den zentralen Räumen und diejenigen aus dem Leben nach dem Tode im Statuenraum und im Allerheiligen. Dieses entsprach der Kultordnung.

Die Bilderzyklen über die geschichtlichen Taten des Königs Sahurê beziehen sich auf den siegreichen Feldzug gegen die Libyer und auch auf Jagdszenen. Die weiteren Szenen zeigen den Pharao im Umgang mit den Göttern, wobei Nechbet und Buto nie fehlen. Dann folgen in der Darstellung die großen Opferzüge des Sahurê in Ober- und Unterägypten.

Die Reliefbilder in der großen Repräsentationshalle von Opet sind bereits erwähnt worden. Weltorientierung in dem Sinne, daß Nord- und Südwand, Ost- und Westwand in der Bestimmung der Darstellungen unterschieden werden, gehört zur feststehenden Kultordnung.

Im Laufe der Zeit und der anwachsenden Bautätigkeit der Pharaonen haben die reihenweise übereinander liegenden Reliefbilder, mit eingeschlossen diejenigen in den Gräbern, ein gewaltiges Ausmaß erhalten. Nicht nur die Wände, auch die Säulen wurden damit bedeckt.

Das Relief will erzählen. In epischer Reihenfolge wird mitgeteilt, was die Inhalte der drei Darstellungsgebiete betrifft.

Das Bedürfnis sich mitzuteilen und diesem Mitzuteilenden eine dauernde Form im Relief zu geben, war der ägyptischen Seele tief eingeboren. Die Konstitution der Empfindungsseele, die ein Gedankliches in festen Konturen noch nicht entwickelt hatte, aber es so empfand, wie die Farben in der Natur empfunden werden, besaß den elementaren Trieb zur Bildhaftigkeit. Sie gab ihm Folge in der erzählenden Form der Flächenkunst, die eine farbige Tönung erhielt, um den Schein des Lebens zu geben.

Die ägyptische Reliefkunst hat ihre Erfüllung nicht nur im Selbstzweck gehabt. Sie hat auch für die Welt und die Kunstentwicklung eine Sendung erfüllt. Sie hat mit ihrer vorperspektivischen Kunstgestaltung im Relief das perspektivisch gestaltende Zeitalter des Kunstschaffens vorbereitet.

Die herangereifte griechische Hochreliefkunst, wie der Parthenonfries, bei welchem die Perspektive ihre Anwendung gefunden hat, stellt zum ersten Male den menschlichen Körper in seiner Achsendrehung dar. Bei den reitenden Jünglingen dieses Frieses ist die in der ägyptischen Flächenkunst entwickelte Dreivierteldrehung der Figuren zu der räumlichen Achsendrehung dieser Jünglingsgestalten umgewandelt. Die vorperspektivisch ägyptische Flächenempfindung ist zur perspektivisch erlebten Raumesgestaltung im griechischen Hochrelief geworden.

Im wahren umfassenden Sinne trifft das Wort Ludwig Curtius' zu, wonach es ohne die ägyptische Kunst keine abendländische Kunst geben könne.

XXVII

DIE MALEREI

Die ägyptische Malerei folgt in der Darstellung ihrer Gegenstände, ob Mensch, Tier oder Pflanze, denselben Bildegesetzen wie die Reliefkunst. Was über diese dargelegt worden ist, gilt auch für die Malerei. In der ägyptischen Kunst nimmt die Farbe eine dominierende Stellung ein. Was im künstlerischen Schaffen in die Form eingegangen ist, will durch die Farbe belebt werden. Statuen und Reliefs werden bemalt, weil für das farbendurstige ägyptische Auge Bildwerke in der Naturfarbe des Steines unerträglich waren. Ebenso wie Luft und Licht zu den elementaren Lebensbedingungen gehörten, so die Farbe für das Auge. Eine alte ägyptische Sage läßt die Bewohner des Niltales aus dem Auge des Weltenschöpfers hervorgehen. Farbendurst ist dem Ägypter, dessen Landschaftseindruck von gelber Wüste, grüner Oase und blauem Himmel bestimmt ist, eingeboren. Im Kunstschaffen wird dieser elementare Farbendurst beruhigt und gelöscht. Wo, wie in der Malerei, die Farbe die alleinige Führung übernimmt, ist zu spüren, wie die Farbenfreude des ägyptischen Auges sich in Daseinslust auslebt. Ein Kenner der ägyptischen Kunst wie Schäfer spricht sich dahin aus, daß die Ägypter die Farbigkeit ganz anders, als dies heute der Fall ist, empfunden haben müssen. Und Maspero sagt über die ägyptische Malerei: « Die lebhaftesten Töne sind hier zwar mit äußerster Kühnheit nebeneinander gestellt, aber im Vollbewußtsein der zwischen ihnen bestehenden Beziehungen und der Erscheinungen, die aus diesen Beziehungen notwendig hervorgehen. Sie stoßen sich nicht von einander ab, stärken oder schwächen sich nicht, die Farben machen sich natürlich geltend, und durch ihre Annäherung entstehen Halbtöne, durch die sie miteinander in Einklang gebracht werden.»

Der ägyptische Farbendurst und Farbensinn war bedingt von der Physiologie des Auges, die im vorangehenden Abschnitt erörtert worden ist. Die Physiologie des Auges ist ihrerseits das organische Korrelat einer gesteigerten Empfindungsfähigkeit des Ägypters im Sinnenfelde der Wahrnehmung des Farbigen. Um diese Fähigkeit zu durchschauen, muß die Physiologie des Auges durch die Physiologie des Farbensinnes ergänzt werden.

Der Farbensinn hat im Laufe langer Zeiträume eine Veränderung erfahren, die von Hugo Magnus dargestellt worden ist. Darnach hat die ältere Menschheit nur Lichtfarben (aktive Farben), aber noch nicht Schattenfarben (passive Farben) wahrnehmen können. Die Fähigkeit, Schattenfarben wahrzunehmen, trat erst in der griechischen Zeit ein. Bei den älteren Griechen fiel, wie aus den homerischen Schilderungen des Farbigen hervorgeht, Blau und Schwarz für den damaligen Farbensinn zusammen. Wenn Homer von hyazinthfarbenen Locken des Odysseus spricht, meint er dessen schwarzes Haar. Schwarz und Blau wurden noch nicht differenziert empfunden. Diese Differenzierung trat erst etwa zur Zeit des Aristoteles auf. Die vom Schwarz abgesonderte Blauwahrnehmung ging zeitlich mit der Entwicklung des logischen abstrakten Denkens zusammen. Schattenfarben und philosophierendes abstraktes Denken trat in der Entwicklung gleichzeitig auf.

Strahlend, leuchtend, schimmernd, glänzend sind in der älteren Literatur die Bezeichnungen für das allgemeine, noch wenig differenzierte Farbenerleben. Im alten Persien, etwa im 5. Jahrtausend, war die Differenzierung von Gelb und Grün noch nicht vorhanden. Erst während der dritten Kulturepoche, der ägyptischen, trat der klare Unterschied von Gelb und Grün ein. In der ägyptischen Malerei der dritten Sothisperiode ist er vorhanden, dagegen noch nicht der Unterschied von Blau und Schwarz. Der blaue Nil wurde dunkelfarbig erlebt. Nilus bedeutete soviel wie Schwarz. In den Hymnen an Amun-Rê oder Aton bewegt sich die Schilderung des Farbenerlebens ausschließlich in Lichtfarben, wie strahlend, glänzend, leuchtend.

Der Menschheit eigentümliche Farbenwahrnehmung war in diesen älteren Zeiten bedingt durch die physiologische Beschaffenheit des Auges. Solange das vordere Auge noch von Lebenskräften durchströmt war, solange es noch vitalisiert war, dominierten für den wahrnehmenden Farbensinn die aktiven, die Lichtfarben, und die passiven Farben, wie Blau, Lila, Schwarz, konnten noch nicht unterschieden werden. Veilchenfarbenes Meer in Homers Schilderungen ist dunkel empfundenes Meer. Wenn Magnus den Beweis erbringt, daß in der Entwicklung des Farbensinnes zuerst die warmen und dann die kalten Farben in das Bewußtsein des Farbensinnes eingetreten seien, so ist damit von der Erfahrungsseite her im Hinblick auf die Physiologie des Auges nichts anderes gesagt, als daß im Auge der Rückzug der Vitalität aus dem vorderen Auge stattgefunden hat. Weder bei den Ägyptern noch bei den älteren Griechen war eine Differenzierung des Sehsinnes nach Blau und Schwarz vorhanden. Die ägyptische und die griechische Malerei verwenden überwiegend warme Farben. In der Zeit der mythisch-bildhaften Vorstellungswelt herrschen im Sehfeld der Sinne die warmen Farben. Mit der Entwicklung des logischen Denkens erhalten die Schattenfarben zunehmende Kraft, wodurch Blau und Schwarz gesondert im Sehfeld erscheinen. Der Rückzug der vitalen Kräfte aus dem vorderen Auge ist ein Sterbevorgang, der die kalten Farben zur Bewußtseinskraft im Farbenerleben erhebt. Mit dem Todesmysterium des Christentums erhält die blaue Farbe ihre entwicklungsgeschichtliche Bedeutung. Blau wird eine führende Farbe in der späteren frühchristlichen Kunst. Die Mosaiken werden auf Blaugrund ausgeführt und erhellen sich dann zum Goldgrund. Der Mantel der Gottesmutter im Tiefenblau wird gültige Tradition für die mittelalterliche Kunst.

Kulturgeschichtlich gesehen hat der Rückzug der Vitalität aus dem vorderen Auge ein halbes Jahrtausend vor dem Eintritt des Christentums begonnen, womit gleichzeitig im griechischen Kunstschaffen das perspektivische Sehen seinen Anfang genommen hat. Als letztes Resultat dieses Rückzuges trat mit dem 15. Jahrhundert die exakte Raumesperspektive im Kunstschaffen auf. Das bildhafte, im Umriß gegebene Wahrnehmen verwandelte sich in ein räumlich plastisches Wahrnehmen. Erkauft wurde dieses neue Sehen durch einen Sterbevorgang im menschlichen Auge, der die Bewußtseinswandlung begleitete.

Dieser grundlegende Tatbestand in der Entwicklung des Farbensinnes ist es, welcher für die Beurteilung der ägyptischen Malerei berücksichtigt werden muß. Ihrer Formensprache nach ist es ein bildhaftes, ein imaginatives, in Umrissen gegebenes Sehen und Empfinden der Dinge. Die ausgesprochene Farbendurstigkeit dieser Malerei ist Ausdruck und Kraft eines vitalisierten, eines lebendigen Sehens. Es muß der weite kulturgeschichtliche Abstand zwischen Ägypten und der Gegenwart, der in der Physiologie des Auges und der Kraft und Fähigkeit des Sehens in Erscheinung tritt, mit aller Schärfe dieses Tatsachenbestandes auseinander gehalten werden. Es ist der Unterschied eines malerischen Sehens, das mit Schatten und Schattenfarben rechnet, ein Sehen, das im Hell-Dunkel die Geheimnisse des Lichtes und der Finsternis ergründen und darstellen will, gegenüber einem Sehen, das zwar den Gegner des Lichtes, den Typhon, kennt, der aber nur in die Seele, noch nicht in das Auge des Ägypters eingezogen ist.

Eine Betrachtung der ägyptischen Malerei kann daher sachgemäß von der Bildung des Auges ausgehen und von da aus zur Darstellung des Menschen und seiner Umwelt übergehen. Wie die ägyptische Malerei das Auge behandelt, erweist sich aufschlußreich und klärend für das malerische Sehen des Ägypters. Wie im Relief wird entsprechend dem auch für die Malerei geltenden Bildegesetz das Auge in Vorderansicht, d. h. im Flächenumriß gegeben. Im Relief ist, wie dargelegt, das Auge im Umriß empfunden. In der Malerei wird es durch die Farbe seelisches Ausdrucksorgan. Wenn Maspero sagt, daß die Ägypter sich kein Gewissen daraus machen, in ein und derselben Figur die sich widersprechenden Perspektiven der Vorder- und Seitenansicht zu vereinigen, so ist das vom perspektivischen Gewissen der Gegenwart aus gesprochen, das dem ägyptischen Sehen fremd ist. Für dieses war eine solche Vereinigung selbstverständlich, weil Seiten- und Vorderansicht in der gleichen Empfindungsebene, ägyptisch ausgedrückt, in der Isis-Ebene lagen. Im Isisblick vereinigt ist das, was für das optisch-perspektivische Sehen in Vorder- und Seitenansicht zerfällt. Die ägyptische Malerei als reine Flächenkunst gibt ihren Darstellungen des Auges empfindungsgemäß den Isisblick, wodurch mit dem Ausdruck des ägyptischen Auges das farbige, das malerische Sehen einer ganzen Epoche charakterisiert ist.

Die Augen und der Blick der Frauen aus der Wandmalerei im Grabe des Nacht, 18. Dynastie (Tafel XXII), können als eines der vielen Beispiele gelten, wie in der ägyptischen Malerei die Augen gebildet worden sind. Es ist die Bildung eines Auges, in dessen vorderem Teil noch Lebenskräfte tätig sind, ein Auge, das im künstlerischen Schaffen ganz in Flächenempfindung aufgeht. So wie diese Augen blicken, blickt kein Auge, das von der Raumesbindung des perspektivischen Sehens erfaßt ist. Der Zauber, welcher dieses schwimmende Auge belebt, ist der Isisblick, der noch unterzutauchen vermag in diejenigen Schaffenskräfte, die es gebildet haben, und darum auch in die Schaffenskräfte der Natur. Noch in der Malerei des Cimabue und des Giotto findet sich die mandelförmige Form des Auges, das freilich nicht mehr den Isisblick besitzt, aber auch noch nicht in die Raumesbindung des exakten perspektivischen Sehens eingegangen ist. Dagegen haben die Augen in den Bildern des Masaccio bereits die Umwandlung in die runde Form erfahren und dem Blick die Festigung im Raum gegeben. Beim ägyptischen Auge sitzt die Pupille am Rande des oberen Augenlides, bei den Augen mit der Raumesfestigung ist es in die Mitte gerückt. Kein ägyptisches Auge senkt die Wimpern wie die Madonnen Raffaels. Das Isisauge bleibt weit geöffnet. Der schwimmende Blick gleitet nur über die Flächen hinweg, dringt nicht in Raumestiefen, sondern in seelische Weiten. Der Isisblick des ägyptischen Auges läßt erkennen, daß das ägyptische Wachsein anderer Art gewesen sein muß als das gegenwärtige, daß es ein vom bildhaften Erleben der Umwelt trunkenes Auge war.

Farbigkeit wurde nicht nur in ihrer flächenfüllenden Eigenschaft erlebt, sondern auch in ihrem Bewegungscharakter und ihrer Bewegungsrichtung. So die rote Farbe in ihrer Bewegung nach vorn, in ihrer aktivierenden, ja agressiven Kraft, mit der sie dem Beschauer entgegenkommt; Blau in seiner Tiefenwirkung, in seinem Zurückweichen; Gelb in seinem in die Weite gehenden Strahlungsvermögen; Grün in sich selbst ruhend, sich selbst begrenzend. Für den Ägypter besaß die Farbe seelischen Bewegungscharakter, demgemäß wurde sie verwendet. Wie im Relief die Fläche durch den Rhythmus der Linienführung belebt wurde, so in der Malerei durch den Bewegungscharakter der Farbe. Durch das Mittel der Farbe sollte die tote Fläche der Wand aufgehoben und transparent gemacht werden. Die ägyptischen Künstler besaßen einen ausgesprochenen Farbenmut. Das liegt auch in den zitierten Worten Masperos. Die malerische Wirkung wurde nicht durch Farbenmischung erreicht, sondern durch die Transparenz und durch eine nicht zu überbietende Farbenfrische, die Jahrtausende nicht auszulöschen vermochten. Die suggestive Wirkung der ägyptischen Malerei beruht auf der Transparenz und Eigenwirkung der Farbe, sie gaben dieser Malerei eine seelische, nicht eine räumliche Tiefenwirkung. Der Farbendurst des ägyptischen Auges forderte die Polychromie der Statuen und Reliefs. Form ohne Farbe ertrug dieses Auge nicht, die Form mußte das Leuchtgewand der Farbe tragen. Selbst die große Sphinx von Gizeh war, wie durch Farbenspuren nachgewiesen ist, polychrom und durchleuchtete die Landschaft.

Es war malerische Sitte, aber diese Sitte ging auf innere Erfahrung zurück, die Fleischfarbe der Männer in Rot, die der Frauen in Gelb aufzutragen, worauf Maspero schon aufmerksam gemacht hat und was während der ganzen Dauer der ägyptischen Kunst beibehalten worden ist. Bereits die Statuen der Frühzeit, wie die des Rahotep und der Nofrit, sind in dieser Weise farbig behandelt worden. Das war auch in der Malerei der Fall. Das Inkarnat des Mannes und der Frau sind verschiedenfarbig empfunden worden. Willensartige Kraft des Inkarnates beim Mann, hingebungsvolle Ausstrahlung bei der Frau.

In der Malerei hat die ägyptische Kunst die größte, die weit gespannteste Skala der Bewegungsformen des menschlichen Körpers zur Darstellung gebracht: Den gebundenen Rhythmus des Zeremoniales, wie den freien Rhythmus einzelner Gestalten und Gruppen, auch in ihrer Steigerung im Reigen und Tanz.

Gruppenbilder, wie z. B. musizierende Mädchen, haben in Verbindung mit der Farbigkeit so anmutsvolle Bewegungsformen erhalten, als ob der Ton der Harfe, der Leier, der Flöte in ihren rhythmischen Bewegungen mitschwingen würde.

Die Tänzerin, denn um eine solche, nicht um eine Akrobatin handelt es sich bei der Figur (Tafel XXII), bringt ihren Körper in einen nach oben gewendeten Bogen, der dem himmlischen Farbenbogen sich entgegenzuwölben scheint.

Das erste Bild, das der Himmelskönigin Nut, die ihren Sternenleib über die Erde spannt, und dieses letzte Bild, das einen irdischen Menschenleib ihr entgegenwölbt, vereinigen sich zu einem Ganzen.

Was während der Entwicklung des ägyptischen Kunstschaffens sich zwischen Himmel und Erde, zwischen Göttern und Menschen Unermeßliches zugetragen hat, in der Vereinigung des Himmlischen und des Irdischen zu einem Ganzen hat dieses Unermeßliche in der ägyptischen Kunst eine hinreißende Sprache gefunden.

XXVIII

EPILOG

Die nachatlantischen Kulturepochen sind keine einzeln für sich bestehenden Evolutionsstufen der geschichtlichen und kulturellen Entwicklung der Menschheit. Zwar hat jede dieser Epochen eine in sich bestehende, in sich abgeschlossene Aufgabe und Leistung vollbracht. Zusammen bilden diese nachatlantischen Evolutionsstufen einen umfassenden Kulturorganismus. Als Ganzes steht dieser Organismus zu seinen Teilen und seine Teile zum Ganzen durch das Gesetz der Kontinuität des Lebens und der Beziehungen, welche aus dieser Kontinuität hervorgehen, in Verbindung.

Schicksalsbildende Kräfte walten im menschlichen Lebenslauf. Sie walten auch im Verlauf der aufeinander folgenden Kulturepochen. Sie sind wirksam bei der Begründung einer solchen Epoche und bei deren Fortgang, aber auch in ihren Nachwirkungen.

Kontinuität und Schicksalsbildung sind die grundlegenden Komponenten der nachatlantischen Kulturepochen bis zur Gegenwart.

Wie Kontinuität und Schicksalsbildung bei der Begründung der ägyptischen Kulturepoche gewaltet haben, ist in Abschnitt IV dargestellt worden. An den Beziehungen, die zwischen der iranisch-urpersischen und der Begründung der ägyptischen Epoche bestanden haben, konnte dieses ersichtlich werden. Und diese Beziehungen waren keine einmaligen, sie haben sich wiederholt.

Aus der vorliegenden Darstellung der ägyptischen Kulturepoche geht ein Grundlegendes hervor: Die umfassende Bedeutung und Wirkung des Sonnenlebens in der Kultordnung. Wie Kontinuität und Schicksalsbildung sich zwischen Iran und Ägypten ausgewirkt haben, das kann lichtvoll vor dem überschauenden Blick stehen in dem entscheidenden Anteil, den Heliopolis an der Entstehung und dem Fortgang der ägyptischen Kultur gehabt hat.

Das Weltbild der Ägypter war heliozentrisch. Es hat in der osirianischen Tempellegende seine besondere kosmische und evolutionäre Gestaltung erhalten. Dieses Weltbild hat sich zwar nach seiner ägyptisch-hermetischen Eigengesetzlichkeit entfaltet, die Kontinuität, die es mit dem Iran des ersten Zarathustra verbindet, ist aber unverkennbar.

Im Kulturorganismus der nachatlantischen Menschheit folgt Weltbild auf Weltbild. Jede Epoche hat ihr eigenes, ihren Lebensgesetzen, ihrer

Schicksalsbildung angemessenes Weltbild entwickelt und bis zu ihrem Ende dargelebt. Diese Weltbilder stehen in einer inneren Beziehung zueinander, an denen der Fortgang des Menschheitlichen im Zeitenlauf abgelesen werden kann.

Die oft und immer wieder aufgeworfene Frage nach den Beziehungen zwischen dem alten Ägypten und der Gegenwart hat eine tiefe Berechtigung, denn solche Beziehungen bestehen. Wird diese Frage dahin formuliert, inwiefern altägyptisches Schicksal in unserer Zeit weiterlebt, dann wird sie in das Feld einer Betrachtungsweise versetzt, für welche die erwähnten Hauptfaktoren, Kontinuität und Schicksalsbildung, maßgebend sind.

Es ist naheliegend, Beziehungen zwischen Ägypten und der Gegenwart im Kunstschaffen, vor allem in der Baukunst zu suchen. Worringer hat in seiner Schrift «Ägyptische Kunst. Probleme ihrer Wertung» den Versuch unternommen, solche Beziehungen aufzuzeigen. Dabei will er die ägyptische Monumentalkunst zurückführen auf die prähistorische Megalithbauweise mit dem Hinweis auf die Ähnlichkeit der ägyptischen Pfeilerarchitektur mit den prähistorischen Steinkreisen in England. Die Nachwirkung der ägyptischen Monumentalkunst sieht Worringer in den blockartigen Großbauten von Europa und Amerika und sagt diesbezüglich: «Aber die Riesenhaftigkeit der ägyptischen Bauerscheinung ist nicht ausschließlich Mumifizierung vorzeitlicher Großartigkeit, sondern sie ergänzt sich mit einem Bedürfnis nach Kolossalität, das ganz andere Vorzeichen hat. Gemeint ist das, was wir soziologisch als Amerikanismus bezeichnen. Es gibt eine Maßlosigkeit der Vorzivilisation, eine Maßlosigkeit der Erlebnisfülle und eine Maßlosigkeit der Erlebnisarmut, und sie sind sich, wenn auch aus anderen Gründen, in der Überschätzung des Kolossalischen gleich.» Anhand von Abbildungen setzt Worringer das Grabmal des Sahurê in Vergleich mit dem Modell des Zentralflughafens in Berlin, oder den Torbau dieses Königs mit einem Getreidesilo in Kanada.

Worringer übersieht, daß die Monumentalkunst Ägyptens eine autonome, aus Weltbild und Kultordnung entstandene Schöpfung ist. Wenn, wie dieses in der Betrachtungsweise Worringers geschieht, Sakralbauten, wie diejenigen von Ägypten, von ihrem geistigen Mutterboden losgelöst und in abstrakter Weise nur Formen mit Formen zueinander in Beziehung gesetzt werden, läßt sich alles mit allem vergleichen.

Es muß Weltbild mit Weltbild zueinander in Vergleich gesetzt werden, wenn die schicksalsbildenden Beziehungen zwischen dem Ägypten der Pharaonenzeit und der Gegenwart begründet werden sollen.

In lapidarer, tiefgefaßter Weise hat dieses Kepler im Vorwort der «Harmonia mundi» getan. Er sagt dort: «Ich habe die heiligen Zeremoniengefäße der Ägypter entwendet und sie in die Gegenwart hineingestellt», d. h. in unsere gegenwärtige Epoche hineingestellt, welche mit dem 15. Jahrhundert begonnen hat. So spricht ein Forscher, der sich tief bewußt ist, daß das heliozentrische Weltbild der Ägypter, das aus dem Sonnentempel von Heliopolis stammt, seine Umwandlung in dasjenige heliozentrische Weltbild erfahren hat, das von Kopernikus begründet und von Kepler und anderen weiter ausgebaut worden ist. In den Worten Keplers liegt das, was als Kontinuität und Schicksalsbildung aus einer früheren in eine spätere Epoche übergehen kann.

Das ägyptische Weltbild hatte seine geistigen Grundlagen in drei Göttergeschlechtern und in der osirianischen Tempellegende. Das in der Gegenwart geltende Weltbild stützt sich auf die Erscheinungen der stofflichen Welt, welche Maß, Zahl und Gewicht unterliegt, und auf eine Erkenntnis, der die Grenze von Geburt und Tod gesetzt worden ist.

Während der ägyptischen Epoche, welche mit der Mumie die Menschenform über den Tod hinaus bewahrt hat, sind die Vorbedingungen geschaffen worden für die materielle Kultur, welche mit dem 15. Jahrhundert begonnen hat. Mumifizierung in Ägypten und stoffgebundene Kultur der Gegenwart stehen im Verhältnis von Kontinuität und Schicksalsbildung zueinander. Naturerkenntnis im Stoffgebiet und Beherrschung der Naturkräfte haben ihre geistigen Vorposten in der konsekrierten Mumie. Das Erhalten der Erdenform, die Mumien, waren die Wegtafeln eines kommenden Zeitalters, das der menschlichen Erkenntnis die von Geburt und Tod begrenzte Bewußtseinsform geben sollte. Das heutige heliozentrische Weltbild hat nach Kontinuität und Schicksalsbildung die Mumienform des heliozentrischen ägyptischen Weltbildes erhalten.

An der Mumie sind in Ägypten die ersten Anfänge der Naturerkenntnis errungen worden. Das zu starren Naturgesetzen mumifizierte heliozentrische Götterweltbild schuf die Voraussetzungen für die Größe und die fast unbegrenzte technische Leistungsfähigkeit unserer gegenwärtigen materiellen Kultur. Es schuf auch deren Tragik, die eine auf das Leben zwischen Geburt und Tod beschränkte Welterkenntnis zur Folge hat, die alle Geisteskräfte auf die Naturerkenntnis verwendet und den Blick auf die freie, nicht an den Stoff gebundene Geistigkeit erblinden ließ.

Sakrale Mumienanatomie zur Erhaltung der Erdenform in Ägypten. Naturwissenschaftlich ausgebildete Anatomie am Leichnam in der Gegenwart. Dort, um eine Brücke zu dem Leben nach dem Tode zu schlagen. Hier, um ein totes Bild eines vergangenen Lebens und dessen Gesetze zu finden.

Tierkult in Ägypten. Darwinistische Entwicklungslehre in der Gegenwart, welche die Menschenform aus der Tierform in Stufenfolgen erstehen läßt.

Bewußtsein vom vorgeburtlichen Dasein des Menschen in Ägypten mit dem an der Mumie gefestigten Blick auf das Leben nach dem Tode. In der Gegenwart völliges Auslöschen der Erinnerung an das vorgeburtliche Leben und Erkenntnisnacht über das Leben nach dem Tode.

Wenn die alte und immer wieder neue Erkenntnisfrage aufsteigt nach jenen Kräften, die aus der Vergangenheit die Gegenwart und aus der Gegenwart die Zukunft erstehen lassen, wenn die Erkenntnisfrage aufsteigt, inwiefern unser Zeitalter ägyptisches Schicksal in sich trägt, dann muß in diese Erkenntnisfrage die Mumie als ein realer Faktor mit einbezogen werden. Der Anblick der Mumie in einem Museum der Gegenwart kann diese Erkenntnisfrage aufsteigen lassen und bewußt oder unbewußt die Fragepein in der menschlichen Seele hervorrufen. Die Fragepein nach der in die Gegenwart hereinwirkenden altägyptischen Vergangenheit, aber auch die Frage, wie altägyptisches Schicksal, wie die Mumie in der Gegenwart überwunden werden kann.

Erkenntnisfragen, die das Schicksal eines Zeitalters betreffen, werden zuweilen nicht nur vom Erkenntniswillen der Menschen desselben, sondern vom Schicksalsverlauf, von Schicksalszeichen selber aufgeworfen. Ein solches Zeichen war der Untergang der Titanic, an deren Bord sich eine Mumie befunden hat, von der bekannt war, daß jedesmal, wenn sie öffentlich ausgestellt wurde, sich Unglücksfälle ereignet haben. Die Katastrophe der Titanic versetzte die ganze Kulturwelt in Atem, und Technik und Mumie wurden dabei im Bewußtsein der Gegenwart miteinander verknüpft.

Keinerlei mystische Spekulation kann dem Zusammenhang von Technik und Mumie auf den Grund gehen. Sie kann ihn nur verwirren. Denn nicht zu mystischen Spekulationen konnte die Katastrophe der Titanic Veranlassung geben, sondern zu der Frage, welchen Schicksalsanteil Ägypten an unserer technischen Zivilisation hat und wie dieser Schicksalsanteil für die Zukunft zum Guten verwandelt werden kann.

Der Untergang der Titanic, in das Bewußtseinsfeld dieser Erkenntnis hinaufgehoben, ist der Gegenstand eines Dramas von Albert Steffen: «Fahrt ins andere Land».

In die Handlung dieses Dramas, das sich während der beabsichtigten Rekordfahrt der Titanic, welche mit deren Untergang endet, abspielt, ist in kühn gezogenen geistigen Konturen ägyptische Vergangenheit mit dem gegenwärtigen technischen Zeitalter und der werdenden Zukunft zu weitgespannter Schicksalsverbindung verwoben.

In dem vorliegenden Werk über ägyptische Kultur und Kunst zeichnen sich zwei Hauptströmungen ab, die das Bild dieser Kultur bestimmen: Die eine Strömung, von Heliopolis ausgehend, das Geheimnis des universellen Sonnenlebens in sich bergend, der mit herangereifter Zeit die Richtung nach menschheitlichen Zielen gegeben wurde. Die andere, von Theben ausgehende Strömung, aus der die geschichtlichen Großtaten und mit ihnen die mächtigen Tempelbauten und Nekropolen Thebens hervorgegangen sind. Die Strömung, die dann der typhonischen Verdunkelung anheim gefallen ist.

Die Gegenwart wiederholt nicht nur ägyptisch-typhonische Schicksalsbildung, sie entwickelt sie weiter in den gigantischen Ausmaßen ihrer technischen Zivilisation. Sie wiederholt aber auch nicht nur die universelle Strömung von Heliopolis, sie sucht sie verwandelnd fortzusetzen durch eine Welterkenntnis, für die Geburt und Tod nicht Grenzen, sondern Pforten werden für die zeitlich unbegrenzten Aufgaben und Ziele, die dem Geiste der Menschheit gesetzt sind.

Die Kultur und Kunst Ägyptens, wie sie in dem vorliegenden Werk darzustellen versucht worden ist, fügt sich als Glied dem Kulturorganismus der Menschheit ein. Sie fügt sich als Glied mit einem Anteil ein, der nach der Inschrift an der Statue der verschleierten Isis zu Sais seinen Ursprung im All, seine zeitliche Gestaltung aber in dem unvergleichlichen Erdenraum des Niltales erhalten hat.

ERGÄNZUNGEN UND BERICHTIGUNGEN

Seite 32, Zeile 10 f.	... und die andern, seine Apostel, die die Welt vorwärts bringt, ...
Seite 41, Zeile 3 ff.	Fundstätten: Merimde-Beni Salâme auch schwarz und rot polierte Keramik
Seite 41, Zeile 18 ff.	Tasa-Kultur: Tulpenbecher mit eingeritzten, weiß ausgefüllten Verzierungen
Seite 41, Zeile 33 ff.	Badari-Kultur: Neben dem angegebenen rotpolierte Keramik mit schwarzem Rand vorherrschend
Seite 44, Zeile 36 f.	Kollektivsinn statt Kollektivismus
Seite 67, Zeile 36	«Anuqit», abgeleitet von anek, d. h. «die Flut herbeiführen»
Seite 78, Zeile 34	und für alle folgenden Erwähnungen: Djed (neuere Schreibweise) statt Tet
Seite 80, Zeile 3 f.	Djedu (neuere Schreibweise für «Tat») ... Einfügung (eine andere Schreibweise für Tet) ist zu streichen
Seite 87, Zeile 7	und für alle folgenden Erwähnungen: Neophyt
Seite 103, Zeile 19	Wenepher, Wedimu heute nicht mehr geltend; Wadjie, Djet (neuere Schreibweise) für Wadje, Dyet
Seite 112, Zeile 41	gewinnen im folgenden Vergleich ...
Seite 120, Zeile 12	... mit seiner Zunge richten in der Duat.» (Unterwelt)
Seite 122, Zeile 5	Arbeitskraft statt Darstellungskraft
Seite 127, Zeile 41	Sinneswahrnehmung
Seite 130, Zeile 28	Die Ähnlichkeit der Hieroglyphen für Herz und Gefäß (Kanope) hatte versehentlich zur Identifizierung beider Zeichen geführt
Seite 131, Zeile 2 f.	... Der Tote: «Ich bin rein von allem Übel und ich bin geschützt gegen alle Übeltat derer, die ihr (unheilvolles) Tagewerk tun; ...
Seite 132, Zeile 13 f.	«Beichte vor den 42 Totenrichtern», und die Aufzählung beginnt mit den Worten: «Weitausschreitender, der aus Heliopolis kommt: ...
Seite 142, Zeile 27	«Wr» = «der Große»
Seite 144, Zeile 14	die Pyramiden-Bauten aufgeführt ...
Seite 145, Zeile 6	525–404 v. Chr. Regierungszeit der 27. Dynastie
Seite 171, Zeile 15	Diospolis
Seite 179, Zeile 24	Papyrusstengel statt Blumenstengel
Seite 179, Zeile 39	große Fürstin statt Finsternis
Seite 180, Zeile 10 ff.	und Seite 181, Zeile 10 zu Hathor-Neith als göttliche Weberin: Nach neuer Forschung stellt das Zeichen für Neith nicht ein Weberschiffchen dar, sondern zwei in einem Futteral steckende Bogen
Seite 194, Zeile 33	«... mit euch sei dieser Tote, wenn er zum Himmel steigt, wenn er zur Erde steigt, wenn er zum Wasser steigt ...»
Seite 209, Zeile 9 ff.	zu «Hyksos»: heka = Herrscher oder Häuptling chasut = der Fremdländer

Seite 214, Zeile 1	und für alle folgenden Erwähnungen: Ramessiden
Seite 215, Zeile 15 u. Zeile 23: Ahhotep	
Seite 237, Zeile 11, 14, 16: Giluchipa	
Seite 243, Zeile 12	und für alle folgenden Erwähnungen: Meritaton
Seite 256, Zeile 24 f.	Über den gestirnten Raum hinaus drangen ihre Verfluchungen ...
Seite 260, Zeile 15	Über dem Leib verschiedene Gegenstände ...
Seite 266, Zeile 31 ff.	Es handelt sich stets um die gleiche, vielumkämpfte Festung Kadesch im Orontestal
Seite 269, Zeile 11	und für alle folgenden Erwähnungen: Merenptah
Seite 277, Zeile 12	Pantokrator
Seite 283, Zeile 7 ff.	... so zeigt Bindel, daß die Pyramide das Gesetz des Doppelquadrates und seiner Diagonale offenbart, ...
Seite 283, Zeile 27 f.	Das hieroglyphische Zeichen für Pharao enthält in seiner Formgebung zwei liegende Vierecke
Seite 295, Zeile 34 ff.	... am Süd- und Nordende der Westwand ... «Ka»; vor der südlichen Scheintüre der Opfertisch ...

ORT-REGISTER

A

Abôdev (Abydos) 175
Abu (Elephantine) 176
Abu-Simbel 268
Abusir 158, 175, 194, 294
Abusir-el-Melek 40, 42, 44, 70, 82, 98, 146
Abydos 40, 41, 44, 70, 82, 98, 144, 148, 166, 171, 175, 177, 187, 201, 310
Achet-Aton 256, 261, 263
Achtstadt 175
Alexandrien 276
Amarna 175, 244, 246
Apit (Theben) 223
Apollinopolis Magna (Edfu) 168, 176
Auaris 209, 214, 215, 265

B

Behdet (Edfu) 176
Bethlehem 251
Bubastis 273
Busiris 82, 175, 177
Byblos 76

C

Chem 175

D

Daschur 40, 192, 280
Dedu 175
Delphi 275
Denderah 134, 176, 178, 179, 180, 182, 313, 314
Der-el-Bahri 171, 200, 230, 260, 261, 271, 296, 297, 307, 309

E

Edfu 134, 167, 171, 176, 182, 297, 313, 314, 315
Elkab 201, 224
Elephantine 36, 40, 164, 176, 224, 255,

F

Fajum 42, 177, 191, 192, 198, 201, 202, 208

G

Gerze 42
Gewässer Meh 169
Gizeh 40, 177, 279, 294, 319
Gobi 21

H

Harage 42
Heliopolis 104, 105, 106, 115, 127, 138, 142, 143, 165, 167, 175, 179, 180, 200, 205, 217, 224, 226, 234, 236, 238, 242, 244, 249, 251, 252, 253, 315, 344, 345
Herakleopolis 186, 273, 275, 276, 277
Hermopolis 175, 217, 221, 233, 245, 283
Hermonthis 219

J

Jerusalem 273

K

Kadesch 266
Kadesch am Orontes 227, 267
Kairo 41, 221, 248, 271
Karmel 227
Karnak 144, 303, 305
Kaspisee 21, 25
Kom-Ombo 176
Koptos 162, 236
Kurna 271

L

Lateran 235
Luxor 109, 171, 222, 307

M

Medinet Habu 269
Medum 291, 293
Megiddo 227
Memphis 98, 111, 140, 141, 142, 143, 174, 180, 188, 189, 196, 268
Mendes 279
Meröe 274
Monte Citorio 232
Mykene 199

N

Naharina 216, 234
Napata 228, 273
Naukratis 275
Nilopolis 111
Nubot (Kom Ombo) 176

O

Ombos (Goldstadt) 166, 176, 202
On 205
Onet 176
Onu 175
Ȯpet 222, 238, 255, 270, 306, 307, 319, 334

P

Per-Rê (Heliopolis) 175
Per Usirê (Busiris) 175
Philae 134

R

Rom 277, 279

S

Sais 175, 180, 182, 274, 275
Sahuran 215
Sakhara 111
Saw (Sais) 175
Schmun 283
See Vounikaseta 31
Siut 186
Syene 231

T

Tanis 268
Tanis-Auaris 265
Ta-Tentyra (Denderah) 176, 178, 313, 314
Thebais 277
Theben 176, 180, 187, 188, 189, 196, 200, 216, 218, 221, 222, 224, 226, 228, 231, 234, 238, 242, 244, 255, 268, 272, 273, 274, 344
This 97, 98, 140, 175
Tine (This) 175

W

Wadi Alaki 199
Wadi Hammâmât 42, 43, 44, 162, 199
Wenu (Hasenstadt) 175

NAMEN-REGISTER

A

Abraham 204, 205, 248
Achthoes I. 186
Achthoes III. 186, 187
Adam 221
Adhémar 6, 7
Adjib 146
Africanus Julius 97
Aha (Menes) 98, 99, 151
Ahmes 308
Ahmes-Nofretere 215, 216
Ahmose 214, 215, 224, 232
Ahotep 215
Ahriman 28, 29, 31
Ahura-Mazdao 27, 28, 29, 30, 31, 35
Aischylos 122
Alexander d. Gr. 276, 306
Ali Mohammed 292
Amasis 275, 276
Amaunet 56, 217, 218
Amenhotep I. 216, 220, 230, 231, 233, 235, 243, 268, 270, 272, 297, 308
Amenhotep II. 228, 234, 238, 239, 240, 260, 261, 305
Amenhotep III. 171, 236, 237, 238, 239, 240, 245, 246, 250, 266, 272, 303, 305
Amenhotep IV. 240, 241, 242, 243, 244
Amenhotep. Sohn des Hapi 238, 239
Amenemhet I. 189, 190, 191, 200
Amenemhet II. 191
Amenemhet III. 191, 192, 193, 198, 199, 201
Amenemhet IV. 201
Amschaspands 28, 29, 31
Amsel 119
Amun 2, 56, 176, 177, 200, 201, 214, 215, 216, 217, 218, 219, 220, 222, 223, 224, 225, 226, 247, 253, 273, 307, 309, 310
Amun-Api 218, 220
Amun-Rê – Horchuti 220
Anat 268
Anchenpaaton 255
Antef I. 187
Antef II. 188
Antef III. 188
Anubis 119, 120, 130, 177, 258, 308, 309
Anup (Anubis)
Anuquit 67
Anzeti 175
Apollo 116
Apophis 209, 214
Ardstasp 30
Aristoteles 337
Artabana 234, 237, 241
Asklepios 148
Asnath 207
Asosi 162
Athene 223
Aton 242, 247, 250, 251, 253, 333
Atum 2, 105, 142, 143, 160, 161, 170, 175, 194, 235, 251, 272, 312

B

Bachofen J. J. 151
Baldur 110
Bastet 289
Beckh, H. 32, 84
Bek 246
Belzoni 261, 294
Bessmertny, A. 4, 5, 6, 7
Bindel, E. 282, 283
Blavatzky, H. 5
Bok-n-Honsu 266
Borchardt, L. 104, 158, 279
Borg de St.Vincent 4
Braghine, A. 6, 7
Breasted, J. H. 43, 51, 109, 140, 149, 196, 246, 248, 264, 269
Breuil 3
Brugsch, H. 1, 44, 51, 55, 56, 65, 81, 122, 167, 179, 218, 223, 282
Buto 52, 173, 175, 179, 312, 324, 354

C

Cadet, A. 4
Cassas 279
Carter, H. 256
Carus 279
Cha-em-het 324
Champollion, F. 1
Chasechem 152, 324
Chattusil 267
Cheops 145, 149, 152, 155, 156, 214, 281, 282, 283, 314, 315
Chephren 145, 149, 158, 289, 290, 291, 297, 308, 313, 317, 322, 323, 332

Chian 209
Chons 218, 222, 223, 225, 305
Chons-Thoth 223
Chenthaus 152
Chepre 160, 161
Chnum 67, 68, 69, 70, 156, 176, 282, 308
Christus 31, 240, 252, 277
Chufu 282
Cimabue 339
Clemens von Alexandrien 66
Cottrell 286
Curtius, L. 335

D

Dacqué, Ed. 4, 5
Dante 240
Darwin, Ch. 53
Dat 57
Davis, Th. 249
Decius 277
Dedi 150, 156
Den 151
Diodor 81, 110, 111, 151, 174
Dionysius der Areopagite 59
Dogdo 27
Donelly, J. 4
Drioton, E. 149
Dschemschid 27, 31, 47
Dschingischan 210
Duamutef 119
Dyet 103

E

Echnaton 175, 190, 237, 240, 241, 242, 244, 253, 255, 256, 257, 261–65, 271, 277, 297, 304, 324, 335
Edwards, J. E. S. 286
Elohim 58, 318
Erman, A. 327, 328
Eset 297
Euergetes I. 305, 306
Eusebius 97
Ey 242
Eje 256, 258, 263, 264

F

Fahit 180
Firdusi 30
Fravashi-Angelos 32

G

Geb 56, 57, 61, 62, 63, 64, 91, 97, 105, 107, 125, 194
Germinus von Rhodos 36
Giluchipa 237, 242
Giotto 339
Goethe, J. W. 232, 279, 281, 286
Gruson, H. 285
Gustasp 27, 30

H

Haeckel, E. 53
Hardehef 155
Haremheb 242, 243, 255, 256, 264, 265, 266
Harmachis 168, 169, 308, 309
Hathor 119, 156, 171, 176, 178, 179, 180, 181, 182, 201, 289, 308, 313, 314, 315, 321, 326
Hatit 180
Hatschepsut 151, 209, 210, 229, 230, 231, 232, 233, 235, 247, 303, 307, 308, 309, 315
Hauhet 56
Heket 156, 308
Hermes Trismegistos 34, 36, 251
Herodot 38, 66, 86, 96, 102, 110, 111, 118, 120, 121, 131, 135 145, 156, 173, 191, 192, 197, 198, 276, 293
Heron 174
Hesire 332
Hetepher 152, 215, 261
Hetepheres 152
Heva 221
Homer 4, 337
Hörbiger 5
Hor-chuti 220
Hor-hut 168, 169
Horus 56, 57, 63, 72, 73, 74, 78, 79, 83, 84, 85, 97, 119, 120, 150, 158, 165, 166, 168, 169, 175, 176, 177, 178, 182, 208, 221, 310, 312, 313, 314, 315, 326
Hrihor 270, 272
Hu 56

I, J

Jahwe 58, 226, 252
Jakob Erzvater 205, 206, 248
Jesajas 251
Imhotep 108, 148, 150, 153, 185, 239, 275, 279, 310
Joseph 144, 204, 208, 212, 225, 226

Josephus Flavius 97, 209
Ipuwer 184, 185
Isis 1, 36, 54, 56, 63, 72, 73, 76, 77, 78, 79, 82, 83, 84, 85, 86, 88, 89, 91, 103, 138, 146, 147, 156, 168, 169, 175, 179, 182, 221, 253, 258, 266, 274, 309, 316, 345
Isaak 248
Junker, H. 133, 139, 142, 143, 184, 191

K

Ka, König 146
Kegemni 153, 296
Kain 221
Kakai 156
Kambyses 145, 276
Kamose 214, 215
Kanjnjswt 295, 321
Kauket 56
Kebehsenuf 119
Kepler, Joh. 342, 343
Kleppisch, K. 282
Knötel, Aug. 145
Konstantin 277
Kubilai 210
Kuh 56

L

Lange, J. 320
Lange, K. 248
Leonardo da Vinci 50, 284, 285
Lepsius, C. R. 123
Lodge, Oliver 117
Lohengrin 178
Loret 260
Luzifer, Sturz 169

M

Maat 153, 187
Magnus, H. 336
Mamun 292
Manetho 48, 97, 98, 123, 140, 144, 148, 186, 208, 209, 210, 214, 272, 273, 274, 279
Manu 16, 17, 21, 22, 25, 26, 27, 100
Marduk 57
Mariette 123
Masaccio 339
Maspero 327, 336, 338, 340
Meketaton 245, 248
Meneptah 269
Menes 51, 96, 98, 100, 101, 102, 103, 104, 109, 110, 140, 166, 174, 188, 192, 193, 219, 241, 253, 272, 310
Menghin 30
Mentuhotep I. 184, 188, 189, 218
Mentuhotep II. 189, 200, 307
Mentuhotep III. 189, 200
Meren-rê I. 164, 165
Meren-rê II. 165
Merika-Rê 186, 187
Merit-Neith 146, 151
Meryaton 243, 245, 249, 255
Meryre 246
Meschent 150, 169, 170
Messias 252
Meyer, Ed. 2, 37, 51, 97, 149, 151, 174, 213, 215, 228
Min 221, 236, 241, 243
Min-Amun 218, 221
Montu 218, 312
Moses 57, 144, 204, 205, 252, 269
Mry-rê 314
Müller, v. F. 44
Müller, H. 157
Mut 218, 222, 223, 225, 305
Mutallu 266, 267
Mutemua 236, 243
Mut-em-wija 237, 241
Mykerinos (Menkara) 125, 149, 152, 171, 182, 294, 315

N

Nacht (sein Grab) 339
Napoleon 1
Narmer 98, 99, 101, 102, 109, 158, 208, 315, 326
Naunet 56
Naville 123
Nebmare 245
Neb-Paut 56
Nebithotpit 170
Nechbet 52, 119, 173, 179, 180, 218, 308, 309, 334
Nefercharê-Sebekhotep 208
Nefer-Cheperu-Rê 251
Nefer-IR-Ke-Rê 156, 158, 294
Nefer-nefru-Aton 251
Nefrit 324, 340
Neith 175, 179, 180
Neith-Hotep 151
Neith-Isis 151, 175, 274
Nephtys 179, 257, 259
Nê-User-Rê 159, 294
Newberry 46, 109
Nezemnut 256

Ni-Maat-Hap 152
Nitokris 165
Noah 16
Noetling 279
Nofretete 242, 245, 251, 324, 335
Nubekas 271
Nun 56, 57, 61, 63
Nut 56, 57, 61, 62, 63, 64, 91, 125, 159, 161, 179, 180, 194, 314, 340

O

Obermaier, H. 3
Odysseus 337
Ormuzd 29
Osiris 56, 57, 63, 64, 72, 73, 75, 76, 77, 78, 79, 80, 81, 82, 83, 85, 86, 88, 97, 103, 104, 105, 106, 107, 115, 119, 120, 124, 125, 126, 130, 166, 167, 169, 176, 193, 194, 221, 251, 252, 277, 283, 284, 285, 291, 308, 309, 310, 316
Osiris-Hapi 81, 83
Osiris–Rê 166
Otto, E. 40, 43, 44, 45, 96, 98, 99, 101, 102, 140, 146, 149, 152, 184, 185, 230

P

Parzifal 178
Paulus der Anachoret 277
Peti 57
Petrie, Flinders 282, 295
Philitis 145
Phiops I 164, 314
Phiops II 165, 184
Pianchi 273
Plato 3, 4, 7, 10, 16, 81
Plinius 285
Plutarch 44, 45, 72, 76, 77, 86, 121, 122, 127, 135, 180, 274, 276
Potiphar 204, 207
Potipheras 207
Psammetich I. 111, 274, 275
Psammetich III. 276
Ptah 2, 67, 68, 69, 70, 97, 110, 112, 129, 130, 131, 141, 142, 143, 148, 174, 176, 177, 183, 275, 310
Ptahmose 238
Ptah-Soker 310
Ptah-Soter 310, 311
Ptah-Tanon 68, 69, 110
Ptahhotep 153
Ptolemäus Astronom 53
Ptolemäus I. 97, 173
Ptolemäus III. 314
Pythagoras 275

R

Raffael 339
Rahotep 314, 340
Ramose 238, 242, 247, 297
Ramses I. 267, 304
Ramses II. 111, 266, 267, 268, 269, 272, 304, 305, 310
Ramses III. 270
Ramses IV. 270
Ramsès XII. 270
Rechmere 227, 297
Reddedet 156
Rê 56, 57, 61, 64, 77, 91, 97, 119, 126, 129, 130, 155, 156, 160, 161, 168, 169, 177, 185, 194, 210, 218, 221, 222, 243, 244, 251, 253, 258, 285, 314
Rê-Harmachis 235, 309, 317, 318, 319
Rê-Horachte 119, 160, 236, 242, 243, 244, 245, 246, 252
Rê-Osiris 91, 165, 166, 167, 252, 253
Reisner 152, 261
Ricke, H. 288, 289
Roeder, G. 101, 123, 174
Ruben der Israelite 205
Rusch, Ad. 105

S

Sachmet 174, 178, 223
Sahu-rê 152, 156, 158, 162, 292, 334, 342
Salatis 209
Salomo 273
Satit 67
Schabaka 142, 273
Schäfer, H. 101, 278, 320, 321, 327, 328, 329, 332
Scharff, A. 40, 100
Scheschonk I. 272, 273, 304
Scheschonk IV. 273
Schliemann, H. 4
Schott, S. 289
Schu 56, 57, 61, 62, 68, 91, 105, 119
Schuré, Ed. 87
Schutarna 237, 241
Scott-Elliot 5
Sebek (Krokodilgott) 201
Sebekemsaf 270

Sebekhotep 203, 208
Sebek-neferu-rê 201
Sekenenrê 214, 216
Semenchkarê 249
Semerchet 146
Semnut 231
Senwosret 200
Sesostris I. 189, 190, 191, 200
Sesostris II. 191
Sesostris III. 173, 191, 197, 198, 199
Seth 57, 132, 158, 166, 168, 169, 175, 176, 177, 202, 210, 218, 265, 268, 275
Sethe, K. 101, 142, 148, 166, 231
Sethos I. 171, 261, 265, 266, 267, 268, 297, 304, 305, 310, 312, 313
Sethos II. 97, 269, 305
Sinuhe 200, 201
Skorpion 98, 99, 102, 103
Smyth, P. 279
Snofru 149, 152, 158, 159, 281, 294
Sobk 119, 201
Solon 2, 10, 275
Soter Osiris 311
Spencer, L. 6
Sphinx 317, 318, 319
Steffen, A. 344
Steindorff, G. 101, 149, 174
Steindorff, U. 155
Steiner, R. 3, 5, 6, 10, 11, 19, 22, 25, 34, 37, 38, 58, 60, 70, 84, 87, 92, 112, 115, 124, 140, 146, 178, 195, 301, 310
Strabo 191, 192, 196, 198
Strub-Roessler, H. 293
Sutech 209

T

Ta 57
Tafnut 179
Ta'o (König) 214
Taduchipa 241, 242
Tefenet 56, 57, 61, 91, 105
Teje 236, 237, 238, 241, 246, 249
Teti 164
Thales 275
Thoth 2, 34, 35, 38, 45, 48, 49, 64, 65, 66, 67, 69, 70, 74, 105, 106, 107, 116, 119, 138, 160, 168, 169, 175, 177, 178, 245, 283, 291, 312
Thutmosis I. 216, 224, 227, 229, 231, 232, 303
Thutmosis II. 229, 231
Thutmosis III. 97, 151, 227, 228, 229, 231 bis 235, 237, 238, 247, 272, 303, 304
Thutmosis IV. 234–237, 241, 246
Thutmosis, Bildhauer 314
Ti 296
Tiamat 57
Tuau 236
Tumit 179
Tum-Rê 57, 61
Tuschratta 237, 241
Tut-ench-Amun 109, 255, 256, 258, 261 bis 265, 271, 286, 299, 324
Typhon 73, 74, 75, 76, 77, 78, 79, 81, 253, 338

U

Uehli, E. 3, 9, 21
Unas 159
Uni 164
Userkaf 152, 156
User-Rê 158
Usiri 81, 175
Utit-Buto 180
Utnapischtim 16
Uto (Buto) 175

W

Wachsmuth, G. 7, 8, 9, 10, 11, 12, 17, 19, 20, 22
Wadje 103
Wedimu 103
Wegener, A. 4
Weigall, A. 236, 248, 249, 256
Wenepher 103
Wirth, H. 5
Wolley 110
Worringer 342

Y

Yuaa 236, 237, 241, 243

Z

Zarathustra 27, 28, 29, 30, 31, 32, 34, 35, 38, 47, 138, 146, 251
Zer 194
Zeus 221
Zoser 67, 98, 110, 148, 149, 152, 153, 239, 275, 279, 280, 293, 294

LITERATUR-VERZEICHNIS

Bessmertny, *A.* Das Atlantisrätsel, Leipzig 1932.

Bestgen, *A.* Gedanken und Bausteine einer Kosmologie, Bern 1930.

Bindel, *E.* Die ägyptischen Pyramiden als Zeugen vergangener Mysterienweisheit. Stuttgart 1932.

Borchardt, *L.* Das Grabmal des Königs Ne-User-Rê, Leipzig 1907.

— Das Grabmal des Königs Nefer-IR-Kê-Rê, Leipzig 1909.

— Das Grabmal des Königs Sahu-Rê, Leipzig 1913.

Breasted, *J. H.* Geschichte Ägyptens, Wien 1936.

Brugsch, *H.* Die Ägyptologie, Leipzig 1891.

— Religion und Mythologie der alten Ägypter, Leipzig 1891. Zweite Auflage.

Carter, *H.*, und *Mace*, *A.-C.* Tut-ench-Amûn. Ein ägyptisches Königsgrab, Leipzig 1924.

Cottrell, *L.* Das Geheimnis der Königsgräber, Zürich 1952.

Curtius, *L.* Die antike Kunst von Ägypten und Vorderasien, Berlin 1923.

Diodor. Geschichtsbibliothek übersetzt von Dr. Wahrmund, Stuttgart 1866.

Ebers, *G.* Cicerone durch das alte und neue Ägypten, Stuttgart-Leipzig 1886.

Erman, *Ad.* Ägypten und ägyptisches Leben im Altertum, neubearbeitet von Hermann Ranke, Tübingen 1922.

Fechheimer, *H.* Die Plastik der Ägypter, Berlin 1920.

Gladisch, *A.* Das Mysterium der ägyptischen Pyramiden und Obelisken, Halle 1846.

Grossmann, *H.* Tod und Auferstehung des Osiris, Leipzig 1923.

Gruson, *H.* Im Reiche des Lichtes, Braunschweig 1895.

Herodot. Die Musen, Stuttgart 1862.

Junker, *H.* Die Stundenwachen in den Osiris-Mysterien, Wien 1910.

— Die Götterlehre von Memphis. Abhandlungen der Preußischen Akademie für Wissenschaften, Jahrgang 1939, Berlin 1940.

— Pyramidenzeit. Das Wesen der altägyptischen Religion, Zürich-Köln 1949.

Junker, *P. J.* Untersuchungen über die ägyptischen Sothisperioden, Leipzig 1859.

Kleppisch, *K.* Die Cheopspyramide, ein Denkmal mathematischer Erkenntnis, München-Berlin 1923.

Knötel, *A.* Cheops der Pyramidenbauer und seine Nachfolger, Leipzig 1861.

Lange, *K.* Ägypten, Zürich 1945.

— König Echnaton und die Amarna-Zeit, München 1951.

Leonardo da Vinci. Tagebücher und Aufzeichnungen, Zürich 1952.

Lepsius, *W.* Die zwölfte ägyptische Königsdynastie, Berlin 1853.

Lepsius, *R.* Königsbuch der alten Ägypter, Berlin 1858.

Magnus, *H.* Die geschichtliche Entwicklung des Farbensinnes, Jena 1877.

Maspero, *G.* Ägyptische Kunstgeschichte, Leipzig 1889.

Meyer, *Ed.* Geschichte des alten Ägyptens, Berlin 1887.

— Ägypten zur Zeit des Pyramidenbaues, Leipzig 1908.

— Geschichte des Altertums, Basel 1953. Dritte Auflage.

Müller, *F. W.* Das vorgeschichtliche Gräberfeld von Abusir el Meleq, Leipzig 1915.

Müller, *H.* Die formale Entwicklung der Titulatur der ägyptischen Könige, Ägyptische Forschungen, Heft 7, 1938.

Newberry, *P. E.* Ägypten als Feld für anthropologische Forschung, Der Alte Orient, Bd. 27.

Otto, *Eberhard.* Ägypten. Der Weg des Pharaonenreiches. Zürich-Wien 1953.

Pieper, *M.* Die ägyptische Literatur, Potsdam 1927.

Plutarch. Moralische Schriften. Isis und Osiris, Stuttgart 1851.

Ricke, *H.* Beiträge zur ägyptischen Bauforschung und Altertumskunde, Heft 1–5, Kairo 1950.

Roeder, *G.* Urkunden zur Religion des alten Ägypten, Jena 1915.

Rusch, A. Die Stellung des Osiris im theologischen System von Heliopolis, Der alte Orient, Bd. 24, 1924.
Schäfer, H. Von ägyptischer Kunst, Leipzig 1919.
— Grundlagen der ägyptischen Rundbildnerei, Leipzig 1923.
— Die Leistung der ägyptischen Kunst, Leipzig 1929.
Scharff, A. Das vorgeschichtliche Gräberfeld von Abusir el Meleq, Leipzig 1926.
— Grundzüge der ägyptischen Vorgeschichte, Leipzig 1927.
— Archäologische Beiträge zur Frage der Entstehung der Hieroglyphenschrift, München 1942.
— Die Ausbreitung des Osiriskultes in der Frühzeit und während des Alten Reiches, München 1948.
Schott, S. Untersuchungen zur Schriftgeschichte der Pyramidentexte, Heidelberg 1926.
Schubert, G. Die ägyptische Kosmogonie, Goetheanum, Jahrgang VI, Nr. 10.
Sethe, K. Die Ägyptologie, Leipzig 1921.
— Amun und die Acht Urgötter von Hermopolis, Abhandlung der preußischen Akademie für Wissenschaften, Berlin 1929.
— Urgeschichte und älteste Religion der Ägypter, Abhandlung für die Kunde des Morgenlandes, Bd. XVIII, 1930.
— Das Hatschepsut Problem, Bielefeld 1933.
— Vom Bilde zum Buchstaben, Leipzig 1939.
— Der ägyptische Ausdruck für rechts und links und die Hieroglyphenzeichen für Westen und Osten, Göttingen 1929.
Spiegelberg, W. Geschichte der ägyptischen Kunst, Leipzig 1903.
Steffen, A. Fahrt ins andere Land, Dornach 1938.
Steindorff, G. Die altägyptischen Gaue und ihre politische Entwicklung. Leipzig 1909.
Steindorff, U. Märchen und Geschichten der alten Ägypter. Im Propylaen-Verlag Berlin.
Steiner, R. Unsere atlantischen Vorfahren. GA 11, Dornach 1973.
— Ägyptische Mythen und Mysterien. Dornach 1960.
— Die Mysterien des Morgenlandes und des Christentums. Dornach 1960.
— Die Geheimwissenschaft im Umriß. Dornach 1968.
— Die geistige Führung des Menschen und der Menschheit. Dornach 1974.
— Wendepunkte des Geisteslebens. Dornach 1973.
— Makrokosmos und Mikrokosmos. Dornach 1962.
— Der Seelen Erwachen. Mysteriendrama. Dornach 1956.
— Die Suche nach der neuen Isis, der göttlichen Sophia. Dornach 1961.
— Alte Mythen und ihre Bedeutung. Dornach 1965.
— Die Naturwissenschaft und die weltgeschichtliche Entwicklung der Menschheit im Altertum. Dornach 1969.
— Die Grundimpulse des weltgeschichtlichen Werdens der Menschheit. Dornach 1965.
Strub-Roessler, H. Vom Kraftwesen der Pyramiden. Technische Rundschau Bern, Jahrg. 1952, Nr. 45.
Uehli, E. Zwischen Sphinx und Gral. Stuttgart 1922.
— Atlantis und das Rätsel der Eiszeitkunst. Stuttgart 1936.
— Die Mosaiken von Ravenna. Stuttgart 1970.
Wachsmuth, G. Die Entwicklung der Erde. Dornach 1960.
— Werdegang der Menschheit. Dornach 1973.
— Bilder und Beiträge zur Mysterien- und Geistesgeschichte der Menschheit. Dresden 1938.
Weigall, A. Echnaton, König von Agypten, und seine Zeit. Basel 1922.
Weyr, E. Über die Geometrie des alten Ägypten. Wien 1884.
Wolf, W. Das schöne Fest von Opet. Leipzig 1931.
Worringer, W. Ägyptische Kunst. München 1927.

Philosophisch-Anthroposophischer Verlag

Werke von Ernst Uehli

Leonardo – Michelangelo – Raffael

und die geistig-kulturellen Grundlagen der italienischen Renaissance

Inhalt: Weltbild und Kunstschaffen – Die Persönlichkeitskultur der Renaissance in ihren Beziehungen zur Antike und zum Mittelalter – Florenz – das kosmopolitische Zentrum der Renaissance-Kunst – Leonardo da Vinci – Universalität und Schicksal – Michelangelo – Genius und Werk – Raffael.

328 Seiten und 64 Seiten Abbildungen – Leinen

Mythos und Kunst der Griechen im Geiste der Mysterien

Aus dem Inhalt: Welterkenntnis und Mythos. Die olympischen Götter – Delphi und die apollinischen Mysterien – Eleusis und die dionysischen Mysterien – Homer – Der Argonautenzug, eine Mysterienfahrt – Der griechische Tempelbau als Wohnhaus Gottes – Der Wandel vom idealen Typus zur individuellen Menschendarstellung.

372 Seiten und 64 Seiten Abbildungen – Leinen

Die drei großen Staufer

Friedrich I. Barbarossa – Heinrich VI. – Friedrich II.
In universalhistorischen Aspekten

Aus dem Inhalt: Lebenseinheit von Sage und Geschichte – Die Stauferssage – Die Nibelungenströmung in der deutsch-mittelalterlichen Kaisergeschichte – Beziehung Friedrich Barbarossas und Friedrich II. zur Gralsströmung.

230 Seiten – Leinen

Weiße Krone des Südens

Rote Krone des Nordens

Doppelkrone

TAFEL I

Sesostris III. (Grauer Granit)

Amenemhet III. (Kalkstein)

TAFEL III

Amenhotep III. (Kalkstein)

Thutmosis III. (Grüner Stein)

Königin Hatschepsut (Kalkstein). Von ihrem Totentempel in Der-el-Bahri

TAFEL V

Terrassentempel der Königin Hatschepsut in Der-el-Bahri

TAFEL VI

Echnaton und seine Familie unter den Strahlen des Aton. Klappaltar XVIII. Dynastie

Tal der Könige. A. Eingang zum Grabe Tut-ench-Amun. B. Eingang zum Grabe Ramses VI.

Tut-ench-Amun (Goldmaske)

TAFEL IX

Cheops-Pyramide

TAFEL X

Talbau des Chephren. Halle des Hüters

Amun-Tempel in Karnak. Säulensaal Ramses II.

TAFEL XII

Chephren. Sitzstatue aus Diorit

TAFEL XIII

Chephren (Detail der Tafel XIII)

TAFEL XIV

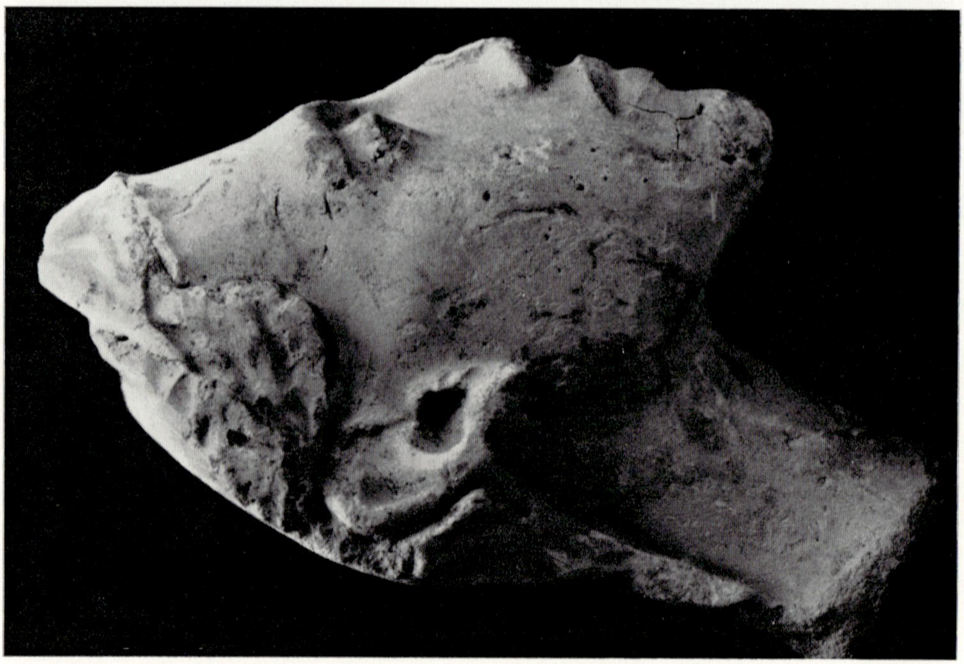

Echnaton (Gips)

TAFEL XV

Nofretete (Kalkstein)

TAFEL XVI

TAFEL XVII

Schminkpalette des Narmer (Grüner Schiefer)

Hesire (Holztafel, III. Dynastie)

TAFEL XVIII

Cha-em-het (XVIII. Dynastie)

Tänzerinnen und Bäuerinnen aus dem Grabe des Ti (V. Dynastie)

TAFEL XX

Eselherde (V. Dynastie)

Ruderer aus Der-el-Bahri (XVIII. Dynastie)

Ruderschiffe im Grabe des Ti (V. Dynastie)

TAFEL XXI

Wandmalerei im Grab des Nacht (XVIII. Dynastie)

Tänzerin (Auf Kalksteinbruchstück, XXIII. Dynastie)

TAFEL XXII

VERZEICHNIS DER ABBILDUNGEN

Titelbild: Chephren. Diorit. I. H. Breasted «Geschichte Ägyptens». Phaidon-Ausgabe Wien 1936.

Tafel I: Weiße Krone des Südens. Rote Krone des Nordens. Doppelkrone.

Tafel II: Sesostris III. Grauer Granit. Kurt Lange «Ägypten». Atlantis-Verlag, Zürich 1939.

Tafel III: Amenemhet III. Kalkstein. Kurt Lange «Ägypten». Atlantis-Verlag, Zürich 1939.

Tafel IV: Amenhotep III. Kalkstein. Thutmosis III. Grüner Stein. H. Schäfer und Walter Andreae «Die Kunst des alten Orients». Propyläen-Verlag, Berlin 1925.

Tafel V: Königin Hatschepsut. Kalkstein. I. H. Breasted «Geschichte Ägyptens». Phaidon-Ausgabe Wien 1936.

Tafel VI: Terrassentempel der Hatschepsut. H. Schäfer und Walter Andreae «Die Kunst des alten Orients». Propyläen-Verlag, Berlin 1925.

Tafel VII: Echnaton und seine Familie unter den Strahlen des Aton. Klappaltar. H. Ranke «Meisterwerke der ägyptischen Kunst», Holbein-Verlag, Basel 1948.

Tafel VIII: Tal der Könige. H. Carter «Tut-ench-Amun. Ein ägyptisches Königsgrab». Bd. I. F. A. Brockhaus, Leipzig 1924.

Tafel IX: Tut-ench-Amun. Goldmaske. H. Carter «Tut-ench-Amun. Ein ägyptisches Königsgrab». Bd. II. F. A. Brockhaus, Leipzig 1924.

Tafel X: Cheops-Pyramide. Ludwig Borchardt, Herbert Ricke «Ägypten». Verlag Ernst Wasmuth A.G., Berlin-Wien-Zürich 1929.

Tafel XI: Talbau des Chephren. Halle des Hüters. Kurt Lange «Ägypten». Atlantis-Verlag, Zürich 1939.

Tafel XII: Amuntempel in Karnak. Säulensaal Ramses II. I. H. Breasted «Vom Tal der Könige zu den Toren Babylons». Verlag Zollikofer, St. Gallen, und Verlag Gerd Hatje, Stuttgart 1943.

Tafel XIII: Chephren. Sitzstatue aus Diorit. Cottrell «Das Geheimnis der Königsgräber». Diana-Verlag, Zürich 1952.

Tafel XIV: Chephren. Kopf. Profil. H. Ranke «Meisterwerke der ägyptischen Kunst». Holbein-Verlag, Basel 1948.

Tafel XV: Echnaton. Porträtbüste aus Gips. Kurt Lange «Echnaton». Gesellschaft für wissenschaftliches Lichtbild, München 1951.

Tafel XVI: Nofretete. Kalkstein. H. Ranke «Meisterwerke der ägyptischen Kunst». Holbein-Verlag, Basel 1948.

Tafel XVII: Schminkpalette des Narmer. Schiefer. Karl Lange «Ägypten». Atlantis-Verlag, Zürich 1939.

Tafel XVIII: Hesire. Holztafel. I. H. Breasted «Geschichte Ägyptens». Phaidon-Ausgabe Wien 1936.

Tafel XIX: Cha-em-het. Relief. H. Fechheimer «Die Plastik der Ägypter». Bruno Cassirer Verlag, Berlin 1920.

Tafel XX: Tänzerinnen und Bäuerinnen aus dem Grabe des Ti. I. H. Breasted «Geschichte Ägyptens». Phaidon-Ausgabe Wien 1936.

Eselsherde aus dem Grabe des Ti. H. Ranke «Meisterwerke der ägyptischen Kunst». Holbein-Verlag, Basel 1948.

Tafel XXI: Ruderer aus Der-el-Bahri. H. Fechheimer «Die Plastik der Ägypter». Bruno Cassirer Verlag, Berlin 1920.

Ruderschiffe im Grabe des Ti. H. Schäfer und Walter Andreae «Die Kunst des alten Orients». Propyläen-Verlag, Berlin 1925.

Tafel XXII: Wandmalerei aus dem Grabe des Nacht. 18. Dynastie. L. Cottrell «Das Geheimnis der Königsgräber». Diana-Verlag, Zürich 1952.

Tänzerin (auf Kalksteinbruchstück). 23. Dynastie. L. Cottrell «Das Geheimnis der Königsgräber». Diana-Verlag, Zürich 1952.